시와 자연공동체

시작비평선 0027 이은봉 평론집 **시와 자연공동체**

1판 1쇄 펴낸날 2025년 11월 20일
지은이 이은봉
펴낸이 이재무
책임편집 이호석, 박현승
편집디자인 김지안, 장수경
펴낸곳 (주)천년의시작
등록번호 제301-2012-033호
등록일자 2006년 1월 10일
주소 03132 서울시 종로구 삼일대로32길 36 운현신화타워 502호
전화 02-723-8668
팩스 02-723-8630
홈페이지 www.poempoem.com
이메일 poemsijak@hanmail.net

ⓒ이은봉, 2025, printed in Seoul, Korea

ISBN 978-89-6021-832-1 04810
　　　978-89-6021-122-3 04810(세트)

값 25,000원

*이 책 내용의 전부 또는 일부를 재사용하려면 반드시 저작권자와 (주)천년의시작 양측의 동의를 받아야 합니다.
*잘못된 책은 바꾸어 드립니다.
*지은이와 협의에 의해 인지는 생략합니다.
*이 책은 세종특별자치시와 세종시문화재단의 지원을 받아 제작되었습니다.

시와 자연공동체

머리말

　새로운 문학평론집 『시와 자연공동체』를 간행한다. 다섯 번째 문학평론집 『시의 깊이, 정신의 깊이』를 간행한 지 5년 만의 일이다. 따라서 이 책 『시와 자연공동체』는 내가 간행하는 여섯 번째 문학평론집인 셈이다. 생각하면 나 자신이 놀랍고도 대견하다. 문학평론집을 여섯 권이나 간행하다니! 처음 문학평론 형식의 글을 쓸 때는 이런 종류의 글을 묶어 다섯 권쯤 책을 냈으면 좋겠다는 마음을 먹은 적이 있다. 그런데 지금 여섯 권이나 문학평론집을 간행하는 것이다.
　이번 문학평론집 역시 서정시에 관한 논의가 중심 대상을 이루고 있다. 문학의 다른 장르에 대한 글을 쓴 적이 없지 않지만 이번 문학평론집에도 시에 관한 글만을 모아 한 권 책으로 선보인다. 이번 평론집을 간행하면서 서정시에 관한 글만을 모은 데 어떤 특별한 이유가 있지는 않다. 내가 잘 알지 못하는 다른 장르에 대한 글을 넣어 이 책을 어지럽히지 않고 싶었을 따름이다. 여기서 말하는 다른 장르에 관한 글은 물론 소설이나 동화에 관한 글 등을 가리킨다. 언젠가는 이들 글도 한 권 책 속에 넣어 문학에 관한 내 생각을 좀 더 넓히고 싶기는 하다.
　오랜 고심 끝에 이번 평론집의 제목을 『시와 자연공동체』라고 정한다. 한때는 이번 평론집의 제목을 『시와 생태공동체』라고 정할까 하고 생각적도 있다. 하지만 '생태'라는 말보다 '자연'이라는 말이 좀 더 포괄적인 개념이라 생각하여 『시와 자연공동체』라고 부른다. 특별히 환경 의식이나 생태 의식을 지니지 않고서도 자연과 더불어 사는 삶을 추구하는 시를 쓰는 시인들이 있다는 점을 고려한 것일 수도 있다. 실제로는 '시와 자연공동체'라는 개념이 최근 들어 나날의 사람살이와 문학에서 내가 추구하고 지향하는 가치이기도 하다.

  모든 서정시는 다 생태시라는 말이 있다. '인간과 자연의 친화'를 염두에 두지 않고서는 서정시가 태어나기 힘들기 때문이다. 서정시는 본래 자연을 비롯한 대상 일반에 대한 주체의 친화(親和)를 바탕으로 생성되는 언어예술이다. 여기에서 말하는 친화(親和)라는 단어는 화합(和合)이나 합일(合一), 조화나 일치 등의 단어로 바꾸어 불러도 무방하다. 그렇다. 서정시는 자연을 비롯한 대상 일반에 대한 주체의 친화(親和), 화합(和合), 합일(合一), 조화(調和), 일치(一致) 등의 마음을 담아내는 언어예술이다. 대상 일반에 대한 주체의 갈등이나 대립이 아니라 '친화'라는 말이다. 갈등이나 대립을 담아내는 언어예술은 서정시가 되기 어렵다. 갈등이나 대립을 담아내는 언어예술은 서정시가 아니라 드라마가 되기 쉽기 때문이다.

  대상에 대한 주체의 친화를 담는 서정시는 부지불식간에 그 대상을 자연에서 구할 때가 많다. '자연과 인간의 친화'라는 말이 자연과 자연의 친화, 인간과 인간의 친화라는 말을 포괄하는 것도 이와 무관하지 않다. 자연을 비롯한 대상 일반이라고 했으나 서정시의 역사를 살펴보면 그것의 대상이 실제로는 자연 그 자체일 경우가 많다. 이때의 자연이 사물 일반까지 포괄한다는 것은 불문가지다.

그것은 그렇다고 치고, 앞에서 줄곧 강조해온 '친화(親和)'라는 말에 대해 좀 더 살펴보자. 사전적으로는 서로 가까워 사이가 좋거나 종류가 다른 물질이 서로 화합하는 것 따위를 가리킨다. 따라서 서로 친화하려면, 곧 서로 화합하려면 자신을 조금씩 내놓지 않을 수 없다. 자신을 조금씩 내놓으려면 주체이든 대상이든 각기 '차마 어찌하지 못하는 마음'을 가질 수 있어야 한다. '차마 어찌하지 못하는 마음'을 가질 수 있어야 한다는 것은 물론 측은지심(惻隱之心)을 가질 수 있어야 한다는 것을 가리킨다. 이때의 측은지심이라는 말은 '연민(憐憫)'이라는 말로 바꿔 쓸 수도 있는데, 연민은 말할 것도 없이 상대를 딱하게 여기는 마음을 뜻한다. 특히 자연과의 관계에서는 주체가 지녀야 할 이러한 마음을 경물지심(敬物之心)이라고 불러도 좋으리라.

이 평론집은 지난 2000년에 간행된 『시와 생태적 상상력』(소명출판사)의 뒤를 잇고 있다. 『시와 생태적 상상력』을 간행할 때보다는 지금은 자연의 문제, 생태의 문제, 환경의 문제가 훨씬 강화되어 있다. 우선은 사계절의 순환 질서가 무너져 여름에는 찜통더위가 계속되고, 겨울에는 무서운 혹한이 계속되는 것을 확인할 수 있다. 이 밖에도 환경의 문제, 생태의 문제, 자연의 문제가 끊임없이 제기되고 있는 것이 지금의 현실이거니와, 이는 서정시의 근본 지향인 '친화'의 정신을 잃고 있기 때문인 듯도 싶다.

그렇다고 이 평론집 『시와 자연공동체』가 환경의 문제, 생태의 문제, 자연의 문제를 다룬 시에 대한 글들만 모아 놓은 것은 아니다. 예의 문제가 포함된 시를 다루는 글들은 주로 제2부를 차지하고 있다. 그러한 이유에서 제2부의 소제목도 이 책의 제목처럼 '시와 자연공동체'라고 붙인다. 제1부의 소제목은 '공공의식 혹은 타자의 발견'이라고 붙이는데, 이곳에 수렴된 글들은 일종의 시인론이라고 할 수 있다. 심훈, 김현승, 신경림, 이근배, 신달자, 홍희표 등의 시를 다루는 것이 제1부의 글이기 때문이다. 제3부에는 '시정신과 시세계'라는 소제목을 붙인다. 이 제3부에는 상대적으로 드높은 정신 차원을 구현하는 시를 해설, 비평하는 글들을 골라 싣고 있기 때문이다. 제4부에는 '시 읽기의 현장'이라는 소제목을 붙인다. 이곳에는 내가 읽고 나름대로 의미를 부여한 시에 관한 글들을 모아 놓고 있기 때문이다.

  시인이나 시, 그리고 시집에 대해 해설하고 비평하는 것이 내 글쓰기의 중심이 되기를 바란 적은 없다. 좋은 시를 쓰기 위해, 뛰어난 창작을 하기 위해 열심히 노력하다 보니 자연스럽게 임하게 된 것이 문학평론일 따름이다. 그렇다고는 하더라도 나는 내가 쓴 문학평론이, 특히 시 평론이 시를 좀 더 깊이, 좀 더 높이 알고 이해하는데, 훌륭한 길라잡이가 되었으면 좋겠다. 내 경험으로도 시를 잘 아는데, 잘 이해하는데 시 평론집을 읽는 것이 큰 도움이 된 바 있다.

  나이가 제법 들었기 때문일까. 다시 또 문학평론집 한 권을 세상에 보태는 마음이 얼마간 착잡하다. 이 책에 수록하는 글들을 모으고 정리하면서 내내 마음의 한구석이 텅 비어오는 까닭은 무엇인가. 변방의 학인으로서 줄곧 느껴온 아리고 시린 소외감 때문인가. 어쨌거나 이 책 『시와 자연공동체』가 독자들의 시정신을 일구는 데 조금이나마 도움이 되기를 빈다.

2025. 11.
청리당에서 이은봉

마리암

차례

머리말

제1부 공공의식 혹은 타자의 발견

심훈의 시의 정서적 특질에 대하여 … 16

김현승 시의 정신 차원 … 32

당대 현실을 바라보는 눈 … 58
―신경림 시집 『농무』의 세계

호연지기 혹은 숭고의 시정신 … 82
―이근배의 시세계

열정과 수난 …105
―신달자의 시세계

외로움, 리듬, 직관, 병치 … 143
―홍희표의 시세계

극사실의 세계와 참여 정신 … 165
―이시영 시집 『경찰은 그들을 사람으로 보지 않았다』를 중심으로

제2부 시와 자연공동체

생태시 논의의 몇 가지 쟁점 ··· 182

기후 위기의 시대, 서정시 역할과 노력 ··· 204

천진무구의 시정신 ··· 220
―류순자 시집 『내 마음에도 살구꽃이 핀다』

고향, 자연, 생활 ··· 232
―서승현 시집 『푸른 현호색꽃 성채에 들다』

고향, 자연, 사랑 ··· 247
―이남섭 시집 『마음의 강』

자연과 더불어 살아가는 마음들 ··· 261
―김화정 시집 『맨드라미 꽃눈』

순수, 저절로 그러한 삶 ··· 274
―김영무 시집 『셈하는 황새』

자연을 바라보는 몇 가지 시각 ··· 290
―최광 시집 『글로벌 농법』

자연과 사람 혹은 사물과 인간의 변증법 ··· 303
―유준화 시집 『어린 왕자가 준 초록색 공』

지렁이와 흙과 바람과 햇살과 비의 비빔밥 ··· 317
―박운식의 연작시 「지렁이」 5편을 중심으로

자연공동체 혹은 파라다이스에의 추억 ··· 329
―이길섭 시집 『무성산』

지극하고, 무구하고, 순수한 가치 ··· 351
―안현심 시집 『그래서 정말 다행이에요』

제3부 시정신과 시세계

진술의 화법과 일상의 존재들 ··· 368
—주용일의 시집 『꽃과 함께 식사』

놀이의 시학 ··· 384
—박제천의 근작시 5편에 대하여

서정적 가족 서사의 아픔과 기쁨 ··· 399
—조용숙 시집 『모서리를 접다』

사랑과 허무의 변증법 ··· 412
—강태근의 신작시를 읽고

비극적 주체의 절망과 희망 ··· 420
—박석준 시집 『카페, 가난한 비』

수행하는 삶 혹은 언어의 발견 ··· 435
—박만진 시집 『붉은 삼각형』

따듯한 감각 혹은 그윽한 아우라 ··· 454
—이수영 시집 『무지개 생영부』

쓸쓸하고 우울한 자아의 심미적 초상 ··· 472
—고성혁 시집 『빈집』

사물의 눈과 사물 주체 ··· 488
—진영대 시집 『당신을 열어 보았다』

진실한 사랑 혹은 순결한 영혼 ··· 505
—김상우 시집 『사랑에 관한 짧은 필름』

제4부 시 읽기의 현장

존재의 존귀성과 양가성 … 522
　―이운룡의 근작시를 중심으로
눈물 없는 세상, 외롭지 않은 세상, 절망 없는 세상 … 533
　―홍사성의 신작시에 대하여
진실 혹은 지혜의 발견 … 542
　―진명희 시집 『달빛 홀로 서다』
떠돌이 자아의 아프고도 슬픈 추상 … 555
　―강재순 시집 『오래된 호수』
고통의 심미적 진술과 극복 … 571
　―김경애 시집 『가족사진』
희망, 기도, 사랑, 허무, 나, 그리고 성스러움의 시편들 … 587
　―김영천 시집 『삐딱하게 서서』
작고 조그만 것들의 의미망 … 602
　―김젬마 시집 『길섶에 잠들고 싶다』
다양한 소재, 주관적 상념과 객관적 대상 … 616
　―이영희 시집 『여자, 슬픔에 관하여』
불안, 소외, 고뇌의 날들 … 633
　―김차영 시집 『미이라의 술』
서정적 서사, 체험의 상상력 … 650
　―유영희의 시집 『저녁을 묻다』

제1부

공공의식 혹은 타자의 발견

심훈의 시의 정서적 특질에 대하여

1. 밤과 어둠

일제강점기의 시인들에게 밤과 어둠의 이미지는 항용 억압과 핍박의 상징으로 응용되어 온 바 있다. 시인 심훈도 일제강점기의 대다수 시인처럼 자기 시대를 밤과 어둠의 공간으로 받아들여 온 것은 사실이다. 심훈 시인 역시 자신의 시에서 부정적인 자연의 이미지를 강조하는 것을 통해 부정적인 현실의 상황을 강조해 왔다는 것이다.

시인들이 자신의 시에서 자연의 부정적인 면을 통해 현실의 부정적인 면을 강조해 온 것은 어제오늘의 일이 아니다. 그중에서도 특히 밤과 어둠의 이미지가 그러하다. 밤과 어둠의 이미지는 겨울의 이미지와 함께 1920년대의 시가 지니는 보편적인 특징이거니와, 1920년대에 시 쓰기를 시작한 그가 이러한 방식을 통해 밤과 어둠의 이미지라는 보편적 상징을 구체적으로 표현하는 것은 당연하다.

이와 관련해서는 우선 심훈 시인이 카프의 전신이었던 염군사의 핵심 구성원이었다는 점부터 기억할 필요가 있다. 『백조』를 중심으로 한 파스큘라와는 달리 염군사가 좀 더 적극적으로 마르크스적 상상력을 수용해온 예술 동인이라고 하더라도 그가 자기 시대를 밤과 어둠의 공간으로 받아들여 온 것은 매우 자연스러운 일이다. 다음의 여러 시에 내포되는 밤과 어둠의 이미지가 그 대표적인 예이다. 이미지 역시 정서 산출의 매우 중요한 정신 기제라는 것을 잊어서는 안 된다.

> 짝 잃은 기러기 새벽하늘에
> 외마디 소리 이끌며 별밭을 가네
> 단 한 잠도 못 맺은 기나긴 겨울밤을
> 기러기 홀로 나 홀로 잠든 천지에 울며 헤매네.
> ―「짝 잃은 기러기」 부분

> 건반 위에 춤추는 하얀 손은 보이지 않아도
> 섬돌에, 양철 지붕에, 그 소리만 동당 도드랑,
> 이 밤엔 하나님도 답답하셔서 잠 한숨도 못 이루시네.
> ―「봄비」 전문

> 지난겨울 눈밤에 얼어 죽은 줄 알았던 늙은 거지가
> 쓰레기통 곁에 살아 앉았네.
> ―「거리의 봄」 부분

> "이겼다!"는 소리를 들어보지 못한 우리의 고막은
> 깊은 밤 전승의 방울소리에 터질듯 찢어질듯
>
> 침울한 어둠 속에 짓눌렸던 고토故土의 하늘도
> 올림픽 炬火를 켜든 것처럼 화닥닥 밝으려 하는구나!
> ―「오오, 조선의 남아여!」 부분

위의 시 「짝 잃은 기러기」에 드러나 있는 밤의 이미지에는 겨울의 이미지가 삼투되어 있어 더욱 주목된다. 밤의 이미지에 겨울의 이미지가 삼투되면서 일제 식민지라는 당대의 시대 상황을 알레고리 상징으로 강조하는 것이 이 시에서의 시인이다. 그렇다고는 하더라도 그가 이 시에서 일제강점기 당시의 밤과 어둠의 상황을 있는 그대로 수용하는 것은 아니다. 이는 그가 이 시에서 "짝 잃은 기러기 새벽하늘에/외마디 소리 이끌며 별밭을 가네"라고 노래하는 것만 보더라도 잘 알 수 있다. "짝 잃은 기러기"는 시인 자신의 객관상관물이거니와, '짝 잃은 기러기'인 그가 "새벽하늘에/외마디 소리"를 지르며 "별밭을" 날아가고 있기 때문이다.

다른 시 「봄비」에서는 "하나님도 답답하셔서 잠 한숨도 못 이루시"는 것이 "이 밤"이라고 말하는 것이 시인이다. 고요한 밤이 아니라 시끄러운 밤이라는 것인데, 이 시에서는 하나님의 손이 "건반 위에 춤추는 하얀 손"으로 형상화되면서 좀 더 구체성을 얻는다. 하지만 그가 정작 꿈꾸는 계절은 밤과 어둠의 겨울이 아니라 새벽으로 밝아오는 봄이라고 해야 옳다. 그가 다른 시 「거리의 봄」에서 "지난겨울 눈밤에 얼어 죽은 줄 알았던 늙은 거지가/쓰레기통 곁에 살아 앉았네"라고 노래하는 것만 보더라도 이는 확인된다.

이들 논의에서도 알 수 있듯이 그는 밤과 어둠의 이미지와 함께하는 겨울의 이미지를 결코 긍정적으로 받아들이지 않는다. 베를린 마라톤에서 우승한 손기정과 남승룡을 찬양하는 시 「오오, 조선의 남아여!」에 드러나 있는 "침울한 어둠 속에 짓눌렸던 고토故土의 하늘"이라는 구절만 보더라도 이는 증명이 된다. "우리의 고막은/깊은 밤 전승의 방울소리에 터질듯 찢어질 듯"했다는 이 시의 한 구절에 의해서도 충분히 규명되는 것이 바로 그것이다.

밤의 이미지를 매개로 하는 그의 시 가운데 가장 예술적 성취가 높은 것은 다음의 시가 아닌가 한다.

밤, 깊은 밤, 바람이 뒤설레며
문풍지가 운다.
방, 텅 비인 방안에는
등잔불의 기름 조는 소리뿐……

쥐가 천장을 모조리 쓰는데
어둠은 아직도 창밖을 지키고
내 마음은 무거운 근심에 짓눌려
깊이 모를 연못 속에서 자맥질한다.

아아, 기나긴 겨울밤에
가늘게 떨며 흐느끼는
고달픈 영혼의 울음소리……
별 없는 하늘 밑에 들어줄 사람 없구나!

―「밤」 전문

　이 시에서 시인은 그 자기 자신이 처한 상황을 두고 "바람이 뒤설레며/문풍지가" 우는 "밤, 깊은 밤"이라고 말한다. 이어지는 구절에서 그는 이러한 상황과 관련해 "텅 비인 방안에는/등잔불의 기름 조는 소리뿐"이라고 덧붙인다. 그가 보기에는 "쥐가 천장을 모조리 쓰는데/어둠은 아직도 창밖을 지키고" 있는 것이 식민지 당대의 상황이기도 하다. 상황이 이러하니 시인 심훈의 마음이 "무거운 근심에 짓눌려/깊이 모를 연못 속에서 자맥질"하는 것은 당연하다. "들어줄 사람 없"는 "별 없는 하늘 밑에"서 "기나긴 겨울밤에/가늘게 떨며 흐느끼는/고달픈 영혼"이라고 말하는 것이 이 시에서의 시인인 셈이다.

　그의 문학 연보에 따르면 이 시 「밤」이 창작된 것은 1923년의 일이거니와, 이 무렵은 그가 카프의 전신인 염군사의 핵심 멤버로 활동하던 시기이기도 하다. 염군사는 파스큘라보다 훨씬 더 정치성인 강한 전위적인 예술 동인이지만 이 시기에는 그 역시 이 시에서처럼 애상에 빠져 있었다는 것을 알 수 있다. 1923년은 3·1운동이 실패로 끝난 지 채 5년이 안 되는 시기였던 만큼 이 시 「밤」에는 그때 이후의 절망감이 얼마간 남아 있었던 것으로 생각된다.

그렇다고는 하더라도 이 시에서처럼 다소간 애상에 취해 있는 것이 심훈 시의 정서적 본류라고 할 수는 없다. 비록 식민지 조국의 당대가 "마음 약한 젊은 사람에게 술을 먹"이는 시대, "입을 벌리고 독한 술잔으로 들이붓는"(「조선은 술을 먹인다」) 시대라고 하더라도 그는 그것을 매우 우렁찬 목소리로 당당하게 노래해 온 바 있기 때문이다. 실제로는 그가 조선의 대장부로서 포기할 수 없는 장엄하고 웅장한 호연지기를 거칠 것 없는 숭고의 정서로 노래해 온 시인이라는 것이다.

2. 낙관과 긍정, 희망과 호연지기

앞에서 말했듯이 「조선은 술을 먹인다」와 같은 시에는 장엄하고 웅장한 호연지기가 들어 있다. 그렇기는 하더라도 이 시에는 다른 한편으로 민족적 허무 의식도 얼마간 내재해 있는 것이 분명하다. 물론 시인 심훈이 자기 자신의 자아가 처해 있는 이러한 심리적 현존을 아무런 반성이나 성찰 없이 있는 그대로 수용하는 것은 아니다. 민족적 허무 의식보다는 웅장하고 낙관적인 기상을 추구하는 것이 그의 시의 정서적 본령이기 때문이다. 그가 자기 자신이 추구하고 싶은 예술의 성격과 관련해 "내가 음악가가 된다면/가느다란 줄이나 뜯는/提琴家는 아니 되려오/Height C.까지나 목청을 끌어올리는/ 카루소 같은 성악가가 되거나' 샬리아핀만큼이나 우렁찬 베이스로/내 설움과 우리의 설움을 버무려/목구멍에 피를 끓이며 永嘆의 노래를 부르고 싶소"라고 말하고 있다는 것만 보더라도 이는 확인된다. 그로서는 자기 자신의 예술이 나약하고 병약한 멜랑콜리나 그로테스크에 그치기보다는 거칠 것 없는 긍정의 정서를 바탕으로 장엄한 호연지기를 드러낼 수 있기를 희망하는 것이다. 웅장하고 낙관적인 정서를 기저로 하는 다음의 시가 그 대표적인 예이다.

높은 곳에 올라 이 땅을 굽어보니
큰 봉우리와 작은 뫼뿌리의 어여쁨이여,
아지랑이 속으로 시선이 녹아드는 곳까지
오똑오똑 솟았다가는 굽이쳐 달리는 그 줄기,
네 품에 안겨 뒹굴고 싶도록 아름답구나.

소나무 감송감송 목멱의 등허리는
젖 물고 어루만지던 어머니의 허리와 같고
삼각산은 敵의 앞에 뽑아든 칼끝처럼
한 번만 찌르면 먹장구름 쏟아질 듯이
아직도 네 기상이 늠름하구나.

에워싼 것이 바다로되 물결이 성내지 않고
샘과 시내로 가늘게 수놓았건만
그 물이 맑고 그 바다 푸르러서,
한 모금 마시면 한 백년이나 수壽를 할 듯
퐁퐁퐁 솟아서는 넘쳐넘쳐 흐르는구나.

할아버지 주무시는 저 산기슭에
할미꽃이 졸고 뻐꾹새는 울어예네

> 사랑하는 그대여, 당신도 돌아만 가면
> 저 언덕 우에 편안히 묻어 드리고
> 그 발치에 나도 누워 깊은 설움 잊으오리다.
>
> 바가지 쪽 걸머지고 집 떠난 형제,
> 거치른 벌판에 강냉이 이삭을 줍는 자매여,
> 부디부디 백골이나마 이 흙 속에 돌아와 묻히소서
> 오오 바라다볼수록 아름다운 나의 江山이여!
> ─「나의 강산이여」 전문

제목인 「나의 강산이여」에 드러나 있는 것처럼 이 시에서 시인은 건강하고 튼튼한 이 나라 국토의 장엄한 기상을 노래하고 있다. "높은 곳에 올라 이 땅을 굽어보"며 느끼는 마음, 즉 "큰 봉우리와 작은 뫼뿌리의 어여쁨"을 찬양하는 것이 이 시에서의 시인이다. '나의 강산'이 지니는 넉넉한 긍정, 거칠 것 없는 호연지기를 담아내고 있는 이 시에서 그가 이 나라 강산을 두고 "오똑오똑 솟았다가는 굽이쳐 달리는 그 줄기,/네 품에 안겨 뒹굴고 싶도록 아름답구나"라고 찬탄하는 것은 자연스러운 일이다. "우렁찬 베이스로/내 설움과 우리의 설움을 버무려/목구멍에 피를 끓이며 永嘆의 노래를 부르고 싶"은 것이 이 시에서의 시인이라는 것을 소홀히 여겨서는 안 된다. 그렇다. 그는 이 시에서 거대한 긍정과 낙관의 목소리로 "삼각산은 敵의 앞에 뽑아든 칼끝처럼/한 번만 찌르면 먹장구름 쏟아질 듯이/아직도 네 기상이 늠름하구나"라고 노래하고 있다.

물론 이 시에는 당대의 민족현실이 지니는 뼈아픈 설움도 내재해 있다. "우렁찬 베이스로" 버무려내고 있지만 그가 당대의 민족현실이 지니는 살을 에는 듯한 설움을 모르고 있는 것은 아니다. 예의 설움, 예의 한을 자기 자신이 이미 잘 지각하고 있지만 그것에 매몰되지 않고 그것을 크고 거친 마음으로 승화시키고 있는 것이 이 시에서의 그이기 때문이다. 그가 지니는 이러한 호연지기는 특히 "사랑하는 그대여, 당신도 돌아만 가면/저 언덕 우에 편안히 묻어 드리고/그 발치에 나도 누워 깊은 설움 잊으오리다" 등의 구절에 의해서도 확인된다.

그의 시의 이러한 정신은 다음의 시에도 십분 드러나 있다.

> 팔이 곱지 않았으니 더덩실 춤을 못추며
> 다리 못 펴 病身 아니니 가로세로 뛰진들 못하랴.
> 벼이삭은 고개 숙여 벌판에 金물결이 일고
> 달빛은 草家집 용마루를 어루만지는 이 밤에—.
>
> 뒷동산에 솔잎 따서 송편을 찌고
> 아랫목에 新淸酒 익어선 밥풀이 동동
> 내 故鄕의 秋夕도 그 옛날엔 豊盛했다네.
> 비렁뱅이도 한가위엔 배를 두드렸다네.
>
> 기쁨에 넘쳐 동네방네 모여드는 그날이 오면
> 기저귀로 고깔 쓰고 무동서지 않으리
> 쓰레받기로 꽹가리 치며 미쳐나지 않으리.
> 오오 名節이 그립구나! 단 하루의 慶節이 갖고 싶구나!
>
> ―「嘉俳節」 전문

1929년 9월 17일 소작(所作)인 이 시는 민족의 명절인 가배절, 곧 추석을 기다리는 마음을 노래하고 있다. 추석을 기다리는 마음을 노래하고 있다고는 하지만 이때의 추석을 기다리는 마음은 민족의 해방을 기다리는 마음과 다르지 않다. 그의 또 다른 명시 「그날이 오면」의 그날, 곧 해방의 날이 이

시 「嘉俳節」에서 말하는 "기쁨에 넘쳐 동네방네 모여드는 그날"과 결코 모순되어 보이지 않기 때문이다. 이 시도 또한 호연지기를 바탕으로 하는 드높은 긍정과 낙관의 정서를 노래하고 있기 때문이다. 무엇보다 "팔이 곱지 않았으니 더덩실 춤을 못 추며/다리 못 펴 病身 아니니 가로 세로 뛰진들 못하랴/벼이삭은 고개 숙여 벌판에 金물결이 일고/달빛은 草家집 용마루를 어루만지는 이 밤에" 등의 구절에 드러나 있는 굵고 커다란 마음, 곧 호연지기가 특히 이를 잘 증명해준다.

그의 시가 갖는 장엄하고 숭고한 기세는 "백림마라톤에 우승한 손, 남양군兩君에게"라는 부제가 달려 있는 「오오, 조선의 남아여!」 같은 시를 통해서도 증명된다. "그 붓을 달리는 이 손은 형용 못할 감격에 떨린다!/이역의 하늘 아래서 그대들의 심장 속에 용솟음치던 피가/이천삼백만의 한 사람인 내 혈관 속을 달리기 때문이다" 등의 구절에 드러나 있는 거칠 것 없는 정서, 웅장한 기상이 바로 그러한 정서적 특징을 보여준다는 것이다.

그의 시가 지니는 절망하지 않는 기세, 장엄하고 숭고한 기세는 「감옥에서 어머님께 올리는 글월」이라는 산문시에 의해서도 잘 증명이 된다. 잘 알다시피 이 시 「감옥에서 어머님께 올리는 글월」은 만 18세 때인 1919년 3·1혁명에 참여했다가 옥에 갇혀 있는 중에 편지 형식으로 발표된 시이다. 아직은 어린 나이에 쓴 것이지만 이 시에서도 역시 크고 웅장한 기상을 넉넉히 느낄 수 있다. 시의 첫머리에서부터 "어머님! 오늘 아침에 고의적삼 차입해주신 것을 받고서야 제가 이곳에 와 있는 것을 집에서도 아신 줄 알았습니다./잠시도 엄마의 곁을 떠나지 않던 막내 동이의 생사를 한 달 동안이나 아득히 아실길 없으셨으니 그동안에 오죽이나 애를 태우셨겠습니까"라고 하며 담담하면서도 통 큰 어조로 자신이 처해 있는 실존적 상황을 노래하는 것이 이 시에서의 그이다. 이처럼 그의 시는 일정한 영역에서 낙관과 긍정, 희망과 호연지기를 바탕으로 하는 정신을 담고 있어 더욱 주목된다.

3. 사랑과 연민

　심훈의 시가 매번 낙관적 긍정의 정서, 곧 장엄하고 숭고한 희망의 정서를 바탕으로 하는 것은 아니다. 그 밖의 정서도 또한 그의 시를 이루는 중요한 특징으로 작용하고 있다는 것인데, 이와 관련해 요약할 수 있는 말은 사랑과 연민이다.
　그의 시가 지니는 호연지기, 곧 긍정과 낙관의 정서, 숭고와 희망의 정서가 낱낱의 시로 표현되는 데는 어떠한 인식적 특징이 없지 않은 듯싶다. 따져보면 그것은 심훈 자신의 당대의 현실에 대한 정당한 인식 및 실천적 관심과도 무관하지 않아 보인다. 일제강점기를 사는 식민지 지식인으로서 그가 당대의 현실에 대한 정당한 인식 및 실전적 관심을 지니는 것은 자연스러운 일이다. 물론 그것은 시라는 언어로 구체화되는 과정에 항용 사랑과 연민의 정서를 바탕으로 하고 있어 더욱 주목된다. 그의 시에서 사랑과 연민의 정서를 불러일으키는 대상은 물론 당대 현실을 힘겹게 살아가는 식민지 민중인 경우가 대부분이다. 말하자면 식민지 당대의 소외된 민중에 대한 사랑과 연민 또한 그의 시의 중요한 정서적 리얼리티로 자리한다는 것이다. 다음의 시가 이러한 주장을 할 수 있는 대표적인 예이다.

　　　큰길에 넘치는 백의의 물결 속에서 울음소리 일어난다
　　　총검이 번뜩이고 군병의 말발굽 소리 소란한 곳에
　　　분격한 무리는 몰리며 짓밟히며
　　　땅에 엎디어 마지막 비명을 지른다
　　　땅을 두드리며 또 하늘을 우러러

　　　외치는 소리 느껴 우는 소리 九所에 사모친다

검은 '댕기' 드린 소녀여
눈송이같이 소복 입은 소년이여
그 무엇이 너희의 작은 가슴을
안타깝게 설움에 떨게 하더냐
그 뉘라서 저다지도 뜨거운 눈물을
어여쁜 너희의 두 눈으로 짜내라 하더냐?

가지마다 新綠의 아지랑이가 피어오르고
종달새 시내를 따르는 즐거운 봄날에
어찌하여 너희는 벌써 기쁨의 노래를 잊어버렸는가?
천진한 너희의 행복마저 차마 어떤 사람이 빼앗아 가던가?

할아버지여! 할머니여!
오직 무덤 속의 안식 밖에 희망이 끊긴 노인네요!
조팝에 주름 잡힌 얼굴은 누르렀고 世苦에 등은 굽었거늘
창자를 쥐어짜며 애통하시는 양은 차마 뵙기 어렵소이다

그치시지요 그만 눈물을 거두시지요
당신네의 쇠잔한 자골이나마 편안히 묻히고저 하던 이 땅은
남의 호미가 샅샅이 파헤친 지 이미 오래거늘
지금에 피나게 우신들 한번 간 옛날이
다시 돌아올 줄 아십니까?

―「痛哭 속에서」 부분

    이 시에서 시인은 지금 굉장한 통곡에 처해 있다. "큰길에 넘치는 백의의 물결 속에서 울음소리"와 함께하는 것이 이 시에서의 시인이다. 이 시

에 따르면 "분격한 무리"가 "땅에 엎디어 마지막 비명을 지"르는 것은 그들이 번뜩이는 총검을 지닌 "군병의 말발굽"에 의해 "짓밟히"고 있기 때문이다. 급기야 그는 "땅을 두드리며 또 하늘을 우러러/외치는 소리 느껴 우는 소리"가 "九所에 사모친다"고까지 말한다. 형편이 이러하니 이들 시의 구절에서 느낄 수 있는 것은 억압받고 핍박받는 식민지 조국의 민중들에 대한 시인 자신의 뜨거운 사랑과 연민이다.

이 시의 이어지는 구절에 따르면 "땅에 엎디어 마지막 비명을 지"르는 사람은 "검은 '댕기' 드린 소녀"이고, "눈송이같이 소복 입은 소년"이다. 이들 소녀, 소년을 두고 시인은 "그 무엇이 너희의 작은 가슴을/안타깝게 설움에 떨게 하더냐/그 뉘라서 저다지도 뜨거운 눈물을/어여쁜 너희의 두 눈으로 짜내라 하더냐"라고 하며 통곡한다. 사랑과 연민의 감정이 가득한 그로서는 이 시에서 이들 소녀, 소년과 함께 통곡할 수밖에 없었던 듯하다. "기쁨의 노래를 잊어버"린 그들, "행복마저 차마 어떤 사람"에게 다 "빼앗"긴 그들을 위해 사랑과 연민의 정서를 듬뿍 지닌 그가 할 수 있는 일은 통곡밖에 없었는지도 모른다.

이처럼 들끓는 그의 감정, 곧 사랑과 연민의 정서는 당대를 힘들게 살아가는 할아버지와 할머니를 통해서도 드러난다. 이 시의 이어지는 구절에서 그가 "조팝에 주름 잡힌 얼굴은 누르렀고 世畓에 등은 굽었거늘/창자를 쥐어짜며 애통하시는 양은 차마 뵙기 어렵소이다"라고 말하는 것에서도 이는 구체화된다. 그가 이들 노인과 관련해 이어지는 구절에서 "그치시지요 그만 눈물을 거두시지요"라고 말한 뒤 "남의 호미가 샅샅이 파헤친 지 이미 오래거늘/지금에 피나게 우신들 한번 간 옛날이/다시 돌아올 줄 아십니까"라고 말하는 것을 통해서도 이것은 확인된다.

소외된 민중에 대한 사랑과 연민은 그의 시 「상해의 밤」에 이르러서는 그 대상이 "발 벗은 소녀, 눈먼 늙은이"로 구체화하기도 하고, 그의 시 「북경의 걸인」에 이르러서는 "푸른 옷을 입은 인방의 걸인"으로 구체화하기도 한다. 이들 두 편의 시에 표현된 사랑과 연민의 대상은 식민지 조국의 백성이 아니라 중국의 인민이기는 하다. 그렇기는 하더라도 이들 중국의 인민들로부터 느끼는 정서는 조국의 인민들로부터 느끼는 그것과 별로 다르지 않다. 시인으로서는 노동자 계급의 국제적 연대를 염두에 두고 있는 것으로 보이거니와, 식민지 백성이라는 점에서는 중국의 경우 또한 억압받고 핍박받는 정도가 다르지 않기 때문이다.

심훈의 시에서 정작 사랑과 연민의 정서가 발현되는 대상은 "소생할" 기미가 보이지 않는 식민지 조국일 때도 없지 않다. 그의 시 「너에게 무엇을 주랴」에서 "손가락 깨물어 따끈한 피를" 네 "입 속에 방울방울 떨어뜨리자"라고 했을 때의 너, 곧 "당장에 숨이 끊어지는 너"가 식민지 조국과 다르지 않기 때문이다. 물론 그의 시에서 사랑과 연민의 정서가 발현되는 대상은 이러한 정도에서 그치지 않는다. 그 자신의 삶의 길, 곧 독립혁명의 길과 함께해온 동지들에 대한 사랑과 연민 또한 그의 시의 중요한 정서적 영역이 되고 있기 때문이다.

그의 시에서 사랑과 연민의 대상으로 현현되는 이들 동지는 독립혁명에 참여해온 애국열사인 경우가 대부분이기는 하다. 사랑과 연민의 정서가 차마 어찌하지 못하는 마음, 곧 측은지심의 다른 이름이라는 것은 잘 알려진 바이다. 그의 시 「朴君의 얼굴」에 드러나 있는 정서가 특히 차마 어찌하지 못하는 마음, 곧 측은지심이라 할 수 있다. 이를테면 "여보게 朴君, 이게 정말 자네의 얼굴인가?//알콜병에 담가논 죽은 사람의 얼굴처럼/마르다 못해 海綿같이 부풀어 오른 두 뺨/두개골이 드러나도록 바싹 말라 버린 머리털/아아 이것이 과연 자네의 얼굴이던가"와 같은 구절에 담겨 있는 마음이 다름 아닌 사랑과 연민의 정서라는 것이다.

독립혁명의 열사이기도 한 동지들에 대한 그의 사랑과 연민은 "그대들의 죽음이 너무나 참혹하여 눈물지었노라/그대들의 흘린 피가 너무나 값없음을 아끼어 울었노라"(「오오 朝鮮의 姉妹여—洪, 金 두 여성의 變死를 보고」)와 같은 구절을 통해서도 증명이 된다. 안타까움이 깊어 심지어는 탄식의 경지를 보여주기까지 하는 그의 시에서의 사랑과 연민의 정서는 소설가 최서해의 죽음을 애도하는 시에 이르러 더욱 절절하게 드러난다.

> 어린 것들은 어른의 무릎으로 뛰어다니며
> '올 아바지 죽었다'고 자랑삼아 재절대네.
> 모질구려 조것들을 두고 눈이 감아집니까?
>
> 손수 내 어린 것의 약을 지어준다던 그대여
> 어린 것은 나아서 요람 위를 벙글벙글 웃는데
> 꼭 한번 와 보마더니 언제나 언제나 와주시려오?
>
> 그 유모스러운 웃음은 어디 가서 웃으며
>
> 그 邪氣 없는 표정은 어느 얼굴에서 찾더란 말이요?
> 사람을 반기는 그대의 손은 유난히도 더웠습니다.
>
> 입술을 깨물고 유언 한 마디 아니한 그대의 심사를
> 뉘라서 모르리까, 언 가슴엔들 새겨지지 않았으리까.
>
> 설마 그대의 老母弱妻를 길바닥에 나앉게야 하오리까.
> ―「哭 曙海」 부분

이 시에서는 최서해의 "어린 것"이 "어른의 무릎으로 뛰어다니며/ '올 아바지 죽었다'고 자랑삼아 재절대네"와 같은 구절에 드러나 있는 측은지심이 특히 돋보인다. 그렇다. 이어지는 구절에서 "모질구려 조것들을 두고 눈이 감아집니까"라고 하는 구절에서 알 수 있는 것은 시인의 차마 어찌하지 못하는 마음이다. 사랑과 연민이라는 말로 표현할 수밖에 없는 시인의 딱하고 안쓰러운 마음은 이어지는 구절에서도 그대로 드러난다. "손수 내 어린 것의 약을 지어준다던" 최서해에게 "어린 것은 나아서 요람 위를 뱅글뱅글 웃는데/꼭 한번 와 보마더니 언제나 언제나 와주시려오"라고 하며 반문하는 마음에 들어 있는 것도 딱하고 안쓰러운 마음이기 때문이다. "그 유모스러운 웃음은 어디 가서 웃으며/그 邪氣 없는 표정은 어느 얼굴에서 찾더란 말이요?/사람을 반기는 그대의 손은 유난히도 더웠습니다" 등의 구절에 들어 있는 시인의 마음 역시 사랑과 연민의 정서라고 하지 않을 수 없다.

독립혁명에 참여했던 동지들의 죽음에 대한 사랑과 연민의 정서는 그의 시 「輓歌」에 의해서도 확인된다. 이 시의 "궂은 비 줄줄이 내리는 황혼의 거리를/우리들은 동지의 관을 메고 나간다/수의(壽衣)도 명정(銘旌)도 세우지 못하고/수의조차 못 입힌 시체를 어깨에 얹고/엊그제 떠메어 내오던 옥문(獄門)을 지나/철벅철벅 말없이 무학재를 넘는다"와 같은 구절에서 느낄 수 있는 정서 역시 차마 어찌하지 못하는 마음, 곧 측은지심이라고 할 수밖에 없기 때문이다.

그의 시에 드러나 있는 차마 어찌하지 못하는 마음, 즉 측은지심이 사랑과 연민의 정서이거니와, 이는 "몇 해 전 이 바다 魚腹에 생목숨을 던진/청춘 남녀의 얼굴"(「현해탄」)을 통해 구현되기도 하고, "날마다 불러가는 아내의 배"(「토막생각」)를 통해 구현되기도 한다. 물론 이들 사랑과 연민의 정서는 "고요한 밤 너의 자는 모습 얼굴을 무심코 들여다볼 때" "아비의 마음은 해면처럼 사랑에 붓는다"(「어린 것에게」)와 같은 구절을 통해 드러나기도 한다. 가족에 대한 사랑과 연민의 정서를 담아내고 있는 것이 이들 시의 몇몇 구절이라고 할 것이다.

심훈의 시에서 딱하고 안쓰러운 마음, 즉 사랑과 연민의 정서는 때로 자기 연민, 자기 사랑의 형식으로 구체화하기도 한다. 차마 어찌하지 못하는 마음, 즉 측은지심이 시인 자기 자신을 향해 토로해질 때도 있다는 것이다. "천리만리 생각이 아득하여/구름장을 타고 같이 떠도는 내 마음은/애달픈 심란스럽기 비길 데 없"(「풀밭에 누워서」)다는 구절에 함유된 정서야말로 자기 연민이고, 자기 사랑이라고 하지 않을 수 없다. "뭇 벌레 덩달아 밤을 쓰는/눈 감고 책상머리에 앉아 있으려면/내 마음은 가볍고 무거운 생각에 눌려,/깊이 모를 바다 속으로 가라앉는다."(「秋夜長」)고 하는 구절에서 확인할 수 있는 정서도 실제로는 자기 연민, 자기 사랑이라고 해야 마땅하다. "온갖 설움을 꿀꺽꿀꺽 참아 넘기고/낮에는 히히 허허 실없는 체하건만/쥐 죽은 듯한 깊은 밤은 사나이의 통곡장이외다"(「독백」)와 같은 구절에서 확인할 수 있는 정서도 일종의 자기 연민이고, 자기 사랑이라고 해야 옳다.

　이처럼 풍부한 사랑과 연민의 감정을 지니는 것이 그의 시이거니와, 때로 그것은 국토예찬, 자연예찬의 형식을 취할 때도 없지 않다. 물론 이는 그가 이 나라 강산에 대한 정성스러운 애정을 지니고 있다는 것을 증명한다. 그의 시대가 일제강점기인 만큼 자연에 대한 사랑이 국토에 대한 사랑이기도 했다는 점을 알기는 어렵지 않다. 산이며 강, 꽃이며 나무, 눈이며 비에 대한 지극한 관심 또한 사랑과 연민의 정서로 드러나 있는 것이 그의 시라는 것이다. (2019)

김현승 시의 정신 차원

1. 새벽과 아침의 이미지

　김현승(金顯承) 시인이 이 땅에 온 것은 1913년 4월 4일의 일이고, 이 땅을 떠난 것은 1975년 4월 11일의 일이다. 대략 62년 남짓 이 땅에 머물다가 간 것이 그의 생애인 셈이다. 그가 갑자기 쓰러진 것은 숭실대학교 웨스트민스터 채플에서 자신의 신앙을 간증하는 설교를 하기 직전 찬송을 마치고 기도를 하던 중이었다. 곧바로 가까운 현대종합병원으로 이송해 기관을 절개하는 수술을 받았으나 그는 끝내 혼수상태에서 벗어나지 못했다. 급기야 수색의 자택으로 옮겨졌으나 저녁 7시 20분경 마침내 그는 유명을 달리한다.

　김현승 시인의 아버지는 목사인 김창국(金昶國)이고, 어머니는 가정주부인 양응도(梁應道)이다. 그는 아버지가 신학을 공부하던 유학지인 평양에서 6남매 중 차남으로 출생한다. 평양신학교를 마친 부친이 제주도의 성내교회에서 목회자로 있던 시기인 7살 때까지는 그도 제주도에서 산다. 부친이 광주의 양림교회의 담임목사로 부임하게 되자 광주로 이주해 살며 그는 광주 사람이 된다. 그 후 그는 광주의 숭일 초등학교를 졸업하고, 평양의 숭실중학교에 진학하기까지 10여 년간을 광주에서 생활한다.

김현승 시인이 본격적으로 문학 공부를 시작한 시기는 1932년 평양의 숭실전문학교 문과에 진학하면서부터이다. 당시 이 학교에는 시인 양주동과 소설가 이효석이 교수로 있었다고 한다. 당연히 그는 이들 교수로부터 영향을 받아 시작을 출발한다. 1933년 대학 2학년이 되었을 때는 위장병이 심해 어쩔 수 없이 학업을 중단하고, 부모가 계시는 광주로 내려와 요양하기도 한다. 얼마간 몸이 회복된 뒤 복학하면서부터 그는 다시 시작에 몰두한다. 겨울방학이 되었을 때도 그는 기숙사에 혼자 남아 밤이 늦도록 시를 썼다고 한다.

이렇게 쓴 시가 나중에 그의 데뷔작이 된다. 이들 시 가운데 1943년 동아일보에 처음 발표된 「쓸쓸한 겨울 저녁이 올 때 당신들은」, 「어린 새벽은 우리를 찾아온다 합니다」 등은 1934년 양주동 교수의 소개로 이루어진 것으로 알려져 있다. 이렇게 등단의 절차를 거친 이후 김현승은 「아침」, 「황혼」, 「새벽은 당신을 부르고 있습니다」, 「떠남」, 「새벽」, 「새벽 교실」 등의 시를 계속 발표하면서 문단의 주목을 받기 시작한다. 다음의 시는 그의 데뷔작 「쓸쓸한 겨울 저녁이 올 때 당신들은」의 일부분이다.

> 아침 해의 축복과 사랑을 받지 못하는 크고 작은 유리창들이
> 순간의 영광답게 최후의 찬란답게 빛이 어리었음은
> 저기 저 찬 하늘과 추운 지평선 위에 붉은 해가 피를 뿌리고 있습니다.
> 날이 저물어 그들의 황홀한 심사가 멀리 바라보이는
> 광활한 하늘과 대지와 더불어 황혼의 묵상을 모으는 곳에서
> 해는 날마다 그의 마지막 정열만을 세상에 붓는다 합니다.
> 여보세요. 저렇게 붉은 정열만은 아마 식을 날이 없겠지요.
> 아니 우랄산 골짜기에 쏟아뜨린 젊은 사내들의 피를 모으면 저만
> 할까?

그렇지요. 동방으로 귀양 간 젊은이들의 정열의 회합이 있는 날
아! 저 하늘을 바라보세요.
황금창을 단 검은 기차가
어둡고 두려운 밤을 피하여 여명의 나라로 화살같이 달아납니다.
그늘진 산을 넘어와 광야의 시인 —검은 까마귀가 성읍을 지나간 후
어두움이 대지에 스며들기 전에
열차는 안전지대의 휘황한 메트로폴리스를 향하여
흑암이 절박한 북부의 설원을 탈출한다 하였습니다.
그러면 여보! 이날 저녁에도 또한 밤을 피하지 못하는 사람들이 있
지 않습니까?

  이 시를 비롯해 1930년대 중반 이후 발표하기 시작한 그의 시들은 모두 일제강점기라는 역사적 현실과 깊이 관련되어 있다. 그 자신도 말하고 있듯이 "자연미에 대한 예찬과 동경"을 "짙게 풍기고 있"으면서도 인간의 이상을 심도 있게 노래하는 것이 이들 시이다. 그의 이들 시의 밑바닥에는 인간의 이상뿐만이 아니라 민족적 낭만의 정신이 짙게 깔려 있다고 평가되고 있다. 그렇다. 이즈음의 그의 시가 갖는 특징을 한마디로 요약하면 '자연의 이미지들과 함께하는 민족적 낭만주의'라고 불러야 마땅하다. 물론 이는 이들 시가 창작되던 시기가 암울하기 짝이 없던 일제강점기였기 때문에 가능했던 심미적인 특징이라고 할 수 있다. 이 무렵에 발표된 시에서 그가 아침이나 새벽의 이미지를 강조하는 것도 일제강점기라는 당대의 시대적 상황과 무관하지 않아 보인다.

새벽의 보드라운 촉감이 이슬 어린 창문을 두드린다.
아우야 남향의 침실 문을 열어제치라.
어젯밤 자리에 누워 헤이던 별은 사라지고

선명한 물결 위에 아폴로의 이마는 찬란한 반원을 그렸다.

　　꿈을 꾸는 두 형제가 자리에서 일어나 얼싸안고 바라보는 푸른 해
안은 어여쁘구나
　　배를 쑥 내민 욕심 많은 풍선이 지나가고
　　하늘의 젊은 「퓨우리탄」—동방의 새 아기를 보려고 떠난 저 구름들이
　　바다 건너 푸른 섬에서 황혼의 상복을 벗어버리고 순례의 흰옷을
훨훨 날리며 푸른 수평선을 넘어올 때
　　어느덧 물새들이 일어나 먼 섬에까지 경주를 시작하노라.

　　아우야. 얼마나 훌륭한 아침이냐.
　　우리들의 꿈보다는 더 아름다운 아침이 아니냐.
　　어서 바다를 향하여 기운찬 돌을 던져라.
　　우리들이 저 푸른 해안으로 뛰어갈 아침이란다.

　　　　　　　　　　　　　　　　　　　　—「아침」 전문

　　김현승 시인의 이 시가 발표된 것은 1934년 6월 〈조선중앙일보〉를 통해서이다. 이 시에서도 그는 앞의 시에서와 마찬가지로 '새벽', '바다', '남향', '아폴로' 등의 이미지를 통해 새로운 역사에 대한 희망을 담아내는 일에 주력한다. 잃어버린 조국과 함께해온 그동안의 절망감을 훌훌 털어버리고 "꿈을 꾸는 두 형제가 자리에서 일어나 얼싸안고 바라보는 푸른 해안", "우리들의 꿈보다 더 아름다운 아침" 등의 이미지를 통해 새로운 시대에 대한 열망을 담아내려 한 것이 이 시라는 얘기이다. "동방의 새 아기를 보려고 떠난 저 구름들이/바다 건너 푸른 섬에서 황혼의 상복을 벗어버리고 순례의 흰옷을 훨훨 날리며 푸른 수평선을 넘어"오는 이미지 등 또한 민족의 미래와 관련한 희망의 메시지를 담고 있다고 해야 옳다.

이처럼 새벽이나 아침의 이미지를 통해 낭만적 희망의 세계를 노래해온 것이 그이지만 일제강점기 말에 이르러 그는 다른 많은 시인과 달리 과감하게 붓을 꺾고 침묵한다. 이렇게 침묵하던 그는 8·15해방 당시인 1945부터 다시 작품을 발표하기 시작하는데, 『문예』 8월호에 발표한 「시의 겨울」이 그 대표적인 예이다. 이 시에서 그는 "철사처럼 가늘어"진 "한국 시의 허리"를 지적하며 "서릿발 치운 이 겨울/언어와 침묵의 가지 끝에는/피가 흐르지 않는다"고 탄식한다. 그러면서 그는 "시청 광장에 불이라도 피우자/모닥불이라도 활활 피우자"라고 언성을 높인다. 여전히 낭만적 민족의식과 함께하는 것이 그의 시라는 뜻이다.

2. 인간, 자연, 신의 재발견

일제강점기에 그의 시가 보여준 '민족적 낭만주의'의 경향은 1945년 8월 해방 이후부터 점차 새로운 모습을 취하기 시작한다. 민족적 낭만 정신으로 맨 처음 시인의 길을 출발하지만 8·15 광복 이후에는 좀 더 새로운 세계를 개척하기 위해 치열한 노력을 기울인 것이 시인 김현승이라는 것이다. 1946년 이후 발표된 「내일」, 「창」, 「자화상」, 1950년 이후 발표된 「생명의 합창」, 「동면(冬眠)」, 「명일의 노래」, 「생명의 날」 등 밝고 건강하고 지적인 분위기를 보여주는 시들이 다름 아닌 그 예이다. 이들 시에서 그가 "창을 사랑하는 것은,/태양을 사랑하는 말보다/눈부시지 않다"(「창」)고 노래할 때의 '창'이 "내일은 언제나 내게는 축제의 날"(「내일」)이라고 할 때의 내일과 다르지 않다는 것을 반드시 기억할 필요가 있다.

이들 작품을 발표하면서 그는 서서히 목사님의 아들로 태어나 몸에 익은 기독교 사상을 토대로 새로운 신앙시 및 양심시를 쓰기 시작한다. 일제강점기의 그의 시는 자연 예찬을 매개로 하는 낭만적 민족주의의 경향을 띠었지만 8·15해방 이후의 그의 시는 인간의 내면세계를 깊이 있게 추구하는 기독교적 경향을 띠기 시작했다는 것이다. 이를테면 자신의 시를 통해 그가 기독교 신앙을 바탕으로 하는 신의 섭리나 배리, 영원한 것 등의 가치를 추구하기 시작했다는 뜻이다. 물론 이는 그가 자신의 시에서 기독교 사상 및 신앙에 입각한 절대적 가치, 즉 사랑과 고독, 소외 등 인간의 본질적 가치를 추구하기 위한 전조를 출발했다는 얘기이기도 하다.

해방 직후 주옥같은 시를 발표하며 문단의 전면에 나서게 된 그는 1951년부터 조선대학교 문리과 대학 국어국문학과의 교수로 봉직하게 된다. 이와 동시에 자기의 고향 광주에서 시인 박용철의 미망인인 임정관 여사의 경제적 도움을 받아 박흡(朴洽), 장용건(張龍健) 등과 함께 종합문예지 『신문학(新文學)』을 발행한다. 모두 제6집까지 나온 『신문학(新文學)』은 그의 고향 광주에서 발간된 종합문예지이지만 황순원의 단편소설 「소나기」, 서정주의 시 「무등을 보며」 등을 수록하면서 전국적인 명성을 얻는다.

1953년에는 김현승 시인의 대표작 중의 하나인 「플라타너스」가 『문예』에 발표되는데, 이 시는 그 자신과 자연, 그리고 신이 이루는 상호 관계가 구현되면서 그 나름의 드높은 정신 차원을 담게 된다. 그의 인간관 및 자연관, 그리고 신관이 포함된 것이 이 시라고 할 수 있다. 무엇보다 이 시는 인간과 신이 이루는 상호관계에 대한 시인 김현승의 확고한 믿음이 담겨 있어 주목된다.

    꿈을 아느냐 네게 물으면
    플라타너스
    너의 머리는 어느덧 파아란 하늘에 젖어 있다.

    너는 사모할 줄을 모르나
    플라타너스

너는 네게 있는 것으로 그늘을 늘인다.

먼 길에 오를 제
홀로 되어 외로울 제
플라타너스
너는 그 길을 나와 같이 걸었다.

이제, 너의 뿌리 깊이
나의 영혼을 불어넣고 가도 좋으련만
플라타너스
나는 너와 함께 신(神)이 아니다!

수고로운 우리의 길이 다하는 어느 날
플라타너스
너를 맞아 줄 검은 흙이 먼 곳에 따로이 있느냐?

나는 오직 너를 지켜 네 이웃이 되고 싶을 뿐
그곳은 아름다운 별과 나의 사랑하는 창이 열린 길이다.
―「플라타너스」 전문

이 시에는 몇몇 상징적 장치가 숨겨져 있다. 무엇보다도 일단은 '플라타너스'는 자연을 상징하고 있고, '나'는 인간을 상징하고 있다는 것을 알아야 한다. 인간을 상징하는 시인에 의해 자연을 상징하는 플라타너스가 '너'라고 명명되는 것이 이 시이다. 시인 김현승에 의해 플라타너스가 '너'라고 명명된다는 것은 그것이 그만큼 그와 가까운 관계에 있다는 것을 뜻한다. 우선은 그가 플라타너스를 사물의 관계인 '그'라고 부르지 않고 인간의 관계인 '너'라고 부르고 있다는 것을 유의해야 한다. 시인에게는 플라타너스가 "꿈을 아느냐"라고 물을 수 있는 좀 더 친밀한 관계에 있다는 것을 잊지 말아야 한다.

이 시에서 시인이 "꿈을 아느냐"라고 물으면 플라타너스는 자기의 머리가 "어느덧 파아란 하늘에 젖어 있다"라고 말한다. 그에게 플라타너스는 "먼 길에 오를 제/홀로 되어 외로울 제" "그 길을 나와 같이 걸"어 온 존재이다. 이처럼 그에게 플라타너스로 상징되는 자연은 충분히 서로 소통(疏通)과 교호(交互)가 가능한 관계, 곧 친밀한 관계로 인식되고 있다. 그렇기는 하더라도 그는 이어지는 구절에서 플라타너스, 곧 자연이 "나와 함께 신(神)이 아니"라고 강조한다. 플라타너스, 곧 자연은 그에게 "오직 너를 지켜 네 이웃이 되고 싶을 뿐"인 관계라는 것이다. 이때 시인 김현승에게 좀 더 명확히 인식되는 바는 인간의 질서와 자연의 질서가 같지 않다는 점이다. 인간의 질서와 자연의 질서가 같지 않다는 것은 인간의 질서와 신의 질서가 같지 않다는 것이기도 한데, 그럴 때라야 그의 마음에 절대 신앙이 작용할 수 있지 않겠는가.

신과 자연에 대한 이러한 정신 차원이 가능한 것은 기독교인으로서 그의 신앙이 엄격하게 따로 존재하기 때문으로 보인다. 인간의 원리와 자연의 원리, 그리고 신의 원리가 따로 존재한다고 생각하지 않고서는 그에게 이러한 정신 차원이 가능하지 않으리라는 것을 염두에 두어야 한다. 그렇다. 인간의 존재 방식과도 다르고, 자연의 존재 방식과도 다른, 신의 존재 방식이 별도로 존재한다고 받아들였던 것이 이 무렵의 시인 김현승이라는 것을 잊어서는 안 된다.

하지만 그의 이러한 정신 차원은 오래 지속되지 못한다. 그것이 오래 지속되지 못하는 까닭은 그가 이러한 정신 차원에 도달한 동시에 인간이라는 생명체가 지니는 보편적 진실 및 진리, 그리고 그와 더불어 신의 섭리에 대한 탐구를 게을리하지 않았기 때문이다. 당시에 이르러 그가 기독교적 진실 및 진리를 통해 인간을 비롯한 우주 전체가 지니는 진실 및 진리에까지 이르고자 하는 의지를 포기하지 않고 있었다는 것이다. 예의 진실 및 진리에까지 이르고자 하는 의지를 담아내고 그의 시 또한 자연의 이미지를 매개로 하는 비유와 상징의 형식을 취하지 않을 수 없지만 말이다. 1956년에 이르면 마침내 그는 우주의 질서와 함께하는 신의 섭리를 형상화하는 시 「눈물」을 발표하거니와, 나중에 이 시는 그의 대표작으로까지 평가되고 있어 더욱 주목된다.

> 더러는
> 옥토에 떨어지는 작은 생명이고저……
>
> 흠도 티도,
> 금 가지 않은
> 나의 전체는 오직 이뿐!
>
> 더욱 값진 것으로
> 드리라 하올제,
>
> 나의 가장 나아종 지니인 것도 오직 이뿐!
>
> 아름다운 나무의 꽃이 시듦을 보시고
> 열매를 맺게 하신 당신은,
>
> 나의 웃음을 만드신 후에
> 새로이 나의 눈물을 지어주시다.
>
> ―「눈물」 전문

화자인 시인이 '눈물'의 이미지로부터 "옥토에 떨어지는 작은 생명"이라는 진실 및 진리를 발견하면서부터 이 시는 시작된다. 그에게는 "흠도 티도,/금 가지 않은/나의 전체는 오직 이뿐"인 것이 다름 아닌 '눈물'인 것이다. 그에게는 눈물이 신께서 "더욱 값진 것으로/드리라 하올제/나의 가장 나아종 지니인 것"이기도 하다. 그렇다면 시인에게 "더욱 값진 것"을 요구하는 '당신'은 누구인가.

물론 여기서 말하는 '당신'은 "아름다운 나무의 꽃이 시듦을 보시고/열매를 맺게 하"는 분이다. 나아가 그분은 "나의 웃음을 만드신 후에/새로이 나의 눈물을 지어주신" 분이기도 하다. 이분이 기독교의 신인 여호와라는 것은 덧붙여 설명할 필요가 없다. 이에서도 알 수 있듯이 기독교적인 진실 및 진리를 바탕에 두면서 신의 섭리를 노래하는 것이 이 시라고 해야 마땅하다. 그렇다. "나무의 꽃이 시듦을 보시고/열매를 맺게 하신" 분이 당신, 곧 여호와 하나님이라는 것은 이론(異論)의 여지가 없다. 여기서 말하는 '당신', 곧 여호와 하나님이 "나의 웃음을 만드신 후에/새로이 나의 눈물을 지어 주"신 분이기도 하다는 것을 기억하지 않으면 안 된다. 이때의 여호와 하나님이 우주의 질서를 주재하는 분이기도 하다는 것은 불문가지다.

3. 고독의 발견과 그 극복

1950년 6·25 전쟁 이후 시인 김현승은 위의 시 「눈물」에서처럼 신의 섭리에 대한 믿음을 바탕으로 새로운 정신 차원을 맞는다. 기독교 사상이라는 시각을 바탕으로 1950년 6·25 전쟁 이후 새롭게 전개되는 현실을 해석하고 의미를 부여하기 시작하는 것이 그라는 것이다. 하지만 예의 시 「눈물」에서와 같은 신의 섭리에 대한 그의 전폭적인 신뢰는 별로 오래 지속되지 않는다. 기독교 사상으로 세상의 원리를 새롭게 해석하는 가운데에 그가 궁극적인 신앙의 대상인 신, 곧 여호와 하나님에 대해 전면적인 고뇌에 빠져들게 되었기 때문이다. 그렇다. 인간이나 자연의 원리와는 다른 신의 원리가 별도로 존재한다고 생각했던 것과 관련하여, 그 무렵 그는 신에 대한 좀 더 근본적인 질문을 하기 시작한다. 이즈음 들어 자기 자신의 시를 통해 신앙의 문제 전반에 대한 아주 진지한 고뇌에 빠져들게 된 것이 시인 김현승이라는 것이다.

신이라는 존재와 인간 및 자연이라는 존재가 이루는 상호관계에 대한 그의 좀 더 근본적인 질문은 매우 절실하고 진실해 보인다. 이러한 질문이 계속되면서 그는 자신의 시를 매개로 인간이라는 유한한 존재의 실존적 정신은 물론 신이라는 무한한 존재의 절대적 정신에 이르기까지 매우 구체적인 탐구를 계속한다. 그러는 과정에 그는 신으로부터 분리되었을 때, 곧 신을 잃게 되었을 때 모든 인간이 숙명적으로 도달하게 되는 '고독'에 대한 탐구를 시작한다. 고독이라는 것이 신에게는 있지 않은, 인간만이 갖는 것이라는 점을 기억해야 한다.

고독이란 무엇인가에 대한 거듭되는 질문 속에서도 그는 자신의 시에 감상적 허무나 절망, 회의 등을 드러내지 않는다. 이러한 질문의 과정에 오히려 인간 존재의 근원적 본질에 대한 고뇌까지 보여주고 있는 것이 그이다. 그의 시에 드러나 있는 이러한 고뇌는 기독교 사상은 물론 사상 일반을 자신의 시와 일치시키고, 그것을 자신의 시에 수용하려는 의지까지 보여준다. 그와 동시에 그는 자신의 시에 기독교 사상은 물론 기타 사상의 추상이나 관념까지도 구체적인 이미지를 통해 드러내려고 노력한다. 말하자면 이즈음 그의 시는 고독이나 사랑 등 형이상학적 가치 일반까지도 감각적 이미지를 통해 구체화하려는 정신 차원을 보여주기 시작한다는 것이다. 그의 시가 일반적으로 생생한 이미지, 정밀한 언어, 함축미, 간결미, 정제미(整齊美) 등의 특성을 보여주는 것도 이러한 정신 차원과 무관하지 않아 보인다.

1957년에 이르러 그는 처녀시집 『김현승시초(金顯承詩抄)』를 간행한다. 이 시집에 수록된 시들은 대부분 기독교 정신의 내면화 혹은 사물화라고 하는 특징과 함께한다. 앞에서 논의한 바 있는 여러 가지 특징을 충분하고도 넉넉하게 담아내고 있는 것이 이 시집에 수록된 그의 시들이다.

그로부터 6년 뒤인 1963년에 그는 제2시집 『옹호자(擁護者)의 노래』를 간행하는데, 이 시집에 실린 시들에는 무엇보다 4·19 혁명의 여진과 관련된 가치가 담뿍 들어 있어 관심을 끈다. 우선은 이 시집에 수록된 시 「자유여」에서부터 4·19 혁명의 여진과 관련된 가치를 확인할 수 있다.

> 너를 위해 흘릴
> 우리들의 피는
> 아직도 넉넉히 남아 있다.
> 자유여.
>
> 살아 있는 것들의
> 모든 팽창하는 것들의
> 어머니의 어머니여.
> 자유여.
>
> 내가 배운 첫마디
> 영광 있는 나의 모국어여.
> 자유여.
> 우리들의 영토보다
> 삼천리보다
> 더욱 크고 넓은 땅이여.
> 자유여.
>
> ―「자유여」 부분

4·19 혁명의 핵심 가치가 '자유'라는 것은 구태여 여기서 강조할 필요가 없다. '자유'의 가치를 적극적으로 옹호하는 이 시가 발표된 것은 4·19 혁명의 결과가 자리를 잡아가는 1960년 9월 6일 「충대학보」를 통해서이다. '자유'가 충분히 보장된 지금의 시각으로는 다소간 낯설게 느껴지기도 하지만 4·19 혁명 당시에는 가장 중요하게 불거진 가치가 '자유'라는 것을 잊어서는 안 된다.

깨어 있는 개인이 도덕이나 윤리에 어긋나지 않는 한 마음대로 표현하고 행동할 수 있는 자유가 실질적으로 보장된 것은 1998년 김대중 정권이 들어선 이후부터라고 해야 옳다. 그렇기는 하더라도 이명박, 박근혜 정권이 들어선 이후에는 블랙리스트가 존재하는 등 다시 또 이런저런 억압과 부자유가 거듭되어 온 바 있다. 자유야말로 평등, 사랑, 평화와 함께 자본주의적 근대사회에 이르러 보편화된 가치라는 것을 염두에 둘 필요가 있다. 자유가 없이는 평등, 사랑, 평화와 함께 자본주의적 근대사회 자체가 성립되지 못한다는 것을 잊어서는 안 된다.

이처럼 김현승의 시는 한편으로는 기독교적 상상력을 바탕으로 하고 있고, 다른 한편으로는 당대의 역사적 현실에 관한 깨어 있는 우회적 비판을 바탕으로 전개되어 온 바 있다. 그가 다른 시에서 "무덤같이 음산한 십대의 가슴들에/희망을 잃은 노병들의 두 눈에/일으켜야 할 노래는/신성과 자유이다//오늘의 눈물― 방황하는 세대들에/일으켜야 할 신앙은/신성과 자유이다"(「신성과 자유」)라고 노래하는 것도 4·19 이후의 역사적 현실에 대한 정서적 반응의 하나라고 해야 마땅하다.

4. 고독의 끝 혹은 절대고독

고독은 다른 생명체는 갖지 않는 정신기제, 곧 인간만이 갖는 정서적 특징이다. 그렇다. 고독은 인간이 신으로부터, 곧 에덴으로부터 분리되고 소외되면서 필연적으로 떠안을 수밖에 없게 된 심리상태이다. 신과 분리될 때, 곧 에덴과 분리될 때 인간이 숙명적으로 지닐 수밖에 없는 감정이 고독이라는 것이다. 따라서 고독은 분리감의 변형된 심리상태라고 하지 않을 수 없다.

이처럼 고독은 인간이 신으로부터 분리되면서 갖게 된 분리감, 곧 신의 상실에 따른 상실감, 어머니 대지로부터 일탈되면서 갖게 된 일탈감과 다르지 않다. 고독이 긍정의 감정이라기보다는 부정의 감정이라고 할 수밖에 없는 까닭도 이에서 기인한다. 따라서 고독은 생명의 감정이라기보다는 죽음의 감정이라고 해야 옳다. 플러스 감정이라기보다는 마이너스 감정이라고 해야 마땅한 것이 고독이라는 것이다.

인간이 신으로부터, 곧 에덴으로부터 분리되고 소외된다는 것은 인간이 자연으로부터, 곧 물(物)로부터 분리되고 소외된다는 것을 뜻한다. 어머니 대지인 자연으로부터, 곧 물(物)로부터 분리되고 소외면서 인간은 인간이 되기 마련인데, 그렇게 될 때 인간은 마땅히 그 자체로 분리감과 함께하지 않을 수 없다.

인간이 자연, 곧 물(物)로부터 분리되면서 갖게 되는 분리감이 소외감이나 고독감과 다르지 않다는 것은 명확하다. 분리감, 소외감, 고독감은 하나의 정신기제에 대한 각기 다른 이름이거니와, 상황에 따라 그것이 각기 달리 명명되기 마련이라는 것을 간과해서는 안 된다.

기독교에서는 고독을 비롯한 이때의 감정, 곧 분리감, 소외감을 극복하려면 예수를 매개로 다시 또 신에게로 회귀하는 수밖에 없다고 주장한다. 예수를 매개로 신과 함께하게 될 때 극복할 수 있는 정신기제가 고독이거니와, 신과의 관계가 깨지게 되면, 곧 신과의 관계가 어긋나게 되면 필연적으로 다시 또 이르게 되는 정신기제가 고독이라는 것을 잊어서는 안 된다. 따라서 고독과 맞서 싸워 고독을 극복하거나 초월한다는 것은, 곧 절대고독에 이른다는 것은 신과 동일한 정신 차원에 이른다는 것과 다르지 않다. 신과 대등한 정신 차원을 이르렀을 때 비로소 인간은 고독에 물들지 않을 수 있다는 것인데, 이는 곧 모든 감정의 극복이나 초월을 뜻하기도 한다. 인간과 달리 신은 희로애락애오욕(喜老愛樂哀惡慾)이라는 감정의 밖에 존재하는 빛이요, 진리라는 것을 잊어서는 안 된다. 빛이라고도 불리고 진리라고도 불리는 신이 우주를 움직이는 이치이고 원리 자체라는 것을 간과해서는 안 된다는 것이다.

시인 김현승이 고독의 문제에 집착하게 된 것은 말할 것도 없이 예수를 매개로 함께하게 된 신과의 관계에 문제가 생겼기 때문이다. 이러한 논의는 결국 신에 대한 그동안의 그의 믿음에 이상이 생겼다는 것과 다르지 않다. 그의 마음에 생긴 신에 대한 의심은 그가 "고독은 신을 만들지 않고/고독은 무한의 누룩으로/부풀지 않는다"(「고독한 이유」)고 노래하는 것만 보더라도 잘 알 수 있다. 그의 시의 이 구절에는 무엇보다 고독의 극복을 위해 신에 기대거나 의지하지 않겠다는 생각이 들어 있기 때문이다.

이러한 맥락에서 그는 그즈음 자신의 시를 매개로 인간이라면 누구나 갖게 되는 고독의 문제에 대해 좀 더 전면적인 탐구를 시작한다. 자신의 시를 통해 그렇게 탐구해 가던 고독의 세계는 그의 제3시집인 『견고한 고독』(1968), 제4시집인 『절대고독』(1970)에 이르러 절정을 보여준다. 이들 시집에 수록된 시를 통해 그는 이제 명실공히 고독의 시인으로 자리 잡게 된다. 그렇다. 이들 시집에 이르러 그는 당대의 역사적 현실과 관련한 낭만적 감흥보다는 신과 대립해 존재하는 인간의 정신 내면에 대한 탐구에 좀 더 골몰한다. 마침내 그는 신과 마주한 인간이 갖게 되는 진리나 진실에 대한 정작의 실존적 질문, 신에 대한 고뇌가 어린 회의, 신으로부터 분리되면서 갖게 되는 인간적 고독 등을 시적 주제로 선택하게 된다.

이처럼 그는 이들 두 시집에 이르러 자신의 시적 주제를 '고독'이라는 추상으로 압축해 나간다. 물론 그가 '고독'의 문제를 맨 처음 자신의 시에 등장시킨 것은 그 이전의 시집 『옹호자의 노래』에 실려 있는 「인간은 고독하다」이다. 이 시에서 그는 원천적으로 고독할 수밖에 없는 인간을 두고 "저녁 일곱 시의 저무는 육체와/원죄를 끌고 가는 영혼의 우마차"라고 명명한다.

그러나 그가 '고독'의 문제에 직면해 있는 자기 자신의 정신 차원을 정작 시로 다루게 된 것은 1964년 소작(所作)인 「고독」, 「제목」 등의 시에 의해서이다. 이들 시에 이르러 그는 신을 두고 좀 더 친근하게 '너'라고 부르기 시작한다. '너'라고 부르는 신과 관련하여 이들 시에서 그는 "너를 잃은 것도/나를 얻은 것도 아니다."(「고독」)라고 진술하는 동시에 너를 "떠날 것인가./남을 것인가.//나아가 화목할 것인가/쫓김을 당할 것인가"(「제목」)라고 자문한다. 그의 시의 이들 구절이야말로 신에 대한 본격적인 회의가 드러나 있는 예라고 하지 않을 수 없다.

  너를 잃은 것도
  나를 얻은 것도 아니다.

  네 눈물로 나를 씻어주지 않았고
  네 웃음이 내 품에서 장미처럼 피지도 않았다.

  눈물은 쉬 마르지 않고
  장미는 지는 날이 있다.
  그러나 그것도 아니다.

  너를 잃은 것을
  너는 모른다
  그것은 나와 내 안의 잃음이다.

그것은 다만…….

—「고독」 전문

　이 시에서 먼저 그는 신과 관련해 "너를 잃은 것도/나를 얻은 것도 아니다"라고 진술한다. 그러한 뒤 그는 이 시의 마지막 연에 이르러 '너'라고 호명되는 신에 대해 좀 더 명확하게 내가 "너를 잃은 것을/너는 모른다"고 덧붙인다. 이때의 '너'가 바로 신이라는 것을 잊어서는 안 된다. 이어지는 구절에서는 그가 비록 '너', 곧 신을 잃은 것이 "나와 내 안의 잃음"에 불과하다고 노래하더라도 말이다. 이들 예에 드러나 있는 것처럼 이제 그는 신의 존재와 믿음에 대한 제법 심각한 불신과, 그에 따른 갈등을 감내하기 시작한다.
　이들 논의에서도 확인할 수 있듯이 신에 대한 부정과 회의는 시집 『견고한 고독』과 『절대고독』의 여러 곳에서 확인된다. 신에 대한 부정과 회의의 끝에 그가 도달한 세계는 신과 대등하게 마주하는 세계, 곧 절대고독의 세계일 수밖에 없다. 이때 그가 도달하는 절대고독의 정신 경지는 주체의 고독 밖에 따로 존재하는 객체의 진리 혹은 원리로서의 정신 차원과 다르지 않다.
　이와 관련하여 그는 우선 자신이 마주하는 고독을 "껍질을 더 벗길 수도 없이/단단하게 마른/흰 얼굴", "그늘에 빚지지 않고/어느 햇볕에도 기대지 않는/단 하나의 손발"과 같은 견고한 이미지로 표현한다. 이들 이미지는 다시 또 그의 시에 의해 "결정(結晶)된 빛의 눈물,/그 이슬과 사랑에도 녹슬지 않는/견고한 칼날"(「견고한 고독」) 등 구체적인 사물로 전이시켜 드러낸다.
　위의 시에 이어 깊어진 '고독'에 대한 탐구는 그의 시 「절대고독」에 이르러 좀 더 진술의 언어, 서술의 언어를 확보한다. 그만큼 그의 이 시 「절대고독」에는 고독에 대한 그 자신의 드높은 정신 차원이 담겨 있다. '고독'이라는 관념이 생생한 이미지를 통해 상징화되지 않고 다양한 상념과 함께하며 진술되고 서술되는 것이 다름 아닌 그의 이 시이다. 이 시에서 그는 좀 더 근본적인 진술과 서술로 '고독'에 대한 자신의 정신 차원을 현현한다.

나는 이제야 내가 생각하던
영원의 먼 끝을 만지게 되었다.

그 끝에서 나는 눈을 비비고
비로소 나의 오랜 잠을 깬다.

내가 만지는 손끝에서
영원의 별들은 흩어져 빛을 잃지만
내가 만지는 손끝에서
나는 내게로 오히려 더 가까이 다가오는
따스한 체온을 느낀다.
이 체온으로 나는 내게서 끝나는
나의 영원을 외로이 내 가슴에 품어준다.

그리고 꿈으로 고이 안을 받친
내 언어의 날개들을
내 손끝에서 이제는 티끌처럼 날려 보내고 만다.

나는 내게서 끝나는
아름다운 영원을
내 주름 잡힌 손으로 어루만지며 어루만지며,
더 나아갈 수도 없는 나의 끝에서

드디어 입을 다문다—나의 시와 함께.

　　　　　　　　　　　　　　—「절대고독」 전문

　이 시와 더불어 마침내 그는 '고독의 끝'에 이르게 된다. '고독의 끝'에 이른다는 것은 물론 '절대고독'에 이른다는 것을 가리킨다. '고독의 끝'이 내포하는 정신 차원과 '절대고독'이 내포하는 정신 차원이 다르지 않기 때문이다. '고독의 끝'이라는 정신 경지와 관련해 시인 김현승은 일단 먼저 "거기서/나는/옷을 벗는다//모든 황혼이 다시는/나를 물들이지 않는 곳에서//나는 끝나면서/나의 처음까지도 알게 된다"(「고독의 끝」)고 노래한다. 이로 미루어 따져보면 '고독의 끝'이 끝이면서 처음이고, 처음이면서 끝인 정신 차원과 무관하지 않다고 할 수 있다. 이 시에 의하면 그가 '고독의 끝'에 이르러 옷으로 상징되는 잡다한 감정으로부터 해방되기 때문이다. 잡다한 감정으로부터 해방된다는 것은 진리 혹은 원리로서의 정신 차원에 이르게 된다는 것을 뜻한다.

　이 시 「고독의 끝」을 매조지하는 구절에서 그는 "내가 할 일은/거기서 영혼의 옷마저 벗어 버"리는 일이라고 말한다. 그렇다. 그는 지금 영혼의 옷이 아주 높은 정신 차원을 상징한다고 하더라도 그것마저 벗어버리겠다고 노래한다. 그로서는 지금 이 시에서 고독의 끝에 이르는 것이 영혼의 옷을 벗는 일, 곧 죽음을 통과하는 것과 다르지 않다는 것을 강조하는 셈이다.

　'고독의 끝'에 이르렀다는 것은 결국 고독의 궁극적 내포를 깨달았다는 것을 가리킨다. 고독의 궁극적 내포를 깨닫게 되면 누구라도 고독으로부터 초월하지 않을 수 없다. 고독의 끝에 이른 정신 차원은 고독 밖에 이른 정신 차원, 즉 고독을 초월한 정신 차원, 곧 고독으로부터 해방된 정신 차원일 수밖에 없기 때문이다. 따라서 '고독의 끝'에 이르게 되면, 곧 절대고독에 이르게 되면 신(여호와)과 같은 정신 차원에 이르게 된다. 이를테면 이때 그가 이윽고 우주의 진리이고 원리인 정신 차원을 깨닫게 되었으리라는 것이다.

　강조하거니와, 그는 마침내 위의 시에서 고독의 끝, 곧 절대고독, 곧 신과 같은 정신 차원을 깨닫게 된다. 그것을 그는 "나는 이제야 내가 생각하던/영원의 먼 끝을 만지게 되었다"라고 노래한다. "영원의 먼 끝을 만지게 되었다"는 것은 그가 고독의 끝에 이르러 있다는 것과 다르지 않거니와, 이는 결국 그가 절대고독에 이르렀다는 것이 된다. 고독의 끝, 곧 절대고독의 정신 차원은 신의 경지에 오른 존재나 구현할 수 있는 마음의 경지이다.

　이 시의 이어지는 구절에서 그는 자기 자신의 정신 차원과 관련하여 "그 끝에서 나는 눈을 비비고/비로소 나의 오랜 잠을 깬다"라고 노래한다. 물론 이 시에서 "나의 오랜 잠을 깬다"라는 구절의 뜻은 그동안의 맹목적인 신앙으로부터 눈을 뜬다는 것을 뜻한다. 그뿐만 아니라 이들 구절은 시인 김현승이 고독의 끝이라는 정신 차원, 곧 절대고독이라는 정신 차원을 바로 깨닫게 되었다는 것을 가리키기도 한다.

　신의 정신 차원에 이른 존재라고 하더라도 신이 아닌 인간이 이르게 된 절대고독의 정신 차원, 즉 고독의 끝이라는 정신 차원은 오래 견디기 어렵다. 오래 견디기 어렵다는 것은 물론 그것을 오래 지속시키기 어렵다는 것을 가리킨다. 고독의 끝, 곧 절대고독의 정신 차원은 신이 아니고서는 감당하기 어려운 에너지, 엄청난 에너지와 함께할 수밖에 없다. 인간인 그로서는 이 엄청난 에너지를 지속적으로 공급받기 어려웠을 것이 자명하다. 마음으로는 이미 신의 정신 차원에 이르러 있었다고 하더라도 몸은 아직도 인간의 경지에 머물러 있었던 것이 시인 김현승이라는 것을 잊어서는 안 된다.

　이 시의 이어지는 구절에서 그는 고독의 끝, 곧 절대고독의 정신 차원과 관련해 "내가 만지는 손끝에서/영원의 별들은 흩어져 빛을 잃지만/내가 만지는 손끝에서/나는 내게로 오히려 더 가까이 다가오는/따스한 체온을 느낀다"라고도 말한다. "내가 만지는 손끝에서/영원의 별들은 흩어져 빛을 잃"는 다는 구절은 "영원의 별들"이 나와 관계하면서 무한한 존재가 아니라 유한한 존재로 전이된다는 것을 뜻한다. "내가 만지는 손끝에서/나는 내게로 오히려 더 가까이 다가오는/따스한 체온을 느낀다"라는 구절의 의미도 이와 다르지 않다. 그것들이 유한한 존재, 생명이 있는 존재이기 때문에 고독의 끝에 도달한 초월자, 절대 고독자인 그로서는 그것들한테서 인간적인 "따스한 체온을 느"낄 수밖에 없는 것이다.

이와 동시에 그는 다시 절대고독에 이른 자기 자신의 정신 차원과 관련해 "이 체온으로 나는 내게서 끝나는/나의 영원을 외로이 내 가슴에 품어준다"라고 말한다. 물론 이 구절이 내포하는 바도 의미심장하기는 마찬가지이다. 우선은 이 구절에 드러나 있는 '영원'이 인간의 것이 아니라 신의 것이라는 점을 먼저 기억해야 한다. 따라서 "내게서 끝나는/나의 영원"이라는 구절의 내포가 중요하지 않을 수 없다. 그가 도달한 "나의 영원"이 비록 "내게서 끝나"더라도 마침내 내가 영원에 도달했다는 뜻이 되기 때문이다. 그렇다면 "이 체온으로 나는 내게서 끝나는/나의 영원을 외로이 내 가슴에 품어준다"라는 구절의 내포도 명확해진다. 나의 영원이 비록 내게서 끝난다고 하더라도 그가 나 자신의 영원을 유한자, 곧 생명 있는 자의 체온을 통해 "외로이 내 가슴에 품어준"다고 말하고 있기 때문이다. 절대자가 아닌 유한자의 가슴이 품어주는 영원이 정작의 영원으로 존재하기는 어렵다고 하더라도 말이다.

고독의 끝에 이른 자, 곧 절대 고독자, 곧 무한자가 신과 대등한 정신 차원에 오른 자를 가리킨다는 것은 확실하다. 신과 대등한 정신 차원에 오른 시인 김현승에게는 따로 언어라는 것이 필요할 리 만무하다. 절대 고독자인 그 자신이 이미 신이고, 언어이기 때문이다. 물론 이때의 신과 언어는 『성경』의 요한복음 제1장에서 "태초에 말씀이 있었다. 말씀은 하나님과 동시에 있었다. 말씀이 곧 하나님이다"라고 할 때의 '하나님'과 '말씀'을 가리킨다.

이 시의 말미에서 그가 "꿈으로 고이 안을 받친/내 언어의 날개들을/내 손끝에서 이제는 티끌처럼 날려 보내고 만다"라고 노래할 때의 '언어'도 마찬가지의 맥락에서 이해해야 한다. 마침내 그가 "내게서 끝나는/아름다운 영원을/내 주름 잡힌 손으로 어루만지며 어루만지며,/더 나아갈 수도 없는 나의 끝에서/드디어 입을 다문다—나의 시와 함께"라고 노래하는 것도 같은 정신 차원에서 받아들여야 옳다. 그가 말하는 "아름다운 영원"이라는 정신 차원은 '말씀이 곧 하나님'이라는 정신 차원을 가리키거니와, 이때의 정신 차원이 "나의 시와 함께" "입을 다"무는 정신 차원과 다르지 않다는 점을 기억해야 한다. '말씀이 곧 하나님'이라는 정신 차원과 함께할 때 그에게 시라는 말씀, 곧 시라는 언어가 침묵과 다르지 않으리라는 것은 불문가지다.

5. 절대 신앙, 평온과 온화

시인 김현승이 교수로 있던 서울의 숭실대학은 1971년부터 대전의 대전대학과 통합해 숭전대학교라는 이름의 종합대학교로 개편, 운영된다. 그러면서 그는 숭전대학교 대전캠퍼스 국어국문학과에도 출강한다. 숭전대학교 대전캠퍼스에서 그가 맡았던 과목은 시론, 세계문예사조사, 시창작론1, 시창작론2 등이다.

그가 숭전대학교 대전캠퍼스 국어국문학과에 출강하기로 한 것은 무엇보다 시를 쓰는 제자들을 키우기 위해서이다. 이때 이래 숭전대학교는 그로 하여 시를 쓰는 제자들을 키울 수 있도록 하기 위해 상당한 상금의 '다형문학상'을 운영하기도 한다. 이은봉, 윤중호, 강형철, 전인순(전인) 등이 이 무렵 숭전대학교 학보사가 책임을 맡아 운영하던 '다형문학상'을 받으며 시인의 길로 들어선 사람들이다.

숭전대학교 대전캠퍼스 국어국문학과에 출강할 무렵, 곧 1971년 무렵 그는 '고독의 끝', 다시 말해 '절대고독'의 정신 차원으로부터 일상의 정신 차원으로 내려온다. 인간의 몸을 갖는 만큼 그가 엄청난 에너지를 요구하는 '고독의 끝'이라는, '절대고독'이라는 정신 차원을 오래도록 지속하거나 유지하지 못했을 것은 분명하다. 시인 김현승 역시 외부로부터 에너지를 공급받지 않고서는 높은 정신 차원을 발현하지 못하는 존재, 곧 인간이라는 유한한 존재이기 때문이다. 인간이라는 유한한 존재는 누구라도 신과 대등한 정신 차원에 오른다고 하더라도 그것을 유지하고 지속할 수 있는 에너지가 턱없이 부족할 수밖에 없다. 따라서 "아름다운 영원을/내 주름 잡힌 손으로 어루만"져 본 그로서는 그의 시와 함께 "드디어 입을 다"(「절대고독」)물어야 마땅하다.

이처럼 절대고독은 죽음을 뚫고 나올 때나 가능한 정신 차원이다. 고독의 끝에서 죽음을 뚫고 나온 것이 그라고 하더라도 그는 마땅히 다시 또 사람살이의 일상으로 돌아오지 않을 수 없다. 사람살이의 일상으로 돌아온 그로서는 그저 "차를 앞에 놓고/고즈넉한 저녁에 호을로 마"실 따름이다. 그렇다. 그에게도 역시 자기에게 주어진 나날의 일상은 "다만 사실일 뿐"이다. "차의 짙은 향기와는 관계없이/이것은 물과 같이 담담한 사실일 뿐"(「사실과 관습—고독 이후」)이라는 애기이다. 절대고독의 정신 차원과 함께한 적이 있는 사람, 곧 죽음을 뚫고 나와 본 적이 있는 사람이기는 하더라도 일상으로 돌아와 영위하는 그의 삶은 다시 또 이처럼 차분하고 담담할 수밖에 없게 마련이다. "빈 들의/맑은 머리와/단식의/깨끗한 속으로//가을이 외롭지 않게/차를 마"(「다형」)시는 것이 절대고독 이후 그가 도달한 정신 차원이라는 것을 유념해야 한다.

시인 김현승이 경험했던 '영원'이 이내 끝나고 마는 것처럼 고독의 끝에 도달한 자, 곧 절대 고독자로서 그의 깨달음도 영원히 지속되지는 못한다. 영원히 지속되지 못하는 것은 절대 고독자로서의, 곧 무한자로서의 그의 정신 차원도 마찬가지라는 애기이다. 그의 이들 정신 차원 또한 변하고 바뀌는 시간 안에 존재하기 마련이라는 점을 염두에 두지 않으면 안 된다.

거듭 강조하거니와, 절대 고독자라고 하더라도 신과 마주해 자기 자신의 존재를 영원히 지속해 나가기는 어렵다. 자기 자신의 존재를 영원히 지속해 나가기 위해서는 절대 고독자라고 하더라도 그에게 엄청난 에너지가 요구되기 때문이다. 태양과 마찬가지로 신은 자기 자신의 에너지를 바탕으로 새로운 에너지를 거듭 갱신해내는 무한한 발광체라는 것을 잊어서는 안 된다. 인간과 달리 신은 외부로부터 계속해 에너지를 유입시켜 사용해야 하는 유한한 존재가 아니라는 것을 기억해야 한다.

유한자, 곧 생명 있는 자인 시인 김현승이 자신의 시세계의 전개 과정에 절대 신앙으로 회귀하는 것도 실제로는 바로 이러한 맥락에서 이해해야 마땅하다. 바로 그러한 이유에서 그는 "이제야 내가 생각하던/영원의 먼 끝을 만지게 되었다"라고 노래하면서도 이내 다시 "그 끝에서 나는 눈을 비비고/비로소 나의 오랜 잠을 깬다"(「절대고독」)라고 노래하는 것이다.

"오랜 잠을 깬" 그가, 곧 고독의 끝을 체험한 그가, 즉 절대고독을 통과한 그가 나날의 일상을 회복했을 때 갖게 된 정신 차원은 어떠했을까. 이때의 정신 차원이 신과 관련하여 고마운 마음, 감사하는 마음이었으리라는 것은 자명하다. 말년의 시, 곧 절대고독을 통과한 후의 시에서 그는 "감사는/곧 믿음이다//감사할 줄 모르면/이 뜻도 모른다"(「감사」)라고 노래한다. 그뿐만 아니라 이어지는 구절에서 그는 "감사는/곧 사랑이다.//감사할 줄 모르면/이 뜻도 알지 못한다"라고 진술한다.

감사를 믿음의 산물, 사랑의 산물로 받아들이는 것은 그가 그만큼 신에 대한 믿음, 곧 신앙을 회복했다는 것을 가리킨다. 그는 이미 고독과 맞서 싸워, 고독을 초월해 고독 그 자체가 되는 길, 즉 절대 고독자가 되는 길을 극복하는 셈이다. 그렇다. 그는 신과 맞서 존재하는 절대 고독자의 길을 가기보다는 인간으로 돌아와 다시 감사하는 마음으로 신을 경배하는 삶을 살기 시작한다. 다음의 시야말로 그가 인간으로 돌아와 신에 대한 믿음을 다시 실천하기 시작한 것을 증명해준다.

> 당신의 불꽃 속으로
> 나의 눈송이가
> 뛰어듭니다
>
> 당신의 불꽃은
> 나의 눈송이를
> 자취도 없이 품어줍니다.
>
> ―「절대신앙」 전문

 이 시에 드러나 있는 '당신'이 기독교의 신(神)인 '여호와'라는 것은 불문가지다. 이 시에서 기독교의 신인 '당신'은 타오르는 불꽃, 곧 불꽃으로 타오르고 있는 존재로 표현된다. 저 스스로가 발광체인 당신, "당신의 불꽃 속으로" 뛰어드는 "나의 눈송이"가 시인 김현승 자신의 현존재라는 것은 되물어볼 필요조차 없다. 이 시의 2연에 이르면 '당신'이라는 불꽃은 "나의 눈송이를/자취도 없이 품어"준다. 따라서 이 시는 1연의 이미지와 2연의 이미지가 상호 부조하고 있다고 해야 옳다. 이 시에서는 기독교의 신인 여호와를 상징하는 "당신의 불꽃 속으로/나의 눈송이가/뛰어"드는 1연의 이미지, "당신의 불꽃"이 "나의 눈송이를/자취도 없이 품어"주는 2연의 이미지가 상호 부조되고 있다는 것이다. 따라서 이 시는 시인 김현승이 처한 신앙의 현존을 상징적으로 담아내고 있다고 하지 않을 수 없다. 이처럼 그는 이 시에 이르러 고독을 매개로 의심하며 도전하고 응전하던 신을 완벽하게 되찾게 된다.
 절대신앙을 회복한 이후 그의 시의 정서는 자못 평온하고 온화한 모습을 보여준다. 나날의 일상을 담은 시를 통해 되도록 그는 갈등과 격정의 마음보다는 조화와 균형의 마음, 곧 평화의 마음을 취한다. 말기의 몇몇 시에서 확인할 수 있듯이 비록 어둠이 찾아오더라도 그것과 대립하거나 길항하지 않으려고 한 것이 그이다. 무엇보다 이는 그가 매사를 긍정적으로, 곧 신의 섭리로 받아드리려고 했기 때문으로 보인다. 그의 시의 "어둠이 내게 와서/나의 눈을 가리운다./지금껏 보이지 않던 곳을/더 멀리 보게 하려고/들리지 않던 소리를 더 멀리 듣게 하려고" 등의 구절이 이를 잘 징험해준다. "어둠이 내게 와서/더 깊고 부드러운 품안으로/나를 안아" 주는 까닭을 "밝음으론 볼 수 없던/나의 눈을 비로소 뜨게"(「어둠이 내게 와서」)하기 위한 섭리로 받아들인 것이 그라는 것이다. 이승을 버리던 해에 쓴 시에서 그가 "나의 희망/어두운 땅 속에 묻히면/황금이 되어/불같은 손을 기다리고//너의 희망/깜깜한 하늘에 갇히면/별이 되어/먼 언덕 위에서 빛난다"(「희망」)라고 노래한 것도 마찬가지이다. 여호와 하나님에 대한 신앙을 회복한 뒤인 1974년 4월 11일 평온하고 온화한 일상을 살던 중 그는 갑자기 이승을 하직한다. (2022)

당대 현실을 바라보는 눈
—신경림 시집 『농무』의 세계

1. 형상의 자질과 '작은 이야기'

많은 사람이 문학적 상상력의 원천을 '경험', 곧 체험에서 찾는다. W. 딜타이는 "문학창작의 출발점은 늘 생활 경험이다"[1]라고까지 주장한다. 최재서는 심지어 경험, 곧 "체험을 기록하자는 데서 문학은 탄생된다"고 언급한다.[2] 여기서 말하는 문학에는 당연히 시도 포함된다. 시 또한 '경험', 곧 체험으로부터 비롯되는 심미적 상상력에 기초하기 때문이다.

경험, 곧 "체험은 환경에 대한 유기체의 반응 일체를 포함"한다.[3]

그렇다. 사람의 모든 경험, 곧 '체험'은 어떤 경우이든 처음, 중간, 끝의 형식을 갖는다. 시작되고, 펼쳐지고, 매조지되는 과정을 겪는 것이 사람의 경험, 곧 체험이다. 따라서 처음, 중간, 끝의 과정을 갖는 사람의 경험, 곧 체험은 하나의 사건으로 존재할 수밖에 없다. 하나의 사건으로 존재하는

---

1 W. 딜타이, 한일섭 옮김, 『체험과 문학—중앙신서41』(중앙일보사, 1979), 47쪽.
2 최재서, 『문학원론』(춘조사, 단기 4290) 2쪽.
3 최재서, 앞의 책 64쪽. 이 책 63쪽에서 최재서는 "체험은 환경과 유기체의 상호작용으로써 이루어지는 생명과정이다. (…중략…) 문학은 체험의 표현일 뿐만 아니라 또한 기록이다."라고 말한다.

체험은 언제나 하나의 '이야기'를 이루기 마련이다.

　체험으로부터 문학적 상상력이 비롯된다면 '이야기'는 문학의 필수적인 조건이라고 하지 않을 수 없다. 문학을 문학답게 만드는 원천적인 자질 중의 하나가 '이야기'라는 것이다. 물론 그것은 시라는 언어예술에서도 마찬가지다. 시에서도 '이야기'는 이미지와 함께 시를 시답게 만드는 핵심 질료라는 것이다. 시에서는 상대적으로 좀 더 '작은 이야기'를 취하겠지만 말이다.

　혹자 중에는 '이야기'가 시의 특질이 아니라 소설의 특질이라고 주장하는 사람도 없지 않다. 시보다 소설에서 '이야기'가 상대적으로 중요한 역할을 하는 것은 분명하다. 그렇더라도 '이야기'가 소설만의 특질이라고 주장하는 것은 설득력이 없다. 시에서도 이야기는 얼마든지 시를 시답게 만드는 핵심 요소, 곧 시의 형상성을 이루는 핵심 자질이기 때문이다.

　시의 형상성을 이루는 데는 물론 '이미지'와 '정서'도 매우 중요한 역할을 한다. '이미지'와 '정서'는 '이야기'와 함께 시의 형상을 이루는 3요소라고 해도 지나치지 않다. 강조하거니와, '이야기'는 이미지 및 정서와 항상 뒤섞이며 존재하기 마련이다. '이야기'는 '이미지'를 거느릴 수밖에 없고, '이미지'는 '이야기'를 거느릴 수밖에 없다. '정서'도 이미지 및 이야기와 상호 뒤섞여 존재하기는 마찬가지다. 정서가 주로 리듬과 어조에서 태어난다고 하더라도 정서가 태어나는 과정에 이미지 및 이야기가 뒤섞이지 않을 리 만무하다. 요컨대 이미지 및 이야기와도 깊이 엉클어져 있는 것이 정서라는 것이다.

　이러한 논의와 상관없이 시를 시답게 하는 핵심 자질인 '이야기'가 6·25 전쟁 이후 한국의 현대시의 창작과정에 한동안 배제되어온 것을 알 필요가 있다. 1950년대 '후반기 동인'들의 시와 1960년대 '현대시 동인'들의 시에서는 특히 그러한 특징을 보여준 바 있다. 이들 시의 경우 심미적 상상력의 원천인 체험이 제거된 것이 사실이고, 그에 따른 '이야기'

가 배제된 것이 사실이다. 아마도 이는 체험으로부터 비롯되는 '이야기'가 시에 수용될 때 당대의 현실이 어떤 형식으로든 시에 수용될 수밖에 없었기 때문으로 파악된다.

  서정시의 원천인 경험, 곧 체험이 생생한 이야기의 형태로 시에 다시 받아들여지기 시작한 것은 누가 뭐라고 해도 신경림 시인의 시부터이다. 신경림 시인은 1956년 《문학예술》에 「갈대」, 「묘비」 등의 시를 발표하면서 문단에 데뷔했으나 그가 좀 더 본격적으로 활동하기 시작한 것은 1970년대부터라고 해야 옳다. 가난한 사람들의 삶에 천착한 구체적인 현실 인식, 탁월한 서정성, 편안하고 안정된 리듬을 바탕으로 한국현대시의 새로운 출구를 만든 것이 그이다. 그렇다. 그의 시에는 당대의 현실이 있고, 현실에 따른 슬픔이 있고, 아픔이 있다.

     그 여자는 내 얼굴을 잊은 것 같다
     정거장 앞 후미진 골목 해장국집
     우리는 서로 낯선 두 나그네가 되어
     추탕과 막걸리로 요기를 했다

     그 공사장까지는 백리라 한다
     가을비에서는 여전히 마른 풀내가 나고
     툇마루에 모여 음담으로 날궂이를 하던
     버들집 소식은 그 여자도 모른다 한다

     변전소에 직공으로 다니던
     그 여자의 남편은 내 시골 선배였다
     벅구를 치며 잘도 씨름판을 돌았지만
     이상한 소문이 떠돌다가 과부가 된

그 여자는 이제 그 일도 잊은 것 같다

메밀꽃이 피어 눈부시던 들길
숨죽인 욕지거리로 술렁대던 강변
절망과 분노에 함께 울던 산바람

우리가 달려온 길도 그 노랫소리도
그 여자는 이제 다 잊은 것 같다
끝내 낯선 두 나그네가 되자고 한다
내려치는 비바람 그 진흙 길을
나 혼자서만 달려 나가라 한다

—「해후(邂逅)」 전문

  이 시는 이제 "내 얼굴을 잊은 것 같"은 "그 여자"와 함께했던 체험을 다루고 있다. 이때의 체험과 관련하여 정작 중요하게 생각해야 할 것은 이 시가 사물이나 관념이 아니라 '사람'을 대상으로 한다는 점이다. 사람을 대상으로 하는 이 시는 물론 작은 '이야기'를 이루고 있다. 여기서 말하는 작은 '이야기'를 산문으로 풀어 보면 다음과 같다.
  이 시의 화자인 '나'는 지금 "그 여자"와 "정거장 앞 후미진 골목 해장국집"에서 "낯선 두 나그네가 되어/추탕과 막걸리로 요기를" 한다. "그 공사장까지는 백리라"고 하는 것으로 보아 "그 여자"는 막일을 하는 사람인 듯싶다. "가을비에서는 여전히 마른 풀내가 나"는데, "툇마루에 모여 음담으로 날궂이를 하던/버들집 소식은" 모른다고 하는 그 여자! "그 여자의 남편은" "변전소에 직공으로 다니던" "내 시골 선배"이기도 하다. 그는 "벅구를 치며 잘도 씨름판을 돌았지만/이상한 소문이 떠돌"던 사람이기도 하다. "과부가 된" 그 여자는 "이제 그 일도 잊은 것 같다". "메밀꽃이 피어 눈부시던 들길"도, "숨죽인 욕지거리로 술렁대던 강변"도, "절망과 분노에 함께 울던 산바람"도 "우리가 달려온 길도 그 노랫소리도" 그 여자는 "이제 다 잊은 것 같다". 그 여자는 "끝내 낯선 두 나그네가 되자고 한다/내려치는 비바람 그 진흙 길을/나 혼자서만 달려 나가라 한다".

이처럼 이 시는 "그 여자"라고 하는 한 인물에 대해 진술하고 있다. 이른바 인물 형상의 시인 셈인데, 이 시집 『농무』에는 '그 여자'를 다룬 또 한 편의 시가 있다. 「동행(同行)」이 다름 아닌 그것이다. 앞의 시 「해후(邂逅)」에서 '그 여자'는 "내려치는 비바람 그 진흙 길을/나 혼자서만 달려 나가라"고 하지만 이 시 「동행」에서의 '그 여자'는 그렇지 않다. 시인이 「동행(同行)」 5연에서 '그 여자'와 관련하여 다음과 같이 말하고 있기 때문이다.

> 우리는 어느새 동행이 되어 있었다
> 우리가 가고 있는 곳이 어딘지를
> 그러나 우리는 서로 묻지 않았다

이 시의 2연에 따르면 "명아주 깔린 주막집"에서 한때는 "화장품을" 팔던 것이 '그 여자'이다. "열 살 난 딸 애기", "흰 운동화"를 신고 싶어 하던 딸 애기, "도시락 대신" 고구마를 싸가는 딸 애기를 하던 것이 '그 여자'이기도 하다. "어느새 동행이 되어 있"는 '그 여자', "가고 있는 곳이 어딘지를" "묻지 않"는 것이 '그 여자'인 것이다. 상황이 그렇다고는 하더라도 서로 동행이 되었다는 것은 서로 같은 처지라는 것을 말해준다.

이 시의 서정적 주인공인 '그 여자'를 두고 서민이라고 부른들, 민중이라고 부른들 어떠하랴. 신경림 시의 서정적 주인공은 대부분 서민이라고 불러도 좋고, 민중이라고 불러도 좋은 사람들이다. 그들은 또한 역사적이고 사회적으로는 짓눌린 자들이기도 하고, 사적이고 개인적으로는 억울한 자들이기도 하다. 이처럼 그의 시의 서정적 주인공은 시의 화자로 등장하든 시의 대상으로 등장하던 짓눌린 자들이거나 억울한 자들일 때가 많다. 이러한 점에서 생각하면 서정시 역시 인물 형상을 만드는 매우 중요한 언어예술이라고 할 수 있다.

2. 억울하고 짓눌린 사람들

시가 인물 형상을 드러내는 방식에는 세 가지가 있다. 하나는 화자로서의 인물 형상을 내세우는 방식이고, 둘은 대상으로서의 인물 형상을 내세우는 방식이며, 셋은 화자로서의 인물 형상과 대상으로서의 인물 형상을 동시에 내세우는 방식이다. 신경림의 이 시집 『농무』에는 앞에서 말한 세 가지 방식 모두에 의해 인물 형상이 드러나고 있다. 하지만 그의 시에서도 정작 관심을 끄는 것은 화자로서의 인물 형상이거나 대상으로서의 인물 형상이다. 일단은 그의 시에 등장하는 '화자로서의 인물 형상'부터 살펴보기로 하자.

신경림의 시에서는 '화자로서의 인물 형상'도 거개가 짓눌린 자이거나 억울한 자이다. 짓눌린 자이거나 억울한 자는 한과 설움에 겨워 절망하거나 좌절하는 자이기도 한데, 그의 시에서는 대부분 이러한 인물 형상이 화자로 등장한다.

우선은 '동면'하는 자로 등장하는 '화자로서의 인물 형상'부터 살펴보기로 한다. 이때 동면하는 자로 등장하는 인물 형상, 곧 화자가 시인 자신이라는 것은 불문가지다. 다음의 시에서는 '화자로서의 인물 형상'을 시인 자신으로 받아들여도 무방하다는 것이다.

    누가 무슨 소리를 해도 믿을 수가 없었다
    궂은날만 빼고 아내는 매일

>   서울로 새로 트이는 길을 닦으러 나가고
>   멀건 풀죽으로 요기를 한 나는
>   버스 정거장 앞 만화가게에서 해를 보냈다
>   친구들은 떼로 몰려와 내게 트집을 부렸다
>   거리로 끌어내어 술을 퍼먹이고
>   갈봇집으로 앞장을 세우다가도
>   걸핏하면 개울가로 몰고 가 발길질을 했다
>   곧잘 아내는 내 여윈 목을 안고 울었다
>   그 봄엔 유달리 흙바람이 차서
>   아내는 온몸이 시퍼렇게 얼어 떨었지만
>   나는 끝내 만화가게에서 해를 보내며
>   누가 무슨 소리를 해도 믿지 않았다
>
>   ―「冬眠」전문

　이 시에서 화자로서의 인물 형상인 '나'는 지금 "누가 무슨 소리를 해도 믿"지 못할 만큼 불신이 깊다. "궂은날만 빼고 아내는 매일/서울로 새로 트이는 길을 닦으러 나가"는데, "멀건 풀죽으로 요기를 한 나는/버스 정거장 앞 만화가게에서 해를 보"내는 부랑자다. "떼로 몰려와 내게 트집을 부"리는 것이, "거리로 끌어내어 술을 퍼먹이고/갈봇집으로 앞장을 세우다가도/걸핏하면 개울가로 몰고 가 발길질을" 하는 것이 '나'의 친구들이다. "곧잘 아내는 내 여윈 목을 안고 울"지만, "그 봄엔 유달리 흙바람이 차서/아내는 온몸이 시퍼렇게 얼어 떨"지만, "나는 끝내 만화가게에서 해를 보내며/누가 무슨 소리를 해도 믿지 않"는 사람이다.

　화자인 '나'의 슬픈 체험을 기록한 이 '작은 이야기'를 두고 시인은 '동면(冬眠)'이라는 제목을 붙이고 있다. 이 시에 등장하는 화자, 곧 '나'의 체험이 만드는 이 '작은 이야기'는 어쩌면 허구일 수도 있다. 그것이 시인의 체험을 십분 가공한 것일 수도 있기 때문이다. 이 시집 『농무』에서 화자인 '나'의 체험이 만드는 아픈 이야기를 담고 있는 시로는 그 밖에도 「失明」, 「歸路」, 「驚蟄」, 「어둠 속에서」 등을 더 예로 들 수 있다. 특히 「失明」, 「歸路」, 「驚蟄」과 앞의 시 「冬眠」에는 대상으로서의 인물 형상이 시인의 죽은 아내이기도 하여 좀 더 관심을 끈다.

> 그러다 마침내 우리는 조금씩
> 미치기 시작했다. 소리 내어 울고
> 킬킬대고 고래고래 소리를 지르다가는
> 아내를 끌어내어 곱사춤을 추었다.
> 참다못해 아내가 아랫말로 도망을 치면
> 금세 내 목소리는 풀이 죽었다.
> ―「失明」 부분

> 흙 묻은 속옷 바람으로 누워
> 아내는 몸을 떨며 기침을 했다.
> 온종일 방고래가 들먹이고
> 메주 뜨는 냄새가 역한 정미소 뒷방.
> 십촉 전등 아래 광산 젊은 패들은
> 밤 이슥토록 철 늦은 섰다판을 벌여
> 아내 대신 묵을 치고 술을 나르고
> 풀무를 돌려 방에 군불을 때고.
> 볏섬을 싣고 온 마차꾼까지 끼여
> 판이 어우러지면 어느새 닭이 울어
> 버력을 지러 나갈 아내를 위해 나는
> 개평을 뜯어 해장국을 시키러 갔다.
> ―「驚蟄」 부분

> 우리는 분노하고 뉘우치고 다시
> 맹세하지만 그러다 서로 헤어져
> 삽작도 없는 방문을 밀고
> 아내의 이름을 부를 때
> 우리의 음성은 통곡이 된다
>
> ―「귀로(歸路)」부분

위의 세 편 시에는 화자로서의 인물 형상과 대상으로서의 인물 형상이 동시에 드러나 있어 좀 더 관심을 끈다. 이들 시에 등장하는 인물 형상, 곧 '나'와 '아내'는 두루 아파하고 고통스러워한다. 물론 화자인 '나'가 아파하고 고통스러워하는 마음에는 대상인 '아내'에 대한 딱한 마음도 포함되어 있다.

이들 시에 따르면 곧잘 "내 여윈 목을 안고 울"던 것이 아내이고, "유달리 흙바람이 차서" "온몸이 시퍼렇게 얼어 떨"(「冬眠」)던 것이 아내이다. 또한 "흙 묻은 속옷 바람으로 누워" "몸을 떨며 기침을" 하던 것이 아내이고, "어느새 닭이 울어/벼락을 지러 나"(「驚蟄」)가야 하는 것이 '아내'이다.

그런가 하면 "조금씩/미치기 시작"하여 "소리 내어 울고/킬킬대고 고래고래 소리를 지르"는 것이 '나'이다. 그뿐만 아니라 도망치는 아내를 "끌어내어 곱사춤을 추"(「失明」)기기도 하던 것이 '나'이기도 하다. 그러한 아내를 위해 '나'는 "개평를 뜯어 해장국을 시키러"(「驚蟄」) 가기도 하는데, 이들 시의 예의 구절에 이르면 '나'의 마음이 참으로 딱하게 여겨지기도 한다. 다른 시에서 시인은 '나'와 아내의 음성이 이내 "통곡이 된다"(「귀로(歸路)」)라고까지 하지 않는가.

물론 "통곡이"이 되는 '나'와 아내의 음성이 모두 사적이고 개적인 것만은 아니다. 그것 역시 사회적이고 역사적인 시간과 공간 위에 자리해 있기 때문이다. 그렇다. 짓눌린 자, 억울한 자가 곳곳에 널려 있던 것이 이 시집의 시가 창작되던 시대라는 것을 간과해서는 안 된다. 오죽하면 그가 "빗줄기가 흐느끼며 울고 있다/울면서 진흙 속에 꽂히고 있다/아이들이 빗줄기를 피하고 있다/울면서 강물 속을 떠돌고 있다//강물은 그 울음소리를 잊었을까/총소리와 아우성소리를 잊었을까/조그만 주먹과 맨발들을 잊었을까"(「강」)라고 노래하고 있겠는가. 이들 시를 창작하는 과정에 그가 충분히 사회적이고 역사적인 자각에 이르러 있었을 것은 당연하다.

다음은 "상여 뒤에 애처롭게 매달려" "슬프게" 울고 있는 "소년"을 형상화하는 시이다.

> 느티나무 밑을 도는
> 상여에 쫓기다가 꿈을 깬다
> 문득 새소리를 들었다
>
> 억울한 자여 눈을 뜨라
> 짓눌린 자여 입을 열라
>
> 원귀로 한 치 틈도 없는
> 낮은 하늘을 조심스럽게 날며
>
> 저 밤새는 슬프게 운다
> 상여 뒤에 애처롭게 매달려
> 그 소년도 슬프게 운다
>
> ―「밤새」 전문

이 시에서 화자인 '나'는 "느티나무 밑을 도는/상여에 쫓기다가 꿈을 깬다". 그러면서 '나'는 "문득 새소리를" 듣는다. 밤새 소리 말이다. 내가 보기에는 "슬프게" 우는 밤새가 "억울한 자여 눈을 뜨라/짓눌린 자여 입을 열라"라고 소리치는 것 같다. "낮은 하늘을 조심스럽게 날며" "슬프게" 우는 밤새의 소리 말이다. 꿈속에서는 여전히 "상여 뒤에 애처롭게 매달려" 있는 소년이 "슬프게"도 울고 있지만 말이다.

　이 시는 화자인 '나'에게도 초점이 있지만 대상인 '소년'에게도 초점이 있다. 그렇다. 이 시에는 밤새의 이미지와 착종되는 소년도 불거져 있지만 소년에 대해 이야기하는 '나'도 역시 불거져 있다. 그뿐만 아니라 이 시에서 화자인 나와 대상인 소년이 맺는 관계를 보면 '나'가 매우 따뜻한 연민을 지닌 사람이라는 것을 알 수 있다.

　여기서 말하는 '나'의 따뜻한 연민이 무엇을, 그리고 누구를 지향하는가는 자명하다. 덧붙여 설명할 필요 없이 그것은 위의 시에서 말하는 "억울한 자", "짓눌린 자"를 지향한다. "억울한 자", "짓눌린 자"에 대한 그의 따뜻한 연민은 앞에서도 잠시 언급한 시 「강」에 의해서도 확인된다. 이 시 역시 "억울한 자", "짓눌린 자"에 대한 시인 신경림의 따뜻한 연민을 바탕으로 하고 있기 때문이다.

　하지만 이 시 「강」에서는 위 시 「밤새」에서의 '소년'이 '아이들'로 치환되어 드러나 있는 것을 알 수 있다. "빗줄기가 흐느끼며 울고 있"는데, "울면서 진흙 속에 꽂히고 있"는데, 그 "빗줄기를 피하고 있"는 아이들, "울면서 강물 속을 떠돌고 있"는 아이들로 소년이 바뀌어 드러나 있다는 것이다.

　이 시에서 시인은 거듭 "강물은 그 울음소리를 잊었을까/총소리와 아우성소리를 잊었을까"라고 반문한다. 아마도 이는 억울한 자이고 짓눌린 자인 이 아이들이 역사적이고 사회적 존재라는 것을 암시하기 위해서라고 생각된다. "조그만 주먹과 맨발"의 아이들 말이다. 그가 다른 시에서 "한 사람의 죽음이/온 나라에 죽음을 불러왔지만"(「그 여름」)이라고 말할 때의 '죽음' 역시 억울한 자, 짓눌린 자의 죽음이리라는 것은 확실하다.

대상으로서의 인물 형상이 드러나 있는 시로는 다음의 시 「傳說」을 예로 들 수 있다. 이 시의 서정적 주인공인 "그 녀석" 역시 "억울한 자", "짓눌린 자"라는 것은 이론(異論)의 여지가 없다. "늘 술만 마시고/미쳐서 날뛰다가/마침내" 죽어버린 "그 녀석" 말이다.

늘 술만 마시고
미쳐서 날뛰다가
마침내 그 녀석은 죽어버렸다

내가 살던 고향 동네로
넘어가는 그 고갯길
서낭당 고목나무

빨갛고 노란 헝겊을
걸어놓고
귀신이 되어 도사리고 앉았다

안개가 낀 자욱한 여름밤
원통해서 원통해서
그 녀석은 운다

원통해서 원통해서
고목나무도 운다 그 녀석은
되살아나서 도사리고 앉았고

―「傳說」 전문

이 시에 따르면 "미쳐서 날뛰다가/마침내" 죽어버린 것이 "그 녀석"이다. "그 녀석"은 지금 "내가 살던 고향 동네로/넘어가는 그 고갯길/서낭당 고목나무//빨갛고 노란 헝겊을/걸어놓고/귀신이 되어 도사리고 앉"아 있다. "안개가 낀 자욱한 여름밤/원통해서 원통해서" 귀신이 된 "그 녀석은 운다". "고목나무도" 되살아나 울고…….

그가 보기에 "원통해서 원통해서" 귀신이 된 "그 녀석"의 죽음이 사적이고 개적이지 않은 것만은 분명하다. "늘 술만 마시고/미쳐서 날뛰다가/마침내" 죽어버렸다고 하더라도 "그 녀석"의 죽음이 사회적이고, 역사적인 것이라는 것이다. 형편이 이러하니 당대의 무차별한 죽음과 관련하여 연민이 충만한 그가 "나무여 풀이여 기억하라 살인자의/얼굴을, 대지여, 1950년 가을/죄 없는 무리 2백이 차례로/쓰러질 때, 분노하라 하늘이여"(「1950년의 총살」)라고 노래하는 것은 당연하다.

3. 당대 현실을 보는 눈

지금도 그렇지만 억울한 자들, 짓눌린 자들이 넘쳐나던 것이 그의 시집 『농무』가 창작되던 시대의 대한민국이다. 이러한 연유만으로도 그가 당대를 풍미하던 사람들의 비극적 의식, 곧 절망감과 좌절감을 극복하기 위한 긍정적 의식을 갖기는 쉽지 않았을 것으로 파악된다. 당시에는 시인 신경림에게도 미래의 역사를 긍정적인 마음으로 전망하기는 힘들었을 것이라는 얘기이다.

이 시집 『농무』의 시들이 창작되던 지난 1950년대~1970년대가 설움의 시대였고, 한의 시대였다는 점을 잊어서는 안 된다. 더러는 시인이 "나무여 풀이여 기억하라 살인자의/얼굴을, 대지여, 1950년 가을/죄 없는 무리 2백이 차례로/쓰러질 때, 분노하라 하늘이여"(「1950년의 총살」)라고 노

래하더라도 그것이 오랜 좌절과 절망 끝에나 가능했으리라는 것을 기억해
야 한다. 그가 가난한 자들, 억울하고 짓눌린 자들의 편에 서 있다고 하더
라도 이는 마찬가지이다. 다음의 시가 무엇보다 이를 잘 말해준다.

>아무렇게나 살아갈 것인가
>눈 오는 밤에 나는
>잠이 오지 않는다.
>박군은 감방에서 송형은
>병상에서 나는 팔을 벤
>여윈 아내의 곁에서
>우리는 서로 이렇게 헤어져
>지붕 위에 서걱이는
>눈소리만 들을 것인가
>납북한 동향의 시인을
>생각한다 그의 개가한 아내를
>생각한다 아무렇게나 살아갈
>것인가 이 산읍에서
>아이들의 코묻은 돈을 빼앗아
>연탄을 사고 술은 마시고
>숙직실에서 모여 섯다를 하고
>불운했던 그 시인을 생각한다
>다리를 저는 그 딸을
>생각한다 먼 마을의
>개 짖는 소리만 들을 것인가
>눈 오는 밤에 가난한 우리의
>친구들이 미치고 다시

미쳐서 죽을 때
철로 위를 굴러가는 기차 소리만
들을 것인가 아무렇게나
살아갈 것인가 이 산읍에서

—「山邑日誌」 전문

  이 시에서 화자인 '나'는 "아무렇게나 살아갈 것인가/눈 오는 밤에 나는/잠이 오지 않는다"라고 하며 서두를 뗀다. 지금 "박군은 감방에" 있고, "송형은/병상에" 있고, "나는 팔을 벤/여윈 아내의 곁에" 있는데 말이다. 이어 화자인 '나'는 "우리는 서로 이렇게 헤어져/지붕 위에 서걱이는/눈 소리만 들을 것인가"하고 되묻는다. 되묻지만 어쩔 것인가. 화자인 '나'는 기껏 "남북한 동향의 시인을/생각"하거나, "그의 개가한 아내를/생각"할 따름이다. 나아가 이 '나'는 다시 또 "아무렇게나 살아갈/것인가 이 산읍에서"하고 되묻는다. 거듭하여 "눈 오는 밤에 가난한 우리의/친구들이 미치고 다시/미쳐서 죽을 때/철로 위를 굴러가는 기차 소리만/들을 것인가 아무렇게나/살아갈 것인가 이 산읍에서"하고 되묻는 것이 이 시에서의 '나'이다.

  이러한 되물음의 가운데 점차 그는 고양된 감정을 극복하기 시작한다. 고양된 감정을 극복하기 시작한다는 것은 자기 시대를 객관적으로 바라보기 시작한다는 것을 뜻한다. 언젠가는 이 산읍(山邑)을 떠나더라도 이 산읍에서의 공간과 시간을 변화하는 역사의 눈으로 통찰할 수 있게 된 것이 그이다. 그러한 뜻에서의 통찰을 담은 것이 이 시집의 표제 시이기도 한「농무」다. 이 시는 무엇보다 농촌 중심의 삶에서 도시 중심의 삶으로 이행되기 직전의 삶의 현실, 이른바 근대화의 과정의 현실을 담고 있어 주목된다.

징이 울린다 막이 내렸다
오동나무에 전등이 매어 달린 가설무대
구경꾼이 돌아가고 난 텅 빈 운동장
우리는 분이 얼룩진 얼굴로
학교 앞 소줏집에 몰려 술을 마신다
답답하고 고달프게 사는 것이 원통하다
꽹과리를 앞장세워 장거리로 나서면
따라붙어 악을 쓰는 쪼무래기들뿐
처녀애들은 기름집 담벼락에 붙어 서서
철없이 킬킬대는구나
보름달은 밝아 어떤 녀석은
꺽정이처럼 울부짖고 또 어떤 녀석은
서림이처럼 해해대지만 이까짓
산구석에 처박혀 발버둥친들 무엇하랴
비료값도 안 나오는 농사 따위야
아예 여편네에게나 맡겨 두고
쇠전을 거쳐 도수장 앞에 와 돌 때
우리는 점점 신명이 난다
한 다리를 들고 날라리를 불거나
고갯질을 하고 어깨를 흔들거나

―「농무」 전문

  한국 현대사의 근대화 과정에 대대적인 이농 현상이 있었다는 것은 익히 잘 아는 바이다. 이 시는 예의 대대적인 이농 현상이 일어나기 바로 직전의 농촌 현실을 담고 있어 더욱 관심을 끈다. 이때의 농촌 현실, 곧 대대적인 이농 현상 바로 직전의 농촌 현실이 급격하게 피폐화되어 있었으리라는 것은 주지하는 바이다. 그러니 그 시대의 농촌 현실에 희망이나 꿈이 있을 리 만무하다.

시인은 우선 "징이 울린다 막이 내렸다"라고 하며 기본적인 상황을 제시한다. 이어 "오동나무에 전등이 매어 달린 가설무대/구경꾼이 돌아가고 난 텅 빈 운동장"을 배경으로 제시한다. 그러한 뒤 "이 얼룩진 얼굴로/학교 앞 소줏집에 몰려 술을 마"시는 '우리'라는 복수 일인칭을 인물 형상으로 드러낸다. "답답하고 고달프게 사는 것이 원통"한 '우리' 말이다. 물론 여기서 말하는 '우리'는 조금 전 공연을 마친 아마추어 연예인들이다. 공연을 끝내고 "꽹과리를 앞장세워 장거리로 나서면" 관객들이라고는 "따라붙어 악을 쓰는 쪼무래기들뿐"이다. '우리'에게는 매우 중요한 관객들인 처녀애들도 "기름집 담벼락에 붙어 서서/철없이 킬킬"댈 따름이다. 따라서 무명의 아마추어 연예인들이라고 하더라도 '우리'로서는 서럽지 않을 수 없다.

"오동나무에 전등이 매어 달린 가설무대"에서 '우리'가 공연한 것은 아마도 연극이었으리라. 그렇다면 어떤 연극이었을까. 아마도 홍명희 장편소설 『임꺽정』을 각색한 것이 아니었을까. "보름달은 밝아 어떤 녀석은/꺽정이처럼 울부짖고 또 어떤 녀석은/서림이처럼 해해대지만" 등의 구절이 이러한 유추를 가능케 한다.

그렇기는 하더라도 시인을 비롯한 마을 청년들이 "오동나무에 전등이 매어 달린 가설무대"에서 일종의 계몽연극을 시도할 수 있었던 것도 그때뿐이다. 1967년에 이르러 제2차 경제개발 5개년 계획이 시작되고, 그것이 순조롭게 이루어지던 1968년~1869년에 이르면 농촌은 이제 더 이상 미래가 없었기 때문이다. 곧바로 값싼 노동력을 확보하기 위해 대대적인 이농을 유도하고 시도하던 새로운 시대가 전개되었기 때문이다. 이 시에서 "이까짓/산구석에 처박혀 발버둥친들 무엇하랴/비료값도 안 나오는 농사 따위야/아예 여편네에게나 맡겨 두고"와 같은 구절이 가능한 것은 다름 아닌 이러한 시대적 배경에서 비롯된다. 1967년~1968년의 상황 말이다.

형편이 이러하니 시인을 비롯한 마을 청년들로서는 좌절하고 절망하지 않을 수 없었으리라. 이러한 좌절감과 절망감이 드러나 있는 것이 이 시의 "쇠전을 거쳐 도수장 앞에 와 돌 때/우리는 점점 신명이 난다/한 다리를 들고 날라리를 불거나/고갯질을 하고 어깨를 흔들거나"와 구절이라고 생각된다.

이 시에 그러한 감정이 담긴 데는 당대에 대한, 곧 역사적 현존에 대한 그의 자기 객관화가 이루어져 있기 때문으로 보인다. 설움과 고통의 시대이기도 한 당대 말이다. 당대에 대한, 곧 역사적 현존에 대한 자기 객관화가 이루어지지 않고서는 그는 물론 누구라도 감정의 주체가 되기 어렵기 때문이다. 과도하게 고양된 감정을 걷어낼 수 있었을 때 시인 신경림 역시 동시대의 유사한 인물들, 곧 민중들과 연대 의식을 갖게 되었으리라는 것이다. 그렇게 되었을 때 그는 비로소 자기 시대에 대한 해학적이고도 미학적인 거리를 갖는 시를 쓸 수 있게 되지 않았을까 싶은 것이다.

다음의 예에서와 같은 활기 있는 연대 의식을 담는 시가 창작될 수 있는 것도 실제로는 이러한 인식의 결과라고 생각된다. 물론 이 시에서도 신경림의 시 특유의 페이소스는 여전히 살아 있지만 말이다.

> 못난 놈들은 서로 얼굴만 봐도 흥겹다
> 이발소 앞에 서서 참외를 깎고
> 목로에 앉아 막걸리를 들이키면
> 모두들 한결같이 친구 같은 얼굴들
> 호남의 가뭄 얘기 조합 빚 얘기
> 약장사 기타 소리에 발장단을 치다 보면
> 왜 이렇게 자꾸만 서울이 그리워지나
> 어디를 들어가 섰다라도 벌일까
> 주머니를 털어 색시집에라도 갈까

학교 마당에들 모여 소주에 오징어를 찢다
어느새 긴 여름 해도 저물어
고무신 한 켤레 또는 조기 한 마리 들고
달이 환한 마찻길을 절뚝이는 파장

—「파장(罷場)」 전문

 이 시에서는 그의 시에 스미어 있는 특유의 페이소스가 상쾌한 설렘을 만들 정도이다. 보통의 시에서는 감상으로 전락하기 쉬운 것이 페이소스거니와, 그의 시에서는 항용 그것이 적절한 활기로까지 승화되고 있어 관심을 끈다. 이 시의 첫 행인 "못난 놈들은 서로 얼굴만 봐도 흥겹다"와 같은 구절이 특히 그러한 면을 보여준다. 이 구절에서는 다른 무엇보다도 그가 추구하는 활기 있는 연대 의식까지 확인할 수 있다. 예의 활기 있는 연대 의식은 "이발소 앞에 서서 참외를 깎고/목로에 앉아 막걸리를 들이키면/모두들 한결같이 친구 같은 얼굴들"과 같은 구절에 이르기까지 그대로 이어진다.
 하지만 다음의 구절들, 특히 "왜 이렇게 자꾸만 서울이 그리워지나/어디를 들어가 섰다라도 벌일까/주머니를 털어 색시집에라도 갈까"와 같은 구절에 이르면 얼마간 낯설어지기도 한다. 이들 구절에 이르면 화자인 시인의 설움이 다소 지나치게 표현되어 있다고 생각되기 때문이다. 결국은 "학교 마당에들 모여 소주에 오징어를 찢"고 마는 것이 이 시에서의 화자인 시인이다. "어느새 긴 여름 해도 저물어/고무신 한 켤레 또는 조기 한 마리 들고/달이 환한 마찻길을 절뚝이"며 걸어가는 것이 그라는 것을 알 수 있다.
 그의 시의 이들 구절에서 당대의 현실을 바라보는 시인 신경림의 눈을 읽기는 어렵지 않다. 그의 눈이 소외된 사람들, 버려진 사람들을 향하고 있다는 것을 누구라도 잘 알 수 있기 때문이다. 물론 소외된 사람들, 버려진 사람들은 가난한 사람들, 억눌린 사람들, 짓밟힌 사람들이기도 하다. 앞에서 줄곧 이야기해온 억울한 사람들, 짓눌린 사람들 말이다. 다음의 시에서는 그들을 두고 그가 '불행한 사람들'이라고 부르고 있지만 말이다.

> 해가 지기 전에 산 일번지에는
> 바람이 찾아 온다
> 집집마다 지붕으로 덮은 루핑을 날리고
> 문을 바른 신문지를 찢고
> 불행한 사람들의 얼굴에
> 돌모래를 끼어얹는다
> 해가 지면 산 일번지에는
> 청솔가지 타는 연기가 깔린다
> 나라의 은혜를 입지 못한 사내들은
> 서로 속이고 목을 조르고 마침내는
> 칼을 들고 피를 흘리는데
> 정거장을 향해 비탈길을 굴러가는
> 가난이 싫어진 아낙네의 치맛자락에
> 연기가 붙어 흐늘댄다
> 어둠이 내리기 전에 산 일번지에는
> 통곡이 온다. 모두 함께
> 죽어버리자고 복어알을 구해 온
> 어버이는 술이 취해 뉘우치고
> 애비 없는 애기를 밴 처녀는
> 산벼랑을 찾아가 몸을 던진다.
> 그리하여 산 일번지에는 밤이 오면
> 대밋벌을 거쳐 온 강바람은

뒷산에 와 부딪쳐

모든 사람들의 울음이 되어 쏟아진다

—「山1番地」 전문

 이 시는 '山1番地'라는 지명, 곧 어떤 한 장소를 제목으로 하고 있다. 그렇다고는 하더라도 이 시에서 시인이 진술하는 정작의 대상은 '山1番地'가 아니라 '山1番地'에 모여 사는 사람들이다. 물론 시인은 이 시에서도 일단 "바람이 찾아오"는 "해가 지기 전에 산 일번지"를 배경으로 제시한다. 산 일번지는 바람이 불어 "집집마다 지붕으로 덮은 루핑을 날리고/문을 바른 신문지를 찢"는 곳이기도 하다. "해가 지면" "청솔가지 타는 연기가 깔"리는 곳 말이다.

 이때의 배경을 두고 전형적 상황이라고도 할 수 있는데, 전형적 상황은 본래 전형적 인물에 의해 뒷받침되기 마련이다. 이 시에서 전형적 인물은 바람이 "돌모래를 끼어얹는" "불행한 사람들의 얼굴" 등의 구절에 의해 구체화된다. 이들은 "서로 속이고 목을 조르고 마침내는/칼을 들고 피를 흘리는" "나라의 은혜를 입지 못한 사내들"이기도 하다. "정거장을 향해 비탈길을 굴러가는" "치맛자락에/연기가 붙어 흘늘"대는 "가난이 싫어진 아낙네"이기도 하고…….

 이들을 두고 누군들 소외된 사람, 버려진 사람, 가난한 사람, 억눌린 사람, 짓밟힌 사람이라고 하지 않을 수 있으랴. "어둠이 내리기 전에 산 일번지에는/통곡이" 찾아오거니와, 통곡의 주인공도 이들인 것이 확실하다. "모두 함께/죽어버리자고 복어알을 구해 온/어버이", "술이 취해 뉘우치"는 어버이, "산벼랑을 찾아가 몸을 던"지는 "애비 없는 애기를 밴 처녀" 말이다.

 이들 전형적 인물 형상을 통해 당대 현실을 바라보는 그의 눈을 파악하기는 어렵지 않다. 그렇다. 진행하는 역사가 머잖아 이들을 주인공으로 삼으리라는 것 역시 잘 알고 있었던 것이 그이다.

4. 갈길 혹은 내일의 길

앞에서 말한 것처럼 시인 신경림은 자신의 시에 소외된 사람, 버려진 사람, 가난한 사람, 억눌린 사람, 짓밟힌 사람과의 연대 의식을 담고 있다. 그렇다고는 하더라도 그가 이들 고통받는 사람들과 함께할 수 있는 구체적인 일은 별로 많지 않아 보인다. 물론 "한밤중에 일어나 손을 펴" "우리의 핏속을 흐르는 것을" 바라보고 있는 것이 그이기는 하다. "어둠 속에서 엉겨드는 그것들", "솟구쳐 오르는 아우성소리" 듣는 것도 그이기도 하고……. 그러나 그것은 "향수와 아쉬움과 보람 속에서"(「우리는 만나고 있다」)나 가능할 따름이다. 물론 화자인 시인이 "그들의 함성을 듣는다/울부짖음을 듣는다/피맺힌 손톱으로/벽을 긁는 소리를 듣는다"라고 노래하기는 한다. 심지어는 "누가 가난하고/억울한 자의 편인가"하고 되묻기까지 한다. 그러나 "그것을 말해주는 사람은/아무도 없다". 끝내 그는 "죽음을 덮는/무력한 사내들의 한숨/그 위에 쏟아지는 한숨/그 위에 쏟아지는 성난/채찍 소리"(「前夜」)나 듣고 있을 따름이다.

이러한 점에서 생각하면 이 시의 제목이 '前夜'라는 점을 염두에 두지 않으면 안 된다. 무엇이 일어나기 전날 밤인가에 대한 물음이 필요하다는 뜻이다. 여기서 말하는 무엇이 '민중혁명'을 가리키리라는 것은 불문가지다. 물론 이 시집 『농무』(1973)가 발간된 이후에도 여러 차례 '민중혁명'이라고 할 만 것이 이루어진 바 있기는 하다. 1979년 10월의 부마항쟁, 1980년 5월의 광주민주화운동, 1987년 여름의 유월 민주항쟁, 1916년의 겨울의 촛불혁명 등이 바로 그것이다. 이들 크고 작은 혁명으로 하여 시인이 꿈꾸어왔던 민주주의 세상이 완전하게 이루어진 것은 아니더라도 말이다.

위의 시 「前夜」에서도 알 수 있듯이 그의 시에는 이미 이들 크고 작은 혁명이 예견되어 있음을 알 수 있다. 이와 관련해서는 다음의 시가 시사해주는 바가 크다.

> 녹슨 삽과 괭이를 들고 모였다
> 달빛이 환한 가마니 창고 뒷수풀
> 뉘우치고 그리고 다시 맹세하다가
> 어깨를 끼어보고 비로소 갈 길을 안다
> 녹슨 삽과 괭이도 버렸다
> 읍내로 가는 자갈 깔린 샛길
> 빈주먹과 뜨거운 숨결만 가지고 모였다
> 아우성과 노랫소리만 가지고 모였다
> ―「갈길」 전문

화자인 시인이 노래하는 이 시의 중심 대상은 "녹슨 삽과 괭이를 들고 모"인 사람들이다. 일단은 "달빛이 환한 가마니 창고 뒷수풀" 근처에서 모인 것이 그들이다. 이곳에 모여 토론하는 과정에 이들은 "뉘우치"기도 하고 "다시 맹세하"기도 한다. 그러한 과정에 그들은 "어깨를 끼어보고 비로소 갈 길을 안다". 갈 길이 어디인가. 우선은 그곳이 "녹슨 삽과 괭이도 버"린 길임을 알 수 있다. 그리하여 그들은 "읍내로 가는 자갈 깔린 샛길"에 다시 모인다. 이번에는 "빈주먹과 뜨거운 숨결만 가지고 모"인 것이 그들이다. "아우성과 노랫소리만 가지고 모"인 것이 그들이라는 뜻이다.

시인이 이 시를 이렇게 매조지하는 데는 무슨 까닭이 있는가. 이는 무엇보다 그가 꿈꾸는 혁명이 "녹슨 삽과 괭이를 들고" 나서는 무장투쟁이 아니라는 것을 말해준다. "빈주먹과 뜨거운 숨결만"으로 추구하는 민중혁명, "아우성과 노랫소리만 가지고" 추구하는 그의 민중혁명이 비폭력적이고 무저항적이리라는 것은 명확하다.

　이 시집 『농무』가 발간된 이후 대한민국에서 시도된 민중 항쟁 중에 폭력적인 무장투쟁도 없지는 않았다. 하지만 폭력적 무장투쟁은 처참한 실패로 후유증이 매우 컸던 바 있다. 폭력적 무장투쟁을 동반했던 1980년 5월의 광주민주화운동보다 비폭력적이고 무저항적이었던 1987년 여름의 유월 민주항쟁, 1916년 겨울의 촛불혁명이 이 나라 역사와 사회를 바꾸는 데 더 큰 역할을 했다는 것을 기억할 필요가 있다.

　정작의 민중혁명은 비폭력적이고 무저항의 방식을 취할 때 효과가 큰 것이 사실이다. 그렇다고는 하더라도 그동안 있었던 크고 작은 민중혁명을 통해 대한민국이 불가역적인 민주화를 이룬 것은 아니다. 따라서 인간의 의식 자체가 점진적 과정을 통해 성장하고 성숙한다는 점을 들어 오늘의 억압적 현실을 위로받을 수밖에 없는지도 모른다. 이 시집 『農舞』 이후 신경림의 시들을 보더라도 그가 꿈꾸어온 이상세계를 이루기가 참으로 쉽지 않다는 것을 잘 알 수 있다. (2024)

호연지기 혹은 숭고의 시정신
—이근배의 시세계

1. 사랑과 진실의 세계

사천(沙泉) 이근배(李根培) 선생은 스케일(scale)이 매우 큰 시인이다. 호(號)는 사천(沙泉)이요, 이름은 이근배(李根培)이거니와, 호와 이름조차 범상치 않다. 선생의 호 사천(沙泉)은 '사막 속의 샘', 곧 '오아시스'라는 뜻을 갖고, 이름 이근배(李根培)는 '오얏나무 뿌리를 북돋우는 사람'이라는 뜻을 갖기 때문이다. 이런 호와 이름을 지닌 그가 평범하고 예사로운 시를 쓰는 시인일 리 만무하다. 호 혹은 이름만큼이나 크고 웅장한 서정을 담고 있는 것이 그의 시라는 얘기이다.

이근배 시인은 1958년 서라벌 예술대학에 입학해 김동리, 서정주 선생으로부터 문예 창작을 지도받으며 문학의 길로 들어선다. 이렇게 문학 공부를 시작했기 때문일까. 등단의 경로 자체가 평범하고 예사롭지 않은 것이 그이다. 그렇다. 그는 1961~1964년 사이 경향신문, 서울신문, 조선일보, 동아일보 등에 시, 시조, 동시가 한꺼번에 당선되면서 등단한다. 그뿐만이 아니다. 1963년에는 문공부 신인 예술상의 2개 부문(시, 시조)에서 우수상을 수상한 바 있고, 1964년에는 문공부 신인 예술상 문학 부문 특상을 수상한 바 있는 것이 그이다.

  이처럼 밑동 굵은 왕대나무로 시작(詩作)을 출발한 만큼 그의 시세계가 매우 광대하리라는 것은 자명하다. 그러한 이유에서일까. 사천 이근배의 시세계를 생각하면 몇몇 핵심어가 먼저 떠오른다. 가족, 나라, 전통, 국토, 사랑 등으로 요약되는 것이 이때의 핵심어이다. 이들 중에서도 '사랑'은 각각의 핵심어에 두루 걸쳐 있어 더욱 관심을 끈다. 말하자면 가족 사랑, 나라 사랑, 전통 사랑, 국토 사랑 등의 언어로 현현되는 것이 그의 시에서의 '사랑'이라는 것이다. 이러한 맥락에서 이 글에서는 그의 시에 나타나 있는 가족 사랑, 나라 사랑, 국토(자연) 사랑, 전통 사랑 등을 좀 더 구체적으로 살펴보려고 한다.

  그의 시가 가족 사랑, 나라 사랑, 국토(자연) 사랑, 전통 사랑 등 크고 거창한 가치를 노래하더라도 그것이 나날의 일상과 전혀 무관한 것은 아니다. 아무리 크고 거창한 가치를 노래한다고 하더라도 이 또한 구체적인 일상과 무관하지 않다는 것을 염두에 두지 않으면 안 된다. 가족, 나라, 국토(자연), 전통 등의 크고 거창한 가치도 나날의 삶이 지니는 사랑과 이별을 바탕으로 형상화되게 마련 아닌가. 바로 이러한 점에서 가장 관심을 끄는 시는 그의 대표작 중의 하나인 「살다가 보면」이다.

      살다가 보면
      넘어지지 않을 곳에서
      넘어질 때가 있다

      사랑을 말하지 않을 곳에서
      사랑을 말할 때가 있다
      눈물을 보이지 않을 곳에서
      눈물을 보일 때가 있다

살다가 보면
　　　사랑하는 사람을
　　　사랑하지 않기 위해서
　　　떠나보낼 때가 있다

　　　떠나보내지 않을 것을
　　　떠나보내고
　　　어둠 속에 갇혀
　　　짐승스런 시간을
　　　살 때가 있다

　　　살다가 보면
　　　　　　　　　　　　—「살다가 보면」 전문

　이 시는 "살다가 보면"이라는 조건절을 전제로 하여 발상하고 있다. 이를테면 "살다가 보면/넘어지지 않을 곳에서/넘어질 때가 있다"라는 경구로부터 출발하는 것이 이 시라는 것이다. 이 시의 이어지는 구절에서 그는 "사랑을 말하지 않을 곳에서/사랑을 말할 때가 있다"라고 덧붙이기도 한다.
　사랑은 늘 이별을 염려하지 않을 수 없다. 사랑을 말하는 만큼 누구에게나 "눈물을 보이지 않을 곳에서/눈물을 보일 때가 있"게 마련이다. 그만큼 복잡하고 다양한 것이 사랑이라는 얘기이다. 바로 그러한 연유로 그는 "살다가 보면/사랑하는 사람을/사랑하지 않기 위해서/떠나보낼 때가 있다"라고 역설한다.
　이때의 사랑이 사람살이의 진실과 무관하지 않으리라는 것은 자명하다.

그에게도 사랑을 잃는 것과 진실을 잃는 것이 다르지 않기 때문이다. 그가 "떠나보내지 않을 것을/떠나보내고/어둠 속에 갇혀/짐승스런 시간을/살 때가 있다"라고 노래할 때 "떠나보내지 않을 것"이 그의 삶에서는 사랑이기도 하고 진실이기도 하다는 것을 알아야 한다.

이러한 차원에서 사랑과 진실이 이루는 상호 관계를 이해하다 보면 그의 가족 사랑이, 곧 그 자신의 개인적인 진실이 어떻게 역사적 진실과 상호 뒤얽혀 있는가도 쉽게 알게 된다. 그의 시의 중요한 특징이 자기 자신에 대한 사랑을 남에 대한 사랑으로, 국가와 민족에 대한 사랑으로 승화시키는 데 있다는 것을 항상 기억해야 한다. 이처럼 그의 시는 국가적이고도 민족적인 것들을 자기 것으로 받아들이는 가운데 잉태됐다는 것을 간과해서는 안 된다.

2. 정신적 외상과 가족 사랑

사천 이근배 선생은 시인으로서의 자긍심이 매우 큰 사람이다. 이는 우선 그가 서라벌 예술대학에 장학상으로 입학한 것을 강조하는 것만 보더라도 잘 알 수 있다. 시인으로서의 자긍심 큰 것은 그가 자신의 시 「자화상」의 모두(冒頭)에서 "너는 장학사(張學士)의 외손자요/이학자(李學者)의 손자라/머리맡에 얘기책을 쌓아놓고 읽으시던/할머니 안동김씨는/애비, 에미 품에서 떼어다 키우는/오줌 못 가리는 손자의 귀에/알아듣지 못하는 말씀을 못 박아주셨다"라고 노래하는 것을 통해서도 확인된다. 전통적인 사대부 가문의 후손으로, 곧 "장학사(張學士)의 외손자요/이학자(李學者)의 손자"로 태어난 것이 그라는 것이다.

그렇기는 하더라도 그의 성장 과정이 늘 편안하고 행복했던 것만은 아니었던 것으로 보인다. 이 시의 이어지는 구절에 따르면 그가 "태어나기 전부터/나라 찾는 일 하겠다고/감옥을 드나들더니 광복이 되어서도/집에는 못 들어"온 것이 아버지이기 때문이다. 더불어 그는 "스승 면암(勉庵)의 뒤를 이어/조선 유람을 이끌던 장후재(張厚載) 학사의/셋째 딸"인 어머니가 "시집 와서/지아비 옥바라지에 한숨 마를 날 없"었다고 말하고 있다. 또한 그는 "열 살이 되었을 때/겨우 할아버지 댁으로 들어"와 "그제서야 처음"으로 아버지의 "얼굴을 보게" 되었다고 말한다. 이러한 아버지가 "한 해 남짓 뒤에 삼팔선이 터져/바삐 떠난 후 오늘토록 소식이 끊"겼다고 하니 아버지를 비롯한 할아버지, 어머니 등 가족과 관련해 그가 큰 애환을 갖지 않았다고 하기 곤란하다.

그러한 까닭에서일까. 한낱 풀꽃에 지나지 않는 것에 대해서도 그는 "너는 사상을 모른다/어머니가 사상가의 아내가 되어서/잠 못 드는 평생인 것을 모른다"(「냉이꽃」)라고 노래하기까지 한다. 이 시야말로 어머니의 현존으로부터 비롯되는 그의 설움과 비애가 잘 드러나 있는 시라고 하지 않을 수 없다

   어머니가 매던 김밭의
   어머니가 흘린 땀이 자라서
   꽃이 된 거야
   너는 사상을 모른다
   어머니가 사상가의 아내가 되어서
   잠 못 드는 평생인 것을 모른다
   초가집이 섰던 자리에는
   내 유년에 날아오던
   돌멩이만 남고
   황막하구나
   울음으로도 다 채우지 못하는

내가 자란 마을에 피어난

너 여리운 풀은.

―「냉이꽃」 전문

　이 시에서 시인은 "울음으로도 다 채우지 못하는/내가 자란 마을에 피어난/너 여리운 풀"인 '냉이꽃' 한테까지 말을 걸고 있다. '냉이꽃' 한테 그가 말을 걸고 있다고 했지만 실제로는 '냉이꽃' 한테 넋두리를 하는 것인지도 모른다. "어머니가 매던 김밭의/어머니가 흘린 땀이 자라서/꽃이 된" 것이 '냉이꽃'이라고 하더라도 '냉이꽃'이 한갓 풀꽃이라는 것을 기억해야 한다.

　그렇다고 하더라도 이 시에서 정작 중요한 구절은 "너는 사상을 모른다/어머니가 사상가의 아내가 되어서/잠 못 드는 평생인 것을"이라고 하지 않을 수 없다. 당시의 형편으로 볼 때 이때의 사상은 물론 진보적인 사상, 곧 사회주의 사상이라고 해야 마땅하다.

　이 시를 쓸 당시 그로서는 "사상가의 아내가 되어서/잠 못 드는 평생"을 사신 어머니가 안타깝고 안쓰러웠을 것이 분명하다. 이러한 처지의 어머니가 안타깝고 안쓰러웠다면 그러한 아버지를 둔 자신의 처지도 안타깝고 안쓰러웠으리라. 이 시의 배후에는 시인 자신의 자기연민도 자리해 있다는 뜻이다. 자기연민이라고 했지만 실제로는 일종의 정신적 외상이라고 해야 마땅하다. 사상가를 아버지로 둔 덕분에 그가 겪었을 정신적 트라우마는 다음의 시를 통해서도 확인된다.

내가 문을 잠그는 버릇은

문을 잠그며

빗장이 헐겁다고 생각하는 버릇은

한밤중 누가 문을 두드리고

문짝이 떨어져서
쏟아져 들어온 전지 불빛에
눈을 못 뜨던 버릇은
머리맡에 펼쳐진 공책에
검은 발자국이 찍히고
낯선 사람들이 돌아간 뒤
겨울 문풍지처럼 떨며
새우잠을 자던 버릇은
자다가도 문득문득 잠이 깨던 버릇은
내가 자라서도
죽을 때까지도 영영 버릴 수 없는
문을 못 믿는 이 버릇은

―「문」 전문

 이 시에서 시인은 '문'을 매개로 하여 자신이 받은 정신적 상처를 표현하고 있다. 하지만 '문'을 매개로 하여 그가 받은 정신적 상처가 이 시에 완성된 하나의 문장으로 드러나 있지는 않다. 끝내 불완전한 문장으로 제시되는 이 시에서의 '문'의 이미지는 아무래도 불안과 공포를 상징하는 것으로 보인다. 불완전한 문장 자체가 그의 불완전한 삶을 상징할 수도 있다는 것이다.
 이 시의 모두(冒頭)에서 시인은 "내가 문을 잠그는 버릇은/문을 잠그며/빗장이 헐겁다고 생각하는 버릇은/한밤중 누가 문을 두드리고/문짝이 떨어져서/쏟아져 들어온 전지 불빛" 때문이라고 말한다. "쏟아져 들어온 전지 불빛에/눈을 못 뜨던" 시인의 "버릇은/머리맡에 펼쳐진 공책에/검은 발자국이 찍히고/낯선 사람들이 돌아간 뒤/겨울 문풍지처럼 떨며/새우잠을 자던 버릇"으로 남는다.

그래서일까. "자다가도 문득문득 잠이 깨던 버릇은" 그가 "자라서도/죽을 때까지도 영영 버릴 수 없는/문을 못 믿는 이 버릇"으로 남게 된다. "문을 못 믿는 이 버릇"이 그의 정신적 외상을 내포하고 있다는 것이다. 그렇다. 그의 정신적 외상은 "머리맡에 펼쳐진 공책에/검은 발자국이 찍히고/낯선 사람들이 돌아간 뒤/겨울 문풍지처럼 떨며/새우잠을 자던 버릇"으로 구체화된다.

이러한 그의 정신적 외상은 누가 뭐라고 해도 역사적인 것이라고 하지 않을 수 없다. 이러한 정신적 외상과 함께할 때 그의 자아가 겪게 되었을 아픔과 괴로움은 충분히 짐작되고도 남는다. 그가 다른 시에서 "대낮의 풍설은 나를 취하게 한다/나는 정처 없다/산이거나 들이거나 나는/비틀걸음으로 떠다닌다/쏟아지는 눈발이 앞을 가린다"(「겨울 행」)라고 노래하는 것도 이러한 정신 외상과 무관하지 않다.

온갖 방황과 고통에 처해 있을 때 그가 기대고 의지해온 것은 어머니인 듯하다. 그동안 그가 어머니에게 기대고 의지해온 것은 어머니에 대한 사랑이 그만큼 크고 깊었기 때문이다. 이는 이 시 「겨울 행」의 이어지는 대목에서 "눈발 속에서 초가집 한 채가 떠오른다/아궁이 앞에서 생솔을/때시는 어머니"라고 하는 것만 보더라도 잘 알 수 있다.

일제강점기에 이은 미군정과 민족분단, 그에 따른 6·25 전쟁의 상처와 무관하지 않은 것이 시인 이근배의 '가족 사랑의 정신'이다. 전통적 사대부였던 친가와 외가의 할아버지들에 이은 아버지, 어머니가 받은 정신적 상처의 배후에 나라 사랑의 정신이 자리해 있는 것은 확실하다. 정작 중요한 것은 그가 지금 이러한 자신의 정신적 외상을 극복하고 좀 더 큰 차원의 사랑에 이르러 있다는 점이다. 사적이고 개적인 정신적 외상에 함몰되고 있지 않은 것이 그의 높고 깊은 사랑의 정신이라는 것을 잊어서는 안 된다.

3. 나라 사랑과 숭고의 정서

진보적 사상가였던 이근배의 시인의 아버지는 아무래도 비극적으로 생을 마친 듯싶다. 그렇다고는 하더라도 그의 아버지가 갈고 닦아온 애국 의식까지 비극으로 생을 마친 것은 아니라고 생각된다. 그가 자신의 시를 통해 아버지로부터 받은 애국 의식을 면면히 이어가고 있기 때문이다. 이는 앞에서 일부 인용했던 그의 시「자화상」을 보더라도 잘 알 수 있다.

이 시「자화상」에 따르면 할아버지는 늘 그에게 "애비 닮지 말고 사람 좀 되라고" 이른다. 사람이 되는 길을 할아버지는 "비례물시非禮勿視하며/비례물청非禮勿聽하며/비례물언非禮勿言하며/비례물동非禮勿同하며……"로 이어지는 "율곡栗谷의「격몽요결(擊蒙要訣)」을" 실천하는 일이라고 강조한다.

하지만 그는 「격몽요결(擊蒙要訣)」에서 말하는 대로 살아오지 않았다고 강조한다. 할아버지의 그러한 가르침과 관련하여 그는 "예 아닌 것만 보고/예 아닌 것만 듣고/예 아닌 것만 말하고/예 아닌 짓거리만 하며 살아왔다"고 말한다. "글자를 읽을 줄도 모르고/붓을 잡을 줄 모르면서/지가 무슨 연벽묵치(硯壁墨癡)라고/벼루돌의 먹때를 씻는 일 따위에나/시간을 헛되이 흘려버리"면서 살아온 것이 그라는 것이다.

이 시의 이어지는 구절에서 그는 "자다가도 문득 깨우고/길을 가다가도 울컥 치솟는 것은/저놈은 즈이 애비를 꼭 닮았어!/할아버지가 자주 하시던 그 꾸지람"이라고 말한다. 물론 이에는 그가 "애비를 꼭 닮아" 나라 사랑의 정신을 계속 이어가고 있다는 뜻이 들어 있다. 이러한 점은 할아버지는 "속 썩이는 큰아들이 미우셨겠지만/아니지요 저는 애비가 까마득히/올려다 보이거든요"와 같은 이 시의 이어지는 구절을 통해서도 확인된다. 말하자면 할아버지의 "고마운 꾸중을/끝내 따르지 못"한 채 나라 사랑의 정신을 쉬지 않고 노래해온 것이 시인 이근배라는 것이다. 그의 시「자화상」을 통해서도 확인되는 애국 의식은 초기 시 「노래여 노래여」에 의해 더욱 잘 알 수 있다.

> 푸른 강변에서
> 피 묻은 전설의 가슴을 씻는
> 내 가난한 모국어
> 꽃은 밤을 밝히는 지등처럼
> 어두운 산하에 피고 있지만
> 이카로스의 날개 치는
> 눈먼 조국의 새여
> 너의 울고 돌아가는 신화의 길목에
> 핏금 진 벽은 서고
> 먼 산정의 바람기에 묻어서
> 늙은 사공의 노을이 흐른다
> 이름하여 사랑이더라도
> 결코 나뉘일 수 없는 가슴에
> 무어라 피 묻은 전설을 새겨두고
> 밤이면 문풍지처럼 우는 것일까
> ―「노래여 노래여 1」 전문

이 시 「노래여 노래여」는 1964년 문공부 신인 예술상 공모에서 문학부 특상을 받은 작품이다. 위의 인용 부문은 세 개의 대목으로 이루어진 그의 이 시 「노래여 노래여」의 첫 번째 대목이다. 그의 초기 장시라고 할 수 있는 이 시는 위의 첫 번째 대목부터 그의 시세계 일반을 짐작할 수 있는 중요한 내용을 담고 있어 두루 관심을 끈다.

그렇기는 하지만 이 시에 담겨 있는 그의 의도가 단번에 구체적으로 드러나는 것은 아니다. 일단은 구체적인 의미보다는 막연한 분위기를 추구하는 것이 이 시라는 것을 알아야 한다. 따라서 이 시를 바로 이해하기 위해서는 몇몇 핵심어를 중심으로 의미의 흐름을 살펴볼 필요가 있다. 그것만으로도 이 시를 통해 드러내고자 하는 시인의 의도를 짐작할 수 있기 때문이다.

일단은 이 시의 핵심어가 "푸른 강변", "피 묻은 전설", "가난한 모국어", "꽃", "밤", "어두운 산하", "이카로스의 날개", "눈먼 조국의 새", "신화의 길목", "핏금 진 벽", "먼 산정의 바람기", "늙은 사공의 노을", "사랑", "나뉠 수 없는 가슴", "피 묻은 전설", "밤", "우는 것" 등임을 유의해야 한다. 이들 핵심어에는 "밤"과 "피 묻은 전설"이 두 번씩이나 반복되거니와, 무엇보다 이를 주목하지 않으면 안 된다.

'피'라는 말이 세 번씩이나 출현하니만큼 이 시가 밝고 환한 분위기를 담고 있다고 할 수는 없다. 이들 핵심어를 통해 드러나는 시인의 의식이 그다지 희망적으로 보이지는 않는다는 것이다. 그렇다고 하여 이 시에 드러난 그의 정신과 의식이 완전한 절망과 포기를 보여주는 것은 아니지만 말이다.

일단은 먼저 첫 문장에 들어 있는 내포부터 살펴보기로 하자. "푸른 강변에서/피 묻은 전설의 가슴을 씻는/내 가난한 모국어"가 첫 문장이다. 이 첫 문장으로부터 '남쪽의 조국에서 잊지 못할 전쟁의 상흔을 씻고 있는 우리 말'이라는 내포를 찾기는 어렵지 않다. 이어지는 "꽃은 밤을 밝히는 지등처럼/어두운 산하에 피고 있지만/이카로스의 날개 치는/눈먼 조국의 새여"가 두 번째 문장이다, 이 문장에는 '꽃은 어두운 산하를 밝히며 피고 있지만 아직도 별로 가능성이 없는 통일에의 욕망을 버리지 못하는 조국이여' 정도의 의미가 담겨 있다. "너의 울고 돌아가는 신화의 길목에/핏금 진 벽은 서고/먼 산정의 바람기에 묻어서/늙은 사공의 노을이 흐른다"가 세 번째 문장이다. 이 문장 역시 조국의 현실을 상징하고 있기는 마찬가지다. 그것이 '전쟁은 통곡 속에서 끝나고, 다시 피 묻은 휴전선은 그어지고, 먼 산정에나 희망이 있는 지금 옛 애국자들은 늙어갈 뿐이라'고 하는 의미를 담고 있기 때문이다. "이름하여 사랑이더라도/결코 나뉠 수 없는 가슴에/무어라 피 묻은 전설을 새겨두고/밤이면 문풍지처럼 우는 것일까"가 이 시의 마지막 문장이다. 이 시를 매조지하는 이 문장은 '사랑이라는 이름으로 치른, 결코 나뉠 수 없는 가슴으로 치른 전쟁이라고 하더라도 피 묻은 전쟁의 상흔을 새겨 두고 조국은 밤이면 문풍지처럼 우는 것일까' 정도의 의미를 담고 있다.

이 시는 6·25 전쟁이 휴전한 뒤 10년쯤이 지난 1963년~1964년 무렵에 창작된 것으로 알려져 있다. 나로서는 이 시를 위에서와 같이 해석해도 좋을지 어떨지 잘 모르겠다. 하지만 이렇게 해석하고 나면 이 시에 그 무렵의 민족현실에 대한 시인 나름의 슬픔과 연민이 담겨 있다는 것을 알 수 있기는 하다. 물론 이때의 슬픔과 연민을 두고 밝고 환한 긍정적 정서라고는 말할 수는 없다. 하지만 이 시의 정서가 웅장하고 숭고한 호연지기를 바탕으로 하는 것은 사실이다.

이처럼 그는 이 시에서도 이들 장엄하고 웅장한 정서를 통해 나라 사랑의 정신을 실현하고 있다. 그가 이 시를 통해 드러내는 나라 사랑의 정신은 이어지는 시「노래여 노래여 2」의 몇몇 구절을 통해서도 잘 알 수 있다. "강가에서/연가의 꽃잎을 따서 띄워 보내고/바위처럼 캄캄히 돌아선 시간/그 미학의 물결 위에/영원처럼 오랜 조국을 탄주(彈奏)한다"와 같은 구절 말이다.

이상의 논의로 미루어보면 시인 이근배에게는 시업(詩業) 자체가 '사랑의 길'인 것처럼 보인다. 그렇다. 그의 시에 실현되는 시정신은 늘 애국 의식과 함께하고 있다. 바로 이러한 점에서도 시인 이근배에게는 이 나라를 대표하는 시정신, 곧 '계관(桂冠)의 시정신'이 부여된 것처럼 보인다. 대한민국에는 비록 계관시인의 제도가 없다고 하더라도 그의 시에는 짐짓 '계관의 시정신'이 담겨 있다는 뜻이다. 그의 시가 지니는 이러한 특징은 시집 『사람들이 새가 되고 싶은 까닭을 안다』(문학세계사, 2004)와 『백두에 바친다』(시인생각, 2019)에 특히 잘 드러나 있다.

'계관의 시정신'을 지향하는 그의 시가 쪼잔하고 자잘한 가치를 추구하고 옹호할 리 만무하다. 그의 좋은 시는 '계관의 시정신'을 지향하는 만큼 늘 웅장하고 장엄한 기상을 바탕으로 한다. 이처럼 웅장한 호연지기를 바탕으로 하는 것이 그의 시이거니와, 따라서 그의 좋은 시가 장엄한 정서, 곧 '숭고의 정서'를 고무 찬양하는 것은 당연하다.

4. 국토 사랑과 자연 사랑

사천 이근배 시인의 시에서 '나라 사랑의 정신'은 쉽게 '국토 사랑의 정신'으로 전이되고는 한다. 여기서 말하는 국토 사랑의 정신은 동시에 '자연 사랑의 정신'으로 승화되는 경우가 허다하다. 그의 시에 드러나 있는 자연 사랑의 정신이 독특하고 차별성을 갖는 것은 바로 이 때문이기도 하다.

따라서 그의 시에서는 국토 사랑의 정신과 함께하는 자연 사랑의 정신 또한 애국 의식의 한 변형이라고 해야 마땅하다. 시를 통해 그가 백두대간을 노래하고, 금강산을 노래하고, 독도를 노래하고, 한강을 노래하고, 금강을 노래하고, 동진강을 노래하는 것도 나라 사랑의 정신이 이루는 구체적인 모습이라는 것이다. 그렇다. 그의 시에서는 국토의 자연을 노래하는 것이 나라 사랑의 정신을 실천하는 과정이라고 해야 옳다.

'나라'라고 하는 것은 본래 국토라는 자연을 바탕으로 하기 마련이다. 국토라는 자연이 없이 국민 주권이 제대로 갖추어진 나라는 존재하기 어렵다. 국토라는 자연이 없다는 것은 그 나라에 고유한 언어가 없다는 것과 마찬가지이다. 강조하거니와, 국토의 자연을 노래하는 그의 시에는 바로 이러한 뜻에서의 애국 의식이 들어 있다.

이근배 시인의 시에 이 나라 국토의 자연을 나라 사랑의 정신으로 노래한 예는 셀 수도 없이 많다. 하지만 그중에서도 단연 돋보이는 시는 「금강산은 길을 묻지 않는다」라고 생각된다. 이 시는 지난 2005년 8월 12일 금강산에서 있었던 '세계평화시인대회'에서 그 자신이 직접 낭송한 적이 있는 시이기도 하다. 그 이후 이 시는 전국의 시낭송대회에 참가하는 사람들이 가장 많이 낭송하는 시가 된 바 있다.

새들은 저희끼리 하늘에 길을 만들고
물고기는 너른 바다에서도 길을 잃지 않는데
사람들은 길을 두고 길 아닌 길을 가기도 하고
길이 있어도 가지 못하는 길이 있다
산도 길이고 물도 길인데
산과 산 물과 물이 서로 돌아누워
내 나라의 금강산을 가는데
반세기 넘게 기다리던 사람들
이제 봄, 여름, 가을, 겨울
앞다투어 길을 나서는구나
참 이름도 개골산, 봉래산, 풍악산
철 따라 다른 우리 금강산
보라, 저 비로봉이 거느린 일만 이천 묏부리
우주 만물의 형상이 여기서 빚고
여기서 태어났구나.
깎아지른 바위는 살아서 뛰며 놀고
흐르는 물은 은구슬 옥구슬이구나

소나무, 잣나무는 왜 이리 늦었느냐 반기고
구룡폭포 천둥소리 닫힌 세월을 깨운다.
그렇구나
금강산이 일러주는 길은 하나
한 핏줄 칭칭 동여매는 이 길 두고
우리는 너무도 먼 길을 돌아왔구나
분단도 가고 철조망도 가고
형과 아우 겨누던 총부리도 가고
손에 손에 삽과 괭이 들고
평화의 씨앗, 자유의 씨앗 뿌리고 가꾸며
오순도순 잘 사는 길을 찾아왔구나
한 식구 한솥밥 끓이며 살자는데
우리가 사는 길 여기 있는데
어디서 왔느냐고 어디로 가느냐고
이제 금강산은 길을 묻지 않는다

─「금강산은 길을 묻지 않는다」전문

  이 시는 금강산 관광이 허용되었던 2005년 무렵의 이 나라 현실을 염두에 두고 창작된 것으로 알려져 있다. 금강산 관광이 가능했던 당시만 해도 이 나라의 남북관계가 어느 정도는 열려 있었다는 것을 염두에 두어야 한다. 그렇다고 하더라도 분단의 현실은 엄연했던 것이 사실이다. 금강산 관광으로 하여 변화된 남북관계에 어떤 획기적인 진전이 있었던 것은 아니라는 것이다. 이는 이 시의 첫머리에 "새들은 저희끼리 하늘에 길을 만들고/ 물고기는 너른 바다에서도 길을 잃지 않는데/사람들은 길을 두고 길 아닌 길을 가기도 하고/길이 있어도 가지 못하는 길이 있다"고 노래하는 것만 보더라도 잘 알 수 있다.

이처럼 이 시에서 화자인 시인은 새나 물고기만도 못했던 그동안의 남북 인간들에 대해 비판적인 자세를 견지한다. 이 시가 "산도 길이고 물도 길인데/산과 산 물과 물이 서로 돌아누워/내 나라의 금강산을 가는데/반세기 넘게 기다리던 사람들"에 대해 비판적인 애정을 담아내고 있다는 것이다. 물론 이 시를 쓰던 당시 화자인 시인은 "이제 봄, 여름, 가을, 겨울/앞다투어 길을 나서는구나"라고 하며 남북의 미래를 긍정적으로 노래한다. 하지만 지금은 남북 간의 상황이 아주 나빠져 어떤 소통도 이루어지지 않고 있다. 따라서 이제는 "이름도 개골산, 봉래산, 풍악산/철 따라 다른 우리 금강산/보라. 저 비로봉이 거느린 일만 이천 묏부리" 운운하는 금강산 찬가가 어색하게 되고 만 셈이다.

이명박 정권의 등장 이후 "깎아지른 바위는 살아서 뛰며 놀고/흐르는 물은 은구슬 옥구슬이구나"라고 하는 등의 문장으로 이 나라 국토의 자연을 찬양하기는 어렵게 된 바 있다. 그렇기는 하더라도 "금강산이 일러주는 길은 하나/한 핏줄 칭칭 동여매는 이 길"로 가야 한다는 것을 망각해서는 안 된다. "분단도 가고 철조망도 가고/형과 아우 겨누던 총부리도 가고/손에 손에 삽과 괭이 들고/평화의 씨앗, 자유의 씨앗 뿌리고 가꾸며/오순도순 잘 사는 길을 찾"는 일을 포기해서는 안 된다는 것이다.

그에게 이러한 일을 포기하는 것은 이 나라의 내일에 대한 찬가나 송가를 포기하는 일이기도 하다. '계관의 시정신'을 깊이 간직하는 그로서는 이 나라의 미래에 대한 찬가나 송가를 포기하기가 쉽지 않았으리라. 그에게 찬가나 송가를 포기하는 일은 결국 분단을 극복하고 통일된 조국의 미래를 꿈꾸는 일 자체를 포기하는 일이기도 하기 때문이다. 자본주의 근대가 비록 비가(悲歌)의 시대라고 하더라도 언제나 "한강이 용솟음친다/펄펄 끓어 넘치는 한반도의 용암/지구촌의 하늘을 붉게 태운다/땅을 덮는다"(「크고 큰 나라 대~한민국이여」)와 같은 송가나 찬가를 부르고 싶은 것이 시인 이근배라는 것을 잊어서는 안 된다.

5. 옛것 혹은 전통 수호

 이근배의 시는 국토의 자연을 노래하는 것으로 애국 의식을 고양하기도 하지만 '옛것들'을 노래하는 것으로 애국 의식을 고양하기도 한다. 물론 '옛것들' 중에는 '옛 사물들'도 있고, '옛사람들'도 있다.
 애국 의식과 관련하여 그의 시에서 먼저 살펴볼 수 있는 것은 '옛 사물들'이다. 그렇다. 그는 붓이나 벼루, 솟대나 초서, 잔이나 연적, 선죽교, 추사고택 등 '옛 사물'을 시로 노래하는 것을 통해 자기 자신의 전통 의식을 드러내기도 한다. 이들 '옛 사물'을 통해 표현하는 그의 전통 의식에 우리 고유의 것에 대한 의지와 사랑이 담겨 있으리라는 것은 분명하다. 우리 고유의 것에 대한 의지와 사랑 또한 마땅히 그의 애국 의식의 변형된 표현이지만 말이다. 다음의 몇몇 예는 옛 사물을 노래하는 것으로 자기 자신의 전통 의식을 표현하는 한 시이다.

> 붓이 뛰는구나
> 해와 달을 가슴에 품고
> 눈비와 어둠을 헤치고 달려와
> 이 눈부신 새 하늘을 여는 아침
> 북한산이 날개를 치며 오르고
> 한강이 황금빛 목청으로 노래하는구나
> ―「바르고 빠르고 곧은 붓이리니」 부분

> 벼루에 먹물이 풀리듯
> 나는 잠에 풀린다
>
> 잘못 살아온 날들이

머릿속에서
가시를 세우면
나는 자꾸 졸립다

—「잠—벼루 읽기」 부분

바람,
불지 마라
새,
날개 꺾여
울음 꺾여
장대 끝 끝에 앉아
누가 오나
누가 오나

—「솟대 사랑」 부분

위에 인용되어 세 편의 시에는 그가 줄곧 친애해온 붓, 벼루, 솟대가 형상화되어 있다. 이들 시에 형상화된 옛 사물에는 그의 전통 의식이 들어 있고, 그것은 늘 그의 애국 의식과 함께하고 있어 주의를 요한다. 이들 전통적인 옛 사물을 통해 고유한 우리 것에 대한 의지와 사랑을 노래하는 것이 일련의 그의 시라는 것이다.

붓을 노래하는 첫 번째 시에서는 뛰는 붓과 호응하며 "눈비와 어둠을 헤치고 달려와/이 눈부신 새 하늘을 여는 아침"이 형상화되어 있다. 이 시에서 붓과 호응하는 것은 "날개를 치며 오르"는 북한산이기도 하거니와, 물론 이는 "황금빛 목청으로 노래하는" 한강도 마찬가지이다.

벼루를 다루고 있는 두 번째 시에는 "먹물이 풀리듯" 풀리는 시인의 '잠'이 주목되어 있다. 벼루 자체보다는 벼루에 풀린 먹물을 통해 시인의 현존을 담아내고 있는 것이 이 시이다.

세 번째 시에 형상화된 '솟대'는 삼국시대부터 전해 내려오는 옛 사물이다. 시인은 이 시에서 "바람,/불지 마라"고 하고 있지만 솟대의 새는 본래 바람이 전해오는 소식을 물어오는 역할을 하는 상징물이다. 바로 그러한 이유에서 시인은 "새,/날개 꺾여/울음 꺾여/장대 끝 끝에 앉아/누가 오나/누가 오나"라고 노래하는 것이다.

이들 옛 사물들, 예컨대 붓이나 벼루, 잔이나 연적, 솟대나 초서, 선죽교나 추사고택 등을 통해 그가 추구하는 전통 의식에는 무엇보다 '고유한 우리 것'에 대한 의지와 사랑이 담겨 있다. 비록 상고(尙古)적 경향이 있다고 하더라도 그가 이들 옛 사물을 통해 추구하려는 가치는 명확하다. 그것 또한 그의 나라 사랑의 정신과 밀접하게 연결되어 있기 때문이다.

그의 시가 보여주는 이들 상고적 경향은 '옛사람'에 대한 탐구를 통해서도 현현되고 있다. '옛사람'에 대한 탐구를 통해 그가 정작 드러내려고 하는 것은 물론 애국 의식, 곧 나라 사랑의 정신이다. 이때의 애국 의식, 곧 나라 사랑의 정신이 시인 자신의 전통 의식과 무관하지 않다는 것은 분명하다. 박팽년이나 성삼문, 정철이나 김장생, 송시열이나 추사 등 '옛사람'을 노래하는 것으로 자기 자신의 전통 의식을 표현하기도 하는 것이 그의 시이기도 하다는 것이다. 이처럼 '옛사람'에 대한 탐구를 통해 그가 추구하는 전통 의식은 그의 시집 『추사를 훔치다』(문학수첩, 2013)에 잘 드러나 있어 특히 주목된다.

이때의 전통 의식 또한 '고유한 우리 것'에 대한 의지와 사랑에 닿아 있거니와, 이를 통해 그가 말하려고 하는 것 역시 분명하다. 이러한 의지와 사랑 또한 궁극적으로는 그의 애국 의식, 곧 나라 사랑의 정신에 닿아 있다는 것을 잊어서는 안 된다. 이와 관련하여 여기서는 일단 두 편의 시만을 골라 그 일부만이라도 읽어 보기로 한다.

능소화가 진다
낳았느냐 낳았느냐 낳았느냐
수리봉의 물음에 대구를 하듯
툭툭 능소화가 송이째로 지고 있다
ㄱㄴㄷㄹㅁㅂㅅ……
나랏말씀이 울려 퍼지던
그 하늘을 감고 오르다가
끝내는 다 오르지 못하고
노을빛 울음을 터뜨리고 있다

―「성삼문―노은리」 부분

나라가 들끓는다
봄은 어김없이 와서
자목련의 입덧을 받아주고
대숲의 바람은
술 항아리를 비우고 나와
산벚꽃의 볼을 붉힌다
무슨 일을 내려는가
산천이 저렇게 자지러지는데
이 심상찮은 봄을 두고
학처럼 휘이휘이
한 가락 들고 놓고 하던 이
훌쩍 떠나고
빈 둥지만 덩그렇구나

―「정철―송강정」 부분

앞의 시는 성삼문과 관련된 이미지와 에피소드를 노래하고 있고, 뒤의 시는 송강 정철과 관련된 이미지와 에피소드를 노래하고 있다. 성삼문은 조선 전기의 인물이고, 송강 정철은 조선 중기의 인물이다. 하지만 이들은 기호 지역의 정신과 맥락을 함께하는 인물이라는 점에서 상호 공통점을 갖는다.

앞의 시 「성삼문―노은리」는 성삼문이 태어난 고향 마을 '노은리'를 부제로 삼고 있다. 그와 동시에 꽃송이째 툭툭 지는 능소화를 시의 배경으로 삼고 있다. 그 모든 것이 서정적 효과를 높이기 위한 심미적 장치라는 것은 덧붙여 설명할 필요가 없다. 성삼문의 생애를 꽃송이째 툭툭 지는 능소화 이미지를 통해 상징하는 것이 이 시라는 것이다.

성삼문과 관련해서는 태어날 때 공중에서 "낳았느냐?"라는 소리가 3번 들렸다는 설화가 전해지고 있다. 3번째 소리가 들린 뒤에야 그가 태어나 이름을 삼문(三問)이라고 지었다고 하는 설화 말이다. 이 시에는 그 설화가 적절하게 응용되고 있어 무엇보다 관심을 끈다.

성삼문은 세종대왕 당시 같은 기호 지역 출신의 지식인 박팽년과 함께 한글 창제의 과정에 큰 역할을 한 것으로 알려져 있다. 이 시의 다섯째 행에 "ㄱㄴㄷㄹㅁㅂㅅ……"과 같은 한글 자음이 인용된 것도 그러한 역사적 사실에 기대어 표현한 것으로 보인다. 한편으로는 이 또한 심미적 효과를 높이기 위한 수사적 장치이겠지만 말이다. 이 시의 결구에는 성삼문이 "하늘을 감고 오르다가/끝내는 다 오르지 못하고/노을빛 울음을 터뜨리"는 능소화로 상징되기도 한다.

이어지는 시 「정철―송강정」은 그가 한때 거주했던 정자인 '송강정'을 부제로 삼고 있다. 중앙 정가에서 물러났을 때 그가 담양의 송강정으로 내려와 울분을 달랬다는 것은 주지의 사실이다. 이 시는 "들끓는 나라", "봄", "자목련의 입덧", "대숲 바람", "술 항아리", "산벚꽃", "학", "한 가락", "빈 둥지" 등의 이미지를 매개로 하여 내용이 진전된다. 이들 이미지가 송강의 생애와 어긋나지 않다는 것은 이론(異論)의 여지가 없다. 주색을 좋아하고, 산천의 풍광을 좋아하고, 시를 좋아했던 것이 송강 정철이라는 것을 염두에 둘 필요가 있다. 그렇다. "자목련의 입덧", "술 항아리"를 "비우는 바람" 등의 이미지에서 송강 정철의 생애를 연상하기는 별로 어렵지 않다. "학처럼 훠이훠이/한 가락 들고 놓고 하던 이"가 다름 아닌 조선조 최대의 서정 시인인 송강 정철이라는 것을 알아야 한다.

이들 인물 이외에도 그의 이 시집 『추사를 훔치다』에는 아주 많은 '옛사람'이 시로 형상화되어 있다. 의상, 허균, 이승휴 김병연, 유정, 길재, 기화, 이황, 유성룡, 일연, 곽재우, 박인로, 원효, 이언적, 김종직, 최치원, 조식, 논개, 이순신, 윤선도, 휴정, 임제, 송순 등이 바로 그 예이다. 이들 옛사람이 우리나라의 고유하면서도 전통적인 인물이라는 것은 덧붙여 설명할 필요가 없다.

그가 자신의 시를 통해 이 나라를 대표하는 수많은 인물을 심미적으로 형상화하는 까닭은 무엇인가. 일단은 이들 옛사람, 곧 전통적 인물의 재발견을 통해 그가 자기 자신의 애국 의식을 드러내고 있는 것을 알 수 있다. 하지만 그가 이들 옛사람, 곧 전통적 인물들을 끈질기게 시로 형상해온 까닭이 여기서 그치지는 않는 것 같다. 아무래도 이에는 좀 더 큰 이유가 있을 것으로 생각된다는 것이다.

근세에 들어서는 일제강점기를 겪고, 미국 군정기를 겪고 급기야는 조국이 분단되는 아픔까지 끌어안고 있는 것이 우리나라의 현실이다. 그러한 뒤 우리나라는 지금까지도 미국과 중국, 일본과 러시아로부터 크고 작은 간섭을 받고 있다. 그로서는 유구한 전통을 갖고 있고, 줄곧 자주성을 지켜온 이 나라의 미래를 '옛사람'들을 매개로 하여 고무, 찬양하고 싶지 않았을까. 물론 대한민국을 대표하는 일국의 시인인 그가 이들 인물을 매개로 하여 자기 자신이 추구해온 '계관의 시정신', 곧 일종의 호연지기를 고양, 추동하려 했을 수도 있겠지만 말이다. 그렇다고 하더라도 이처럼 방대

하고 웅혼하고 호쾌한 것이 그의 시세계라는 것을 유의하지 않으면 안 된다. (2024)

열정과 수난
―신달자의 시세계

1. 머리말

    신달자는 1972년 박목월에 의해 《현대문학》지를 통해 추천되면서 시인으로 등단한 것으로 알려져 있다. 하지만 이는 단지 기존 문단의 풍속에 따른 공식적인 기록일 따름이다. 실제로는 숙명여대 4학년 때인 1964년 전봉건이 발행하던 《女像》의 작품모집에 응모, 「환상의 방」으로 제1회 여류문학상을 받은 바 있기 때문이다. 그의 문단 이력과 관련하여 이러한 사실을 강조하는 데는 얼마간의 이유가 있다. 초기의 그의 시들, 특히 1973년에 간행된 첫 시집 『봉헌문자』(현대문학사)에 수록된 시들이 보여주는 일련의 특징 때문이다. 여기서 말하는 '일련의 특징'은 이 시집이 1970년대 시의 새로운 특징보다는 1960년대 시의 기존의 특징을 좀 더 잘 보여주고 있다는 것을 뜻한다.
    한국현대시사에서 1970년대는 시에 현실의 개입이 훨씬 강화되기 시작한다는 점에서 변별점을 지닌다. 1969년의 삼선개헌, 1970년의 대통령 선거, 1972년의 유신헌법 선포로 이어지는 격변기의 현실이 이 무렵의 시에 좀 더 깊숙이 개입하게 되는 것은 자연스러운 일로 보인다. 신경림, 이

성부, 김지하, 조태일, 김준태, 양성우, 이시영 등의 시에서 확인할 수 있는 것처럼 당대의 구체적인 현실은 우리 시의 방향을 새롭게 바꾸지 않을 수 없게 했던 것이 사실이다. 다름 아닌 이러한 점에서 신달자의 첫 시집 『봉헌문자』(1973년)에 수록된 시들은 당시의 새로운 경향과는 얼마간 궤를 달리한다. 이들 시가 구체적인 삶의 세목을 직접적으로 수용하기보다는 1960년대 이래의 추상과 함께하고 있기 때문이다.

여기서 말하는 '1960년대 이래의 추상'은 이른바 '현대시' 동인 중심의 모더니즘 시가 지니고 있던 일반적인 특징을 가리킨다. 《현대시》 6집(1964. 6)부터 구체화된 이들의 시는 독특한 리듬의 뒷받침을 받으며 관념적인 언어들을 중심으로 다분히 주지적인 경향을 보여준다. 이러한 특징은 신춘문예의 당선 시에서도 일정하게 영향을 미쳐 1960년대는 물론 1970년대 초까지도 한국현대시사의 주요한 흐름을 형성했던 것이 사실이다. 이러한 지적은 신달자의 초기 시에 나타나 있는 추상이 자기 자신만의 고유한 것이 아니라 1960년대를 풍미하던 일반적인 경향과 깊이 관련되어 있다는 것을 가리킨다. 물론 초기의 그의 시가 지니는 이러한 면은 오늘에 이르기까지 그의 시의 방법적 특징을 결정짓는 중요한 자질로 전승되어 오고 있다. 등단 이래 지금까지 간행된 그의 시집은 모두 11권이거니와[4], 이들 시집 전체에서 과다 간에 발견할 수 있는 것이 주지적 모더니즘의 경향이라는 것이다.

1960년대의 모더니즘 시는 대상 자체보다는 대상에 대한 상념이나 의식을 중점적으로 표현해온 바 있다. 상념과 의식, 즉 주지적 추상을 관념적 음악으로 드러내 온 것이 그 무렵 모더니즘 시가 갖는 특징이라는 것이

---

[4] 2006년 현재까지 그는 모두 11권의 개인 시집을 간행한 바 있다. 『봉헌문자』(현대문학사, 1973), 『겨울축제』(조광출판사, 1976), 『고향의 물』(서문당, 1982), 『모순의 방』(열음사, 1985), 『雅歌 1』(행림출판사, 1986), 『雅歌 2』(문학사상사 1988), 『새를 보면서』(문학세계사, 1988), 『시간과의 동행』(문학세계사, 1993), 『아버지의 빛』(문학세계사, 1999), 『어머니, 그 삐뚤삐뚤한 글씨』(문학수첩, 2001), 『오래 말하는 사이』(민음사, 2004)가 실제의 예이다.

다. 이를테면 비대상의 상념이나 의식을 리듬 있는 언어로 명명해 온 것이 1960년대의 모더니즘 시의 일반적인 특징인 셈이다. 이러한 방법적 경향은 신달자의 초기 시에도 크게 다를 바 없이 나타나고 있어 주목된다. 그의 시 역시 이미지를 자질로 하는 객관적인 삶의 풍경보다는 음악을 통해 부여되는 막연하고 불투명한 주지적인 지성을 창출하는 방식으로 창작되고 있다는 것이다.

그의 시가 상념이나 의식에 음악을 부여하는 방식을 취하고 있다는 것은 주관적인 자아를 객관적인 세계보다 좀 더 소중하게 취급하고 있다는 뜻이 된다. 이를 두고 객체보다는 주체에 중심이 있는 것이 그의 시의 특징이라고 해도 괜찮다. 이러한 논의는 그의 시의 방법적 특징이 대상 자체를 객관적으로 묘사하는 데 있기보다는 대상으로부터 비롯된 상념이나 의식을 주관적으로 진술하는 데 있다는 뜻이 되기도 한다.

이처럼 당시에는 시인 신달자 역시 자신의 시 일반에서 구체적인 풍경을 만들기보다는 추상적인 리듬을 만들기에 주력한다. 이때의 추상적인 리듬은 당연히 불투명하고 주지적인 정서, 곧 관념적인 아우라를 만드는 데 기여한다. 따라서 그의 초기 시는 상징주의적인 언어관과 맥을 함께하며 주지적인 모더니즘의 풍모를 갖는다고 할 수 있다. 이러한 성향을 지니는 그의 초기 시는 대부분 막연하고 불투명한 추상 가운데에도 잘 닦여진 활기 있는 음조를 보여주고 있어 관심을 끈다. 무엇보다 이는 상징주의적 시의식으로부터 맥을 받고 있기 때문일 것인데, 물론 그것은 그의 시 전체가 지니는 일반적인 특징이기도 하다.

하지만 자신의 시에서 그가 예의 방법적 자각 자체에만 사로잡혀 있는 것은 아니다. 초기부터 그가 그 나름으로 매우 중요한 모더니티, 즉 핵심 모티프나 이미지를 줄곧 시의 제재로 활용해 온 바 있기 때문이다. 발, 열정, 열(갈)망, 열, 빛, 불, 어둠, 밤, 겨울, 가뭄, 사막, 고독, 운명, 아이, 아버지, 어머니, 고향, 신, 사랑, 생명, 등의 모티프나 이미지가 그 구체적인

107

예라고 할 수 있다. 일종의 지수 이미지인 이들 핵심 모티프나 이미지를 중심으로 그의 시세계를 요약하면 '열정과 수난, 그리고 그 극복'이라고 할 수 있다. 열정과 수난은 영어 단어 passion에서와 같이 하나의 정서가 이루고 있는 두 모습이거니와, 이것들이 이루는 정서의 추이를 살펴보는 것만으로도 그의 시세계는 충분히 윤곽을 드러낼 것으로 보인다. 이글은 이들 핵심 모티프나 이미지가 지니는 의미망을 꼼꼼하게 검토하는 것으로 신달자의 시세계 일반이 지니는 특징을 살펴보려는 것에 의의를 둔다.

2. 열정과 욕망

어린 시절 꿈을 찾아 고향과 이별한 떠난 이후, 다시 말해 고향 거창에서 부산으로, 다시 서울로 떠나온 이후 신달자는 잠시도 쉬지 않고 자기 자신의 열정을 담금질해 온 바 있다. 물론 여기서 말하는 열정은 꿈과 이상을 이루기 위해 끊임없이 앞을 향해 달려온 들끓는 삶의 에너지를 뜻한다. 들끓는 삶의 에너지는 간혹 갈망이나 걱정, 분노나 욕망 등의 언표로 드러나기도 하는데, 기본적으로는 이들 정서가 모두 파토스적 정열을 바탕으로 하고 있기 때문이다. 파토스적 정열은 조화와 균형의 서정적 정서보다는 대립과 갈등의 극적 정서를 바탕으로 하거니와, 우선 이는 "날이 날마다 더 붉어 꽃피는/심장을 껴안고/恨 아/내 영혼아/한 번도 얻지 못하여/이 밤도 맨발로 헤매는/내 갈망의 이름이 무엇이냐"(「겨울 아리랑」)와 같은 구절에 의해 확인된다.

그가 열정과 갈망의 시인, 곧 격정과 분노와 욕망의 시인이라는 것은 "바람은 미쳐 있고/바다는 기억상실증을 앓고 있었다/삽교천을 지날 때/나는 분노를 터뜨렸어/아산만이여 그를 모르다니!"(「평택일기-아산만 바다」)와 같은 구절에 의해서도 알 수 있다. "단 몇 초의 시간에/지난 세월들을 폭파하고 싶다/그리하여/먼지로만 남은 회색 잿더미/핏발선 눈으로 열두 번 더 태워/다시 한 줌 재/겨울 꽝꽝 언 들판으로 날려 보내고 싶다"(「철거작업」)라고 격렬한 목소리로 외쳐대고 있는 것이 시인 신달자이다. 그의 시에 드러나 있는 파토스적 열정은 심지어 "가슴 안에 아예 누워버린/범죄한 덩어리"(「우범지역」)라는 은유로 명명되기도 한다.

> 내 가슴은
> 뜨겁게 끓는다
> 어둠이 오면서
> 우리가 선 줄은 일제히 지워지고
> 지금부터다
> 스스로 갈 길을 정하는
> 단호한 선택
>
> ―「침묵피정 2」 부분

> 침묵은 눈감고도 나를 알고 있었다
> 덕지덕지 시퍼런 욕망을 온몸에 달고
> 씩씩거리는 여름 나무들 속에
> 입만 다물고 활짝 가슴을 열고
> 숨차게 서 있는 나를
>
> ―「침묵피정 3」 부분

> 펄펄 끓는
> 내 오기를
> 오지그릇에 담는다

> 뿔과 뼈가 푸석거리게
> 밤새 고아
> 뿌연 국물로 내린
> 내 운명의 족쇄를
>
> 　　　　　　　—「설렁탕 한 그릇」 부분

　위의 시들에서 시인은 자기 자신을 "뜨겁게 끓는" "가슴"(「침묵피정 2」)과 "온몸"에 "덕지덕지 시퍼런 욕망"(「침묵피정 3」)을 지닌, 나아가 "펄펄 끓는" "오기를"(「설렁탕 한 그릇」)지닌 존재로 그려내고 있다. 이러한 사실은 무엇보다 그가 남다른 열정의 소유자라는 것을 말해준다. 예의 유별난 열정은 그의 시집 여러 곳에 발견되는 보편적인 특징이라고 해도 지나치지 않다. 그의 다른 시의 "밤 12시에 남자가 전화를 하면/요부같이 꾸미고/여우같이 날쌔게 달려가고 싶다" "남자의 몸에 불을 댕겨서/삐거덕 삐거덕 생의 관절을/꺾게 하고 싶다"(「뮤즈와 팜므파탈」) 등의 구절을 보더라도 그의 남다른 정열은 충분히 짐작된다.

　하지만 이러한 열정이나 욕망, 갈망 등이 그의 삶에서 의지하는 대로 곧바로 실현된 예는 별로 많지 않아 보인다. 그가 삶의 여러 곳에서 자신의 "욕망을 누르는 고인돌"을, 곧 "삶의 목덜미를" 눌러 "몸속 한 점 불씨마저/꺼버리는 숨은 적의"를 느끼고 있기 때문이다. 실제의 삶에서는 그 역시 예의 '고인돌'과 '숨은 적의'에 의해 "난타의 두통/뼛속 회오리 오한"(「충천연색 두려움」)을 느끼며 살아가고 있다는 것이다. 그가 설렁탕 한 그릇에서 "펄펄 끓는" "오기를"(「설렁탕 한 그릇」), 소나무 한 그루에서 "옮기면 죽어버리는 그 고집"(「소나무」)을 유추해내는 것도 바로 이러한 이유에서라고 할 수 있다.

　젊었을 때는 누구라도 열정이나 욕망, 갈망 등이 쉽게 사그라지지 않기 마련이다. 자주 자신을 향해 "정열을 소각하라/전소하라/깨끗이 잿가루도 씻어 내려라"라고 외치지만 금방 또다시 부풀어 오르는 것이 젊은이의 "욕망의 잔고"(「늙음에 대하여」)이다. 수시로 "꿈꾸는 태양이" "심장 속으로 흘러들어/불을 놓"(「파초꽃」)기 때문에 젊었을 때는 늙기를 "애타게 기다리"(「늙음에 대하여」)게 되는 것이리라.

> 달뜨는 날
> 나도 달맞이꽃으로
> 거리로 나가 피고 싶어요
> 피어서 뜨뜻한 이 피를
> 조금은 어둠 속에 흘리고 싶어요
> 흘리고 쏟아내서
> 하얗게 하얗게 기다리노라면
> 달도 지고 내 생도
> 어느덧 기울게 되겠지요
> 어머니
>
> ―「달맞이꽃―아, 어머니 · 13」

이 시에서 시인은 달맞이꽃으로 피어 "뜨뜻한 이 피를/조금은 어둠 속에 흘리고 싶어"하는 마음을 노래하고 있다. 물론 그의 이러한 마음은 자신의 "생도/어느덧 기울"기를 바라는 마음과 깊이 관련되어 있다. 그로서는 어서 빨리 늙어 피 끓는 열정이나 욕망, 갈망 등이 만드는 수난과 고통에서 벗어나고 싶은 것이다.

돌이켜보면 젊음에서 비롯되는 열정이나 욕망, 갈망, 그에 따른 수난과 고통도 결국은 시간의 산물일 따름이다. 아무리 삶의 에너지가 들끓는다고 하더라도 시간의 녹이 슬기 시작하면 오래지 않아 사그라질 수밖에 없기 때문이다. 이러한 점은 그의 경우라고 하더라도 크게 다를 바 없다. 들끓는 파토스를 지닌 것이 그이지만 끝내는 그도 "나도 금이 갔어. 이렇게 길에서/졸기나 하는 무덤덤한 세상을/지나고 있다니"(「붉은 신호」) 라고 탄식할 수밖에 없기 때문이다. "너무 거칠었던 격분/너무 뜨거웠던 적의/우리들 가슴을 누르던 바위 같은/무겁고 치열한 싸움"도 시간 속에서는 이내 "녹아 사라지"(「여보 비가 와요」)기 마련이다.

3. 발과 새의 이미지

시간은 인간이 지니는 열정이나 욕망, 갈망 등을 사그라들게도 하지만 삶 일반과 관련해 진실과 지혜를 주기도 한다. 물론 이때의 진실과 지혜는 사랑이나 생명, 극복이나 초월 등의 정신과 뒤섞이는 가운데 나날의 삶을 상대적으로 충만하게 만든다. 이러한 진실과 지혜의 눈으로 바라볼 때 그의 시에 내포되는 열정이나 욕망, 갈망 등과 관련하여 가장 먼저 떠오르는 것은 '발'의 이미지이다. '발'의 이미지는 우선 열정이나 욕망, 갈망 등을 실현하기 위한 진보와 진행의 내포를 갖는다. 누구에게나 "발의 행방"(「발 8」)이 곧 삶의 행방이기 때문이다.

그의 시에서 발의 이미지는 제법 자주 등장하며 의미 있는 상징으로 기능한다. 발의 이미지는 특히 박목월에 의해 《현대문학》에 추천받은 그의 등단 시 「발」에서 비롯된다는 점에서 더욱 주목된다. 일종의 연작시인 그의 시 「발」은 모두 8편이 창작되었거니와, 첫 번째 작품에서 그는 우선 다음과 같이 노래한다.

> 旣成靴를 샀다
> 누굴 위해 만들어진 지도 모르는 것에
> 순응하는 발

누굴 위해 마련된 지도 모르는 길을
나의 집도 아닌
집으로
익숙하게 돌아가는
발

(…중략…)

나의 방도 아닌
안개의 숲으로
고단한 몸을 옮기는
발

언제나 그것은 前進하나
차단된 상황에
허무의 그림자를 친다
부단히 치면서 그 줄 위를 걷는
발

—「발 1」 부분

    이 시에서 시인은 그 자신의 발이 "누굴 위해 만들어진 지도 모르는" "기성화"에 쉽게 순응하는 것부터 반성하고 성찰한다. 그의 반성과 성찰은 이 발이 "누굴 위해 마련된 지도 모르는 길을" 걸어 "나의 집도 아닌/집으로/익숙하게 돌아가"기 때문에 더욱 강화된다. 이와 관련하여 정작 관심을 가져야 할 것은 발이 "나의 방도 아닌/안개의 숲으로/고단한 몸을 옮"긴다는 점이다. 이 구절에서 "안개의 숲"이 뜻하는 것은 전진하는 발이 가닿게 될 미지의 세계 정도로 짐작된다. 이는 그가 「발 2」에서 "어두우며/좁고 험악한 길을/넘어지지 않고 더듬거리며/그것은 전진한다"라고 노래하는 것에서도 잘 알 수 있다.

이와 더불어 유의해야 할 것은 자신의 열정이나 욕망, 갈망을 상징하는 발이 지금 기성화를 신고 있다는 점이다. 기성화는 기존의 신발에 발을 맞출 수밖에 없다는 점에서 시인의 행보가 갖는 한계를 드러내 준다. 발이 시인의 열정이나 욕망, 갈망 등을 상징하는 데 비해 기성화는 그를 둘러싸고 있는 시대의 제도나 윤리, 법 등을 상징하기 때문이다. 이는 무엇보다 그의 열정이나 욕망, 갈망 등이 자기 시대의 제도나 윤리, 법 등을 과도하게 벗어나지 못하리라는 것을 암시한다. "봉사의 攝理로/어느 곳이든/말없이 疾走"(「발 1」)하는 것이 발이기도 하지만 "돌길을 피하는/맨발의 조심성"(「발 2」)으로 늘 긴장하는 것이 발이기도 하다. "既成靴와 同質의 정직성"(「발 2」)을 갖는 것이 그의 발, 곧 열정이나 욕망, 갈망 등이니만큼 이러한 한계를 갖는 것은 당연하다. 그의 발이 "팽팽하게 긴장된/줄 위에서/균형을 잃"(「발 5」)으면 이내 "균형을 다시 잡"으며 춤을 출 수밖에 없는 것도 이 때문이다. "구름 속으로/바람 속으로" "언제나/맞는 신발을 찾아 헤매는 환상"(「발 3」)과 함께 할 수밖에 없는 것이 그의 발이라는 것이다. 그의 "발의 行方이" 왕왕 "目的地 가까이에서/다시 行線을 잃는" 것도 이와 무관하지 않다. "어느 날 문득/한 발자국도 뗄 수 없는/위기의 그 순간"을 맞기도 하는 것이 그의 발이라는 뜻이다. "맨발이었다/피가 맺혀 있었다/어둠 속에서도/끈끈히 잡히는 상처/오랜 정이어라/온전한 두 발을 가진 적이 없으므로"(「枕上日誌」)라고 노래하는 것도 그의 이러한 심리적 현존과 궤를 함께 한다. "차단된 상황"에 처하게 되면 진전하는 발에게도 "허무의 거미줄"(「발 1」)이 쳐질 수밖에 없다. 그의 발이 이처럼 허무를 느끼는 것은 늘 "물한 모금"이 모자라고 단 "五分이 모자"(「부족」)라지만 그가 수시로 "닫혀 있는/수만 개의 門"을 자각하고 있기 때문이다. "내가 걷는 길에 닫혀 있는/수 만 개의 문을/내 손으로 밀어 열어야 하는"(「문 1」) 그로서는 "꼼짝도 않는 벽"(「壁」)을 인식하지 않을 수 없었으리라.

　벽을 인식한다는 것은 절망과 좌절을 경험한다는 것을 뜻한다. 현실은 닫혀 있지만 의식은 열려 있는 그가 닫혀 있는 현실과 관련하여 절망과 좌절을 자각하는 것은 충분히 있을 수 있는 일이다. 쉬지 않고 "오늘도 벽을 허"(「벽」)물지만 '벽'을 자각하게 되면 이내 가슴에 절망과 좌절이 쌓이지 않을 수 없다. 이러한 상황을 맞게 되면 누구라도 두 발로 지상을 걸어야 하는 사람보다는 허공을 나는 새가 되고 싶어 하는 법이다. 물론 이때의 새가 "말은 못하고 울기만 하는/아무도 몰라주는/구슬픈 새"(「새」)일 리는 만무하다. 인간은 본래 절망과 좌절에 처할수록 지상의 벽을 허물기 위해 노심초사하기보다는 자유롭게 하늘로 날아오르고 싶어 하기 마련이다. 본래 "하늘을 등지고/날아오르는/새 한 마리//그의 목적은/하늘보다 큰 것"(「새를 보면서 1」)이기 때문이다.

　"하늘보다 큰 것"이 새 한 마리의 목적이라고 하지만 실제로는 그것도 "작은 가슴"으로부터 끓어오르는 "따뜻한 피"의 산물일 따름이다. 아무리 "목숨을 걸고라고/찾아야 할 것이"(「새를 보면서 1」) 있다고는 하지만 그것의 주체인 "눈물겨운 새"(「새를 보면서 2」)는 "가는 두 다리"(「새를 보면서 1」)를 지닌 작고 조그만 "생명의/근원"(「새를 보면서 5」)에 불과하다. 새가 되고 싶어 하는 것이 꿈이라고는 하더라도 그가 보기에도 새는 "물방울처럼/증발할 듯 안쓰"러울 따름이라는 것이다.

　　　누가 너에게
　　　'새'라고
　　　이름을 불러 주었을까

너에겐
긴 이름은
너무 무거워

바라만 봐도
지워질 듯
물방울처럼
증발할 듯
안쓰러운 새

(…중략…)

사실
날은다는 것은
너무 경건해
진실하지 않으면
곧 떨어질 것 같은
그 아픈 철학이
눈물겨운 새.

―「새를 보면서 2」부분

    이 시에 등장하는 '새'의 이미지에는 시인의 자아가 깊이 투영되어 있다. 따라서 이 시의 중심 대상인 '새'는 일종의 객관상관물이라고 해도 좋다. 이와 관련하여 정작 주목해야 할 것은 그가 하늘을 나는 새를 "너무 경건"하게 받아들여 "진실하지 않으면/곧 떨어"진다고 생각하고 있다는 점이다. 그가 보기에는 "사람의 소리나/낌새만 나도/달아나 버리는"(「새를 보면서 6」) 것이 새이다. 이러한 논의에서 알 수 있는 것은 그가 새를 사람보다 경건하고 진실하게 받아들이고 있다는 점이다. 물론 이때의 새는 시인 개인을 가리키는 동시에 시인 전체를 가리키는 이미지일 수도 있다. 이는 그가 시인 일반을 일상인보다는 경건하고 진실한 존재로 인식하고 있다는 뜻이 된다.

이처럼 민첩하고 예민한 감각을 지닌 것이 시인인 만큼 그가 매사에 민첩하고 예민한 반응을 보여주는 것은 당연하다. 이는 그가 자신의 시의 여러 곳에서 주체하지 못하는 감정의 응어리를 보여주는 것을 통해서도 잘 알 수 있다. 물론 그것은 그가 남다른 통점을 지니고 있어 크고 작은 일로부터 너무도 많은 아픔을 느끼고 있는 데서 비롯된다. 이러한 아픔은 절망과 고독, 슬픔과 허무의 정서와 흐름을 함께하면서 그의 시세계를 또 다른 방향으로 이끌고 있어 좀 더 관심을 끈다.

4. 어둠, 겨울, 밤의 이미지

신달자의 시는 기본적으로 격렬한 고통과, 그에 따른 절망과 고독을 담아온 바 있다. 그의 시는 본래부터 답답하고 폭폭한 일상의 결핍과 불만에 토대를 두고 있다고 해야 옳다. 이때의 결핍과 불만은 자기 자신의 근원적 열정과 욕망, 갈망이 좌절되는 데서 오는 정서와 뒤섞이면서 매우 다양한 언표로 현현되고 있다. 이와 관련하여 가장 먼저 관심을 기울여야 할 것은 '어둠의 이미지'이다. '빛의 이미지'와 대척되는 '어둠의 이미지'로 충만해 있는 것이 그의 시 일반이기 때문이다. 그의 시에 어둠의 이미지가 충만해 있다는 것은 그의 삶이 그만큼 부정적인 정서를 바탕으로 있다는 것이기도 하다. 그렇다. 빛의 이미지가 낮이나 봄 등의 이미지와 함께 긍정의 정서, 곧 생명의 정서를 상징한다면 어둠의 이미지는 밤, 겨울 등의 이미지와 함께 부정의 정서, 곧 죽음의 정서를 상징한다.

전통적으로 어둠의 이미지는 밤, 겨울 등의 이미지와 그 내포를 공유해 온 바 있는데, 이는 신달자의 시에서도 다를 바가 없다. 그의 시에서도 어둠의 이미지는 항용 밤, 겨울 등의 이미지와 뒤섞이는 가운데 드러나고 있다는 얘기이다. 물론 이때의 어둠, 밤, 겨울 등의 이미지가 내포하는 정서는 그 자신만의 것이라고 하기에 곤란하다. 그의 시에 드러나 있는 이들 이미지 역시 이미 한국현대시에 내재해 있는 보편적인 상징과 깊이 관련되어 있다는 것이다.

이는 전봉건이 주도하던 《여상》에서 제1회 여류문학상을 받던 1964년 무렵의 그의 시를 통해서도 충분히 확인된다. 상을 받은 시 「幻像의 房」 역시 어둠, 밤, 겨울 등의 이미지 및 이들 이미지와 함께하는 외로움, 공허 등의 정서를 바탕으로 하고 있기 때문이다. "하얀 수증기 같은/외로움/번져오는 공허를" 정서의 토대로 삼고 있는 것이 이 시라는 것이다.

주지하다시피 충족의 정서보다는 결핍의 정서에 기대고 있는 것이 한국현대시의 일반적인 특징이다. 충족의 정서와 함께하는 찬가(讚歌)보다는 결핍의 정서와 함께하는 비가(悲歌)가 한국현대시의 일반적인 경향이라는 것이다. 따라서 그의 시가 보여주는 이러한 경향은 매우 자연스러운 일이라고 하지 않을 수 없다.

그렇다고는 하더라도 그의 시가 지니는 이러한 면모를 바로 알기 위해 어둠, 밤, 겨울 등의 이미지에 함유된 정서를 공적인 것과 사적인 것으로 나누어 볼 수는 있다. 이렇게 나누어 보면 그의 시에 드러나 있는 정서는 아무래도 공적이기보다는 사적이라고 해야 옳을 듯싶다. 그의 시의 기본적인 정서가 민족·민중적인 현실에서 기인하기보다는 심미적인 개인으로서 자기 자신의 절망적인 현실에서 기인하고 있다는 뜻이다.

어둠, 밤, 겨울 등의 이미지라고 했으나 그의 시에 등장하는 빈도수에서는 어둠의 이미지가 훨씬 우세하다. 조금 과장해서 말하면 그의 시의 거의 매 편에 등장하는 것이 어둠의 이미지라고 할 수 있다.

> 오늘도 패배다.
> 어둠마저 나의 *存在*를 까맣게 지운다.
>
> 대적해 칼을 겨누어도
> 점잖게 피하지 않는다.
>
> 오늘 나는 惡漢이라도 되어
> 어둠이 어둠
> 무덤의 무덤을
> 풀어 헤쳐 놓으리라.
>
> (…중략…)
>
> 어둠은 나의 敵
> 나의 투쟁 나의 시간 나의 야성을
> 어디엔가 조금씩 실어 나르고
> 이 밤 또 빈손으로
> 나의 뜨락에 조용히 엎드린다
>
> ―「어둠은 敵이다」 부분

 이 시에 드러나 있는 어둠은 아마도 시인의 거듭되는 삶의 패배에서 기인하는 것으로 보인다. 그가 어둠이 자신의 "*存在*를 까맣게 지"우는 적(敵)으로 인식하고 있기 때문이다. "惡漢이라도 되어/어둠의 어둠"을 "풀어 헤"치고 싶지만 "이 밤 또 빈손으로" "나의 야성을" "뜨락에 조용히 엎드"

리게 하는 것이 이 시에서의 어둠이다. 그가 "始作에서/길을 잃는다"고 느끼는 것도, "一步의 앞도/보이지 않는"다고 느끼는 것도 실제로는 어두운 "밤의 숲"(「迷路」)을 걷고 있다고 생각하기 때문이다. 이처럼 그는 그 자신의 삶이 "더 어두울 수 없는 어둠으로"(「曠野에게」) 가득 차 있다고 이해한다. 나아가 그는 "어둠이 달려드는/산길을 오르"(「무서움에 대하여」)는 존재로 자기 자신을 파악하기도 한다. 그뿐만 아니라 "정전이 되"어 그 자신의 삶에 "차갑게 어둠이 내려 쌓"(「停電」)인다고 생각하기도 하는 것이 그이다.

따라서 그에게 존재하는 어둠은 마음의 어둠, 곧 심리적인 어둠일 수밖에 없다. 물론 그로서는 "몇 번째 새로운 눈알을/갈아 끼우는/흔들리는 어둠"(「귀가」) 등의 구절을 통해 외적인 어둠을 강조하기도 한다. 하지만 이때의 어둠 역시 외부에 존재하지 않고 내부에 존재한다고 해야 옳다.

이처럼 어둠을 심리적인 차원으로 받아들이고 있는 그는 나아가 자기 자신이 처해 있는 현실을 "어둠 너머 어둠"(「까치 한 마리」)으로 인식하기까지 한다. 그가 어둠을 "내 앞에/우뚝 서서/검은 혀를 날름대며/나를 막아서"(「自害」)는 것으로까지 인식하고 있다는 것이다.

나날의 삶을 어둠으로 인식하는 그는 심지어 어둠과 하나가 되는 것이 편하다는 반어적인 표현을 보여주기도 한다. "편안하네/어둠 베고 누워 어둠 덮으니/좋다 이제야 너와 하나이네"(「어둠에게」) 등의 구절이 그 예라고 할 수 있다. 이러한 정신 차원은 "꺼져라/어둠 속에서 맑은 심지로/돋워 오는 소망의 불꽃도/지금은"(「消燈」)과 같은 구절에 의해서도 확인된다. "어둠 속에서 핸들을 잡으면/줄 밖으로 나가고 싶다"(「밤 운전」)라고 노래하는 것도 같은 정신 차원에서 비롯된 것으로 보인다.

물론 어둠을 이렇게 인식하는 것이 정상적이라고 파악되지는 않는다. 반어적인 표현이라고는 하더라도 "어둠 베고 누워 어둠 덮으니/좋다"(「어둠에게」) 등의 구절에는 얼마간 정신 병리적인 현상이 자리해 있다는 것이다. 거듭되는 어둠에서 비롯되는 자신의 고통을 심지어 그는 우울증과 관련해 노래한 적까지 있다. "가장 견고한 어둠/나의 완전한 죽음을 향해/골백번 더 눈 감고/침몰하는/나의 우울증"(「우울증을 위하여」)과 같은 구절에서 그 예를 찾아볼 수 있다.

  이상의 논의에서도 알 수 있듯이 그의 시세계 전체와 관련하여 어둠에서 비롯된 정신 차원을 탐구하는 일은 매우 중요하다. 그러나 좀 더 중요한 것은 어둠과 관련하여 발상한 시들이 이루는 심미적 성취의 정도이다. 심미적 성취의 정도와 관계없이 어둠의 이미지를 점검하는 것은 무의미할 수 있기 때문이다. 다음의 시는 바로 이러한 점에서 한층 돋보이는 시라고 할 수 있다.

      활짝 핀 모란 위에
      어둠이 내린다
      서서히 꽃이 어둠에 묻힌다
      향기도 묻힌다
      아무 소리도 들리지 않는다

      어둠이 내린 뜰은
      그저 조용하기만 하다
      "아니 저럴 수가……"

      상기된 꽃들의 열정을
      어둠은 무슨 수로
      억누르고 있는지

      가지 끝의 어둠이 놀란 듯
      멈춰 서 있나

누구도 듣지 못하는

꽃의 소리 없는 저항

—「어둠이 내린다」 부분

　이 시에 드러나 있는 어둠의 이미지는 훨씬 더 공적이고, 사회적인 느낌을 준다. 무엇보다 그것은 이 시에 나타나 있는 어둠의 이미지가 좀 더 객관화된 데서 기인한다. 그러한 논의는 우선 그 자신이 받아들이는 어둠, 곧 사적인 어둠이 공적인 어둠, 곧 사회적인 어둠과 무관하지 않다는 것을 보여준다. 세상의 어둠과 무관하지 않은 것이 그 자신의 어둠이라는 것인데, 본래 모든 내인(內因)은 외인(外因)과 함께하기 때문이다. 하지만 전체적으로 볼 때 그의 시에 드러나 있는 어둠의 이미지가 공적이기보다는 사적으로 비추어지는 것은 사실이다. 이는 그가 등단작인 「발 1」에서부터 기성화에 "순응하는 발"의 행로를 깊이 응시해왔다는 것을 통해서도 잘 알 수 있다. "발가락 하나의 痛症을 견디며/길드는/ 발"(「발 2」)의 행로를 걸어온 것이 그의 삶이라는 것을 간과해서는 안 된다.

　그러나 그가 자신의 어둠이 세상 전체의 어둠과 뒤얽혀 있다는 것조차 인식하지 못하는 것은 아니다. 이는 위의 시의 주요 모티프인 뜰의 어둠과 꽃들의 열정이 이루는 상호 관계를 통해서도 확인된다. 적어도 이 시에서는 뜰의 어둠과 꽃들의 열정이 피차 대립하는 가운데 억압과 저항의 관계를 이루고 있기 때문이다. 비교적 객관적으로 묘사하는 이 시의 화폭에서 "활짝 핀 모란 위에" 내리는 어둠은 일단 모란을 자기 자신 속에 묻어버린다. "상기된 꽃들의 열정을" "억누르고 있는" 어둠은 "그저 조용하기만 하"지만 꽃들은 곧바로 "누구도 듣지 못하는" "소리 없는 저항"을 시작한다. 여기서도 알 수 있듯이 뜰의 어둠과 꽃들의 열정이 이루는 상호 관계에서 공적이고 사회적인 의미를 읽기는 어렵지 않다.

하지만 그의 시에서 꽃의 이미지, 곧 빛의 이미지가 어둠의 이미지와 대립각을 세우고 있는 것은 아니다. 그가 자신의 현존을 "오늘도 子正에 다다랐다 무디게 바라보던 어둠의 진수렁도 어느 날엔 발목이 빠지게 깊고 깊어서 子正에 나는 삭아 내린다"(「子正에」)라고 노래할 뿐이기 때문이다. 충분히 어둠을 응시하고 있으면서도 어둠이 주는 고통으로 괴로워할 따름이라는 것이다.

5. 얼음과 사막의 이미지

앞에서도 말했듯이 그의 시에서 어둠의 이미지는 밤, 겨울 등의 이미지와 뒤섞여 존재하는 가운데 자기 자신의 심리적인 현존을 드러낸다. 물론 어둠의 이미지와 함께하는 밤, 겨울 등의 이미지는 부정의 정서, 곧 죽음의 정서에서 기인한다. 얼음과 사막의 이미지도 부정의 정서, 곧 죽음의 정서에서 비롯되기는 마찬가지이다. 이들 이미지 역시 플러스 현실에서 비롯되는 긍정의 정서, 곧 생명의 정서에 바탕을 두고 있기보다는 마이너스 현실에서 비롯되는 부정의 정서, 곧 죽음의 정서에 바탕을 두고 있다는 뜻이다. 따라서 시인 그 자신의 내면에서는 절망과 좌절, 고독과 소외의 정서와 함께하는 것이 사막이나 얼음의 이미지라는 것을 알 수 있다.

결핍과 상처에 뿌리를 내리고 있는 것이 한국현대시의 보편적 정서이고 보면 그의 시에 절망과 좌절, 고독과 소외의 정서가 폭넓게 자리해 있는 것은 당연하다. 열정과 욕망, 갈망 등이 큰 만큼 절망과 좌절, 고통도 클 것이기 때문이다. 그렇다. 이미 더 이상 "기다릴 것이 없는" 것이 오늘의 "세상이라는 것을 잘 알"고 있는 것이 시인 신달자이다. "여기저기 손에 잡히는/절망이나 갖고 놀며 정을 붙"(「먼 산 위에—아, 어머니·5」)이며 나날을 사는 그라는 뜻이다. 자신의 인생을 "재생지도 안 되는/번들거리는 종이더미"에 비유하며 "나 다 털고 싶어요/무너지고 해체되고 멸망하고 싶어요"(「엄마 딸―아, 어머니·9」)라고 그가 절규하는 것도 이와 무관하지 않아 보인다. 심지어는 "날개도 없이 뛰어내려요/박살나도 무섭지 않아요/살도 풀리고 뼈도 풀려서/고요한 숲의 바람이나 되고 싶어요"(「아, 어머니·16」)라고 외치고 있는 것이 그이다. 그가 느끼는 고통이 그만큼 크다는 증거이리라.

자포자기에 가까운 이러한 절망과 좌절의 심리는 때로 슬픔의 언표로 전이되어 드러나기도 한다. "베개를 고쳐 벨 때마다/슬픔의 강물소리 들린다" 등이 그 예인데, 기본적으로 이는 그가 자신이 태어난 나라를 "황홀한 슬픔의 나라"(「슬픔의 나라」)로 인식하고 있기 때문이다. 여기서 말하는 "황홀한 슬픔"은 역설적 수사로, 그의 슬픔이 그만큼 크고 깊다는 것을 가리킨다. 그의 슬픔이 얼마나 크고 깊은가는 호두알처럼 슬픔을 "빈 주머니 속에서도/만지작거리며 가지고" 논다는 허무적인 표현을 통해서도 잘 알 수 있다. "슬픔을 갖고 놀며/슬픔을 잊"(「슬픔」)는 것이 그이기 때문이다.

이로 미루어보면 그의 심리 내면에는 얼마간 불행의식이 자리해 있지 않은가 싶기도 하다. 그가 자기 자신의 생을 지나칠 정도로 기구하게 받아들이고 있기 때문이다. 물론 시 자체만으로 그의 심리 내면에 이러한 의식이 자리하게 된 원인을 정확하게 파악하기는 쉽지 않다. 하지만 구체적인 일상에서까지 그가 자신의 불행의식으로 인해 크게 괴로워하는 것으로 보이지는 않는다. 한편으로는 자신이 느끼는 불행을 "내던지지 마라//박살난다//잘 주무르면//그것도 옥이 되리니"(「불행」)라고 노래하는 것이 그라는 것을 간과해서는 안 된다.

자신의 생을 불행하다고 인식하는 그의 일상적 정서가 '외로움'이리라는 것은 자명하다. 이는 그가 자신의 심리적 현존을 "엄마 나 외로워요/몸이 삭아 내려요/손톱 발톱도 지쳐 울고요"(「생의 그늘」)라고 노래하는 것을 통해서도 확인된다. 주지하다시피 외로움은 '고독'의 구체적인 표현이다.

외로움을 관념화시켜 표현한 용어가 '고독'이라는 것인데, 그럴 때 다소라도 감정이 객관화되기 때문이다. 물론 이는 그의 시에서도 별로 다르지 않다.

> 내 집에 사내 하나를 들여놓았다
> 속은 의뭉스럽지만 뚝심은 있어
> 냉정한 수모도 태연하게 받아들여
> 날카롭게 밀쳐내도
> 다시 무표정한 제 자리를 차지하는
> 그 덤덤한 사내를
> 아예 내 집에 눌러 앉히기로 했다
> 깨끗한 베개 위에 그의 머리를 쉬게 하리라
> 사귄 지는 오래지만 늘 괴팍하게 등 돌리며
> 죽기 살기로 피할 만큼 피해 보았지만
> 세월 탓인가
> 손 한번 잡지 않고 눈 맞춘 적도 없지만
> 은근히 내 몸까지 읽고 있는
> 그 사내에게 더는 잘난 척할 게 나는 없다
> 요즘 들어 부쩍 몸놀림이 강해
> 민망할 정도로 음탕하게 내 가슴을 쓸어내리며
> 순전 깡으로 내 몸을 파고드는 사내 하나
> 내 건조증의 등이라도
> 긁어주기나 할까 몰라
> 고독! 너도 사내가 되기는 될까 몰라?
> ―「고독이라는 사내 하나」 전문

이 시에 '고독'이라는 추상이 '사내'라는 구상으로 전이되어 있다. 시인의 느끼는 고독이 '사내'라고 하는 객관상관물로 치환되면서 독자들의 정서와 상상력을 자극하는 것이 이 시이다. 물론 시인이 느끼는 고독은 사내라고 하는 인물 형상으로 구체화하면서 훨씬 생생한 감동을 준다. 감정을 절제하고 응축하는 만큼 주지적 상상력이 작동할 수 있는 여지가 넓어지기 때문이다. 다름 아닌 그것이 고독을 의인간화(擬人觀化)하는 이 시가 좀 더 밀도 있는 감동을 주는 이유라고 할 수 있다.

심미적인 수준에서 보면 온갖 절망과 좌절, 고독과 소외의 정서도 직접적으로 드러날 때보다는 간접적으로 드러날 때, 곧 객관상관물이라는 구체적인 이미지로 드러날 때 향상되기 마련이다. 물론 이들 정서 또한 열정과 욕망, 갈망 등이 제대로 실현되지 못하는 데서 야기되겠지만 말이다. 실제로는 그가 메마른 삶의 현실로부터 느끼는 고통을 "찌어억 쩍 금이 간/논바닥 속살/지지지 내 살타는 내음"(「가뭄」)이라고 에둘러 노래하는 것도 이 때문이다. 이와 관련하여 가장 먼저 떠오르는 이미지는 '얼음'이다.

    나무인 줄 알고
    어느 바람이 슬며시 떨구고 갔을까
    씨방인 줄 알고 아예 은밀히 박혀 있었을까
    내 몸에 내 살이 되어버린
    우박 한 알
    몇 번의 봄도 다녀갔지만 녹지 못하고
    매운 고집처럼 버티고 있는
    서늘한 냉소
    얼음 박힌 눈으로 보는 세상은 늘 겨울
    나는 콜록거리며 겨울 거리를 헤매고
    얼음판이 되어 가는 내 몸을

> 저 들판의 얼음 위에 뉘어
> 차라리 더 꽁꽁 얼어 입 다물게 하고 싶었다
> 그러나
> 따뜻한 눈물 한 방울
> 얼음 속에 오래 살아 있었는가
> 아주 느리게 세상 밖으로 걸어 나오려는
> 눈 비비며 온몸으로 걸어 나오려는 봄의 전언 들린다
> 겨울 저녁 답 두 눈에 피어나는 불꽃
> 충혈
>
> ―「얼음덩어리」 전문

　이 시에서 얼음의 이미지는 "우박 한 알"로 구체화되어 있다. 이때의 "우박 한 알"은 전후의 문맥으로 보아 "서늘한 냉소"의 보조관념이라고 할 수 있다. 그러나 "서늘한 냉소" 또한 비유의 하나인 만큼 그 내포가 단순하지 않다. 일단은 그것이 시인 자신이 느끼는 고독과 무관해 보이지 않기 때문이다. 이는 "내 몸을/저 들판의 얼음 위에 뉘어/차라리 더 꽁꽁 얼어 입 다물게 하고" 싶어 하는 그의 마음에 의해서도 확인된다. "입 다물게 하고" 싶어 하는 마음은 침묵의 마음과 다르지 않고, 침묵의 마음은 고독의 마음을 다르지 않다. 결국 그는 이들 구절을 통해 너무 고독해 얼어붙은 마음, 곧 "얼음 박힌 눈"을 노래하는 셈이다.

　물론 시인의 이러한 마음이 영원히 계속되는 것은 아니다. "따뜻한 눈물 한 방울/얼음 속에 오래 살아 있"어 끝내는 그도 "눈 비비며 온몸으로 걸어 나오려는 봄의 전언"을 듣게 되기 때문이다. 열정과 욕망, 갈망 등의 시인이니만큼 그가 "두 눈에 피어나는 불꽃"을 잃지 않으리라는 것은 자명하다. 이처럼 어떤 상황에서도 그가 희망과 꿈을 잃지 않는 만큼 "덩어리째 얼음산 된 산"이 막아서더라도 그곳을 못 오를 리는 만무하다.

그의 이러한 의지는 사막의 이미지를 담고 있는 일련의 시들에서도 마찬가지로 현현되고 있다. 우선은 그가 자신의 "생을 울고 넘어 저 모래사막의/그리움이 짜고 짠 소금산의/모래가 되었"(「돈황일기(敦煌日記)·1」)다고 노래하는 것부터 기억할 필요가 있다. "퉁퉁 부은 황사 바람 떼로 몰려/누우런 능구렁이처럼/머리맡에 똬리를 트는" "서울 강남구 강변" "내 집 현관 안"을 그가 "사하라 사막"으로 인식하고 있다는 것도 잊어서는 안 된다. 그 자신의 거주지를 "집으로 지었으나 사막이 된 사막"(「서울 강남구 강변 사하라 사막」)이라고 인식하는 것이 그이다. "태양의 살점이 녹아나는/사막 위를/군소리 없이 걸어가던 낙타"(「낙타」)를 자기 자신으로 노래하는 것이 그라는 얘기이다.

물론 그가 사하라 사막과 다를 바 없는 황막한 그 자신의 삶을 아무런 의심 없이 수용하는 것은 아니다. "주저앉지 마라 주저앉지 마라/저기 저 사막의 끝/푸른 목소리가 있으리니"라고 노래하며 저 자기 자신을 끊임없이 "타이르고" 있는 것이 그이다. 그가 "떠나지 마라/내 몸의 절반이 모랫벌에 묻힌들" "이 생명은 꺼지지 않"으리라고 외치는 "절대 의지"(「여자의 사막」)의 소유자라는 것을 잊어서는 안 된다. 하지만 그의 '절대 의지'가 자신의 시에서 언제나 변함없이 지속되는 것은 아니다. 감정의 질곡이 워낙 심한 만큼 그가 아주 쉽게 부정의 정서, 곧 죽음의 정서에 빠져들기 때문이다.

그의 시의 여러 곳에 침묵의 언표가 도드라져 있는 것도 이러한 측면에서 이해되어야 마땅하다. 침묵은 고독과 절망에 지쳐 있는 그가 자기 자신을 바르게 지켜내기 위한 심리적 기제의 하나이다. "밤의 깊은 침묵이" 그 자신의 삶에 "꽃 한 송이"(「소리 없는 말씀」)를 피워낸다고 믿는 것이 시인 신달자라는 것을 잊어서는 안 된다. 그가 생각하기에는 "덕지덕지 시퍼런 욕망을 온몸에 달고" "씩씩거리는 여름 나무들 속에" "숨차게 서 있는"(「침묵피정 3」) 자신을 너무도 잘 알고 있는 것이 침묵이다. 따라서 그가 느끼는 침묵은 신의 다른 이름이라고 해도 좋다. 그가 보기에는 "상생(相生)의 불로 다시 켜지는/말 없는 말", 곧 침묵이야말로 "당신의 끄덕임"(「다 닳은 촛불」)인 것이다.

이처럼 그는 자신의 절망과 고통을 신앙에 맡겨 극복한다. 그렇다고는 하더라도 신앙이 언제나 그의 가슴을 짓눌러 오는 부정의 정서, 곧 죽음의 정서를 깨끗이 씻어주는 것은 아니다. 신앙의 힘만으로는 다 해결하지 못할 만큼 들고나는 감정의 편차가 워낙 큰 것이 그이기 때문이다.

6. 운명 혹은 사랑

운명과 관련하여 시인은 맨 먼저 "풀잎에 얹힌 이슬 안에" "들어와 있"는 "푸른 하늘"을 떠올린다. 그가 보기에는 풀잎이 "이슬 안"의 이 "푸른 하늘"을 터뜨리지 않고 보전하는 일이 곧 운명에 순종하는 일이다. 하지만 그는 제 안에 "꽉 차게 들어온/하늘을 감당하기에"는 너무 벅차 "터지지 않으면 안"되는 것이 "이슬"이라고 생각하기도 한다. "이슬 안"의 "푸른 하늘"이 터져 "바람이 불 때마다/조금씩/노오란 하늘이 흘러"(「운명에게 · 1」) 내리더라도 이는 마찬가지이다. 그의 마음 안에서는 운명이 "피를 먹고" 사는 존재이기 때문이다. 이는 그가 운명을 두고 "언제나/으르렁거리며/내 피를 노리는/너는/야수"(「운명에게 · 2」)라고 노래하는 것을 통해서도 확인된다.

물론 시인은 그 자신의 삶에서 "운명이란 글자를/수없이 검은 줄로 지"우려고 애써온 바 있다. 하지만 그럴수록 더욱 "총총히 일어서서/내 앞에 다시" 서는 것이 "운명이란 글자"(「운명에게 · 3」)이다. 이처럼 가혹한 운명에 대해 그가 절망의 몸짓을 보이는 것은 당연하다. "억새풀 재를 넘어서면/무릉도원이 선뜻 나올 듯"(「운명에게 · 4」)도 하지만 실제로는 그렇지 않기 때문이다. 운명과의 싸움에서 패배해 "짓무른 눈으로/황혼의 척박한 땅을/어루만"(「운명에게 · 5」)지는 것이 그가 생각하는 실제의 삶인 것이다.

>너는 바람
>얼굴도 보이지 않으면서
>평생을 따르게 하는
>주인
>
>어디서 왔는지
>시작도 끝도 모른 채
>가슴을 휩쓸고 지나가는
>강풍
>
>몇천 년이나
>벼르어 왔는지
>난폭한 화풀이로
>한 여자의 생애를
>뒤흔드는 광풍
>
>가파른 폭포처럼
>신경질적이다
>
>　　　　　　　　　—「운명에게 · 6」 부분

이 시에서 시인은 운명을 "얼굴도 보이지 않으면서/평생을 따르게 하는/주인"이라고 노래하며 다소간 수동적인 태도를 보여준다. 그가 생각하기에 운명은 "시작도 끝도 모른 채/가슴을 휩쓸고 지나가는/강풍"인 셈이다. 심지어 그는 "난폭한 화풀이로/한 여자의 생애를/뒤흔드는 광풍", 곧 운명 앞에서는 "어디에도 두 발을/놓을 자리가 없"다까지 말한다. 이러한 태도는 운명을 "피하면 피할수록/기어이 따라와 팔짱을 끼는 동행자"(「운명에게·10」)로 인식하는 데서도 잘 드러난다.

하지만 그가 자신의 운명을 있는 그대로 수락할 리 만무하다. 운명을 객관적으로 탐구하는 것 자체가 이미 운명을 극복하려는 노력의 하나라는 것을 기억하지 않으면 안 된다. 실제로는 "요염한 교태의 몸짓으로" 운명을 "유혹하여/까짓 한 방울 물로/스르르 녹여//꼼짝도 못하"도록 "무릎을 꿇게"(「운명에게·7」) 하고 싶은 것이 그이다. 항상 그가 자기 자신을 운명, 곧 "하늘을 등에 지고/날아오는/새 한 마리"로 인식하고 있다는 것을 염두에 두지 않으면 안 된다. 운명보다, 곧 "하늘보다 큰 것이"(「새를 보면서」·1) 자신의 목적이라고 생각하는 것이 그이다.

이로 미루어보면 그의 시에 드러나 있는 새의 이미지는 운명과 대결하거나 운명을 극복해 가는 시인 자신의 의지를 상징하는 객관상관물이라고 해야 옳다. 자신의 운명을 극복해 가는 객관상관물인 '새'는 그 자신의 입장에서도 "바라만 봐도/지워질 듯/물방울처럼/증발할 듯/안쓰"(「새를 보면서·2」)럽게 느껴지는 것이 사실이다. 그렇기는 하지만 그는 "새가 있는 한/허공은/살아 있는 생명의/근원"(「새를 보면서·5」)이라고 생각한다. 한편으로는 "희망의 피/토막난 꿈의 살점이/무참하게 동강 나"(「가위 소리」) 있다고 인식하고 있으면서도, 다른 한편으로는 "숲은 밤새 품었던 새를 날려/내 이마에/빛을 묻어다 놓는다"고 인식하는 셈이다. 이처럼 그는 만난의 고통 속에서도 자기 자신에게는 언제나 "신이 아니면/켤 수 없는 빛이/순금의 결정이 되어/쏟아"(「환희」)져 내린다고 믿고 있다.

그가 희망과 꿈을 잃지 않는 것은 무엇보다 엄청난 양의 사랑을 지니고 있기 때문이다. 더러는 남녀 간의 애정 형태로 드러나기도 하지만 애초부터 그는 뜨거운 열정과 욕망, 갈망을 지닌 사람이다. 여기서 말하는 열정과 욕망, 갈망이 사랑의 또 다른 모습이라는 것은 따로 강조할 필요가 없다. 사랑 혹은 연정은 시작(詩作)의 초기부터 그에게 부여된 가장 중요한 화두라고 해도 과언이 아니다. 그의 시의 이러한 특징이 가장 잘 드러나고 있는 시집은 『雅歌 1』과 『雅歌 2』라고 할 수 있는데, 이들 시집을 제외하더라도 그의 시정신에 함유되는 사랑의 정서를 파악하기는 어렵지 않다. 우선 그의 첫 시집 『봉헌문자』에서만 하더라도 "그분과 마주 앉는다" "위험한 파도의/끄트머리로/나는 달려가고 있었다"(「일기」) 등 사랑의 정서가 드러나 있는 시를 아주 쉽게 찾아볼 수 있기 때문이다. 이때의 사랑의 대상은 신앙의 대상, 곧 신일 수도 있는데, 이는 "새롭게 당신을 그리워하고 싶다" "우리의 당신을 생각하고 싶다"(「우리 둘 사이」) 등 거칠 것 없는 애정 표현을 통해서도 익히 증명된다.

그렇다고는 하더라도 그의 시와 관련하여 사랑의 대상이 무엇인가를 따지는 일은 별로 중요하지 않다. 정작 중요한 것은 사랑의 대상이 아니라 사랑이라는 정서 그 자체이기 때문이다. 사랑의 대상보다는 사랑이라는 정서 그 자체가 그의 시의 특징을 이루는 핵심 자질이라는 것이다. 주지하다시피 그의 시에서 사랑의 대상은 특정한 연인일 수도 있고, 어머니나 아버지일 수도 있고, 어떤 절대자일 수도 있다. 이를테면 그가 "아 누구인가/꽁꽁 묶어 감추었던/열 길 그 속마음까지 열게 하는 이는"(「그리움」)이라고 노래할 때 그 대상을 연인으로만 국한해 이해할 필요가 없다는 것이다.

그의 시에서도 사랑은 주체와 객체의 만남 혹은 일치의 형식으로 드러난다. 여기서는 그와 관련하여 "산자락에 피어 있는/봄이 더운 산나리"를 소년으로 의인관화해 표현하는 시부터 살펴보도록 하자.

너는 여름에
소년이 된다

온몸에 푸른 잎을 달고
스물이 아직 덜된
앳된 소년이 되어 온다

소낙비로 오는
서툰 동정

폭우로 쏟아져
내 발끝을 적시니

뙤약볕과 겨루는
쉘비어의 불꽃

너는 여름에
소년이 된다

산자락에 피어 있는
몸이 더운 산나리

위험을 무릅쓰고
그 꽃을 꺾는다.

―「소년」 전문

  이 시의 모두에서 시인은 "산나리"를 '너'라고 부르며 좀 더 인간적인 관계를 보여준다. '너'라고 부르는 것은 '그'라고 부르는 것에 비하여 대상을 훨씬 더 인간적으로 받아들인다는 것을 뜻한다.『나와 너』에서 M. 부버도 지적하고 있듯이 3인칭의 관계인 '그'가 사물과의 관계를 가리킨다면 2인칭의 관계인 '너'는 인간과의 관계를 가리킨다.

이와 관련하여 정작 중요하게 생각할 것은 '산나리'를 '너'라고 부르는 관계가 영원히 지속되지는 않는다는 점이다. 마지막 연에서도 확인할 수 있듯이 화자가 "위험을 무릅쓰고" "산나리"를 꺾는 순간 '너'라는 산나리는 이내 "그"로 바뀐다. 물론 산나리가 2인칭의 관계인 '너'에서 3인칭의 관계인 '그'로 바뀌는 것은 예의 "꽃을 꺾는" 과정과 함께한다. 꽃을 꺾을 수 있기 위해서는 산나리가 너라는 2인칭으로, 곧 인간으로 존재해서는 안 된다. '그'라는 3인칭으로, 곧 사물로 존재할 때 산나리를 꺾는 것은 가능해진다. 이로 미루어보면 기본적으로 사랑은 '그'라는 3인칭의 관계가 아니라 '너'라는 2인칭의 관계를 통해 이루어진다는 것을 알 수 있다. 이는 그가 자신의 시에서 "너를 만나러 갈 때 만나는/모든 것은 愛撫/아 처음 열리는 나의 門을/보겠네."(「늦은 밤에」)라고 하며 지극한 사랑을 노래하는 것에서도 확인된다.

물론 3인칭의 관계로 존재한다고 하여 사랑의 정서가 전적으로 게재되지 않는다고는 할 수 없다. '그'라는 3인칭의 관계로 존재한다고 하더라도 이때의 관계가 흔히 '그대'라고 부르는 극존칭을 획득하게 되면 충분히 사랑의 정서를 표출할 수 있기 때문이다.

> 그대는 물 위를 걸어온다
> 나도 물 위를 걸어간다
> ―「아가 1-1」 부분

> 그대는 겨울에 태어났다
> 그대는 새벽에 태어났다
> ―「아가 1-3」 부분

위 두 편의 시에서 사랑의 대상은 '그대'로 명명되어 있다. 이들 시의 사랑의 대상인 '그대'는 말할 것도 없이 예수를 가리킨다. 일단 이는 그의 시에 드러나 있는 '나-그대'의 구조가 다양한 사랑의 관계 가운데서도 좀 더 높은 차원, 즉 인간과 예수의 관계를 토대로 한다는 것을 뜻한다.

신달자의 시에서 '나-그대'의 구조는 이처럼 극존칭의 관계 속에서 이루어지는 경우가 적잖다. 극존칭의 관계를 이루게 되면 누구에게나 말이 필요치 않게 된다. 무엇보다 이는 그의 시의 "산에 오르면/음성이 낮아진다//오르면 오를수록/더 낮아진다//드디어/정상에서/나는 침묵한다//그대여/말 없음의/우리 사랑"(「아가 2-1」)과 같은 구절이 잘 말해준다.

이 시에서처럼 '나-그대'의 구조를 갖는 사랑은 '그대'가 하느님을 뜻하는 것이 아니라 하느님의 아들인 예수를 뜻한다는 점에서 상대적으로 인간적이다. 하지만 '나-그대'의 구조를 갖는 사랑이 진전되어 '나-당신'의 구조를 갖는 사랑이 되면 이때의 '당신'은 좀 더 확실하게 하느님을 가리키게 된다. '나-그대'의 구조를 넘어 '나-신'의 관계를 이루게 된다는 것이다. 물론 이때의 관계는 사물이나 인간 밖의 것일 수밖에 없다. 조건 밖의 관계, 곧 무한한 관계 말이다. 이는 자신의 시에서 그가 "나는 당신에게/한 마리 새였다.//말은 하지 못하고 울기만 하는/아무도 몰라주는/구슬픈 새였다."(「새」) 등의 구절을 통해서도 확인된다.

7. 생명과 모성

어떤 형태의 것이든 사랑의 정서는 일종의 열기, 곧 활기라고 할 수 있다. 이때의 활기는 구체적인 삶에서 대부분 힘과 에너지로 기능하기 마련이다. 여기서 이러한 논의를 하는 것은 시인 신달자가 자신이 지닌 사랑만큼 삶의 곳곳에서 열기와 활기를 만들어왔기 때문이다. 열기와 활기는 일종의 생명력이라고 할 수 있다. 따라서 나날의 삶이 열기와 활기로 가득 차 있다는 것은 생명력으로 가득 차 있다는 것을 가리킨다. 본성과 함께하는 온갖 에너지가 치열하게 운동하면서 만들어내는 것이 생명력이니만큼 기본적으로 사랑은 에로틱하지 않을 수 없다. 이는 그의 시의 "내가 여는 만큼/더 앞서 너는 열려지고/내가 가(耕)는 만큼/더 앞서 너는 깊어지"는 "悅樂의 세계"(「늪」) 등의 구절에 의해서도 충분히 확인된다.

생명력과 함께하는 그의 사랑이 매번 에로틱 이미지를 갖는 것은 아니다. 그의 시에 드러나 있는 사랑은 여인이나 예수(하느님)와의 관계에서도 존재하지만 부모나 자식과의 관계에서도 존재한다. 부모와의 관계에서 실천되는 사랑은 좀 더 의지가 필요해 흔히 효(孝)라는 기표로 명명되어 오고 있다. 효라는 이름의 부모에 대한 사랑에 그가 얼마나 깊이 몰두해 왔는가에 대해서는 따로 설명할 필요가 없다. 제8시집 『아버지의 빛』(문학세계사, 1999)과 제9시집 『어머니, 그 삐뚤삐뚤한 글씨』(문학수첩, 2001)에 수록된 시들이 온통 '효(孝)'라는 이름의 부모에 대한 사랑을 담고 있기 때문이다.

부모를 향한 자식의 사랑에 비해 자식을 향한 부모의 사랑은 상대적으로 본능적이다. 바로 이 때문에 자식을 향한 사랑을 특히 모성이나 부성이라는 기표로 부른다는 것을 상기할 필요가 있다. 물론 시인이 여성이라는 점을 고려하면 '자식'과의 관계에서 존재하는 사랑은 부성이 아니라 모성이라고 불러야 마땅하다. 모성으로서의 사랑을 자각하는 일은 사랑의 주체가 자기 자신을 보편적인 인간이 아니라 개별적인 여성으로 자각할 때 가능해진다. 여성으로서의 자각을 갖지 않으면 어머니로서의 자각도 갖기 어렵다.[5]

어머니로서의 자각이 자식의 보호자라는 내포만을 갖는 것은 아니다. 자식의 보호자로 존재하면서도 충분히 친구로도 존재하는 것이 어머니와 딸의 관계라는 것을 이해할 필요가 있다. 그의 시에서 딸에 대한 어머니의

---

5 직접적으로 모성을 고백하는 시들은 그의 제4시집 『모순의 방』과 제7시집 『새를 보면서』에 집중적으로 실려 있다. 이 시집을 낼 무렵 그의 관심사가 가족과 자식들에게로 모여 있었다는 것을 알 수 있다.

모성이 우정의 형태로 드러나 있는 예를 찾기는 별로 어렵지 않다. "물속이다/깊을 대로 깊은 녹음/아이와 나는/잠시 물고기가 된다" "수궁을 나들이하는/모녀의 외출에/풀 향기도 나붓이 절하고 있다"(「여름 뜰에서」) 등의 구절이 우정의 형태로 드러나 있는 모성의 대표적인 예라고 할 수 있다.

물론 그의 시에 함유된 모성이 시인 자신의 직접적인 경험의 형태로만 존재하는 것은 아니다. 모성이라는 관념 자체가 시의 대상이 되어 구체적인 이미지와 이야기를 거느리는 예도 없지 않기 때문이다.

> 황혼이 내리면
> 알맞게 젖이 차오른
> 숲은
> 가슴이 부풀어 오른 채
> 나른하게 돌아오는
> 새들을 맞는다
>
> 종일 놀다가
> 허기져 돌아왔는지
> 앞 단추도 끄르기 전
> 머리를 디미는
> 새들을
>
> 숲은
> 부드러운 미소와 자애로
> 넉넉한
> 품 안에 받아들인다.
>
> ―「숲」 전문

이 시에서 숲의 이미지는 곧바로 어머니, 곧 모성을 가리킨다. 물론 이 때의 모성은 자식의 이미지를 갖는 새들과의 관계를 통해 구체적으로 드러난다. "앞 단추도 끄르기 전/머리를 디미는/새들을//숲은/부드러운 미소와 자애로/넉넉한/품 안에 받아들인다"와 같은 구절이 이를 잘 말해준다. 더불어 여기서 확인할 수 있는 것은 이 시가 모성이라는 사랑 자체를 좀 더 객관적으로 탐구하고 있다는 점이다. 그것을 구체적이고도 생생한 이미지로 육화시키는 것이 이 시라는 얘기이다.

모성을 사랑의 하나로 받아들일 때 주의해야 할 점은 그것이 자기 자신의 자식에게로만 수렴되어서는 안 된다는 점이다. 모성이 정작의 사랑이라면 생명을 지닌 모든 것을 향해 발산될 때 비로소 바른 의미를 갖게 된다는 것이다. 위의 시에서 시인이 숲으로 상징되는 모성을 객관적인 이미지로 탐구하는 것이 바로 그러한 노력의 하나라고 할 수 있다. 모성에 대해 이러한 태도를 지니는 것은 그가 온갖 생명들이 숨 쉬며 살아가는 지구 생태계에 대해 얼마간 새로운 깨달음을 얻었기 때문이리라. "목욕탕에서/성스럽게 무릎을 꿇고" "돌아앉은 배부른 여자의/등을 밀"며 그가 "아 저 우주의 신비를 봐"(「저 우주의 신비를 보아라」)라고 감탄하는 것이 이를 잘 드러내 준다.

이렇게 확대된 그의 사랑은 당연히 좀 더 높고 넓은 차원을 지향하기 마련이다. 가족이나 자식의 차원을 벗어나 좀 더 높고 넓은 차원을 꿈꾸는 그의 사랑은 먼저 고향과 자연 쪽으로 향한다. 고향과 자연의 의미를 재발견하는 그의 시는 특히 제3시집 『고향의 물』에서 집중적으로 발견된다. "빗으로 집 넘어가" "삿대질하며 등진"(「남쪽 하늘」) 곳이 그의 고향이고, 고향의 자연이라는 것을 생각하면 이는 매우 의미 있는 일이라고 하지 않을 수 없다. 그에게도 "떠나면서 고향은 더욱/가까이 안겨 오"(「다시 고향에」)는 근원적 세계이기 때문이다. 고향과 자연을 떠나 낯선 도시를 전전해왔지만 이처럼 그도 고향과 자연에 깊이 연결된 것이다.

고향과 자연은 어머니의 자궁으로 상징되는 세계, 곧 '어머니 대지'로 불리는 세계인만큼 충만한 사랑을 지닌 그가 이들 세계에 관심을 보여주는 것은 당연하다. 이들 세계에 관한 관심이 발전되어 제9시집 『아버지의 빛』, 제10시집 『어머니, 그 삐뚤삐뚤한 글씨』와 같은 시집이 태어난다는 것을 잊어서는 안 된다. 고향과 자연에 관한 관심이 아버지와 어머니에 대한 사랑으로 발전한다는 것인데, 그렇다면 이는 자식들에 대한 사랑을 전제로 할 수밖에 없다. 제4시집 『모순의 방』과 제7시집 『새를 보면서』 등에 실려 있는 딸들에 대한 사랑을 노래하는 시도 이러한 맥락에서 되새겨져야 마땅하다.

딸들에 대한 그의 사랑은 생명 일반에 대해서까지 그것이 확대되는 중요한 계기가 된다는 점에서 좀 더 주의를 요한다. "우주의 양 끝을 잡고/마지막 힘을 주는/딸"의 "사타구니"에서 태어나는 "새 생명"(「분만실에서」)을 통해 보편적인 생명 일반의 가치를 깨닫는 것이 그이기 때문이다. "오늘 밤 땅끝 바다에서/찐한 여자로 놀아 보고 싶어/몸 곳곳을 부딪쳐 오는 달을/조금씩 먹기로 했다"(「땅끝에서 잠들다」)와 같은 상징적인 표현이 가능한 것도 그러한 깨달음의 결과라고 할 수 있다.

워낙 폭이 넓은 그의 사랑은 연작시 「연변 일기」에 이르면 "항일정신 그 하나로/무작정 조국 떠나 서럽게 중국 땅을 밟았던/조선의 조상"(「연변 일기 1」)들에까지 가닿는다. "통렬한 민족의 서러움과/고문의 절망이/오늘의 눈보라로 때려오는/만주벌의" "얼음 밑"을 "생생히 흐르"는 "역사"(「연변 일기 3」)까지 아우르고 있는 것이 그의 사랑이다. 사랑의 대상이 이처럼 확대되고 심화되는 까닭은 그의 시정신이 종교적 심성, 곧 성스러운 마음을 바탕으로 하고 있기 때문이다. 그의 마음속에는 언제나 "두 손을 잡아 주시는 한 분이/지붕 위에서 내려 오"(「평택 일기-감사기도」)고 있다는 것이다.

물론 성스러움을 꿈꾸는 그의 마음이 오직 기독교적 발상에만 그치는 것은 아니다. 좀 더 높은 정신 차원을 꿈꾸는 그의 마음은 "날콩을 끓이고 끓여" "짓이기고 으깨" 만든 메주로부터 "온몸으로 오는 성(聖)의 말씀"(「메주」)을 듣고 있는 것에서도 확인된다. 그뿐만 아니라 그는 여수 돌산의 "절벽에 붙어/빠끔히 문 열어 놓은/산조가비 같은 대웅전"의 부처님으로부터 "한 주먹씩 해를 나누어주는/망망한 바다 앞의 자비"(「향일암」)를 깨닫기도 한다. 말하자면 그는 "멈춤 없는 상승의 열락", "더 이상 오를 수 없는 극치의 정상"을 "거뜬히 넘어 버"(「어떤 상승」)린 사람이라는 것이다. 태극기를 보고 그가 "붉은 너와 푸른 내가/잘 체위를 맞춘" "화끈한 상징"(「태극기」)을 연상하는 것도 마찬가지의 예라고 할 수 있다. 그가 "너를 향해 달려가면/세상의 모든 길들은 성지(聖地)(「순례기」)"라고 노래하는 것도 같은 맥락에서 이해해야 하리라.

8. 맺음말

서두에서도 말했듯이 신달자의 초기 시는 1960년대적 추상과 함께한다. 이는 그가 기본적으로 자기 시대를 풍미하던 모더니즘의 기법과 시적 출발을 함께한다는 것을 가리킨다. 여기서 이러한 사실을 강조하는 것은 그의 초기 시에 드러나 있는 추상성이 자기 자신만의 고유한 것이 아니라 1960년대를 풍미하던 일련의 경향성과 깊이 관련되어 있기 때문이다. 물론 《현대시》 동인을 중심으로 한 1960년대의 모더니즘적 추상 중에는 아라베스크 기법 등을 통해 당대의 모순을 우회적으로 드러내려는 열망이 포함되어 있기는 하다. 그러나 대부분은 내용이나 의미의 면에서보다는 형식이나 기법의 면에서 모더니티를 추구해왔거니와, 이는 그의 시에서도 쉽게 찾아볼 수 있는 예라고 할 수 있다.

이러한 지적이 그의 시에 드러나 있는 내용이나 의미 면에서의 모더니티 자체를 부정하는 것은 아니다. 적극적이고 의도적이지는 않을지라도 그의 시 역시 자기 시대를 살아가는 개인으로서 느끼는 현대성, 즉 모더니티를 십분 담아내고 있기 때문이다. 그러한 점에서 먼저 발견할 수 있는 것은 그의 시가 자기 자신의 고독과 절망에 깊이 뿌리를 내리고 있다는 점이다. 이를테면 그의 시에는 자기 자신이 깨닫는 삶의 진실과 지혜가 고독과 절망 등 정서적 현존과 무의식하게 뒤얽힌 채 드러나 있다는 것이다. 고독의식과 절망 의식은 불행의식과 무관하지 않거니와, 이 글에서는 한층 깊어진 그의 불행의식이 열정과 욕망, 갈망 등의 산물이라는 점에 관심을 둔다.

　열정과 욕망, 갈망 등의 언표로 요약되는 그의 시에 드러나 있는 정서는 '발' 과 '새' 의 이미지를 거느리고 있어 주목된 바 있다. 그의 시에서 '발'의 이미지는 걸음의 내포로, 발전과 진전의 의미로 확대된 바 있고, 새의 이미지는 비상과 자유의 내포로, 꿈과 희망의 의미로 전개된 바 있다. 자기 자신의 사람살이를 통해 그가 이처럼 비상과 자유를 꿈꾸고 희망한 것은 말할 것도 없이 더 높은 정신 차원에 이르기 위해서라고 할 수 있다.

　그렇기는 하지만 그를 둘러싸고 있는 나날의 현실은 어둠, 밤, 겨울 등의 이미지로 인식되어왔거니와, 이러한 부정적 인식을 극복하기 위해 그가 그 자신의 내면에서 벌인 사투가 매우 컸던 것은 사실이다. 어둠, 밤, 겨울 등의 이미지는 절망, 고독, 얼음, 사막 등의 이미지로 전이되어 드러나기도 하는데, 이 또한 극복의 대상으로 존재했으리라는 것은 불문가지다. 한때는 절망과 고독에 빠져 얼음과 같이 차갑고 사막과 같이 메마른 삶을 살며 그 고통을 시를 승화시켜 온 것이 그라는 것이다.

　절망과 고독, 얼음과 사막의 이미지로 자신의 현존을 파악하는 가운데 그는 더러 운명론적 세계관을 받아들이기도 한다. 그러나 예의 세계관에 과도하게 함몰되어 있던 것은 아닌데, 이내 그가 자신이 처해 있는 운명론적 현존을 생명과 사랑의 정신을 매개로 극복해내고 있기 때문이다. 생명과 사랑의 정신은 최근의 시에 이를수록 좀 더 자주 등장하는 그의 시의 핵심 테마라고 할 수 있다. 물론 그가 추구하는 생명과 사랑의 정신은 사물과 인간, 예수와 하느님, 나아가 그 밖의 절대적 존재에까지 닿아 있어 관심을 끈다. 말하자면 그의 시정신이 이미 성스러운 정신의 차원에까지 이르러 있다는 것이다.

물론 이러한 그의 시정신이 선조적(線條的)인 상승 과정을 밟는 것은 아니다. 진동과 반동, 좌 이동과 우 이동을 거듭하며 점차 중심을 잡아가는 것이 그의 시정신이기 때문이다. 그의 시에 기쁨과 슬픔, 희망과 좌절, 행과 불행의 정서가 뒤섞여 있는 것도 실제로는 이와 무관하지 않아 보인다. 따라서 지속되는 혼란을 통해 조금씩 성스러움을 획득하는 것이 그의 시정신이라고 할 수 있다. 물론 이러한 그의 시정신은 지금도 좀 더 높은 정신 차원에 이르기 위한 마음의 순례를 계속하는 것이 분명하다. (2006)

외로움, 리듬, 직관, 병치
—홍희표의 시세계

1. 여는 글 — 좋은 스승, 좋은 시인

　1980년대는 우리가 학교에서 배우고 익힌 가치와는 전혀 다른 형태로 출발했다. 이른바 5월 18일에 시작된 '광주민주화운동'을 통해 개막된 것이 1980년대였기 때문이다. 1980년 5월에 벌어진 이들 역사, 곧 광주민주화운동은 1980년대는 물론 1990년대까지도 크고 작은 들불로 타오르고는 했다.

　1981년 2월 석사학위를 받은 나는 그해 3월부터 대전의 동방산업 부설 학교(혜천여고)에서 고3 국어 교사로 봉직하기 시작했다. 그해 4월 어느 날 학생들은 느닷없이 자신들의 근무처인 동방산업에서 파업이 일으켰고, 그 일을 수습하는 과정에 나는 배후 주동자로 몰리게 되었다. 급기야 나는 1982년 2월 대전의 모 산업체 부설 학교(혜천 여고) 국어 교사직에서 해직되었다. 그런 뒤 나는 그 후 몇 년 동안 내가 졸업한 모교에서 대학국어 강사를 하는 한편 종합문예 무크지 《삶의문학》 등을 만들며 시간을 보냈다. 1983년과 1984년에 간행된 《삶의문학》 제5집과 제6집에 대한 문단의 반향은 뜻밖에 매우 컸다. 《삶의문학》의 반향이 커지면서 등단의 절차를 밟는 등 나도 점차 시인의 길에 들어서게 되었다.

1984년 초의 어느 날인 듯싶다. 우연한 기회에 목원대학교 국어교육과에 교수로 계시는 홍희표 선생님을 뵙게 되었다. 홍희표 선생님은 고등학교 때 작문 과목을 가르친 은사이시기도 하다. 바로 이 무렵이었는데, 선생님의 시집 『살풀이』(문학과지성사, 1984)가 간행되었다. 나는 목원대학교 국어교육과 학생들이 만드는 작은 문예지에 이 시집 『살풀이』에 대한 서평을 쓰기도 했다.[6]

이제 막 평론이라는 형태의 글을 쓰기 시작했을 때의 일이다. 이러한 일 등으로 하여 나는 홍희표 선생님과 제법 가깝게 지내기 시작했다. 1984년 봄부터는 목원대학교에서 대학 국어 강의까지 하게 되었다.

해가 바뀌어 1985년 8월, 이른바 『민중교육』지 사건이 터져 나를 비롯한 『삶의 문학』의 동인들은 큰 곤욕을 치러야 했다. 어쩌다 보니 이 사건에서도 나는 배후 주동자로 몰리게 되었다. 지금은 다 잊히고 말았지만 당시에는 이 사건에 연루된 자들 모두가 KBS나 MBC의 뉴스에 매우 불온한 사람들로, 빨갱이로 대서특필되기까지 했다. 이 사건의 배후 주동자로 몰렸던 나로 하여 홍희표 선생님이 겪은 고초를 생각하면 지금도 많이 죄송스럽다. 나를 두고 안기부와 보안사에서 온갖 압력을 가해왔기 때문이다.

압력의 핵심은 말할 것도 없이 내게 강의를 주지 말라는 것이었다. 급기야 나는 학장실로 불려가(그때만 해도 목원대학은 단과대학이었다) 강요된 진술서를 쓰기까지 했다. 그렇게 한 이후 다시 대학 국어 강의를 할 수 있게 되기는 했지만 말이다. 내가 목원대학교에서 대학 국어 강의를 할 수 있게 된 데는 홍희표 교수의 도움이 매우 컸다.

이러한 일들과 함께하면서 시인 홍희표의 창작열은 오히려 더욱 타오르지 않았나 싶다. 그가 시인으로서 최고의 전성기를 누리던 것이 바로 이 무렵으로 생각되기 때문이다. 1987년에는 새 시집 『금빛 은빛』(창비사)을 출

---

6 이은봉, 「선적 인식 혹은 새로움의 시학」, 『실사구시의 시학』(새미, 1994) 참조.

판하는데, 홍희표 선생님의 청에 따라 내가 해설을 맡아 시집의 말미를 더럽힌 바도 있다.[7]

물론 그 이후에도 홍희표 시인과 나는 여전히 이런저런 인연을 맺어왔던 것이 사실이다.

이번에 다시 시인 홍희표의 시세계에 대해 이런저런 논의를 해보려고 하니 멋쩍고 쑥스럽기만 하다. 멋쩍고 쑥스러운 마음에서 벗어나기 위해서라도 우선 당시에 간행된 시집 『금빛 은빛』에 수록된 시 한 편을 읽어 보기로 한다.

>오월이 가고 유월이 오면
>임진강 변의 민들레
>하이얀 낙하산 달고
>남으로 남으로 떠나가네.
>
>한양으로 부산으로
>달리고 싶어도
>
>달리지 못하는 鐵馬.
>
>오월이 가고 유월이 오면
>임진강 변의 민들레
>하이얀 낙하산 달고
>북으로 북으로 떠나가네.
>
>평양으로 신의주로

---

7 이은봉, 「민족문제에 대한 새로운 시적 변용」, 『진실의 시학』(태학사, 1998) 참조.

달리고 싶어도
달리지 못하는 鐵馬.

금빛 은빛 혼령만 오가고…….
―「금빛 은빛―씻김굿 16」 전문

이 시는 각 연이 이루는 abab의 구조가 알맞게 변용되면서 시상이 전개되고 있다. 따라서 형식의 면에서는 매우 전통적인 특징을 보여주고 있는 것이 이 시라고 할 수 있다. 하지만 내용의 면에서는 상당히 전위적이고 진보적인 특징을 갖는 것이 이 시이다. 1980년대 초에는 정부가 통일문제를 제기하는 것을 매우 불온하게 여기었기 때문이다. 통일문제는 민족문제이거니와, 당시에는 민족문제가 반독재 민주화운동의 핵심 고리였다는 점을 잊어서는 안 된다.

1980년대 초에는 이처럼 불온하고 전위적인 시를 써온 것이 홍희표 시인이라는 것을 알아야 한다. 하지만 20년이 훌쩍 지난 최근의 그의 시가 드러내는 분위기는 다소 외롭고 쓸쓸해 보인다. 갑년을 맞아 지난 2006년에 간행한 15번째 시집 『물땅땅이도 때때로』(문학아카데미)에 드러나 있는 정서가 특히 그러한 느낌을 준다.[8]

나이가 들면서 고독이 심화되는 것은 시인 홍희표도 마찬가지인 듯하다.

2. 외로움 혹은 소외

시인은 문학에 종사하는 사람, 곧 문학 활동을 하는 사람이다. 문학 활

---

8 앞으로 이 글에서 인용하는 시는 이 시집에 수록된 것으로 한정한다.

동이라는 말에는 두 가지 뜻이 들어 있다. 하나는 창작활동을 가리키고, 다른 하나는 문인 활동을 가리킨다. 창작활동은 말 그대로 좋은 작품을 쓰는 일을 통해 문학 활동에 참여하는 것을 뜻하고, 문인 활동은 각종 문단의 업무나 문예지를 발간하는 일을 통해 문학 활동에 참여하는 것을 뜻한다.

정작의 문학 활동은 말할 것 없이 창작활동이다. 방구석에 틀어박혀서라도 좋은 작품을 써내는 창작활동만큼 의미 있는 일은 없다. 따라서 좋은 작품을 써내는 창작활동이야말로 일차적인 문학 활동이라고 하지 않을 수 없다. 하지만 문학 활동이 문인 활동을 제거한 채 창작활동만으로 이루어지는 것이 아니다. 문인 활동은 대부분 문단 활동을 통해 이루어지거니와, 문단 활동은 결국 문학작품을 널리 보급하는 일과 관계되지 않을 수 없다.[9]

그런데 시인 홍희표는 문단 활동을 포함한 문인 활동으로부터는 줄곧 자기 자신을 소외시켜온 바 있다. 물론 이때의 소외는 시인 홍희표가 주체적으로 선택한 것이라고 해야 옳다. 문인 활동의 영역 밖에서 줄곧 저 스스로 고독을 선택해온 것이 시인 홍희표라는 얘기이다. 그가 문인 활동으로부터 계속 자기 자신을 소외시켜온 것은 무엇보다 이들 활동이 지닌 세속성과 천박성 때문으로 보인다. 순결하고 지순한 영혼을 갖는 그로서는 아무래도 이들 활동이 지닌 세속성과 천박성을 감당하기가 쉽지 않았을 것으로 생각된다. 그로서는 세속성과 천박성을 선택하기보다는 외로움과 고독을 선택했으리라는 것이다. 세속성과 천박성을 멀리하게 되면 자기 자신의 의지와 관계없이 외로움과 고독을 가까이할 수밖에 없기 마련이다.

　　꽃샘추위처럼 잉잉 놀라워
　　마침내 으깨어진 채
　　끝없이 무장해제 되어
　　아스피린으로 젖어 드는 외로움

---

9 이은봉, 「80년대 문학운동론」, 『실사구시의 시학』(새미, 1994), 99~115쪽 참조.

금강 물줄기 밑에서
아, 눈물 술 마시기
흰 수염 끝에서
정리해고 같은 시 쓰기

―「견지낚싯대」 부분

 이 시는 "아스피린으로 젖어 드는 외로움" 속에서 "정리해고 같은 시 쓰기"에 빠져 있는 시인 홍희표의 심리적 현존을 담고 있다. 물론 이 시에서는 시 쓰기를 정리해고에 비유하는 것이 얼마간 낯설어 보이기도 한다. 그러나 시인 홍희표에게는 시 쓰기가 정리해고 같은 외로움 속에서 이루어진다는 것만은 충분히 실감할 수 있다. 이때의 외로움이 오직 아프고 괴롭기만 한 것은 아니지만 말이다. 다른 시에 "달콤새콤 시를 쓰는/아니 써야 하는 외로움"(「老犬心」)이라는 표현이 엿보이기 때문이다.
 시인 홍희표는 문인 활동에서만이 아니라 일상의 삶에서도 줄곧 자기 자신을 소외시켜온 사람이다. 오늘의 현실에서 일상의 삶은 언제나 자본을 위주로 진행되고 있거니와, 그가 파악하는 일상의 삶이 "세상을 증권시세로 읽는"(「그 세상」) 일이라는 것을 알 필요가 있다. "세상을 증권시세로 읽은 사람들로부터" 그가 자기 자신을 소외시키는 것은 당연한 일인지도 모른다.

그 세상을 증권시세로 읽는 사람들로부터의
깨금발 짚고 끙끙대는 사람들로부터의
눈뜬 소외는 검푸르다 죽비소리!

그 세상에 얼씨구 하는 사람들로부터의
붉으락거리며 사는 사람들로부터의

잠든 소외는 더듬거린다 별꽃나물!

그 세상을 아는 체하는 사람들로부터의
마지막 쥐불을 놓는 사람들로부터의
소외로부터도 소외되는 소외, 그러나……

— 「그 세상」 전문

이 시에서 시인 홍희표에게 세상은 '이 세상'이 아니라 '그 세상'이다. 여기서 그가 '이 세상'이 아니라 '그 세상'이라고 표현하는 것은 세상과의 거리를 강조하고 싶기 때문이다. 이에는 마땅히 '그 세상'이 나의 세상이 아니라 남의 세상이라는 뜻이 들어 있다. 남의 세상인 '그 세상'으로부터 그가 소외되는 것은 충분히 있을 수 있는 일이다. 자기 자신이 생각할 때도 그는 "소외로부터도 소외되는" 존재인 셈이다.

이에서도 알 수 있듯이 시인 홍희표는 외로움이 극에 이르러도 자기 자신을 쉽게 허물지 않는다. 오히려 그 자신의 삶에 고독과 외로움을 불러들이는 것이 시인 홍희표이다. 물론 이렇게 고독과 외로움을 불러들이는 데는 그 자신의 진실을 밖으로 드러내기보다는 안으로 감추려는 의지가 깊이 도사려 있다.

남 욕하기를 좋아하고, 남 시기하기를 좋아하는 것이 시인의 보편적인 특징인지도 모른다. 어린아이처럼 철이 없을뿐더러 매번 순간의 감정에 충실한 것이 시인이기 때문이리라. 하지만 시인 역시 욕을 먹으면 고통스럽고, 질투를 당하면 괴롭기 마련이다. 사람들 사이의 대립과 갈등으로 하여 고통스러워하고 괴로워하기는 시인 홍희표에게도 마찬가지라는 것이다. 세속의 문단에서 온갖 시비에 시달리기보다는 외롭고 높고 쓸쓸한 삶을 사는 낫다고 생각해온 것이 그이기는 하다. 그렇기는 하지만 이러한 태도를 보여주는 것은 무엇보다 그가 세계와 대립하거나 갈등하는 마음을 갖고 싶어 하지 않기 때문으로 보인다.

3. 개성 있는 심미 의식

홍희표의 시는 매우 독특한 심미 의식을 바탕으로 하고 있어 좀 더 관심을 끈다. 여기서 말하는 심미 의식은 기본적으로 리듬 의식으로부터 기인한다. 이를테면 독특한 리듬 의식에서 비롯되는 것이 그의 시의 아름다움이라는 것이다. 그렇다. 그의 시는 강렬한 리듬을 바탕으로 하고 있어 더욱 주목된다.

리듬은 시를 시답게 하는 기본적인 자질이다. 여기서 말하는 리듬은 일상어의 호흡, 곧 일상어의 배열을 특별한 질서 속에 강제로 집어넣는 작업을 통해 현현된다. 물론 여기서 말하는 특별한 질서는 겉으로 드러난 외재적인 틀이 아니라 속으로 감추어진 내재적인 틀을 가리킨다.

시에 함유된 내재적인 틀, 곧 내재적인 리듬은 일단 시인 자신이 지닌 심장의 박동과 함께하기 마련이다. 심장의 박동으로서 리듬은 시인 자신의 생명을 만드는 호흡과도 무관하지 않다. 따져보면 시의 리듬이 심장의 박동으로부터만 영향을 받는 것은 아니다. 자연이나 사회가 지니는 리듬도 시의 리듬을 형성하는 데 매우 깊이 관여하기 때문이다. 주체 밖에 존재하는 자연이나 사회의 리듬도 의외로 시의 리듬을 형성하는 데 적잖은 영향을 끼친다는 것이다.

이러한 점에서 살펴보더라도 그의 시의 리듬은 남다른 개성을 갖는 것이 사실이다. 다른 사람의 시에서는 경험하기 쉽지 않은 강렬하고 촉급한 리듬을 바탕으로 하는 것이 그의 시이기 때문이다. 물론 여기서 말하는 강렬하고 촉급한 리듬은 단숨에 후다닥 내달리며 빠르게 스타카토로 떨어져 내리는 소리의 효과를 뜻한다.

가격 감동/ 세일……/세일
봄 햇살/ 아래/ 쇼윈도우
지렁이/ 글씨로/ 물들고
검붉은/ 우리/ 마음은
재취업/ 이력서의/ 먹빛 잉크
쓰러질 듯/ 저려올/ 때
부도 정리/세일……/세일
흙먼지 찌/든 보도블록/ 틈새
문득/ 발길에/ 차이며
떠도는/ 새싹/ 하나

—「틈새」전문

위의 예는 빗금을 쳐 그의 시의 각 행을 3음보 격 리듬으로 나누어 본 예이다. 3음보 격의 리듬은 본래 활기차고 경쾌하며, 동적이고 격정적인 정서를 산출하는 특징을 지닌다. 그의 시가 강렬하고 촉급한 리듬을 바탕으로 빠르고 속도감 있는 소리의 울림을 주는 것도 얼마간은 이와 무관하지 않다. 빠른 운동성을 바탕으로 활기차고 생기 있는 정서를 산출하는 데 기여하는 것이 단숨에 촉급하게 읽히는 그의 시의 리듬이라고 할 수 있다.

활기와 생기를 생산하는 데 목표가 있는 만큼 그의 시는 잠시도 3음보 격의 리듬에 안주하지 않는다. 3음보 격의 리듬을 끊임없이 변형, 생성시키는 가운데 새로운 리듬을 생산해내는 것이 그의 시라는 얘기이다. 다음은 새로운 리듬을 위해 한 행을 2음보 격 리듬으로 운산(運算)하는 예이다.

진눈깨비/ 휘날리면
얼레지꽃/ 피듯
눈밥을/ 먹고

에헤―/오신다

오신다,/ 우별신!

는개/ 하늘거리면

홀아비바람꽃/ 피듯

비밥을/ 먹고

에헤―/ 오신다

오신다,/ 좌별신!

황사 바람/ 튀어 오르면

솔붓꽃/ 피듯

모래밥을/ 먹고

에헤―/ 오신다

오신다,/ 서낭님!

―「실직 천사」 전문

  이 시는 빗금을 통해 각 행의 리듬을 2음보 격으로 나누어 본 예이다. 물론 그 까닭은 시인 홍희표가 각 행의 리듬을 그렇게 고려하고 있다고 파악되기 때문이다. 그가 이 시의 각 행을 지극히 의도적으로 1음보 대격인 2음보 격의 리듬으로 묶어 놓고 있다는 것을 잊어서는 안 된다.

  이 시에서 그는 1음보 대격인 2음보 격의 리듬으로 모든 시적 자질들을 응축시키고 있다. 그가 이 시에서 구태여 2음보 격의 리듬을 추구하는 까닭은 무엇인가. 어쩌면 그로서는 2진법을 바탕으로 하는 2바이트의 컴퓨터 언어를 의식하는지도 모른다.

  리듬은 일종의 모형화된 소리이다. 그의 시는 모형화된 소리, 곧 리듬에 지나칠 정도로 집착하고 있어 좀 더 관심을 끈다. 이렇게 리듬에 집착하다

보니 때로 그의 시는 리듬 그 자체의 울림으로 존재하기도 한다. 더러는 그의 시가 소리의 울림 그 자체로 존재할 때도 있다는 뜻이다. 소리의 울림 그 자체로 존재하는 시는 결국 의미가 제거되기 마련이다. 의미가 제거된 시는 음악의 경지에 이르기보다는 소리의 체계적인 질서 그 자체에 머물 수도 있다.

물론 인간은 우주의 소리나 자연의 소리 택해 아름다움을 고조시키기도 한다. 하지만 시는 본래 인간의 언어를 매개로 하여 태어나는 심미적인 정서 구조이다. 그뿐만 아니라 시는 리듬을 기준으로 하여 다른 언어예술과 변별되는 특징을 갖고 있기도 하다. 과도한 리듬에 의해 의미가 제거된 시는 때로 사물 그 자체나 존재 그 자체에 가 닿을 수 있지만 말이다.

> 초승달 떠나고
> 막사발 밑 가시덤불
> 목쉰 기침으로 사라지고
>
> 토막잠 속 무당새
> 갈림길 사이에서
> 개망초꽃으로 피고
>
> 지평선 위 무한천공
> 피어 흩날리고
> 보이지 않는 눈물 잔.
>
> ―「무당새」 전문

이 시에서 시인 홍희표는 무당새라는 존재의 순환하고 유전하는 과정을 추적하고 있다. 1연에서는 "목쉰 기침으로 사라"진 무당새가 2연에서는

"개망초꽃으로 피"어 나고, 3연에서는 "보이지 않는 눈물 잔"으로 변이되고 있기 때문이다. 하지만 이 시에서 순환하고 유전하는 무당새라는 존재를 구체적으로 실감하기란 별로 쉽지 않다. 빠른 리듬에 파묻혀 앞에서 말한 의미가 증발해버리기 때문이다.

따라서 시의 리듬이 소리의 체계적인 질서에 그쳐 버리는 것은 문제라고 하지 않을 수 없다. 과도하게 같은 패턴의 리듬이 반복되면 자칫 지루하게 느껴질 수도 있다. 그렇게 되면 누구라도 얼마간은 시를 상투적으로 받아들이기 마련이다. 상투적으로 받아들여지는 것을 극복하기 위해 시인 홍희표가 선택하고 지향하는 세계는 노래이다. 그의 시가 노래를 선택하고 노래를 지향하는 것은 서정시의 근원으로 돌아가려는 의지와 무관하지 않아 보인다. 이는 무엇보다 그가 서정시를 노래에서 불거져 나온 언어예술 양식으로 기억하고 있다는 것을 뜻한다.

>   이리 와요, 이리 와요
>   붉은 바다 몰려오고
>   절망의 목소리 들리네
>   —이젠 꿈꾸지 않아요
>
>   두 마리 달팽이
>   햇빛에 눈멀고
>   짓밟히고 끓어오르고 잊혀지네
>   —헤어져요 이제 그만
>   —「괴발개발 그대를 위하여」 전문

이 시는 2절의 가사와 후렴구로 된 노래형식을 취하고 있다. 2절의 가사와 후렴구로 된 노래형식은 그의 시가 지닌 대표적인 형식적 특징이다. 그

의 시집 『물땡땅이도 때때로』에서만 하더라도 아주 쉽게 찾아볼 수 있는 것이 이러한 노래형식의 시이다. 「이 세상의 모든 아침」, 「시 쓰기」, 「시간의 주름」, 「팬터마임」, 「적막강산」, 「의뭉떨기」 등의 시가 그 대표적인 예이다. 「실직 천사」, 「오늘도 장마 중」, 「정동진역·2」 등에서도 알 수 있듯이 그의 시 가운데에는 3절의 가사와 후렴구로 된 노래형식도 없지는 않지만 말이다.

이처럼 시인 홍희표는 시를 노래 그 자체로 받아들이고 있는 면이 없지 않다. 그의 시의 여러 곳에서 변형된 정형성이 엿보이는 것도 실제로는 이와 무관하지 않아 보인다. 따라서 노래형식은 홍희표의 시 형식이 지닌 가장 중요한 특징이라고 해도 지나치지 않다.

하지만 시와 노래는 다르다. 자칫 시를 노래 그 자체로 받아들여서는 안 된다는 뜻이다. 노래로부터 불거져 나오기는 했지만 시는 이미 자기 자신의 고유하고 자율적인 영역을 지니는 것이 사실이다. 물론 시의 고유성과 자율성은 행 단위로 구현되는 리듬으로부터 산출되는 정서적 아우라와 깊이 관련되어 있기는 하다.

이상의 논의로 미루어보면 시인 홍희표는 자신의 시에서 의미보다는 리듬으로부터 비롯되는 정서적 아우라를 중요하게 여기고 있다는 것이 된다. 시의 내용보다는 시의 형식에 대해 좀 더 집착하는 것이 그라는 것이다.

4. 직관적 서정 혹은 병치의 이미지

노래를 지향하는 시는 이야기를 지향하는 시보다 개성 있는 정서를 산출할 수밖에 없다. 본래 시에서의 정서는 노래의 핵심 자질이기도 한 리듬과 어조에서 태어나는 법이다. 따라서 정서에 주력하는 시는 심미적 아우라를 불러일으키는 일에 초점을 둘 수밖에 없다. 심미적 아우라는 낭만적 열정에 기초해 창출되는 것이 보통이다. 심미적 아우라를 창출하는 일에 주의를 기울이는 시는 상대적으로 직관에 기대어 사물을 인식하는 경향을 보여준다. 개성 있는 서정, 자성(自性) 있는 정서를 소중히 여기는 시는 일단 순간적인 인식에 기대어 문득, 별안간, 갑자기, 퍼뜩 사물의 이미지를 포착하려는 특징을 드러내기 때문이다.

이들 시는 본래 이야기가 만드는 상상력의 즐거움보다는 사물의 본질에 직핍하며 획득하는 기쁨을 추구한다. 이는 사물의 본질에 '선적(禪的)'으로 파고들며 획득하는 기쁨을 추구한다는 말과 다르지 않다. '선적(禪的)'이라는 말은 선문답적이라는 말로 이해되어도 좋다. 그의 시의 경우 선적 인식을 선문답적 형식을 통해 드러내고 있는 예가 적잖기 때문이다.

물론 이때의 선문답적 형식은 돌연한 질문과 돌연한 대답의 형식으로 이루어지는 것이 보통이다. 예의 그의 시집 『물땅땅이도 때때로』에서만 하더라도 「장님 거미」, 「현 위에서」, 「산」, 「울릉도 3」, 「기부스」 등의 시가 선문답의 형식을 취하는 대표적인 시라고 할 수 있다.

> 그대 하느님은 누구니?
> 중생대 한반도의 익룡이야!
> 보아라 은행나무 열매를……
>
> 그대 하느님은 누구니?
> 원효가 만난 해골바가지야!
> 보아라 늦가을 아기단풍을……
>
> 사랑이 떠나간다, 내 푸른 숨길
>
> ―「장님 거미」 전문

이 시 역시 후렴구가 있는 2절로 된 노래형식을 취하고 있다. 하지만 1연과 2연의 내용을 들여다보면 선문답 형식의 엉뚱한 물음과 엉뚱한 대답이 이어지고 있다는 것을 알 수 있다. 그렇다. "그대 하느님은 누구니?"라는 질문과, "중생대 한반도의 익룡이야!"라는 대답 사이에서 논리적인 친연성(親緣性)을 발견하기는 극히 힘들다. 그뿐만 아니라 이어지는 구절의 "보아라 은행나무 열매를……"과 같은 표현도 앞의 질문 및 대답과 곧바로 연결해 이해하기가 매우 어렵다. 이 시(노래)의 후렴구라고 할 수 있는 "사랑이 떠나간다, 내 푸른 숨길"과 같은 언술도 난해하기는 마찬가지이다.

　그의 시는 이처럼 비논리적인 이미지의 중첩과 충돌을 통해 드러나는 경우가 적잖다. 따라서 일상의 언어습관으로 대하면 예의 선문답과 그에 따른 언술을 바르게 이해하기가 거의 불가능할 수밖에 없다. 그것들이 만드는 이미지가 일단은 일상의 상상을 초월하는 지점에 자리해 있기 때문이다.

　그렇기는 하더라도 그의 시가 보여주는 제반 이미지가 독특한 매력으로 다가오는 것은 사실이다. 우선은 각각의 이미지가 독특한 비약을 통해 신선한 놀라움을 부여하고 있다는 점을 고려할 필요가 있다. 그뿐만 아니라 이들 시를 통해 드러나는 선문답적 이미지는 그가 그 자신의 삶과 마주하는 존재들을 선적(禪的)으로 인식하고 있다는 것을 뜻하기도 한다. 문득, 별안간, 갑자기, 퍼뜩 대상을 깨쳐 알려고 하는 것이 홍희표의 시가 지닌 인식론적 특징이라는 것이다.

　이처럼 시인 홍희표는 자신의 시적 대상을 문득, 별안간, 갑자기, 퍼뜩 깨닫는 형식을 통해, 다시 말해 선적(禪的) 인식을 통해 획득하려고 한다. 선적 인식의 보편적인 특징은 화두(話頭)를 탐구하는 방식으로 대상에 접근한다는 점에 있다. 이러한 특징과 관련하여 여기서 주목해야 할 것은 선불교의 화두가 대부분 이미지로 되어 있다는 점이다. 홍희표 시의 인식론적

특징을 선적(禪的)이라고 부를 수 있는 것도 이와 무관하지 않다.[10]

그의 시 역시 기본적으로는 이미지를 매개로 하여 대상에 대한 직관적 인식을 담아내고 있기 때문이다.

그의 시는 이들 이미지를 반복, 병치시키는 방식을 통해 드러내고 있어 더욱 주목되기도 한다. 그의 시에서 반복, 병렬되는 이미지는 절, 행, 연 등 다양한 층위에서 발견된다. 그렇다면 반복과 병렬은 그의 시의 또 다른 형식적 특징이라고 하지 않을 수 없다.

① 지구가 햇님 둘레를
　좋아라 맴돌 듯
　달님이 지구 둘레를
　좋아라 맴돌 듯
　　　　　　　　　―「금간 더듬이」부분

② 몸섞고 섞는 금강물이었다가
　피 뿜는 낙엽이었다가
　　(…중략…)
　살점 뜯는 진저리이었다가
　찔레나무 사마귀이었다가
　　　　　　　　　―「아뿔사, 칼끝」부분

③ 그러지 말아요
　계룡산에 봄눈 난분분하니
　노루귀 붉은 절망감에

---

10 필자는 이미 홍희표의 시가 지니는 禪的인 특징에 대해 섬세한 고찰을 시도한 바 있다. 그에 관한 좀 더 자세한 내용은 다음의 글을 참고하기 바란다.이은봉, 「선적 인식 혹은 새로움의 시학」『실사구시의 시학』,새미, 1994, 419~430쪽.

다시 잠들지 않게—

그러지 말아요.
동해 쪽빛 바다 광풍이 부니
버들개지 꽃샘바람에
두려움으로 갈 길 잃지 않게—

—「복수초 가슴」1, 2연

①의 시는 절의 차원에서 통사구조가 반복, 병렬되는 예이다. 절의 형태를 이루고 있는 1, 2행의 통사구조가 3, 4행에서 반복, 병렬되는 가운데 다양한 심미적 효과를 산출하는 것이 이 시이다. 물론 여기서 말하는 심미적 효과는 원활한 이미지 전개, 활기찬 리듬 등을 가리킨다. 이들 장치를 바탕으로 정서적 효과를 극대화하는 것이 이 시의 언술적 특징이다.

②의 시는 행의 차원에서 통사구조가 반복, 병렬되는 예이다. 행의 차원에서 이루어지는 반복과 병렬을 통해 독특한 심미적 아우라를 생산하고 있어 더욱 관심을 끄는 것이 이 시이다. 이때의 반복과 병렬은 강화된 리듬을 생산해 시의 이미지 전개는 물론 의미의 전개에도 커다란 도움을 준다.

③의 시는 연의 차원에서 통사구조가 반복, 병렬되는 예이다. 이 시 1연과 2연은 같은 통사구조가 반복, 병렬되는 가운데 단어만 바뀌고 있는 것을 알 수 있다. 따라서 연의 차원에서 통사구조가 반복, 병렬되면서 태어나는 리듬을 바탕으로 독특한 심미적 효과를 강화하는 것이 이 시라고 할 수 있다.

이처럼 홍희표의 시는 대상에 대한 선적 인식을 반복과 병렬의 형식을 통해 개성 있게 표출하는 특징을 보여준다. 대상으로부터 문득, 별안간, 갑자기, 퍼뜩 획득하는 직관적 인식을 통해 자기 자신이 깨닫는 시적 진실을 순간적으로 담아내고 있는 것이 그의 시의 중요한 경향이라는 것이다.

물론 이때의 시적 진실은 오늘의 삶의 현실이 지니는 온갖 문제에 대한 시인 홍희표 나름의 작은 깨달음이기 쉽다.

5. 닫는 글 — 현실의 두 모습

홍희표의 시에 포섭되는 현실은 대부분 비판적 대상으로 자리해 있다. 여기서 비판적 대상으로 자리해 있다는 것은 문제가 있는 대상으로 자리해 있다는 뜻이기도 하다. 하지만 그의 시에 드러나 있는 문제의식은 충만한 고발의식의 차원을 크게 벗어나지 않는다. 시를 통해 그가 제기하는 문제의식이 실천적이고 조직적인 운동의 차원에까지는 이르지는 않기 때문이다. 그의 시에 등장하는 문제의식이 깨어 있는 자아의 양심의 차원을 넘어서지는 않는다는 뜻이다.

양심의 차원으로 존재하는 그의 시에 드러나 있는 현실은 대강 두 가지의 모습을 갖는다. 하나는 관찰적 현실이고, 다른 하나는 경험적 현실이다. 관찰적 현실은 대상에 대한 객관적인 태도를 통해 획득되고, 경험적 현실은 대상에 대한 주관적인 참여를 통해 획득된다. 객관적으로 관찰되는 현실은 대부분 보편적이면서도 일반적인 가치, 즉 공적인 가치를 담고, 주관적으로 경험되는 현실은 대부분 특수하고 구체적인 가치, 즉 사적인 가치를 담는다.

공적인 가치를 담는 시는 상대적으로 확장된 시야를 통해 좀 더 넓은 세계를 지향한다. 본래 보편적이고 일반적인 현실에 기초해 있는 것이 공적인 가치이기 때문이다. 물론 여기서 말하는 보편적이고 일반적인 현실은 민족적이고 민중적인 현실을 가리킨다. 그렇다. 그의 시의 중요한 특징 중

의 하나는 계속해서 민족적이고 민중적인 현실을 탐구해왔다는 점이다.[11]

다음은 이른바 IMF의 구제 금융에 따른 민중의 고통을 담아내고 있는 시이다.

> 새나라 어린이들은
> 기린 같은 눈치코치 보며
> 프리지아 피자를 먹고
> 사루비아 치킨을 시키고
> 오, 숨죽여 웃는 아이엠에프
> 거품 찢겨져 나가고 보니
> 뽀드득 뽀드득—
> 흰 옥돌처럼 멍울지는
> 맨몸 생살이었구나.
>
> 헌나라의 내외는
> 보리깜부기 같은 눈치코치 보며
> 순대국을 먹고 접시꽃
> 막걸리 마시고 호박꽃
> 아이엠에프 신음소리, 오!
> 잡아 올린 빙어 새끼 맹키로
> 푸드덕 푸드덕—
> 거미줄엔 이슬방울
> 뚝뚝 지는 눈물 노을이었구나.
>
> ―「눈치코치」 전문

---

11 홍희표의 시에 함유되는 민족문제에 대해서는 필자가 쓴 다음의 글을 참고하기 바란다. 이은봉, 「민족문제에 대한 새로운 시적 변용」, 『진실의 시학』(태학사, 1998) 참조.

이 시에서 '새나라'나 '헌나라'는 '한나라'를 염두에 두고 응용된 어휘이다. 좀 더 구체적으로 말하면 이들 '새나라'나 '헌나라'는 IMF의 구제금융을 불러온 한나라당을 연상시키기 위한 시적 장치라는 것이다. 하지만 이 시에서 정작 중요하게 생각해야 할 것은 IMF의 구제 금융으로 하여 민중의 "맨몸 생살이" "흰 옥돌처럼 멍울지"고 있다는 점이다. "잡아 올린 빙어 새끼 맹키로/푸드덕 푸드덕"대고 있는 민중의 "뚝뚝 지는 눈물"을 진심으로 아파하는 것이 이 시에서의 시인 홍희표라는 것이다.

물론 그의 시에 드러나 있는 민중에 대한 연민은 이에서 그치지 않는다. 다른 시 「물땡땡이도 때때로」에서는 IMF의 구제 금융으로 정리해고가 된 사나이, 즉 "추풍낙엽을 입은 사나이"가 그려지고 있고, 또 다른 시 「복수초 가슴」에는 "지난겨울 정리해고"된 "눈물도 닦지 못하는 사람들"이 형상화되어 있기 때문이다. 그 밖의 시 「실직 천사」에서는 직장을 잃고 눈밥, 비밥, 모래밥을 먹는 사람이 우별신, 좌별신, 서낭님으로 불리고 있기도 하다. 노동자들의 과도한 업무를 "1초에 60회 나래질하는 벌새"에 비유하는 「오늘도 장마 중」 같은 작품도 마찬가지의 맥락에서 읽을 수 있는 작품이다. "엘리뇨와 라니냐" 등 이상기후를 비판적으로 노래하면서도 "해오라기 두어 마리"와 "실직자 서너 사람"을 대조, 비교하는 시 「지긋지긋한 그대, 비」도 유사한 차원에서 살펴볼 수 있는 예이다.

그의 시에 비판적 시각으로 포착되는 현실은 우선 이처럼 '객관적인 관찰'을 통해 이루어지고 있다. 여기서 '객관적인 관찰'이라는 것은 그의 시에 드러나 있는 현실이 보편적이고 일반적인 접근을 통해 구현되고 있다는 것을 가리킨다. 물론 그의 시에 드러나 있는 현실 중에는 직접적인 경험의 결과를 바탕으로 하는 예도 없지 않다. 그의 시 중에는 사적이고 개적인 체험을 바탕으로 한 삶의 현실을 담아내고 있는 경우도 적잖다는 뜻이다.

그의 시에서 살펴볼 수 있는 사적이고 개적인 현실은 대부분 여행이나 유람, 산책 등의 체험을 반영한다. 그래서일까. 이들 시는 객관적 관찰자 시점이 아니라 주관적 참여자 시점을 취하는 경우가 대부분이다. 시인이 직접 화자로 등장하여 자신의 행위를 묘사하거나 진술하는 시점을 취하는 경우가 많다는 뜻이다.

> 초당에 가면
> 작설차 마시고
> 떠올리네, 일지암 솔바람 소리
>
> 뜸부기 되어
> 호박죽 먹고
> 생각하네, 보릿고개 눈 먼 날
>
> 초당에 가면
> 홍시 하나 삼켜 버리고
> 불러보네, 별빛 최보살님.
>
> ―「초당에서」 전문

이 시에 등장하는 초당은 아마도 전라남도 강진의 '다산초당'인 듯싶다. 해남 대흥사의 일지암도 등장하니만큼 이러한 유추가 가능하다. 따라서 이 시는 시인 홍희표가 전라남도 일대를 여행하거나 유람하며 겪은 체험을 바탕으로 하고 있다고 할 수 있다. 전라남도 일대를 여행하며 겪은 체험을 대상으로 하는 그의 시는 예의 시집 『물땅땅이도 때때로』에서만 해도 「땅끝마을」, 「소록도」 등을 더 찾아볼 수 있다.

물론 이들 시에 포함된 체험 중에는 몸으로 겪은 것만이 아니라 마음으로 겪은 것도 찾아볼 수 있다. 위의 시에서만 하더라도 시인은 초당만이 아니라 "작설차 마시고/떠올리"는 "일지암 솔바람 소리"를 노래하고 있기 때문이다. 2연에서는 "뜸부기 되어/호박죽 먹고" "보릿고개 눈먼 날"을 "생각하"는 것이 시인 홍희표이다. 초당에서 "홍시 하나 삼켜 버리고" "별빛 최보살님"을 "불러보"는데 정작의 초점이 있는 것이 이 시이지만 말이다.

　이처럼 여행이나 유람, 산책의 체험을 담고 있는 그의 시는 부지기수이다. 「혼의 뼈」나 「사량도」도 그중의 하나인데, 특히 「혼의 뼈」는 "으악새를 다시 보려고" 찾은 "신불산 등성이에"서의 심리적인 체험을 담고 있어 좀 더 주목된다. "으악새를 10여 년 전/ '혼의 뼈'라고 명명했던 기억을 되살리며 그와 관련된 다양한 상상력을 펼쳐내고 있는 것이 이 시이다. 산책 삼아 나선 계룡산에서 봄이 오는 것을 실감하는 「봄소식」, "산악회에 끌려/삼천포 앞 바다에 있는/사량도"를 찾고 있는 「용암포구에서」 등도 여행하며 겪은 체험을 바탕으로 하는 그의 시라고 할 수 있다.

　이들 여행 체험을 담고 있는 그의 시는 대부분 화자가 시에 직접 개입하는 일인칭 참여자의 시점을 취하고 있다. 당연히 이러한 형식의 시는 상대적으로 시인의 감정이 절제되어 있지 않기 마련이다. 객관적 리얼리티보다는 정서적 아우라를 좀 더 소중하게 여기는 것이 이들 시라고 할 수 있다. 하지만 이러한 시가 시인 홍희표 자신의 현존이 갖는 의미를 제대로 깨닫는 가운데 진전된 아름다움을 노래하는지는 미지수이다. 돌이켜 보면 바로 이것이야말로 홍희표의 시가 앞으로 가꾸어 가야 할 진정한 과제 아닌가 싶기도 하다. (2008)

극사실의 세계와 참여 정신
— 이시영 시집 『경찰은 그들을 사람으로 보지 않았다』를 중심으로

　이 글을 나는 좀 편하게 잡담이라도 하듯이 쓰려고 한다. 물론 이에는 독자들과 좀 더 친해지려는 운산(運算)이 들어 있다. 본래는 인터뷰의 형식을 취해 쓰려고 했던 것이 이 글이다. 하지만 우여곡절 끝에 다소간 편한 글의 형식을 취하기로 한 것이다. 이 글을 쓰기로 한 뒤에도 나는 이시영 시인과 여러 차례 만나 밥도 먹고 술도 마신 바 있다. 하지만 이 글에서 논의하려고 하는 그의 시집 『경찰은 그들을 사람으로 보지 않았다』에 관한 얘기는 별로 나눈 것이 없다.
　그렇다고 하더라도 이시영의 시에 대한 나의 관심이 식은 적은 거의 없다. 그의 첫 시집 『만월』에 수록된 「정님이」나 「후꾸다」 같은 시는 아직도 내 마음 깊이 남아 있다. 그의 이 시집에 실려 있는 시 중에는 「이름」도 좋다. "밤이 깊어 갈수록/우리는 누군가의 이름을 불러야 한다/우리가 그 이름을 부르지 않을 때/잠시라도 잊었을 때/채찍 아래서 우리를 부르는 뜨거운 소리를 듣는다"와 같은 구절로 시작하는 시 말이다.
　고등학교 문학 참고서에는 이 시 「이름」의 의미가 김춘수의 「꽃」과 함께 읽으면 좀 더 풍부해진다고 설명되어 있다. 그러한 면이 조금은 없지 않은 듯도 싶다. 존재의 본질을 탐구하는 것이 김춘수의 시 「꽃」이라면 고난

의 현실에서 강렬한 동료애를 갈구하는 것이 이시영의 시 「이름」이기 때문이다. 따라서 이시영의 시 「이름」이 김춘수의 「꽃」으로부터 영향을 받았다고 하기는 어렵다.

이시영은 자신이 영향을 받은 시인으로 자주 서정주와 김수영을 들고 있다. 서정주는 이시영의 대학 때 은사인 만큼 얼마간은 영향을 받았다고도 생각된다. 서라벌 예대에서 강의할 때 서정주는 학생들과 술 한잔을 하려고 으레 술값 얼마를 Y셔츠 주머니에 챙겨 집을 나섰다고 한다. 이시영의 증언에 따르면 Y셔츠 주머니가 있는 가슴께를 두드리며 "아, 시영이이, 여기 돈 있으니 어디 좋은 데 가서 한잔하지이" 하고 말했던 것이 서정주이다.

이시영의 시 중에는 「젊은 동리」라는 작품이 있다. 겉으로는 동리를 중심 대상인 것처럼 보이지만 속으로는 미당이 중심 대상인 것이 이 시이다. 이 시는 동리과 미당의 상상력을 직접적으로 대조하는 데 초점이 있는 듯이 보이기도 한다. 그의 이 시를 읽다 보면 동리의 언어 감각에 비해 미당의 언어 감각이 훨씬 뛰어나다는 것을 잘 알 수 있다. 게다가 이 시는 시적 발상이라는 것이 무엇인가를 알려주기도 한다. 이시영이 대학원 학생들과 함께 서정주 전집을 읽었던 것도 얼마간은 그러한 이유에서리라.

물론 이시영은 대학원 학생들과 김수영 전집도 읽었던 적이 있다. 이는 그가 그만큼 김수영의 시를 높이 평가하고 있었다는 뜻이 되기도 한다. 하지만 이시영은 자기가 정작 좋아한 것은 김수영의 시보다 산문이라고 고백한 적이 있다. 이시영의 산문집 『곧 수풀은 베어지리라』를 읽다 보면 그가 김수영으로부터 받은 영향을 십분 짐작할 수 있다.

하지만 이시영이 정작 깊은 영향을 받은 시인은 서정주와 김수영보다는 이용악과 백석인 듯싶다. 서정주와 김수영의 시보다는 이용악과 백석의 시, 특히 긴 이야기 시의 면에서는 이용악의 시, 짧은 이미지 시의 면에서는 백석의 시로부터 영향을 받은 것처럼 보이기 때문이다. 백석의 시 중에는 긴 이야기 시도 많지만 짧은 이미지 시, 곧 짧은 '사물시'도 많다는 것을 간과해서는 안 된다. 그런가 하면 한때 이시영은 가장 좋아하는 시의 하나로 이용악의 짧은 시 「북쪽」을 꼽은 적도 있다.

물론 이용악의 시와 백석의 시가 평생을 두고 이시영의 시에 영향을 미친 것 같지는 않다. 2007년에 간행된 시집 『우리의 죽은 자들을 위해』에 이르면 그의 시가 매우 많은 변화를 보여주기 때문이다. 이러한 변화의 조짐은 이미 2003년에 간행된 『은빛 호각』, 2004년에 간행된 『바다 호수』에서부터 드러나고 있다. 이때 그가 보여준 변화의 조짐은 그의 시 특유의 사실성이 강화되어가는 과정과 무관하지 않다. 이 무렵 그의 시에는 '극사실'이라고 불러도 무방할 정도로 사실성이 강화되고 있기 때문이다. 급기야 『우리의 죽은 자들을 위해』에 이르면 그의 시의 '극사실성'은 이은바 비시적인 것들이라고 불러도 좋은 것들까지 과감히 시에 끌어들이게 된다. 여기서 말하는 비시적인 것들은 특별한 가감 없이 신문이나 방송의 기사, 기타의 서적에서 인용한 것들을 가리킨다. 이와 관련해서는 지금 여기서 논의하려고 하는 그의 시집 『경찰은 그들을 사람으로 보지 않았다』의 표제작부터 읽어 볼 필요가 있다.

    경찰은 그들을 적으로 생각하였다. 20일 오전 5시 30분, 한강로 일대 5차선 도로의 교통이 전면 통제되었다. 경찰 병력 20개 중대 1,600명과 서울지방경찰청 소속 대테러 담당 경찰특공대 49명, 그리고 살수차 4대가 배치되었다. 경찰은 처음부터 철거민을 사람으로 생각하지 않았다. 한강로 2가 재개발 지역의 철거 예정 5층 상가 건물 옥상에 컨테이너박스 등으로 망루를 설치하고 농성 중인 세입자 철거민 50여 명도 경찰을 사람으로 생각하지 않았다. 대신 최후의 자위책으로 화염병과 염산병 그리고 시너 60여 통을 옥상에 확보했다. 6시 5분, 경찰이 건물 1층으로 진입을 시도하자 곧바로 화염병이 투척되었다. 6시 10분, 살수차가 건물 옥상을 향해 거센 물대포를 쏘았다. 경찰은 쥐처럼 물에 흠뻑 젖은 시민을 중요 범죄자나 테러범으로 생각하는 듯했다. 6시 45분, 경찰특공대원 13명이 기중기로 끌어올려진 컨테이너를 타고 옥상에 투입되었다. 이때 컨테이너가 망루에 거세게 부딪쳤고 철거민들이 던진 화염병이 물대포를 갈랐다. 7시 10분, 망루에서 첫 화재가 발생했다. 7시 20분, 특공대원 10명이 추가로 옥상에 투입되었다. 7시 26분, 특공대원들이 망루 1단에 진입하자 농성자들이 위층으로 올라가 격렬히 저항했고 이때 내부에서 벌건 불길이 새어나오기 시작했으며 큰 폭발음과 함께 망루 전체가 화염에 휩싸였다. 물대포로 인해 옥상 바닥엔 발목까지 빠질 정도로 물이 흥건했고 그 위를 가벼운 시너가 떠다니고 있었다. 이때 불길 속에서 뛰쳐나온 농성자 3, 4명이 연기를 피해 옥상 난간에 매달려 살려달라고 외쳤으나 아무도 그들을 돌아보지 않았다. 그들은 결국 매트리스도 없는 차가운 길바닥 위로 떨어졌다. 이날의 투입 작전은 경찰 한 명을 포함, 여섯 구의 숯처럼 까맣게 탄 시신을 망루 안에 남긴 채 끝났으나 애초에 경찰은 철거민을 사람으로 생각하지 않았으며 철거민 또한 그들을 전혀 자신의 경찰로 여기지 않았다.

—「경찰은 그들을 사람으로 보지 않았다」 전문

  이 시는 대테러 담당 경찰특공대와 용산 세입자 철거민의 살벌한 대치를 다루고 있다. 이른바 '용산참사'의 전개 상황이 시간의 순차에 따라 매우 사실적으로 보고되어 있어 관심을 끄는 것이 이 시이다. 따라서 이 시는 '용산참사'의 전 과정에 관한 일종의 보고서라고도 할 수 있다. 이 시와 함께하는 용산참사의 기록은 신문기사 혹은 방송보도의 내용과도 크게 다르지 않다. 이처럼 이 시는 '용산참사'의 전 과정에 대한 매우 객관적인 태도, 곧 사실적인 태도를 보여주고 있다. 물론 이러한 태도에는 시인 이

시영 나름의 깊은 운산이 작동하는 듯하다. 부정한 정권이 저지르는 만행과 관련해서는 그에 대한 직접적이고 사실적인 보고보다 감동적인 것이 없다는 운산이 바로 그것이다.

그의 이 시집에 실려 있는 시 중에는 신문의 기사나 책의 내용을 있는 그대로 인용한 예도 드물지 않다. 이른바 '인용 시'가 그것인데, 「한겨레신문」의 내용을 그대로 옮겨온 「인간 없는 세상」, 「어린이 노동」, 슬라보예 지젝의 저서를 부분적으로 옮겨온 「밑줄을 긋다」, 크리스토퍼 히친스의 책을 간접적으로 옮겨온 「성녀 마더 데레사」 등이 그 예이다. 이들 인용 시 역시 극사실의 세계를 지향하고 있다는 것은 확실하다.

슬라보예 지젝의 책을 읽어나가다가 나는 다음 구절에서 밑줄을 긋는 것을 잊지 않았다.

"내가 즐겨 드는 예 가운데 하나를 말하자면, 홀로코스트를 구상한 장본인 라인하르트 하이드리히(Reinhard Heydrich)는 한가한 저녁 시간에 친구들과 더불어 베토벤의 후기 현악사중주를 연주하기를 좋아했다."*

군모를 벗어 벽에 걸어놓고 삼삼오오 혹은 서고 걸터앉아 "Ubrigens……" 어쩌구 하면서 담소하는 정복 차림의 그들이 떠오른다. 그리고 눈을 지그시 내리감은 다음 털북숭이 두 손을 막 피아노 건반 위에 갖다 대고 있는 라인하르트 하이드리히의 지극히 평온한 얼굴이 커튼 자락 사이로 얼핏 스친다.

* 슬라보예 지젝 『처음에는 비극으로, 다음에는 희극으로』, 김성호

옮김, 창비, 2010, 83쪽.

—「밑줄을 긋다」 전문

　이 시에는 슬라보예 지젝의 책 『처음에는 비극으로, 다음에는 희극으로』의 내용이 부분적으로 인용되어 있다. 이들 인용을 통해 이시영은 이 시에서 "홀로코스트를 구상한 장본인 라인하르트 하이드리히(Reinhard Heydrich)"의 일상을 사실적으로 그려내는 일에 주력한다. 비시적인 사실의 세계를 그려내는 그의 작업은 이 시에 이르러 곧바로 인간이 지니는 선악의 이중성을 고발하는 역할을 한다. 이러한 역할은 결국 그의 시로 하여 오늘의 역사적 현실에 대해 더욱 적극적으로 발언하게 한다.

　최근의 그의 시에는 이처럼 극단적인 사실 세계를 바탕으로 하는 예가 허다하다. 정서적 가공이나 상상을 배제하는 그대로의 사실, 이른바 '극사실의 세계'를 추구하는 것이 요즘의 그의 시이다. 그의 시가 지니는 이러한 특징을 가리켜 나는 '극사실(極事實)의 시정신'이라고 부른다. '극사실(極事實)의 시정신'에는 어설픈 정서적 가공이나 상상보다 있는 그대로의 사실을 순간적으로 포착하는 것이 훨씬 더 진실에 가깝다는 그의 생각이 들어 있다. 물론 이때의 진실은 사물이나 사건의 실재를 사진처럼 순간적으로 잡아내는 가운데 태어나는 어떤 강렬하면서도 소중한 가치를 가리킨다.

　이시영이 순간의 예술인 사진을 좋아한다는 것은 이미 여러 차례 논의된 바 있다. 그는 불세출의 사진작가인 앙리 카르티에 브레송과 그의 대표작인 「무프타르 거리, 파리」(1952)에 대해 언급하면서 자신의 시가 지향하는 세계를 밝힌 적도 있다. 사진의 세계에 대한 경도는 사실의 세계에 대한 경도와 다르지 않거니와, 이는 때로 그가 자신의 시에 과감히 비시적인의 세계를 수용하려는 의지로 전이되기도 한다. 여기서 말하는 비시적인 세계의 수용은 시인 자신의 의도나 평가를 배제하는 그대로의 사실과 에피소드를 건조하게 드러내 독자들이 어떤 식으로 해석해도 좋게 만드는 것을 가리킨다. 물론 이는 나날이 경험하는 사실의 세계를 아무런 꾸밈없이 생생하게 되살리는 작업을 가리키기도 한다. 여기서는 이들 작업에 숨어 있는 그의 의도를 요약해 '극사실의 시정신'이라고 부르고 있는 셈이다

이시영이 추구하는 극사실의 세계는 상상이나 환상 등 허구적인 가공을 되도록 배제하려 한다는 점에서도 비시적인 세계이다. 물론 이때의 비시적인 세계가 뜻하는 극사실의 세계는 사실(事實)만이 아니라 사실(寫實) 및 사실(史實)의 세계까지도 포괄한다. 사실(寫實) 및 사실(史實)의 세계를 포괄하는 사실(事實)의 세계가 사물의 현상 그 자체만을 가리키지 않는다는 것은 명확하다. 사실즉상징(事實卽象徵)의 경지에까지 이르려고 하는 것이 그의 시에서의 극사실의 시정신이기 때문이다.

> 머리를 풀어 헤친 채 장바구니를 들고 국민은행으로 쏘옥 들어가는 노향림 씨를 보았다. 시인 노향림도 아니고 주부 노향림도 아닌, 그 무엇으로 자신을 꾸미지 않은 천연의 노향림 씨를. 눈을 발끝에만 집중한 채 그는 아무것도, 심지어 지금 자기 자신이 어디에 있는지조차 전혀 의식하지 않는 것 같았다. 은행 밖에서 치기배처럼 삐딱하게 서서 저 순수 자연을 기다려볼까 하다가 나는 그냥 기분이 우쭐해져서 발걸음도 가벼웁게 집으로 돌아오고 말았다.
> 　　　　　　　　　　　　　　　　　　—「한 동네 사는 여자」 전문

이 시는 "그 무엇으로 자신을 꾸미지 않은 천연의 노향림 씨를" 중심 대상으로 삼고 있다. 경험적 사실에 기초해 있는 이 시의 중심 대상인 노향림 씨가 시 전체를 매우 생생하고 구체적인 풍경으로 만들고 있다는 것은 주지의 사실이다. 예의 풍경이 단지 현상만을 드러내고 있지 않다는 것도 또한 마찬가지이다. 이 시에서의 사실적 풍경은 본질을 감추고 있는 현상으

로 존재한다는 점에서 특히 주목을 요한다. 물론 이때의 본질은 어떤 것으로도 "꾸미지 않은 천연의" 자연을 가리킨다. 시인은 지금 "자기 자신이 어디에 있는지조차 전혀 의식하지 않는" 노향림 씨로부터 "순수 자연을" 발견하는 것이다. 그가 "그냥 기분이 우쭐해져서 발걸음도 가벼웁게 집으로 돌아"가는 것도 정작은 노향림 씨로부터 "순수 자연"을 발견하고 있기 때문이다.

이 시에서와 같은 사실의 세계가 상대적으로 비시적이라는 것은 덧붙여 논의할 것이 못 된다. 물론 이러한 뜻에서의 비시적인 세계를 그가 자신의 시에 좀 더 과감하게 수용하기 시작한 것은 비교적 최근의 일이다. 이른바 '인용 시'라고 불릴 정도로 비시적인 세계를 대폭 받아들이게 되는 것은 앞에서도 말했듯이 2007년에 간행된 그의 시집 『우리의 죽은 자들을 위해』에 와서이다.

그가 이들 '극사실의 세계'를 시에 받아들이는 데 가장 큰 영향을 끼친 시인은 김수영이 아닌가 싶다. 김수영이야말로 자신의 시를 통해 시적인 것의 실제와 범주를 거듭해 되물었던 시인이다. 따라서 이시영의 시가 지니는 극사실의 면면이 김수영의 시로부터 영향을 받았으리라는 것을 짐작하기는 어렵지 않다. 이 시집 『우리의 죽은 자들을 위해』에 이르러 나타난 이시영의 시의 특징이 시라는 것에 관한 고정된 인식, 곧 선험적 인식을 해체하고 시와 산문 혹은 시와 과학의 경계에까지 아슬아슬하게 가보는 데 있다는 것을 간과해서는 안 된다.

물론 시적인 것과 시적이지 않은 것 사이에는 많이 차이가 있다. 그렇다. 시적인 것과 소설적인 것, 시적인 것과 희곡적인 것 사이에는 적잖은 차이가 있다. 하지만 이들 차이를 끊임없이 넘나들며 각각 상호 침투해온 것이 문학의 실제라는 것도 간과해서는 안 된다. 언제나 상호침투하며 뒤섞이는 것이 시적인 것, 소설적인 것, 희곡적인 것이라는 얘기이다. 그렇다. 모든 시적인 것 속에는 소설적인 것과 희곡적인 것이, 모든 소설적인 것 속에는 시적인 것과 희곡적인 것이, 모든 희곡적인 것 속에는 시적인 것과 소설적인 것이 들어 있기 마련이다. 이를 두고 모든 언어형식, 나아가 모든 사유형식은 항상 서로 뒤섞이기 마련이라고 이해해도 좋다.

따라서 시적인 것의 실제와 범주가 선험적으로 규정되어 있다고 생각하는 것에는 문제가 없지 않다. 시적인 것이든, 소설적인 것이든, 희곡적인 것이든 문학의 장르적 특성은 언제나 상호 뒤섞이는 가운데 자기 자신의 현존을 변화시켜가고 갱신시켜 가기 때문이다. 그뿐만 아니라 온갖 비문학적인 것들과도 끊임없이 뒤섞이는 가운데 자기 자신을 갱신시켜 나가는 것이 '문학적인 것'이라는 점도 잊어서는 안 된다.

그렇다고는 하더라도 '시적의 것'의 범주와 실제에 대한 이시영의 의심과 반문이 극사실의 세계에 대한 자각과 더불어 본격화된 것만은 분명하다. 따라서 이와 관련해 정작 따져보아야 할 것은 그가 추구하는 '극사실의 시정신'이 참여 정신과 더불어 발현되고 있다는 점이다. 말하자면 일종의 참여 정신으로 변주되는 가운데 구체화하는 것이 그가 추구하는 극사실의 시정신이라는 것이다. 이들 극사실의 시, 곧 비시적인 시가 용산참사, 4대강 사업, 구제역 매몰지 침출수, 일본의 원전 사고 등 당대의 사회문제에 대한 첨예한 비판과 고발을 바탕으로 하고 있다는 것은 확실하다.

물론 이시영의 시가 비시적으로 보이는 설명과 진술의 형식, 곧 사실의 형식을 과감하게 수용하는 것이 그러한 이유에서만 비롯되는 것은 아니다. 그가 그동안 추구해온 짧은 언어를 매개로 한 응축의 시가 너무도 답답하게 느껴졌을 수도 있다. 선시를 방불케 하는 일련의 짧은 시들, 즉 이 시집에 수록된 「석양에」, 「소나기」, 「아침이 오다」, 「이 밤에」 등의 짧은 시가 주는 긴장감에서 해방되려는 의도의 표현일 수도 있다는 것이다. 하지만 그의 시가 비시적인 세계를 대폭 받아들이는 것은 대한민국에서 올곧은 시민으로 살아가기 위한 당당한 자각과도 무관하지 않다. 이때의 자각이 건강한 지식인, 곧 깨어 있는 시인의 참여 정신을 포함한다는 것은 더 말할 나위가 없다. 참여 정신의 구체적인 형태로 수용되는 것이 그의 시에서의 비시적인 영역, 곧 극사실의 영역이라는 얘기이다.

> 유독가스가 뿜어져 나오는 해발 2,700미터가 넘는 인도네시아의 한 유황 광산에서 일하는 노동자들은 70킬로그램이 넘는 등짐을 지고 험한 산실을 오르내릴 때 입에 재갈을 문다고 한다. 자기도 모르는 사이에 으스러지게 이를 깨물지 않기 위해서란다. 세상엔 아직도, 이렇게, 극심한 고통 속에서 일하는 사람이 많다.
>
> ―「노동」 전문

이 시는 "해발 2,700미터가 넘는 인도네시아의 한 유황 광산에서 일하는 노동자들"을 대상으로 하고 있다. 하지만 "70킬로그램이 넘는 등짐을 지고 험한 산실을 오르내릴 때 입에 재갈을" 물기도 하는 이들 노동자가 "인도네시아의 한 유황 광산에"만 존재하는 것은 아니다. "세상엔 아직도, 이렇게, 극심한 고통 속에서 일하는 사람이 많"거니와, 이 시에서는 바로 그러한 현실을 개탄하는 셈이다. 물론 이때의 개탄은 양심 있는 시민으로서의 그의 세상에 대한 근심과 걱정의 표현이라고 해야 옳다.

시인은 본래 세상에 대한 근심과 걱정이 많은 사람이다. 세상에 대한 근심과 걱정이 시인으로 하여 세상을 향해 발언하게 하거니와, 그것이 지식인 일반의 참여 정신과 다르지 않다는 것은 새삼스럽게 강조할 것이 못 된다. 물론 이때의 참여 정신을 두고 19세기의 계몽 정신이 자기 갱신을 한 것이라고 하더라도 별로 어색할 게 없기는 하다. 지난 1980년대의 민중시 운동도 이와 마찬가지거니와, 어찌 보면 이것이야말로 진정한 아방가르드 운동이었지 않았나 싶기도 하다. 계몽 정신이든 참여 정신이든 민중 정신이든 이들 정신은 끊임없이 당대의 현실과 관계하는 가운데 창작 주체의 깨어 있는 영혼을 깊이 고양해온 바 있다. 바로 그러한 점에서 이들 정신은 아직도 많은 주목을 요한다.

　창작 주체의 깨어 있는 영혼은 이성에서 호출되기보다는 감각에서 호출되기 쉽다. 이때의 감각은 이시영 자신도 여러 차례 강조한 바 있듯이 '느낌의 현재에서 문득 출발하는 직관'과 깊이 관련되어 있다. 느낌의 현재가 중요하다는 것인데, 현재의 느낌, 곧 '순간적 감각의 결과인 직관'이야말로 그가 가장 중요하게 추구하는 시적 방법이기 때문이다. 이른바 '순간의 거울'이 그가 생각하는 창작 방법의 핵심이라는 것이다.

　이때의 감각이 늙지 않고 세련성을 유지하기 위해서는 창작 주체의 각별한 노력이 필요하다. 일찍이 이시영은 감각의 훈련, 나아가 감각 유지의 비결과 관련해 젊은 시인들의 시를 많이 읽는 것을 예로 든 바 있다. 젊은 시인들의 시를 많이 읽는 것은 한국현대시가 생산되고 향유의 과정에 깊이 관여하고 있다는 뜻이기도 하다.

　하지만 이러한 노력이 그에게 '느낌의 현재에서 문득 출발하는 직관'의 시를 쓰게 하는 직접적인 원인은 아니었던 듯하다. 요즈음의 젊은 시인들과는 달리 기본적으로는 여백이 많은 시, 침묵의 큰 질서를 따르는 시를 추구하는 것이 그이기 때문이다. 구체적인 체험에서 비롯되는 긴 이야기 시에 못지않게 섬세한 감각에서 비롯되는 짧은 이미지 시도 그의 시의 중요한 형식적 특징을 이루고 있다는 것을 간과해서는 안 된다.

　이러한 형식적 특징과 관련해서도 그의 시에 정작 영향을 끼친 것은 이용악과 백석의 시라는 생각이 든다. 이용악과 백석의 시 또한 형식 면에서 긴 이야기 시와 짧은 이미지 시로 나누어지기 때문이다. 하지만 상대적으로 좀 더 감각에 기반하는 것이 그의 짧은 이미지 시이거니와, 그의 짧은 이미지 시는 선시(禪詩)로 읽어도 무방할 만큼 깊은 여운을 준다.

　　　하나슈퍼 아래 보미네 과일야채가게 아저씨가 저녁 일을 마치고 마
　　누하님 곁에서 TV 연속극을 보다 고개를 갸웃이 수그리며 웃고 있는

데 지상에 하느님의 모습이 있다면 바로 저런 모습일까

—「저녁의 풍경」 전문

도시의 변두리에서 흔히 경험할 수 있는 '저녁의 풍경'을 아주 사실적으로 그려내고 있는 것이 이 시이다. 하지만 이 시는 '저녁의 풍경' 중에서도 "보미네 과일야채가게 아저씨"가 "고개를 갸웃이 수그리고 웃"고 있는 모습을 통해 "하느님의 모습"을 깨닫는 데 초점을 두고 있다. 이때 하느님의 모습이 참된 평화의 모습이기도 하다는 것은 따로 설명할 필요가 없다. 평화를, 나아가 하느님을 "고개를 갸웃이 수그리며 웃고 있는" "보미네 과일야채가게 아저씨"의 모습을 통해 깨닫고 있는 것이 이 시라는 것이다.

이 시를 가리켜 선시적(禪詩的) 깨달음을 담고 있다고 할 수 있는 까닭이 바로 여기에 있거니와, 이와 유사한 특징을 갖는 그의 시의 예로는 「석양에」, 「초원의 집」, 「지구별에서」, 「저세상」, 「아침에」, 「겨울날」 등을 들 수 있다. 이들 시 모두 그 나름의 크고 작은 깨달음을 담고 있지만 그와 관련해 먼저 주목해야 할 시는 「겨울날」이다. 죽음을 앞에 두고서도 추위를 견디기 위해 필사적으로 "서로의 목을 따스히 끌어안고 있"는 "수족관 수염 난 미꾸라지들"이 보여주는 사랑과 믿음을 깨닫고 있는 것이 이 시이기 때문이다.

영하 13도의 연희동 겨울날 아침, 백년추어탕집 수족관 수염 난 미꾸라지들이 꼬리를 말아 세운 채 꽝꽝 얼어붙어 있다. 자세히 보니 없는 팔을 필사적으로 내밀어 서로의 목을 따스히 끌어안고 있다.

—「겨울날」 전문

이 시 또한 도시의 변두리에서 누구나 경험할 수 있는 풍경을 사실적으로 그려내고 있다. 이 시를 통해 시인이 말하려고 하는 핵심 의도는 "없는 팔을 필사적으로 내밀어 서로의 목을 따스히 끌어안고 있"는 미꾸라지들의 모습에서 깨닫는 사랑과 믿음이라고 할 수 있다.

자신의 시에서 이시영은 이러한 깨달음을 '순간적 감각'으로, 곧 직관의 형식으로 비몽사몽간에 일필휘지하는 방식을 취한다. 박형준과의 두 차례에 걸친 대담에도 자세히 소개되어 있거니와, 이러한 방식으로 태어나는 그의 시의 시간은 아침에 막 눈떴을 때와, 저녁(밤 9시에서 10시) 늦게 산책할 때이다. 예의 대담에 따르면 시창작과 관련해 그에게는 하루에 두 차례의 비몽사몽이 존재하는 것으로 보인다. 아침의 몽상과 저녁의 몽상이 다름 아닌 그것이다.

이와 관련해 그는 예의 대담에서 아침의 몽상 때에는 시에 대해 생각하고, 저녁의 몽상 때에는 역사와 사회에 대해 생각한다고도 말한다. 이번의 그의 시집 『경찰은 그들을 사람으로 보지 않았다』에는 실제로도 「아침의 몽상」「저녁의 몽상」 등을 제목으로 하는 시가 실려 있다. 물론 이들 시에서도 극사실의 정신을 잃지 않는 것이 이시영이다. 그의 시와 함께하는 생생한 풍경에 자주 역사, 사회적 의미가 함유되는 것도 실제로는 이 때문으로 보인다.

이들 역사, 사회적 의미는 문인들의 에피소드를 담고 있는 시에서도 충분히 확인된다. 그의 시에서 문인들의 에피소드에 관한 관심은 항용 고난받는 삶 일반에 관한 관심으로 전이된다. 이때의 관심은 곧바로 공동체에 관한 관심이거니와, 그의 시에 등장하는 문인들은 신경림, 구중서, 이문구, 조태일, 송기원, 김사인, 도종환 등 수없이 많다.

그가 이러한 방식을 즐겨 취하는 것은 시를 기억과 기록의 역사로 받아들일 뿐만 아니라 기억과 기록의 역사가 함유하는 진실 때문인지도 모른다. 그가 시를 이렇게 생각하는 것은 이렇게 생각할 때 삶의 모든 구속과 집착으로부터 좀 더 자유로워지리라는 기대와 무관하지 않아 보인다. 그 역시 온갖 삶의 굴레에서 벗어나게 될 때 비로소 자유로운 영혼을 갖게 되리라는 얘기이다. 시인에게는 자유로운 영혼만큼 중요한 것이 없다. 자유로운 영혼이 토해내는 심미적인 언어를 바탕으로 앞으로도 그의 시가 '일신우일신(日新又日新)' 하기를 빈다. (2012)

제2부

시와 자연공동체

생태시 논의의 몇 가지 쟁점

　한국의 서정시와 관련하여 환경, 생명, 생태 등의 용어가 덧붙여져 논의되기 시작한 역사는 매우 짧다. '생태시'라는 개념이 형성되고 그것이 하나의 장르로 구체화된 역사는 더 말할 나위가 없다. 기껏 1990년대에 들어서야 생태시라는 용어가 정착되기 시작했기 때문이다.
　모든 언어에는 그것을 사용하는 주체의 의식이 반영되기 마련이다. 물론 그것은 서정시의 언어라고 하더라도 다르지 않다. 그것은 절대와 순수의 세계를 추구하는 무의미의 시라고 하더라도 마찬가지이다.
　'생태시'라는 용어의 정착이 늦어진 것은 생태 의식 혹은 생태적 상상력의 형성이 늦게 이루어진 결과를 반영한다. 한국 사회의 경우 산업화의 기간도 짧거니와, 그중에도 개발독재의 억압이 계속되어 자본주의적 근대에 따른 공해와 오염 문제에 대한 인식이 쉽게 보편화되지 못한 바 없지 않다. 그렇다고는 하더라도 한국의 사회 현실에서 생태 의식 혹은 생태적 상상력의 등장이 다분히 자생적이었던 것은 사실이다. 지적 담론의 하나로서 생태학이 수입되기 훨씬 이전부터 공해와 오염 문제에서 비롯되어 생태 의식은 싹이 텄다는 것이다.
　반공해, 반오염 문제에 대한 인식은 제1차 경제개발 계획이 끝나고 제2

차 경제개발 계획이 진행 중이던 1971년에도 이미 존재했던 것을 알 수 있다. 1971년 제8대 국회의 대정부 질문에서 한 야당 의원이 한참 공업단지로 성장하고 있던 울산 지역의 공해 및 오염 문제를 끈질기게 물고 늘어진 적이 있기 때문이다. 이 무렵에도 유독성 가스가 심해 공업단지의 시설들을 보호하고 있던 경찰들이 방독 마스크를 쓰지 않고서는 경비를 설 수 없을 정도였다고 한다.[1] 그 당시 공해와 오염의 정도가 얼마나 심각했는지 충분히 짐작되고도 남는다.

한국의 정신사에서 생태 의식의 등장은 이처럼 반공해의식 및 반오염의식, 즉 환경 의식을 발판으로 하고 있다. 말하자면 공해 및 오염으로 점철되어온 자본주의적 근대의 현실에 대한 저항과 비판의 과정에 구체화된 것이 생태학이고, 생태시라는 것이다. 여기서 구태여 이러한 논의를 꺼내는 이유는 단순하다. 최근 들어 이숭원 등이 용어의 엄밀성과 관련하여 환경의 개념을 생태학 혹은 생태시의 내포에서 배제하려고 하고 있기 때문이다.[2] 환경이 '생물을 둘러싼 외적 조건'을 뜻하는 데 비해 생태학은 '생물들 상호 간의 관계 및 생물과 환경과의 관계를 구명하는 학문'이라고 주장을 하는 것이 이숭원이다.[3]

그의 이러한 주장을 염두에 두지 않더라도 환경의 개념이 생태의 개념보다 하위범주에 드는 것은 분명하다. 그렇다면 1990년대에 들어 부쩍 강화되어온 일련의 서정시, 즉 자연과 인간의 관계를 근원적으로 재조명하는 서정시의 이름으로 가장 적합한 용어는 '생태시'라고 해야 마땅하다. 용어를 확정하는 일과 관련하여 그동안 적잖은 논의가 있었으나 그것이 갖는 의미의 폭과 깊이로 볼 때 '생태시'라는 용어만큼 보편적인 내포를 갖추기는 쉽지 않다. '생태시'라는 말만큼 포괄적인 의미 영역을 지니면서 문제에 대응할

---

1 최형우, 『더 넓은 가슴으로 내일을』, 고려원, 1997, 90쪽.
2 이숭원, 「서정시의 본질과 생태학적 상상력」, 『시와사람』, 2004년 봄호, 94~97쪽.
3 이숭원, 앞의 책, 94쪽.

만한 용어가 없다는 것이다.

용어의 확정과 관련하여 생각하면 이승원의 주장이 갖는 한계를 지적할 이유는 없다. 정작 중요한 것은 용어가 갖는 내포와 결부하여 그가 생태의 개념에서 환경의 개념을 배제하고 있다는 점이다. 생태의 개념에서 환경의 개념을 배제하는 예는 문순홍의 글에서도 확인할 수 있다. 문순홍은 일찍이 머레이 북친의 『사회생태론의 철학』에 대한 해설에서 '환경'이라는 단어는 이원화된 세계관을 담고 있어 문제를 확실하게 하는데 적절하지 못하다는 주장을 편 바 있다.[4] 심지어 그는 생태학의 개념으로부터 '생명'의 의미까지 지워 버리려고 하고 있다.[5] 혼돈을 불러일으킨다는 것이 그 이유라고 할 수 있다. 하지만 필자의 시각에서는 문순홍이 생태 문제를 지나칠 만큼 사회문제로 환원시키고 있는 데서 그것이 비롯되는 것처럼 보인다.

이승원이 생태시라는 용어를 고집하면서 구태여 환경의 개념을 배제하는 데는 아마도 문순홍의 이러한 논리로부터의 영향이 없지 않아 보인다. 그뿐만 아니라 이승원은 가장 피해야 할 용어로 '생태환경시'를 꼽고 있는데,[6] 이러한 주장에도 문순홍의 영향은 적잖았던 것으로 파악된다. 심지어 이승원은 독일의 급진적인 문예 이론가들의 논리를 빌려 환경시와 생태시를 엄격히 구분하여 받아들이기까지 한다.[7] 이승원의 이러한 주장이 일정한 정도 설득력을 지니고 있다는 것은 사실이다. 하지만 용어에 대해 과도하게 집착하다 보면 그것의 의미를 용어의 한계 안에 감금시킬 수도 있다는 점을 간과해서는 안 된다.

'생태환경시'라는 말이 하나의 용어로 구체화된 것은 고진화와 이경호

---

4 머레이 북친, 문순홍 옮김, 「북친의 삶과 사회 생태론」, 『사회생태론의 철학』, 솔, 1997, 236~237쪽.
5 문순홍, 앞의 책, 237쪽.
6 이승원, 앞의 책, 97쪽.
7 이승원, 앞의 책, 96쪽.

가 1991년에 편집한 사화집 『새들은 왜 녹색별을 떠나는가』에서 비롯된 것처럼 보인다. 이 사화집의 표지에 부여된 일차적인 이름이 『생태환경시집』으로 되어 있기 때문이다. 물론 그 당시 편집자들의 의식 내면에는 용어의 엄밀성 여부보다는 파행적 산업화에 따라 파괴되고 해체되는 생태 현실의 문제에 대한 의식이 좀 더 크게 작용했을 것으로 짐작된다. 용어를 정확하게 구사하는 일보다는 반공해의식, 곧 반오염의식을 공유하고 계몽해야 한다는 생각이 훨씬 더 급했으리라는 것이다.

문순홍이나 이숭원의 주장과 관련하여 떠오르는 또 하나의 중요한 주장이 있다. "자연파괴, 공장폐수, 현대 물질문명에 대한 극단적인 고발과 풍자는 생태주의 문학이 아니다"[8]라는 김용희의 견해가 그것이다. 이숭원과 마찬가지로 독일의 급진적인 문예 이론가들로부터 영향을 받은 듯한 이 글에서 김용희는 "이분법적 기계주의를 넘어서는 관계 역동의 장, 자기 조화에 대한 근원적 실체"[9] 등에 주목하는 것이 생태주의 문학이라고 정의하고 있다. 그러니까 그는 공해나 오염 문제 등 직접적인 환경의 현실을 다룬 시를 확실하게 생태시의 범주에서 제외하는 것이다. 결국 김용희는 생태시의 범주를 이숭원이나 문순홍보다도 협소하게 설정하고 있다고 할 수 있다.

김용희의 주장에 따르면 이형기의 다음과 같은 작품은 생태시라고 하기가 어렵다.

> 이 강물은 썩지 않았다.
> 의심나면 보아라 비오디 피피엠.
> 소수점 아래 영이 한두 개 더 붙은
> 언제나 기준치 이하로 맴도는

---

[8] 김용희, 「생태주의 문학에 던지는 몇 가지 질문」, 『시와사람』, 2004년 봄호, 109쪽.
[9] 김용희, 앞의 책, 109쪽.

이 정밀한 검사 결과를.
강변에는 오늘도
죽은 물고기들 허옇게 떠오르고 있다.
하지만 무슨 걱정인가.
비오디 피피엠은 과학적인 사실
물고기는 과학을 뒤집지 못한다.
강변에 사는 주민들은 실은
그게 뭔지 잘 모르는 비오디 피피엠
모르니 따져볼 흥미도 없는
커다랗게 구멍 뚫린 무관심의 공백 속에
면죄부처럼 활개치는 비오디 피피엠.

그래야 경제가 발전한다.
비오디 피피엠.
몽골 샤먼처럼 주술성이 강한
비오디 피피엠의 마취효과.
물고기는 죽거나 말거나
중금속 폐수에 맹독성 농약과 개숫물
지천으로 흘러들거나 말거나
비오디 피피엠은 끄떡없이 버틴다.
이 강물은 썩을 리 없다.

—「비오디 피피엠」 전문

  아이러니의 어조를 취하는 이 시는 수질 오염의 현실을 고발하는 작품이다. 이는 비오디(B.O.D)가 수질정화를 위한 생화학적 산소 요구량을 뜻하고, 피피엠이 백만분율을 가리킨다는 것을 통해서도 잘 드러난다. 그러니까

이 시는 오늘의 생태 문제를 미시적인 입장에서 접근하는 작품인 셈이다. 이 시는 신덕룡이 편집한 『초록 생명의 길—에코토피아를 위한 시론』의 부록 「생명시선집」에도 실려 있어 더욱 주목된다.

김용희의 주장에 따르면 이 시는 생태시와는 무관한 작품일 수밖에 없다. 필자로서는 아무래도 동의하기가 어렵다. 물론 김용희로서는 자신의 의견에 담겨 있는 "극단적인"이라는 수식어를 들어 문학 이전의 구호나 슬로건(slogan)을 경계해 강조한 말이라고 하여 논쟁을 피할 수는 있다.

자연 파괴, 공장폐수, 현대 물질문명 등에 대한 고발의식이나 비판의식이 없이는 결코 생태 의식이 싹트지 않는다. 내면에서 우러나오는 진정성에 바탕을 둔 공해 문제나 오염 문제에 대한 자각이 없이 제기되는 생태공동체에 대한 전망이나 비전 등은 허위의식의 표현이기 쉽다. 생태 문제에 대한 인식이 공해 문제나 오염 문제와 관련된 단기적인 과제를 바탕으로 하면서도 생태공동체 일반과 관련된 장기적인 과제로 옮겨가야 한다는 것은 이제 하나의 상식에 속한다.

형식논리로만 보면 이숭원이나 문순홍, 그리고 김용희의 주장도 얼마간은 설득력이 있는 것이 사실이다. 그러나 좀 더 자세히 들여다보면 생태시의 본질이 어디에 있는가를 도외시한 일종의 지적 사변에 불과하다는 느낌을 지울 수가 없다. 생태학은 담론으로서의 학문적 체계이기도 하지만 변화와 개혁을 전제로 하는 실천적 운동의 하나이기도 하다는 점을 잊어서는 안 된다. 이들의 논리를 과도하게 정당화시키다 보면 실천적 운동성을 놓칠 수도 있기 때문이다.

변화하고 운동하는 존재에게는 규범적인 용어로 명명을 하는 것 자체가 경직성을 불러올 수도 있다. 생태학의 내포에서 환경이나 생명의 의미를 제거하게 될 때 생태학 자체를 또 다른 차원의 해석학으로 전락시킬 수도 있다는 점을 간과해서는 안 된다. 그렇다. 생태시 역시 그간의 시사(詩史)에서 수없이 보아왔던 서정시의 또 다른 하위 장르에 불과하게 될 수도 있다.

이숭원의 견해에 따르면 생태학은 "생물들 상호 간의 관계 및 생물과 환경과의 관계를 구명하는 학문"[10] 이다. 그러나 생태 의식과 관련된 지적 담론을 하나의 학문으로 받아들이는 것은 그 자체로 문제가 될 수도 있다. 학문이란 무엇인가, 라는 원론적인 질문에 대한 답을 구하다 보면 예의 문제는 좀 더 분명해진다. 서구적인 의미에서의 학문, 즉 과학은 인간이나 자연의 사물을 주체와 대립하는 객체로 대상화하는 가운데 진리를 추구하는 인식론적 체계이다. 인문과학이든 자연과학이든 주체가 객체를 하나의 대상으로 분리해 받아들이는 시각을 취하기는 마찬가지이다. 따라서 생태 문제를 학문의 대상으로 취급하는 것은 서구적 이성의 산물일뿐더러 그 자체로 이분법적의 태도의 산물이라고 해야 마땅하다.

생태학을 학문으로 받아들이게 되면 이처럼 곧바로 이원화된 세계관을 받아들이지 않을 수 없게 된다. 그렇다면 이원화된 세계관이 담겨 있다는 것을 근거로 '환경'의 개념을 거부하는 문순홍의 앞의 논리는 자연스럽게 허구가 된다. 그 자체로 이미 자기모순을 함유하는 것이 문순홍의 주장이라는 것이다. 학문으로서의 생태학은 결국 그 자체로 반생태적 속성을 포함할 수밖에 없다고 해도 무방하다. 물론 이는 개성화와 함께할 수밖에 없는 대상화 및 합리화의 한계, 나아가 모든 지적 언어체계가 자기 안에 함유할 수밖에 없는 한계이기도 하다.

따져보면 이성 행위의 하나인 언어 행위에는 어떤 경우에도 이분법적 사유 방식이 작용하기 마련이다. 대상과 분리되지 않고서는 대상에 대한 언어 행위, 즉 명명 행위 자체가 불가능하기 때문이다. 대상에 대한 이러한 태도, 즉 대상화 및 합리화가 극단화되면서 이른바 과학으로서의 학문이 가능해졌다는 것은 새삼스럽게 강조할 필요가 없다.

생태 문제를 깨닫고 실천하는 과정에 학문이라는 담론체계 자체의 한계

---

10 이숭원, 앞의 책, 94쪽.

를 가장 민감하게 인식하는 사람은 김종철이 아닌가 싶다. 이는 우선 자신의 저서 『시적 인간과 생태적 인간』에서 그가 '생태학적'이라는 말 대신 '생태적'이라는 말을 쓰고 있는 것에서 확인된다. 그뿐만 아니라 이는 자신이 주관하는 『녹색평론』에서 그가 학문의 형식인 논문 유형의 글보다는 문학의 형식인 에세이 유형의 글을 고집하는 것에서도 알 수 있다. 그로서는 에세이 형식을 넘어서는 논문 형식의 글은 그 자체로 이미 반생태적이라고 받아들이는 것이다.

물론 환경이라는 말은 좀 더 미시적인 문제의식을 담고 있고, 생태라는 말은 좀 더 거시적인 문제의식을 담고 있다. 그때그때의 공해 현실이나 오염 현실에 대한 직접적인 대응과 관련된 문제의식을 담고 있는 것이 '환경'이라는 용어라면, 모든 존재가 자유롭게 생기(生氣)를 펼쳐나갈 수 있는 좀 더 근원적인 자연공동체, 나아가 우주공동체에 대한 염원을 담고 있는 것이 '생태'라는 용어이다. 그렇다고는 하더라도 반인간적이고 반자연적인 생태 문제를 푸는 데는 미시적인 문제의식과 거시적인 문제의식이 다 함께 전면적으로 요구된다고 하지 않을 수 없다. 생태 문제를 해결하기 위해 단기적 과제와 장기적 과제를 동시에 설정하지 않을 수 없는 까닭이 바로 여기에 있다.[11]

생태시의 운동에는 기본적으로 탈근대 혹은 근대 극복 운동의 속성이 잠재되어 있다. 공해나 오염의 현실에 대한 극복 없이 탈근대 혹은 근대 극복에 이르는 것은 불가능하다. 공해나 오염의 현실이 치유되지 않고 자연공동체나 지구공동체로 나가지 못하리라는 것은 분명하다. 실제에 있어서는 환경 의식에 연결된 환경시와, 생태 의식에 연결된 생태시가 상호 맞물려 순환할 수밖에 없다는 뜻이다.

생태학 혹은 생태시라는 용어를 정언(正言)으로 받아들이더라도 그것 역

---

11 백낙청, 「분단 체제 극복과 생태적 상상력」, 『녹색평론』, 1995년 9~10월호, 56쪽.

시 언어인 만큼 항상 언어의 특징에 주목하지 않으면 안 된다. 그렇다. 앞에서도 말했듯이 모든 언어에는 주체의 의식이 반영되기 마련이다. 물론 의식보다 선행하는 언어도 없지는 않다. 하지만 본래는 의식에 후행하는 것이 언어이다. 끊임없이 움직이는 인간의 의식을 언어 속에 감금시켜 그것의 내포를 축소해서는 안 된다는 것이다. 생태학 혹은 생태시라는 용어를 정언으로 받아들이기 위해 환경이나 생명의 개념을 배척할 필요까지는 없다는 뜻이다.

생태학 혹은 생태시에 대한 논의는 아무래도 인간이 맺고 있는 자연 일반과 결부될 수밖에 없다. 여기서 말하는 자연의 범주는 당연히 지구 전체, 나아가 우주 전체에까지 닿는다. 지구공동체, 나아가 우주공동체와의 연대까지 염두에 두고 있는 것이 생태시의 자연이라는 것이다. 물론 이러한 뜻에서의 자연은 시적 자아의 인지 영역 안에나 자리해 있는 몽상적 존재에 지나지 않을 수도 있다. 그렇기는 하더라도 생태시의 자연은 비현실적인 경우가 대부분이다. 그렇다. 신비적이고 비의적인 자연을 전제로 하지 않을 때 생태시에서 자연은 존재 자체가 불가능할 수도 있다.

생태시가 제 안에 지니는 비현실적 자연은 매우 의미심장하다. 이러한 자연의 경우 대부분 인간의 오랜 이상이기도 한 세상 만물들과의 조화와 상생을 목표로 하고 있기 때문이다. 도무지 실현될 가능성이 없는 인간의 꿈을 담고 있다고 하더라도 그것은 마찬가지이다. 꿈이 소멸이 되면 시라는 언어형식도 소멸이 될 것이기 때문이다.

생태시가 문제로 삼고 있는 반생태적 자연, 즉 반생명적 자연의 구체적인 근거는 말할 것도 없이 오염으로 찌든 자연, 공해로 파괴된 자연에 있다. 이러한 자연이 현실로 구체화된 것은 이용후생의 가치관이 만연해진 데서 기인한다. 물론 이는 자본주의적 근대의 자연관, 즉 대상화되고 과학화된 자연관의 산물이다. 여기서 이러한 사실을 강조하는 까닭은 단순하다. 생태시에 대한 최근의 논의에서 최현식이 자연이 신비화되고 절대화되는 것을 크게 우려하고 있기 때문이다. 순환적 상상력을 바탕으로 한 자연의 신비화와 절대화를 생태적 상상력의 상투성과 허구성의 하나라고까지 파악하는 것이 그이다.[12]

최현식 자신도 강조하고 있듯이 생태 담론의 주요 관심은 "인간과 자연 사이의 친화와 상생을 통한 위기의 극복과 삶의 질의 제고에 놓"[13]여 있다. 이러한 주장과 관련하여 정작 따져보아야 할 것은 그가 말하는 생태적 '위기'가 발생하게 된 정신사적 근거이다. 이에 대한 통찰이 없이는 어떤 처방도 대안이 될 수 없기 때문이다.

오늘의 현실이 안고 있는 생태 문제는 인간과 자연의 관계가 적대적인 모순의 관계로 전이되면서 비롯된 바 있다. 물론 그것의 주된 원인은 자본주의적 근대, 즉 산업화 시대와 더불어 점차 강화된 인간의 과잉 욕망이라고 해야 옳다. 욕망의 과잉 생산 및 과잉 소비가 인간과 자연의 관계를 친화와 상생에서 파괴와 해체로 바꾸어 놓은 주요 원인이라는 것이다.

이러한 논리는 문제의 초점이 자연 일반에게보다는 인간 자신에게 있다는 점을 말해준다. 과잉 욕망을 생산하고 실현하는 주체가 곧 인간이기 때문이다. 따라서 생태 문제와 관련하여 주체로서의 인간 자신의 현존을 점검해보는 일만큼 중요한 것은 없다. 자연의 눈으로 인간의 현실을 들여다볼 때 문제가 좀 더 구체화될 수 있다고 하더라도 그것은 마찬가지이다.

인간의 과잉 욕망이 투사되는 대상은 사람살이 일반일 수도 있고 자연 일반일 수도 있다. 인간의 과잉 욕망이 사람살이 일반에게로 투사되면 사회적인 문제로 드러나기 마련이고, 자연 일반에게로 투사되면 생태적인 문제로 드러

---

12 최현식, 「일상과 존재의 주변화를 넘어—생태/생명시학의 내일을 위한 단상」, 『시작』, 2004년 봄호, 78~79쪽. 이 글에서 그는 최근의 생태시에 대해 다음과 같이 비판하고 있다. "'자연'의 신비화와 절대화를 피해갈 요령으로 흔히 선택되는 방식은 일종의 순환론적 상상력을 바탕으로 충만한 과거를 오롯이 재현하거나 아니면 황폐화된 문명과 대비시키는 일이다."

13 최현식, 앞의 책, 78쪽.

나기 마련이다. 생태적인 문제에 대해 주목하게 되면 인간의 과잉 욕망과 관련된 문제가 자연 일반에 관한 문제로 수렴되지 않을 수 없다. 자연 일반과 관계해온 인간의 의식이 자본주의적 근대에 이르러 과잉 욕망과 손을 잡으면서 생태 문제가 구체화되기 시작했다는 것을 유의하지 않으면 안 된다.

한편으로 자본주의적 근대화의 과정은 자연을 합리적인 분석의 대상으로 객관화해 온 과정이기도 하다. 자연을 합리적인 분석의 대상으로 객관화해 올 수 있었던 것은 인간이 자본주의적 근대화의 과정에 이르러 개별적인 주체로 성장해왔기 때문이다. 주체의 성장 과정은 개성화의 확대 과정이기도 한 만큼 그것의 결과로 하여 자연을 비롯한 타자 일반이 합리적인 분석의 대상으로 객관화될 수 있었다는 뜻이다.

자본주의적 근대에 이르러 자연이 비의적(祕意的)이고 신비적인 속성을 잃게 된 것은 주체가 성장하면서 갖게 된 정신사의 이러한 과정과도 무관하지 않다. 주체가 타자 일반을 합리적인 분석의 대상으로 객관화하여 받아들이게 되면 그에 비의적이고 신비적인 가치가 존재할 리 만무하다. 자본주의적 근대를 가리켜 천사와 악마가 사라진 시대라고 부르는 것도 실제로는 이러한 이성 중심의 정신사에 대응한다. 이는 기독교적 시각에서의 천사와 악마뿐만이 아니다. 어떤 요정이나 정령도 함께 살 수 없게 된 것이 자본주의적 근대라는 역사의 한 시기이다. 불과 반세기 전까지만 해도 삶의 이곳저곳에 생생한 현실로 살아 있던 것이 이들 영적인 존재이다. 애니미즘이나 샤머니즘 운운하지 않더라도 그것은 마찬가지이다. 하지만 오늘의 현실에서는 도무지 그러한 영적 존재를 찾아보기가 어렵다. 도깨비나 귀신 등 비현실적 존재들은 이제 동화책에나 자리해 있을 따름이다.

자연에서 이러한 영적 존재들이 사라지게 된 것은 무엇보다 자본주의적 근대 이후에 보편화된 과학주의적 사고방식 때문이다. 타자 일반을 합리적인 분석의 대상으로 객관화하여 받아들이다 보니 이들 영적 존재가 살아가는 터전 자체를 파괴하게 된 것이다. 이는 자본주의적 근대를 연 인간의 이성이 도구화되고 기계화되면서 더욱 강화된 바 있다. 이들 영적인 존재는 자본주의적 근대로 넘어오면서 그동안 인간이 버리고 온 것들이기도 하다. 자본주의적 근대 이전까지만 해도 인간은 이들 영적 존재와 깊이 호흡을 해 온 바 있기 때문이다.

이는 백석의 시 「마을은 맨천 구신이 돼서」에 의해서도 익히 확인된다.

> 나는 이 마을에 태어나기가 잘못이다
> 마을은 맨천 구신이 돼서
> 나는 무서워 오력을 펼 수 없다
> 자 방안에는 성주님
> 나는 성주님이 무서워 토방으로 나오면 토방에는 디운구신
> 나는 무서워 부엌으로 들어가면 부엌에는 부뜨막에 조앙님
> 나는 뛰쳐나와 얼른 고방으로 숨어버리면 고방에는 또 시렁에 데석님
> 나는 이번에는 굴통 모퉁이로 달아가는데 굴통에는 굴대장군
> 얼혼이 나서 뒤울안으로 가면 뒤울안에는 곱새녕 아래 털능구신
> 나는 이제 할 수 없이 대문을 열고 나가려는데
> 대문에는 근력 세인 수문장
> 나는 겨우 대문을 삐쳐나 바깥으로 나와서
> 밭 마당귀 연자간 앞을 지나가는데 연자간에는 또 연자당구신
> 나는 고만 디겁을 하여 큰 행길로 나서서
> 마음놓고 화리서리 걸어가다 보니
> 아아 말마라 내 발 뒤축에는 오나가나 묻어다니는 달걀구신
> 마을은 온데간데 구신이 돼서 아무데도 갈 수 없다

백석은 이 시에서 성주님, 디운구신, 조앙님, 데석님, 굴대장군, 털능구신, 수문장, 연자당구신, 달걀구신 등 영적인 존재들로 가득했던 곳이 자신

의 마을이라고 노래한다. 그렇다면 당시의 인간은 이들 영적인 존재를 통해 자연을 신비적이고 비의적인 것으로 받아들였을 것이 분명하다. 그리고 그 과정에 인간이 이들 영적 존재를 자기 자신과 크게 다르지 않은 존재로 이해했을 것은 당연하다. 당시의 인간들에게는 이들 영적 존재가 사물 일반과의 관계를 친화와 상생의 관계로 맺게 하는 데 충분한 원동력이 되었으리라는 뜻이다.

자본주의적 근대는 퇴폐와 타락, 부패와 부정, 분열과 파괴 등 비생태적 가치로 가득한 시기이기도 하다. 생태학 혹은 생태시 운동은 다름 아닌 이러한 맥락에서도 탈근대적 전망, 곧 근대 극복의 전망을 지닌다. 근대의 너머에 존재하는 새로운 사회, 즉 자본주의 근대 이후의 더 좋은 사회를 건설하기 위한 열정을 바탕으로 전개되는 것이 생태 운동 혹은 생태시 운동이라는 것이다.

이러한 점에서 생각하면 자연을 비롯한 인간의 조건 전반에 대해 비현실적인 상상력, 환상적인 상상력을 부여하는 일은 충분히 가능한 일이다. 비의적이고 신비적인 자연관의 획득이 '미적 근대'라는 오늘의 예술적 상상력 일반이 지니는 '안티 근대'의 정신에 지나지 않는다고 하더라도 그것은 마찬가지이다. 생태시 역시 근대 예술의 하나라면 그동안의 제반 근대 예술이 줄곧 그래왔듯이 사회경제적 근대가 추구해온 진보와 발전이라는 믿음에 끊임없이 딴지를 걸지 않을 수 없다는 것이다.

영적 존재의 상실은 인간 자신이 지니던 비의적이고 신비적인 능력의 상실과도 무관하지 않다. 물론 비의적이고 신비적인 능력의 상실은 인간이 자기 자신이 지닌 영적 특성을 비과학적 미신의 산물로 폄하하고 핍박해온 데서 기인한다. 근대적 인간에 의해 세련되어온 도구적 이성이 자신의 척도로부터 어긋난다고 하여 비의적이고 신비적인 능력을 인간이 자기 자신의 영역 밖으로 몰아냈기 때문이라는 것이다.

이러한 측면에서도 도구적 이성의 맹목적인 활용에 대한 견제는 매우 중요하다. 앞으로는 깨어 있는 이성과 미적 긴장이 좀 더 활발하게 요구되지 않을 수 없다는 것인데, 이는 탈근대적 전망, 즉 근대 극복의 전망과 관련하여 생각하더라도 마찬가지이다. 말하자면 근대 극복의 전망은 자연과의 상생 및 친화를 꿈꾸는 생태적 이상과 결부하여 이해하더라도 다를 바 없다. 도구적 이성이야말로 생태적 인간이 극복해야 할 첫 번째 과제라는 것이다.

여기서 말하는 도구적 이성이 오늘을 사는 주체의 이기적 사고방식에서 비롯되었다는 것은 이미 잘 알려진 사실이다. 따라서 도구적 이성에 관한 문제는 곧바로 주체의 의식의 문제로 전이되지 않을 수 없다. 그렇다. 생산양식의 변화에 호응하여 생성된 주체의 생산성 우의의 세계관에 의해 구체화된 만큼 도구적 이성과 관련하여 정작 주목해야 할 것은 주체의 의식이라고 해야 옳다.

주체의 의식은 생산양식의 변화에 깊이 호응하기도 하지만 자기 자신을 좀 더 높은 단계로 밀고 나가는 자율적 존재이기도 하다. 쉽지는 않겠지만 마음먹기에 따라서는, 갈고 닦기에 따라서는 당대의 지배적 가치에서 벗어나 지고한 경지에 이를 수도 있는 것이 주체의 의식이다. 드높은 주체의 의식을 위하여 동양에서는 줄곧 수신과 수행의 중요성이 논의되어왔거니와, 오늘날에도 이는 여전히 유효한 것이 사실이다.

김지하가 생태적 삶의 구현을 위해 강조하는 '자발적 가난'이라는 것도 실제로는 이와 무관하지 않다. 그의 의견에 따르면 "변혁의 돌파구서 청빈의 길을 제기"하는 것이 "요즈음의 빈민운동"이다. "'신빈곤'에 대한 해결의 길이 곧 자발적 빈곤이라는 이 역설 안에 생명과 영성의 미묘함, 기이함이 들어 있다"는 주장을 하는 것이 김지하이다. "가난이 미덕은 아니"지만 "'자발적 가난'은 그 나름의 생명의 가치관"[14]을 담고 있다는 것이 그의 견해이다.

---

14 김지하, 「젊은 생명문학 훈수 몇 마디」, 『시작』, 2004년 봄호, 48쪽.

자발적 가난, 즉 청빈(淸貧)은 한동안 잊고 지냈던 동양의 전통적 가치 중의 하나이다. 물론 여기서 말하는 동양의 전통적 가치는 공자를 중심으로 한 유교적 가치를 가리킨다. 자신의 검소하고 간결한 생활과 관련하여 『논어』에서 공자가 안빈낙도(安貧樂道)의 가치를 중요하게 여겼다는 것은 하나의 상식에 속한다. 거친 밥을 먹고 물을 마시고 팔을 구부려 베고 눕더라도 즐거움이 또한 그 가운데 있으니 의롭지 않은 부귀는 나에게 뜬구름과 같다(飯疏食飮水 曲肱而枕之 樂亦在其中 不義而富且貴 於我如浮雲―『논어』「술이」)고 한 것이 공자이다. 또한 그는 공부하는 사람이 도에 뜻을 세우고서도 나쁜 옷과 나쁜 밥을 부끄러워하면 더불어 의논할 것이 없다(士志於道 而恥惡衣惡食者 未足與議也―『논어』「이인」)라고 한 바 있다.

청빈, 즉 자발적 가난 역시 자본주의적 근대로 넘어오면서 버리고 온 봉건적 중세의 가치이다. 하지만 자본주의적 근대에 이르러 다소나마 해결된 인류의 문제 중의 하나가 가난인 것도 사실이다. 자발적 가난이 생태적 가치의 하나로 떠오르는 것이 아직 낯선 것도 바로 이러한 이유이다. 물론 자발적 가난이 도(진리)에 뜻을 세운 사람, 곧 공부하는 사람에게는 시대를 초월하는 가치로 존재할 수도 있으리라. 이로 미루어보면 안빈낙도의 가치는 도(진리)에 뜻을 세운, 즉 공부하는 사람들에게나 가능한 일일는지도 모른다.

따져보면 노숙자들이나 부랑자 중에도 자발적으로 가난을 선택하는 사람은 충분히 있을 수 있다. 자발적 가난이 더러는 적층적 사회구조에 따른 자포자기의 일종으로 선택되는 삶의 형식일 수도 있다는 뜻이다. 인도나 일본에서만이 아니라 한국에서도 이러한 뜻에서의 자발적 가난을 받아들이고 있는 사람은 적잖다. 이처럼 사회와 개인이 공모하여 선택하는, 극도의 좌절 및 절망과 함께하는 자발적 가난까지 이 자리에서 논의의 대상으로 삼을 수는 없으리라.

이러한 점을 십분 인정한다고 하더라도 자발적 가난을 통해 더 높은 진리의 경지에 이르고자 하는 주체의 의식은 매우 중요하다. 이는 결국 각성한 자아만이 자발적 가난을 능히 자신의 것으로 받아들일 수 있으리라는 견해와 무관하지 않다. 여기서 말하는 각성한 자아는 당연히 바로 위에서 언급한 도(진리)에 뜻을 세우고 있는 공부하는 사람을 가리킨다. 그렇다면 생태적 이상의 실현은 결국 성자의 자아를 획득하는 사람에게나 가능할는지도 모른다. 물론 각각의 개인으로서는 자기 자신의 의지와 노력으로 이러한 정신의 경지에 도달하는 사람도 있으리라. 하지만 세상을 구성하는 전체의 인간이 모두 다 이러한 단계에 도달하기는 쉽지 않다. 바로 이러한 점에 자발적 가난과 관련된 생태적 실천은 문제가 있다.

근대적 자아의 형성 과정 자체가 개인의 발견 및 실현의 과정과 깊이 맞물려 있는 것은 사실이다. 생태 문제를 해결하는 일이 개별 "자아의 건강과 자유를 회복하는 일"일 수밖에 없다는 정효구의 주장은 바로 이러한 점에서 기인한다. "'나 자신 혹은 나 자신의 삶이 진정 건강하고 자유로운가'라는 물음을 던지고 그 물음 앞에서 '그렇다'라는 답이 나와야 생태계 문제가 해결될 수 있"[15]다고 주장하는 것이 정효구이다.

생태적 이상의 실현과 관련하여 심지어 정효구는 주체의 5단계 성숙 과정을 설정하고 있다. 그에 따라 주체가 실현하는 자유의 폭과 깊이가 달라진다는 것인데, 정효구는 이를 대강 사회적 자유, 자연적 자유, 몸적 자유, 물질적 자유, 초월적 자유 등으로 정리하고 있다. 맨 마지막 단계인 초월적 자유는 일종의 종교적인 이상인 虛, 空, 無를 체현하는 것을 목표로 하고 있어 더욱 주목된다. 虛, 空, 無를 체현하는 세계를 사는 것은 성자의 삶을 사는 것과 다를 바 없다.

정효구가 설정하는 이러한 자유의 경지는 누가 뭐라고 하더라도 비현실적이다. 여기서 비현실적이라는 것은 그것을 실현하기가 쉽지 않다는 것을 가리킨다. 자본주의적 근대 이후 나날의 삶의 주체는 본래 각성한 개인

---

[15] 정효구, 「'넘어'와 '그리고'의 생태학」, 『시작』, 2004년 봄호, 68쪽.

의 것이라고 해야 옳다. 그렇다. 자본주의적 근대화의 과정은 개인의 성장 과정과 맞물려 전개되어 온 바 있다. 자본주의적 근대 이후의 삶이 개인의 발견 및 실현과 뒤얽혀 존재해왔다는 것은 새삼스럽게 강조할 필요조차 없다.[16] 이기주의라는 왜곡된 결과를 낳기도 하지만 개인의 성장, 즉 인권의 성장을 도외시하고 자본주의적 근대의 역사를 말하기는 힘들다. 개인의 성장과 발전의 과정이 진전하는 자본주의적 근대화의 과정이기도 하기 때문이다.

하지만 오늘의 현실에서 제대로 각성한 개인을 찾기는 매우 어렵다. 그렇다. 민족 공동체의 일원으로 자각된 개인, 나아가 지구 공동체의 일원으로 자각된 개인을 발견하기는 거의 힘들다. 대부분의 개인이 자기 자신만의 물질적 이익을 실천하기에 분주한 것이 지금 이곳의 현실이다. 정작의 깨어 있는 개인은 선비로서의 수신과 수련, 그리고 수양이 강조되던 봉건적 중세에서 오히려 더 많이 찾을 수 있을는지 모른다.

따라서 자본주의적 근대를 극복하기 위하여, 즉 생태적 이상을 실현하기 위하여 봉건적 중세에 버리고 왔던 일부의 가치들은 다시금 요구되어야 마땅하다. 개인의 완성, 즉 대자유의 실현이 자기 자신의 인격을 연마하는 과정에 도달할 수밖에 없다면 그동안 역사 속에 팽개쳐 두었던 수신과 수련, 그리고 수양 등의 가치를 꺼내 먼지를 털고 기름을 칠해야 하는 것은 당연하다.

이렇게 되면 생태 문제가 지니는 사회적 성격 및 역사적 성격은 포기될 수밖에 없다. 생태 문제는 그 자체로 현대사회의 제반 특성과 관련된 계열적 구조를 거느리고 있기 마련이다. 이러한 계열적 구조를 떠나 해법을 찾게 되면 자칫 생태 문제 자체가 성립되지 않을 수도 있다. 정효구의 주장이

---

16 이은봉, 「자본주의적 근대와 서정시의 역할」, 『시와 생태적 상상력』, 소명, 2000, 111~130쪽 참조.

일정한 한계를 갖지 않을 수 없는 것은 다름 아닌 이 때문이다.

 생태적 이상의 실현과 생태시의 진전이 반드시 일치하는 것은 아니다. 이 글 역시 생태시에 대한 논의에 국한되고 있지는 않거니와, 생태시의 이상과 생태학의 이상이 동일한 목표를 갖는 것은 아니기 때문이다. 생태시는 기본적으로 심미적 예술의 하나일 수밖에 없다.

 생태문제와 관련하여 정작 중요한 것은 각각의 주체들이 도달해 있는 각성과 지혜의 교환과 공유이다. 이 글이 생태시나 생태학에 대한 기존의 쟁점들을 중점적으로 검토하는 것도 다름 아닌 이 때문이다. 모든 인문학적 담론이 그렇듯이 여기서 이런저런 논의를 하는 것도 실제로는 삶 일반에 대한 좀 더 진전된 깨달음을 함께 나누는 과정과 다르지 않다.

 생태 문제에 대한 자각은 인권 문제에 대한 자각과 상호 뒤얽혀 있을 수밖에 없다. 성장한 인권을 바탕으로 하지 않고서는 생태 문제에 대한 자각이 불가능하기 때문이다. 인권을 깨닫고 있는 주체적 개인만이 자기 자신을 포함한 타자 일반에 대해, 특히 자연 일반에 대해 반성적 각성을 지니는 법이다. 이때의 반성적 각성은 당연히 인성과 물성, 인권과 물권이 상호 순환하는 가운데 이루는 연기적(緣起的) 관계를 바탕으로 한다.

 이처럼 생태 문제에 대한 자각은 자연의 권리, 즉 물권에 대한 자각에서 비롯되기 마련이다. 그렇다. 생태학 혹은 생태시와 관련하여 인권 못지않게 주목해야 할 것은 물권이다. 최근 들어 물권에 대한 자각이 활발하게 일어나고 있는 것은 이러한 점에서 생각하더라도 매우 고무적인 일이다. 따져보면 생태학 혹은 생태시 운동은 그 자체로 물권에 대한 자각 운동이라고 해도 지나치지 않다.

 각종 권력의 통제에서 벗어나 점차 개인이 독립된 주체로 성장해온 것 자체가 자본주의적 근대의 역사이다. 크고 작은 역사적 사건들, 예컨대 4·19혁명이나 5·18 민주화운동, 나아가 6월 항쟁 등도 실제로는 개인의 성장, 즉 인권의 향상과 무관하지 않다. 따라서 인권은 국가권력이나 가족 권력

등 각종 권력으로부터의 자유를 뜻하지 않을 수 없다. 이들 권력으로부터 개인이 정치, 경제적으로 자유를 획득하기 위해 지금까지 싸워온 역사는 참으로 놀랍다. 특히 여성의 경우 가부장의 권력 등 사회적 편견으로부터 자유를 획득하기 위해 투쟁해온 역사는 가히 눈물겹다고 할 만하다. 물론 아직도 한국 사회에는 개인의 자유, 즉 인권을 억압하는 기제가 적잖이 남아 있는 것이 사실이다. 과거의 봉건사회에 비하면 엄청날 정도로 인권이 신장했기는 하지만 말이다.

그렇다고는 하더라도 이제 한국 사회는 충분히 물권을 향해 마음을 돌릴 수 있는 단계에 이르러 있다고 보인다. 새삼스러운 얘기이기는 하지만 물권에 대한 자각이 없는 인권은 한갓 보여주기에 지나지 않는다. 적어도 그동안의 역사에서는 줄곧 물권의 위에서 군림해온 것이 인권이다. 이러한 군림은 인성이 물성보다 우월하다는 가치를 전제로 하고 있다. 인간이 자연보다 우월하다는 편견은 산업화의 출발과 더불어 자연을 파괴해온 철학적 기반이기도 하다. 하지만 인성과 물성의 근원적인 특징을 살펴보면 반드시 그렇지만도 않다는 것을 알게 된다. 구태여 이는 조선조 말의 인물성동이론 논쟁의 결과를 빌리지 않더라도[17], 나아가 현대 물리학의 결과를 빌리지 않더라도 익히 확인된다. 동물이든 식물이든 광물이든 자연의 모든 존재는 끊임없이 변화하는 에너지의 작용, 즉 기의 운동에 불과하기 때문이다.

이러한 사실을 십분 인정한다고 하더라도 현상으로서의 인간과 본질로서의 자연을 곧바로 동일시할 수는 없다. 인간은 본래 자연으로부터 분리된 존재이면서도 동시에 자연을 통하지 않고서는 자기 자신의 생명을 지속시켜 나갈 수 없는 존재이기 때문이다. 한편으로는 자연과 분리되어 있으면서도 다른 한편으로는 자연과 통합되는 것이 현존재로서의 인간이라는 것이

---

17 조동일, 「조선 후기 人性論과 문학사상」, 『한국문화』 제11집, 서울대 한국문화연구소, 1990, 25~113쪽 참조.

다. 이는 인간이 매일매일 식량을 섭취하지 않고서는 생명을 유지해 나가지 못하는 것만 보더라도 충분히 확인된다. 자연의 부분을 섭취하는 과정을 통해 끊임없이 자연과 하나가 되는 것이 현존재로서의 인간이라는 것이다. 이때의 자연의 부분이 정신작용을 하는 에너지로 전이되어 인간을 인간답게 하는 원동력으로 응용되고 있다는 점도 또한 이를 잘 증명해준다.

본래 인간과 자연은 이처럼 상호 순환하는 관계에 있다. 인간이 자연의 부분을 섭취하며 살아가듯이 자연도 인간의 일부를 섭취하며 살아가기 마련이다. 영혼을 버리게 되면 풀과 나무의 자양분이 되어 자연으로 돌아가는 것이, 그렇게 순환하는 것이 인간이라는 생명체의 존재법칙이다. 인권에 대한 자각이 곧바로 물권에 대한 자각이 되어야 하는 까닭이 바로 여기에 있다. 순환하는 관계에서 보면 인간과 자연이 다르지 않기 때문이다. 모든 존재가 그렇듯이 인간과 자연 역시 근원적으로는 기연불연(其然不然)의 관계를 이루고 있다는 셈이다.

인간과 자연이 이루는 이러한 관계와 결부해 일찍이 김지하는 "아 무궁//나는 끊임없이 죽으며/죽지 않는 삶//두려움 없어라//오늘/풀 한 포기 사랑하리라//나를 사랑하리."(「새봄.8」)라고 노래한 바 있다. 자연과 상호 순환하는 관계 속에 처해 있을 수밖에 없는 인간의 현존에 대한 자각은 김지하의 시 「나 한때」에 이르러 더욱 분명해진다. 김지하의 예의 시를 함께 읽으며 글을 맺기로 한다.(2004)

    나 한때
    잎새였다

    지금도
    가끔은 잎새

해 스치는 세포마다

말들 태어나

온 우주가 노래 부르고

잎새는 새들 속에

또 물방울 속에

가없는 시간의 무늬 그리며

나 태어난다고

끊임없이 노래 부르고 노래 부른다

지금도

신실하고 웅숭스런

무궁한 나의 삶

내 귓속에

내 핏줄 속에 울리는

우주의 시간

나 한때

잎새였다

지금도

가끔은 잎새

잊었는가

잎새가 나를 먹이고

물방울이 나를 키우고
새들이 나를 기르는 것

잊었는가
나
잎새 속에서
뚫어져라
나를
쳐다보는 것.

기후 위기의 시대, 서정시 역할과 노력

1980년대 한때 민주화운동과 맞물리면서 공해 문제가 당대 현실의 핵심 화두로 불거진 적이 있다. 서정시의 차원에서도 이에 호응하여 이른바 '반공해시'가 풍성하게 창작된 바 있다. 공해 문제는 이내 오염 문제로 구체화했는데, 오염 문제는 흔히 대기오염, 토양오염, 수질오염 등의 문제로 요약된 바 있다. 물론 오염 문제를 주제로 하는 서정시들도 대한민국의 시단에 적잖이 선보인 바 있다. 오염 문제는 이내 환경 문제 일반으로 포섭되었고, 환경 문제는 생명 문제, 생태 문제로 확장되면서 당대 사회의 매우 중요한 '아젠다'로 자리 잡은 바 있다. 마땅히 생명 문제, 생태 문제에 대한 한국현대시의 서정적 대응 또한 지난 1990년 이후 상당한 예술적 성취를 남긴 바 있다.

지구의 환경 문제는 이제 생태 문제나 생명 문제 등의 언표와 함께하기보다는 '기후 위기'라는 언표와 함께하는 경우가 좀 더 많아지고 있다. 오염 문제라는 시각으로 보면 이는 대기오염 문제가 좀 더 중점적으로 불거져 있는 것처럼 보이기도 한다. 하지만 기후 위기의 문제가 기존의 대기오염 문제로 수렴될 수 있을 정도로 가벼운 것은 아니다. 그것이 지구 생태계 전체가 단숨에, 한꺼번에 파괴될 수 있을 만큼 엄청난 문제를 담고 있기 때문이다.

환경 문제, 생명문제, 생태 문제가 기후 위기의 문제로 전이된 이후까지도 문학이, 특히 서정시가 그것에 적극적으로 대응해온 것처럼 보이지는 않는다. 기후 위기의 문제에 대해서는 문학판에서의 인식도 크게 일지 않았고, 그에 대한 시적, 소설적 대응도 많지 않았던 것으로 보인다. 시인들이 기후 위기의 문제를 이미 지난 시대의 문제처럼, 한때 유행했던 과거의 문제처럼 받아들이는 것 같아 아쉽다.

그렇다고는 하더라도 기후 위기의 문제가 지구 환경 문제, 생명 문제, 곧 생태계 전체 문제의 핵심 쟁점으로 바뀌어 있는 것은 여러 곳에서 감지되고 있다. 많은 사람이 2024년 여름의 대책 없던 무더위도 기후 위기의 구체적인 예라고 생각하는 것만 보더라도 이는 잘 알 수 있다. 2024년 여름에는 매일매일 폭염경보나 폭염주의보가 핸드폰 문자 메시지로 내려져 사람들의 행동을 제약했거니와, 더위를 못 이겨 이승을 하직한 사람도 상당한 것으로 알려져 있다. 다음의 예는 기후 위기에 대한 두려움을 못 이겨 써본 필자의 졸시이다.

> 오늘은 꼭 부채밭에 가
> 바랭이풀을 뽑아야 하는데
> 무 배추 심을 곳, 흙을 골라야 하는데
> 도무지 엄두가 안 난다
> 잠시 망설이다가 그냥 돌아눕는다
> 오늘도 폭염주의보가 발휘 중이란다
> 무엇을 어떻게 해야 하나
> 청탁 온 산문 원고나 써야 하나
> 땡볕이 무서워 꼼짝도 하기 싫다
> 단단하기만 하던 머리통

금세 다 녹아버릴 것만 같다
너무 더우니 밖에 나가지 말라고
거듭거듭 문자 메시지가 온다 시청에서
야외활동이며 외출활동
부디 자제하라는 것이다
기후 위기라는 말, 자꾸 입가를 맴돈다
내년에는 올해보다 훨씬 더
더울 것이라고 하는데, 참으로 걱정이다
저 에어컨의 차가운 바람도
기후 위기를 만드는 원인이겠지.

―졸시 「폭염주의보」 전문

주지하다시피 2024년 여름은 유난히 더웠을뿐더러 습도가 높은 날이 계속된 바 있다. 많은 사람이 얘기하고 있듯이 2024년 여름에는 역대급 무더위가 계속되었던 것이 사실이다. 시청에서는 "너무 더우니 밖에 나가지 말라고/거듭거듭 문자 메시지"를 보내 사람들을 두려움에 떨게 한 바 있다. 예의 문자 메시지 중에는 "야외활동이며 외출활동"을 "부디 자제하라는" 말도 적혀 있어 시민들을 놀라게 한 적이 있다.

1907년 기상관측 이래 2024년 여름의 열대야가 가장 길었다고도 한다. 밤에도 섭씨 30℃를 넘는 열대야의 날이 50여 일을 넘어섰을 정도이다. 에어컨을 켜지 않고서는 잠을 잘 수 없을 정도였는데, 나날의 삶에서는 그것도 큰 걱정거리였다. 내가 이 시에서 "저 에어컨의 차가운 바람도/기후 위기를 만드는 중요한 원인이겠지"라고 고백하는 것은 바로 그러한 우려에서다.

환경 전문가들은 올해 여름 같은 이상기온이 지나친 온실가스에서 비롯되었다고 말하고 있다. 그들은 기후 위기가 계속되는 것이 온실가스가 줄지 않는 데서 기인한다고도 말한다. 온실가스라는 말은 지구와 지구의 성층권을 채우고 있는 대기가 온실 속과 같은 효과를 발휘하는 데서 붙여진 이름이다.

온실가스에는 6대 가스가 있다고 한다. 이산화탄소, 메탄, 아산화질소, 과불화탄소, 수소불화탄소, 육불화황이 바로 그것이다. 태양으로부터 날아오는 빛에너지를 지구가 복사해 우주로 날려 보내게 되는데, 그 빛에너지가 다시 또 지구로 돌려보내져 지구가 뜨거워지는 것을 온실가스 현상이라고 한다. 온실가스 현상을 강화하는데 이 6대 가스가 크게 이바지한다는 것이다.

온실가스를 줄이기 운동, 특히 이산화탄소를 줄이기 위한 운동은 그동안 여러 차원에서 계속된 바 있다. 올해 여름에 개최된 프랑스 파리 올림픽도 이러한 뜻에서의 온실가스를 줄이기 위한 기후올림픽이었다고 말해진다. 많은 나라의 선수들이 아직도 기후 위기에 대해 제대로 이해하지 못해 프랑스 파리 올림픽을 치르는 동안 너무 힘들었다고 불평을 했던 것으로 전해지고 있다. 미국은 아예 올림픽 참가 선수들에게 별도의 호텔을 예약해 사용하게 했다고까지 한다. 우리나라에서도 선수들이 먹을 음식을 따로 장만해 제공했다는 얘기가 보도된 적이 있다. 그러고 보면 프랑스 파리의 온실가스 줄이기 올림픽이 제대로 성과를 얻지 못한 셈이다.

온실가스 중에서 가장 문제가 되는 것은 이산화탄소이다. 그러한 연유로 '탄소 중립'이라는 말이 여기저기에서 사용되고 있다. '탄소 중립'이라는 말이 자주 사용되는 것은 6대 온실가스 중 가장 많은 배출량을 갖는 것이 이산화탄소이기 때문이다. 온실가스 중 80% 이상을 차지하는 것이 이산화탄소라고 할 정도이다. 배출량이 가장 많은 만큼 이산화탄소는 가장 중요한 온실가스로 손꼽힌다.

탄소 중립이라는 말은 탄소 배출량과 탄소 흡수량을 같게 만들자는 뜻에서 쓰이는 용어이다. 6대 온실가스 배출량과 흡수량을 같게 하자는 뜻에서, 곧 0으로 만들자는 뜻에서 '넷제로'라는 말이 쓰이기도 한다. 탄소 중립이라는 말과 비슷한 말이지만 조금은 다르게 쓰이는 말이 이 말인데, 이 말에는 모든 온실가스의 배출량을 제로로 만들자는 뜻이 들어 있기 때문이다.

환경학자들은 흔히 '개구리 이론'을 이야기한다. 개구리를 뜨거운 물에 넣으면 금방 뛰쳐나가나 찬물에 개구리를 넣고 조금씩 온도를 올리면 그에 적응하여 살다가 나중에는 너무 뜨거워 죽게 된다는 것이 이 이론이다. 인간도 2024년 여름 내내 너무 덥다고 소리를 질러댔으나 점차 그에 적응해 나가다가 나중에는 살이 익어 죽을지도 모른다.

어쩌다 보니 여름이 6개월씩이나 계속되는 것이 지금 대한민국의 자연 현실이다. 이제는 5월, 6월, 7월, 8월, 9월, 10월이 모두 여름이 되어 있다는 것이다. 대한민국의 기후가 아열대로 바뀌고 있다고 지적된 것은 어제오늘의 일이 아니다. 그러다 보니 모든 기후가 극한으로 치달리고 있어 걱정하지 않을 수 없다.

극한으로 치달리고 있는 것은 더위만이 아니다. 호우도 극한으로 치달고 있어 시인들에게 조바심을 내게 한다. 윤재철 시인은 호우가 극한으로 치달고 있는 것과 관련하여 다음과 같은 걱정을 시로 보여주고 있다.

> 극한이라는 말에는
> 피가 묻어 있다
> 죽음의 그림자가 너울거린다
>
> 엊그제부터
> 뉴스에 오르내리는
> 극한 호우
>
> 상식과 경험을 뛰어넘는

극단적 폭우를
극한 호우라 부른다는데

입에 올리진 않았지만
최후라는 말이
가슴 높이로 와 닿는다

나도 모르는 사이
나도 극한 인간이
되는지 모르겠다

이젠
기후가 극한이 되고
지구가 극한이 되다니

여기까지 물이 찼다고
가리키는 수재민의 손가락 끝이
터닝 포인트를 넘고 있다.

—윤재철, 「극한 호우」 전문

  이 시는 2024년 〈도서 출판 b〉에서 발간한 윤재철 시인의 시집 『따뜻한 모순』에 수록되어 있다. 이 글에 실려 있는 윤재철 시인의 다른 시도 마찬가지이다. 시의 마지막 구절에는 "터닝 포인트"라는 말이 쓰이고 있다. 여기서 시인이 말하는 '터닝 포인트'는 기후 위기의 임계점을 가리킨다. 산업화 이전보다 지구의 평균 기온이 1.5도 이상 상승하면 이 땅에서 살던 수많은 동식물이 자취를 감추게 될 것이라고 한다. 그렇다면 '터닝 포인트'는 이 시에서 시인이 말하는 '극한'과 무관하지 않게 된다. 시인이 "극한이라는 말에는/피가 묻어 있다/죽음의 그림자가 너울거린다"라고 노래하는 것도 같은 연유에서라고 할 수 있다.

지구의 대재앙이 될 '터닝 포인트'는 너나 할 것 없이 누구에게나 다 함께 오기 마련이다. 4년 전 호주에서 일어난 산불의 경우 무려 다섯 달이 되어서야 간신히 끌 수 있었다고 한다. 이 산불로 하여 호주의 코알라가 무려 8,000여 마리나 죽었다는 소문이 있다. 8,000마리는 호주에 사는 코알라의 30%나 된다고 한다. 이 산불로 하여 호주의 뉴사우시웨일스 주에서는 세 번이나 비상사태를 선포하여 주민 대피 명령을 내린 적이 있다. 그 결과 7명이 실종되고 24명이 사망했다는 신문 보도도 있다. 5억 마리의 야생동물이 죽었다고 하는데, 그것을 일일이 헤아려 무엇하겠는가. 호주의 산불은 핏빛과 잿빛으로 물든 하늘에 엄청난 폭염과 강풍을 불러왔는데, 그로 인해 기후 위기가 좀 더 강화되었을 것은 뻔하다. 호주의 산불은 대부분 마른벼락으로 인한 자연 발화로 추정된다. 하지만 그로 인한 이례적인 '이상고온'과 극심한 바람으로 하여 불길을 쉽게 잡을 수 없었다고 환경학자들은 말한다

이제는 사람들이 모두 힘을 합쳐 기후 위기에 대처해야 한다. 그뿐만 아니라 2015년에 체결된 파리기후협약도 좀 더 철저하게 지켜나가도록 노력해야 한다. 서정시인이라고 하여 이 문제로부터 예외가 될 수는 없다. 파리기후협약에는 지구 생태계의 기온을 산업화 이전으로 되돌리자는 의지가 들어 있다. 산업화 이전을 기준으로 지금보다 2℃ 이하, 적어도 1.5℃ 이하로 기온을 낮추자는 것이 파리기후협약의 핵심 내용이다.

파리기후협약이 실현되려면 지구 생태계의 온실가스를 감축하지 않고서는 불가능하다. 이 파리기후협약은 이 협약에 참석한 195개국 모두가 지키기로 한 구속력이 있는 국제적인 합의이다.

그런 이후 2018년에는 인천 송도에서 대한민국이 기후국제간협의체

인 48차 IPCC 총회를 개최한 적이 있다 이 회의에서는 좀 더 구체적으로 2100년까지 산업화 이전의 기온과 대비해 반드시 1.5℃ 이하로 줄이자고 협의한 바 있다. 이 협약에서 비로소 1.5℃라는 가이드라인이 설정된 것이다. 그러나 기후 위기와 관련한 과학자들은 2024년인 올해에 벌써 1.5℃ 상승에 도달했다고 말하고 있기까지 하다.

앞에서 논의한 윤재철 시인이 다음과 같이 걱정하는 것도 이와 무관하지 않아 보인다.

> 마음씨 좋은 시골 아저씨 같은
> 포루투칼 출신 안토니오 구테흐스 유엔 사무총장은
> 심각한 표정으로 경고했다
>
> 지구 온난화 시대가 끝나고
> 지구가 끓는 시대가 시작됐다고
>
> 1972년 인류의 위기를 경고한 로마클럽 보고서에서
> 지구 온난화라는 말이 처음 쓰인 지
> 50여 년 만에 지구가 끓기 시작한 것이다
>
> 50년 전 아폴로 우주선이 달에서 찍어 보낸
> 지구 사진 블로 마블
> 아름답고 푸른 지구는
> 바야흐로 붉은 별이 되어 가는가
>
> 은하철도 999를 타고 떠났다가
> 미래의 지구로 귀환하는 철이는

푸른 별은 사라지고
붉게 타고 있는 지구를 찾아올 수 있을까

꿈속에서라도
나는 푸른 별에서 잠들고 싶은데
푸른 별에서 지하철을 타고
푸른 별에서 자작나무 숲을 걷고 싶은데

붉은 별은 싫어
사막의 선인장이 말라 죽고
캐나다의 산불 연기가 뉴욕까지 뒤덮는
불타는 지구는 정녕 싫은데

태평양에 가라앉고 있는 산호초 섬은
다시 떠오를 수 있을까
꿈속에서라도
꿈속에서라도

―윤재철, 「보일러가 된 지구」 전문

  이 작품 역시 올해 간행된 윤재철 시인의 시집 『따뜻한 모순』(도서출판 b, 2024)에 수록되어 있다. 시인은 이 시에서 "포루투칼 출신 안토니오 구테흐스 유엔 사무총장"의 말을 빌려 "지구 온난화 시대가 끝나고/지구가 끓는 시대가 시작됐다고" 경고한다. 시인의 덧붙이는 말에 따르면 "지구 온난화라는 말이 처음 쓰인" 것은 "1972년 인류의 위기를 경고한 로마클럽 보고서"라고 한다. 그리고 보면 이 "말이 처음 쓰인 지/50여 년 만에 지구가 끓기 시작한 것이다". 참으로 "아름답고 푸른 지구"가 "바야흐로 붉은 별이 되어 가"고 있다는 얘기이기도 하다.

이 시에 따르면 "꿈속에서라도" "푸른 별에서 잠들고 싶은" 것이, "푸른 별에서 지하철을 타고/푸른 별에서 자작나무 숲을 걷고 싶은" 것이 시인이다. 하지만 그럴 수 있기가 별로 쉽지 않아 보인다. "사막의 선인장이 말라 죽고/캐나다의 산불 연기가 뉴욕까지 뒤덮는" 것이 "불타는 지구"의 미래이기 때문이다.

"지구 온난화 시대가 끝나고/지구가 끓는 시대"가 시작된 주범은, 말하자면 지구 온난화의 주범은 화석 연료인 석유와 석탄 에너지라고 하지 않을 수 없다. 석유와 석탄 에너지가 대한민국이 사용하는 에너지의 핵심이라는 것은 명확하다. 석유와 석탄 에너지를 지나치게 많이 쓰고 있는 것이 대한민국이라는 것은 이론(異論)의 여지가 없다. 대한민국의 1인당 에너지 소비량은 OECD 국가 중 13위라고 한다. 산유국보다도 더 많은 에너지를 쓰고 있는 것이 대한민국이라는 것을 자각하고 국민 모두 각성해야 마땅하다.

온난화의 주범인 화석 연료, 곧 석유와 석탄 에너지를 적게 쓰기 위해 실천해야 할 덕목은 많다. 소고기나 돼지고기를 적게 먹는 것도 한 방법이다. 생태환경에 대한 육식의 역습을 기억해야 한다. 대한민국의 전통 식단은 채식 위주였거니와, 그것이야말로 건강식이었다는 것도 알아야 한다. 1990년대 들어 육식 중심으로 식단이 바뀌기 시작했거니와, 그것이 기후 위기, 생태 위기의 한 요인이 될 수 있다는 것 잊어서는 안 된다. 가축 중에서도 특히 소는 방귀와 트림으로 인해 상당량의 메탄가스를 발생하는 동물이라고 알려져 있다. 메탄가스가 이산화탄소에 이은 온실가스 주범이라는 것을 염두에 두지 않으면 안 된다.

음식물 쓰레기의 역습도 또한 주의해야 한다. 온실가스의 1/3이 사람이 먹는 음식물과 그 찌꺼기에서 발생한다는 말이 있다. 음식물의 생산, 가공, 운송, 소비, 그리고 음식물 쓰레기의 폐기까지 모든 과정에서 발생하는 온실가스의 양이 그렇다는 것이다. 그러니 음식물의 생산, 가공, 운송, 소비, 그리고 음식물의 쓰레기까지 그 양을 대폭 줄여야 마땅하다. 각자의 가정에서도 음식물을 적당량만 준비하는 등 음식물 쓰레기를 최소화하기 위해 적극적으로 노력하지 않으면 안 된다. 식당에서도 먹을 만큼만 덜어 먹는 식습관을 가져야 한다.

플라스틱의 역습도 유의해야 한다. 전 지구의 바다가 플라스틱으로 뒤덮여 죽음의 공간이 되고 있다. 바다의 이곳저곳에 플라스틱 중심의 쓰레기 섬이 떠돌고 있다는 것도 알아야 한다. 생태계 파괴의 주범 중의 하나가 플라스틱이라는 것을 모르는 사람은 없다. 석유로부터 생산되는 플라스틱은 일상의 삶에서 좋은 점도 있다. 나무보다 부드럽고, 철강보다 가볍고, 화학물질보다 보관하기 쉽고, 전기도 통하지 않고, 가공하기도 쉬운 것이 플라스틱이다.

이제는 청동기시대, 철기시대에 이어 플라스틱 시대가 되었다고 해도 과언이 아니다. 하지만 흙 속에 들어가도 썩지 않는 것이 플라스틱이다. 플라스틱은 햇빛, 바람, 파도에 의해 작게 분해될 뿐인데, 그것이 얼마나 많이 생태계를 파괴하는가에 대해서는 길게 설명할 필요가 없다. 오늘 이 시대를 가리켜 이른바 플라스틱 시대라고 부른들 누가 뭐라고 하랴. 플라스틱으로 뒤덮인 이 시대를 정여운 시인은 다음과 같이 풍자한다.

  플라스틱 헬멧을 쓴 청년의
  플라스틱 배달 가방에서 플라스틱 도시락이 나온다
  "배달왔습니다."라는 말이
  "플라스틱 왔습니다."로 들린다

  플라스틱 식탁 앞에서
  플라스틱 의자에 앉아

플라스틱 도시락에 담긴 돼지고기 덮밥에
플라스틱 통에 담긴 육수와
플라스틱 통에 담긴 오이피클과
플라스틱 통에 담긴 치킨과
플라스틱 통에 담긴 무 깍두기를

플라스틱 순가락과 플라스틱 포크로 먹는다

플라스, 플라스, 플라스틱
하루라도 플라스가 안 되면 안 되는 플라스틱

플라스틱 통에서 음식들이 썩는다
플라스틱 콜라를 캬아 들이키고
쿨럭 쿨럭 기침을 한다
플라스틱이 목에 걸렸나

지구는 플라스틱으로 가득 차고
집집이 플라스틱 인간들이 넘쳐난다

—정여운, 「플라스, 플라스, 플라스틱」 전문

  이 시는 〈지혜출판사〉에서 간행한 정여운 시인의 시집 『녹슨 글라디올러스』(2024)에 실려 있다. 이 시에서 시인은 "플라스틱 식탁 앞에서/플라스틱 의자에 앉아/플라스틱 도시락에 담긴 돼지고기 덮밥에/플라스틱 통에 담긴 육수와/플라스틱 통에 담긴 오이피클과/플라스틱 통에 담긴 치킨과/플라스틱 통에 담긴 무 깍두기를//플라스틱 순가락과 플라스틱 포크로 먹는"오늘의 현실을 풍자한다. 이때의 풍자에 생태환경의 위기에 대한 고통

어린 자각이 들어 있으리라는 것은 확실하다. 그가 보기에는 "플라스, 플라스, 플라스틱/하루라도 플라스가 안 되면 안 되는 플라스틱"으로 살아가는 것이 지금의 사람살이다. 마지막 구절에서 그는 "지구는 플라스틱으로 가득 차고/집집이 플라스틱 인간들이 넘쳐"나는 현실을 고발하며 시를 매조지한다.

"플라스틱 헬멧을 쓴 청년의/플라스틱 배달 가방에서 플라스틱 도시락이 나"오는 것이 나날의 현실이지만 이때의 플라스틱이 모두 재활용될 수 있으면 얼마나 좋겠는가. 환경부의 발표에 의하면 재활용되는 플라스틱이 60%, 소각되는 플라스틱이 25%라고 하는데, 플라스틱이 소각되는 과정에 발생하는 온실가스도 큰 문제라고 한다. 재활용되는 플라스틱도 제대로 선별하면 실제로는 30%밖에 되지 않는다고 한다.

무분별하게 버려지는 플라스틱은 바다로 유입되어 물고기 및 여러 생명의 먹이로 뱃속에 쌓이기 일쑤이다. 이 물고기 및 여러 생명을 사람이 먹게 되었을 때의 부작용을 생각해 보라.

이제는 플라스틱을 줄이기 위해 일회용 용기를 줄이고 다회용기를 사용하는 문화를 정착시킬 필요가 있다. 그리고 플라스틱 배출 및 수거를 올바르게 하여 더 많은 플라스틱이 재활용될 수 있도록 해야 한다. 삶을 편리하게 만들어온 플라스틱이 인간을 죽이는 도구가 되지 않도록 사람들 모두가 노력해야 마땅하다.

그렇게 하려면 플라스틱에도 생명이 있다는 물활론적 세계관이 필요할 수도 있다. 플라스틱에 대해서도 의인관적 세계관으로 임할 필요가 있다는 뜻이다. 쓰레기가 된 플라스틱이라도 사람처럼 여겨야 할뿐더러 함부로 팽개치면 안 된다는 뜻이다.

플라스틱을 사람으로 받아들이려면 사람들이 자연 및 사물이 곧 나이고, 내가 곧 자연 및 사물이라는 마음을 지닐 수 있어야 한다. 내가 자연 및 사물을 사람처럼 모시고 살아갈 수 있어야 한다는 자각이 필요하다는 애기이다. 동학의 용어를 빌려 말하면 사람들 모두가 경천(敬天), 경인(敬人), 경물(敬物)의 정신으로 살아갈 수 있어야 한다고 말해도 좋다. 배추 한 포기, 무 한 개에도 눈이 있고, 코가 있고, 입이 있다는 생각을 실천할 수 있어야 한다는 애기이기도 하다.

    김장 배추를 절일 때
    굵은 소금 듬뿍 집어
    쩍 가른, 속 노란 배추에

    술술 뿌리면서

    소금이 배추의 눈에 들어가면
    얼마나 쓰리겠냐
    그러니 어차피 뿌릴 건 뿌리더라도
    배추 눈에는 안 들어가게
    조심히 뿌려야 한다는

    사짐댁 농담에
    눈발 날리는 초가을
    코끝이 빨갛게 언
    고무장갑 아줌마들 얼굴이 즐겁다

                      —조재도, 「배추의 눈」 전문

    조재도 시인의 시집 『약자를 부탁해』(작은 숲, 2024)에 실려 있는 시이다. 이 시에는 무엇보다 "김장 배추를 절일 때" 집어넣는 "굵은 소금"과 관련한 공경의 마음이 담겨 있다. 여기서 말하는 공경의 마음은 "소금이 배추의 눈에 들어가면/얼마나 쓰리겠냐/그러니 어차피 뿌릴 건 뿌리더라도/배추 눈에는 안 들어가게/조심히 뿌려야 한다는//사점댁 농담에" 들어 있는 성스러운 마음을 가리킨다. 사람처럼 받아들여 배추에게도 눈이 있다고 생각하는 시점댁의 마음에 경물의 정신이 들어 있을 것은 자명하다.

　이러한 마음으로 자연 및 사물을 대하게 되면 생태환경의 문제가 훨씬 줄어들게 될 것이 명확하다. 자연 및 사물이 내 몸이라면 자연 및 사물을 함부로 파괴할 리 만무하기 때문이다. 누구라도 이때의 자연 및 사물이 자연 생태계 전체를 상징한다는 것에 주목하지 않으면 안 된다. 자연 생태계 전체를 내 몸으로 받아들이는 마음을 갖게 되면 기후 위기가 문제 될 리 만무하다. 인간이 경천, 경물, 경인의 마음을 갖고 살면 그동안 어긋난 자연의 질서도 어렵지 않게 회복될 것이 분명하다. 인내천(人乃天), 사인여천(事人如天)이라고 하지 않는가. 사람이 곧 하늘이니만큼 사람 섬기기를 하늘처럼 해야 한다는 뜻이다.

　지금은 지구 생태계가 '삼한사온'의 질서를 잃고 '삼한사미'의 날들을 살고 있다고 노래하는 시인이 있다. "사흘은/북극 찬바람/나흘은 서풍에 먼지바람"이라는 뜻의 '삼한사미' 역시 기후 위기의 산물이라고 하지 않을 수 없다. 시인 윤재철은 이에 대해서도 그럴싸한 서정적 일각(一覺)을 보여주고 있다. 그의 시 한 편을 함께 읽으며 글을 맺기로 한다.

　　　사흘은
　　　북극 찬바람
　　　나흘은
　　　서풍에 먼지바람

　　　사흘은 거리마다
　　　롱패딩

나흘은 얼굴마다

　　KF94 마스크

　　거리엔 전광판마다
　　미세먼지 주의보 밝히지만
　　알아도 그뿐 몰라도 그뿐인
　　무표정한 계절의 일상

　　삼한이면 길가 만두가게 하얀 김이
　　찬 바람에 요란하게 흩날리며
　　배고픔을 알리고

　　사미면 까끌까끌한 입맛이
　　골목 안 묵은지 삼겹살집으로
　　사람을 잡아끄는데

　　종일을 우울한
　　마음은 무대책
　　종일을 떠나고픈
　　마음은 가리산지리산

　　　　　　　　　　　　　　　—「삼한사미」전문

천진무구의 시정신
—류순자 시집, 『내 마음에도 살구꽃이 핀다』, 시와사람사, 2008.

시인 류순자는 오래전부터 전라남도 백양사 근처의 조그만 면 소재지 마을에서 살면서 시를 쓰고 있다. 이 글의 모두(冒頭)에서부터 그러한 얘기를 하는 까닭은 단순하다. 류순자 시인의 시에는 그 자신이 거주하는 지역의 특성이 강하게 묻어 있는 점을 강조하기 위해서이다. 그렇다. 자기 자신이 살아가고 있는 지역적 공간의 구체적인 사람살이에 기초하는 것이 그의 시이다. 바로 그러한 점에서 그의 시는 더욱 관심을 끈다.

물론 그가 살아가고 있는 면 소재지 마을은 전적으로 농업에 의지해서만 살림을 꾸리는 자연부락이 아니다. 하지만 농업을 위주로 하는 자연부락을 좌우에 끼고 있는 오늘의 면 소재지 마을을 가리켜 도시라고 할 수는 없다. 따라서 특별한 산업적 기반을 갖지 못한 지금의 면 소재지 마을은 그냥 농촌 마을이라고 해도 별로 지나치지 않다. 농촌 마을이라고는 하더라도 2008년 대한민국의 면 소재지는 형편없이 퇴락해 가고 있는 것이 사실이다.

퇴락해 가고 있는 것은 어떤 것이라도 쓸쓸하고 허전한 정서를 불러일으키기 마련이다. 이러한 점은 류순자의 시에 드러나 있는 농촌 마을의 사람살이와 기타 제재들에도 마찬가지이다. 그의 시에 드러나 있는 농촌 마을의 사람살이와 기타 제재들은 남다른 페이소스를 지니고 있어 더욱 주목된다. 이제는 상실된 지 오래인 마을 공동체의 두텁고도 따뜻한 상호부조의 정신을 바탕으로 모든 인간이 궁극적으로 지녀야 할 천진하고도 무구한 정서들을 거듭해 환기하는 것이 그의 시이기 때문이다.

이러한 논의에서도 알 수 있듯이 그의 시의 기본 정조는 작품을 읽자마자 선뜻 밀려오는 천진성과 무구성에 있다. 독자의 가슴에 한꺼번에 불러일으키는 맑고 깨끗한 서정의 충격이 그의 시가 지니는 가장 중요한 특징이라는 뜻이다. 이때의 맑고 깨끗한 서정의 충격, 달리 말해 순수하고 순결한 서정의 충격은 무엇보다 그의 시가 이 땅의 전통적 자연과 깊이 관련되어 있기 때문으로 보인다.

이러한 논의와 관련하여 우선 떠오르는 것은 그의 시의 서정적 주인공들이 늘 있는 그대로의 자연과 함께하고 있다는 점이다. 물론 여기서 말하는 있는 그대로의 자연은 이성이나 지성을 내포로 하는 것이라고 하기보다는 욕망이나 감정을 내포로 하는 것이라고 해야 옳다. 이는 무엇보다 그의 시에 함유된 자연이 그만큼 생명의 본원에 닿아 있다는 뜻이기도 하다.

> 길을 가다가
> 손자에게 할머니가 쉬를 시킨다
>
> 달이 환한 깨밭 머리다
>
> 깨꽃이 당알당알 웃는다
> 할머니 눈에도 깨꽃웃음이 붙는다
> ―「저 환한 풍경」 전문

이 시의 핵심 제재는 "손자", "할머니", "환한" 달, "깨밭 머리", "깨꽃"

등이다. 이 시에서 이들 제재는 한 치의 빈틈도 없이 한데 어울려 빛나고 있어 더욱 관심을 끈다. "손자", "할머니"로 대표되는 인간들, 그리고 "환한" 달, "깨밭 머리", "깨꽃"으로 대표되는 사물들이 완벽하게 합일되는 가운데 매우 독특한 서정을 보여주고 있는 것이 이 시이다. 이 시가 보여주는 이러한 합일은 "손자", "할머니"로 대표되는 인간이 본래 시원적 존재, 곧 천진하고 무구한 존재라는 점과도 깊이 관련되어 있다. 이들의 경우 원시적 자연, 곧 본성적 자연에 훨씬 가까운 자아를 지니는 존재라는 뜻이다.

 손자나 할머니로 대표되는 인간들에게서 이성이나 지성의 정신 차원을 발견하기란 쉽지 않다. 이성이나 지성을 내포로 하는 자연은 손자나 할머니의 것이 아니라 지식인이나 과학자의 것이라고 해야 옳다. 지식인이나 과학자에게 자연은 일종의 질서와 체계로서 탐구의 대상일 따름이다. 이로 미루어 보더라도 손자나 할머니와 함께하는 자연은 욕망이나 감정에 가까울 수밖에 없다. 이 시에서도 손자나 할머니는 욕망이나 감정을 해결하는 과정에 "환한" 달, "깨밭 머리", "깨꽃" 등 자연과 깊이 합일이 되고 있기 때문이다.

 여기서 말하는 자연은 노자(老子)가 말하는 무위자연(無爲自然)과도 깊이 연결되어 있다. 물론 무위자연은 노자가 꿈꾸는 이상향(理想鄕)을 상징하는 언어이기도 하다. 많은 시인이 자신의 시를 통해 무위자연의 세계로 건너가려는 의지를 보여주는 것도 실제로는 무위자연의 세계가 다름 아닌 이상향을 상징하는 것과 무관하지 않다. 류순자의 시에서도 당연히 그것은 마찬가지이다.

> 물새가 먼저 강에 앉는다 물결 아래 대사리가 꼼지락거린다 이끼로 미끄러지는 돌들은 태연하다 온갖 종류 고기들, 새의 하얀 똥들, 쇠뜨기 풀이 모여 있다 날씬한 물잠자리 함께 간댕거리고, 물오리들 물결 따라 가분가분하다 어린 풀잎에 머무는 물잠자리에 내 눈길 머문다 어떤 것이나 머물다 떠나간다

마음 자꾸 물속으로 내려가고, 쏴아 바람소리는 자꾸 위로 떠오른
다 영락없이 심청가 한 대목이다 물속에서는 수초들이 자연스럽게 하
늘하늘 한 소절 불러 젖힌다

어둡기 전 압록마을을 건너야 한다 그곳을 건너면 깨끗하고 푸른
오리가 될 수 있을까 오리 한 마리 길을 지나간다 너럭바위 가는 길
바람이 불고, 너무 멀어도 그곳은 빈터가 아니다

뜬구름도 있고 물결도 있어 고단한 곳
험난한 세상 다 넘고서야
강가에 벗어놓은 옷처럼
마음의 주름을 지운다

―「섬진강」 전문

  이 시는 크게 전반부와 후반부, 곧 두 대목으로 나뉜다. 1·2연이 전반부이고, 3·4연이 후반부이다. 전반부에서는 섬진강의 자연이 섬세하게 그려져 있고, 후반부에는 섬진강의 자연에 대한 시인의 정서적 반응이 따듯하게 그려져 있다. 전반부에 그려져 있는 섬진강의 자연은 객관적으로 묘사되어 있고, 후반부에 그려져 있는 시인의 정서적 반응은 주관적으로 진술되어 있다. 따라서 정작 시인의 의지나 의도가 드러나 있는 부분은 후반부라고 해야 옳다.
  이 후반부에서 시인은 "어둡기 전 압록마을을 건너야 한다 그곳을 건너면 깨끗하고 푸른 오리가 될 수 있을까"라고 노래한다. 현재 그가 처해 있는 "압록마을"은 인간의 세계라고 할 수 있고, "압록마을"을 건너 도달하려고 하는 곳은 자연의 세계라고 할 수 있다. 이 자연의 세계에 도달해 "푸

른 오리가" 되려는 것이 이 시에 나타나 있는 시인의 의도이다. 물론 "푸른 오리가" 되려는 것은 인간의 경지를 벗어나 자연의 경지에 이르려는 것이다. 이 시에서 그로서는 "마음의 주름을 지"우고 자연의 경지, 곧 이상향에 도달하려는 의지를 담아내고 있는 셈이다.

자연의 경지로서 이상향에 대한 그의 의지는 다른 시 「그곳」을 통해서도 익히 확인된다. 이 시에서 '그곳'은 식물들의 "뾰쪽한 봉오리가 올라"와 "빛을 발"하는 세계, 곧 자연과 함께하는 세계이다. 이 시에서 그는 자연과 함께하는 세계, 곧 "그곳까지 가려면/무척 오래 걸리리라/그래도 나는/뗏목이라도 타고/기인 시간 건너가리라"고 노래한다. 이는 무엇보다 이상향으로서 자연과 함께하는 세계에 대한 그의 의지가 크고 깊다는 것을 드러내 준다.

이상향으로서의 자연과 함께하는 세계를 살기 위해서는 우선 나날의 일상에서 만나는 자연에 순명(順命)하는 자세가 필요하다. 여기서 자연에 순명하는 자세가 필요하다는 것은 자연이 함유하는 질서와 원리에 따라 살아가는 자세가 필요하다는 것을 뜻한다. 이를테면 하루하루의 삶을 '자연의 순리'에 따르면서 단순하고 소박하게 살아가는 태도가 요구된다는 얘기이다. 물론 그것은 자연을 대상화하여 지식이나 이론을 만들지 않고 자연에 스며들어 자연의 흐름과 더불어 사는 것을 가리킨다. "해가 산 밑으로 서서히 들어가듯/나도 언젠가는 산 밑으로 들어갈 것이다"(「일몰」)라고 노래하는 것이 시인 류순자라는 것을 염두에 둘 필요가 있다.

자연에 스며들어 자연의 흐름과 함께 살기 위해서는 여중생의 자아에서나 찾을 수 있는 맑고 깨끗한 마음이 필요하다. 그의 시정신의 핵심에 맑고 깨끗한 마음, 곧 천진하고 무구한 마음이 자리해 있다는 것은 앞에서도 이미 강조한 바 있다. 다름 아닌 이러한 마음이 공자가 말하는 '思無邪'의 마음이거니와, 그의 시에서 시인은 이러한 마음을 "내일 필 벚꽃 망울들"로부터 발견하고 있어 더욱 관심을 끈다.

적벽돌 본관 앞에서 내일 필 벚꽃 망울들
여중생들의 목소리같이 떠들썩하게 맺혀 있다

말늘임표로 다닥다닥 붙어 있는 벚꽃 망울들
수다스러운 사춘기의 여중생들처럼 재잘대고 있다

교복 치마 자꾸 짧게 입으려고 애쓰는
두리뭉실한 몸매의 아직은 무다리 여중생들이다

교생 국어 선생이 넥타이를 만지기만 해도
벚꽃 망울들 옆 친구에게 눈짓하며 솔 톤으로 웃는다.
—「중학교 벚나무」 전문

  이 시에서 시인은 "내일 필 벚꽃 망울들"을 "떠들썩"한 "여중생들의 목소리"에 비유하고 있다. "떠들썩"한 "여중생들의 목소리"는 순결하고 순수한 마음, 무구하고 투명한 마음을 갖지 않고서는 불가능하다. 이 시에서 그는 이러한 마음을 구체적으로 이미지화하여 "내일 필 벚꽃 망울들"이라고 명명한다. "내일 필 벚꽃 망울들"로 상징되는 천진하고 투명한 마음이 시원의 자연에 가깝다는 것은 불문가지다.
  "내일 필 벚꽃 망울들", 곧 "수다스러운 사춘기 여중생들"에게서 이성과 지성으로 상징되는 자연, 곧 질서와 체계로서의 자연을 발견하기는 힘들다. 질서와 체계로서의 자연보다는 욕망과 감정으로서의 자연에 좀 더 가까운 것이 "수다스러운 사춘기 여중생들"의 마음이기 때문이다. "수다스러운 사춘기 여중생들"의 경우 아직은 그 자체로 자연에 스며들어 자연과 더불어 살고 있다고 해야 마땅하다. "내일 필 벚꽃 망울들"을 "수다스러운 사춘기 여중생"으로 비유할 수 있는 근거가 바로 여기에 있다.

이 시에서 그러한 표현이 가능한 것은 자연을 위해 헌신하고 보시하는 마음이 시인에게 상존(常存)해 있기 때문이다. '고시레' 등 과거의 전통으로 볼 때 자연을 위해 헌신하고 보시하는 마음은 우리 민족의 삶 자체가 지니는 특징이라고 해도 지나치지 않다. 돌이켜 보면 참된 화합(和合)을 이루기 위해서는 자연의 생물들과도 함께 음식을 나누어 먹는 것이 첩경이다. 화합(和合)이라는 한자어를 파자(破字)해 풀이하면 '밥을 먹되 사람마다 한결같이 먹는다' 는 뜻을 지닌다는 점을 깊이 유의할 필요가 있다. 다음의 예는 그러한 뜻에서 자연의 존재를 위해 헌신하고 보시하는 시인의 마음을 충분히 엿볼 수 있는 시이다.

어디만큼 가고 있는지
우글거리는 비행기 소리가 찬 공기를 흔든다
차갑게 얼어붙은 겨울 하늘
비행기는 보이지 않는다
마음이 출출해서인지 다른 날보다 빨리
대문을 닫고 들어와 방 온도를 높인다
서둘러 저녁밥을 먹고
집에 사는 들고양이에게
먹다 남은 조기대가리를 내준다
적적한 마음 굴려
푸른 집 하나씩 지어보다가
무릎을 탁 치는 웃음 하하하 웃으며
겨울밤 보낸다 아침에
창문을 열어 보니 수북이 눈이 내려 있다
대문을 열려고 창밖으로 나가는데
들고양이가 마당가 화선지 위에

작고 하얀 국화꽃을 가만히 그러놓는다

—「들고양이와 함께」 전문

이 시에서 시인과 관계하는 중심 대상은 "겨울 하늘", "들고양이", 마당가의 눈 등이다. 이들 가운데 중심을 이루고 있는 대상은 말할 것도 없이 "들고양이"이다. 그렇다. "서둘러 저녁밥을 먹고/집에 사는 들고양이에게/먹다 남은 조기대가리를 내"주는 데에 이 시의 초점이 있다. 시인이 자기 자신의 삶 속에 들고양이를 깊이 받아들이는 일로 지금 긴 겨울밤을 맞이하고 있기 때문이다.

"들고양이에게/먹다 남은 조기대가리를 내"주는 일이야말로 참된 화합을 위해 음식을 나누어 먹는 일, 곧 자연의 존재들을 위해 헌신하고 보시하는 일이다. 그렇게 한 뒤에도 시인이 "적적한 마음 굴려/푸른 집 하나씩 지어보"기는 하지만 말이다. 이처럼 자연의 순리에 따라 천진하고 무구하게 살아가는 일상을 섬세한 필치로 그려내고 있는 것이 류순자의 이 시이다.

다소 "마음이 출출"하기는 하지만 이 시에서 시인은 권태나 짜증, 불안이나 초조 등 비정상적 정신 병리를 보여주지 않는다. 그가 이처럼 온전한 정신 지향을 보여줄 수 있는 것은 늘 "겨울 하늘", "들고양이", "마당가의" 눈 등의 자연과 혼연일치를 이루는 삶을 살아가고 있기 때문이다. 이들 자연과 깊이 합일해 있는 그에게는 현대인들 일반이 갖는 고독, 소외, 우울, 짜증, 싫증, 환멸 등 이상 심리가 틈입하지 못하리라는 것은 자명하다. "구석 후미진 곳에 떨어지는 눈"이 "차가운 정이라도 나누자고 서로를 보듬"(「눈」)고 있다고 노래하는 것이 시인 류순자라는 것을 알 필요가 있다.

그가 세계 일반과 깊이 합일되는 삶을 살고 있다는 것은 그의 시에 나타나 있는 고향의 풍광들 및 풍물들만 보더라도 잘 알 수 있다. 물론 여기서 말하는 고향의 풍광들 및 풍물들은 그의 시에 매우 구체적이고 생생한 형상을 통해 드러나고 있어 더욱 주목된다. 이와 관련하여 구체적이고 생생한 형상이라고 명명할 수 있는 까닭은 그것들이 언제나 해학으로 가득 차 있는 서민들의 삶을 통해 현현되기 때문이다. 물론 이때의 해학이 대상에 대한 시인의 연민에서 비롯되는 감회, 곧 씁쓸한 감회가 주된 바탕을 이루고 있기는 하지만 말이다.

> 참게는 바다 신문사에서 열심히 심부름을 했다 신문사 옆에 '형제 신발가게'가 있었다 잘 진열된 예쁜 꽃신이 보였다 집에서 밥을 해주는 바로 아래 누이동생이 매일 생각났다 참게는 옆걸음으로 살그머니 기어가 꽃고무신을 가슴에다 감추고 얼른 나왔다
>
> 그 이튿날 다른 애들보다 얼굴이 이쁜 누이동생은 신발이 작아 바꾸겠다며 '형제 신발가게'로 신을 가져왔다 형제 신발가게 주인은 참게를 불러 게 같은 놈이라고 호통을 쳤다 참게는 된바람에 감추는 실눈을 뜨고 다리를 쭉 뻗고 집으로 와 버렸다
> ―「참게」 전문

이 시는 "바다 신문사에서 열심히 심부름을" 하는 참게가 "집에서 밥을 해주는 바로 아래 누이동생"을 위해 저지른 도둑질을 모티프로 하고 있다. 이때의 도둑질은 "옆걸음으로 살그머니 기어가" '형제 신발가게'에서 "꽃고무신을 가슴에다 감추고 얼른 나"온 일을 가리킨다. 물론 그것은 "집에서 밥을 해주는 바로 아래 누이동생"을 위해서 한 일이다. 이 일은 누이동생이 "신발이 작아 바꾸겠다며 '형제 신발가게'로 신을 가져"오면서 도둑질로 드러난다.

이 시의 이러한 에피소드로부터 정작 중요하게 생각할 것은 시인이 참게가 저지른 도둑질을 도둑질로 보고 있지 않다는 점이다. 무엇보다 이는

"집에서 밥을 해주는 바로 아래 누이동생"에 대한 참게의 지극한 사랑에서 기인한다. 한편으로는 이 일이 그들 서민의 삶에 대한 시인의 지극한 연민에서 비롯되기도 하지만 말이다. 누이동생을 위해 참게가 저지른 도둑질이 너무도 안쓰러워 그로서는 차마 이들 남매를 가슴 깊이 품지 않을 수 없었으리라.

이러한 해학의 예는 "푸른 바구니에 다 익은 고추를 불룩하게 담아/배에다 대고 아그작아그작 겨우 걷는"(「운수 좋은 날」) 할머니를 임신부로 묘사하는 시, "돈 벌러 서울 갔다가/새 각시 만나 사는 남편을 둔 아짐"(「앵두나무」)을 앵두나무에 빗대어 노래하는 시 등에서도 확인된다. 이와 관련하여 기억하지 않을 수 없는 것은 그의 이들 시가 늘 자기 자신이 거주하는 마을 공동체의 깨어 있는 언어들을 매개로 형상화되고 있다는 점이다. 여기서 말하는 마을 공동체의 깨어 있는 언어들은 말할 것도 없이 아직도 싱싱하게 살아 있는 고향의 사투리를 가리킨다. 이를테면 그의 시는 항상 나날의 삶과 함께 있는 구비언어, 곧 생활어를 통해 구체적이고 참신한 표현을 얻고 있다는 것이다.

    초등학교 동창 아이의 결혼식에 갔다
    돌들이 도란도란 기대고 사는
    냇갈 건너로 하교하던 송산리 친구가
    옛날 한 20리 길 걸어와
    집에 갈 때는 그만 발이 부어
    고무신을 애태우게 하던 다른 한 친구한테
    아이, 순자네 집 좋아? 하고
    물었다 그래서 내가
    아니, 물짜! 그랬다
    송산리 친구는 목젖까지 내놓고 막 웃었다

나는 어안이 벙벙해
옆 친구의 눈치를 살폈다
너무 오랜만에 들어보는 사투리라 웃었다고 했다
그는 서울에 가서
알아듣나 못 알아듣나
전라도 사람들한테 써먹어 봐야겠다고 했다
먹감처럼 살갑고 투박하게 웃는 친구들이라니!
그제사 나는 자세를 딱 잡고
목구멍이 보이는 그 친구 앞에서 말했다
앗따 내장 사람이 내장 말하는디
뭣시 그러케 우습당가

—「물짜!」 전문

  이 시는 구체적인 생활언어, 곧 사투리로 이루어져 있을 뿐만 아니라 사투리 자체를 대상으로 삼고 있다. 사투리 자체를 대상으로 삼고 있는 이 시는 그와 관련해 조그만 에피소드를 만들고 있어 더욱 관심을 끈다. 이때의 조그만 에피소드는 "초등학교 동창 아이의 결혼식에 갔다"가 "냇갈 건너로 하교하던 송산리 친구"가 좀 더 먼 곳으로 하교하던 "다른 한 친구한테" "아이, 순자네 집 좋아? 하고" 물으면서 구체화 된다. 이 물음에 "다른 한 친구"가 아니라 시인이 직접 "물짜!" 하고 대답하면서 이 시의 초점은 "물짜"라고 하는 내장산 지역 사투리로 집중된다.

  "물짜"라고 하는 내장산 지역 사투리는 전후의 문맥으로 보아 대강 '좋지 않다'는 뜻으로 읽힌다. 따라서 이 말은 내장산 지역 사람들의 은어라고 해도 과언이 아니다. 은어는 본래 특수한 계층이나 지역의 언어이니만큼 그 말을 알아듣는 사람들 간에는 깊은 공감대를 형성하기 마련이다. "서울에 가서" 이 말을 "알아듣나 못 알아듣나/전라도 사람들한테 써먹어" 보고 이 말을 알아들었을 때 느끼게 될 결속감을 생각해 보라. 시골에서 상경해 대도시에서 살아가는 사람들이 고향마을에서나 들었음 직한 후미진 말을 들었을 때 받아들이는 느낌은 누구에게나 마찬가지이리라. 이 시에서 시인의 친구들이 "먹감처럼 살갑고 투박하게 웃는" 것도 실제로는 그러한 느낌에서 연유하는 것처럼 보인다.

이러한 논의에서 정작 확인할 수 있는 것은 시인 류순자가 그가 살아가는 지역과 지역어를 진심으로 사랑하고 있다는 점이다. "앗따 내장 사람이 내장 말하는디/뭣시 그러케 우습당가"라고 그가 항변할 수 있는 것도 다름 아닌 이에서 기인한다. 지역과 지역어는 향토와 향토어이거니와, 향토와 향토어를 바탕으로 하는 향토문학이 결국은 민족과 민족어를 바탕으로 하는 민족 문학으로 성장하기 마련이라는 점을 간과해서는 안 된다.

민족 문학이 곧 세계문학이라는 사실을 염두에 두면 그의 지역과 지역어에 대한 깊은 애정은 아무리 높게 평가해도 지나치지 않아 보인다. 그렇다. 언제나 고향의 언어로 고향의 풀물들과 풍광들을 노래해온 것이 류순자 시인이다. 「정읍탱고」, 「부악골」, 「일번 식당에서」, 「주머니꽃」, 「초승달」, 「달」 등의 시를 통해 고향의 상징이라고 불러도 좋을 아버지와 어머니를 참신하고도 구체적인 형상으로 그려내고 있는 것이 그라는 것을 언급하며 이러한 정도의 논의로 글을 맺는다. (2008)

고향, 자연, 생활
—서승현 시집, 『푸른 현호색꽃 성채에 들다』, 도서출판 시와사람, 2010.

　서승현의 시는 지식이나 의식이 적절히 개입되어 있어 다소간 주지적으로 읽힌다. 이는 아마도 그의 시가 얼마간 지성에 의해 통제되는 정서를 바탕으로 하고 있기 때문으로 보인다. 지성의 작동이라고 했지만 실제로는 그것이 대상에 대한 그의 진술적 태도에서 연유하는지도 모른다. 물론 진술적 태도는 대상에 대한 설명적 태도가 변형되어 드러나는 언술 방식이라고 할 수 있다. 하지만 그의 시 역시 각각의 대상에서 비롯되는 이런저런 이미지를 바탕으로 하는 것이 사실이다.

　이러한 맥락에서 그의 시의 주요 대상을 분류해보면 1) 고향의 세계, 2) 자연의 세계, 3) 생활의 세계로 대별(大別)되는 것을 알 수 있다. 고향의 세계는 유년 및 가족의 체험을 중심으로 펼쳐내고 있고, 자연의 세계는 숲이나 사물의 이미지를 중심으로 노래하고 있으며, 생활의 세계는 이웃들의 힘들고 어려운 노동을 중심으로 전개하고 있다.

　고향의 세계와 관련된 유년 및 가족의 체험을 담고 있는 그의 시는 그리움의 정서를 토대로 하고 있다. 자연의 공간과 관련된 숲이나 사물의 이미지를 담고 있는 시는 삶의 지혜 및 진실을 다루고 있고, 생활의 공간과 관련된 이웃들의 힘들고 어려운 노동을 그리고 있는 시는 연민의 정서를 기초로 하고 있다.

　그의 시에서도 고향은 일단 기억과 추억의 공간으로 자리해 있다. 기억과 추억의 공간으로 자리해 있는 고향은 기본적으로 그리움의 원천으로 기능한다. 고향이 그리움의 원천으로 기능하는 까닭은 무엇보다 그곳이 큰 긍정의 공간으로 상정되어 있기 때문이다. 고향이 큰 긍정의 공간으로 상정되는 이유는 그다지 복잡해 보이지 않는다. 그 역시 고향에서는 유년 시절을 살았을 것이기 때문이다. 유년 시절을 산 만큼 고향에서의 그의 삶에 상대적으로 괴리가 적었을 것은 자명하다. 괴리가 적었던 만큼 갈등이나 길항도 적었을 것이고, 그에 따른 고통도 적었을 것이다. 그가 특별히 고향의 세계, 나아가 유년의 세계에 집착하는 데는 이러한 면도 큰 몫을 했을 것으로 보인다.

　물론 유년 시절의 그의 고향이 실제로도 행복의 공간이었을 것으로 생각되지는 않는다. 한편으로는 까맣게 "석탄 가루 날리는" 곳으로 기억되는 곳이 고향이기도 하기 때문이다. 물론 그에게 이러한 고향은 오랫동안 "겹겹의 빗장 속에 스스로를 가두"어 두고 "선뜻 떠나지 못"(「그 새벽의 기찻소리」)하는 곳인 것도 사실이다. 그에게도 고향은 일탈의 공간이면서 회귀의 공간이기 때문이다. 따라서 그의 의식 속의 고향은 떠나려고 하는 곳이면서도 돌아가려 하는 곳이라고 할 수 있다. 하지만 지금 그에게 고향은 떠나려 하는 곳이기보다는 돌아가려 하는 곳으로 자리해 있다고 해야 옳다. 고향을 떠나 타향에서 살아가는 것이 오늘의 그이기 때문이다.

　이처럼 그에게 고향이 끊임없이 회귀의 공간으로 존재하는 것은 무엇보다 그곳이 평안과 안식의 공간으로 기억되기 때문이다. 평화와 안식의 공간은 가족을 떠나서는 존재하기 어렵다. 고향이 자연과 더불어 기억되기도 하지만 가족과 더불어 기억되는 것도 이로부터 연유한다. 가족은 언제나 집을 통해 구체화하기 마련이다. 집과 유리되어서는 존재할 수 없는 것이 가족이다. 자신의 시에서 그가 끊임없이 집에 대한 그리움을 담아내는 것도 이와 무관하지 않다. 한때는 "삼겹살을 안주 삼아/흰 막걸리 한 사발을 감로수처럼 비우던 곳"이 그의 고향 집, 곧 '길 아랫집'이기 때문이다. 물론 그의 고향 집, 즉 '길 아랫집'은 "꿈을 향해" "꾹꾹 옮기던 발걸음"들이 가득했던 곳이다. 지금은 "폐광 뒤 모두 떠"나 "벌겋게 달아오르던 무쇠 난로 하나"만 "삭아가고 있"는 곳이 이 집이지만 말이다.

이렇게 "허물어지고 있"(「길 아랫집」)는 것이 그의 고향 집이기는 하다. 그럼에도 불구하고 이 집과 관련해 그가 가장 먼저 떠올리는 것은 어머니이다. 이 집에서 살면서 6남매나 되는 자식들을 키워낸 것이 어머니이다. 물론 이들 6남매를 키워내는 동안 그의 어머니가 늘 "산과 산 사이/밭이며 골짜기에/둥근 별꽃 피우려 달음질"을 쳐야 했던 것은 사실이다. "초여름 늦은 저녁,/달빛 드는 마루에 앉아/대파 껍질 스타킹처럼 끌어"(「어머니와 파벌레」)내리기도 한 것이 그의 어머니이다.

한편으로는 "백반에 꽃물 내어 붉디붉게 물들인 손끝으로 장독대 윤나게 닦"(「만삭」)아내던 것이 그의 어머니이다. "새벽녘"이면 "정한수 한 사발 살강 위에 올려놓고/혼곤한 잠 다독여주던 손길"을 지니고 있던 어머니, "닳아빠진 조각 비누 문질러/쪼그라든 몸 굽힌 채 머리를 감"던 어머니, "칼바람이 소나무 잎 썰고 있어도 /찬물 쫙 끼얹어 흰머리 헹"(「소한 아침」)구던 어머니……. 어찌 보면 그의 어머니는 성자라고 해도 지나치지 않다.

> 아버지 제사가 끝난 후
> 서둘러 돌아가는 친척들
> 자동차 헤드라이트 불 밝힌다
> 음복 후의 왁자지껄함은
> 성긴 별빛 몇 무더기
> 파리하게 젖어 드는 대문간에 이르자
> 각자의 배웅으로 사잇길 가른다

주섬주섬 봉개를 싸다가
흐트러진 신발 뒤쳐져 신으며
아버지도 혼령으로 오셨다가
지금 가시는 걸까 생각해 본다
한밤중 서느러운 길목을 나서며
어둠 속 서리 맞은 흰 들국화 흔들리는 모습에
순간, 눈시울 축축해지기도 한다
마른 대추같이 쪼그라든 늙은 엄마는
어린 가시내처럼 검은 실핀을
쇤 머리 오른편에 빼딱히 꽂은 채
어여 가, 조심해 가,
처진 국화잎처럼 손바닥 흔들며
외등 불빛 아래 까무룩히 잦아든다
혼자 남겨진 늙은 엄마는
오랜 쓸쓸함이 잠시 반짝였을
빈방 많은 낡은 집이며
달아 건 문고리에 녹이 스는 시간과 함께
산기슭 짙은 어둠 속으로
첩첩히 고요해 갈 것이다.

— 「어둠 속 흰 들국화」 전문

  이 시에서 어머니는 무엇보다 희생으로 점철된 모습을 보여준다. "아버지 제사가 끝난 후/서둘러 돌아가는 친척들"을 행해 "어여 가, 조심해 가,/처진 국화잎처럼 손바닥"을 흔들고 있는 것이 어머니이다. 하지만 겉으로 드러나 있는 어머니는 "마른 대추같이 쪼그라든" 모습을 하고 있다. "검은 실핀을/쇤 머리 오른편에 빼딱히 꽂은 채" "외등 불빛 아래 까무룩히 잦아"드는 모습을 하는 것이 어머니이다. 따라서 그가 보기에 "혼자 남겨진 늙"은 어머니는 이제 "문고리에 녹이 스는 시간과 함께" "짙은 어둠 속으로/첩첩이 고요해 갈" 수밖에 없는 안쓰러운 존재이다.

고향의 구체적인 표상인 집과 가족 가운데, 어머니와 함께 빼놓을 수 없는 원형적인 존재가 아버지이다. 물론 이 시에서는 아버지가 제사를 마친 다음 "혼령으로 오셨다가/지금 가시는 걸까 생각해"보는 존재로 표현되어 있다. 그에게는 "말라가는 호박오가리"처럼 보이는 것이 "흑백사진 속 아버지"이다. 이러한 아버지를 그는 "기와지붕 비끼며/소리 없는 노래로" "날아오"는 "흰나비"(「아버지 기일」)라고 상상하기도 한다. 유년 시절에 체험했던 아버지는 늘 노동에 지친 고단한 모습을 하고 있어 화자를 안타깝게 하지만 말이다.

> 아가야 등허리 좀 밟으려므나
> 햇빛 반사되는 호미날 따라
> 흙 묻은 감자알 툭툭 튀어 오르던 날
> 저녁 드신 아버지 고단한 몸 아랫목에 엎드리셨다
> 등 위에 간신히 올라섰지만 어린 발바닥은
> 마른 혀처럼 오그라들다 허둥대며 미끌어졌다
> 밟히는 자리마다 삭정이 꺾어지는 소리 들리던
> 얇게 마른 아버지
> 좀 더 세게 밟거라, 그 발목 힘으로 세상 어찌 살겠느냐
> 성마른 목소리로 붉게 역정 내셨다
> 척추 속 등뼈 알 같은 흰 감자가
> 마당에 둥글둥글 작은 언덕 이루던 밤
> 꼭꼭 밟지 못해 야단맞은 마음이
> 노곤한 신음 따라 숨죽여 울음 울 때

> 달빛 아래 키 큰 오동나무는 쪼그려 앉은 어깨 위로
>
> 물기 마른 잎새 두엇 떨구어 주었다
>
> 감자포대 그득히 창고에 쌓이면
>
> 칼바람 몰아쳐도 겨울은 따뜻했다
>
> 광대뼈 검게 붉어진 아버지가
>
> 손톱 밑 갈라 터진 투박한 손으로 건네주던
>
> 찐 감자 속 뽀얗게 묻어나던 분 덩어리 덕분이었다
>
> 까마득한 어젯밤에도 단발머리 어린 소녀는
>
> 따끈한 등뼈 속 하얀 뼛골 빼먹으며
>
> 발목이 조금씩 굵어져 갔고
>
> 산등성이 오르내리는
>
> 발바닥에는 차츰 굳은살이 딱딱해졌다.
>
> ―「등뼈를 밟다」 부분

이 시는 온종일 감자를 캔 뒤 저녁을 드신 후 "아랫목에 엎드"려 있는 아버지를 중심 대상으로 삼고 있다. 어린 그가 이렇게 엎드려 있는 아버지의 등허리를 밟는 일부터 진술되는 것이 이 시이다. 따라서 이 시는 어린 시절로 돌아간 그가 그때의 일을 추억하는 형식을 취하고 있다. "등 위에 간신히 올라섰지만 어린 발바닥은/마른 혀처럼 오그라들다 허둥대며" 등의 구절이 이를 잘 말해준다. 궁극적으로는 아버지의 "하얀 뼛골 빼먹으며/발목이 조금씩 굵어져 갔"다고 반성하고 성찰하는 것이 이 시에서의 그이지만 말이다.

이처럼 그에게는 늘 아버지와 함께하는 것이 가족과 집이다. 가족과 집은 말할 것도 없이 고향의 산물이다. 가족과 집을 잉태하는 고향은 문명보다 자연에 가깝기 마련이다. 집, 가족, 고향은 항상 자연과 함께하는 것들이라는 점에서 더욱 의미가 있다. 그의 시에서 자연이 집과 가족, 고향에 따른 이미지들로만 이루어지는 것은 아니다. 삶의 지혜와 진실을 함축하는

것들로도 십분 존재하는 것이 그의 시와 함께하는 자연의 사물들이라는 것이다.

이들 자연의 사물들은 대부분 친화의 대상으로 자리해 있어 더욱 관심을 끈다. 물론 자연의 사물들이 존재하는 이러한 방식은 과거의 시에서도 익히 보아왔던 것들이기는 하다. 그렇다. 기존의 서정시에서도 자연의 사물들이 줄곧 사랑과 연민의 대상으로 존재해왔다는 것은 명확하다.

사랑과 연민의 대상으로 존재해왔다는 것은 감정이입의 대상으로 존재해왔다는 것을 뜻한다. 그리고 감정이입의 대상으로 존재해왔다는 것은 일치의 대상으로 존재해왔다는 것을 뜻한다. 시적 주체에게 자연의 사물들이 일치의 대상으로 존재하는 것은 서정시의 보편적인 특징이라고 해도 과언이 아니다. 그의 시의 "은단풍나무 살 내음들/내 몸에 수혈되듯 낮게 퍼진다"(「암전(暗電)」)라든가, "나는 듣는다, 딱따구리 따그르르 경 외는 소리를"(「푸른 현호색꽃 성채에 들다」) 등의 구절이 그 구체적인 예이다. "꽃물 든 손 들어 가슴에 문지르자/온몸으로 번지는 불그스름한 숨결"(「능소화」) 등의 구절도 이러한 맥락에서 이해할 때 실감이 난다.

그의 시 가운데에는 이러한 일치가 죽음의 정서에까지 이르고 있어 두루 관심을 끈다. "흑나비 한 마리" "윤기로운 날개로/이불 한 채 온몸으로 펼치고 있다./저 이불 끝 살짝 들추고 들어가" "길게는 말고 일 분간만, 죽었다 깨는 독약에 취한 듯/달콤 섹시하게 잠들고 싶다"(「여름 해찰, 흑나비」) 등의 구절이 그 대표적인 예이다. 물론 이들 표현에는 "흑나비 한 마리"로 상징되는 어떤 존재와 일치를 이루려고 하는 깊은 열정이 담겨 있다. 이때의 일치에의 열정이 성애의 내포를 갖는다는 것은 의심할 바 없는 사실이다. 그의 시에 함유된 성애의 표현은 "갈기 털 흘러내리는 목덜미 어루만지며/탄력 좋은" 말의 "등에 훌쩍 올라탄 채/흰빛 평원 숨 가쁘게 달리고 싶은 밤"(「눈 오는 밤」) 등의 구절에 의해서도 확인된다.

물론 이들 일치에의 열정을 반드시 성애의 표현으로만 받아들일 필요는 없다. 예의 표현이 실제로는 뿌리 뽑힌 채 떠돌아다닐 수밖에 없는 자기 자신을 바로 세우기 위한 의지의 한 형태일 수도 있기 때문이다. "자꾸 마음 어두워져 밝은 날에도 헛발 짚기 일쑤인"(「동백꽃 피네」)인 것이 그이기 때문이다. 따라서 그가 끊임없이 세계와의 일치를 추구하는 것도 실제로는 자기 자신의 불안하고 초조한 마음을 극복하기 위한 노력의 일환이라고도 할 수 있다. 그의 이러한 노력은 다음의 시를 통해서도 잘 알 수 있다.

그가 내게로 왔으면
바람 불고 장대비 몰아쳐
오동꽃 마당에 즐비하게 떨어진 날
그가 내게로 와 넓은 잎새 되어
비바람 가려주었으면

가슴 속 자욱이 하고 싶은 말
어지럼증으로 떠도는 날
그가 내게로 다가와 첫눈으로 붐비는
푸른 바다가 되어 주었으면

구멍 난 심장이 더욱 허전해지고
온몸에 열꽃 피어 호흡 가빠오는 날
그대 서늘한 손길로
내 뜨거운 이마 식혀 주었으면

어두운 잠 깊어지기 전
그가 내게로 다가와 내 잠을 일으켜 세워
새벽빛 운동화 신겨 주었으면
—「그가 내게로 왔으면」 전문

이 시에는 그가 처해 있는 고통스러운 현실이 "바람 불고 장대비 몰아쳐/오동꽃 마당에 즐비하게 떨어진 날"로 비유되어 있다. 물론 이는 자연의 사물들이 감정이입을 위한 객관상관물로 존재하는 한 예라고 할 수 있다. 자연의 사물들이 고통스러운 그의 현실을 드러내기 위한 비유의 보조관념으로 자리해 있는 경우라는 것이다.

이처럼 고통스러운 현실과 마주하게 되면 "구멍 난 심장이 더욱 허전해지고/온몸에 열꽃 피어 호흡이 가빠오는" 것이 그이다. 억압과 핍박이 "장대비처럼 몰아"치는 현실에서 그가 느끼는 감정은 당연히 불안과 초조일 수밖에 없다. 이처럼 불안하고 초조한 나날을 살고 있을 때 "그가 내게로 와 넓은 잎새 되어/비바람 가려주"기를 바라는 것은 너무도 당연하다. 그렇다. 뿌리 뽑힌 자아로 현실을 살아가고 있는 그가 마음의 평화와 안식을 갖기를 원하는 것은 충분히 있을 수 있는 일이다.

그에게 자연의 사물들은 깨달음의 대상, 인식의 대상으로 존재하기도 한다. "풀벌레 날개 속 숨어 있는/연둣빛 현의 떨림"을 "허공을 빗질"하는 것으로 인식하기도 하고, "바람의 길이 허공중에 있듯이/소리의 길 또한 거기 있"(「소리로 길을 놓다」)는 것으로 인식하기도 하는 것이 그이다. "황금빛 봄날", "우짖는 동박새 울음소리"에 "유폐의 핏톨들" "바깥으로 터져 나오는 듯해" 그가 "그만 현기증"(「동백꽃 피네」)을 일으키는 것도 마찬가지이다. 그뿐만 아니라 "뒷목덜미 부숭한 청년들 사이"에서 햇살이 "어룽대고 있"는 것을 "흰 손들의 음률"(「수화」)로 이해하는 것이 그이기도 하다. 자연의 사물들에서 삶의 지혜나 진실을 발견하는 것은 다음의 시에서도 익히 확인된다.

    천변 축대 뚫고 비스듬히 꽃 피우는
    개복숭아 한 그루 관절통 앓듯
    무르팍 껴안은 채 찬 바람 속

온몸 새카맣게 질려 있다.
저 메마른 몸뚱아리에도
연분홍 꿈 깃들여 있는 것일까.
꽃 피는 모습 보지 않았다면
검은 사색, 희망의 빛깔로 볼 수 없었으리.
추위에 질릴 대로 질린 한 시절 다 보내고
화르르 꽃 피우는 분홍의 시간이여
절명의 몸짓으로, 산목숨의 오르가즘으로
툭툭 터지는 환희의 빛살이여
빛살의 입자들 하롱대며
내 속으로 잦아들 때
슬픔의 아련함도 함께 찾아들리라.
만남과 떠남은
한 줄 그 끝을 물고 도는 쳇바퀴 같아
짧은 만남의 환희 속에
긴 이별의 고통 언제나 서려 있지.
작년 봄 꽃피웠던 물빛의 환희
분홍걸음 그림자 길게 드리웠는지
갑충처럼 갈라진 개복숭아 검은 몸뚱아리
뽀얀 입김 맑은 기운 엉키고 있다.

—「개복숭아, 꽃시간」 부분

    이 시는 "천변 축대 뚫고 비스듬히 꽃 피우는/개복숭아" 나무를 중심 대상으로 삼고 있다. 이 개복숭아 나무는 지금 "무르팍 껴안은 채 찬 바람 속/온몸 새카맣게 질려 있다." 그에게 개복숭아 나무는 이처럼 사람과 아무런 차이가 없이 존재한다. 따라서 개복숭아 나무는 그 자신의 감정이 이입되는 객관상관물이라고 해도 과언이 아니다. 한 인물의 구체적인 이미지로 존재하는 것이 이 시에서의 개복숭아 나무라는 것이다. "추위에 질릴 대로 질린" 시절 다 보내고 지금은 "화르르 꽃 피우는 분홍의 시간"을 살아가고 있는 인물 말이다.

　이처럼 그의 시에서 자연의 사물들은 인간을 알고 이해하는 데 도움을 준다. 그뿐만 아니라 이것들은 그로 하여 성찰과 반성을 불러일으키게 하는 기능을 하기도 한다. 이는 우선 "언덕 오르"다가 "푸드득 암꿩이 솟아오"르는 것을 보고 "놀라고 미안"(「슬픈 둥우리」)해하는 마음을 담고 있는 시에 의해 확인된다. "어항 속 맴돌며 사는 동안/푸른 강줄기를 그리워할 줄도 모르는" "붉은툭눈붕어의 슬픔에 대해 생각"(「어둠 깊은 내 방에서」)하는 시도 동일한 마음을 담고 있는 예라고 할 수 있다. 그의 시에서 자연의 사물들은 이처럼 나날의 삶과 함께하는 성찰적 지혜나 진실을 담고 있어 더욱 관심을 끈다. "연분홍 꽃 시간"을 통해 "아직은 저 봄날, 버리기 힘"(「버리기 힘들다」)든 마음을 표현하기도 하는 것이 시인이기 때문이다.

　이들 논의에서도 알 수 있듯이 그는 늘 자연의 사물들을 시의 질료로 삼아온 바 있다. 물론 한편에서는 나날의 삶 그 자체를 시의 질료로 삼아온 것이 그이다. 나날의 삶이라고는 했으나 그것은 본래 고통으로 존재하기 마련이다. 특별히 예외적인 사람이 아니고서는 상처로 점철된 나날을 살아가는 것이 보통이기 때문이다. 랭보는 "상처받지 않은 영혼이 어디 있으랴"라고 말하기도 했으나 상처받은 영혼으로 세상을 살아가기는 누구에게나 쉽지 않은 법이다.

　감수성에 따라 차이가 있기는 하겠지만 인간은 일정한 상처 속에서 살아가는 존재인지도 모른다. 이는 그라도 하더라도 다르지 않다. 그 역시 "욕망 이루지 못해 상처 난 가슴"(「도마뱀」)으로 살아가는 존재이기 때문이다. "머리가 허전히 텅 빈 것 같은" 느낌으로 "빽빽한 시멘트 숲 한 귀퉁이에 세 들어 사는"(「푸른 현호색꽃 성채에 들다」) 것이 그라는 것을 기억할 필요가 있다.

  이처럼 그는 자기 자신을 늘 가난한 존재로, 아픈 존재로, 사소한 존재로 받아들여 온 사람이다. 그럼에도 불구하고 자기 자신보다 작은 것들, 보잘것없는 것들, 소외된 것들에 대해서는 끊임없이 연민을 보여주는 것이 그이다. "눈 내리는 저물녘" "손수레 밀고" 가는 "한 여자"(「종소리」)에 대해서도, "무화과 담긴 함지박"을 "앞에 두고" "거뭇한 회한"을 앓는 "깡마른 노파"(「구계등」)에 대해서도 차마 어찌할 수 없는 마음을 보여주고 있는 것이 그라는 것이다. 작고, 보잘것없고, 소외된 것들에 대한 그의 연민은 여기서 그치지 않는다. "부스러지는 삶 그러모아/낡은 손수레에"(「생멸치 파는 여자」) 싣고 생멸치를 파는 여자에 대해서도, "한 평 도장집 귀퉁이에 앉아" "고개 숙여 손끝에 힘을 모두"(「회양목 여자」)는 여자에 대해서도 더없는 연민을 보여주는 것이 그이기 때문이다.

    어째서 밑둥치 통째로 내어준 후
    제자리 지키는 테두리가
    한 잎새만큼만 될 수밖에 없는지
    오늘도 여자는 되새김질하고 있다.
    한 평 도장집 귀퉁이에 앉아
    타박타박 걸어왔다가 가뿐히 가버리는
    세상의 뭇 이름들과 씨름하고 있다.
    별빛 돌아오는 어두운 하늘가
    노란 전등불 밝힌 채
    고개 숙여 손끝에 힘을 모두어
    때로는 감옥처럼 때로는 운명처럼
    회양목 갸름한 동그라미 몸통만큼
    제 살을 저며내듯 파내고 끌탕 친다

아이 낳을 수 없어 스스로 꺾어버린 결혼 생활
암팡한 회양목 작은 가지에
눈물방울 같은 잎새 종종 돋는 시간 속
세상 살며 배운 건 도장 파는 기술뿐
여자가 자리할 수 있는 자리는
제 눈물자국만한 붉은 인주 묻은 자리
찾아오는 모든 사람 감싸 안아
서슴없이 손끝으로 한 몸 되는 여자
회양목 동글한 잎새 닮은 여자
기도하듯 등 굽힌 뒷모습이
이제 막 또 한 존재 낳으려는 듯
진통의 푸른 물이 설핏 어린다.

―「회양목 여자」 전문

　이 시는 "회양목 갸름한 동그라미" 위에 사람들의 이름을 새기고 있는 여자에 대한 그 나름의 연민을 담고 있다. 적잖은 그의 시는 이처럼 인물 형상을 드러내는 데 바쳐지고 있다. 물론 이때의 인물 형상은 생활력이 강한 여성 노동자인 경우가 대부분이다. 하지만 그의 시에 등장하는 인물 형상이 모두 생활력이 강한 여성 노동자인 것은 아니다. 더러는 허약한 남성 인물이 연민의 대상으로 등장하는 예도 없지 않기 때문이다. "원주 시외버스 터미널"에서 "창백한 낮달같이 서성이는 사내"(「휴가」), "베란다 한 귀퉁이"에 "쪼그려 앉"아 "담배 연기"(「달팽이 사내」)를 피워 올리는 남자에 대해서도 차마 어찌하지 못하는 마음을 보여주는 것이 그이기 때문이다. 한편으로는 "둥근 갈쿠리"로 "바다의 옆구리"에서 "미역 한 다발" "날래게 끌어 올리는"(「경계를 넘다」) 건강한 어부에 대해서도 관심을 보여주고 있지만 말이다.

이처럼 그의 시에는 늘 사소한 것들, 보잘것없는 것들, 소외된 것들에 대한 크고 깊은 연민이 드러나 있다. 이들 존재에 대한 연민이 크고 깊다는 것은 그의 사유와 의식이 그만큼 공적이라는 것을 뜻한다. 여기서 공적이라는 것은 그의 시정신이 도저한 평등의식에 기초해 있다는 것을 가리킨다.

> 예각들이 은밀하게 환해지고 있다
> 보이지 않는 손길이 어루만지는 대로
> 날 선 각도가 차츰 둥글어지고 있다
> 분양과 임대 두 아파트 단지 사이
> 뻣뻣이 버티고 선 담장 쓰다듬어 주자
> 날 선 시멘트 테두리가
> 비로소 긴장 풀고 단잠에 빠져든다
> 담장 위 손가락질 세우는 철조망 끝마다
> 흰 벙어리장갑을 끼워주는 저 섬세한 손길
> 곡선을 사랑하는 그 누가
> 시퍼렇게 벼린 각들을 감싸고 있다
> 알같이 둥근 마음 환기시키고 있다
> 세상이 정한 몹쓸 각 때문에
> 산산조각 조각난 무수한 가슴들
> 조용히 나지막이 다독이고 있다.
>
> ―「숨은 손길」 전문

이 시는 "분양과 임대 두 아파트 단지 사이/뻣뻣이 버티고 선 담장"을 중심 대상으로 삼고 있다. 오늘을 사는 도시인이라면 누구라도 이들 두 아파트 사이의 담장과 관련해 상당한 갈등이 존재해 있다는 것을 알고 있다.

이 시에 따르면 그러한 갈등을 몹시 아쉬워하는 것이 시인 서승현이다. "보이지 않는 손길이 어루만지는 대로/날 선 각도가 차츰 둥글어지고 있"는 상황에 이 시의 초점이 있기 때문이다. 첫 행부터 "예각들이 은밀하게 환해지고 있다"고 진술되는 것이 이 시라는 것을 간과해서는 안 된다.

　이때의 예각들은 당연히 "분양과 임대 두 아파트 단지 사이/뻣뻣이 버티고 선 담장"에서 비롯된다. 물론 예각들이 환해지고 있는 이유는 "보이지 않는 손길이" 그것들을 "어루만지"고 있기 때문이다. 따라서 "보이지 않는 손길"이 "어루만지는" 것은 담장의 "날 선 시멘트 테두리"일 수밖에 없다. 지금 "날 선 시멘트 테두리"에, 즉 담장 위 "철조망 끝"에 "보이지 않는 손길"이 "흰 벙어리장갑을 끼워주"고 있는 것이다. 물론 "보이지 않는 손길"이 상징하는 것은 하느님이고, 흰 벙어리장갑"이 상징하는 것은 흰 눈이다. 흰 눈이 "시퍼렇게 벼린 각들"을 감싸기 위해 하나님께서 내려보낸 사랑의 징표라고 할 수 있는 까닭이 바로 여기에 있다.

　이처럼 나날의 사람살이에 현존하는 예각을 무너뜨리는 일에 끊임없이 마음을 쓰고 있는 것이 그이다. 그의 시들에 다루어져 있는 인물들이 언제나 작고, 조그맣고, 버려진 존재들인 까닭도 실제로는 이에서 연유하는 것으로 보인다. 자기 자신의 상처와 무관하게 남들의 상처를 감싸고 어루만지는 일에 항상 앞장을 서 온 것이 그라는 것이다. 하느님이 흰 눈의 모습으로 "산산조각 조각난" "가슴들/조용히" 다독이고 있는 것도 물론 그의 이러한 마음에서 비롯된다. 그만큼 풍성한 사랑을 갖는 것이 시인 서승현이라는 얘기이다. (2010)

고향, 자연, 사랑
—이남섭 시집, 『마음의 강』, 푸른사상, 2010.

　시인 이남섭은 전통적이면서도 고전적인 세계관을 지닌 사람이다. 이는 그가 은촌(隱村)이라는 고풍스러운 호로 불리기를 좋아하는 것만 보더라도 잘 알 수 있다. 은촌(隱村)이라는 그의 호는 '숨어 있는 마을', '시골에의 은거' 등의 내포를 갖는다. 따라서 그는 세상에 알려지기를 별로 바라지 않는 은자형(隱者形)의 사람이라고 할 수 있다. 실제의 그의 삶은 오늘을 사는 대부분 사람처럼 매우 바쁘고 분주하더라도 말이다.
　물론 그의 호 은촌(隱村)은 선조인 "李箕大公"(「可隱堂」)의 당호(堂號)인 가은당(可隱堂)으로부터 영향을 받은 것으로 보인다. 그렇다고는 하더라도 그가 명성을 좇는 속물들과는 거리가 먼 사람인 것이 분명하다. 이는 그가 유년 시절을 보낸 고향 집을 월백당(月白堂)이라는 당호로 높여 부르는 것만 보더라도 확인된다. 그의 시에 따르면 "산골 마을/연분홍 분꽃/홀로 피어 빈집을 지키"(「月白堂」)고 있는 것이 월백당(月白堂)이라는 당호이다.
　이 월백당(月白堂)에서 그는 할아버지한테 유교식으로 교육받으며 유년 시절을 보낸다. 그의 시에 드러나 있는 "새벽부터/천자 책 펴고는"" 어린 손자 훈도하던/우리 할아버지"(「성묘」)와 같은 구절이 이를 잘 말해준다. 그가 이렇게 할아버지의 슬하에서 외롭게 유년 시절을 보냈다는 것은 찔레꽃이 "만행 떠난 아버지/기다리시는 어머니 같"(「찔레꽃」)이 피어나는 곳이 고향이라는 그의 시의 몇몇 구절을 통해서도 잘 알 수 있다. 따라서 할아버지 밑에서 유교식으로 교육받으며 자란 그가 전통적이고 고전적인 세계관을 갖는 것은 참으로 자연스러운 일이라고 하지 않을 수 없다.

이러한 논의에서도 알 수 있듯이 그의 시에는 "가내 (可川)터에 집(堂)을" 짓고 살아온 사람들, 곧 전남 "보성군 문덕면 용암리 가내 마을"(「可隱堂」) 사람들의 정서가 깊이 배어 있다. 그의 선조인 "李箕大公"이 可隱堂을 짓고 처음 뿌리를 내린 이 '가내'는 성주 이 씨의 집성촌이거니와, 이들 성주 이 씨는 진작부터 상당한 부를 축적했던 듯싶다. 이는 그의 후손들이 "수천 여권의 책을 可隱堂의 시렁에 싸놓고/세상 얽매임 없이 書와 詩를 즐"겼다든지, "公의 외손자 송재 서재필도 일곱 살까지/이곳에서 공부했고, 추사 김정희도/가끔 들러서 함께 일필휘지했다"(「可隱堂」)는 등의 시구절이 잘 징험해준다. 그가 갈고 닦아온 이러한 전통적이고 고전적인 세계관은 다음의 시에도 잘 드러나 있다.

고향 집 가내 마을에 가면 제일 먼저 나를 맞이하는 건 푸른 산, 푸른 하늘이네. 그곳을 지키고 있는 어릴 적 친구는 툇마루에 앉아 담배를 피우며 서재필 기념공원으로 나서는 내게 말을 건네네.

일곱 살 어린 시절 나는 동화책 속의 주인공에 불과했는데, 한말 가내 마을을 떠나 한양 유학길에 나선 송재는 그 나이에 나라와 시국을 고민하는 책을 엮었다고 하네.

기우는 국운은 뜻있는 청년들의 가슴에 불을 지펴 송재도 평탄한 길 멀리하고 개혁의 물결에 몸 실었네.

개화의 바람 거칠게 불어 갑신정변의 오적이 되자 어머니 성주 이 씨, 아버지 대구 서씨, 아들의 큰 뜻 따라 시퍼런 칼날에 먼저 저승으로 가셨네. 사랑하는 형제와 아내와 자식까지 참혹하게 죽음을 맞으니, 삼족이 멸하는 아픔 그치지 않았네.

　결국 이국땅의 망명객이 된 송재, 몸은 타국에 있어도 넋은 늘 태평양 건너 한반도로 뻗쳤네.

　몸의 병 고치는 의사의 길 툭툭 털고, 나라의 정신 바로 세우는 애국지사의 길 택하고는 얻은 물질 소중하게 받들어 조국의 어둠 밝히는 등불이 되었네. 조국 사랑의 큰 뜻 솟구치고 솟구쳐 영은문 헐고 독립문 우뚝 세우셨네.

　뜨겁게 타는 온몸, 붓끝으로 각성을 촉구하는 독립신문이 되어 나라의 개화를 위해 상하 귀천 없애는 데 앞장서니 이 나라, 이 백성 깨우치는 선각자요, 스승이었네.

　선생이 가신 지도 벌써 반백 년, 육신은 죽어 조국의 땅에 돌아와 묻혔어도 선생의 뜻은 여전히 이 땅에 다하지 않고 살아 있네.

　어린 시절 뛰놀던 고향 땅에 입상의 동상으로 우뚝 서서 두 눈 부릅뜨고 주암호의 푸른 물처럼 일렁이며 두 다리 곧게 세워 조국을 지키고 있네.

　송재 서재필 당신의 얼을 기리는 기념관 오갈 때마다 가내 마을 어린 소년은 세월 제법 살아 장년이 되었어도 당신이 걸었던 아픈 발길 따르지 못하고 있네.

　　　　　　　　　　─「송재 서재필 기념공원에서」 전문

　이 시는 "조국 사랑의 큰 뜻"으로 "영은문 헐고 독립문 우뚝 세우"는 데 앞장섰던 갑신정변의 주역 서재필 선생을 추념하는데 초점이 있다. 서재필이 애국 계몽의 일념으로 독립신문을 창간하고, 이 "나라의 개화를 위해" 앞장섰다는 것은 불문가지다. 그의 고향인 "가내 마을"은 이러한 서재필 선생이 그의 선조인 "李箕大공"의 외손자로 태어난 곳이기도 하다. 이러한 점을 노래하는 것에서도 알 수 있듯이 원래 그는 과거의 일들, 조상의 일들에 깊이 사로잡혀 있는 사람이다. 이는 그가 성주 이 씨 종친회의 일에 깊이 관여하는 것을 통해서도 증명이 된다.

예의 일들은 그가 조상을 추모하는 일만이 아니라 전통적 세계와 고전적 세계에 대해서도 남다른 애정을 갖는다는 것을 뜻한다. 그가 남다른 애정을 갖는 전통적 세계와 고전적 세계는 고향의 세계이기도 하여 더욱 주목된다. 그의 시에서 고향의 세계는 전통적 세계와 고전적 세계에 곧바로 닿아 있기 때문이다. 월백당(月白堂)이라는 당호로 존중되는 그의 고향 집이 "50여 년 세월 끊임없이" "울타리 가에/달빛처럼" 수국이 "피어나"(「수국을 보며」)는 곳이라는 것을 간과해서는 안 된다. 실제로는 어쩌다 들려 하룻밤을 묵는 곳이겠지만 이 월백당(月白堂)에서의 시간을 그는 다음과 같이 노래하고 있다.

잠 깨어 창문을 여니
연초록 앞산
이 작은 산골 마을로 내려와
딴 세상 펼친다.

가난한 산골 마을
일찍 핀 살구꽃, 배꽃
가난한 몰골 털고
제 세상인 양
화들짝 웃어젖힌다.

흐르는 개울물
졸졸졸 소리만 남기고
먼 세상 향해 흐르며

작은 풀잎들 위
　　사랑의 흔적을 남긴다.

　　솔잎 바람, 댓잎 바람
　　작은 뜰로 모여들고
　　동백꽃 노랑 꽃술 따던 동박새
　　꼬리 흔들다 말고
　　그만 봄 잠에 취한다.
　　　　　　　　　　　　—「산중일기」전문

　이 시에 의하면 그의 월백당은 아침에 "잠 깨어 창문을" 열면 "연초록 앞산/이 작은 산골 마을로 내려와/딴 세상 펼"치는 곳이다. "살구꽃, 배꽃/가난한 몰골 털고/제 세상인 양/화들짝 웃어젖"히는 "가난한 산골 마을"에 자리한 것이 그의 고향 집인 월백당인 것이다. 이처럼 그의 시에서 월백당은 "개울물/졸졸졸 소리만 남기고/먼 세상 향해 흐르며/작은 풀잎들 위/사랑의 흔적을 남"기는 평화와 행복의 공간으로 그려져 있다.

　따라서 그의 시에 그려져 있는 고향은 어머니의 품속 같은 곳이라고 하지 않을 수 없다. 이러한 고향에 대해 그가 긍정적인 자아개념, 곧 자부심을 갖는 것은 당연하다. 그가 "이제 나도 고향으로/돌아갈 때가 되었나 보다"라고 노래하는 것도 이러한 인식의 결과라고 할 수 있다. 그의 마음속에서는 고향이 늘 "봄이면 쑥국 향기/여름이면 아욱국 향기/그리워"(「돌아가야 한다」)지는 곳이기 때문이다. 그에게는 "고향의 강"이 "말만 들어도 눈물"(「추억의 강」) 나는 곳이라는 점을 간과해서는 안 된다.

　물론 그의 시에서 고향이 언제나 항상 이처럼 평화와 행복의 공간으로만 그려져 있는 것은 아니다. 과거의 공간이 아니라 현재의 공간으로 그려져 있는 고향은 고통과 함께하는 터전이기도 하기 때문이다. 실제로는 그의 고향도 "오직 출세를 위해/많은 사람이 도시로 떠"난 "두메산골"(「낯선 고향」)이라는 것을 기억해야 한다. 따라서 이제는 그의 고향 역시 지난 시절의 풍성함을 갖고 있지 못하리라는 것은 자명하다. "추석날 아침에나/겨우 부활하는" 모습을 보여주는 것이 그의 고향이라는 뜻이다.

추석이 가까워지자
고향 언덕길, 가을비에 젖는다.
명절에나 간신히 돌아와
달랑 하룻밤 보내고
떠나야 하는 사람들……
폐허 같은 서러움이 짙어온다.

옛날의 금싸라기 땅들
잡초만 무성하다.
올해도 쌀농사는
내 가슴을 서럽게 하고
고향 사람들의 가슴을 멍들게 한다.

추석날 아침에나
겨우 부활하는 골목 안 사람들
이 날만큼은 그래도
화들짝 옛날이 돌아온 것 같다.

뉘 집엔들 외동자식
객지로 내몰던 고달픈 세월이 없으랴.
추석 다음 날 저녁

> 고단한 어머니는
>
> 늙은 모습 보이지 않으려
>
> 손도 흔들지 않으신다.
>
> ─「추석 무렵」 전문

 이 시에 따르면 이제는 그의 고향도 "명절에나 간신히 돌아와/달랑 하룻밤 보내고/떠나야 하는 사람들"로 하여 "서러움이 짙"은 곳이다. "옛날의 금싸라기 땅들/잡초만 무성"한 곳이, "올해도 쌀농사"도 "사람들의 가슴을 멍들게" 하는 곳이 그의 고향이다. 심지어는 "추석 다음 날 저녁"에는 "고단한 어머니"가 "늙은 모습 보이지 않으려/손도 흔들지 않"는 곳이 그의 고향이기도 하다.

 이로 미루어 보더라도 고향에 대해 그가 양가적 감정을, 곧 긍정의 마음과 부정의 마음을 동시에 갖고 있다는 것을 잘 알 수 있다. 그렇다고는 하더라도 고향과 관련한 그의 감정이 절망적이기보다 희망적인 것이 사실이다. 그의 시에서 고향에 대한 시각이 여전히 능동적인 것이 이를 잘 말해준다. 그렇다. 그가 생각하는 고향은 아직도 전통적인 풍속들과 풍물들이 생생하게 살아 숨 쉬는 곳이다. 그의 마음속에는 지금도 고향이 섣달그믐이면 "흰 접시 위에/무명실을 꼬아 기름을 붓고/온 집안 불을 밝"(「섣달그믐 고향 집에선」)히는 곳이고, "백중날"이면 머슴 "매수 씨"가 "씨름판에서 장사 되어/황소를 타"(「머슴 매수씨」)고 집으로 돌아오는 곳이라는 것이다.

 시를 통해 보여주는 고향에 대한 그의 애정은 이처럼 지극하고 정성스럽다. 언제나 "찌든 얼굴/푸른 차향으로 씻어내고 있"(「낯선 고향」)는 곳이 그의 고향이다. 그가 자신의 시 「득음정을 찾아」에서 보성소리의 흔적을 찾으려고 노력하는 것이나, 「녹차를 따르며」에서 보성녹차의 이미지를 그리려 노력하는 것도 고향에 대한 애정에서 기인한다.

 이러한 애정은 그의 고향 주변의 사찰인 송광사나 대원사, 만연사 등을 소재로 한 시들을 통해서도 어렵지 않게 찾아볼 수 있다. 「법고 소리」, 「대원사 가는 길」, 「대원사 숲길에서」, 「만연사」, 「범종소리」 등이 그것이거니와, 이들 시에서 그는 불교에 관해 남다른 친연성을 보여주기도 한다. 다음의 시는 그가 불교의 아우라와 깊이 관련되어 있다는 것을 알게 해주는 대표적인 예이다.

> 법고 소리가 아름답다는 걸
> 처음 알게 된 것은
> 유년 시절 고향에서
> 송광사 법고 치는 스님을 만나고부터다.
> 그가 치는 법고 소리를 듣고부터다.
>
> 삶의 에너지가 필요할 때마다
> 좋은 시를 쓰고 싶어질 때마다
> 법고 소리를 들으러
> 나는 송광사에 간다.
>
> 더러는 법고를 치는 스님보다
> 법고를 치는 시간이 되기를
> 더 기다리기도 한다. 그런 시간엔
> 나를 돌아볼 수 있기 때문이다.
>
> 둥둥둥 쿵쿵 딱딱딱
> 위아래로 좌우로 툭툭 튀어나오는
> 법고 치는 소리는
> 언제나 영혼을 불태워

육체를 구원한다.

둥근 법고를 향해 몸을 날리며
북을 치는 스님들
오늘도 흰 새로 환생해
저녁 어둠을 환하게 가른다.

―「법고 소리」 전문

　이 시에 따르면 그가 "법고 소리가 아름답다는" 것을 "알게 된 것은/유년 시절 고향"의 "송광사"에서 "법고 치는 스님을 만나고부터"이다. 그런 이후 그는 "삶의 에너지가 필요할 때마다" "법고 소리를 들으러" "송광사에 간다." 거기서 만나는 "법고 치는 소리는/언제나" 그의 "영혼을 불태워/육체를 구원"해준다. 이처럼 고향 근처의 사찰에서 "산안개/강물과 은밀히 손잡고/때 묻은 속세의 인연/바위에 새기며 대숲에 묻는"(「대원사 숲길에서」) 것이 그이다.
　불교적 아우라를 담아내는 것은 자연과 가까워지는 일이기도 하고, 도시나 문명과 멀어지는 일이기도 하다. 따라서 그의 시에 드러나 있는 이러한 모습은 고향의 자연을 복원시키려는 의지와도 무관하지 않아 보인다. 그의 시에 드러나 있는 고향의 풍물들은 그 자체로 자연 일반의 사물들이기도 하기 때문이다.
　그렇다고는 하더라도 그의 시에 함유된 자연이 매우 독특한 것은 사실이다. "시를 쓴다는 것은/야생 동백나무 밑둥을 잘라/어두운 아파트 베란다로/유배를 보내는 일"(「시를 쓴다는 것은」)이라고 노래하는 것이 그이다. 따라서 그의 시에는 무엇보다 '자연 친화'가 일차적인 내포로 존재해 있다는 것을 알 수 있다. 그의 시에서는 고향 회귀에의 의지가 곧바로 자연 회귀에의 의지로 전화(轉化)되는 까닭이 바로 여기에 있다.

자연을 가리켜 어머니 대지라고 하는 점으로 미루어보면 자연 회귀에의 의지는 잃어버린 지 오래인 어머니 대지, 곧 에덴 회귀에의 의지라고도 할 수 있다. 어머니 대지, 곧 에덴은 본래 양수로 상징되는 물의 이미지와 함께하는 공간이다. 그의 시에 바다의 이미지나 강의 이미지, 곧 물의 이미지가 충만하고 풍부하게 드러나 있는 것도 실제로는 이에서 기인한다. 이는 그가 "어쩌다 빈손으로" 찾아가도 "아무런 내색도 하지 않"(「고향 바다」)고 반겨주는 곳이 고향 바다라는 점을 통해서도 확인된다.

물의 이미지가 드러나 있는 그의 시로는 「漁水樵山」, 「물소리」, 「5월의 성산포」, 「보성강」, 「추억의 강」, 「침묵의 강가에서」, 「마음의 강」 등을 예로 들 수 있다. 이들 시에 따르면 그에게 자연의 핵심 요소인 물, 곧 바다나 강은 추억의 것이거나 기억의 것, 곧 마음의 것이다. 하지만 이들 공간은 찾아 "가면/그래도/그리움 가라앉"(「추억의 강」)게 해주는 곳이다. "걸음마도 하기 전"에 "누이의 등에 업혀/버드나무 아래에서 처음"(「보성강」) 바라본 곳이 보성강인 만큼 그럴 만도 해 보인다. "사는 일 너무 힘들면/남몰래 찾아가는/강"이, "서러운 눈물/빗물처럼 포근히 받아 주"는 강이 "하나 있으면 좋겠네"(「침묵의 강가에서」)라고 노래하는 것이 그라는 것을 염두에 둘 필요가 있다.

> 언제나 낮은 곳으로 흐르는
> 세상의 모든 상처
> 가슴으로 꼭 껴안는
> 작은 江 하나
> 내 마음에 두고 싶다.
>
> 돌이 있으면
> 돌아 흐르고

웅덩이가 있으면

채워 흐르는

그런 江 하나 있으면 좋겠다.

지금은 비록 실개천이지만

물이 부족하면

비를 기다릴 줄 아는

생명줄같이 조용한 江

가슴으로 흐르면 좋겠다.

끝내 세월 다투지 않는

바다에 닿아도

고향의 물결 쉬 잊지 않는

그런 작은 江 하나

내 마음에 두고 싶다.

—「마음의 강」 전문

 이 시에서 시인 이남섭은 "돌이 있으면/돌아 흐르고/웅덩이가 있으면/채워 흐르는/그런 江"을 "마음에 두고 싶"어 한다. 이에서도 알 수 있듯이 그의 시에서 강은 평화와 행복을 지향하는 위안의 기제로 존재한다. 자연이 그러한 기제로 존재하는 것은 강의 경우에만 있는 것이 아니다. 그의 시에서는 산도 동일한 기제로 존재하기 때문이다. 그의 시에 수용되는 산은 「겨울밤 산행」, 「바래봉에 올라」, 「일림산 5월」, 「천관산 억새」, 「茶鄕에 가면」, 「산행」 등을 통해 알 수 있는 바래봉, 일림산, 천관산, 활성산 등이다. 물론 이는 모두 그의 고향인 보성 근처에 있는 산들이다. 따라서 그의 시에 등장하는 산에 대한 노래는 자연에 대한 노래이면서도 고향에 대한 노래라고 할 수 있다. "그리움 넘실대는 날"이면 고향의 산인 "바래봉" 등산에 "올라/낮은 하늘과 높은 산을 바라"(「바래봉에 올라」)보며 마음의 위안으로 삼는 것이 그이기 때문이다. 그로서는 "그리움이 닿을 수 없는 높이로/흩날리는/억새꽃"(「천관산 억새」)이 그가 찾아오기를 원하므로 이들 고향의 산을 찾는다는 것이다.

그리움은 본래 사랑과 함께하는 정서이다. 그리움이 충만하고 풍부한 사람은 사랑도 충만하고 풍부하기 마련이다. 그가 사랑이 충만하고 풍부한 사람인 까닭도 다름 아닌 이에서 기인한다. 그렇다. 그는 늘 사랑이 넘치는 사람이다. 기회가 있는 대로 "사랑하는 이여./당신의 앞머리 가에/고귀한 흰 빛, 에델바이스를 꽂아 드릴게요"(「함께 알프스로 가요」)라고 노래하는 것이 그이다. 그가 넘치는 사랑을 지닌 사람이라는 것은 그의 시의 "차 한 잔 앞에 놓고/함께 앉아 있는 것만으로도/사랑이란 것을/좀 알 것 같다(「사랑」)는 구절 등에서도 잘 알 수 있다.

시를 통해 보여주는 그의 사랑은 당연히 仁의 마음, 즉 측은지심까지도 포괄한다. 측은지심으로서의 그의 사랑은 항용 자연 일반에까지 미치고 있어 더욱 관심을 끈다. "양지바른 외딴 밭에/겨울 상추씨를 뿌리고 돌아"와 "내내 노심초사"(「상추 씨앗을 뿌리며」)하는 것이 그이기 때문이다. 그렇다고는 하더라도 그의 시에 드러나 있는 사랑의 대상은 사람일 때 보다 제격이다. 이를테면 "꽃집의 여자"를 노래하는 것이 좀 더 그럴싸해 보인다는 것이다. 그가 보기에는 "손끝이 닿으면/돌도 나무도 풀잎도/새로운 꽃으로 다시 피"워 내는 것이 "꽃집의 여자"(「꽃집에서」)이다.

독사에 물린 자국이다.
해독되지 않아
아직도 몸살 중이다.

>독사에 물려
>
>잘린 손가락
>
>봄이 되면
>
>또다시 근질거린다.
>
>―「첫사랑」 전문

이 시에 따르면 그는 아직도 "독사에 물린 자국" 같은 첫사랑이 "해독되지 않아" "몸살 중"이다. 이미 오래전의 일이지만 이처럼 그의 첫사랑은 아직도 생생하게 살아 있어 그를 괴롭힌다. 그에게는 "위성도 돌고, 계절"도 돌지만 "돌지 않는 것은 오직 지나간 시간뿐"(「레테의 강」)이다. "오늘 밤에도/그 별,/다시 볼 수 있을까/그녀의 집 앞에서/서성이"(「그리움」)는 것이 그라는 것이다.

사랑이 충만하고 풍부한 사람은 이별도 충만하고 풍부하기 마련이다. 본래 사랑은 이별을 거느리는 법이고, 이별은 사랑은 거느리는 법이다. 그렇다. 그는 "덜컹덜컹 떨어지는" 동백꽃의 "붉은 꽃송이가/이별이고 사랑이라는 것을" 잘 알고 있는 사람이다. 사람들의 기본적인 관계가 만남과 헤어짐, 사랑과 이별의 형식으로 이루어져 있다는 것을 기억할 필요가 있다.

사람에 대한 사랑은 세상에 대한 열정과 다르지 않다. 따라서 그의 열정은 때로 허위로 가득 찬 세상에 대한 비판의 형식으로 존재하기도 한다. 그의 시에 드러나 있는 고향과 자연이 낙원이 아니고 보면 이는 당연한 일인지도 모른다. 그의 시에서의 고향과 자연도 실제로는 개발과 성장이라는 이름으로 끊임없이 파괴되고 해체되는 공간이기 때문이다. 그의 시에서의 고향과 자연을 파괴하고 해체하는 주체는 물론 개발과 성장의 주도권을 지니는 공권력이다. "수돗물 오염시키는 주범이라고/환경청장이 잡아가 버"린 "수변보호구역"(「漁水樵山」)을 다루고 있는 시가 특히 그것을 잘 말해준다. "거대한 도시"에서 "이억 이천오백만 년" 전의 "공룡으로 다시 부활하"(「공룡시대」)고 있는 대형마트를 비판하는 시도 이와 유사한 예라고 할 수 있다.

  이처럼 그의 시는 매우 의미 있는 장점을 지닌다. 물론 그의 시가 지니는 장점은 이에서 그치지 않는다. 쉽고 편하게 읽힌다는 것도 그의 시가 지니는 중요한 장점 중의 하나이기 때문이다. 하지만 그의 시가 지니는 이러한 장점은 동시에 단점이기도 하다. 한편으로는 다소 소박하고 단순하게 읽히는 것이 그의 시라는 뜻이 되기도 하기 때문이다. 앞으로는 그의 시가 좀 더 복잡하면서도 생생한 내포를 갖기를 빌며 여기서 글을 맺는다.
(2010)

자연과 더불어 살아가는 마음들
―김화정 시집, 『맨드라미 꽃눈』, 푸른사상사, 2012.

　김화정 시의 화자는 언제나 집 밖에 위치한다. 그의 시의 화자가 처해 있는 자리는 집이나 사무실 등 밀폐된 공간인 경우가 드물다. 그뿐만 아니라 그곳이 도시의 거리인 경우도 많지 않다. 더러는 "사람들 머리 위로/어깨 위로" "눈이 쏟아져 내"려 "온통 하얀 눈꽃길이"(「눈 내리는 퇴근길」) 된 도시의 풍경이 그려지기는 하지만 말이다. 이처럼 그의 시의 화자는 도시의 거리 위에 자리해 있는 예를 찾아보기가 쉽지 않다. 결국 이는 그의 시의 주요 대상이 자연이라는 것을 가리킨다. 그렇다. 대부분은 자연 속에 처해 있는 것이 그의 시의 화자이다.
　자본주의 경제체제가 보편화되면서 인간의 삶은 도시를 중심으로 이루어지고 있다. 나날의 삶이 도시를 중심으로 영위되는 것이 오늘의 자본주의 경제체계이다. 김화정 시의 화자와 대상이 그렇지 못한 것은, 다시 말해 자연과 함께하는 것은 따라서 많은 것을 생각하지 않을 수 없게 한다.
　이와 관련하여 먼저 확인할 수 있는 것은 그의 시의 화자가 끊임없이 도시에서 자연으로 이동하고 있다는 점이다. 그의 시의 이러한 특징에 대한 논의는 다음과 같은 그의 시의 몇몇 구절들에 의해서도 증명이 된다.

　　　　화창한 초여름 날 철부선을 탄다 (「전람회의 그림」)

　　　　그 배를 타고 나는 황톳집 굴뚝의 노래/연기로 퍼지는 외딴 산골에
　　　와 있다 (「그런 노래는 잊어 달라며」)

　　　　산길을 지나/물가에 이르는 길에는/참국이 피어 있다 (「참국이 피는
　　　마을」)

　　　　바닷길 열리는 날이면/모도모도 茅島 가는 길 (「모도 가는 길」 부분)

　이들 인용 시에서도 알 수 있는 것처럼 그의 시의 화자는 끊임없이 도시를 떠나 자연을 찾아 나선다. 그가 도시를 떠나 자연을 찾아 나서는 까닭은 무엇인가. 자연과 함께하는 삶이 자기 자신을 훨씬 더 편안하고 행복하게 해주기 때문이리라. 편안하고 행복하게 해준다는 것은 시인 자신의 왜곡되고 어긋난 마음을 따뜻하고 부드럽게 감싸준다는 것을 가리킨다. 자연이 나날의 삶이 만드는 고통을 따뜻하고 부드럽게 감싸주는 것은 그것이 인간의 근원적인 고향인 데서 기인한다. 자연을 가리켜 흔히 어머니 대지라 하지 않는가.

　평화와 안식을 주는 자연과 함께했을 때 그가 보여주는 태도는 다양하다. 일단은 이러한 자연과 관련해 그가 예찬과 상찬, 감탄과 기쁨의 정감을 드러내고 있는 예부터 확인할 수 있다. 이때 그와 함께하는 자연 역시 모든 생명이 지니는 다양한 욕망과 활기를 포괄하고 있기는 하지만 말이다. 그의 시가 지니는 이러한 면은 우선 '월등면'이라는 지명과 관련해 시상을 펼치고 있는 다음의 시에 의해 확인된다.

　　　　지금 한창이에요
　　　　점점이 꽃뜸 뜨는 가지들……

  월등면 산동네는 매화가지마다
  피어오르는 꽃들로 부르텄어요

  꽃들로 배부른 산비탈 이곳저곳 볼거리가 줄지어 서 있어요 '사은 대축제' 기간이라네요 안개 묵상을 시작으로 꽃들이 최면에서 깨어나면 산마루에서는 해가 눈부셔요 꽃들이 빛나는 게 모두 제 공이라며 웃지요 안개는 햇볕을 멀리할 수밖에요

  알맞은 호황에 일벌들의 휘파람이 비명소리로 들리네요 그중에는 영역다툼도 있지요 청매 홍매 國手戰은 해가 갈수록 치열하지요 꽃들이 지면 승자도 패자도 의미가 없는데요

  매화가 지면 월등면은 복사꽃이 한창일 거예요 점점이 꽃뜸 뜨는 가지……복사꽃 가지들 발갛게 탈까 두려워요 복사꽃 피는 산골, 그야말로 산골의 온 천지가 무릉도원이겠지요 그땐 작정하고 떠난 자식들도 멀리 되돌아올까요 매화가 지고도 이별이 아프지 않는 것은 아마도 이 때문일 거예요

  꽃피는 월등면은 등불 밝히는 곳이에요
  하늘 아래 산동네가
  온통 봄으로 타고 있어요
  지금 한창이에요.
           ―「달은 등불을 켜고」 전문

 이 시에는 "피어오르는 꽃들로 부르"터 있는 "월등면 산동네"의 아름다운 풍광이 들뜬 마음으로 노래되어 있다. "꽃들로 배부른" 월등면 산비탈

의 모습을 흥분된 목소리로 노래하는 것이 이 시이다. 이 시에 의하면 "매화가 지면 월등면"에는 다시 "복사꽃이 한창" 피어나게 될 것이다. "복사꽃 가지들 발갛게 탈까 두려"운 곳, 그가 보기에 이곳 월등면은 "온 천지가 무릉도원이"다.

무릉도원은 동양의 제현들이 줄곧 이상향으로 삼아왔던 세계이다. 이는 김화정 시인의 경우에도 마찬가지이다. 비록 상징적이기는 하더라도 그 또한 봄꽃들로 흐드러져 있는 월등면 산동네 일대를 일종의 이상향으로 여기고 있다는 뜻이다. 구체적이고 생생한 자연의 공간에서 무릉도원이라는 이상향을 찾고 있는 것이 그라는 얘기이기도 하다.

그의 시의 화자가 끊임없이 자연을 향해 발걸음을 옮기는 까닭도 실제로는 이와 무관하지 않다. 자연의 사물들과 함께할 때 비로소 평화와 안식, 행복과 기쁨을 얻는 것이 그라는 것을 기억할 필요가 있다. 바로 이때 평화와 안식, 행복과 기쁨을 얻는 것은 그가 무엇보다 자연의 사물들과 깊이 화응하고 있기 때문으로 보인다. 자연의 공간을 무릉도원으로 받아들일 때 그가 처할 수 있는 기본적인 태도는 그것과 별 괴리 없이 화응하는 일인지도 모른다.

그의 시에서 자연은 이처럼 하나가 되는 존재, 나아가 자기 자신을 발견하고 깨닫는 존재로 자리해 있다는 것을 주목해야 한다. 이는 다음의 시의 "억새는 키가 크다 그도 나처럼/하늘빛을 좋아하기 때문이다"와 같은 구절에 의해서도 증명이 된다. "억새"와 "나"가 서로 뒤섞이는 가운데 양가적 이미지를 투사하는 것이 이 시이다.

　　　　무등산 마루 억새들 활짝 꽃피고 있다
　　　　산은 평등해 장불재 저 멀리까지
　　　　밀려오는 가을과 바람을 등에 진다

억새는 키가 크다 그도 나처럼
　　하늘빛을 좋아하기 때문이다
　　바람이 억새밭 오른쪽으로 불고 있다

　　점점 바람의 몸이 한 쪽으로 쏠릴 때마다
　　억새의 뼈마디에서는
　　낙엽 흩날리는 소리가 난다

　　바람만을 탓할 수는 없다 억새는 이미
　　나처럼 머리칼 하얗게 탈색되고 있다
　　오랜 시간, 가슴에 안고 있기 때문이다.
　　　　　　　　　　　　　　　—「억새」 전문

　이 시의 중심 소재인 "억새"에는 화자인 "나"의 감정이 이입되어 있다. "이미/나처럼 머리칼 하얗게 탈색되고" 있는 것이 "억새"이다. "오랜 시간, 가슴에 안고 있"다는 점에서도 "나"는 "억새"와 다르지 않다. "나처럼/하늘빛을 좋아하"는 억새와 함께할 때 그의 마음에 갈등이나 대립이 있을 리 없다. 이러한 점에서도 안식과 평화를 주는 자연의 공간은 그에게 애호와 사랑의 대상으로 존재한다. 따라서 애호와 사랑의 대상으로 존재하는 자연의 공간이 제대로 된 면모를 갖지 못할 때 그가 온전한 마음을 갖지 못하는 것은 당연하다.

　자기 자신의 시와 함께하는 파괴되고 해체된 자연에 대해 시인 김화정이 안타까움과 연민, 절망과 공포 등의 복합적인 정서를 보여주는 것은 다름 아닌 이러한 이유에서다. 파괴되고 해체된 자연은 파괴되고 해체된 공동체를 전제로 하거니와, 공동체가 파괴될 때 이들 복합적인 정서가 구체적으로 드러나기는 별로 어렵지 않다.

> 나무들 어두움 속에 몸 숨긴다 서서히 한 몸이 된다 그 숲 한가운데 아가리 쳐들고 서 있는 타워 크레인, 숲의 어두움마저 하얗게 삼키고 있다.
>
> ―「명암」 전문

이 시는 "숲 한가운데 아가리 쳐들고 서 있는 타워 크레인"을 절망과 공포의 정서로 형상화하는 데 초점이 있다. "숲의 어두움마저 하얗게 삼키고 있"는 것이 이 시에서의 "타워 크레인"이다. 이때의 "타워 크레인"이 성장과 발전이라는 이름으로 산천을 초토화시키고 있는 자본주의 문명을 상징한다는 것은 분명하다. 문명보다는 자연을 친화하는 것이 시인이거니와, 그가 "저수지 둑의 언저리" "물 위에 떠 있"는 "죽은 붕어 한 마리"에 대해, "막걸리 빈 페트병"(「내지마을 저수지」)에 대해 깊은 연민을 보여주는 것도 동일한 맥락의 마음을 담고 있는 예라고 할 수 있다.

이처럼 그는 문명에 의해 파괴되고 해체되는 자연과 관련해 일련의 비판과 저항을 보여준다. 그러한 뜻에서의 문명에 대한 비판과 저항은 다음의 시를 통해서도 확인된다. "하나, 둘/늘어가는 낯선 구조물들", "자동차 바퀴가 할퀸 자국들"로 하여 점차 제 모습을 잃어가는 증도의 자연에 대해 깊은 안타까움을 보여주고 있는 것이 다음의 시이다.

> 증도가 들썩인다 하나, 둘
> 늘어가는 낯선 구조물들
> 자동차 바퀴가 할퀸 자국들
> 얼굴 여기저기에 상처가 생긴다
> 다리에 힘을 잃고 쓰러지는 섬
> "아니, 이래도 되는 겁니까?"
> 온몸으로 뻘밭을 뒹굴던

> 짱뚱어들 잔뜩 볼멘소리로
> 짜증을 낸다 "이렇게 질펀한
> 마당이 어디 있단 말이오?"
> 조개들도 너무 분통이 나서
> 연신 물대포를 쏘아댄다 속상한 게들
> 사정없이 두 눈을 흘겨댄다
> "왜 이래" 하며 마구 집게발
> 들이댄다 이들 갯벌의 아이들
> 해가 저무는 데도 마당극을 멈추지 않는다
> 코스모스도 춤을 추며
> 박수를 친다 저 중도섬 비웃는 거다
> 자꾸만 노을이 푸른 하늘
> 붉게 물들인다 그래도
> 들판에는 낟알들 익어가고
> 소금밭에 알맹이들 보석처럼 쌓인다
> 어둠은 파도의 자장가를 타고
> 지친 섬 머리 위로 스며든다.
>
> ―「갯벌 마당극」 전문

    이 시는 제목이 '갯벌 마당극'이라는 점부터 주목할 필요가 있다. 갯벌 마당극의 출연진은 짱뚱어들, 조개들, 게들이다. 이들 출연진이 '갯벌 마당극'의 주인공인 셈이다. 이들에 의해 공연되는 마당극을 관람하는 관객은 "코스모스", "노을", "낟알들", "소금알들"이다. "해가 저무는 데도" "멈추지 않는" 이들 주인공이 펼치는 마당극을 관람하는 동안 "춤을 추며/박수를" 치는 것이 예의 관객들이다. 마당극의 대사 형태로 발화되기는 하지만 "아니, 이래도 되는 겁니까?"라고 하며 "잔뜩 볼멘소리로/짜증을"

내는 것이 짱뚱어들이고, "너무 분통이 나서/연신 물대포를 쏘아"대는 것이 조개들이며, 너무 "속상"해 "사정없이 두 눈을 흘겨"대는 것이 게들이라는 것을 알 필요가 있다. 시인은 지금 이들 갯벌 마당극의 주인공들, 곧 짱뚱어들, 조개들, 게들을 통해 형편없이 망가져 가는 자연에 대한 그 자신의 생각을 드러내는 것이다.

자연에 대한 그의 이러한 입장은 다른 시의 "바람에 줄타기를 하는 밤나무 시위대, 밤에는 촛불시위도 하려나 보다 하나, 둘, 불을 켠다"(「밤나무 시위」)와 같은 구절에 의해서도 확인된다. 이는 무엇보다 그가 그만큼 문명에 의해 파괴되는 자연에 대해 깊은 안타까움을 갖고 있다는 뜻이 된다. 파괴되는 자연에 대해 이처럼 깊은 안타까움을 갖는 것은 그가 그것을 자기 자신과 다를 바 없는 귀한 존재로, 곧 인간으로 받아들이고 있기 때문이다. 이는 그가 자연을 객관적 타자, 곧 이용후생의 도구로 받아들이는 것이 아니라 일상의 삶을 함께 나누는 구체적인 인간으로 받아들이고 있다는 뜻이기도 하다. 그에게는 자연의 모든 사물이 의인관(擬人觀)적으로 존재한다는 것인데, 무엇보다 이는 그가 세계의 모든 존재들을 자기 자신을 포함하는 공동체의 소중한 일원으로 파악하는 데서 비롯된다.

다음의 시에 의하면 그 자신의 아파트 베란다에서 기르는 여러 식물조차 동백 담임선생님이 교육하는 학생들로 생각하는 것이 그라는 것을 알 수 있다. "하루에도 몇 번씩 순찰을 도"는 "교장 선생님"이 책임을 맡고 있는 학교의 베란다 교실의 풍광에 대해 그는 다음과 같이 노래하고 있다.

> 종이 울린다 겨울 햇볕이 쿵쿵 유리창을 비빈다 교장 선생님은 하루에도 몇 번씩 순찰을 도신다 후다닥 놀란 아이들, 눈이 초롱초롱 빛난다 동백 담임선생님이 들어오신다 "여러분 자리에 앉으세요! 앉으세요!"

베란다에는 등받이가 떨어진 낡은 나무 걸상이 하나 있다 다리 굽이 닳았지만 아직은 단단하다 소국들이 키를 고르며 걸상 위에 앉는다 커다란 유리병에 담긴 아이들이다 각기 노랑, 주홍, 하얀 저고리를 입고 있다

체조 시간이다 동백 선생님 목에는 예쁜 꽃망울 호루라기가 걸려 있다 "푸른 손 위로 아래로 흔들흔들, 이제 숨쉬기하고" 쌩쌩 위로 물 올리면 음악 시간이다 "주홍색은 소프라노, 노란색은 메조소프라노, 하얀색은 알토입니다" 향기가 구름처럼 피어오른다

동백 선생님의 열정에 벌서는 개구쟁이가 있다 두 손 들고 서 있는 게발선인장이다 빨간 눈물이 뚝뚝 떨어질 듯 맺혀 있다 그 모습을 보고 있는 사랑초 꼬마들이 깔깔깔 웃는다 눈이 오자 아이들 따뜻한 집 안으로 들어간다

소사 아저씨인 관음죽이 교실 문을 잠근다 어두워지는 교실에는 나무 걸상만 덩그러니 남아 있다 쿨럭쿨럭 교실이 기침을 한다 어깨동무 눈동자를 닮은 별 하나, 둘⋯⋯ 나무 걸상 주위에 모여든다.
　　　　　　　　　　　　　　　　—「베란다 교실」전문

　이 시에 등장하는 자연의 사물은 모두 의인관화 되어 있다. 그가 자연을 이처럼 의인관해 파악하는 것은 나날의 삶에서 쉽게 그러한 체험을 하기 때문으로 보인다. 물론 이때의 체험은 심리적인 것이거니와, 이는 그가 자신의 다른 시「가을 장미」의 한 구절에서, 곧 가을날 "돌아 내려가는 길가에" 피어 있는 "한 송이 장미꽃"에서 "외롭고 쓸쓸해 보이는" 어머니를 발견하는 것을 통해서도 잘 알 수 있다. 그뿐만 아니라 이는 그가 "어머니와 가을 장미"를 병치시켜 "어머니 가을 장미"라고 표현하는 것에서도 충분

히 확인된다. "제 시절을 다 보"낸 어머니를, 다시 말해 가을 들녘에 나가 "스르르 한 바퀴 돌며" "어깨춤 들썩이는 어머니"를 "가을 장미"로 은유하는 것이 이 시이다.

　김화정의 시가 지니는 이러한 면은 자연의 사물에 감정을 이입해 객관 상관물로 받아들이고 있는 것에서도 증명이 된다. "맨드라미 꽃눈"에서 "실핏줄이 터진"(「맨드라미 꽃눈」) 자기 자신의 눈을 발견하는 시라든지, "주암호"의 "물가"에 "피어 있"는 "참국"의 "노란 꽃송이들"에서 "수몰된 마을"의 "흩어진 사람들"(「참국이 피는 마을」)을 발견하는 시가 그 구체적인 예이다. 물론 그에게는 자연의 사물이 단지 객관상관물로만 받아들여지는 것이 아니다. 자연의 사물들을 통해 사랑을 배우기도 하고 그리움을 배우기도 하는 것이 그이기 때문이다. "찻밭에 내려앉은/푸른 하늘"에서 "산자락에 층층이 포개진/사랑"을, "한 겨울 내내 붙들어놓은/그리움"(「녹차」)을 연상하는 것이 그라는 것이다.

　이처럼 그는 자연의 사물들로부터 삶의 진실을 깨닫고 있다. 그의 시의 이러한 면은 자연의 사물들과 함께하는 삶을 노래하는 다음의 예에 이르면 한층 더 높은 격을 갖게 된다.

　　　당단풍나무 앞에서 어머니가 걸음을 멈추신다 돌개바람이 인다 서
　　　둘러 삶의 과속방지턱을 넘어버린 잎새들, 후두둑 떨어진다

　　　TV 뉴스에서는 남은 생을 보증금으로 빼낸 뒤 홀연히 세상을 등지
　　　는 자식들, 그들의 뒷모습과 절명의 단풍잎이 눈앞에서 빠르게 교차
　　　된다

　　　불쌍한 것, 에이 불쌍한 것들…… 어머니는 수없이 머리띠 동여매
　　　신다

> 絶頂은 스스로가 결정하는 거라며, 생의 한가운데로 중력을 모으고
> 있는 단풍잎들, 당단풍 나무가 가을산의 중심이다
>
> 지난 시대 어머니는 수많은 문턱을 넘어오셨다 가을산을 오르시는
> 어머니⋯⋯ 아직도 허기진 어머니는 문턱을 넘고 계신다.
> ―「절정의 가을」 전문

 이 시는 "가을산의 중심"을 이루는 "당단풍 나무"에 주목하면서부터 시작된다. "당단풍나무 앞에서 어머니가 걸음을 멈추"는 장면에서부터 출발하는 것이 이 시라는 것이다. 이러한 장면이 펼쳐지는 것은 무엇보다 시인이 어머니의 생을 한 해의 가을과 비교, 대조하고 있기 때문이다. 한해의 가을에 도달하게 된 어머니의 삶에 관한 안타까움과 연민이 이러한 비교, 대조를 가능하게 했으리라.
 이 시에는 앞의 시「가을 장미」에서처럼 자연의 존재들과 함께하는 어머니가 등장한다. 이 시에서 어머니와 자연의 존재들이 이루는 관계는 상호 침투적이고 상호 공존적이다. 가을산의 당단풍나무에서 어머니를 발견하기도 하지만 어머니에게서 가을산의 당단풍나무를 발견하기도 하기 때문이다. 따라서 어머니가 자연이 되는가 하면 자연이 어머니가 되기도 하는 것이 이 시이다.
 인간과 자연이 이루는 이러한 상호교섭은 김화정의 시가 갖는 가장 큰 특징이라고 해도 과언이 아니다. 다른 많은 시의 경우처럼 그의 시의 대상에는 자기 자신의 주체가 깊이 반영되어 있기 때문이다. 그의 시의 대상에는 언제나 그의 자아가 깊이 투영되어 있다는 뜻이다. 그의 시가 지니는 이러한 면은 은행나무와 여자의 상호교섭을 그리고 있는 시, 다시 말해 "한 그루 은행나무가 되어/가을 속으로 걸어"(「은행나무 여자」) 들어가는 여자를

노래하는 시에 의해서도 확인된다.

  자연과 인간의 이러한 상호교섭은 그의 시에 항용 회상하는 공간을 투사하기도 한다. 회상하는 공간은 종종 유년 시절에 그가 경험했던 가족 공동체에 대한 진한 그리움을 갖게 한다. "어머니와 함께 들길을" 가다가 만난 빈집의 "무너지는 토담 사이로" 보이는 "장독대", "가마솥", "아궁이" 등을 통해 "모락모락 김을 피워 올리던 옛날을 꿈꾸고 있는"(「가마솥과 누룽지」) 것이 그라는 뜻이다. 자연 자체를 가리켜 어머니 대지라고 하거니와, 그의 이들 시에서 엿볼 수 있는 어머니에 대한 집착 또한 근원적으로는 공동체에 대한 의지를 반영하고 있다고 해야 옳다.

  그의 시에 드러나 있는 공동체에의 의지는 사람을 포함한 모든 존재에 대한 깊은 사랑을 바탕으로 한다. 이로 미루어보면 그의 자연 사랑, 곧 어머니 대지에 대한 사랑은 궁극적으로 인간 사랑을 바탕으로 하고 있다고 해야 마땅하다. 시인 김화정의 인간 사랑이 과연 어디를, 무엇을 향하는가를 여실히 드러내고 있는 다음의 시를 함께 읽으며 여기서 글을 맺기로 한다. (2012)

    길자의 자전거는
    멈추지 않는다 세상살이
    아직 짜고 매워도
    녹슬지 않은 새벽을 달린다

    스치는 바람을 확인한다
    밤새 져버린 꽃잎과
    둥지를 떠난 새와
    아주 가버린 강물이 궁금하다

언제나 그 자리

떠오르는 해가 있어

함께 달리는 새벽이

더 이상 외롭지 않다

차오르는 페달에

모였다 사라지는 길

언덕 저편을 향한 노래

그녀의 자전거는 달리고 또 달린다.

—「길자의 자전거」 전문

순수, 저절로 그러한 삶
—김영무 시집, 『셈하는 황새』, 조인출판사, 2018.

김영무 시인은 이번 시집 『셈하는 황새』의 서문에서 "나이 고희가 되어서야 시를 접하게 되었다"고 고백한다. 맞는 말이다. 내가 근무하는 광주대학교 문예창작과에 그가 신입생으로 입학한 것은 나이 70세가 되었을 때의 일이다. 그의 말과 같이 김영무 시인은 광주대학교 문예창작과에서 "4년간의 공부를 마치고 그동안 쓴 시를 모아 시집을 만들려고" 하는데, 몸에 병이 와 지금은 병원을 오가며 치료받고 있다. 이 글을 쓰고 있는 나는 김 시인과 함께 4년간 광주대학교 문예창작과에서 시를 공부한 교수이거니와, 병중의 그를 위해 서둘러 그의 이 첫 시집에 '해설'이라는 이름의 글을 덧붙이고 있는 것이다.

그의 이 시집 『셈하는 황새』는 모두 제5부로 구성되는데, 특히 제5부의 작품들은 시조의 형식을 취하고 있다. 제1부에서 제4부의 시들은 당연히 자유시라고 할 수 있는데, 그것 중에는 동시라고 불러도 좋을 만한 것들도 들어 있다. 이렇게 구성된 김영무 시인의 이 첫 시집에 발문을 덧붙이려고 하니 그와 함께 시를 공부했던 지난날들이 주마등처럼 스쳐 지나간다.

돌이켜보면 그동안의 시간은 따뜻한 마음으로 서로를 위하고 모시며 받들던 날들이었지 않은가 싶다. 그렇다. 그는 낱낱의 사람은 물론 온갖 자연의 미물들까지도 받들고 모시며 살아온 사람이다. 아마도 이러한 삶은 불과 얼마 전까지만 해도 그가 전남 함평의 농장에서 농사를 지으며 자연 친화적으로 살아왔기 때문에 가능했으리라.

물론 그도 젊었을 때는 광주광역시로 나와 건축업을 하는 등 도시적 삶을 영위했던 적이 있다. 하지만 그는 언젠가부터 자신의 시에서처럼 "익숙해진 도시 생활이 싫증이" 났었던 듯싶다. 점차 그의 마음이 "어린 시절을 보낸 농촌에서/자연과 함께했던 추억이 향수로 번져"갔기 때문이다. 그렇다고는 하더라도 정작 그가 도시를 떠나 고향의 농촌으로 돌아가 농사를 짓기 시작한 것은 "너무나 이기적인 삶"으로 인해 "경고를 받은 몸이" 된 이후부터로 보인다. 암세포를 "제거하고 꿰매"(「향수」)는 체험을 한 다음에야 그가 농촌의 삶, 곧 농부의 삶을 다시 시작했다는 것이다.

농부의 삶은 자연인의 삶이다. 자연인의 삶은 항상 천지의 운행 및 질서와 함께하기 마련이다. 천지의 운행 및 질서와 함께하는 자연인이라면 그것의 모든 존재를 육친의 마음으로 바라보고 육친의 몸으로 대할 수밖에 없다. 그 자신이 논밭에 심은 작물들에 대해서는 더 말할 나위가 없다. 따라서 시인이기도 하고 자연인이기도 한 그가 논밭에서 가꾸는 작물들을 자식으로까지 여기는 것은 당연하다. 근본적으로 농부인 그에게는 자식만큼이나 소중한 것이 논밭의 작물들이라고 할 수 있다.

나는 농부라 한식이 지나면
빈 땅으로 있는 밭에
무슨 작물을 심을까 생각한다.

옛날에도 지금도 농부는
수익성이 많아
밭에다 씨앗을 뿌리지 않는다.

뿌려놓은 씨앗이 촉수를 내밀면
작물들은 그때부터 자식으로 변한다.

고단한 몸 뒤척이다 보면
숨어 잠자던 동창(東窓)이
부스스 얼굴을 내밀어
농부는 텃밭에 잡초들 뽑으러 가야 한다.

농부의 자식 노릇 하려고
열매를 만들어 천고마비 계절이 되면
농부의 마음 풍성하게 해준다.

―「자식들」 전문

  이 시에 따르면 논밭에 "뿌려놓은 씨앗이 촉수를 내밀면/작물들은 그때부터 자식으로 변한다". 물론 작물들이 "그때부터 자식으로 변한다"고 하는 표현은 자식들을 키우듯이 논밭의 작물들을 키운다는 뜻이리라. 자식들을 키우듯이 논밭의 작물들을 키우는 것은 이 나라 농민들의 보편적인 마음이지 않을까 싶다.
  논밭의 작물들을 자식처럼 키우는 것은 자연의 질서에 잘 순응하는 일이다. 자연의 질서에 잘 순응하는 일은 그것의 구체적인 이름인 동물과 식물과 광물과 함께 주어진 시간에 알맞게 바뀌고 변화하는 것을 가리킨다. 동물과 식물과 광물, 즉 자연물이 주어지는 시간에 알맞게 바뀌고 변화하는 과정을 사람들은 흔히 '사계절의 운행'이라는 말로 요약한다. 자연과 더불어 농부로서의 삶을 살아가고 있는 그가 여기서 말하는 사계절의 운행에 민감한 것은 당연하다. 농부 시인인 그에게는 자연의 실질적인 모습이

늘 사계절이 운행하는 형태로 존재했으리라.

 사계절로서의 자연은 생명의 순환과정이기는 하지만 그때그때 봄은 봄대로 가을은 가을대로 늘 일정한 특징을 보여주기 마련이다. 다음의 예는 사계절의 변화를 4개의 연에 담아 노래하는 그의 시이다.

> 남쪽에서 안개 더미에
> 실려 오는 가랑비
> 잠자는 개구리 깨울까 봐
> 소리 없이 내리지요.
>
> 육칠월 하늘의 검정 구름
> 심술쟁이 여우비 구름
> 빨래해 널어놓고
> 들밭에 일하러 가면
> 여우가 와 오줌 싸고 가지요.
>
> 파란 하늘에 높이 떠 있는
> 솜털 구름에 오곡이 무르익어
> 풍년이 되게 하지요.
>
> 시베리아 기단에 밀려오는 구름에
> 하얀 꽃잎 싣고 와 뿌리면
> 온 천지가 하얀 바다 되어
> 세찬 바람에 출렁이지요.
>
>   ―「사계절」 전문

제목도 '사계절'인 이 시에서 그는 봄의 특징을 "남쪽에서 안개 더미에/실려 오는 가랑비/잠자는 개구리 깨울까 봐/소리 없이 내리지요"라고 표현한다. 그로서는 봄의 면면을 '가랑비'에서 찾고 있는 셈이다. 그런가 하면 여름의 특징에 대해서는 "육칠월 하늘의 검정 구름/심술쟁이 여우비 구름/빨래해 널어놓고/들밭에 일하러 가면/여우가 와 오줌 싸고 가지요"라고 노래한다. 여름의 면면을 '여우비'에서 찾고 있는 것이 그이다. 그렇다면 가을의 특징은 무엇인가. 가을을 노래하는 3연에서 그는 "파란 하늘에 높이 떠 있는/솜털 구름에 오곡이 무르익어/풍년이 되게 하지요"라고 노래한다. 가을의 면면을 무르익은 '오곡'에서 발견하는 것이 그라고 할 수 있다. 겨울의 특징에 대해서는 "시베리아 기단에 밀려오는 구름에/하얀 꽃잎 싣고 와 뿌리면/온 천지가 하얀 바다 되어/세찬 바람에 출렁이지요"라고 노래한다. 그로서는 눈이 와 "하얀 바다"가 된 세상에서 겨울의 면면을 깨닫는 것이다.

   자신의 시에서 그는 이처럼 운화(運化)하고 변화(變化)하는 '사계절'을 통해 자연의 현상과 본질을 깨닫는다. 말하자면 사계절의 운행과 질서에 깊은 관심을 기울이고 있는 것이 그라는 것이다. 하지만 정작 그의 마음을 사로잡는 계절은 사계절 중에서도 봄과 가을인 듯하다. 이 시집에 실려 있는 시들에서 그가 가장 관심을 기울여 노래하는 계절이 봄과 가을이기 때문이다. 물론 그중에서도 좀 더 집중적으로 노래되는 계절은 봄이다. 그렇다. 이 시집의 좀 더 많은 시에서 그는 봄의 현상과 본질을 아주 정성스럽게 노래하고 있다. 자신의 시에서 이처럼 그가 봄의 현상과 본질을 정성스럽게 노래하는 것은 아마도 그것의 상징인 신생하는 것들, 싹 틔우는 것들, 희망으로 가득한 것들을 가슴으로 응원하고 싶기 때문으로 보인다.

   언덕에는 개나리꽃
   꾸벅 졸고 있는데

무등산 상봉의 잔설(雪)
여린 햇살 삼키고
마지막 눈물 흘리고 있다.

산까치 하품 소리에
따사로운 햇살 찾아와
앙탈 부리는데
하늘 닿는 동네 지산유원지
아직도 봄이 안 왔나 보다.

고샅길 따라가며
힘주어 두 눈 두리번대도
음식점 대문을 지키고 있는
메뉴판만 선명하다.

가파른 길 끝 동네라
봄들이 올라오기 힘들었을까
팔짱 끼고 걷고 있는 연인들만
따사롭게 보인다.

동네 사람들 외로움에 지쳐
구들장만 업고 있는데
지나다니는 시내버스 소리에
길가에 벚나무 풋잠 자다가
깬 듯 살며시 눈 뜬다.

—「무등산 오르는 봄」전문

이 시의 제1연에서 시인은 "언덕에는 개나리꽃/꾸벅 졸고 있는데/무등산 상봉의 잔설(雪)"이 "여린 햇살 삼키고/마지막 눈물 흘리고 있다"고 노래한다. 봄의 "여린 햇살"을 받아 녹아가고 있는 "무등산 상봉의 잔설(雪)"이 맞이하는 운명에 주목하는 것이 이 시의 제1연인 것이다. 하지만 봄이 완전히 온 것은 아니다. "산까치 하품 소리에/따사로운 햇살 찾아와/앙탈 부리"지만 "하늘 닿는 동네 지산유원지"에는 "아직도 봄이 안 왔나 보다"고 그는 독백한다. 그렇게 말한 뒤에는 "아직도 봄이 안" 온 것과 관련해 "가파른 길 끝 동네라/봄들이 올라오기 힘들었을까"하고 반문한다. 그로서는 미처 "봄이 안" 온 이유를 지산유원지의 나쁜 지리적 조건에서 찾는 것이다. 하지만 끝내는 "지나다니는 시내버스 소리에/길가에 벚나무 풋잠 자다가/깬 듯 살며시 눈"을 뜨는 모습을 발견하는 것이 이 시에서의 그이다.

봄과 관련된 이러한 표현들로 보더라도 그가 끝내 희망을 잃지 않는 사람, 항상 미래를 꿈꾸는 사람이라는 것을 잘 알 수 있다. 많은 시인이 쉽게 절망의 멜랑콜리에 빠져 허우적대지만 시 속의 그는 이처럼 늘 밝은 정서, 환한 분위기를 잃지 않고 있다. 밝은 정서, 환한 분위기를 늘 잃지 않고 있는 사람이기에 그는 다음과 같은 시에서 심미적 축제를 벌일 수 있었을 것이다.

    비엔날레에 큰불이 났다 해
    하던 일 제쳐놓고
    불구경하려고 길 나선다.

    숲길 따라 걷는데
    나이가 많아 보이는 오동나무가
    작은 확성기를 줄래줄래 매달고
    불이 났당께 불났당께

외치고 있는 소리 고막을 두드린다.

안중근 동상 앞 바라보니
맞바람이 부채질하고 있어
집채만 한 영산홍 불덩어리 타오른다.

옛날 이사와 살던 그대로
단장을 않고 있어 영산홍 불이 나니
너울너울 타는 모습 더욱 운치가 있다.

구경나온 사람들
이렇게 큰 불덩어리는 처음 본다며
카메라에 담느라고 분주하다.

누가 불났다고
119에 신고를 했을까.

하늘에서 근무하는 소방관들
우르르 달려와
훨훨 타고 있는 철쭉나무에
주룩주룩 소낙비 뿌린다.

─「영산홍」 전문

 그의 시 가운데 가장 뛰어난 성취를 보여준다고 해도 지나치지 않을 만한 작품이다. 그만큼 심미적으로 뛰어난 시라는 것인데, 이 시에서 그는 광주 비엔날레 공원에 활짝 피어 있는 영산홍꽃 무더기를 두고 "큰불이 났다"고 소리친다. 따라서 이어지는 구절의 "하던 일 제쳐놓고/불구경하려고 길"을 나선 것은 영산홍꽃 구경을 가려고 길을 나선 것의 은유적 표현이 된다. 불구경이 꽃구경의 근본 비유니만큼 이 시의 이어지는 비유들은 그에 따른 파생 비유라고 해야 옳다. 시인으로서는 다양한 수사적 기법을 설득력 있게 구사하는 것이 이 시이다. 이 시에서는 그가 숲길 가 오동나무가 피워 올린 꽃을 두고 "작은 확성기를 줄래줄래 매달고/불이 났당께 불났당께/외치고 있는" 것도 충분히 주목된다.

이 시에서도 확인할 수 있는 것처럼 그의 시는 주로 봄의 모습을 그려내는 데 집중되어 있다. 여름과 겨울을 대상으로 하는 시들은 편수도 얼마 안 되고 심미적 의지도 그다지 높지 않다. 여름이 배경이 되는 시로는 「여우는 심술쟁이」, 겨울이 배경이 된 시로는 「겨울 산사」 정도가 심미적인 감각을 자극하는 듯싶다. 봄을 배경으로 하는 시들보다 심미적 경지가 높지는 않으나 가을을 배경으로 하는 시들도 다소간은 주목받아야 마땅하다. 양적인 면에서도 가을을 배경으로 하는 시들은 봄을 배경으로 하는 시들의 뒤를 잇고 있거니와, 그중에서도 좀 더 관심을 끄는 시는 그의 고향인 함평 천지의 국화를 노래하는 것들이다.

> 가을 문턱 위에서
> 풀잎들 바스락거리는 소리 들린다.
>
> 푸르게 날 세우던 나뭇잎들도
> 제 몸 갈색으로 물들이며
> 이별을 준비한다.
>
> 파랗고 높은 내 고향의 하늘
> 산야에는 들국화 꽃향기

바람에 흩날린다.

바다에 밀물이 밀려오듯
바람 냄새 즐기는 인파가
함평 천지의 들녘으로 모여든다.

사람살이의 이런저런 일로
마음이 아플 때
가슴 속 상처 깨끗이 씻어주는
아름다운 들국화!

함평 천지의 들녘에 차가운 이슬 내리고
그윽한 들국화 꽃향기 가득 고이면
연보랏빛 미소로 내 고향을 지키며
즐겁게 웃고 있다.

—「들국화꽃 내 고향」 전문

 이 시는 시인의 고향인 전라남도 함평군에서 개최되는 국향대전을 소재로 하는 듯하다. "파랗고 높은 내 고향의 하늘/산야에는 들국화 꽃향기/바람에 흩날린다"와 같은 구절이 이를 잘 말해준다. 가을의 한복판에 개최되는 이 국향대전에는 "바다에 밀물이 밀려오듯/바람 냄새 즐기는 인파가/함평 천지의 들녘으로 모여"드는 것이 사실이다. 이 시의 이어지는 구절에서 그는 "사람살이의 이런저런 일로/마음이 아플 때/가슴 속 상처 깨끗이 씻어주는" 것이 함평 천지의 "아름다운 들국화"라고 노래한다. 자기 자신을 "그윽한 들국화 꽃향기 가득 고이면/연보랏빛 미소로 내 고향을 지키며/즐겁게 웃고 있"는 존재로 받아들이는 것이다.

"즐겁게 웃"으며 "연보랏빛 미소로 내 고향을 지키"는 것이 자기 자신이라고 노래하고 있지만 그 역시 가을이 조락의 계절이라는 것을 모를 리 만무하다. 따라서 가을을 배경으로 하는 그의 시가 상대적으로 쓸쓸하고 고적한 분위기를 자아내는 것은 마땅하다. 그렇다고는 하더라도 가을을 배경으로 하는 그의 시 역시 그 특유의 순수하고 무구한 마음, 그리고 천진한 마음을 은근하게 받들고 있는 것은 사실이다. 일종의 동시조라고도 할 수 있는 다음의 시가 특히 이를 잘 증명해준다.

> 지렁이 울어대니
> 고요가
> 잠이 깨고
>
> 풀여치 베를 짜니
> 풀숲이
> 잠이 깬다.
>
> 귀또리 우는 소리에
> 우리 아기
> 잠 설친다.
>
> ―「곤충들의 하모니」 전문

앙증맞은 자장가로도 읽히는 것이 이 시이다. 이 시에는 모두 세 종류의 곤충이 등장한다. 지렁이, 풀여치, 귀또리가 바로 그것인데, 이들 곤충은 흔히 가을의 전령사라고 알려져 있다. 이들 곤충에 의해 "고요가/잠이 깨고", "풀숲이/잠이 깨고", 급기야 "우리 아가/잠 설친다"는 것이 이 시의 주요 내용이다. 따라서 이 시의 주요 내용 역시 자연과 인간이 서로 뒤얽혀 살기 마련이라는 것을 강조하는 셈이 된다. 자연과 인간은 이처럼 상호 부조하는 관계로 존재하거니와, 이는 사실 모든 생명이 지니는 보편적인 특징이기도 하다.

항상 자연과 함께 살아온 시인 김영무가 그것이 지니는 보편적인 특징이기도 한 '생명'에 대해 주목하는 것은 충분히 가능한 일이다. 따져보면 자연의 시간은 그 자체로 생명의 시간이기도 하다. 그렇다. 흐르는 시간과 함께하는 가운데 쉼 없이 자기 자신을 운행해가는 것, 곧 끊임없이 저절로 그렇게 되어가는 것, 곧 끊임없이 새로운 생명의 터전을 만들어가는 것이 자연이다. 따라서 그가 자신의 시에서 자연의 실재이며 본질인 '생명'에 대해 귀를 기울이는 것은 당연한 일이다. 새로운 생명의 터전에 대한 그의 이러한 관심은 다음의 시에 의해서도 확인된다.

처서 바람에 하늘이 높아진다.
한여름 동그란 하늘
훔쳐 먹은 도토리
배가 불룩해져 만삭이 된다.

찬바람이 쏘아붙이듯
도토리의 귓불을 치면
땅으로 수북이 내려앉은 도토리
번식하려고 다람쥐를 기다린다.

대지가 하얗게 물들기 시작하면
다람쥐가 찾아와
입 안 가득 도토리를 물어다가
땅속 여기저기 묻어놓고

겨울 식량을 준비한다.

다람쥐는 땅속에 묻어놓은 도토리를
다 찾아 먹지 못해
목련꽃 벙그는 날이 오면
그것들 어둠을 뚫고 나와
연두빛 날개 펴고 새 생명으로 태어난다.

—「새 생명」 전문

이 시는 제목이 '새 생명'으로 되어 있다. 시인이 그만큼 '생명' 전반에 대해 깊은 관심을 지니고 있다는 증표이리라. 물론 이 시에서 '새 생명'의 주체는 다람쥐가 아니라 도토리이다. "땅으로 수북이 내려앉은 도토리" 말이다. 이 시에 따르면 "대지가 하얗게 물들기 시작하면/다람쥐가 찾아와/입 안 가득 도토리를 물어다가/땅속 여기저기 묻어놓고/겨울 식량을 준비한다." 하지만 다람쥐는 "땅속에 묻어놓은 도토리를/다 찾아 먹지 못"한다. 그러다 보니 "목련꽃 벙그는 날이 오면/그것들 어둠을 뚫고 나와/연두빛 날개 펴고 새 생명으로 태어"난다. 이 시는 이처럼 다람쥐와 도토리가 생명의 법칙에 따라 어떻게 상호 부조하는가를 잘 알 수 있게 해준다.

자연이 이루는 이러한 상호 부조에 대해 관심을 지니다 보면 누구라도 그것이 하늘의 섭리, 곧 하느님의 사업이라는 것을 알게 된다. 자연의 조화가 다름 아닌 하느님의 사업이라는 것인데, 시인 김영무는 자신의 이러한 생각을 다른 시에서 "하느님은 여태껏 비만 내리시더니/고단함 속에 쉼을 원하시는지/풀벌레만 달빛 속에서/반짝반짝 울고 있다."(「장마가 끝나는 날」)고 노래하기도 한다. 하늘에 대한 그의 관심은 다른 시의 "갓 태어난 둥근 하늘/산등성이 넘어오느라 힘들어/빨갛게 물들었다."(「늘품 진 아침」)라는 구절에서도, "장대보다 더 높이 솟은 편백나무 숲,/돌고 있는 사람들에게 피톤치드 나눠주기 위해/동녘에서 배밀이로 올라오는/둥근 하늘 눈부신 햇살을 먹고 있다."(「젊은 햇살」) 등의 구절에 의해서도 확인된다.

　동양에서는 자연을 두고 흔히 천지(天地), 곧 하늘과 땅이라고도 부르거니와, 위의 몇몇 하늘을 소재로 한 시를 제외하면 그의 시의 대부분은 모두 땅의 노래, 곧 대지의 노래이다. 그렇다고는 하더라도 그의 모든 시가 대지에 기초한 자연의 노래나 생명의 노래로만 존재하는 것은 아니다. 생활을 노래한 시도 있다는 것인데, 생로병사를 노래한 「희망」, 「삼승(三勝)」, 가족들과의 사랑을 노래한 「혈육」, 「초생달과 그믐달」, 「영역」 등의 시가 그것이다. 다음의 예는 이들 시 가운데 손녀들을 중심으로 한 가족 사랑을 노래하는 「초생달과 그믐달」의 전문이다.

　　　한가위가 되어 찾아오는 손녀들
　　　몇 년 전에 왔을 때는
　　　병아리 같았는데

　　　동그란 얼굴이 몇 번 서산을 넘고
　　　달님이 졸음에 젖어
　　　숨바꼭질하는 동안

　　　보름달이 되었고
　　　짝신 신고 반기러 나가는 할머니
　　　번데기가 되었네.

　　　해마다 한두 번 밖에
　　　볼 수 없는 혈육들 얼굴만 살짝 내밀고
　　　또다시 발걸음 돌려야 하는데.

헤어지기 아쉬워하며
바라보는 할머니,
내년에는 쭈그렁바가지가 되어 있겠지.

─「초생달과 그믐달」전문

이 시에서 시인은 "몇 년 전에 왔을 때는/병아리 같았는데//동그란 얼굴이 몇 번 서산을 넘"는 동안 "짝신 신고 반기러 나가는 할머니"가 "번데기가 되었"다고 진술한다. 이처럼 이 시에는 가족들에 대한 그의 사랑과 함께하는 무상한 시간에 관한 안타까움이 담겨 있다. 물론 이 시에 담겨 있는 생로병사와 함께하는 시간에 관한 안타까움 혹은 세월에 관한 안타까움은 그의 시의 중요한 주제이기도 하다. 이처럼 인간존재의 숙명이기도 한 시간 혹은 세월에 대해서도 줄곧 관심을 기울여온 것이 그이다.

이 밖에도 그는 자신의 시를 통해 삶의 갖가지 것들에 대해 다양하고도 폭넓은 관심을 보여준다. 다른 많은 시인처럼 그 역시 자신의 시에서 당대의 역사적 현실에 대해 이런저런 문제를 제기하고 있다는 것이다. 이른바 현실비판의 시도 좀 쓰고 있다는 것인데, 농촌 현실을 비판하는 시, 정치 현실을 비판하는 시 등이 바로 그것이다. 농촌 현실을 비판하는 시로는「낡은 농기계 소리만 크다」,「물레방아」를 예로 들 수 있고, 정치 현실을 비판하는 시로는「머슴」,「그네」를 예로 들 수 있다. 하지만 이들 몇몇 시를 두고 그의 시정신 일반을 대표하고 있다고 하기는 어렵다. 그 역시 나날의 일상에서, 곧 나날의 생활에서 시를 구하고 있기는 하지만 그것의 실제는 자연과 함께하는 여러 생명현상에서 찾고 있다고 해야 옳다. 있는 그대로의 자연에 순응하는 가운데 본연지성의 순수한 세계, 곧 저절로 그러한 세계를 추구하며 살아온 것이 정작의 김영무 시인이라는 것이다. 그가 자기 자신이 바라는 대로 "삶을 좀 늘"여 "대중들과 함께 읽을 수 있는 좋은

시를 더 많이 쓰"기를 진심으로 바란다. (2018)

자연을 바라보는 몇 가지 시각
—최광 시집, 『글로벌 농법』, 시로여는세상, 2019.

　일찍이 공자는 『논어』〈양화〉편에서 시를 많이 읽으면 "새와 짐승, 풀과 나무의 이름을 많이 알게 된다(多識於鳥獸草木之名)"고 말한 바 있다. 여기서 말하는 조수초목(鳥獸草木)은 자연을 세목화하여 말한 것이거니와, 이를 의역해 받아들이면 시를 많이 읽으면 자연의 사물들에 대해 잘 알게 된다는 뜻이 되기도 한다. 구태여 공자의 이 말을 강조하지 않더라도 시가 자연의 사물들과 아주 밀접한 관계를 갖는다는 것은 불문가지다.
　누구의 어떤 시라고 하더라도 이른바 시라고 하면 자연의 사물들에 대한 시인의 이런저런 태도를 포괄하고 있을 수밖에 없는데, 이는 최광의 시집 『글로벌 농법』에 실려 있는 시들도 마찬가지이다. 따라서 이 글에서는 그의 이번 시집 『글로벌 농법』에 실려 있는 시들을 통해 시인 최광의 자연에 대한 이런저런 태도를 살펴보는 일에 초점을 두려고 한다. 물론 그러는 동안 시인의 세계관이나 가치관도 점검해보게 될 것이다.
　사람에게 자연은 무엇인가. 많은 사람이 자기 자신 밖의 대우주를 자연이라고 생각한다. 대부분 사람이 소우주로 자기 자신을 받아들인다면 자기 자신 밖의 대우주를 자연이라고 받아들인다는 것이다. 그것은 시인 최광의 시에서도 별로 다르지 않거니와, 자신의 시에서 그는 우선 자연의 사물들을 지극히 존엄한 존재, 곧 천지신명으로 파악한다.

> 작은 새 한 마리가 헛간 구멍을 드나들더니
> 구석에 몰래 둥지를 틀고 알을 낳았다
> 상수리만 한 알 서너 개
> 수억 년 파도에 부대낀 몽돌이다
> 모나지 않고 둥글어야 목숨을 부지하는가
>
> 새끼들 입을 보살피느라 연신 드나들던 어미새
> 헛간에 호미를 찾으러 간 농부에게 들키고 말았다
> 포르르 날아 도망칠 수 있으련만
> 털끝 하나 다치지 않도록 새끼들을 보듬고
> 가만히 엎드려 옥쇄한다
> 비바람을 피해 세 든 죄밖에 없다고
> 죽은 듯 눈을 감고 경전을 외우고 있다
> 농부가 발돋움해서 가만히 손을 얹어본다
> 미동도 하지 않는데 따듯하다
> 누리가 잠잠하다
> 어허, 천지신명이 둥지에 계시구나
>
> ―「동박새」 전문

    이 시에서 시인은 우선 "작은 새 한 마리가 헛간 구멍을 드나들"다가 "구석에 몰래 둥지를 틀고" 낳은 알을 "상수리만"하다고 비유한다. 그리고 이어 그렇게 낳은 알을 "수억 년 파도에 부대낀 몽돌이"라고 덧붙인다. 자연을 빌려 자연을 표현하는 이 비유가 설득력을 주는 것은 그것들이 서로 다르면서도 같기 때문이다. 하지만 이 시에서 정작 주목이 되는 것은 동박새의 작은 알을 "둥지에 계"신 천지신명이라고 명명하는 구절이다. 이 시의 이 구절에 따르면 동박새의 작은 알은 우리가 살아가는 이 지구에서 가장 높고 귀한 존재가 된다.

이 시의 이들 구절에는 무엇보다 시인 최광의 자연관이 들어 있다. 그가 자연을 얼마나 존엄한 존재로 받아들이고 있는가를 잘 알 수 있게 해주는 것이 위 시의 이들 구절이기 때문이다. 이렇게 존엄한 존재인 만큼 그에게는 자연이 함부로 파괴되어서는 안 될 아주 높은 가치로 파악되었으리라. 비록 성전을 짓는 일이라고 하더라도 그가 자연을 파괴하는 일에 대해 크게 슬퍼하는 것은 바로 이 때문으로 보인다.

> 대웅전 웅장하게 중창하고
> 새로 와불도 모셨는데
> 부처님 주무시는 것을 보겠다고 한사코
> 몰려드는 중생 보살들 발을 살피려고
> 오솔길 밀어내고 신작로를 냈는데
> 깎아지른 경사면 바위에서
> 물이 슬슬 배어나는데
> 오후의 뜨거운 햇살 받아
> 땀을 줄줄 흘리는데
> 달밤에는 와불이 주무시다 말고
> 슬피 울지 모른다
> ─「법정사」 전문

이 시에는 우선 "대웅전 웅장하게 중창하고/새로 와불"을 모신 후 부처님의 "발을 살피려고" "몰려드는 중생 보살들"이 등장한다. 이들 중생 보살들을 위해 "오솔길 밀어내고 신작로를" 내는 법정사의 자연 파괴에 대해 반성하고 성찰하는 것이 이 시의 주요 내용이다. 시인이 보기에는 "깎아지른 경사면 바위에서/물이 슬슬 배어" 내게까지 하는 것이 중창 불사에 급급한 법정사의 현실이다. 따라서 대웅전 안의 와불이 "뜨거운 햇살 받아/땀을 줄줄 흘리"는 것은, "주무시다 말고/슬피 울지"도 모르는 것은 너무도 당연하다.

이처럼 그는 함부로 파괴된 자연에 대해 차마 어찌하지 못하는 마음을 잃지 않고 있다. 그가 자연의 사물들을 얼마나 소중하게 생각하는가를 잘 알 수 있게 해주는 것이 이 시라는 것이다. 다음의 시에서 시인이 전지된 과일나무 가지들을 몹시 안타까워하는 것도 마찬가지 맥락에서 파악해야 할 가치라고 할 수 있다.

> 함부로 팔을 뻗으면 안 된다는 금기를 어긴 걸까
> 열매가 실하게 달리라고
> 가차 없이 잘라버린 과일나무 가지들
> 눈도 뜨지 못한 채
> 애처롭게 나뒹구는 터무니
> 애처로워서 주섬주섬 모두었다
> 복상나무 자두나무 배나무 가지들
>
> 베란다에서 먼지를 쓰고 있던 화병에 꽂고
> 물을 가득 부었다
> 젊은 날, 어느 도예가가 카페에서
> 서푼 어치 술값으로 주고 간 화병
> 이제야 가슴 뜨끔하게 보이는 선명한 화인
> 일일부작一日不作 일일불식一日不食

> 이튿날
> 불쏘시개거리 가지에서 꽃이 피었다
> 가마에서 일렁이는 불꽃
> 앉을 자리 마다하지 않는 목숨들
> 꽃그늘에서 한잠을 자고 났는데
> 아무도 밥도 꽃도 먹지 않았다
>
> ―「봄날」 전문

"열매가 실하게 달리라고/가차 없이 잘라버린 과일나무 가지들"을 대상으로 하는 것이 이 시이다. 이 시에서 시인은 전지된 "과일나무 가지들"을 "눈도 뜨지 못한 채/애처롭게 나뒹구는 터무니"라고 명명한다. 잘려버린 "과일나무 가지들"로부터 느끼는 그의 마음이 어떤가를 잘 알 수 있게 해주는 시이다.

어질고 착한 마음이 없이 전지된 "과일나무 가지들"에게서 애처로움을 느끼기는 어떤 누구에게도 어렵다. 파괴된 자연들로부터 이처럼 차마 어찌하지 못하는 마음을 갖는 것은 그가 무엇보다 인위의 세계, 곧 문명의 세계에 대한 부정적인 마음을 갖고 있기 때문이다. 자연스러움이 없는 인위의 세계, 곧 문명의 세계에 대한 비판적 자아개념은 그의 또 다른 시 「겨울」을 통해서도 확인된다. 이 시에서 시인은 "맹렬하게 추워진 어느 날 문득/베란다에 내박친 화분들을 거실로 들이다가" 매우 중요한 발견을 한다. 그렇다. "창 너머를 그리워"하다가 "키만 비죽 자란 벤자민", "여름 내내 물 한번 제대로 주지 않고/눈길조차 주지 않은 동안" "자꾸 창 쪽으로 기"운 벤자민과 마주친다. 시인은 이 벤자민과 관련해 "세월만큼 등이 휘었다"고 명명하기도 하고, "남루한 과거처럼/처참하게 매달려 있다"고 명명하기도 한다. 이러한 표현은 결국 잘못된 인위로 인해 자연의 사물이 왜곡되어 있고 어긋나 있다는 것을 알려준다. 잘못된 인위로 인해 자연스럽지 못한 자연의 사물들에 대한 깊은 연민을 담아내고 있는 것이 이 시라는 것이다.

그렇다고는 하더라도 자연의 사물이 거기 있는 그대로 팽개쳐 두어야 할 것은 아니다. 자연의 사물 역시 소중하게 갈고 닦아야 할 존재인 것은 사실이다. 여기서 갈고 닦아야 할 존재라는 것은 자연의 사물이 농업의 공간, 곧 호미와 삽과 쟁기로 소중하게 경작해야 할 것이기도 하다는 뜻이다. 사람들이 자연의 사물과 함께하는 농업의 공간에 있을 때 가장 행복을 느낀다는 것은 덧붙여 설명할 필요가 없다. 이러한 주장은 '오봉산'을 노래하는 다음의 시를 통해서도 잘 알 수 있다.

> 소박한 보리밥 몇 사발
> 들마루에 차려진 밥상
> 우물물 속살에 목을 씻고
> 오 남매가 오순도순 둘러앉아
> 여름을 나던 초가삼간
> 소박해도 우애 있는 가족
>
> ―「오봉산」 전문

이 시의 핵심 대상은 오봉산 기슭의 초가삼간에서 농사를 지으며 오순도순 살아가고 있는 "우애 있는 가족"이다. 물론 이때의 가족은 시인 자신의 유년 체험과 무관하지 않아 보인다. 그렇다. 과거 한때 "소박한 보리밥 몇 사발/들마루에 차려진 밥상"만으로도 행복했던 시절 시인 자신의 체험을 바탕으로 한 것일 수도 있다. 덧붙여 말하면 "우물물 속살에 목을 씻고/오 남매가 오순도순 둘러앉아/여름을 나던 초가삼간"의 가족, "소박해도 우애 있는 가족"에 대한 그리움을 담고 있는 것이 이 시라는 것이다.

이 시에 드러나 있는 "소박해도 우애 있는 가족"에 대한 그리움에는 시인의 가치관 혹은 세계관이 깊이 도사려 있다. 그가 도시에서의 문명적인 삶보다는 농촌에서의 자연적인 삶, 곧 농업적인 삶을 좀 더 근원적인 삶으로 파악하고 있다는 것을 알 수 있기 때문이다. 도시에서의 삶보다 농촌에서의 삶, 곧 자연과 함께하는 농업의 삶을 좀 더 귀하고 소중하게 여기고 있다는 것인데, 그의 이러한 가치관 혹은 세계관은 다음의 시를 통해서도 확인된다.

> 도시는 늘 홍수다
> 출퇴근으로 붐비는 지하철 입구는
> 거센 파도가 몰아친다
> 늘 허기진 뫼비우스의 띠
> 사람들은 살려고 이 도시에 몰려든다지만
> 모두 숨이 막힐 것이다 아니면
> 거센 파도에 허우적거리면서
> 어디로 가는지 좌표를 잃고
> 뿔뿔이 흩어지는 폐품이거나
> 기껏해야 유적으로 남거나 모조품이거나
> 헤비메탈로 뒤덮인 거리에서
> 서로의 SOS를 듣지 못하는 귀머거리이거나
> 카페에 모여들어 쏙닥거리거나
> 스마트폰에 떠도는 버려도 좋은 아포리즘이거나
> 하이에나처럼 몰려다니는 악플러이거나
> ―「쓰나미」 전문

이 시에서 시인은 도시를 "홍수"로 비유한다. 그러한 이후 그는 도시에서의 삶, 특히 "출퇴근으로 붐비는 지하철 입구"의 현실과 관련해 "거센 파도가 몰아친다"고 비유한다. 자연의 현실을 빌려 도시의 현실을 비유한 것인데, 이어지는 구절에서 그는 어떡해서든 살아보려고 "도시에 몰려든 다지만/모두 숨이 막힐 것이"라며 도시에서의 삶을 부정적으로 노래한다. 도시에서의 삶이 그에게는 긍정적으로 받아들여지지 않는 것이다.

긍정적이든 긍정적이지 않든 그의 시에서는 자연의 사물이 이처럼 나날의 삶의 지혜를 깨닫기 위한 매개로 응용되고 있다. 자연의 사물이 삶의 지혜를 발견하기 위한 중요한 질료로 받아들여지고 있는 것이 그의 시라는 뜻이다. 그의 시의 "누구나 저마다 가슴에 연못이 있다/고요하고 잔잔할 때보다/때때로 파문이 일고 출렁인다"(「연못」)와 같은 구절이 이를 잘 증명해준다. 이러한 점은 그의 시의 "꽃이 피는 한때는 가기 마련이지만/세월이 성긴 가지 사이로 빠져나가는 동안/바람결에 실려 가는 구름에는 빙하기가/몇 번씩 담겨 있다"(「오래된 미래」)라는 구절에 의해서도 확인된다. 그의 시에 자연의 사물이 삶의 지혜나 진실을 드러내기 위한 도구로 사용된 예는 이 밖에도 많다.

  잡동사니와 모진 투쟁을 했어
  저잣거리에서 삼 년을 배겨난 거야
  아니, 암흑가에서 이전투구나 마찬가지였어
  볕이 드는 목을 차지하려고 무던히도 애를 썼어
  한 뼘이라도 팔을 더 뻗으려고
  달빛이 잠깐 눈길을 줄 때도 고심을 했거든
  삼 년이 지나서야 겨우
  고개를 내밀 수 있었어
  비빌 언덕에 손이 닿은 거야
  뭉툭 잘려 나간 산더미 절반을 떠안고 있는 옹벽
  감당하기 어렵다는 일그러진 표정을 바꿔주고 싶었어
  거기에다 맘껏 내 그림을 그릴 수 있었어

비바람과 혹한의 눈보라를 견뎌내면서
영감을 받을 때만 아주
조금씩 그려 나가는 더딘 작업이었어
무수히 많은 그림을 그렸어
수 삼 년이 지난 뒤
지난 시대의 모든 화풍을 그러안고
옹골차게 그려낼 수 있었어 비로소
옹벽에 내 꿈을 펼칠 수 있었던 거야
옹벽을 가득 채운 내 인생

―「담쟁이」 부분

섬에서 노모를 모시고 사는 맹인
뒷산에 올라 나무 한 짐 지고
거뜬하게 도랑을 건너뛰는
허 참, 물 찬 제비가 따로 없다
절룩이는 노모의 세발자전거도 뚝딱뚝딱 만들고
고구마도 실한 놈으로만 캐다 봉양한다
오만가지 재주 중에서
손가락 눈으로 빨간 고추만 따는 재주에
동네 어른들 혀를 내두른다
오지랖도 넓어서
동네 할아버지 경운기도 고쳐 주고
사다리 타고 지붕에 올라가서
삭은 전깃줄로 이어서
이웃 할머니 얼굴도 금세 온ON으로 바꾸니
동네 어른들 너나 할 것 없이 이구동성으로

나는 봉사만 못혀

　　　동네방네 고샅길 안방 드나들 듯하는 외딴섬 맹인

　　　햐, 그 동네는 눈도 참 순하게 내린다

　　　　　　　　　　—「못생긴 나무가 산을 지킨다」 전문

　앞의 시는 얼핏 담쟁이의 생태 그 자체가 노래된 것처럼 보인다. 하지만 조금만 자세히 읽어보면 담쟁이처럼 아등바등 살아가는 사람이 담쟁이에 비유되어 있다는 것을 알 수 있다. "잡동사니와 모진 투쟁을" 한 주체, "저잣거리에서 삼 년을 배겨난" 주체, "볕이 드는 목을 차지하려고 무던히도 애를" 쓴 주체가 실제로는 "암흑가에서 이전투구"하듯 살아온 사람을 가리키기 때문이다. "삼 년이 지나서야 겨우" 저잣거리에서 "고개를 내밀 수 있었"던 사람, "비빌 언덕에 손이 닿은" 사람을 노래하는 것이 이 시라는 것이다. 물론 이 시에서 온갖 고생을 한 후 겨우 "비빌 언덕에 손이 닿은" 담쟁이로 비유되는 사람에는 얼마간 시인 자신의 자아가 투영되어 있기도 하다. 그 역시 온갖 고생 끝에 겨우 삶의 터전을 마련했을 것이기 때문이다.

　뒤의 시에서는 "섬에서 노모를 모시고 사는 맹인"이 "산을 지"키는 "못생긴 나무"로 비유되어 있다. 하지만 이 시에서의 맹인은 앞의 시에 비해 훨씬 더 사람을 모습을 하고 있다. 제목에는 "못생긴 나무"로 비유되어 있지만 시의 본문에서는 "뒷산에 올라 나무 한 짐 지고/거뜬하게 도랑을 건너뛰는" "물 찬 제비"로 비유되는 것이 예의 맹인이다. "물 찬 제비"로 비유되어 있다고 하더라도 그에게서 자연의 사물보다 세상의 사람을 연상하기가 훨씬 쉬운 것은 사실이다. 자연의 사물이 사람살이의 지혜에 비유되는 예는 다음과 같은 시에 의해서도 확인된다.

　　　선유도 몽돌해변에는

파도가 수없이 돌을 굴린다

파도 소리가 묻어나는 몽돌

장인의 꿈은 쉬지 않고

인고의 세월을 갈아 옥을 만든다

고뇌에 찬 어느 취객이 내동댕이친 소주병

그 날카로운 조각도

보듬고 다독거려

눈부시고 파란 옥을 만든다

—「사랑의 기술」 전문

  이 시에서는 몽돌해변의 파도가 옥을 만드는 장인으로 비유되어 있다. 선유도 해변의 파도라는 이름의 장인이 "어느 취객이 내동댕이친 소주병" 조각을 옥으로 만드는 과정을 담고 있는 것이 이 시이다. "어느 취객이 내동댕이친 소주병"의 "날카로운 조각"을 "보듬고 다독거려/눈부시고 파란 옥을 만"드는 파도로부터 장인의 솜씨를 발견하는 시인의 눈이 놀랍다. 이처럼 자연의 사물들로부터 사람살이의 의미를 깨닫기도 하고, 사람살이의 일상으로부터 자연의 의미를 깨닫기도 하는 것이 그의 시이다.

  간혹 그의 시에서는 자연의 존재를 드러내기 위해 사람살이의 일상이 차용되기도 한다. 그의 시의 "겨울잠에 빠진 나무의 발바닥에/봄비가 살살 간지럼을 태운다"(「봄비」)와 같은 구절이 대표적인 예이다. "나무의 발바닥", "간지럼을 태운다" 등의 구절이 봄을 맞을 채비를 하는 자연의 사물을 좀 더 생생하게 드러내리라는 것은 자명하다. 그렇기는 하더라도 이들 상호관계 중에서 좀 더 주목이 되는 것은 자연의 사물이 사람살이의 단순한 비유의 차원에 머무는 것이 아니라 그것의 보편적인 상징으로 작용하기도 한다는 점이다. 다음의 시가 그 대표적인 예이다.

    달리거나 뛰어오른다고

> 누구나 별을 품을 수는 없지
>
> 알을 성급히 굴린다고
>
> 금방 새가 되지 않듯이
>
> 별이 유성처럼 달려와 찾아들 수 있도록
>
> 가슴을 따뜻하게 데워야 하지
>
> 별이 별을 낳을 수도 있어
>
> 아주 오래전에
>
> 호모사피엔스는 한 발짝씩 걸었다는데
>
> 내가 허공에 붕 떠 있었나
>
> 까마득하다
>
> ―「별」 전문

이 시에서 "달리거나 뛰어오른다고" 품을 수 없는 "별", "가슴을 따뜻하게 데워야" "찾아들 수 있"는 별이 상징하는 바는 확실하다. 이 시에서의 별의 이미지가 사람살이의 일반적인 꿈이나 이상을 상징하고 있기 때문이다. 이처럼 그의 시에서는 자연의 사물이 사람살이의 각종 가치나 의미를 상징하는 이미지로 기능하기도 한다. 하지만 그가 보기에 자연의 사물은 시 「동화」에서처럼 까치 독사와 지네가 생존을 위해 서로 투쟁하는 관계를 이루기도 하고, 시 「여름 풍경」에서처럼 사마귀가 쓰름매미를 "머리부터 자근자근 먹"어 치우는 관계를 이루기도 한다.

이로 미루어보면 그가 자신의 시에서 자연의 사물은 외경의 존재로만 받아들이고 있지 않다는 것을 잘 알 수 있다. 더러는 극복의 대상으로도 존재하는 것이 자신의 시를 통해 그가 파악하는 자연의 사물이라는 것이다. 가령 「금초」 같은 시에서는 그것이 "예초기를 마구 휘둘러"야 비로소 "단정하게 정좌"할 수 있는 대상으로 드러나 있기도 하기 때문이다. 그렇다고는 하더라도 그가 자연의 사물들을 앎의 대상으로, 곧 공부해야 할 책으로 받아들이고 있는 것은 분명하다. 그가 보기에는 자연의 사물들 또한 공부해야 할 한 권의 책이기 때문이다. 폭우를 읽어야 할 한 권의 책으로 이해하는 다음의 시를 독자들과 함께 읽으며 여기서 글을 맺기로 한다. (2019)

   섬광이 번뜩 허공을 가르고
   요란한 굉음이 귀청을 때린다
   정전, 암흑, 모든 게 일시 정지
   어마어마한 징벌
   앞이 깜깜하다
   보던 책을 덮고
   창가에서 넋을 잃고 폭우를 본다
   폭우를 읽는다
   아직 읽어야 할 책이 많다.

―「독서」 전문

자연과 사람 혹은 사물과 인간의 변증법
―유준화 시집, 『어린 왕자가 준 초록색 공』, 천년의시작, 2019.

　　유준화의 시는 아직도 서정시 본연의 압축과 응축의 자세를 잃지 않고 있다. 길지 않은 행과 연을 매개로 삶의 진실과 지혜를 섬세하게 드러내고 있는 것이 그의 시이다. 그렇기는 하더라도 유준화 시인 역시 낱낱의 시를 쓰게 되는 계기는 고통 및 설움과 함께하는 것이 분명하다. 그가 "아프다. 그냥, 아프다. 꽃들이 피었다 질 때도 서럽고 낙엽이 온산을 물들 때도 아프다. 맵고도 차가운 바람 앞에 서면 눈물 난다. 그럴 때면 강변에 나가 달맞이꽃에게 말을 걸거나 들꽃들이 바람에 흔들릴 때 물결의 노래를 듣는다."(「시인의 말」)라고 말하고 있기 때문이다. 이로 미루어보면 바람이며 달맞이꽃, 들꽃이며 물결 등 여러 사물과 마주하는 가운데 창작의 착란 속에 빠져드는 것이 그라고 할 수 있다.

　　여러 사물이라고 말했으나 이 시집의 서두에는 그것이 토착적이고 전통적인 것들의 모습을 하고 있어 더욱 주목된다. 영산홍, 호박고지, 달항아리, 검정고무신, 오동꽃, 살구꽃, 감꽃, 모과, 고목, 냉이꽃, 장닭 등이 그의 시의 중심 이미지가 되고 있다는 것인데, 우선은 이것들로부터 비롯되는 시인의 상상력을 추적해보는 일이 재미있게 다가온다. 이들 토착적이면서도 전통적인 사물들을 통해 그가 일정하게 삶의 의미를 깨닫고 있기 때문이다.

> 상현달이 뜨면 고운 눈썹이 파르르 떨었습니다. 큰애기씨 밤 마실 나온 거지요.
> 초가에 박꽃이 피었던 시절, 달님과 사랑에 빠져 배가 불러오던 하얀 꽃 그녀
> 갸름한 곡선에 보름달을 머금어 배가 불러오던 그녀, 지금은 어디 있나요.
> 반세기가 지난 지금 박물관 달항아리 백자에서 그녀를 만났습니다
> ―「달항아리」 전문

이 시에는 몇 개의 토착적이면서도 전통적인 이미지가 혼재된 채 드러나 있다. 상현달, 눈썹, 큰애기씨, 밤마실, 초가, 박꽃, 달님, 배, 하얀 꽃, 보름달, 곡선, 박물관, 달항아리 등이 그것이거니와, 그것 모두가 매우 익숙한 사물들이라는 데는 이론(異論)의 여지가 없다. 이 시에서는 그것들이 "배가 불러오던 그녀"라는 이미지로 수렴되는 가운데 새롭고도 묘한 에로티시즘을 불러일으킨다. 하지만 정작 주목되는 것은 이때의 에로티시즘이 "박물관 달항아리 백자"의 이미지와 함께하는 가운데 이 시의 서정적 주인공인 그녀를 낯설게 환기하고 있다는 점이다.

토착적이고 전통적인 소재인 이 시의 이들 이미지로부터 독자들이 획득하는 것은 예의 에로티시즘과 관련된 이런저런 상상이다. 이때의 상상은 특유의 즐거움을 주고 있거니와, 정작 중요한 것은 그것들이 모두 오래되고 낡은 것이면서도 사람살이의 근원적 현실과 무관하지 않다는 점이다. 이때의 근원적 현실이 관심을 끄는 것은 그것들이 다 자연에서 비롯되기는 하지만 나날의 삶과 깊이 연결되어 있기 때문이다. 이들 이미지가 상기하는 것이 실제로는 일상의 구체적인 삶과 무관하지 않다는 뜻이다. 토착

적이면서도 전통적인 것들, 곧 낡고 오래된 것들이지만 그것들이 내포하는 의미가 여전히 새롭고 신선하다는 것은 덧붙여 강조할 필요가 없다.

연보랏빛 꽃잎 밟고 가지 못하겠네, 하고 울었다. 소쩍새가

아기 울음소리 차마 밟지 못하겠네, 하고 울었다. 소쩍새가

장군봉 꼭대기 소나무에 기대서 저물도록 흐느끼던

그 며느리 무덤가에 오뉴월 달 기우는 밤, 오동꽃 뚝뚝 지고 있었다
—「오동꽃도 울었다—오동꽃 전설을 생각하며」 전문

이 시는 오동꽃, 소쩍새, 아기 울음소리, 산꼭대기, 소나무, 며느리, 무덤가, 오뉴월, 달, 밤 등의 이미지와 함께하고 있다. 이들 이미지와 함께하는 이 시에는 시인 유준화의 따뜻한 연민이 자리하고 있어 좀 더 주목된다. 그렇다. 이 시에는 소쩍새의 입을 빌려 "아기 울음소리 차마 밟지 못하겠네"라고 노래하는 시인의 촉촉한 연민이 담겨 있다. 물론 이때의 연민은 지금은 무덤 속에 있는 "며느리"를 향해 열려 있다. 소쩍새도 차마 울지 못하겠다고 하는 "오뉴월 달 기우는 밤" 한 송이 오동꽃으로 뚝뚝 져버린 "며느리"를 안타까워하는 시인의 마음이 고맙고도 아름답다.

유준화의 시와 함께하는 토착적이고 전통적인 사물들, 이른바 구체적인 자연물들이 갖는 특징은 그것들이 모두 사라져 가는 것들이라는 점이다. 사라져 가는 것들은 이미 과거의 것들인 만큼 아련한 그리움이 담겨 있기 마련이다. 아련한 그리움이 담겨 있는 것들은 미래로 가는 경쟁에서 패배한 것들이기 쉽다. 경쟁에서 패배한 것들에 대해 '차마 어찌하지 못하는 마음'을 갖는 것은 대부분 시인이 갖는 보편적인 특징이다. '차마 어찌하

지 못하는 마음'이 없이는 좋은 서정시를 쓰기가 어렵다. 측은지심, 곧 차마 어찌하지 못하는 마음, 연민의 마음이 서정시의 마음이 되는 소이가 바로 여기에 있다.

> 엄마 노란 삼배 적삼, 그 등허리같이 달싸한 너
> 해거름 서두는 다 저녁 굴곡진 길에서
> 장돌뱅이들 비틀거리던 발걸음에도 흔들거리던 너
> 군청색 스커트에 하얀 블라우스 단발머리 소녀같이
> 아직 덜 여문 꼭지를 숨기고 배시시 웃던 너
>
> 지금은 할머니 되었을 그가 열아홉 미소로
> 꿈결로 다가와 웃고 갈 때 옆에서 웃고 있었던 너
> ―「감꽃, 너」 전문

기본적으로는 이 시도 서정시가 지니는 보편적인 마음, 곧 차마 어찌하지 못하는 마음, 그러니까 연민을 바탕으로 한다. 그와 동시에 이 시 역시 토착적이면서도 전통적인 사물들이 핵심 이미지로 등장한다는 것을 알 수 있다. 감꽃, 엄마, 삼배 적삼, 등허리, 해거름, 저녁, 굴곡진 길, 장돌뱅이들, 발걸음, 군청색 스커트, 하얀 블라우스, 단발머리 소녀, 꼭지, 할머니 등이 이 시에서의 그것들이라고 할 수 있다.

이들 이미지 중에서도 가장 핵심이 되는 것은 '감꽃'이라고 해야 옳다. 좀 더 인간적인 관계를 형성하는 '너'라고 불리는 감꽃의 내포가 오직 감꽃 그 자체에 그치지 않는 것은 분명하다. "지금은 할머니 되었을 그가 열아홉 미소로/꿈결로 다가와 웃고 갈 때 옆에서 웃고 있었던" 것이 '너'기 때문이다. 이때의 '너'가 일단은 감꽃의 내포를 갖더라도 단지 감꽃의 내포에서 그치지는 않는다는 것이다. 감꽃의 내포에서 그치지 않는다는 것은 그것의 내포가 사람 일반에까지 확장되어 있다는 것을 가리킨다.

그의 시에서 자연물, 곧 사물의 이미지는 항용 사람살이의 진실을 발견하고 깨닫는 질료로도 작용한다. 자연물, 곧 사물의 이미지가 사람살이의 참 의미를 깨닫는 질료로도 작용하게 하는 것은 그의 시가 지니는 보편적 특징이라고 해도 과언이 아니다. 토착적인 것, 전통적인 것을 포함해 자연의 사물들은 자주 사람살이의 교훈을 포함한다. 다음의 시에서도 그것은 마찬가지이다.

> 썩어가는 몸뚱이까지도 향기가 난다
> 제 몸 진액을 향기로 바꾸어 남김없이 소진하고는
> 비로소 까맣게 돌이 되어가는 모과
> 까맣게 돌이 되도록 그대는
> 향기 나는 일을 세상에 하고 있구나
> 까맣게 돌이 되도록 그대는
> 누군가를 사랑하며 그 씨앗을 품고 있구나
> 누군가 못생겼다 비하해도 그대는
> 향기로써 그 사람을 감싸주는 모과(母果)로구나
> ―「모과」 전문

이 시는 제목 그대로 '모과'를 제재로 삼고 있다. 이 시에서 시인은 모과를 "제 몸 진액을 향기로 바꾸어 남김없이 소진하고는/비로소 까맣게 돌이 되어가는" 존재로 그려내고 있다. 이 시의 제목이기도 한 '모과'로부터 그가 깨닫는 것이 소멸해 가면서도 향기를 잃지 않는 존재가 바로 모과라는 것이다. 시를 마무리하면서 시인은 모과를 두고 "누군가 못생겼다 비하해도 그대는/향기로써 그 사람을 감싸주는" 존재라고 명명한다. 이로 미루어보면 그에게 모과는 단순한 사물이 아니다. "그대는/향기로써 그 사람을 감싸주는 모과(母果)로구나"라고 했을 때의 모과가 뜻하는 바야말로 의미심장하다. 사물로서의 모과의 이미지에는 모과와 같은 향기를 갖는 사람의 의미가 들어 있기 때문이다.

자연적 존재로서의 사물과 사회적 존재로서의 사람이 상호 순환하는 관계에 있다는 것은 두루 잘 알려진 바이다. 사람은 죽어 자연으로 태어나고, 자연은 죽어 사람으로 태어나는 것이 순환하는 생명의 기본질서이기 때문이다. 이렇게 상호 순환하는 관계가 사람과 사물 사이에서만 일어나는 것은 아니다. 사물과 사물 사이에도, 사람과 사람 사이에도 순환하는 생명의 질서는 자리해 있기 마련이다. 다음의 시는 소와 나무 사이의 순환하는 관계를 기발한 발상으로 노래하는 예이다.

> 버선목까지 눈이 푹푹 쌓이던
> 오밤중에 제삿밥 짓던 증조할머니
> 외양간에서 소가 움메하고 울던 동짓달
> 관솔불 밝히고 아궁지에 솔가지 불 때며
> "나무가 죽어서 소가 되었나"
> "소가 죽어서 나무가 되었나"
> 당신들이 제일 좋아하던
> 소가 죽어서 나무로 환생했을 거라는
> 제 몸 하나 태워 제삿밥 짓고 있을 거라는
> 먼 옛날 증조할머니의 서러운 푸념이 있었다.
> ―「소나무」 전문

이 시에서 증조할머니는 "눈이 푹푹 쌓이던/오밤중에 제삿밥 짓"고 있다. "외양간에서 소가 움메하고 울던 동짓달" "아궁지에 솔가지 불 때며" 증조할머니는 중얼거린다. "나무가 죽어서 소가 되었나"/"소가 죽어서 나무가 되었나"하고 말이다. 증조할머니는 "당신들이 제일 좋아하던/소가 죽어서 나무로 환생했을 거라"고, "제 몸 하나 태워 제삿밥 짓고 있을 거"라고 생각한다. 얼마간 말놀이도 포함된 이 시에서 시인은 "먼 옛날 증조할머니의 서러운 푸념"을 통해 순환하는 자연의 본원적 질서를 상기시킨다. 순환하는 자연의 본원적 질서라고 말했지만 이를 달리 표현하면 순환하는 생명의 근원적 섭리(攝理)라고 해도 좋으리라.

하지만 순환하는 생명의 근원적 섭리가 매번 자연스럽게 이루어지는 것은 아니다. 순환하는 생명의 섭리가 자체가 해체되거나 어긋나는 경우도 자주 살펴볼 수 있기 때문이다. 생명의 섭리만이 아니라 생명의 배리(背理)도 종종 확인할 수 있다는 뜻이다.

> 누구는 까마귀가 우는 줄 알았다 했다
> 이놈의 까마귀 웬 극성이야, 하다가 보니
> 개울가에서 개구리가 울고 있었다
> 개구리가, 까마귀가, 까마귀가, 개구리가
> 미세먼지 가득한 하늘, 누런 경칩 날
> 땅을 치고 울고 있었다
> 입과 코를 마스크로 가리고 지나가는 사람들 보고
> 강도처럼 그러지 말고 책임지라고 울고 있었다
> ―「경칩 날」 전문

이 시는 경칩 날에 느끼는 감회를 담고 있다. 경칩은 24절기 중의 세 번째 절기이거니와, 이날부터는 땅속에서 동면하던 개구리도 깨어나 꿈틀거리기 시작한다고 한다. 일 년 중 개구리가 겨울잠에서 깨어날 정도로 날씨가 풀리는 날이 경칩이라고 할 수 있다. 하지만 경칩 날 시인은 개구리 우는 소리 대신 까마귀 우는 소리를 듣는다. 웬일인가. 그가 듣기에는 경칩 날 개구리가 아니라 까마귀가 "땅을 치고 울고 있"는 것이다. 이날 그에게 개구리 울음소리가 까마귀 울음소리로 들리는 까닭은 무엇인가. 그가 생각하기에는 이날이 "미세먼지 가득한 하늘, 누런 경칩 날"이기 때문이다.

물론 "미세먼지 가득한 하늘, 누런 경칩 날"이 지구에 찾아오는 것은 사람들 때문이다. 시인이 이 시에서 "입과 코를 마스크로 가리고 지나가는 사람들 보고" 개구리의 목소리를 빌려 "책임지라고" 말하는 것은 다름 아닌 이에서 비롯된다. 자연의 섭리를 깨뜨리고 자연의 배리를 만드는 주체야말로 사람들이라는 것인데, 그가 보기에는 바로 그러한 이유로 개구리가 "입과 코를 마스크로 가리고 지나가는 사람들 보"고 "책임지라고 울고 있"는 것이다.

사람들이 자연의 섭리를 파괴하고 자연의 배리를 만연시켜온 것은 어제오늘의 일이 아니다. 이른바 근대 자본주의 사회에 들어 사람들이 해온 모든 것이 다 그러한 일이라는 점을 잊어서는 안 된다. 생태환경의 섭리를 깨뜨려온 고약한 일이, 곧 생태환경의 배리를 당연시 여겨온 것이 근대 자본주의 사회의 중요한 특징이라는 것이다.

다음의 예에서도 알 수 있듯이 시인 유준화는 자신의 시에서 끊임없이 자연 혹은 생태환경의 바른 의미를 되묻고 있다. 이렇게 되묻는 까닭은 말할 것도 없이 삶 혹은 생명의 진실을 바로 깨닫기 위해서이다. 본래 잠시 머물다가 떠나는 것이 삶이라고 하더라도 그것이 자연의 바른 원리와 어긋난다면 누구라도 문제의식을 지니지 않을 수 없다.

수많은 사람이 자연의 원리에서 삶의 원리를 발견하고 있다. 하지만 자연의 원리에서 발견하는 삶의 원리가 매번 긍정적인 것은 아니다. 자연의 현실처럼 사람의 현실도 실제로는 누군가의, 무엇인가의 희생을 통해 영위되기 때문이다. 다음의 예는 "탄자니아 세렝게티"의 누우 떼들이 샌드강을 건너는 과정에 맞게 되는 희생의 의미를 시인이 처해 있는 오늘의 현실과 관련해 되묻고 있는 시이다.

탄자니아 세렝게티에서
케냐 마사이마라로 이동하는
누우 떼들은 건기가 오면 샌드강을 건넌다

동료를 제물로 바쳐야 내가 사는 강
무릎이 꺾어지고 미끄러지면 죽어야 하는 강

산의 허리를 깎아 샌드강을 만든다
악어 떼보다 더 사납고 빠른 악어들이
영역 싸움에 밀린 자들이 강을 건널 때
인정사정 볼 것 없이 밀어붙인다

누우가 되어 샌드강 가에 서 있는데
누가 자꾸 등을 떠민다

—「로드킬」 전문

 이 시에는 "동료를 제물로 바쳐야 내가 사는 강/무릎이 꺾어지고 미끄러지면 죽어야 하는 강"이 지니는 슬픔이 그려져 있다. 급기야 시인은 "누우가 되어 샌드강 가에 서 있는데/누가 자꾸 등을 떠"미는 환상에까지 빠진다. 자연의 하나인 누우 떼와 사람의 하나인 시인이 등가적으로 대비되며 엄혹한 삶의 현실을 깨닫고 있는 것이 이 시에서의 시인이다. 잔인하고 엄혹한 것이 삶의 현실이거니와, 어찌 보면 삶의 현실이라는 것은 온갖 고통을 견디며 깨닫는 지혜의 과정인지도 모른다.

 나날의 일상에서 지혜를 깨닫기 위해서는 끊임없이 질문을 던지는 수밖에 없다. 지혜를 얻기 위한 지속적인 질문을 구하는 곳이 나날의 일상인 까닭이 바로 여기에 있다. 다음의 시에서 그가 사람의 일을 나방의 일과 비교, 대조하며 지혜를 구하는 것도 이와 무관하지 않아 보인다. 이와 관련해 살펴보면 자연의 삶과 인간의 삶을 변증법적으로 되묻고 있는 것이 다음의 시라고 해도 좋다.

> 내가 살던 집터를 아파트 짓는다고 밀어버렸다
> 아파트 살던 사람들의 집터를 재개발한다고 밀어버렸다
>
> 밀어버린 그 자리
> 사람들은 다시 죽도록 일해서 아파트를 산다
>
> 나방은 평생 한 번 집을 짓고
> 하늘로 날아오르는데
>
> 사람이 여러 번 집을 지어도
> 하늘로 날지 못하는 이유를
>
> 유적 발굴팀, 김 씨는 새벽 5시부터
> 천 년 전에 밀어버린 집터에서 찾고 있다
>
> ―「집터」 전문

앞에서도 말한 것처럼 이 시에는 사람들의 일상이 나방의 그것과 비교, 대조되어 드러나 있다. 이 시에 등장하는 사람들은 "내가 살던 집터를 아파트 짓는다고 밀어버"린 존재이고, "아파트 살던 사람들의 집터를 재개발한다고 밀어버"린 존재이다. 나방과 비교, 대조되는 가운데 "밀어버린 그 자리"에 지은 아파트를 "죽도록 일해서" 사는 사람들을 그가 안타까워하는 것은 당연하다. 그가 보기에 "나방은 평생 한 번 집을 짓고/하늘로 날아

오르는데" 반해 사람들은 "여러 번 집을 지어도/하늘로 날지 못하는" 존재이다. 나방만도 못한 것이 사람들이라는 것이다.

이 시에서 시인은 이처럼 자연의 현실을 빌려 사람의 현실을 지적하고 있다. 그로서는 자연의 현상과 사람의 현상을 비교, 대조하는 가운데 사람의 길을 되묻는 것이다. 다른 시에서는 "집 없어도 행복한 민달팽이/아파트가 없어도 결혼하는 민달팽이야//집 가지기 위해서/늙어 죽도록 땀 흘리는 놈들도 있단다"(「민달팽이」)라고 노래하는 것이 그이다. 자연의 사물인 달팽이만도 못한 것이 사람이라는 것이다.

하지만 그의 시에서 자연의 사물이 매번 이처럼 사람살이의 헛된 욕망을 드러내기 위한 방편으로만 등장하는 것은 아니다. 때로는 역사의 바른 방향이나 사람살이의 바른 원리를 깨닫게 하는 방편으로도 수용되는 것이 자연의 사물이기 때문이다. 자연의 사물로부터 역사의 바른 방향이나 사람살이의 바른 원리를 발견하는 그의 시로는 「능소화」, 「녹두꽃 필 때」, 「우금치에서」, 「버마재비」, 「오천결사」, 「장닭」, 「냉이꽃」 등을 들 수 있다.

    개똥밭에 떨어졌어도
    향기가 난다

    개똥밭에 끌려갔어도
    뿌리까지 향기가 난다

    폭풍우 지나간
    남쪽 나라 바닷가

    남양군도 이름 모를 땅에 혼자 핀
    하아얀 누이꽃

―「냉이꽃」 전문

이 시에는 그의 시가 지니는 갖가지 장점이 십분 드러나 있다. 이 시에서 냉이꽃은 "개똥밭에 떨어졌어도/향기가" 나는 존재이고, "개똥밭에 끌려갔어도/뿌리까지 향기가" 나는 존재이다. "남양군도 이름 모를 땅에 혼자 핀" 것이 냉이꽃이거니와, 냉이꽃을 두고 그는 "하아얀 누이꽃"이라고 명명한다. 이 시에서 그가 말하는 "하아얀 누이꽃"이 일제강점기에 정신대로 남양군도에 끌려갔던 위안부를 뜻한다는 것은 자명하다. 일제강점기에 우리나라의 젊은 여성들이 일본군 위안부로 강제 징집된 것이 잘못된 역사라는 것은 덧붙여 설명할 필요가 없다. 이처럼 시인은 역사의 바른 방향을 되묻기 위해 구체적인 자연의 사물로부터 지난 시대의 아픈 현장을 발견하기도 한다.

물론 시인 유준화가 매 편의 시에서 자연의 사물에 빗대어 역사의 바른 방향이나 사람살이 바른 원리를 탐구하는 것은 아니다. 적잖은 시에서는 그 역시 구체적인 체험을 통해 나날의 삶이 지니는 진정성을 탐구하고 있기 때문이다. 「임자」, 「나들이」, 「흔한 일」, 「그 노인」, 「게구멍」 등의 시가 그것이거니와, 정작 중요한 것은 이들 시, 곧 구체적인 체험의 시를 통해 그가 발견하는 자연의 원리이다.

> 새벽 산책길에 소나무 밑을 걸어가다가
> 거미가 쳐논 거미줄에 얼굴이 걸렸다
> 아침부터 푸짐한 먹이가 걸려들어서 대박 터졌다고
> 신나게 쫓아 나온 거미가 찢겨진 그물을 보고
> 실색을 하며 얼떨결에 어깨로 기어오르는데
> "이놈의 거미, 먹을 것 못 먹을 것
> 천지분간 못하고 다 처먹으러 들어!"
> 욕 한마디를 푸짐하게 섞어가며 숲속에 패대기쳤다

> 졸지에 아침 굵게 생긴 거미가
> 원망 가득한 눈빛으로 돌아보며 한마디 한다
> "너나 잘하셔"
>
> ―「너나 잘하셔」 전문

이 시에서 시인은 "새벽 산책길에 소나무 밑을 걸어가다가/거미가 쳐 놓은 거미줄에 얼굴이 걸"리는 체험을 한다. 그러자 거미가 "아침부터 푸짐한 먹이가 걸려들어서 대박 터졌다고/신나게" "쫓아 나온"다. 이내 거미는 "찢겨진 그물을 보고/실색을 하며 얼떨결에 어깨로 기어오"른다. 이때 시인이 내뱉는 말이 재미있다. "이놈의 거미, 먹을 것 못 먹을 것/천지분간 못하고 다 처먹으러 들어!" 시인은 이어 "욕 한마디를 푸짐하게 섞어가며" 개미를 "숲속에 패대기" 쳐버린다. "졸지에 아침 굵게 생긴 거미"는 "원망 가득한 눈빛으로 돌아보며" "너나 잘하셔" 하고 한 마디 내뱉는다.

이처럼 그의 이 시는 자연과 사람이 지니는 상대적 가치를 드러내는 동시에 사람의 현실을 통해 자연의 현실을 깨닫게 한다. 아니, 그보다는 자연과 사람, 사물과 인간이 이루는 변증법적 관계를 깨닫게 하는 것이 그의 이 시이다. 자연의 사물과 사람의 정신이 적절하게 지양되는 것이 그의 이 시라고 해도 좋다.

이와 더불어 강조해야 할 것은 그의 시가 항상 예술의 근원적 특징인 사물성 혹은 물질성을 잃지 않고 있다는 점이다. 예술의 본원적 특징인 사물성 혹은 물질성을 십분 살리면서도 인간의 드높은 정신을 고양하는 것이 그의 시라는 얘기이다. 이와 관련해 토착적이면서도 전통적인 사물을 질료로 삼으면서도 사람살이의 진정한 원리를 깨닫게 하는 것이 그의 시라고 말한들 어떠하랴.

새삼스러운 얘기이지만 그의 시가 포착하는 자연의 사물은 우선 사람살이의 제반 가치와 질서를 깨닫게 한다. 이와 동시에 그의 시가 포착하는 사람의 일상은 자연살이의 제반 가치와 질서를 깨닫게 한다. 자연의 원리에서 사람의 원리를 발견하고, 사람의 원리에서 자연의 원리를 발견하는 것이 그의 시의 한 특징이라는 것이다. (2019)

지렁이와 흙과 바람과 햇살과 비의 비빔밥
―박운식의 연작시 「지렁이」 5편을 중심으로

    이 글에서 논의하려고 하는 것은 박운식 시인의 신작시 5편이다. 그는 줄곧 고향인 영동에서 살면서 평생을 두고 농민시를 일구어온 사람이다. 얼마 전 그는 '지렁이'를 소재로 하는 연작시 5편을 탈고한 바 있거니와, 이들 연작시 5편은 '영동작가회의'의 기관지 《영동작가》 창간호에 수록되는 것으로 알고 있다. 이 글은 예의 그의 연작시 5편에 대한 필자의 소박한 해설이다.
    '지렁이'를 소재로 하는 그의 연작시 5편은 무엇보다 흙과 바람과 햇살과 비 등 농촌의 사물들을 바탕으로 하고 있다. 따라서 넓은 의미로 보면 이들 시 역시 농민시일 뿐만 아니라 자연시라고 할 수 있다. 그는 아직도 농사를 지으며 농촌에서 살고 있거니와, 무엇보다 독자들은 이들 연작시가 자연의 일원으로서 자연과 더불어 살아가는 그의 삶의 과정이 담겨 있다는 점을 주목해야 한다.
    앞에서도 말했듯이 그의 연작시 「지렁이」는 최근 들어 발족한 '영동작가회의'의 기관지 《영동작가》에 '신작 소시집'이라는 꼭지로 발표되고 있어 더욱 관심을 끈다. '영동작가회의'라는 문학모임은 말할 것도 없거니와, 기관지 《영동작가》도 그를 중심으로 뭉친 작가들과 시인들의 비영리적인 노력에 따라 출발한다는 점을 잊어서는 안 된다. 나로서는 영리와는 전혀 무관한, 순수한 문학적 열정으로 '영동작가회의'와 《영동작가》가 구성되고 운영되는 것에 대해 찬탄을 보내지 않을 수가 없다.

박운식의 연작시 「지렁이」를 두고 자연시라고도 했거니와, 이들 시에는 '지렁이'로 상징되는 자연과 더불어 살고자 하는 그의 염원이 담겨 있어 더욱 주의를 요한다. 자연과 더불어 살고자 하는 그의 염원이라고는 했으나 이는 결국 그가 지렁이처럼 느릿느릿 꾸불꾸불 자연의 속도 및 행태로 살고자 하는 그의 생철학을 뜻하지 않을 수 없다.

지렁이로 상징되는 자연의 속도 및 행태는 그의 5편 연작시 「지렁이」의 매 편에서 확인된다. 이들 시에서 지렁이는 시인 박운식과 거의 동일시되어 표현된다. 그렇다. 그의 연작시 「지렁이」의 중심 소재인 '지렁이'는 흙에 묻혀 산다는 점만으로도 충분히 시인 자신의 객관상관물로 드러나고는 한다. 겉으로는 '지렁이'를 말하고 있지만 속으로는 시인 자신을 말하는 예도 있고, 아예 지렁이 자체가 시인 자신의 알레고리 상징으로 설정되는 예도 있지만 말이다. 이를테면 지렁이를 매개로 하여 자연인으로서 시인 박운식 자신의 현존이 다양한 언어로 그려지는 것이 이 연작시 「지렁이」라는 것이다.

> 흙을 파먹고 사는
> 지렁이의 입은 뽀족하겠지요
> 곡갱이를 닮은 것 같기도 하고
> 삽을 닮은 것 같기도 하고
> 구수하고 달콤한 흙을 먹는 이빨이
> 가끔 궁금합니다
> 아마 흙과 같이 햇살의 부스러기도
> 꺼끌한 바람 조각도

하얀 구름 한 뭉치도 같이 비벼서 먹겠지요
그 속에서 개나리꽃 노란 꿈들도
밤이면 외로운 쑥국새의 노래도
이웃 마을 처녀총각 슬픈 사연도
같이 섞어서 꼭꼭 씹어 먹겠지요
맛있는 비빔밥처럼 말입니다
지렁이 똥이 둥그런 것 같은데
가끔 보름달처럼 두둥실 떠오르면
옛날 옛적 배고프던 시절도 생각나고
산 너머 이쁜 아가씨 그리움에
잠 못 들던 시절도 생각나겠지요
흙 속 지렁이의 예쁜 입을
한번 보고 싶은데요
그냥 상상만 해봅니다
아마도 봄이면 김이 모락모락 나는
새싹을 밀어 올리는 그런 입이겠지요
—「지렁이 1」전문

  이 시에서 시인은 먼저 "흙을 파먹고 사는/지렁이의 입"에 대해 주목한다. 일단은 먼저 "지렁이의 입"이 "뾰족하겠"다고 상상하는 것이 그이다. 그뿐만 아니라 시인은 "지렁이의 입"이 "곡갱이를 닮은 것 같기도 하고/삽을 닮은 것 같기도 하"다고 진술한다. 곧이어 그는 지렁이의 "구수하고 달콤한 흙을 먹는 이빨이/가끔 궁금합니다"라고 경어체로 말한다. 다음 문장에서는 지렁이가 자기 자신의 입으로 "아마 흙과 같이 햇살의 부스러기도/꺼끌한 바람 조각도/하얀 구름 한 뭉치도 같이 비벼서 먹겠지요"라고 추측하는 것이 그이다. 그러한 뒤에 그는 지렁이가 자신의 입으로 "개나리꽃 노란 꿈들도/밤이면 외로운 쑥국새의 노래도/이웃 마을 처녀총각 슬픈 사연도/같이 섞어서 꼭꼭 씹어 먹겠지요"라고 상상한다.

　이쯤 되면 이 시의 중심 소재인 '지렁이'가 시인 자신의 객관상관물이라는 것을 쉽게 짐작할 수 있다. 그렇다. 시인 자신처럼 "맛있는 비빔밥"을 좋아하는 것이 지렁이라는 것을 간과해서는 안 된다. "지렁이 똥이 둥그런 것 같은데/가끔 보름달처럼 두둥실 떠오르면/옛날 옛적 배고프던 시절도 생각나고/산 너머 이쁜 아가씨 그리움에/잠 못 들던 시절도 생각나겠"다고 상상하는 것이 이 시에서의 시인 박운식이다.

　이어지는 구절에서 그는 "흙 속 지렁이의 예쁜 입을/한번 보고 싶은데요/그냥 상상만 해봅니다"라고 노래한다. 개인적으로 박운식 시인을 아는 사람이라면 부끄러운 듯 겸손하게 웃는 박운식의 입이 참 예쁘다는 것을 잘 알 수 있다. 말하자면 이 구절에도 시인 박운식 자신의 형상이 투영되어 있다는 것인데, 이는 다음의 구절에서도 또한 마찬가지이다. 그가 "봄이면 김이 모락모락 나는/새싹을 밀어 올리는 그런 입이겠지요"라고 말하고 있기 때문이다. 이처럼 지렁이의 입을 빌려 자기 자신의 입을 표현하는 것이 그이다.

　그렇다고는 하더라도 "봄이면 김이 모락모락 나는/새싹을 밀어 올리는" 주체가 입이 아니라 손이라고 해야 좀 더 사실적인 느낌을 줄는지도 모른다. 사실의 세계에서는 "새싹을 밀어 올리는" 주체가 입이 아니라 손이라고 해야 좀 더 설득력을 주기 때문이다. 하지만 시는 상상력의 산물이니만큼 "새싹을 밀어 올리는" 주체를 입으로 설정해야 심미적 감흥을 주는 것 또한 분명하다.

　연작시 「지렁이」에 자기 자신의 일상이 투영되어 있기는 다음의 시 「지렁이 2」에서도 마찬가지이다. 이 시에는 오히려 더욱 시인 자신의 일상이 좀 더 적극적으로 반영되어 있어 관심을 끈다. 무엇보다 이 시 「지렁이 2」에는 시인 자신의 느리고 한적한 일상이 그려져 있어 자연의 질서와 함께하는 시인 박운식의 일상을 엿볼 수 있게 한다.

> 빗속을 꾸불꾸불 기어간다
> 길 가다 허름한 주막에서
> 막걸리를 마신다
> 바쁠 것도 없는 시간
> 가끔 지난 세월 뒤돌아보니
> 그저 그렇구나
> 주막집 눅눅한 뒷방에서
> 팔베개를 하고 눕는다
> 누구는 이런 날 봄꽃 편지를 쓰고
> 누구는 이런 날 술을 퍼먹고
> 인생의 허무를 노래하리라
> 모두가 부질없는 꿈
> 지렁이의 옆구리에 붙어서
> 꾸불꾸불 빗속을 기어가고 있네
> ―「지렁이 2」 전문

이 시의 첫머리에서 그는 자기 자신을 지렁이처럼 "빗속을 꾸불꾸불 기어"는 존재라고 서술한다. 이어지는 구절에서는 이 지렁이가 "길 가다 허름한 주막에서/막걸리를 마신다"라고 표현한다. 여기쯤 이르면 이 시에 기술되는 지렁이 역시 시인 자신에 대한 비유적 명명이라는 것을 금방 알게 된다. "길 가다 허름한 주막에서/막걸리를 마"시는 지렁이가 시인 박운식 자신의 객관상관물이라는 것을 곧바로 알 수 있다는 것이다. "바쁠 것도 없는 시간/가끔 지난 세월 뒤돌아보니/그저 그렇구나/주막집 눅눅한 뒷방에서/팔베개를 하고 눕"기도 하는 지렁이가 다름 아닌 시인 박운식이라는 말이다.

　생각해 보면 "누구는 이런 날 봄꽃 편지를 쓰고/누구는 이런 날 술을 퍼먹고/인생의 허무를 노래하"기도 하며 시간을 보내리라. 인생의 이러한 면은 시인 박운식이라고 하더라도 크게 다를 리 없다. 따져보면 이승의 모든 것이 다 "모두가 부질없는 꿈"이 아닌가. 그가 보기에는 "지렁이의 옆구리에 붙어서/꾸불꾸불 빗속을 기어가고 있"는 것이 그이고, 나이고, 우리 모두인 셈이다.

　봄날 지렁이처럼 주어진 인생길을 "꾸불꾸불 기어"가는 시인 박운식이 어느 날 문득 허무를 자각하는 것은 자연스러운 일이다. 허무를 자각했다고 하더라도 그가 곧바로 허무를 실천하는 것은 아니지만 말이다. 어느 누가 허무한 것이 인생이라고 하여 당장의 삶을 매조지하려고 하겠는가.

　「지렁이 3」에는 좀 더 섬세하게 전개되는 시인 박운식의 일상이 지렁이로 비유되어 있어 관심을 끈다.

　　　하얀 종이 위에 지렁이를 닮은
　　　꾸불꾸불한 글씨가 기어다닌다
　　　글씨를 바르게 써야 정성을 들여 써야
　　　마음이 바른디야
　　　선생님의 알밤이 아팠다
　　　쿡쿡 웃는다
　　　길가의 진달래꽃이
　　　나의 꾸불꾸불한 지난 삶을
　　　오래된 부끄러운 기억들이
　　　볼펜 옆구리에 붙어서
　　　내 글씨를 인생을 흘끔 보고 있네
　　　부끄러워라

　　　　　　　　　　　　　　　―「지렁이 3」 전문

특이하게도 이 시는 중심 대상이 시인 박운식이나 지렁이가 아니라 "꾸불꾸불한 글씨"로 설정되어 있다. 그렇다고는 하더라도 이때의 "꾸불꾸불한 글씨"가 시인 박운식이나 지렁이와 전혀 무관한 것은 아니다. "꾸불꾸불한 글씨"는 지렁이의 삶의 궤적이기도 하고, 시인 박운식의 삶의 궤적이기도 하기 때문이다. 시인 박운식의 삶의 궤적이라고 했으나 그것은 또한 그의 글씨의 궤적이기도 하고 마음의 궤적이기도 하다는 것을 잊어서는 안 된다. 첫 문장에 이어지는 두 번째 문장이 "글씨를 바르게 써야 정성을 들여 써야/마음이 바른디야"라는 혼잣말로 이루어져 있다는 것을 주목할 필요가 있다.

이어지는 혼잣말 "선생님의 알밤이 아팠다"라는 구절은 곧바로 독자들을 그의 유년 시절로 데리고 간다. 이 구절은 "지렁이를 닮은/꾸불꾸불한 글씨"를 쓰다가 선생님한테 알밤을 맞는 그의 모습을 떠올리기 때문이다. 이러한 모습을 떠올리는 독자들에게 그가 "쿡쿡 웃는다"라는 말은 덧붙인 것은 지금에 이르러 뒤돌아볼 때 그것이 얼마간은 재미있는 추억으로 받아들여지기도 하기 때문이리라.

실제로도 시인 박운식은 글씨를 아름답고 예쁘게 쓰지 못하는 듯하다. 글씨를 아름답고 예쁘게 쓴다면 자신의 글씨가 "지렁이를 닮"았다고 발상하지 못할 것이기 때문이다. 그렇기는 하더라도 매조지를 하는 문장에서 "길가의 진달래꽃이/나의 꾸불꾸불한 지난 삶을/오래된 부끄러운 기억들이/볼펜 옆구리에 붙어서/내 글씨를 인생을 흘끔 보고 있"다고 회고하는 것은 재미있다. 그로서는 이것이 "부끄러워라"라고 고백할 수밖에 없는 일이라고 하더라도 마찬가지이다.

지렁이와 자신의 현존이 비교, 대조되는 것은 다음의 시에서도 마찬가지로 드러난다.

흙 속을 지렁이와 같이 멍하니 앉아 있다

밖에는 어둠 속에 비가 내린다
빗소리 타고 올라가는
미끈한 지렁이의 숨소리
그놈 참 재주 좋다
어렸을 적 나무 잘 타던 코흘리개 영식이
누런 콧물 방망이가 부산까지 내려갔다
훅 하면 콧구멍으로 급행으로 들어가는
그래 어쨌다는 거냐
지렁이와 코방망이와
부산항의 뱃고동 소리와
무슨 인연이 있단 말이냐
창밖에 빠르게 지워지던
마을과 좁은 골목길
호박꽃이 피어 있고 저녁연기와
가물가물 실같이 이어진 길
길 다하는 날 길은 없어지고
낙숫물 소리만 들려온다

—「지렁이 4」 전문

    이 시에서 시인은 먼저 "흙 속을 지렁이와 같이 멍하니 앉아 있다"는 상황부터 제시한다. 이어지는 구절의 "밖에는 어둠 속에 비가 내린다"라는 표현도 일종의 상황제시라고 할 수 있다. 다음 구절에서는 시인의 상상력이 작용하는데, "빗소리 타고 올라가는/미끈한 지렁이의 숨소리"가 바로 그것이다. 따져보면 이 또한 일종의 장면제시이기는 마찬가지이다. 이어지는 대목에서 시인은 "그놈 참 재주 좋다"라는 감탄과 함께 "누런 콧물 방망이가 부산까지 내려갔다/훅 하면 콧구멍으로 급행으로 들어가는" "어렸을 적 나무 잘 타던 코흘리개 영식이"를 떠올린다. 이들 표현도 독자들에게는 실감 나는 상상을 하게 하는 것이 사실이다.

이와 동시에 시인은 이어지는 구절에서 "그래 어쨌다는 거냐"라고 질문한다. 다음 구절의 "지렁이와 코방망이와/부산항의 뱃고동 소리와/무슨 인연이 있단 말이냐"라는 표현도 이어지는 질문이라고 할 수 있다. 이들 질문이 요구하는 대답은 뻔하다. 실제로는 무엇이 정작의 자연스러움이고, 무엇 정작의 자연의 질서냐를 묻고 확인하는 것이기 때문이다.

그가 보기에는 이제 "빠르게 지워지"는 것이 창밖의 "마을과 좁은 골목길"이다. 빠르게 지워지는 것은 "호박꽃이 피어 있고 저녁연기와/가물가물 실같이 이어진 길"도 마찬가지이다. 급기야는 "길 다하는 날 길은 없어지고/낙숫물 소리만 들려"올 뿐이거니와, 이것을 두고 지렁이로 상징되는 자연의 속도 및 행태라고 말하기는 어렵다. 이미 그것은 자연의 속도 및 행태 밖의 것들이기 때문이다. 이 시에서는 시인이 이러한 질문을 하는 까닭은 확실하다. 이러한 질문에 대한 그의 대답이 그다지 긍정적으로 보이지는 않더라도 말이다.

다섯 번째의 연작시 「지렁이 5」에 이르러 그는 동화적 어법으로 그간의 시와는 얼마간 다른 분위기와 어조를 보여준다. 이 시에서와 같은 동화적 분위기와 어조로의 전환도 실제로는 정작의 자연의 속도 및 행태에 대한 반성적 질문의 결과라고 해야 마땅하다. 그렇다. 이 시가 매조지의 부분에 이르러 비록 비약과 도약이 이미지를 보여준다고는 하더라도 한 편의 동화를 읽는 듯한 느낌을 주는 것은 사실이다.

> 지렁이 열차를 타고
> 산 너머 너머 마을에 갔습니다
> 칙칙폭폭 꽥꽥 기적소리 울리며
> 꾸불꾸불한 산길을 돌아 개울물을 건너

깜깜한 긴 터널도 지나고
저녁연기 피어오르는 마을을 지나
꽃 피고 새 우는 언덕을 지나
담장에 호박꽃이 피어나고 호박벌이
살고 계시는 참새며 까치 살고 계시는
복숭아꽃 살구꽃 아기진달래
올라갔다 내려갔다 노래 속 마을 지나
꽥꽥 기적소리 울리며 덜거덩덜거덩거리며
망초 대 무성한 억새풀 땅버들 무성한
그 마을에 갔습니다 낯선 사람들만 웅성웅성
여기에 살던 개구리 영감도 물방개 아가씨도
찔레꽃 붓꽃 뱀딸기 호랑나비 노랑나비
서로 좋아도 했고 미워도 했는데
여보시오 여보시오
문을 팡팡 두드려도 기척이 없네
벌써 나를 잊었나 한 조각 꿈이로다

―「지렁이 5」 전문

이 시에는 지렁이의 이미지와 뒤섞이며 열차가 우선 먼저 등장한다. 시인은 일단 "지렁이 열차를 타고/산 너머 너머 마을에 갔"던 경험부터 진술한다. 그리고 이어지는 구절에서는 "지렁이 열차를 타고" 산 너머 마을에 갔던 경험이 좀 더 구체적으로 서술된다. "칙칙폭폭 꽥꽥 기적소리 울리며/꾸불꾸불한 산길을 돌아 개울물을 건너/깜깜한 긴 터널도 지나고/저녁연기 피어오르는 마을을 지나/꽃 피고 새 우는 언덕을 지나/담장에 호박꽃이 피어나고 호박벌이/살고 계시는 참새며 까치 살고 계시는/복숭아꽃 살구꽃 아기진달래/올라갔다 내려갔다 노래 속 마을 지나/꽥꽥 기적소리 울리며 덜거덩덜거덩거리며/망초 대 무성한 억새풀 땅버들 무성한/그 마을에 갔"던 경험 말이다.

"그 마을에 갔"던 경험을 서술하는 이 시가 시의 경지에 이르는 까닭은 무엇보다 이들 구절에 작용하는 리듬 때문이다. 이때의 리듬이 서술어의 반복과 관형어의 반복을 통해 이루어진다는 것은 불문가지다. 물론 이 시가 시의 경지에 이르는 데는 이들 구절에 들어 있는 각종 사물의 섬세한 이미지들도 한몫한다. 하지만 정작 중요한 것은 "호박꽃이 피어나고 호박벌이/살고 계시는 참새며 까치 살고 계시는/복숭아꽃 살구꽃 아기진달래"가 사는 이 마을에 지금은 "낯선 사람들만 웅성웅성" 대고 있을 뿐이라는 점이다. "서로 좋아도 했고 미워도 했"던 "여기에 살던 개구리 영감도 물방개 아가씨도/찔레꽃 붓꽃 뱀딸기 호랑나비 노랑나비"도 이제는 기척도 없게 되었다는 얘기이다. "여보시오 여보시오/문을 팡팡 두드려도 기척이 없"는 것이 이들 사물의 현존이다. 그러니 시인으로서는 "벌써 나를 잊었나 한 조각 꿈"인가 하고 반문을 할 수밖에 없는 것이다.

이들 구절에서 시인 박운식 말하려는 것은 무엇인가. 어찌 보면 그의 시는 지렁이로 상징되는 것들의 장송곡, 곧 사라지고 있는 자연물들이나 소멸하는 사물들에 대한 장송곡인지도 모른다. 장송곡이라고 했지만 실제로는 지렁이로 상징되는 것들, 곧 사라지고 있는 자연물들이나 소멸하는 사물들을 매개로 오늘의 생태 현실을 우회적으로 고발하는 것인지도 모른다. 세상은 저만큼 빨리 달리고 있지만 그로서는 여전히 지렁이처럼 느릿느릿, 꾸불꾸불 자연의 속도 및 행태로 살고자 하는 것이다.

하지만 그의 이러한 생철학과는 무관하게 전개되는 오늘의 생태 현실이다. 이에 대해 그가 할 수 있는 발언은 여전히 조그맣고 작을 따름이다. "여보시오 여보시오/문을 팡팡 두드려도 기척이 없"는 것들, 곧 "개구리 영감", "물방개 아가씨", "찔레꽃 붓꽃 뱀딸기 호랑나비 노랑나비" 등의 이름을 깊은 호흡으로 불러주는 것이 그의 생철학의 실천적 형상이라는 것이다.

  이처럼 연약한 목소리로 오늘의 생태 현실을 비판적으로 노래하고 있지만 그의 인식이 도달한 세계가 지극히 서정적인 것은 사실이다. 특별한 경우가 아닌 한 사물의 어떤 무엇도 따듯하게 감싸안는 것이 서정시의 본질이 아닌가. '지렁이'를 매개로 하여 자연의 본질 및 질서까지도 깊이 있게 들여다보고 있는 것이 그의 이들 연작시라는 것을 강조하며 글을 맺는다.

(2022)

자연공동체 혹은 파라다이스에의 추억
—이길섭 시집, 『무성산』, 심지, 2023.

1. 개성 있는 서정과 자연 친화

이길섭의 시는 개성이 뚜렷하다. 섬세한 서정, 실감 나는 서정으로 충만한 것이 그의 시이다. 게다가 그의 시에는 고풍(古風)한 품격이 있다. 시인 나름의 심미적 서정, 심미적 형상으로 가득 차 있는 것이 그의 시이다. 그의 시의 심미적 형상은 이미지가 전경화되고 이야기가 후경화되는 가운데 절묘하게 하나로 접합되는 특징을 보여준다. 이른바 서정적 이미지와 압축된 이야기가 촉촉하게 합일되는 가운데 독자들의 감성을 파고드는 것이 그의 시이다.

  바람 일렁이는
  꽃잎들 사이로

  우듬지 너머
  하늘을 보네.

분홍빛 꽃잎들

눈썹 위 날리면

젖은 눈시울 타고

흐르는 구름!

—「벚꽃잎들」전문

    4연 8행 2문장의 짧은 시이다. 게다가 두 번째 문장은 명사문으로 되어 있다. 명사문은 문장의 종결어미가 명사인 경우를 두고 이른다. 시에서 명사문은 일단 형상성을 강화하는 데 도움을 준다. 따라서 적절한 명사형 문장의 사용은 시의 심미성 확보에 큰 도움을 준다.

    서정시는 본래 심미적 정감을 공유하는 언어예술 형식이다. 서정시가 부연이나 나열의 형식보다 응축이나 압축의 형식을 토대로 하는 것도 이와 무관하지 않다. 이길섭의 시도 응축과 압축의 형식을 토대로 한다. 그의 시의 고유한 특성도 실제로는 바로 여기에서 비롯된다. 그 역시 작고 조그만 서정적 이미지 위주의 시를 쓰고 있기 때문이다. 이때의 서정적 이미지에는 적절한 경험이 만드는 그의 삶이, 이야기가 뒷받침되어 있지만 말이다.

    그의 시가 지닌 이러한 특징은 무엇보다 박용래 시의 영향을 짐작하게 한다. 젊은 시절 한때 박용래 시인으로부터 직접 창작 지도를 받은 적도 있는 그이다. 다음의 시야말로 그가 박용래 시의 계보를 잇고 있는 시인이라는 것을 깨닫게 해준다.

묵은 갈잎에

따스한 볕,

소복이 쌓이면

구구우, 구구우

토담 넘는,

산비둘기 울음소리.

―「봄」 전문

  두 개의 이미지가 절묘하게 뒤섞여 있는 것이 이 시이다. 하나는 "묵은 갈잎에" "소복이 쌓이"는 "따스한 볕"의 이미지이고, 다른 하나는 "구구우, 구구우/토담 넘는,/산비둘기 울음소리"의 이미지이다. 전자는 시각적 이미지이고, 후자는 청각적 이미지이다. 이처럼 시각적 이미지와 청각적 이미지를 알맞게 뒤섞어 공감각적 이미지를 이루고 있는 것이 이 시이다.

  이 시에 등장하는 이미지는 오늘의 도시에서는 거의 찾아보기 힘든 것들이다. "묵은 갈잎에" "소복이 쌓이"는 "따스한 볕"의 이미지나 "구구우, 구구우/토담 넘는,/산비둘기 울음"의 이미지는 모두 자연의 것들, 곧 농촌의 것들이기 때문이다. 이들 자연의 것들, 곧 농촌의 것들로부터 시인의 자연 친화, 곧 농촌 친화의 의식을 찾기는 어렵지 않다.

  그의 시가 보여주는 자연 친화, 곧 농촌 친화의 의식은 물론 이러한 정도에서 그치지 않는다. 이것이야말로 그의 시 전체가 끌어안고 있는 보편적인 특성이라고 해도 과언이 아니다. 그의 시에서 자연 친화, 곧 농촌 친화의 의식은 애틋한 서정적 이미지의 토대이고 근거라고 해도 지나치지 않다.

  하지만 그가 자신의 시를 통해 지금 이곳의 농촌의 현실에 대한 사회적이고 역사적인 자각까지 보여주는 것은 아니다. 그의 시에 드러나 있는 자연 현실, 농촌 현실은 영혼의 고향이고, 심미 의식의 원천이라고 해야 옳을 듯싶다. 다음의 시에서도 확인할 수 있듯이 그에게는 "감잎 사이 비집고 들어"오는 햇살이, "담벼락에 앉아 찔레꽃 흩날리던 햇살"이 자연의 현실이고, 농촌의 현실이라는 것이다.

> 담벼락에 앉아 찔레꽃 흩날리던 햇살,
> 감잎 사이 비집고 들어온다.
>
> 두리번대며 눈치 보는 도톰한 꽃,
> 산길 밟고 가신 그대 살빛 닮았다.
>
> 동트면 훈풍으로 다가와 정 나누고
> 노을 지면 달빛과 노래 부르던 사람.
>
> 여명을 밀며 떠나간 새벽 바람,
> 뒷마당에 화관花冠을 흩뿌려 놓았다.
>
> 뻐꾹새 울음 드문드문 섞어가며
> 무명실로 꿰어, 감꽃 목걸이 엮는다.
>
> ─「감꽃」 전문

이 시에서 시인은 "감잎 사이 비집고 들어"오는 햇살, "담벼락에 앉아 찔레꽃 흩날리던 햇살"부터 묘사한다. 그다음에는 "산길 밟고 가신 그대 살빛 닮"은 "도톰한 꽃"에게로 초점을 옮긴다. 이 대목에 나오는 "산길 밟고 가신 그대"는 누구인가. 이어지는 구절에서 시인은 그를 두고 "동트면 훈풍으로 다가와 정 나누고/노을 지면 달빛과 노래 부르던 사람"이라고 말한다.

이어지는 구절에서 시인은 그대와 함께 "여명을 밀며 떠나간 새벽 바람"이 "뒷마당"에 "흩뿌려 놓"은 "화관花冠"에 주목한다. 이때의 "화관花

冠"은 마땅히 이 시의 2연에서 확인할 수 있는 "두리번대며 눈치 보는 도톰한 꽃"이다. 다음의 구절로 미루어보면 이때의 "도톰한 꽃"은 감꽃인 것이 분명하다. 그가 "뻐꾹새 울음 드문드문 섞어가며/무명실로 꿰어, 감꽃 목걸이 엮는다"라고 노래하고 있기 때문이다.

그의 시에 수용된 자연 현실, 곧 농촌 현실은 이처럼 지금 이곳의 자연 현실, 곧 농촌 현실과는 다소 거리가 있다. 그렇다고는 하더라도 그의 시에 드러나 있는 이들 자연 현실, 곧 농촌 현실에 그의 공동체적 이상이 담겨 있는 것은 명확하다. 자신의 시를 통해 그려내는 자연공동체, 곧 농촌공동체에는 그의 유년 체험이 깊이 배어 있지만 말이다.

자신의 시에서 그는 자신이 체험한 유년 시절의 자연 현실, 곧 농촌 현실을 대부분 현재 시제의 문장으로 기술한다. 실제로는 40여 년의 세월이 흘렀건만 그의 시에 담겨 있는 심미적 의식이 지난 시대의 자연 현실, 곧 농촌 현실과 함께하는 것이다.

2. 자연공동체 혹은 파라다이스

대한민국의 대다수 국민은 지금 근대와 더불어 탈근대를 살고 있다. 하지만 시인이 자신의 시를 통해 보여주는 심미적 의식은 근대 초기를 향하고 있어 더욱 주목된다. 그로서는 근대 초기를 참으로 행복했던 시간과 공간으로 기억하는 셈이다. 시인이 기억하는 참으로 행복했던 시기, 곧 근대 초기는 1967년 전후 어디쯤 되지 않나 싶다. 제1차 5개년 개혁이 마무리되는 동시에 다품종 벼로 유명한 노풍 및 통일벼가 보급되어 모처럼 농촌이 풍성해졌던 1967년 전후 말이다. 미처 이농이 시작되지 않았던 이 시기의 대한민국 농촌을 풍성하게 기억하는 것은 그와 비슷한 연배가 갖는 보편적인 정서의 특징이다.

그래서이겠지만 그의 시에서 이때의 자연 현실, 곧 농촌 현실은 일종의 이상세계로 존재한다. 그곳을 잃어버린 낙원, 곧 파라다이스라고 부를 수 있다고 하더라도 이상세계인 것만은 분명하다. 미래에 도달할 유토피아가 아니라고 하더라도 그의 시와 함께하는 자연 현실, 곧 농촌 현실이 행복의 공간으로 기억되는 것은 동일하다.

이때의 행복의 공간은 일단 '자연공동체'라는 말로 요약이 된다. 물론 자연공동체라는 말은 농촌공동체라는 말로 대체되어도 무방하다. 그의 시에서 이들 공동체는 언제나 잃어버린 낙원, 곧 파라다이스의 모습을 취한다.

이와 관련해 그는 자신의 시에서 다음과 같이 노래한다. "마음 모두 내려놓고" "스스로 홀씨 되어/그냥 훨훨 날아가려고요." "어머니와 아버지와 친구들/들꽃도 반겨주는 곳,//꿈속에서나 머물던 마을로"(「때가 되었어요」)라고 말이다. 이들 구절로 미루어보면 그의 시에 함유된 잃어버린 낙원, 곧 파라다이스는 "꿈속에서나 머물던 마을"이라는 것을 곧바로 알게 된다.

그가 보기에 이때의 "꿈속에서나 머물던 마을"은 언제나 충만한 사랑의 세계이다. 이때의 사랑에는 마땅히 남녀 간의 애정도 포함된다. 그곳이 충만한 사랑의 공간이라는 것은 다음의 시에서도 충분히 확인된다.

연두, 아릿한 그리움
눈 뜨는 잎, 자리에

당꽃 피워 훨훨 날아,
실눈 뜬 달님 손 잡고

당신 방 잠든 창가에

살짝 엿보러 가지요.

—「능수버들」 전문

　이 시의 서정적 주인공은 인간화된 능수버들이거니와, 그것은 일단 "연두, 아릿한 그리움/눈 뜨는 잎"의 이미지로 표현된다. 인간화되는 만큼 능수버들은 "실눈 뜬 달님 손 잡고//당신 방 잠든 창가에/살짝 엿보러" 갈 수도 있는 존재이다. 그러니만큼 이 시의 능수버들을 "당신 방 잠든 창가"를 "살짝 엿보러" 온 아리따운 여성으로 받아들인들 어떠하랴.
　앞에서 말한 "꿈속에서나 머물던 마을"이 사랑의 공간으로 기억되는 것은 다음의 시「모란꽃」에 의해서도 확인된다. 겉으로는 '모란꽃'을 노래하고 있더라도 속으로는 사랑스러운 여인을 노래하는 것이 이 시이기 때문이다.
　제목이「모란꽃」인 만큼 이 시에서 노래하는 "봄비가 보슬보슬 내리는 밤" 처음 본 "보조개 젖은 당신"은 일단 모란꽃으로 받아들여야 한다. 그렇기는 하더라도 "햇볕 화창한 날" "앞마당 뜰에서" 내게로 다가온 "해맑은 색시" 같은 모란꽃을 반드시 모란꽃으로만 읽을 필요는 없다. 이때의 모란꽃을 모란꽃으로 상징되는 사랑스러운 여인으로 읽어도 무방하다는 것이다.
　이 시에서도 각각의 이미지와 장면은 과거지향의 특징을 보여준다. 과거지향의 특징을 보여주는 것은 그의 시 대부분이 갖는 보편적인 모습이기도 하다. 이는 그의 시는 물론 그의 자아 자체가 갖는 일반적인 특징이기도 하다. 바로 그러한 이유에서겠지만 그의 시의 면면들은 많은 경우 지난 시대의 초상을 그리고 있다고 말해도 지나쳐 보이지 않는다. 그의 시가 이처럼 과거지향의 면면들을 보여주는 까닭은 누가 뭐라고 해도 지난 시대의 시간과 공간이 그에게는 더없이 아름다운 추억으로 존재하기 때문이다.
　무엇보다 이는 그의 시가 기억의 상상력에 기대고 있기 때문일 수도 있다. 실제로는 그가 본래 '오래된 미래'라는 의식을 지니는 데서 기인한 것일 수도 있지만 말이다. 그의 의식 속에서는 과거의 시간과 공간이 오히려 미래의 것으로 존재할 수도 있다는 것이다. 과거의 오래된 자연공동체, 곧 농촌공동체에서 오히려 미래의 유토피아를 깨닫고 있는 것이 시인일 수도 있다는 것이다. 지금 이곳에 살면서도 다음과 같은 시를 쓰는 것은 아무래도 그의 미래의식과 무관하지 않아 보인다.

오후 새참 녘 장대비 퍼붓는다.

달음박질해 소 몰고 오다가

산사나무 아래서 빗물 닦아주는데,

먼 산 무지개 선선한 발 세운다.

'무성산 4'라는 부제가 붙어 있는 이 시의 제목은 「소나기」다. 이 시에는 1967년 전후 농촌에서 유년 시절을 보낸 사람이라는 누구나 쉽게 공감할 수 있는 풍경이 담겨 있다. 공감이 가능한 것은 그 시절 농촌에서 유년 시절을 보낸 사람들은 모두 소낙비 오는 날 "달음박질해 소 몰고" 집으로 돌아온 경험이 있기 때문이다.

 이 시에는 과거의 자연 체험, 곧 농촌 체험이 지금 이곳의 일처럼 현재시제로 재현되어 있다. 물론 과거의 시간과 공간이 지금의 시간과 공간으로 재현되는 것은 위의 시에서만이 아니다. 그의 시에서 현재시제로 그려져 있는 1967년 전후의 자연 체험, 곧 농촌 체험을 찾기는 별로 어렵지 않다.

새벽바람 다독이며 이슬,

풀잎 끝에 맺힌
들길 따라가네.

다랭이논 향한 지게 위 햇살
금실처럼 내려앉는
가을 길 가네.

산마루 박차고 새털구름
하늘 높이 날아가는
들길 따라가네.

귓전에 투둑 툭,
상수리 떨어지는 소리 들으며
가을 길 가네!

—「가을 길—무성산 5」

 이 시에도 지난 시대 시인의 체험이 오늘의 일처럼 그려져 있다. "다랭이논 향한 지게 위 햇살/금실처럼 내려앉는/가을 길 가네" 등의 구절이 특히 그러하다. 물론 "귓전에 투둑 툭,/상수리 떨어지는 소리 들으며/가을 길 가네" 등의 구절은 지금도 충분히 겪을 수 있는 일이기는 하다. 그러나 "다랭이논 향한 지게 위 햇살/금실처럼 내려앉는/가을 길 가네" 등의 구절까지 지금의 현실로 받아들이기는 어려워 보인다.

 이들 시의 구절에 그의 자연 친화, 곧 농촌 친화 의식이 깊이 배어 있는 것은 사실이다. 물론 그의 시에서 자연 친화, 곧 농촌 친화 의식은 생생하게 깨어 있는 오래된 시간 및 공간과 함께한다. 시인 나름의 자연공동체, 곧 농촌공동체로 되살아나는 것이 그의 시의 자연 친화 의식, 곧 농촌 친화

의식이라는 것이다.

　그의 시에 등장하는 깨어 있는 자연공동체, 곧 농촌공동체는 그의 고향이기도 충남 공주군 사곡면 대중리 '한시랑이'를 전제로 한다. 그의 시에서 '한시랑이'가 언제나 품이 넓은 이상향으로, 파라다이스로 존재하는 것은 확실하다.

　　　밤꽃 갈라치며
　　　초여름 넘어온 햇살

　　　아기 모 토닥이다
　　　바지게 기댄 채 졸고,

　　　오르막 긴 밭머리
　　　춘잠 치른 뽕나무들

　　　잎새 아래 오디 안고
　　　눈꺼풀 감은 한낮.

　　　감나무 그늘 아래
　　　머윗대 베는 아낙네,

　　　눈시울에 어뜩어뜩
　　　고이는 머언 하늘가
　　　　　　　　　　―「한낮―한시랑이 1」 전문

　이 시도 과거의 시간과 공간을 현재시제로 다루고 있다. 이 시에서 시인은 먼저 "밤꽃 갈라치며 /초여름 넘어온 햇살"에 대해 주목한다. 이어지는 대목에서는 예의 햇살이 지금 "아기 모 토닥이다/바지게 기댄 채 졸고" 있다고 노래한다. "춘잠 치른 뽕나무들"이 "잎새 아래 오디 안고/눈꺼풀 감은 한낮"인데도 말이다. "감나무 그늘 아래/머윗대 베는 아낙네"의 "눈시울에" "어뜩어뜩" "머언 하늘"이 고이는 것이 이 시에서의 '한시랑이'다.

'한시랑이'는 차령산맥의 주산인 무성산 아래의 마을이다. 이 시에는 무성산 아래의 마을, 그의 고향마을 '한시랑이'의 이런저런 풍물들이 잘 드러나 있다. 그의 시에서 '한시랑이'는 이처럼 언제나 무성산의 이미지와 함께한다. 이 시집에서 「무성산」 연작시가 중요한 부분을 차지하는 것도 이와 무관하지 않다.

그것은 '무성산 6'이라는 부제가 붙어 있는 시 「바람 소리」에서도 마찬가지이다. 무성산 연작시라고 하더라도 이 시 역시 '한시랑이'가 공간적 배경이 되고 있다는 것이다. 시인이 "철새 떼 우르르 떠오르면,//능선 타고 내려오는 울음소리/낙엽 위로 구르며 흩어지네"라고 노래하는 공간도 실제로는 '한시랑이'다. 따라서 이 시집에서 「무성산」 연작시는 '한시랑이' 연작시라고 해도 지나치지 않다. 다음의 예도 기본적으로는 '한시랑이'를 공간적 배경으로 하는 시이다.

      시렁 위의 귀뚜라미
      기지개 켜는 소리 들으며

      싸리울에 기대어 바라보네,
      곱게 물든 감나무 잎새들.

      앞산 허리 억새밭
      새털구름 살포시 내려앉고,

서리 맞은 호박잎마다
쑥국새 울음 얼룩지는 노을.

가을 하늘 높이 높이 날아가네,
바람 소리 헛헛한 가슴에 두고.

—「가을의 노래」 전문

이 시에서 시인의 위치 또한 '한시랑이'의 고향 집이라고 생각된다. "시렁 위의 귀뚜라미/기지개 켜는 소리 들으며" "곱게 물든 감나무 잎새들" "싸리울에 기대어 바라보"는 곳이 '한시랑이'의 고향 집이라는 것이다. 그의 고향 마을 '한시랑이' 역시 지금은 1967년 무렵의 행복했던 모습을 그대로 간직하고 있지 못한 것으로 보인다. 이는 그가 자신의 시에서 "어머니 바가지 들고/고구마 퉁가리 열던 마실"에 대해 "이제는 숨어버린 그 마실"(「눈 내리는 마실」)이라고 명명하는 것만 보더라도 잘 알 수 있다.

그렇기는 하더라도 이 시집에서 그가 무성산으로 상징되는 고향마을 한시랑이를 완전히 떠나 도시적 자아로 존재하는 것은 아니다. 변화하는 24절기의 자연을 다루는 그의 또 다른 연작시에서도 그의 시의 공간적 배경은 여전히 '한시랑이'라고 파악되는 자연공동체, 곧 농촌공동체이기 때문이다.

3. 자연을 보는 눈 혹은 24절기

이길섭의 시에서 고향 마을 '한시랑이'는 그가 꿈꾸어온 '오래된 미래'이기도 하거니와, 그곳은 또한 24절기가 뚜렷한 자연 공간, 곧 농촌 공간이기도 하다. 농촌 공간, 곧 자연 공간이라고 했지만 '자연'이라는 말의 내포는 다소 복잡하다. 자연이라는 말은 우선 내적인 면에서 '스스로 그러한 것'이라는 추상을 포괄한다. 물론 '스스로 그러한 것'이라는 추상이 자연의 내적인 작용에 붙여진 이름이라는 것은 명확하다.

이러한 논의에는 무엇보다 자연을 '활동하는 질서'로 인식하는 시각이 들어 있다. 다른 한편으로는 자연을 '살아 있는 생명'으로 인식하는 시각도 있지만 말이다. 전자는 고전적 자연관이고, 후자는 낭만적 자연관이다. 고전적인 관점과 함께하는 자연, 곧 '활동하는 질서'로 인식되는 자연은 자연을 '운동하는 원리'로 받아들이고, 낭만적 관점과 함께하는 자연, 곧 '꿈틀거리는 생명'으로 인식되는 자연은 자연을 '끓어오르는 에너지'로 받아들인다.

나날의 일상과 함께하는 자연의 가장 큰 단위는 지구 생태계이다. 지구 생태계를 보는 눈과 자연을 보는 눈은 다르지 않다. 이 또한 '변화하는 거대한 질서'로 이해하는 시각이 있고, '들끓는 거대한 에너지'로 이해하는 시각이 있다. 이길섭의 시에 드러나 있는 자연, 곧 지구 생태계는 기본적으로 고전적 질서의 풍모를 지닌다. 그가 자신의 시에서 지구 생태계의 변화를 '의미 있는 질서'로 파악하고 있기 때문이다. 이는 24절기를 집중적으로 노래한 그의 시들을 보더라도 잘 알 수 있다.

24절기는 태양의 위치에 따라 1년의 12달을 24마디로 체계화한 것인데, 처음에는 중국의 화북지방에서부터 사용되기 시작되었다고 한다. 물론 1년의 12달을 24개의 절기로 나누어 자연의 변화를 질서화한 것은 과거의 농업사회에서 농사의 편리를 위해 행해졌던 일이다. 그렇기는 하더라도 24절기가 아직도 여전히 자연의 거대한 질서, 지구 생태계의 커다란 흐름을 깨닫게 해주는 것은 사실이다.

24절기를 다룬 그의 시는 마땅히 '입춘(立春)'에서부터 시작된다. '입춘(立春)'은 봄이 바로 서는 날, 곧 봄이 시작되는 날이다. 그러한 까닭에서겠

341

지만 그의 시 「입춘(立春)」은 봄이 시작되는 날을 맞기 위해 준비하는 일부터 진술된다. "날 풀리고 눈 녹으면" "어느새//지난가을 남겨둔 문종이 베어내/입춘첩(立春帖) 쓸 준비"를 하는 것이 다름 아닌 그이기 때문이다. 입춘첩을 쓰는 일은 후기 산업사회를 사는 지금 이곳의 도시의 사람들에게 다소 낯선 일일 수도 있다. 하지만 자연의 질서, 곧 지구 생태계의 운동에 민감한 시인에게는 그 또한 매우 중요하게 받아들여지는 시의 소재일 수 있다.

시인의 시 「입춘(立春)」역시 그 특유의 서정이 매우 촉촉하게 드러나 있다. 하지만 정작 그의 시 특유의 서정은 이 이후의 절기를 다룬 시들, 즉 「우수(雨水)」나 「경칩(驚蟄)」 등에서 훨씬 더 밀도 있게 담겨 있는 것으로 보인다.

> 숲속 후미진 구석구석
> 배시시 햇살 기웃거리면
> 마른 낙엽 사이
> 요기서 삐쭉
> 조기서 삐쭉
> 잠 깨는 소리.
>
> 볕 바른 바윗가 까투리
> 풀섶 헤집는 사이
> 산허리 타고
> 구비 도는 바람
> 잔설 녹이네,
> 비탈에는 도토리 깍지 데구르르.
> ―「우수(雨水)」 전문

사람들은 '우수(雨水)'를 두고 만물이 소생하는 절기라고 말한다. 하지만 시인에게는 만물이 소생하는 '우수'가 만물이 "잠 깨는 소리"로 받아들여진다. 그에게는 '우수'라는 절기가 "숲속 후미진 구석구석/배시시 햇살 기웃거리면/마른 낙엽 사이/요기서 삐쭉/조기서 삐쭉/잠 깨는 소리"로 들리는 때인 듯싶다. 그가 받아들이는 '우수'는 "볕 바른 바윗가 까투리/풀섶 헤집는 사이/산허리 타고/구비 도는 바람/잔설 녹이"는 절기라는 얘기이다.

'우수(雨水)'가 지나면 '경칩(驚蟄)'이 오기 마련이다. 우수 뒤에 경칩이 오는 것은 자연의 법칙이고 질서이다. 24절기의 하나인 경칩은 양력 3월 3일경으로 알려져 있다. 겨울잠을 자던 개구리나 뱀, 벌레 따위가 깨어 꿈틀거리기 시작하는 시기가 경칩이다. 시인은 자신의 시 「경칩(驚蟄)」에서 먼저 "오물오물 개구리 알 따스한/무논을 지나오세요"라고 노래한다. "오물오물 개구리 알 따스한" 같은 표현이 가능한 것은 개구리 알을 먹으면 허약해진 몸을 보할 수도 있고, 허리 통증의 치료에도 좋다는 속설 때문이다.

이 시의 이어지는 구절, 즉 "들녘 가득 쏟아지는 햇살/두 손에 한올 한올 사려오세요.", "살짝 다가온 그대와 더불어//잔치국수 빚어/한 사발 소반 위 올릴게요" 등 역시 지금은 만나기 어려운 그리운 풍경들을 담고 있다. 그리운 풍경들을 담고 있는 것은 또 다른 절기인 '입추(立秋)'를 노래한 시에서도 마찬가지다.

벼 이삭 고개 숙이는 논길 지나
쟁기 둘러메고 가야지.

따가운 볕 쏟아지는
굴참나무 아래 긴 고랑,

겨우살이 마련하러 가야지
　　배추씨 무씨 뿌리러.

　　올벼 훑어, 농주 동이
　　아랫목에 앉혀 놓고

　　마른 가지 끌어다가
　　눅눅한 구들 뎁히려네.

　　그믐쯤 조상 묘 벌초하고
　　상석에 술 한 잔 올려야지.
　　　　　　　　　—「입추(立秋)」 전문

　이 시의 "벼 이삭 고개 숙이는 논길 지나/쟁기 둘러메고 가"는 풍경도 지금의 농촌에서는 찾아보기 힘들다. 그의 시에 거듭해서 지난 시대의 풍경이 그려지는 것은 무엇보다 그의 자아가 과거의 공간과 함께하고 있기 때문으로 보인다. 지금의 농촌에서는 "올벼 훑어, 농주 동이/아랫목에 앉혀 놓"는 등의 풍경 역시 존재하지 않는다는 것을 기억해야 한다. 따라서 이들 구절은 그의 시에 잃어버린 낙원 의식, 곧 파라다이스 의식이 얼마나 깊이 들어와 있는지를 알 수 있게 하는 증거라고 하지 않을 수 없다. 잃어버린 낙원 의식, 곧 파라다이스 의식은 24절기를 노래하는 그의 시 여러 곳에서 확인된다. 24절기와 함께하는 또 다른 시 「입하(立夏)」도 그의 낙원 의식, 곧 파라다이스 의식을 알 수 있게 해주는 좋은 예라고 할 수 있다.
　24절기 중 '입하(立夏)'를 다룬 이 시에서 시인은 제목 그대로 '여름의 초입'에 느끼는 감흥을 노래한다. "돌배꽃 피나 했더니 지고/봄이 깊은가 했더니 가네"라고 하며 빠르게 지나가는 봄에 마음을 모으고 있는 것이 이 시에서의 시인이다. 이어지는 구절에서 그는 "산에는 나물 향기 가득하고/못자리엔 피사리 한창"이라고 노래하며 다가오는 여름을 반가워한다. 마지막 연의 두 행에서도 "찔레꽃 피기 전 미리미리/써레 꺼내 초벌 손보아야지"라고 하며 오래된 풍경을 노래한다.

이로부터 일단은 이 시의 어느 구절에도 어두운 구석이 없다는 것을 확인하게 된다. 말 그대로 밝고 환한 정서, 긍정적인 정서로 가득한 것이 그의 시들이다. 앞에서 논의한 입춘, 우수, 경칩, 입추, 입하 등 24절기를 노래한 그의 시 어디에서도 어두운 구석이 보이지 않는다. 그의 시에서는 어디에서도 설움이나 한, 슬픔 등의 정서를 발견하기가 어렵다. 이러한 그의 시의 정서를 두고 낙원의 정서, 파라다이스의 정서라고 부른들 어떠하랴. 여기서 말하는 낙원의 정서, 파라다이스의 정서는 24절기 중 '대설(大雪)'을 노래한 시에도 고스란히 드러난다.

이 시 「대설(大雪)」에 드러나 있는 소리, 곧 "사랑채 아궁이에서는/쇠죽 끓는 소리", "호롱불 아래,/졸린 눈 비비는 소리", "투두둑, 솔가지 부러지는 소리"도 지금은 거의 듣기 어려운 그리운 소리이다. 소리뿐만 아니라 소리가 만드는 풍경도 이제는 사라지고 없는 것들이다. 하지만 이들 소리와 이들 풍경이 1967년 전후 대한민국의 농촌에서 유년 시절을 보낸 사람들에게는 더없이 그리운 것들인 것만은 사실이다.

이처럼 시인은 수시로 1967년 전후의 고향마을인 한시랑이의 24절기를, 그리고 무성산의 풍광을 그리워한다. 그곳이 그리운 것은 어머니가 그리운 것과 다르지 않다. 그 자신도 "문득 어머니가 그립다./겨울이면 나물 콩 불려 시루에 안치시던"(「대한(大寒)」)이라고 노래한다. "고개 아래 긴 고랑/콩밭 매다 쉴 참 뇌어 보아요/엄니 엄니"(「호박꽃—무성산 3」) 하고 노래하는 것이 시인이다.

이처럼 수시로 과거지향의 자아를 보여주는 것이 시인 이길섭이다. 혹자에게는 자신의 시를 통해 그가 지난 시대의 초상을 현재시제로 노래하는 것이 낯설게 느껴질 수도 있다. 그렇게 받아들여지는 사람에게는 현재시제로 과거의 풍물을 노래하는 그의 시보다 과거시제로 과거의 풍물들을 노래하는 시가 훨씬 더 설득력을 줄 수도 있다. 새삼스러운 얘기이지만 그의 모든 시가 지난 시대의 초상을 현재시제로 노래하는 것은 아니다. 더러는 과거시제로 과거의 풍물들을 노래하는 시들도 발견된다는 것이다. 24절기를 노래한 시 중에서도 「하지(夏至)」, 「소설(小雪)」 등이 그 대표적인 예이다.

  더위가 고개를 쳐들면
  엄니는 감자를 캤지요.

  보랏빛 도라지꽃 피면
  산 넘어 구름을 바라보았지요.

  밤마다 친정 마을에는
  고개 넘어 소쩍새가 울었지요.

  재 넘어 묵은 밭에선
  더위가 깊어 가는데요.
          ―「하지(夏至)」의 전문.

 이 시에 그려지는 풍광도 지금의 농촌 마을에서는 보기 힘든 것들이다. 하지만 이 시는 시의 문장을 과거시제로 택하고 있어 독서를 좀 더 편안하게 한다. 물론 1967년 전후의 고향마을을 다루면서도 현재시제로 문장을 마무리하는 시 중에 낯설지 않은 예도 없지는 않다. 지난 시대의 고향마을을 소재로 하고, 현재시제를 사용해 문장을 이어 가더라도 동시대적으로 읽히는 시도 있다는 것이다. 「한로(寒露)―농막」, 「입동(立冬)」 등의 시가 그

대표적인 예이다.

개울가 따라
암자에 가는 길.

이마에 밴 땀
소매로 훔치고

떨어진 잎새 하나
개울물에 띄워보네.

갈 길 재어보며
옷깃 여미는데

매미 허물 그네 타는
앙상한 가지 사이

흘기며 지나가네,
늦가을 환한 노을빛.

—「입동(立冬)」 전문

 이 시에 드러나 있는 시인의 경험과 그에 따른 풍광은 지금 이곳의 현실로 읽더라도 크게 낯설어 보이지 않는다. "개울가 따라/암자에 가는 길"의 체험, "이마에 밴 땀/소매로 훔치고//떨어진 잎새 하나/개울물에 띄워보"는 체험은 지금도 충분히 가능한 것이기 때문이다. "앙상한 가지 사이//흘기며 지나가네,/늦가을 환한 노을빛" 같은 이미지는 지금 이곳의 사람도 충분히 체험할 수 있는 것이기 때문이다.

이처럼 이번 시집에 드러나 있는 시인의 시간 의식은 단순하지 않다. 복잡하게 뒤얽혀 있는 것이 그의 이번 시집에 드러나 있는 시간 의식이라는 것이다. 따라서 그의 시에 드러나 있는 시간 의식은 다른 지면을 통해 좀 더 섬세한 조명이 필요해 보인다. 그렇다고는 하더라도 그의 시의 시간 의식과 함께하는 이상향이 지금 이곳이나 내일 저곳에 있지 않은 것은 사실이다. 그의 낙원 의식, 곧 파라다이스 의식이 지나간 시절의 자연공동체, 곧 농촌공동체에 자리해 있는 것만은 명확하지만 말이다.

4. 맺음말—일상의 발견과 따듯한 진실

그의 시가 자연공동체, 곧 농촌공동체의 이상을 지니고 있다고 하더라도 정작 다감하게 다가오는 것은 지금 그곳의 현실과 함께할 때이다. 실제로도 그가 오늘 이곳의 현실을 완전하게 도외시하며 이번의 시집 『무성산』에 수록된 시들을 구성하고 있지는 않다. 나날의 일상에서 발견하고 깨닫는 시적 진실도 상당량 수렴하는 것이 그의 이번 시집 『무성산』이다.

나날의 일상에서 시인이 발견하는 시적 진실을 담고 있는 시는 주로 이 시집의 제4부에 수록되어 있다. 이를테면 「미분방정식 연습 시간」, 「數學, 왜 필요한지」, 「4월」, 「처서 소감」, 「가자 세상으로 가자」, 「수국」, 「이팝나무꽃」, 「수리취」 등으로 이어지는 시들이 나날의 그의 삶과 함께하는 진실을 담고 있다는 것이다.

"다음 차례 학생들
교단 위로 나오세요."

> 칠판에 분필로
> 5명이 동시에 문제를 푼다.
>
> 양철지붕 위로 쏟아지는
> 소나기 소리!

이 시 「미분방정식 연습 시간」 역시 짧게 압축된 서정을 담고 있다. 그가 수학 교수로 근무하던 시절의 체험을 담고 있는 것이 이 시이다. "칠판에 분필로/5명이 동시에 문제를" 풀 때 나는 소리를 "양철지붕 위로 쏟아지는/소나기 소리"에 비유하는 것이 기발하다. 기발할 뿐만 아니라 발랄하기도 한 것이 그의 시의 여러 표현이다. 그의 시는 이처럼 발랄한 상상력과 함께하고 있을 때 읽은 즐거움을 준다.

그의 이번 시집에서 이처럼 발랄한 상상력을 담고 있는 시를 찾기는 어렵지 않다. 중국 여행을 다녀와 쓴 시로 여겨지는 「장가계(張家界)」 같은 시가 보여주는 "물은 숨을 죽이고/산은 벌떡 일어나/절을 하려 하네"와 같은 구절에서도 그의 발랄한 상상력은 확인된다. '장가계'의 기기묘묘한 풍광을 이처럼 신선하게 표현하기는 쉽지 않다. 이어지는 구절의 "산천이 다 놀라운 경관/하늘도 손뼉을 치네"와 같은 표현에 드러나 있는 상상력도 발랄하게 다가오기는 마찬가지이다. 발랄한 상상력이 주는 즐거움은 다음의 시에 의해서도 알 수 있다.

> 20대 소싯적 살림이 어려웠던 시절 집안일 돌보랴, 공부하는 남편 격려하랴, 아이 키우며 어려운 살림하는 아내에게, 미안한 마음 담아 현진건을 기억하여 빈처貧妻라고 부르고는 했다. 아내는 그 말을 들을 때마다 부자가 될 것이라며 부처富妻라고 불러줄 것을 주문했다.
> 이런 이유로 집안에서 둘이 있을 때 내가 아내를 부르는 호칭이 부

처님이 되었다. 살림이 웬만큼 필 때까지 한동안 아내는 예수님의 대선배가 되었다. 요즘도 농담 삼아 빈처라고 부르면 "난 부처야" 하며 멋쩍게 웃는다.

—「부처님 이야기」 전문

이 시는 서정적 이야기를 형상의 질료로 삼고 있다. 빈처(貧妻)와 부처(富妻), 음상이 같은 부처(佛陀)라는 말을 뒤얽어 발랄한 상상력의 즐거움을 추구하는 것이 이 시이다. 이 시에서 빈처(貧妻)와 부처(富妻), 부처(佛陀)라는 말은 모두 가난한 시절의 아내와 관련되는데, 그때의 아내를 "예수님의 대선배"로 발상하는 것도 재미있다.

이 시에는 무엇보다 가난하고 어렵던 시절 서로에게 의지하며 평생을 잘 살아온 부부의 따뜻한 사랑이 들어 있다. 이때의 사랑이 오직 자신들 부부에게만 한정된 채 실행되지는 않았으리라. 그도 6·25 남북전쟁 직후에 태어난 1950년대생들이 겪은 고난의 세월을 잘 알고 있는 사람이다. 이 나라를 다시 일으키기 위해 그의 세대들이 얼마나 많은 헌신을 해왔는지 잘 알고 있는 만큼 "요즘도 농담 삼아 빈처라고 부르면 "난 부처야" 하며 "멋쩍게 웃는" 이들 부부의 사랑에 축복을 보내지 않을 수 없다.

이들 부부의 사랑이 아주 넓게 퍼져 세상이 좀 더 따뜻해질 것을 믿어 의심치 않는다. (2023)

지극하고, 무구하고, 순수한 가치
—안현심 시집, 『그래서 정말 다행이에요』, 시인동네. 2023.

1

아프지 않고 좋은 시를 쓰기는 어렵다. 서럽지 않고 훌륭한 시인으로 성장하기는 힘들다. 안현심 시인도 아프고 서러운 가운데 자기 자신을 키워온 사람이다. "홀로 저녁밥을 먹으며" 자주 "소주를 마"시곤 한 사람이 그라는 것이다. 그의 마음속 깊이 "누구에게도 내색하고 싶지 않은 가시"(「보여줄 수 없다」)가 박혀 있기 때문이다.

마음속 깊이 박혀 있는 가시는 늘 그에게 수많은 생각에 빠지게끔 한다. 이때의 수많은 생각은 항용 심미적 상상력으로 승화하게도 하지만 말이다. 안현심 시인은 바로 이때의 심미적 상상력을 응축하고 압축해 시를 만들어 온 사람이다. 더불어 그의 시에 부연과 나열보다는 응축과 압축이 많은 것도 이와 무관하지 않아 보인다. 생략과 배제의 언어에 기대고 있는 것이 그의 시의 방법적 특징이라는 얘기이다.

그가 추구하는 응축과 압축의 정신은 무엇보다 거짓되지 않은 가치, 곧 올바른 가치를 소중히 여기는 데서 비롯되는 듯하다. 그렇다. 지극하고, 무구하고, 순수한 가치를 심미적 언어로 실천하는 데 초점이 있는 것이 그의 시이다. 그가 시에서 그의 삶과 관련하여 "바윗덩이가 가로막아도 돌아서지 않았다/에둘러가지도 않았고/폭약을 터뜨리지도 않았다"고 말하는 것도 이로부터 기인하는 듯싶다. 어떤 일이든 지치지 않고 "오롯이 곧게 파고"(「동굴」)든 것이 그의 삶이라는 것이다.

> 허랑한 말
> 송곳 같은 말 버리고
> 가난한 눈을 연민했더니
>
> 멀리서도 빛났어요,
> 희디흰 어깨
>
> ―「배롱나무」 부분

이 시의 화자는 '배롱나무'이다. 그러니만큼 이 시에는 배롱나무의 목소리가 들어 있다. 이 시가 배역의 화자를 택하는 까닭, 곧 '배역시'가 되는 까닭이 바로 여기에 있다. 그와 동시에 이 시에서의 화자인 배롱나무는 '객관상관물'로 존재하기도 한다. "허랑한 말/송곳 같은 말 버리고/가난한 눈을 연민"해온 것이 실제로는 그 자신이기도 하다는 것이다.

이처럼 시인은 줄곧 허랑하지 않은 삶, 지극한 삶, 정성스러운 삶을 추구해온 사람이다. 이러한 삶이 최선을 다하는 삶, 곧 혼신을 기울이는 삶과 다르지 않으리라는 것은 이론(異論)의 여지가 없다. 시를 통해 그가 "일을 대하는 마음의 문제"(「호박꽃과 일벌」)에 주목하는 것도 기본적으로는 이와 무관하지 않아 보인다.

'마음의 문제'에 집중하다 보면 반성과 성찰의 감정에 집중하기 쉽다. 반성과 성찰의 감정은 뒤를 돌아다보며 미래를 전망하는 마음을 가리킨다. 그의 시에 "돌탑이 무너졌다/훼손당한 뼛조각이 산비탈을 뒹굴었다//누군가의 소망이/너에겐 우상(偶像)이 되었구나"(「돌탑에 대한 이분법」)와 같은 비판적 시각이 드러나 있는 것도 얼마간은 이에서 비롯된다.

반성과 성찰의 마음을 추구한다는 것은 자기 자신의 마음을 절차탁마하며 살아간다는 것을 가리킨다. 자기 자신의 마음을 절차탁마하며 살아가는 삶은 자기 자신의 마음을 수행하고 수도하며 살아가는 삶을 뜻한다. 그의 수행(修行)하고 수도(修道)하며 살아가는 삶은 무엇보다 맑고 깨끗한 삶, 지극하고, 무구하고 순수한 삶을 견지하려는 의지와 깊이 관련되어 있다.

2

시인 안현심이 자신의 시를 통해 맑고 깨끗한 삶, 지극하고, 무구하고 순수한 삶을 견지하기 위해 애써 노력하는 까닭은 무엇인가. 아마도 그것은 그가 지구를 포함한 자연 일반과 소통하고, 교감하고, 공감하는 삶의 가치를 소중히 여기기 때문인 듯싶다. 물론 이때의 자연 일반은 동물, 식물, 광물이라는 이름으로 불리는 물(物) 일반을 포함한다. 이처럼 그의 시에는 동물, 식물, 광물이라는 이름으로 분류할 수 있는 자연 일반에 대한 남다른 이해가 들어 있다.

우선은 그의 시에 드러나 있는 동물과 소통하고, 교감하고, 공감하는 모습부터 살펴볼 필요가 있다. 그의 시 중에서는 「소」, 「아기 멸치에게」, 「아무르호랑이」, 「고라니의 봄」, 「다람쥐의 건망증」, 「지렁이」, 「새처럼」, 「땅벌」, 「황구렁이」 등이 동물과 소통하고, 교감하고, 공감하는 대표적인 예이다. 이들 시에서처럼 그는 동물과도 소통하고, 교감하고, 공감하며 살아가는 삶의 가치를 높이 평가하고 있다. 바로 이러한 점에서 그의 많은 시는 생태시이면서도 생명시라고 할 수 있다. 다음의 시는 동물 중의 하나인 고라니와 소통하고, 교감하고, 공감하는 모습이 잘 드러나 있는 예이다.

고라니야,
겨울 동안 무얼 먹고 살았니?
낯빛이 창백하구나

봄비 내리자
뾰족뾰족 고개 내미는
화살나무 새순

가지 끝마다 속잎 터지는 소리
시냇물 부풀어 오르는 소리

고라니야,
네 눈과 입술에도
푸른 물감 번지겠구나

—「고라니의 봄」 전문

    이 시는 맑고 깨끗한 어린아이의 마음, 곧 동심을 바탕으로 하고 있어 좀 더 주목된다. 따라서 이 시는 동시라고 불러도 크게 부족하지 않아 보인다. 일단은 먼저 다정한 어린아이의 목소리로 고라니에게 말을 거는 것이 이 시에서의 화자라는 것을 염두에 두어야 한다. "낯빛이 창백"한 고라니에게 "겨울 동안 무얼 먹고 살았니?"라고 하며 걱정 섞인 안부부터 묻고 있는 것이 이 시의 어린 화자라는 것이다.

    이러한 걱정 섞인 안부는 이 시의 이어지는 대목에서 이내 기대 어린 희망으로 전이된다. 고라니에게는 큰 기대가 되는 "뾰족뾰족 고개 내미는/화살나무 새순"이 등장하기 때문이다. 그뿐만 아니다. 이제는 "가지 끝마다 속잎 터지는 소리/시냇물 부풀어 오르는 소리"가 들리는 봄이 오게 된 것이다. 시를 매조지하면서 이 시의 어린 화자가 "고라니야,/네 눈과 입술에도/푸른 물감 번지겠구나"라고 하며 기대와 희망을 노래하는 것을 잊어서는 안 된다.

이처럼 자연의 동물들과 주고받는 마음으로부터 태어나는 그의 시의 서정은 다른 여타의 작품에서도 두루 확인된다. 이는 "너, 몇 살이니?/어느 해구를 몰려다니다가/멸치조림 속 쪼그만 얼굴로 바라보는 거니?/꼬랑지 팔랑거리며/엄마 아빠와 손잡고 다닐 때/얼른 어른이 되어 앞장서고 싶었지"(「아기 멸치에게」) 등의 구절에 의해서도 익히 증명된다.

이들 논의에서도 알 수 있는 것처럼 안현심 시의 대부분은 자연과의 소통, 교감, 공감에의 의지를 바탕으로 한다. 이때의 자연이 물물(物物) 일반을 뜻하는 것은 당연한데, 물론 이때의 물물(物物) 일반에는 식물도 포함된다. 그의 시에 구체적으로 드러나 있는 식물은 「꽃가루에게」, 「금강초롱」, 「상수리나무」, 「떡갈나무 하느님」, 「산솜다리꽃」, 「조선소나무」 등의 시에 의해서도 확인된다. 급한 대로 이들 식물이 이루는 현존을 심미적으로 가장 잘 형상화하는 「꽃가루에게」부터 살펴보기로 하자.

    바람에 실려
    못 갈 곳이 없는 꽃가루야

    흙에서만 뿌리 내리려 하지 말고
    내 숨결로 들어와
    꽃 피워다오

    내 몸뚱어리는
    질척질척 눈물 젖어 뿌리 내리기 좋단다

    메마른 등허리를

    꽃동산으로 만들어다오

                        ─「꽃가루에게」 전문

    이 시에서도 시인은 어린 화자를 택해 말하고 있다. 그러니만큼 이 시 역시 '배역시'라고 불러도 좋을 듯하다. 그뿐만 아니라 이 시에서 어린 화자는 "바람에 실려/못 갈 곳이 없는 꽃가루"에게 무언가 부탁하는 어조를 택하고 있다. "흙에서만 뿌리 내리려 하지 말고/내 숨결로 들어와/꽃 피워 다오" 등의 구절에 들어 있는 간절한 어조가 이를 잘 드러내 준다.

    이들 구절로 미루어보면 이 시의 '꽃가루'에는 꽃씨가 들어 있는 듯하다. 그럴 때라야 그것이 "질척질척 눈물 젖어" 있는 "내 몸뚱어리"에 "뿌리 내"릴 수 있기 때문이다. 어린 화자가 '꽃가루'에게 부탁하는 어조는 이어지는 "메마른 등허리를/꽃동산으로 만들어다오" 등의 구절을 통해서도 알 수 있다. 물론 이때의 부탁하는 어조는 일종의 말 건넴이라고도 할 수 있다. 말 건넴은 꽃가루가 어린 화자의 대화 상대자이기도 하다는 것을 가리킨다.

    '꽃가루'에게 부탁하는 어조, 곧 말 건넴의 태도를 선택하는 것은 시인이 꽃가루라는 식물을 자기 자신과 동등한 인격체로 받아들이고 있다는 것을 뜻하기도 한다. 자연의 물물을 사람으로 받아들이는 것은 의인법, 활유법 등 수사적인 표현만이 아니다. 그것은 서정시라는 언어예술이 본래 의인관적 세계관을 바탕으로 한다는 것을 증명해주는 구체적인 예이기도 하다.

    자연의 사물 일체를 사람과 동등하게 받아들이는 '의인관적 세계관'은 기본적으로 시원의 가치를 바탕으로 한다. 시원의 가치를 바탕으로 한다는 것은 원시의 가치, 곧 신화시대의 가치를 바탕으로 한다는 것이기도 하다. 신화시대에는 인간이 자기 자신은 물론 자연과도, 신과도 언어를 통해 서로 소통하고, 교감하고, 공감하며 살았었다는 것을 기억해야 한다. 스님에게서 모과나무를 발견하고, 모과나무에서 스님을 깨닫는 그의 시 「모과나무 스님」도 이러한 맥락과 함께할 때 좀 더 잘 해석이 된다.

자연의 사물, 곧 동물과 식물에 대한 이러한 인식은 본래 시인의 '차마 어찌하지 못하는 마음'에 토대를 두고 있다. '차마 어찌하지 못하는 마음'은 이른바 측은지심(惻隱之心)을 가리키거니와, 측은지심이 인(仁)의 마음과 다르지 않다는 것은 덧붙여 설명할 필요가 없다.

인의 마음은 연민(憐憫)의 정서이기도 하거니와, 그의 시에서 연민의 정서는 자연의 광물에 대해서도 똑같이 발휘되고 있다. 물론 여기서 말하는 자연의 광물은 생명을 갖지 못한 자연 일반을 가리킨다. 「동굴」, 「돌탑에 대한 이분법」, 「암각화」, 「이구아수 폭포」, 「바얀 작」, 「남근상」, 「지귀섬」, 「막고굴의 은유」, 「참선하는 바위」, 「천지」, 「운주사 고랑」 등이 생명을 갖지 못한 자연 일반을 대상으로 하여 발상한 시라고 할 수 있다. 이들 시의 대상이 더러는 자연의 막연한 풍경일 때도 있기는 하지만 말이다.

이들 시 중에는 「이구아수 폭포」가 특히 그러한 예이다. 이 시는 무엇보다 해외여행 중에 만난 엄청난 자연의 풍경, 곧 '이구아수 폭포'에 대한 시인의 감흥을 담고 있다. 물론 이 시의 '이구아수 폭포'도 사람과 대등하게 받아들여지고, 해석되고 있어 관심을 끈다. "악마의 아가리다//낭떠러지 아래는/유황이 이글거리는 독(毒)의 바다"(「이구아수 폭포」) 등의 구절로 이어지는 이 시 말이다. 이 시에서도 자연의 물물은 사람으로 인식되고 있다. '이구아수 폭포'를 "악마의 아가리다"라고 명명하는 것 등이 대표적인 예이다. 이는 무엇보다 자연의 사물이 인간화되어 표현된다는 것, 의인관적 세계관을 담고 있다는 것을 가리킨다. 인간화되어 드러나 있는 자연의 사물은 다음의 시에 의해서도 충분히 확인된다.

　　겨울 바이칼호수에는
　　얼음기둥 위에 가부좌하고 앉아

참선하는 바위가 있다는데요
세찬 바람이 얼음호수를 미끄러지다가
바위를 만나면 끌어안고
휘돌며 주변을 깎아낸 후
바위만 우뚝하니 올려놓은 거래요

모래바람에 옆구리 파먹힌
삭사울나무처럼,

—「참선하는 바위」 부분

   이 시는 "겨울 바이칼호수"가에 있는 바위를 소재로 하고 있다. "얼음기둥 위에 가부좌하고 앉아/참선하는 바위" 말이다. "가부좌하고 앉아/참선하"고 있다는 구절만으로도 이 시에서의 바위는 인간화된다. 그것이 비록 "세찬 바람이 얼음호수를 미끄러지다가/바위를 만나면 끌어안고/휘돌며 주변을 깎아낸 후/바위만 우뚝하니 올려놓은"것이라고 하더라도 말이다. 그의 시에서 자연의 물물은 이처럼 항용 인간화되어 표현되고 있다는 것이다.

   무생물인 광물이 인간화되어 표현되는 것은 그의 시의 "산길에서 돌멩이를 주워/얼기설기 쌓은 탑,/석새 삼베옷이 엉성하기만 했는데//돌탑이 무너졌다/훼손당한 뼛조각이 산비탈을 뒹굴었다"(「돌탑에 대한 이분법」)와 같은 구절에 의해서도 확인된다. "석새 삼베옷", "훼손당한 뼛조각" 등의 구절이 특히 인간화된 무생물, 곧 인간화된 광물의 모습을 드러내 준다. "몸 풀 날이 다가오는 딸에게/아기를 위해/반려견을 입양 보내자고 했더니/쟤도 가족인데/어찌 이리저리 보낼 수 있느냐고/훌쩍훌쩍/운다"(「가족의 변천사」)와 같은 구절에 의해서도 그의 시에 드러나 있는 인간화된 자연의 물물은 증명이 된다.

그의 시와 함께하는 자연의 물물 중에는 광물만 인간화된 모습으로 드러나는 것이 아니다. 동물이며 식물도 인간화된 모습을 취하는 것이 그의 시라는 것을 알 필요가 있다. 벌매의 생태를 다룬 시에서 그가 "벌매는/육각형 방에 숨겨놓은 애벌레까지/빼먹기 시작했어요//집이 초토화되는 동안/하느님은 그저 바라만 보고 있었죠"(「땅벌」)라고 말하는 것에 의해서도 이는 확인된다.

이 구절의 내용은 한편으로 해월 선생의 가르침인 이천식천(以天食天)의 원리를 연상하게도 한다. 이천식천의 관점에서 살펴보면 이 구절로부터 느끼는 것은 일종의 범신론적 세계관이라고 해도 좋을 성싶다. 범신론적 세계관이라고 했지만 이에는 순환론적 세계관도 십분 포함된 것으로 보인다. 이때의 순환론적 세계관이 불교의 윤회론적 상상력과 크게 다르지 않으리라는 것은 분명하다. 그의 시가 지니는 이러한 상상력은 다음의 예를 통해 좀 더 잘 알 수 있다.

> 전생에 너는 호랑이였다지. 바위산을 넘나드는 것이 신산스러워 이번 생은 나무로 살기로 했다지. 지렁이가 발가락을 간지럽히면 천둥소리로 웅웅거리기도 했다지. 노랑턱멧새, 꾀꼬리가 풍당거리거나 매미가 극성스레 짝을 부르면 지긋이 혼자 웃기도 했다지. 순이가 울며 시모살이하러 가는 것도 보고, 옥이 방 쪽문에 돌멩이 던지는 돌쇠도 보았지만 못 본 척 함구했다지. 팔다리에 오색 띠 걸어놓고 사람들이 신(神)이라고 받들자 한울님도 넌지시 인정했다지.
> ─「당산나무」전문

이 시에서는 전생에는 호랑이였던 당산나무가 중심 대상이 되고 있다. 당산나무는 '너'라고도 호칭이 되며 사람처럼 생명 있는 존재로 인식되는 것이 이 시이다. "노랑턱멧새, 꾀꼬리가 풍당거리거나 매미가 극성스레 짝을 부르면 지긋이 혼자 웃기도" 하는 것이 당산나무라는 것이다. "순이가 울며 식모살이하러 가는 것도 보고, 옥이 방 쪽문에 돌멩이 던지는 돌쇠도 보았지만 못 본 척 함구"한 것이 바로 이 당산나무라는 것을 기억해야 한다.

그의 시에서 자연의 물물은 이처럼 매우 생생하게 인간화되어 있다. 물론 자신의 시에 등장하는 자연의 물물을 그가 깨어 있는 생명의 존재로 받아들이는 데는 깊은 사유가 들어 있는 듯싶다. 우선은 그의 시에서 이들 자연의 물물이 의미론적 기호가 아니라 깨어 있는 생명 공동체의 일원으로 존재한다는 것을 알 수 있다. 깨어 있는 생명 공동체는 시원의 시대에나 있었던 것, 곧 신화시대에나 있었던 것이지만 그의 정신 영역 안에서는 오매불망 그리운 것이기도 하다. 이는 무엇보다 그가 근대라는 이름으로 행해지는 이기적(利器的) 문명체보다는 인간과 자연과 신이 하나로 어우러지는 생명 공동체를 선호한다는 것을 말해준다.

이처럼 그의 시는 근본주의의 세계관과 함께하며 원시에의 그리움을 담아내고 있다. 그의 시가 갖는 이러한 면은 "오늘은 바위산에서 염소를 잡았어요/다섯 명이 사냥을 나갔는데/내가 쏜 화살촉이 심장을 뚫은 것 같아요/뿔이 멋지게 휘어진 대장 수컷이었죠/닷새 후엔 세 마리쯤 더 잡으면 좋겠어요/그래야 부족 모두가 배불리 먹을 수 있으니까요"와 같은 "구석기 시대 인류가" 남긴 "그림 일기장"(암각화)을 시로 표현하는 것을 보더라도 잘 알 수 있다. "저길 보세요,/암각화에서 기어 나와/고비의 초원에서 풀을 뜯는/염소와 양 떼"(「암각화」)와 같은 기발한 표현을 남기고 있는 것이 그의 시이기도 하다는 것을 잊어서는 안 된다.

3

이상에서 논의한 것처럼 그의 시는 근본주의의 세계관과 함께하는 원시에의 그리움을 바탕으로 하고 있다. 이러한 특징을 갖는 그의 시는 사람을 대상으로 할 때도, 곧 인물 형상을 대상으로 할 때도 그 나름의 독특한 면면을 보여준다. 잘난 사람보다는 못난 사람, 부자보다는 가난한 사람이 그의 시의 중심 대상으로 선택되고 있기 때문이다. 근대문명에 잘 적응해 성공한 사람보다는 잘 적응하지 못해 실패한 사람이 그의 시의 주요 인물 형상이라는 얘기이다. 그렇다. 낯설고 기이한 사람, 가난하고 소외된 사람, 아무렇게나 버려져 있는 사람, 늙고 병든 사람 등이 그의 시가 집중적으로 그려내고 있는 인물 형상이다.

다음의 시 역시 그러한 인물 형상을 다루고 있는 예이다.

> 활어회 접시가
> 즐비하게 놓인 식당,
>
> 허름한 노부부가 손잡고 들어왔다
>
> 비탈밭을 매다 온 듯
> 두리번거리더니
>
> 젤로 싼 것이 뭐요
> 칼국수 두 그릇만 주시오
>
> 생합탕 국물을 넘기려다가
> 목울대가 울컥,
>
> 갑자기
> 칼국수가 먹고 싶어지는 것이다
>
> ―「전염」 전문

이 시에서는 "활어회 접시가/즐비하게 놓인 식당"에 "손잡고 들어"온 "허름한 노부부"가 중심 대상이 되고 있다. "활어회 접시가/즐비하게 놓인 식당"에서 "젤로 싼" "칼국수 두 그릇"을 시키는 "허름한 노부부" 말이다. 시인은 이들 "허름한 노부부"를 바라보며 "생합탕 국물을 넘기려다가/목울대가 울컥"하기도 한다.

물론 이는 시인의 감수성이 얼마나 지극하고, 무구하고, 순수한지를 잘 알게 해주는 대목이라고 해야 마땅하다. 그뿐만 아니라. 시인은 이 "허름한 노부부"에 감응해 "갑자기/칼국수가 먹고 싶어지"기까지 한다. "생합탕 국물을 넘기"던 시인이 "칼국수 두 그릇"을 시키는 이 "허름한 노부부"와 충분히 공감하는 대목인 셈이다.

그의 시 중에는 먼 옛날 "젖먹이까지 떼어놓고 전장을 누빈/서른 살의 여인"을 다룬 작품도 있다. 이 시에서 그는 아득한 시절 "전장을 누비"던 "서른 살의 여인"을 두고 "맨 흙바닥에 널도 없이 누웠지만/머리맡의 투구와 철검이 전사였음을 말해주네요/주인은 흔적도 없이 산화되었는데/어찌하여 그대는 온전한 뼈를 지니는가요"(「비밀을 말해주세요」)라고 노래한다. 이 시도 또한 그가 지닌 근본주의의 세계관과 함께하는 원시에의 그리움을 알 수 있게 해주는 예라고 할 수 있다.

그의 시의 근본주의의 세계관과 함께하는 원시에의 그리움은 결국 지극하고, 무구하고, 순수한 사람에 대한 그리움을 낳는다. 그의 시와 함께하는 인물 형상이 낯설고 기이한 사람, 가난하고 소외된 사람, 아무렇게나 버려진 사람, 늙고 병든 사람으로 집중되는 것도 이와 무관하지 않다. 그가 보기에는 이들 인물이야말로 가장 지극하고, 무구하고, 순수한 삶을 사는 사람들이기 때문이다. "저 하얀 산속에서/뙈기밭을 일구고 나물 뜯으며" 살던 "어미 아비", "열아홉에 시집가/첫애 낳다 죽은 언니"(「열흘 후」), "화전 일구고 샘물 져 나르며/굴피 지붕 아래 자연인으로 살던/아흔 살 할아버지"(「야생 피에로」), "늙은 호박을 숭덩숭덩 썰어 넣고/양파와 청양고

추, 멸치를 넣고 "보리된장찌개"(「늙은 맛」)를 맛있게 끓이던 여자, "교복을 입은 채 아기를 낳"고 "베이비박스에 넣어놓고 도망"(「탁란(托卵)」)을 친 여자 등이 그들이다. "장대 끝에 매달려/못 본 척/두 팔을 활짝 열고 비행"(「서커스 소녀」)하던 여자, "너덜너덜한 가방을 안고 다니며/여든 살을 넘기고도 시를 공부하던 사람"(「그곳에 가면」), "푸른 시간인 줄도 모르고/새벽 골목을 동동거리던 사람"(「푸른 시간」), "다녀오겠습니다./세 평 오두막에 인사하면//알았다, 근엄하게 대답하는 부엉바위"(「산사람」)와 함께 산 사람, "둘이서 긴 의자에 붙어 앉아 주름진 손 감싸 쥐고 서로의 손등을 쓰다듬"던 "백발 노인"(「탑골공원」) 등도 이들 인물 중의 하나이다.

이들 인물은 낯설고, 기이하고, 가난하고, 소외되고, 버려지고, 늙고, 병든 사람이기도 하지만 아주 오래된 사람이기도 하다. 이들 아주 오래된 사람은 낡은 사람이라고 해도 지나치지 않다. 그런가 하면 이들 인물은 도시의 문명보다는 시골의 자연과 더불어 사는 사람이기도 하다.

이러한 예로 미루어 보더라도 그가 선호하는 인물의 특성은 매우 분명하다. 미래의 인물보다는 과거의 인물, 곧 근대의 자본주의적 인물보다는 중세의 공동체적 인물을 선호하는 것이 그라는 것이다. 이러한 인물을 선호한다는 것은 그가 이러한 가치를 선호한다는 뜻이기도 하다.

안현심의 시에서도 대상의 선택은 세계관의 선택으로 작용한다. 그렇다. 그가 지속적으로 이들 인물과 관계된 풍경을 선택하는 것은 그의 삶이 지극하고, 무구하고, 순수한 가치를 추구해온 것과 무관하지 않다.

이러한 논의를 십분 증험해주는 그의 시 한 편을 함께 읽으며 글을 맺기로 한다. 배역을 화자로 택하는 이 시에서도 그는 겉으로는 소외된 사람이지만 속으로는 가득 찬 인물 형상을 아름답고 즐겁고 따뜻한 목소리로 노래하고 있다. (2023)

> 세 살 아래 총각한테 시집왔어요. 귀가 안 들린다는 게 흠이지만 쟁기질도 잘하고 지게질도 잘하는 사내랍니다. 장난기가 일면 누님이라

고 부르며 부엌으로 우물가로 졸졸 따라다니지요. 아프지만 아프지 않은 척 나는 산비탈 복사꽃이 되기도 하고, 늙지 않는 수선화가 되기도 한답니다. 사내의 귀가 되어 빗소리도 함께 읽고 새소리도 받아 적고요. 부엌 바닥에 신문지 깔고 밥상을 차려도 맛나게만 먹어주는 사내랍니다. 각시 앞서 죽을까 봐 땔나무도 산더미같이 장만해 놓았고요.

봄꽃 다 지기 전에
긴 손톱 자르고
뾰족구두도 다 내다 버리고
저 사내한테 살러 가야겠어요.

—「그 사내와 살래요」 전문

제3부

시정신과 시세계

진술의 화법과 일상의 존재들
—주용일의 시집, 『꽃과 함께 식사』, 고요아침, 2006.

　예술은 본래 감각의 산물이다. 감각을 자극하지 않고 예술적 감동을 창출하기는 쉽지 않다. 시 역시 예술의 하나인 만큼 감각에서 출발하고 감각을 지향한다고 해도 과언이 아니다. 그럼에도 불구하고 감각은 원초적 본능에 가깝고, 따라서 정제되지 않은 순연한 감각만으로는 정작의 심미적 감동에 이르기 힘든 것도 분명하다.
　감각은 시각, 청각, 후각, 미각, 촉각의 오관에서 비롯되는 이미지를 통해 표현되는 것이 보통이다. 오관을 통해 드러나는 감각, 나아가 감각에서 야기되는 이미지는 언제나 순간적이다. 순간적이기 때문에 일정한 시간이 지나면 그것들은 의식(혹은 무의식)으로 전이되기 마련이다. 이때의 의식이 보편적 질서를 갖게 되면서 지식이 되고, 상식이 되지만 말이다. 물론 여기서 말하는 의식은 상대적으로 좀 더 내면화된 정신을 가리킨다.
　이렇게 내면화된 의식은 감각에 기초한 이미지와는 달리 객관적이지 않고 주관적이다. 상대적으로 이미지가 객관적이라면 상대적으로 의식은 주관적이라는 것이다. 구태여 여기서 이러한 논의를 하는 이유는 비교적 단순하다. 시에 표현되는 정서는 항용 객관적 이미지를 중심으로 하는 경우와 주관적 의식을 중심으로 하는 경우로 나누어지기 때문이다.

1930년대에 정지용이 이미지즘을 받아들인 이후 한국현대시에서는 객관적 이미지를 중심으로 시들이 상대적으로 주된 흐름을 형성해온 것이 사실이다. 다소 늦게 이상에 의해 모더니즘이 받아들여진 이후 내면 의식을 직접 고백하는 시들 또한 큰 흐름을 만들어왔지만 말이다.

그렇기는 하지만 오늘의 한국 시단에 이르러서는 전자의 경향보다는 후자의 경향이 오히려 주된 흐름을 형성하는 것으로 파악된다. 외적 대상을 구체적으로 묘사하기보다는 내적 상념을 추상적으로 고백하는 시들이 대세를 이루고 있다는 뜻이다. 지금의 한국 시단에서 이러한 경향이 대세를 이루는 데는 객관적 이미지를 중심으로 전개되었던 1980년대의 리얼리즘 시에 대한 거부와 반발도 없지 않아 보인다. 하지만 이는 세기말 이후 좀 더 확연하게 드러난 개인의식의 성장과도 무관하지 않다고 해야 마땅하다. 자아 밖에 존재하던 보편적인 가치들이 붕괴하면서 자연스럽게 자아 안의 이런저런 상념들이 시적 대상으로 부각하는 셈이다.

이처럼 시인들의 자아가 좀 더 개별화되고 고립화되면서 최근의 우리 시는 외적인 현실을 묘사하는 방식을 택하기보다는 내적인 의식을 진술하는 방식을 택하는 것이 보통이다. 하지만 이러한 고백적 진술의 어법으로 창작되는 시들도 최근에는 얼마간 식상(食傷)하게 받아들여지고 있는 것이 명확하다. 벌써 10년이 넘게 시인이라는 화자가 시 속에 적극적으로 개입하는 고백적 진술의 어법의 시가 주류를 이루어 오고 있기 때문이다.

여기서 이러한 얘기를 하는 까닭은 주용일의 시들 또한 적잖이 고백적 진술의 어법으로 자신이 포착한 시적 대상을 표현하고 있기 때문이다. 다음의 시는 화자의 개입이 상대적으로 절제되어 있음에도 불구하고 기본적으로는 고백적 진술의 어법을 응용하는 예이다.

  봄부터 내내 자취 없더니
  잎 지자 모습 드러내는

저 집에서도 벌거숭이 깃털 돋아

사방으로 훌훌 떠나갔으리라

새 봄 오면 지친 나그네새

잠시 묵어갈 빈집

오늘 쓸모 잃은 빈 둥지에

흰눈이 고봉으로 하얗다

한 사발 흰 진지밥에 햇살 내려

더운 김 무럭무럭 피어오른다

—「빈집」 전문

    이 시의 중심 대상은 제목 그대로 '집'이다. '집'을 표현하면서 시인은 자신의 의식을 주관적으로 개입시키지도 않고 있고, 묘사나 비유를 통한 감각적 이미지를 객관적으로 투사시키지도 않고 있다. 그럼에도 불구하고 "떠나갔으리라", "하얗다", "피어오른다" 등의 종결어미에서도 알 수 있듯이 이 시에는 얼마간 시인의 추측이나 판단이 드러나 있다. 따라서 객관적 이미지보다는 주관적 상념이 좀 더 적극적으로 반영된 시라고 할 수 있다.

    물론 이 시에 드러나 있는 시인의 주관적인 추측이나 판단은 충분히 보편성을 갖는다. 바로 그러한 점에서 이 시는 일정한 성취를 얻거니와, '빈집'에 대한 시인의 고백적 진술이 의식의 과잉으로까지 비추어지지는 않고 있는 셈이다. 이 시가 이처럼 균형 있는 성취를 담아낼 수 있는 것은 무엇보다 시인 주용일이 잘 닦여진 정서를 지니고 있기 때문으로 보인다. 잘 닦여진 심미적 정서를 지니고 있다는 것은 잘 정제된 언어 및 리듬을 지니고 있다는 것을 뜻한다. 그의 시에 드러나 있는 고백적 진술의 어법은 이처럼 잘 정제된 언어 및 리듬을 토대로 하고 있어 심미적 균형을 이루는 데 도움이 된다.

    다음의 시는 앞의 시보다는 화자의 심리적 내면이 좀 더 적극적으로 드러나 있어 주목되는 예이다.

바다는 사랑, 이 누천년의 슬픈 짓을
오늘도 숨 막히게 하고 있다
일출의 빛으로 붉게 피어
한 승려를 깨우치게 했고
한 시인을 절망케 한
홍련암 바위굴을 들락거리는
저 바다를 어찌 암컷이라 부르랴
지금 홍련암 바위굴의 치골을 들이받으며
흥분한 수컷 바다가 울고 있다
뭍에서도 사람들이
사랑이라 믿는 그 짓을 되풀이하고 있다
누천년 습관인 듯 짝을 지어
하나는 홍련암 바위굴 되고
하나는 끝없이 들이치는 수컷 바다 되어
철퍽 철퍼덕 오지게 부서지고 있다
　　　　　　　　　　—「낙산사 홍련암에서」 전문

　이 시는 낙산사 홍련암 바위굴 밑의 바다, 즉 파도를 중심 모티프로 하고 있다. "바위굴의 치골을 들이받"는 바다를 "흥분한 수컷"으로 발상하면서 이 시는 새로움을 낳는다. 편견과 해석이 작동하고 있기는 하지만 이 시에서도 화자는 일인칭 대명사인 '나'를 직접 등장시키지는 않는다. 그렇다고는 하더라도 홍련암 바위굴 밑의 바다에 대한 진술이 화자의 의식 내면에서 주관적으로 상상된 언어들을 바탕으로 있는 점은 부인할 수 없다. 시적 대상을 객관적인 외물에서 찾고 있다고 하더라도 일단은 설명적 진술의 어법을 취하는 것이 이 시라는 뜻이다.
　물론 이 시도 화자의 내면을 직접 고백하고 있지는 않다. 자아로서의 주관적 내면보다는 타자로서의 객관적 대상을 주체적으로 변용하여 고백적으로 진술하는 것이 시이다. 여기서도 알 수 있듯이 고백적 진술의 어법을 사용하는 시는 두 개의 대상을 갖는다. 하나는 타자로서의 객관적 대상에 대해 고백적으로 진술하는 방식의 시이고, 다른 하나는 자아로서의 주관적 내면에 대해 고백적으로 진술하는 방식의 시이다.

최근 들어 부쩍 강화되는 후자의 방식으로 창작된 시는 얼마간 이지적이고 주지적인 아우라를 담아낼 수 있다는 점에서 관심을 끈다. 하지만 이러한 방식으로 창작되는 시들이 함유하는 추상적 내면 의식은 진정성이 부족한 허위의식인 경우가 적잖다. 그것이 공동체와 함께하는 연대를 작위적으로 차단한 채 억지스럽게 불러일으키는, 구체적인 삶의 일상과는 무관한 부정적인 자의식이기 쉽다는 뜻이다. 그러한 이유에서겠지만 주용일의 시에는 후자의 방식보다는 전자의 방식으로 창작된 시가 상대적으로 더 많은 것이 사실이다. 아직은 그가 자기 자신의 내면세계에 과도하게 함몰되어 있지 않다는 증표이리라.

이러한 지적은 다음의 시 「牛耳」를 통해서도 잘 알 수 있다. 이 시의 경우 화자 자신의 심리적 내면을 노래하면서도 그것을 소의 귀, 즉 '牛耳'에 비유하고 있어 한층 더 밀도가 높은 형상을 창출하고 있기 때문이다.

    어린 날부터
    내 귀는 소처럼 어두웠다
    오른쪽으로 가거라
    어뎌어뎌 이랴 쩟쩌
    타이르며 부드럽게 하는 말
    알아듣지 못했다
    큰 소리로 야단을 맞고
    소리가 대못처럼 귀에 박히고야

> 말뜻 눈치채는
> 내 귀는 영락없이 소를 닮았다
> 오늘도 그 牛耳가 말썽이다
> 늦도록 술을 마시고
> 새벽녘 돌아와 혼쭐나며
> 그렇게 얘기해도 못 알아듣는다고
> 귀를 찌르는 아내의 말에
> 그래 내 귀가 소귀, 소귀였지 하며
> 불혹이 되도록 어두운 귀를
> 어찌 밝힐까 환한 궁리를 한다
>
> ―「牛耳」 전문

  이 시의 화자는 "어린 날부터" 좋아하는 것만을 좇아온 자기 자신, 객관적인 삶의 기준, 즉 남들이 "타이르며 부드럽게 하는 말", "귀를 찌르는 아내의 말"과 너무도 멀리 떨어져 살아온 자기 자신을 반성하고 성찰하고 있다. 따라서 이 시는 "그래 내 귀가 소귀, 소귀였지 하며/불혹이 되도록 어두운 귀를/어찌 밝힐까 환한 궁리"를 하는 화자의 내면 의식을 담는 데 초점이 있다고 할 수 있다.

  이처럼 자기 자신의 내면 의식을 시의 대상으로 삼더라도 시인 주용일은 위의 시의 예에서처럼 그것을 객관화하기 위해 우이(牛耳), 즉 소의 귀라는 객관상관물을 응용하고 있다. 객관상관물을 응용한다는 것은 그가 그만큼 전통적 시의 어법을 존중하고 있다는 것을 의미한다. 그의 시가 지니는 이러한 면은 진술적 고백의 어법을 바탕으로 하는 다수의 시와 관련된 방법적 자각에서도 익히 찾아볼 수 있는 특징이다. 전통적 시의 어법에 대한 존중은 자아로서의 주관적 내면보다는 타자로서의 객관적 대상을 고백적으로 진술하는 시들에서도 십분 확인할 수 있는 면면이라는 뜻이다.

죽은 느티나무를 바라보다가
그 나무의 일생을 맴맴 나이테 따라 맴돌다가
그 나무에 깃들였던
햇빛과 바람과 물의 양을 가늠하다가
나무 밑동에 세로로 주름이 나 있는 걸 보았다
서서 육탈을 하는 나무에
주름이 쪼글쪼글 박혀 있는 걸 보았다
겉껍질이 있을 때는 보이지 않던 저 주름은
나무의 외상과 내상을 연결한다
주름은 바람과 세월이 목숨과 만난 흔적이다
오늘 바람은 나무의 몸에 숭숭 열린
구멍을 스치며 피리 소리를 낸다
사람들이 풍화라 부르는
저 느린 육탈도 나무의 일생에 포함되리라
서서 죽음을 맞이하는 입탈입망의 느티 아래서
잠시 나는 살아 드리운 나무의 그림자와
그림자만큼 넓고 깊었을 뿌리들을 생각한다
딱따구리가 쪼아내고 벌레들이 돕고 있는
느티나무의 해체현장,
주름이 생기기까지의 더딘 삶처럼
서서 제 죽음을 내려다보고 있는
느티의 육탈 또한 느리다

―「죽은 느티나무」 전문

이 시의 첫 문장과 두 번째 문장에서 화자는 우선 죽은 느티 "나무 밑동에

세로로" 나 있는 "주름", "쪼글쪼글 박혀 있는" "주름"을 바라본다. 그리고 세 번째 문장과 네 번째 문장에서는 이 주름의 기능과 역할, 의미에 대해 저 나름의 생각을 설명한다. 이어지는 문장에서는 좀 더 포괄적으로 죽은 느티나무 전체가 느리게 소멸해가는 과정과 관련된 시인 나름의 이런저런 상념을 진술한다.

따라서 이 시의 핵심 대상은 죽은 느티 "나무 밑동에 세로로" 나 있는 "주름", 그리고 그로부터 비롯된 죽은 느티나무 일반에 대한 이런저런 상념이라고 해야 마땅하다. 바로 그러한 점에서 이 시는 자아로서의 주관적 내면보다는 타자로서의 객관적 대상에 초점이 있다고 할 수 있다. 말하자면 그의 시의 경우 대부분 객관적인 사물로부터 비롯되는 이런저런 상념을 고백적으로 진술하는 방식을 택하고 있다는 것이다.

이러한 지적이 사실이라면 그의 시에서도 정작 중요한 것은 여전히 시적 대상으로 선택되는 객관적 사물들의 특성이라고 하지 않을 수 없다. 창작의 과정에서 시적 대상의 선택은 시적 풍경의 선택을 낳고 시적 풍경의 선택은 시적 세계관의 선택을 낳기 때문이다. 요컨대 시적 대상의 선택에는 시인 나름의 세계관이 반영되기 마련이라는 것이다.

이러한 점에서 보면 이번 시집에 포착되는 시적 대상도 특별한 변화는 없는 듯하다. 어법의 변화, 즉 고백적 진술 위주로 표현방식이 변한 것과 비교하면 시적 대상의 변화는 그다지 눈에 띄지 않는다는 뜻이다. 이러한 맥락에서 살펴볼 수 있는 그의 시의 대상들은 여전히 고독한 것들이거나 쓸쓸한 것들, 버려진 것들이거나 소외된 것들, 숨어 있는 것들이거나 감추어져 있는 것들, 잘 보이지 않는 것들이거나 사라지는 것들인 경우가 대부분이다. 「바닥을 친다는 것에 대하여」, 「둥근 엉덩이를 들어낸 자리」, 「섬」, 「화살이 지나간 자리」, 「무화과」, 「거미」, 「노숙자」, 「동갑내기 항아리」 등이 함유하는 시적 대상이 그 대표적인 예라고 할 수 있다.

찬밥 먹으며 식은땀 흘리는 나처럼
땀구멍 송글송글 비지땀 흘리기도 하고
굵은 소금덩이 눈꼽처럼 매달기도 하는
장꽝의 항아리도 불혹이 넘었다
나 태어나던 해 어머니가
옹기장수 외할머니 집에서
시오리 신작로길 머리에 이고 왔다는
저 항아리의 생인들 어찌 순탄하기만 했으랴
시골에서 도시로 이주하며
간장 된장 고추장 독한 것들을 삭이느라
몸 깊이 묵은 내상이 생겼다
한 평생 고집스런 기마자세로
해마다 무언가 품고 익혀 오더니
올해도 어김없이 된장 부둥켜안고
땡볕 아래 비지땀 뻘뻘 흘린다
생것 소화시키느라 부른 배 내밀고
검붉은 소금땀 매달고 있다
그 항아리 해 갈수록 웅숭깊은 장맛 낸다는
어머니 말씀에
오늘은 찌그러진 동갑내기 항아리가
내 형님인 듯하여 꾸벅 절을 한다

—「동갑내기 항아리」전문

 이 시의 핵심 대상은 "장꽝의 항아리"이다. 이 "장꽝의 항아리"는 "찬밥 먹으며 식은땀 흘리는 나처럼/땀구멍 송글송글 비지땀 흘리기도 하고/굵은 소금덩이 눈꼽처럼 매달기도" 한다. 자신이 "태어나던 해 어머니가/옹기장

수 외할머니 집에서/시오리 신작로길 머리에 이고" 왔다는 이 항아리로부터 시인 주용일이 일종의 자기 동일시를 느끼는 것은 당연하다. 그처럼 "시골에서 도시로 이주하며/간장 된장 고추장 독한 것들을 삭이느라/몸 깊이 묵은 내상이 생"긴 것이 이 항아리이기 때문이다.

  이러한 외형을 갖는 항아리가 삶의 중심을 차지하는 화려하고 찬란한 것일 리는 만무하다. 항아리는 고독하거나 쓸쓸한 것들, 버려져 있거나 소외된 것들, 숨어 있거나 감추어져 있는 것들, 잘 보이지 않거나 사라지는 것 중의 하나라고 해야 마땅하다. 이는 항아리가 시인 자기 자신과 비교되고 대조되어 상상되는 것만 보더라도 잘 알 수 있다.

  물론 이러한 것들은 모두 작고 조그만 것들이기도 하며, 미세하고 보잘 것없는 것들이기도 하다. 해가 "갈수록 웅숭깊은 장맛"을 내는 것이 항아리이고, 그래서 시인은 이 "찌그러진 동갑내기 항아리가" "형님인 듯하여 꾸벅 절을" 하기는 하지만 말이다. 문제는 삶의 전선으로부터 멀리 물러나 있는 이러한 것들이 오히려 순결하고 순수한 면모를 갖는 경우가 많다는 점이다. 구체적인 삶의 현실에서는 무구하고 고결한 것일수록 겉으로 노출되기보다는 속으로 은폐되는 것이 삶의 현실이라는 것을 간과해서는 안 된다. 다음의 시에서도 알 수 있듯이 그러한 것들은 때로 용서하지 않을 수 없는 죄를 낳는 예도 없지 않다.

      아버지가 식구를 먹여 살리려고
      때때로 저울 눈금 속였듯이

      어머니가 새끼 먹이려고
      과수원 울안 사과 몇 알
      저고리 안섶에 따 넣었듯이

> 연애시절 나 여자에게 주려고
> 풀꽃대궁 댕강댕강 사정없이 잘랐듯이
>
> 세상에는 죄 값을 묻지 못할
> 그런 죄들도 더러는 있는 법이다
>
> ―「순결한 죄」 전문

이 시는 "죄 값을 묻지 못할" 죄에 대한 시인의 상념을 진술하고 있다. 그에 따르면 이때의 "죄 값을 묻지 못할" 죄의 세목은 "식구를 먹여 살리려고" "저울 눈금 속"인 죄, "새끼 먹이려고" "사과 몇 알/저고리 안섶에 따넣"은 죄, "여자에게 주려고/풀꽃대궁" 자른 죄 등이다. 물론 이들 죄는 인간의 근원적 욕망, 즉 식욕 및 성욕 등 최소한의 욕망과 관련되어 있다는 점에서 도덕이나 윤리의 밖에 존재한다.

아무리 "죄 값을 묻지 못할" 죄라고 하더라도 죄를 짓게 되면 얼마간은 고통이 따르는 법이다. 물론 여기서 말하는 고통은 아픔이나 괴로움 등으로 표현될 수 있는 일체의 것을 가리킨다. 내상에 의한 것이든 외상에 의한 것이든 모든 고통은 상처의 산물이기 때문이다. 어떤 형태의 것이든 상처는 고통을 낳기도 하지만 향기를 낳기도 한다. 적잖은 작품에서 시인 주용일이 이런저런 상처와 그에 따른 고통에 관심을 기울이고 있는 것은 다름 아닌 이러한 이유에서이다.

문제는 일정한 상처와 그에 따른 고통을 겪지 않고서는 새로운 생명의 기쁨이나 희열이 태어나지 못한다는 사실이다. "아픈 기억들이/몸 속 옹이로 박혀 있는" 나무들을 주목하는 「아름다운 거리」, "두 가지 팔뚝만큼 굵어지면/나무 가랑이 사이에 돌 끼"워 상처를 만드는 감나무를 안쓰러워하는 「푸른 감나무의 여자」, "장장 일천육백미터에 이"르는 "먼 길 풀어내기 위해" "평생 잠에 골몰"하는 누에고치 주목하는 「실크로드」 등이 그러한 인식을 담아내고 있는 시의 구체적인 예라고 할 수 있다. 다음의 시도 같은 맥락에서 읽을 수 있는 예의 하나이다.

> 고마워라 생살 찢어 몸에 틈 만들어
> 나를 받아주시는 이,
> 그 틈으로 생명 키우시는 이,
> 나는 오늘 세상의 갈라진 틈 통해
> 낯익은 당신의 상처를 만났다
> 상처가 빚어내는 생명들을 만났다
> 봄 한낮 바위틈으로 흙살 틈으로
> 뛰어나오는 푸르고 붉은 빛들은
> 내 몸을 푸르게 붉게 물들였다
> 오래 전부터 그대 마음에 틈이 놓여
> 사랑으로 내가 들고나는 세월,
> 허공에도 틈이 있어 시간의 방석 위에
> 잠시 머물다 가는 지상의 한나절,
> 틈이 있으니 내가 있었구나
> 고마워라 세상의 모든 틈들이여
> 나에게 틈을 주어 풀방구리 새앙쥐처럼
> 들락거리게 하며 머물게 하며
> 희열을 주는 것들이여
> ─「틈」 전문

이 시의 중심 대상은 '틈'이다. 이 시에서 "생살 찢어 몸에 틈 만들어/나를 받아주시는 이/그 틈으로 생명 키우시는 이"는 대강 아내의 이미지를 갖는다. 물론 '나'를 보편적인 사내, 그중에서도 아버지로 받아들일 수 있으면 '틈'은 어머니의 이미지를 가질 수도 있다. 아내이든 어머니이든 기본적으로는 여성이거니와, 이때의 여성, 즉 "낯익은 당신"은 상처를 통해 생명을 만드는 존재라는 점에서 주목된다. 상처를 통해 생명을 만드는 일은 "풀방구리 생쥐처럼" 틈 속을 "들락거리"는 일이기도 하거니와, 바로 그러한 점에서 그것은 "희열을 주는" 일이도 하다.

 이로 미루어보면 이 시에 담겨 있는 세계관은 모성 일반을 깨닫는 데 초점이 있는 것처럼 받아들여지기도 한다. "낯익은 당신"이 "생살 찢어 몸에" 만든 틈이 "희열을 주는" 공간으로 인식되기도 하기 때문이다. 그의 이번 시집에서는 아버지가 등장하는 시에 비해 아내나 어머니가 등장하는 시가 훨씬 많은 것도 이러한 지적을 뒷받침해준다. 순수하게 아버지 등 남성이 등장하는 시로는 「다목이」 정도를 예로 들 수 있으나 아내나 어머니로 상징되는 여성이 등장하는 시로는 「둥근 엉덩이 드러낸 자리」, 「어무이」, 「죄와 벌」, 「지독한 사랑」, 「그런 사람이 있었네」, 「그 여자」, 「섬」, 「비밀은 별에 깃들인다」 등을 예로 들 수 있다는 점이 이를 잘 증명해준다.

  며칠 전 물가를 지나다가
  좀 이르게 핀 쑥부쟁이 한 가지
  죄스럽게 꺾어왔다
  그 여자를 꺾은 손길처럼
  외로움 때문에 내 손이 또 죄를 졌다
  홀로 사는 식탁에 꽂아놓고
  날마다 꽃과 함께 식사를 한다
  안 피었던 꽃이 조금씩 피어나며
  유리컵 속 물이 줄어드는
  꽃들의 식사는 투명하다
  둥글고 노란 꽃판도

> 보라색 꽃이파리도 맑아서 눈부시다
> 꽃이 식탁에 앉고서부터
> 나의 식사가 한결 부드러워졌다
> 외로움으로 날카로워진 송곳니를
> 함부로 보이지 않게 되었다
>
> ─「꽃과 함께 식사」 전문

이 시의 중심 대상은 "물가를 지나다가" "죄스럽게 꺾어"온 "쑥부쟁이 한 가지"이다. 이때의 "쑥부쟁이 한 가지"는 "죄스럽게 꺾어"다 "식탁에 꽃아놓"은 꽃 자체이기도 하지만 여성 일반을 비유하는 보조관념이기도 하다. 따라서 이 시 역시 꽃으로 비유되는 여성성을 탐구하는 작품이라고 할 수 있다.

꽃이 여성으로 비유되어온 것은 어제오늘의 일이 아니다. 이 시에서 꽃, 즉 여성은 시인에게 죄스러움을 주기도 하지만 맑은 눈부심을 주기도 한다. 꽃, 즉 여성은 시인에게 고통을 주는 동시에 기쁨을 주는 이중적 존재인 셈이다. 고통을 받는 주체는 시인이고, 기쁨을 주는 주체는 꽃이라고 하더라도 그것은 크게 다를 바 없다.

본래 꽃과 관련된 이러한 발상, 고통이 곧 기쁨이라는 발상은 역설적인 내포를 담는다. 역설은 시의 중요한 수사 방식이기도 하지만 진리의 중요한 존재 방식이기도 하다. 색즉시공(色卽是空), 화즉쟁(和卽爭)으로 대표되는 선불교의 불이론(不二論)이 그러한 사실을 곧바로 증명해준다.

주용일의 시는 구태여 불이론을 끌어들이지 않더라도 불교적 상상력에 닿아 있다는 것을 쉽게 확인할 수 있다. 불교적 상상력에 닿아 있다는 것은 무엇보다 그가 존재의 진리와 지혜를 바르게 깨닫고자 하는 성찰적 자아를 지니고 있다는 것을 뜻한다. 자기 성찰을 통한 자기 성숙 또한 중요한 화두로 작용하는 것이 그의 시의 중요한 특징이라는 얘기이다. 불교적 상상력의 흔적이 직접 드러나는 시만 해도 「암자에 세 들어 사는 사람」, 「무화과」, 「은행 알의 해탈」, 「야단법석」, 「단속사지 물앵두나무」 등이 있다는 것을 잊어서는 안 된다.

> 계곡으로 물고기 잡으러 따라나섰다가
> 깨진 얼음장 속에 꽁꽁 얼어 있는 물고기를 보았다
> 물이 서서히 얼어오자 막다른 길목에서
> 물고기는 제 피와 살 버리고
> 투명한 얼음 속에 화석처럼 박혔다
> 귀 기울여도 심장 뛰는 기척이 없다
> 조식(調息)을 하는지 숨소리도 들리지 않는다
> 사랑하면 사랑에 목숨 묻기도 하듯이
> 물속에 살기 위해선
> 얼음이 되는 것을 두려워 말아야 한다
> 이글루 짓고 들어앉은 에스키모처럼
> 은빛 지느러미 접고 아가미 닫고
> 사방 얼음벽 둘러친 무문(無門)의 집에서
> 물고기는 다시 올 봄을 아예 잊었다
> 얼음장이 그대로 고요한 대적광전이 되었다
> ―「얼음대적광전」 전문

잠을 잘 때도 눈을 감지 않는 물고기가 끊임없이 정진하며 깨달음을 구하는 수도승으로 비유되어온 것은 아주 오랜 역사를 갖고 있다. 절집의 목어(木魚)며 풍경(風磬)이 물고기의 형상을 하는 것도 이러한 사실과 무관하지 않다. 실제로는 목탁도 물고기를 본떠 만든 상징물이라는 것을 잊어서는 안 된다.

이 시에서 "깨진 얼음장 속에 꽁꽁 얼어 있는 물고기"는 이미 성불을 이룬 부처님으로 상징되고 있다. 이와 관련하여 정작 기억해야 할 것은 시인이 얼음장을 물고기의 대적광전으로 인식하고 있다는 점이다. 대적광전(大寂光殿)은 화엄전(華嚴殿)이라고 부르기도 하고 비로전(毘盧殿)라고 부르기도 한다. 비로전이라고 하는 까닭은 산스크리트어로는 태양을 뜻하는 비로자나불을 본존불로 하여 좌우에 아미타불과 석가모니불을 모시기 때문이다. 그렇다면 여기서 "제 피와 살 버리고/투명한 얼음 속에 화석처럼 박"혀 있는 물고기는 대적광전의 본존불인 비로자나불을 뜻하는 셈이다.

한갓 미물에 불과한 얼음장 속에 갇혀 있는 물고기를 비로자나불로, 얼음장을 대적광전으로 발상하는 것이 이 시의 시인이다. 이러한 발상은 무엇보다 그가 인간보다는 사물을 중심으로 세계를 이해하고 있다는 것을 뜻한다. 이는 또한 그가 아무리 고백적 진술의 어법, 곧 주관적 설명의 어법을 선취하고 있다고 하더라도 이미지를 중시하는 객관적 묘사의 어법을 완전히 포기하고 있지는 않다는 것을 징험해준다. 비유나 상징을 통한 이미지의 창출을 여전히 고집하고 있다는 것도 그가 아직은 내면 의식에 기초한 막연한 상념의 형상화에만 빠져 있지는 않다는 것을 드러내 주는 중요한 징표라고 할 수 있다. 이러한 점에서도 그의 시는 인권의 시대를 넘어 물권의 시대가 운위되는 오늘날 무한한 가능성을 보여준다고 할 수 있다. 그의 시가 추구하는 가치가 좀 더 바르게 평가될 수 있기를 빌며 서둘러 글을 맺는다.
(2006)

놀이의 시학
―박제천의 근작시 5편에 대하여

시란 무엇인가. 시인이라면 누구나 끊임없이 마주할 수밖에 없는 것이 시란 무엇인가라는 질문이다. 시란 무엇인가라는 질문에 대한 대답은 아무래도 정의의 형식을 취할 수밖에 없다.

시에 대한 정의는 수없이 많다. 세상에 존재하는 시인만큼, 아니 세상에 존재하는 시만큼 많은 것이 시에 대한 정의이다. 일단 시인은 자기 자신의 시를 통해 시란 무엇인가라는 질문에 대해 대답한다. 매 편의 시를 통해 시란 무엇인가라는 질문에 대해 대답하는 것이 시인이다.

이처럼 시에 대한 정의 이전의 추상으로 시인은 시를 쓴다. 시에 대한 정의가 시의 비밀을 열 수 있는 정작의 열쇠가 되기 어려운 까닭이 바로 여기에 있다. 시에 대한 정의는 결국 시의 비밀을 여는 보조 열쇠에 불과하다는 것이다.

따라서 시인은 시에 대한 정의에 지나치게 얽매이면 안 된다. 시에 대한 정의는 어떤 경우에도 절대적이지 않다. 이는 시에 대한 다음과 같은 정의도 마찬가지이다. 그 역시 보조 열쇠일 따름이라는 뜻이다. 그렇다고 하여 시에 대한 정의 자체를 거부할 필요까지는 없다. 아래와 같은 정의가 가능해지는 것은 바로 그러한 연유에서다.

시는 말의 길(道)이다.

시는 말의 궤적이다.

시에 대한 이러한 정의도 설득력이 있는가. 이들 정의에 따르면 시는 말이 굴러다니며 만드는 길이고, 말이 기어다니며 만드는 흔적이다. 고여 있지 않고, 멈춰 있지 않은 것이 시의 말이라는 것은 불문가지이다. 끊임없이 움직이는 것이, 돌아다니는 것이 시라는 말이기 때문이다. 운동하는 말이 이루는 형상과 진리라는 길……. 다름 아닌 이때의 길이 시라는 것이다.

시의 말은 한번 갔던 길은 다시 가지 않는다, 한번 입었던 옷은 다시 입지 않는다. 언제나 새롭게 갈아타는 말, 언제나 새롭게 갈아입는 옷, 그것이 시의 길이라면 시는 말의 궤적일 수도 있고, 말의 길(道)일 수도 있다. 시가 말의 궤적일 수도 있고, 말의 길일 수도 있는 것은 그것이 무엇보다 재미있기 때문이다. 말의 길을 쫓는 재미없이 좋은 시가 되기는 거의 어렵다.

따라서 시는 말이 저 스스로 길을 내거나 길을 뚫는 일 자체라고도 할 수 있다. 말이 저 스스로 길을 내거나 뚫는 일은 일종의 놀이, 아주 재미있고 급이 높은 놀이이다. 놀이, 말놀이, 말놀음……, 이것들이 만드는 운기(運氣), 이른바 문기(文氣)의 맛과 멋! 멋지고 맛지게 치고 달리는, 잽싸게 번트를 대고 뛰고 달리는 발랄한 말의 운기(運氣)! 본래 시는 이처럼 재미있는 놀이를 바탕으로 한다. 아니, 시는 이러한 놀이 그 자체이다. 시가 예술일 수 있는 근거가 바로 여기에 있다.

말놀이, 나아가 말놀음은 재미다. 너무도 재미있는 것이 말놀이, 나아가 말놀음이다. 하지만 말놀이와 말놀음은 다르다. 말놀이의 재미와 말놀음의 재미도 다르다. 말놀이는 놀이의 하나이므로 그냥 유희이다, 무조건적인 유희다. 유희에는 아무런 조건이 없다. 따라서 말놀이가 주는 재미는 상쾌한 회감(回感) 이상이 아니다. '말놀음'에 비해 상대적으로 건전한 것이 '말놀이'라는 것이다.

'말놀이'의 재미는 때로 사람들의 마음을 상승시키고, 하강시키고, 응축시키고, 발산시킨다. 그에 비해 '말놀음'의 재미는 사람들의 마음을 취하게 한다. 취하게 할 뿐만 아니라 사람들의 영혼을 마비시킨다. 사람들의 영혼을 마비시키는 말놀음의 재미는 궁극적으로 사람들의 온몸을 파괴시킨다.

'말노름'을 방불케 하는 것이 '말놀음'이다. '말노름'으로 자칫 왜곡되기 쉬운 것이 '말놀음'이다. 그렇다. '말놀음'은 곧바로 '말노름'으로 전이될 수 있다. 말놀음에 비해 상대적으로 비인간적인 것이 말노름이다. 말노름은 결코 사람을 자각시키거나 성찰시키지 못한다.

어떤 노름이든 노름은 노름이고 도박이다. 도박에는 중독성이 있다. 그렇다. 말놀음의 시는 '말노름'의 시가 되기 쉽고, '말노름'의 시는 사람의 몸과 마음을 중독시킨다. 중독시킬 뿐만 아니라 그것을 분열시키고, 파괴시키고, 해체시킨다.

세상에는 노름에 취한 사람이 너무도 많다. 자각 혹은 성찰과는 전혀 무관한 '말노름'들이라니! 말노름의 시……, 말도박의 시에 취하는 일은 사람의 몸과 마음을 깨뜨리고 부수고 뒤집는 일이다. 이는 그뿐만 아니라 사람의 몸과 마음을 분열시키고, 파괴시키고, 해체시키는 일이다.

그렇기는 하더라도 너무도 재미있는 것이 '말노름'의 시이다. 세상에 노름처럼, 도박처럼 재미있는 일이 또 어디 있는가. 읽는 사람은 물론 쓰는 사람에게도 그것은 마찬가지이다.

파괴와 해체를 본성으로 하는 말노름의 시, 파괴와 해체는 얼마나 재미있는 일인가. 물론 파괴는 무너뜨리고 으깨는 일, 죽음을 지향하는 일이다.

죽음 지향의 시, 곧 말노름의 시는 시의 마지막 도피처이다. 더는 어쩔 수 없는 말의 질곡에 이르렀을 때 태어나는 것이 말노름의 시이다. 물론 말의 질곡은 세상의 질곡, 곧 역사 사회의 질곡에서 비롯된다.

따라서 말노름의 시에 취해 정신을 잃는다고 한들 누가 어쩌겠는가. 다행히 말노름의 시에 취해 정신을 잃는 시인이 많지는 않다. 말의 재미 자체도 터득하지 못하는 것이 대부분의 시인이기 때문이다.

이 글에서 중점적으로 논의하려고 하는 것은 박제천의 근작시 5편이다. 그의 이들 근작시는 삶 일반에 대한 그 나름의 일정한 '추상'을 전제로 하고 있어 더욱 주목된다. 물론 이때의 일정한 추상은 근작시 5편의 제목과 함께하는 '놀이'를 가리킨다.

시인 박제천이 보기에 놀이는 나날의 삶이 구체적으로 이룩하는 최고의 정신 경지이다. 인간의 생명 활동이 이루는 초월이나 해탈의 경지와 함께하는 것이 그의 시에서의 놀이기 때문이다. 따라서 그는 나날의 삶이 놀이의 형태로 존재할 때 최선의 정신 경지에 이르게 된다고 생각한다.

그의 시에서 놀이의 정신 경지는 다름 아닌 이러한 차원에서 태어난다. 따라서 일단은 먼저 그의 시 5편이 놀이와 관련해 창작되고 있다는 점을 주목하지 않으면 안 된다. 이러한 맥락에서 그는 우선 자기 자신의 시에 '상상 놀이'라는 입장으로 접근한다. 시를 말놀이가 아니라 상상 놀이로 받아들이고 있는 것이 그라는 얘기이다.

주지하다시피 말은 사유의 결과, 곧 상상의 결과이다. 물론 상상과 그 결과인 말 사이에는 괴리가 없지 않다. 상상과 언어, 사유와 언어가 일치하지 않아 괴로워해 보지 않은 사람은 거의 없다. 그렇다고는 하더라도 상상 놀이의 내포가 말놀이의 내포와 전혀 무관한 것은 아니다. 무엇보다 말이 상상의 결과라는 점을 간과해서는 안 된다.

상상 놀이이든 말놀이든 그가 시를 '놀음'이나 '노름'이 아니라 '놀이'라고 생각한다는 점을 깊이 유의해야 한다. 이는 그가 그만큼 건강한 정신을 지니고 있다는 것을 가리키기 때문이다. 주지하다시피 놀이는 무조건적인 유희이고, 무조건적인 유희는 인간의 본능이다. 그냥 노는 것, 곧 유희를 부정할 때 세상은 질식할 것 같은 도덕과 윤리로 뒤덮이고 말 것이 뻔하다.

그가 삶 자체를 놀이로 이해하는 것은 바로 이러한 이유에서다. 삶에 부여하는 어떤 의미도 결국은 놀이에 지나지 않는다고 생각하는 것이 그이다. 따라서 상상 놀이인 시는 주제나 사상, 철학이나 이데올로기 등과 관계가 멀 수밖에 없다. 이를테면 그는 인간을 놀이하는 존재, 곧 호모 루덴스라고 이해하는 셈이다. 따라서 그의 시에는 놀이하는 존재로서의 사유와 행동이 있는 그대로 담겨 있을 수밖에 없다.

이 세상에 존재하는 것들은
만나고 헤어짐은 물론 혼자서 겪는 상처를
누구나 제 몸에 하염없이 시로 남긴답니다

노을의 눈빛, 백설의 흔들림처럼
게을러서 빠트린 것도 있지만
나는 저들의 시를 50년이나 문자로 옮겨 적었지요

혼자서 소리되어 나오지 않는 소리를 지를 때
그 비명이 내 안의 핏줄을 채찍처럼 후려치고
내 안의 내장들을 으스러지게 쥐어 짜고
내 몸의 육괴를 샌드백처럼 두들길 때
나 역시 내 몸에 한 편의 시를 씁니다

시라고 말하지만, 그런 기록들은
누가 읽느냐에 따라 시가 되기도 하고
허접쓰레기가 되기도 하지요

오늘 밤, 나는
그대가 이런 글조차 한편의 시로 만들어주는
슬프되 황홀한 상상을 합니다
—「상상놀이」 전문

이 시는 모두 5연으로 구성되어 있다. 이 시에 따르면 시인은 그 자신의 몸에 남기는 모든 만남과 헤어짐, 상처와 고통 등을 시로 쓰고 있다. 이 시의 화자이기도 한 그는 여기서 무려 "50년이나" "저들의 시를" "문자로 옮겨 적"어왔다고 고백하고 있다. 물론 그도 자신의 "몸에 한 편의 시를" 쓴 적이 있다. 이때의 시를 그는 자신 있게 "시라고 말"한다. 하지만 "그런 기록들은/누가 읽느냐에 따라 시가 되기도 하고/허접쓰레기가 되기도" 한다. 시라고 생각하면 시가 되고, 시가 아니라고 생각하면 시가 안 되는 것이 이렇게 써진 "기록들"이다.

이처럼 시가 되고 안 되는 것을 결정하는 것은 생각하기 나름이다. '생각하기 나름'이라는 것은 마음먹기 나름이라는 것이다. 시라고 마음먹으면 시가 되고 시라고 마음먹지 않으면 시가 되지 않기 마련이다. 보르헤스식으로 말하면 기존의 시를 그냥 그대로 베껴 쓰더라도 새로운 시라고 생각하면 새로운 시가 되는 법이다. 베껴 쓰는 과정에 이미 베껴 쓰는 사람의 의도와 숨결이 스며들어 새로운 존재로 거듭나기 때문이다.

따라서 정작 시를 만드는 사람은 시인이 아니라 독자라고 할 수 있다. 위의 시에 의하면 '그대'가 정작 시를 만드는 사람이라는 것이다. 이 시의 결구에서 시인이 독자에 의해 "오늘 밤" "이런 글조차 한 편의 시로 만들어"지는 "슬프되 황홀한 상상을" 하는 것은 바로 그 때문이다. 그가 시를 상상놀이로 받아들이고 있는 것도 실제로는 이와 무관하지 않아 보인다.

  비가 와서 좋은 날, 좋아서 껴안으면
  껴안은 몸은 흔적 없이 사라지고
  그 입술만, 입술 자취만 남는다 눈이 와서 좋은 날
  눈도 마찬가지, 사르르 말라가는 물기뿐,
  내가 껴안으면 모두들 봄이 사라진다
  껴안기만 하면
  그 딱딱한 돌의 몸조차 부드러운 솜사탕처럼

부풀어 오르던 시절이 내게도 있었을까

그러나 나는 이제 바라보기만 한다
입술만 내밀면 비도 눈도 제 입술을
내 입술에 맞대어 준다
입술은, 어디에 그 몸을 숨기고 있을까
가끔씩 그리울 때가 있어도 더 이상 찾지 않는다

내가 아는 것들은 모두 입술만 남았지만
바람의 입술, 꽃잎의 입술, 눈의 입술조차
하나같이 물기가 없는 메마른 입술이다
내 입술에 희미하게 남아 있는
눈 깜박이는 그 감미로움은 사라진 지 오래이다

이즈음 나는 차라리 나 역시
입이 되기로 하였다
술병의 입술에 내 입술을 맞대면
내 몸이 되어버리는 술병을 껴안으며
녹진하게 녹아드는 그 입술을 즐기기로 하였다
—「입맞춤 놀이」 전문

이 시에서 시인은 자신이 이해하는 삶을 포옹, 즉 서로 "좋아서 껴안"는 일을 통해 접근하고 있다. "좋아서 껴안"게 되면 누구라도 자연스럽게 입을 맞추지 않을 수 없다. 입을 맞추는 일, 즉 정작의 포옹은 이처럼 하나가 되는 일이다. "좋아서 껴안으면/껴안은 몸"이 "흔적 없이 사라지"는 것은 바로 이 때문이다. 따라서 몸이 사라졌다가 다시 나타나게 되면 "입술 자취"

만 겨우 남기 마련이다. 포옹의 내용 가운데 키스만큼 자극적인 것이 없고, 따라서 일정한 흔적을 남기는 것은 너무도 자연스러운 일이라고 하지 않을 수 없다.

제법 나이가 든 시인은 여기서 자기에게도 "부드러운 솜사탕처럼 부풀어 오르던 시절이" 있었을까 하는 반문에 빠진다. 젊었을 때는 물론 그에게도 예의 체험이 빈번했으리라. 이는 그가 이 시에서 '입맞춤 놀이'라는 화두를 통해 인생에 대한 저 나름의 이해를 드러내고 있는 것만 보더라도 잘 알 수 있다. 물론 그는 이제 감각이 무디어져, 아니 귀가 순해져(耳順이 되어) 세상 모든 것을 그저 "바라보기만" 할 뿐이다. 삶의 중심이 타자로 바뀌어 그도 "입술만 내밀면 비도 눈도 제 입술을" 자신의 "입술에 맞대" 주는 경지에 이르게 된 것이다.

한용운의 시「님의 침묵」에 의하면 "운명의 지침"마저 돌려놓는 것이 "첫 키스의 추억"이다. 하지만 키스의 주체와 객체가 이미 바뀌어 있는 것이 이 시에서의 그이다. 그에게 첫 키스의 황홀은 이제 기억하기조차 힘든 것이 사실이다. 첫 키스의 황홀로 하여 운명이 바뀔 수 있는 조건으로부터 그도 훌쩍 비켜 서 있다는 것이다. 이 시에서 "내가 아는 것들은 모두 입술만 남았지만/바람의 입술, 꽃잎의 입술, 눈의 입술조차/하나같이 물기가 없는 메마른 입술이"라는 표현이 가능해지는 것도 다름 아닌 이 때문이다.

이처럼 "입술에 희미하게 남아 있는/눈 깜박이는" "감미로움은 사라진 지 오래"인 것이 지금의 그이다. 이러한 연유에서 주체와 객체가 전도되어 차라리 "입이 되기로" 한 그는 자신의 "몸이 되어버리는 술병을 껴안으며/녹진하게 녹아드는 그 입술을 즐기기로" 했으리라.

    돌이 좋아졌어요
    눈길만 주면 재잘재잘 소리가 새어 나오는 돌의 입이 좋아졌어요
    온 마음을 다해 내 소리를 듣고자 저 솟아 나오는 돌의 귀를 보세요

온몸에 그림을 그리는 돌의 손을 보셨나요
바람의 연필로 밑그림을 그리고는
눈송이 눈송이 물감으로 채색하는
돌의 손, 손을 따라 빛나는 돌의 눈을 보셨는지요

돌을 쥐고 있으면
심장의 박동 소리가 들려와요
내 손의 손금마다 흘러가는 돌의 피, 돌의 숨소리

어쩌다 내 손에 와 돌이 된
별 하나,
마냥 좋아하는 게 죄 같아서

밤마다, 다시 돌아가라고
있는 힘껏 하늘로 던지면
밤마다, 다시
별똥별로 불타서 내게 돌아오는 돌이 있답니다

—「혼잣말 놀이」 전문

 시는 본래 혼잣말, 즉 독백이다. 혼잣말, 곧 독백의 형식으로 독자들에게 제시되는 것이 시이다. 존 스튜어드 밀은 시가 갖는 이러한 특징에 대해 좀 더 구체적으로 "엿들어지는 독백"이라고 말한 바까지 있다. 따라서 시라는 언어형식은 혼잣말 놀이라고 해도 과언이 아니다.
 우선 이러한 논의는 시인 자신의 상상이나 환상을 자유롭게 노래할 수 있는 것이 시라는 내포를 갖는다. 독자들과의 관계에서 이미지나 이야기, 정서 등을 매개로 활기 있고 윤기 있는 상상이나 환상을 마음껏 독백해도 되는 것이 시라는 뜻이다.

독자들의 이해를 구하기 위해 합리적이고 실증적인 논리체계를 갖추지 않아도 되는 것이 시이다. 위의 예에서처럼 "돌이 좋아졌어요/눈길만 주면 재잘재잘 소리가 새어 나오는 돌의 입이 좋아졌어요"라고 엉뚱한 이미지를 자유롭게 지껄여대도 무방한 것이 시라는 것이다. 아무런 거리낌 없이 "내 소리를 듣고자 저 솟아 나오는 돌의 귀를 보세요"라는 비현실적인 고백을 드러낼 수 있는 것이 시라는 얘기이다. 시가 '혼잣말 놀이'가 되는 것도 다름 아닌 이 때문이다.

그가 생각하기에는 환상적인 이미지를 두런두런 고백해도 좋은 것이 시이다. "온몸에 그림을 그리는 돌의 손"이나 "손을 따라 빛나는 돌의 눈" 같은 환상적인 이미지를 표현해도 괜찮은 것이 시이기 때문이다. 급기야 그는 "돌을 쥐고 있으면/심장의 박동소리가 들려와요/내 손의 손금마다 흘러가는 돌의 피, 돌의 숨소리"와 같은 표현을 보여주기도 한다. 심지어 그는 "손에 와 돌이 된/별 하나"를 "밤마다, 다시 돌아가라고/있는 힘껏 하늘로 던지"기도 하는 환상적 이미지를 고백하기도 한다.

환상적 이미지를 혼잣말 놀이로 드러내기 위해서는 무엇보다 세상의 모든 존재를 여여(如如)하게 바라볼 수 있어야 한다. 그렇게 하기 위해서는 무엇보다 나도 없고 너도 없는 자세, 곧 무심(無心)과 누상(無相)의 자세를 갖는 일이 필요하다. 물론 두두물물(頭頭物物)이 공(空)에서 유래하여 공(空)으로 귀결된다는 비의적인 진리를 온몸으로 깨닫지 않고서는 구현하기 힘든 것이 그것이다.

    당구를 처음 배울 때는 사람들 머리가 당구알로 보였어요
    바둑을 배울 때도 사람들 머리가 바둑알로 보였지요

머리털을 밀고 거울을 보았더니

반짝반짝 빛나는 내 머리통이 당구알 같기도 하고

바둑알 같기도 했어요

배우고 싶은 무엇이 더 있어서가 아니었건만

누군가 내게 더 배워야 한다고 알려주나 봐요

그래서 딴사람들 머리부터 살펴보았어요

그랬더니 목 위에 있어야 할 머리통을

엉덩이에 매달고 다니거나 호주머니 속에 넣고 다니더군요

아예 금고에 넣어둔다고 자랑하는 사람들도 만나보았어요

그런데, 사람과 달리

나무며 꽃들은, 바위며 산들은, 물이며 바람들은

골치 아픈 머리통을 그냥 잊어버리고 살더군요

천삼라 지만상처럼 그냥 그렇게 제자리에 살더군요

두두물물 모두가

눈 마주칠 적마다 그저 여여하게 살라 합디다

그래서 나 역시

반짝이는 내 머리통 따위는 잊어버리기로 하였답니다

—「타타타(如如) 놀이」

불가(佛家)에서는 흔히 인생본래진면목(人生本來眞面目)이 '타타타' 하다고 말한다. 타타타는 여여(如如)하다는 뜻으로, 모든 것이 그러하고 그러하다는 내포를 갖는다. 여여(如如)한 경지, 모든 것이 그러하고 그러한 경지는 물(物)과 심(心)의 사이에 시비가 존재하지 않는 경지를 가리킨다. 시비가 존재하

지 않는 경지는 물(物)과 심(心)의 사이에, 곧 객체와 주체의 사이에 괴리가 없어야 가능해진다. 물심일여(物心一如)의 경지에 이를 때 비로소 여여(如如)하게 된다는 뜻이다.

물론 이 시에서 시인이 말하는 경지는 이러한 차원을 훌쩍 넘어선다. 타타타한 경지, 곧 여여한 경지를 놀이로 받아들이고 있는 것이 이 시에서의 그이기 때문이다. 하지만 그가 말하는 이러한 정신 경지가 특별히 별나 보이지는 않는다. "골치 아픈 머리통을 그냥 잊어버리고 살"아가는 "나무며 꽃들", "바위며 산들", "물이며 바람들"의 차원과 다르지 않기 때문이다.

따라서 정작 그가 목표로 하는 여여(如如)한 정신 차원은 "천삼라 지만상처럼 그냥 그렇게 제자리에"서 살아가는 것이라고 할 수 있다. 물론 이러한 정신 차원은 "반짝이는" "머리통 따위는 잊어버리"고 살아가는 경지, 곧 "두두물물 모두가/눈 마주칠 적마다 그저 여여하게 살"아가는 경지를 가리킨다. 공자식으로, 유가(儒家)식으로 말하면 이는 '종심소욕불유구(從心所欲不踰矩)'의 경지, 곧 물심일여(物心一如)의 경지를 가리킨다. '마음이 하고자 하는 대로 따라도 법도에 어긋나'지 않는 경지는 세계와 내가 하나를 이루는 경지와 다를 바 없기 때문이다.

물론 그가 이 시에서 유가적 발상을 통해 이러한 정신 차원에 이르려고 하는 것은 아니다. 오히려 그는 노장(老莊)이나 불가(佛家)의 상상력을 통해 예의 정신 차원에 도달하려고 하고 있다고 해야 옳다. 그의 시에 드러나 있는 이러한 그의 정신 차원이 목표로 하는 것은 불문가지이다. 궁극적으로는 그 역시 "하느님처럼 부처님처럼" 살아가는 정신 차원을 추구하고 있기 때문이다. 다음의 시야말로 그가 추구하는 이러한 정신 차원을 확인할 수 있는 중요한 예라고 할 수 있다.

하느님처럼 부처님처럼

스스로
내 안의 더럽고, 고름 끼고, 상처 난 별들을
하나하나 씻어주고 풀어주는
황홀한 놀이

민들레도 쑥부쟁이도 제 얼룩 햇살에 씻어내고
강아지도 고양이도 제 상처
혓바닥으로 핥아내듯

내 안에 비틀어지고 엉겨 붙고 축 늘어진 별들을
하나하나 바로잡고 동여매고 일으켜 세우는
황홀한 놀이

어둠조차 눈부시게 눈부시게
혓바닥으로 닦아내고 햇살로 씻어내는
자연법을
가르쳐주셔서 참으로 고맙습니다

아직, 혼자서, 캄캄한,
누구에게라도 전해드리겠습니다

―「황홀한 놀이」 전문

　이 시에는 '황홀한 놀이'라고 명명되는 어떤 무엇이 전제되어 있다. 그 어떤 무엇에 대한 설명과 감사를 담아내고 있는 것이 이 시라고 할 수 있다. 물론 이때의 어떤 무엇은 "하느님처럼 부처님처럼//스스로/내 안의 더럽고, 고름 끼고, 상처 난 별들을/하나하나 씻어주고 풀어주는" 일을 가리킨다. 그가 생각하기에는 "하느님처럼 부처님처럼//스스로" 자기 "안의 더럽고, 고름 끼고, 상처 난 별들을/하나하나 씻어주고 풀어주는" 것이 '황홀한 놀이'라는 것이다.

자기 "안의 더럽고, 고름 끼고, 상처 난 별들을/하나하나 씻어주고 풀어주는" 일은 끊임없이 자기 자신을 반성하고 성찰하는 일이기도 하다. 자기 자신을 반성하고 성찰하는 일은 자기 자신의 존재를 좀 더 높고 귀한 차원으로 끌어올리는 일이다. 이는 그가 이 시의 다른 구절에서 자신의 "안에 비틀어지고 엉겨 붙고 축 늘어진 별들을/하나하나 바로잡고 동여매고 일으켜 세우는" 일을 "황홀한 놀이"라고 명명하는 것만 보더라도 알 수 있다. 그로서는 자신의 안에 "비틀어지고 엉겨 붙고 축 늘어진" 채 존재하는 것들을 "하나하나 바로잡고 동여매고 일으켜 세우는" 일을 통해, 곧 끊임없는 수도와 수련을 통해 좀 더 귀하고 성스러운 정신 차원에 이르고자 한 것이다.

여기서 말하는 귀하고 성스러운 정신 차원은 당연히 초월과 해탈의 경지를 뜻한다. 물론 초월과 해탈의 경지에 이르려는 것을 어떤 특별한 경지에 이르려는 것으로 과도하게 받아들일 필요는 없다. 그의 시에 따르면 이는 "어둠조차 눈부시게 눈부시게/혓바닥으로 닦아내고 햇살로 씻어내는/자연법"을 터득하는 일에 지나지 않기 때문이다.

"어둠조차 눈부시게 눈부시게/혓바닥으로 닦아내고 햇살로 씻어내는/자연법"이라는 개념에는 불가(佛家)의 성불이나 열반 등의 개념보다는 노장(老壯)의 무위자연이나 소요 등의 개념이 강화되어 드러나 있는 것이 사실이다. 그렇다고는 하더라도 그가 목표로 하는 이러한 정신 차원이 불가(佛家)의 성불이나 열반 등의 개념과 크게 다른 것은 아니다. 물론 이는 유가(儒家)의 칠십이종심소욕불유구(七十而從心所欲不踰矩)의 경지와도 크게 다르지 않다.

이 시의 끝 부문에 이르러 급기야 그는 "가르쳐 주셔서 참으로 고맙"다는 인사를 하기까지 한다. 이어 그는 "아직, 혼자서, 캄캄한" 대로 이를 "누구에게라도   전해드리겠"다고 다짐한다. 물론 그의 시의 이들 구절에는 자신이 깨달은 것을 다른 사람들과 함께 나누겠다는 공동체 의식이 들어 있다. 따라서 오늘을 살아가는 모든 존재에 대한 그의 대승적인 태도와 자세를 알 수 있는 것이 이 구절이라고 할 수 있다. 그로서는 그것이 대자대비를 실현하는 일일 뿐만 아니라 자기 자신의 인격적 이상을 실현하는 길이라고 믿는 것이다. 그의 정신 차원이 이러한 경지에 이르게 된 것은 물론 그가 자신의 온갖 노력을 개인의 이익이나 이해와 전혀 무관한 놀이로 받아들이고 있기 때문이다. 그러니 어찌 시인 박제천의 '놀이의 시학'에 경하의 마음을 갖지 않을 수 있겠는가. (2008년)

서정적 가족 서사의 아픔과 기쁨
—조용숙 시집, 『모서리를 접다』, 시로여는 세상, 2013.

　조용숙의 시세계는 스펙트럼이 매우 넓고 다층적이다. 그의 시세계가 이러한 특징을 보여주는 까닭은 비교적 단순하다. 그것이 오늘의 이 사회가 매우 복잡하고 다기(多岐)한 데서 기인하기 때문이다. 물론 여기서 말하는 오늘의 이 사회는 자본주의적 근대를 가리킨다. 오늘의 이 사회를 가리켜 자본주의적 근대라고 했으나 그의 시에 그려져 있는 가족 서사는 다분히 봉건적 중세의 특징을 지니고 있다. 물론 이러한 논의에는 그의 시와 함께하는 가족 서사가 이제는 사라지고 없는 아득한 과거의 것이라는 뜻이 들어 있다.
　이처럼 복잡하고 다기한 내용을 담고 있는 것이 그의 이 시집 『모서리를 접다』이지만 이 시집의 시들에게 공통점이 전혀 없는 것은 아니다. 가장 두드러지는 공통점은 상상이나 환상에 기초하기보다는 경험적 사실에 기초한 시들, 곧 기억에 기초한 시들이 주류를 이루고 있다는 점이다. 그뿐만 아니라 이들 시는 거개의 경우 이런저런 죽음과 뒤얽혀 있다는 점에서 많은 주목을 요한다.
　경험적 사실에 기초한 그의 시, 곧 기억에 기초한 그의 시는 대부분 실감나는 현실, 곧 리얼한 현실을 반영하고 있다. 그런데 이때의 리얼한 현실은 유년 시절에 시인이 고향집에서 겪는 가족 서사인 경우가 대부분이다. 필자에게는 그의 시에 드러나 있는 가족 서사야말로 이 시집을 이루고 있는 가장 중요한 내용적 층위로 읽힌다. 따라서 이 글은 그의 이 시집에 드러나 있는 서정적 가족 서사가 지니는 몇몇 특징을 살펴보려는 데 의의를 두려고 한다.

시를 통해 재구성하는 그의 가족 서사는 그다지 행복해 보이지 않는다. 여기서 행복해 보이지 않는다는 것은 그만큼 굴곡이 많은 삶을 살아온 것이 그의 가족 서사라는 것을 가리킨다. 아버지는 아버지대로, 어머니는 어머니대로, 할머니는 할머니대로, 외할머니는 외할머니대로 많은 상처를 지니는 것이, 그리하여 결코 즐겁고 기쁘게만 추억되지는 않는 것이 그의 가족 서사라는 것이다. 그의 시와 함께하는 가족 서사는 우선 다음의 예를 통해 압축적으로 확인된다.

> 어제와 오늘이 뒤섞인다 젊은 외할머니와 늙은 엄마가, 사돈 눈치만 보던 외할머니와 며느리한테 똥기저귀 수발시켜 놓고도 당당하던 할머니가, 재산 다 날려 먹고 큰소리 뻥뻥 치던 아버지와 죽어라 농사만 지은 엄마가, 귀하디귀한 아들과 아무짝에도 쓸모없는 딸이, 홧김에 죽은 친구와 죽어라 살고 있는 내가, 모두 한통속이 되어 출렁인다
> ―「리폼」 부분

이 시로 미루어보면 어린 시절 시인의 가족은 "재산 다 날려 먹고 큰소리 뻥뻥 치던 아버지와 죽어라 농사만 지은 엄마"를 중심으로 할머니와 외할머니가 함께 살았던 듯하다. 그뿐만 아니라 「덩굴손」, 「튀밥」 등의 시를 보면 빚보증을 잘못 서서 "재산 다 날려 먹"은 아버지 때문에 경제적으로도 별로 넉넉하지 않았던 듯싶다. "안주머니에 도장을 가득 넣어 다니시"며 "면사무소로 등기소로 농협으로 김 씨 박 씨 이 씨"(「덩굴손」) 등에게 빚보증

을 서 주었던 것이 그의 아버지이기 때문이다. 형편이 이렇다 보니 젊은 시절에는 고등학교 졸업 후 곧바로 직장생활을 해야 하는 등 조금은 유복하지 못한 삶을 살았던 것이 그인 듯하다. "고등학교를 졸업하고 타지로 나온 갓 스물/먼 친척 할머니 집에 얹혀살"(「술래잡기」)았던 것이 시인이라는 것이다.

하지만 그는 자신이 살아온 가난한 삶과, 그것이 만드는 갈등 및 고통을 드러내는 데 별로 주저하지 않는다. 그렇다. 타고난 환경을 딛고 주어지는 나날의 삶에 언제나 씩씩하고 건강하게 대응해온 것이 그이다. 몇몇 시에서 볼 수 있는 것처럼 가난의 슬픔과 고통은 물론 딸로 태어나 겪는 온갖 설움까지도 거칠 것 없이 시로 담아온 것이 그라는 것이다.

> 콩밭 매는 엄마 졸라 쌀 한 됫박 들고 한껏 부풀어오르다 대문 앞에서 목덜미가 잡힌다 아무짝에도 쓸모없는 지지배가 실컷 처먹고 배지가 부르니까 군입정이여 오빠가 달라고 했으면 금방 내줬을 거잖유 왜 나만 안 되유? 할머니의 고함소리가 엄마를 마당에 꿇어앉힌다 어린것이 하도 졸라서 할 수 없이 내줬슈 그려? 니가 지지배를 잘못 가르쳐서 지 할미한테 박박 대들게 만든 겨 뻥튀기 불씨가 집안으로 옮겨붙는다 이 집에서 아무 쓸모없는 이 늙은이 하나만 죽어 없어지면 되겠구먼 아니다 이 집하고 논밭 그대로 두고 니들 여섯 식구만 나가면 되겠네 대청에 걸려 있던 효부상이 마당으로 굴러떨어진다 마당에 꿇어앉은 엄마가 나대신 할머니한테 용서를 빈다 지 할미한테 눈 똑바로 치켜뜨고 쳐다보는 저년 좀 봐 할머니의 고함소리가 담장을 넘는다 열 살밖에 안 된 내가 농약병 뚜껑을 따 들고 뛰쳐나온다 여자로 태어난 게 무슨 죽을죄여? 순식간에 집안이 활활 타오른다 여자로 태어나서 억울하게 당하고 사느니 차라리 나랑 같이 죽자 엄마 순간 엄마가 내 손을 가로챈다

> 당신 똥 기저귀 빨아 널던 내 손을 꼭 잡아주고 가신 할머니 묘소에
> 튀밥 한 봉지 들고 찾아가던 날, 먹는 동안에 굶어 죽는 음식이 튀밥
> 이라는 어머니 말씀에 산자락에서 불어온 바람 한 자락, 봉분 앞에 핀
> 할미꽃을 흔들다 간다
>
> ―「튀밥」 전문

 이 시 역시 가족 서사가 중심을 이루고 있다. 하지만 좀 더 자세히 들여다보면 1연은 과거의 사실을 기초로 하고, 2연은 현재의 사실을 기초로 하고 있음을 알 수 있다. 물론 1, 2연 모두 현재시제를 사용하는 것이 이 시이기는 하다. 따라서 표면적인 시제와는 달리 1연은 기억과 추억의 가족 서사라고 할 수 있고, 2연은 지금 막 전개되는 현재의 가족 서사라고 할 수 있다.
 주지하다시피 1연은 시인이 유년 시절에 겪은 '쌀튀밥'과 관련된 사건을 소재로 하고 있다. (쌀튀밥이라니! 쌀이 얼마나 귀하던 시절인가?) 1연의 어린 화자는 우선 '쌀튀밥'을 매개로 가난하던 유년 시절의 현실을 그려낸다. 그런가 하면 그는 가족 내의 아들 중심주의, 곧 남성우월주의를 비판하기도 한다. 그뿐만 아니라 어린 화자는 사람들의 순간적인 격한 감정이 어떻게 죽음을 불러오는가를 보여주기도 한다. 가난의 설움으로 인해 이처럼 격한 감정을 드러내는 어린 화자는 2연에 이르게 되면 의젓한 성인의 마음으로 당시를 회고하기도 한다.
 이처럼 튀밥을 매개로 한때는 어린 화자를 심하게 구박했던 것이 할머니이다. 하지만 2연의 내용에 따르면 말년에는 "당신 똥 기저귀 빨아 널던 내 손을 꼭 잡아주"던 것이 그이기도 하다. 그런저런 경험이 바탕이 되어 어른이 된 시인은 이 시의 2연에서 "할머니 묘소에 튀밥 한 봉지 들고 찾아가"고 있다.

어린 시절 시인의 집안에 불화와 고통이 적잖았던 것은 무엇보다 가난과 무지 때문이다. 하지만 그의 시를 좀 더 꼼꼼하게 읽어 보면 또 다른 중요한 원인이 있지 않나 싶기도 하다. 이때의 또 다른 원인은 지난 1970년대 초에 독일에 광부로 일하러 갔다가 사고로 죽은 막내 삼촌과 무관하지 않은 것으로 보인다. 막내 삼촌과 관련된 가족 서사를 시인은 봄이 되면 해마다 찾아오는 제비와 관련해 다음과 같이 섬세하게 노래하고 있다.

    고향집 처마 밑에 제비집 한 채 있었다 삼십 촉 전구를 뒷간으로 쓰던 녀석들 작대기를 내려치는 순간, 문밖으로 튀어나온 할머니의 고함소리가 내 머리채를 낚아챘다 몇 년 후 돌아가신 할머니의 품에서 나온 편지엔 독일에 광부로 간 젊은 작은아버지가 불구의 몸으로 앉아 있었다 고향 떠날 때 남긴 머리카락 한줌과 빛바랜 주민등록증 한 장도 나란히 그 옆을 지키고 있었다 언제부터였을까 계절이 바뀔 때마다 까치발 딛고 선 할머니가 제비를 기다린 것은 활처럼 휜 등을 펼쳐 제비집에 무명 솜과 지푸라기 넣어주었던 것은, 이십오 년 동안 소식 한 장 없는 아들, 빛바랜 주민등록증 하나로 기다리다 먼 길 떠나던 그날, 그리운 아들 모습 눈부처로 새겨가느라 차마 감지 못하고 가신 길

    제비집은 할머니와 작은아버지가 일 년에 한 번 만나던 한 뼘도 안 되는 작은 면회소였다

─「제비집」 전문

이 시 역시 앞의 시와 마찬가지로 1연은 길고, 2연은 짧은 형식을 취하고 있다. 따라서 이 시도 2연은 1연에서 진술한 내용을 정리하고 매조지하는 연이라고 할 수 있다. 그러니까 2연은 1연의 결구인 셈이다.

1연의 내용에 따르면 "독일에 광부로 간" 아들, "이십오 년 동안 소식 한 장 없는 아들"을 "빛바랜 주민등록증 하나로 기다리다 먼 길 떠난 것이 할머니이다. 여기서 말하는 "독일에 광부로 간" 할머니의 아들은 시인의 막내 삼촌이거니와, 이 막내 삼촌의 죽음은 그의 가족 서사가 비극적 정서를 갖는데 매우 큰 역할을 한 것으로 보인다.

막내 삼촌의 죽음이 이처럼 큰 상처로 남았다는 것은 그의 가족 전체가 막내 삼촌에게 매우 큰 기대를 걸고 있었다는 얘기가 된다. 가족 전체의 기대주였던 막내 삼촌이 불귀의 객이 되었을 때 그의 가족 전체가 매우 큰 좌절과 절망을 겪게 되었으리라는 것은 자명하다. 막내 삼촌과 관련해 그의 가족이 느끼는 좌절과 절망은 또 다른 그의 시의 몇몇 구절을 통해서도 확인할 수 있다. 예컨대 「풍구」의 "한 줌 재가 되어서도 두 번 다시 고향을 찾지 않을 막내 삼촌을 부르다 신들린 듯 있는 힘껏 풍구를 돌린다"(「풍구」)와 같은 구절 말이다.

그럼에도 불구하고 자신의 이러한 가족 서사를 바라보는 그의 마음은 언제나 따뜻한 연민으로 가득 차 있다. 이미 한국현대사의 일부가 되는 파독 광부의 비극을 이제는 그도 객관적 현실로 받아들이는 것이다. 자신의 비극적 가족 서사를 이처럼 객관적 현실로 받아들일 수 있는 것은 그가 이미 어제와 오늘의 세계를 넓은 가슴으로 포용할 수 있는 지극한 모성의 주체가 되어 있기 때문인지도 모른다. 친가의 슬픈 가족 서사만이 아니라 외가의 슬픈 가족 서사까지도 그가 감동 어린 언어로 형상화하는 것도 실제로는 이러한 마음의 결과라고 할 수 있다.

  외할머니의 묘소에 다녀온 엄마 옆에 나란히 누워
  어느덧 외할머니가 된 엄마를 불러본다

  열네 살에 스물여덟 홀아비한테 시집와 옷고름 푼 지 하루 만에, 전
  처 자식 끌어안고 빈 젖을 물렸다는 외할머니, 서른둘부터 팔남매 혼

자 키웠다더니, 이제 네 아버지 만나 할 말 있다 하시던 날, "네 아버지 나의 첫사랑이었다" 수줍게 고백하던 밤, 잠든 외할머니 손톱마다 붉은 봉숭아물 들여놓았다는 엄마

외할아버지 쌍분 아래 저만치
아직도 젖 먹여야 할 자식 남아 있다는 듯
홀로 누운 외할머니

저승길 잃지 말고 아버지 잘 찾아가시라
손끝마다 꽃등 켜드린 딸의 마음 알았을까.
퉁퉁 부은 다리로 밤새 봉숭아 꽃등 밝혀 든
신랑 기다리는 외할머니 봉분 앞에서,
봉숭아 씨앗처럼 툭툭 튕겨 나온 모녀

─「봉숭아」 전문

    이 시는 "외할머니의 묘소에 다녀온 엄마 옆에 나란히 누워/어느덧 외할머니가 된 엄마를 불러"보면서 시작된다. 따라서 이 시는 엄마의 엄마, 곧 외할머니를 중심으로 한 가족 서사를 그리는 데 초점이 있다고 할 수 있다. 이 시에 따르면 "열네 살에 스물여덟 홀아비한테 시집와 옷고름 푼 지 하루만에, 전처 자식 끌어안고 빈 젖을 물"린 것이 외할머니이다. 이제는 "외할아버지 쌍분 아래 저만치" "홀로 누"워 계신 외할머니……. 그래도 그 자신의 딸인 엄마에게 네 아버지가 내 첫사랑이었다고 수줍게 고백하는 것이 외할머니이다. 그러한 밤이면 엄마는 "잠든 외할머니 손톱마다 붉은 봉숭아물 들여놓"고는 하지만 말이다.
    이러한 가족 서사에서도 알 수 있듯이 다소간은 힘들고 어려운 유년 시절을 보낸 것이 그라고 할 수 있다. 하지만 시를 통해 드러나는 삶 일반에 대

한 그의 태도는 매우 건실하고 씩씩해 보인다. 쉽게 꺾이지 않을 것처럼 생각되는 강인한 정신을 바탕으로 일상의 고통과 괴로움을 돌파해 나가는 것이 시인이라는 것이다. 이와 관련한 구체적인 증거는 우선 "수원역 24시간 편의점에서/좀 이른 저녁"으로 "컵라면"을 먹으며 드러내는 그의 정신자세를 통해 확인할 수 있다.

> 수원역 24시간 편의점에서
> 좀 이른 저녁을 먹는다
> 밥상 위에 차려진 저녁 메뉴는
> 컵라면 하나
> 나보다 조금 먼저 젓가락을 든
> 노숙자 옆에서 컵라면 포장을 뜯는다
> 단단히 뭉친 면발을 나무젓가락으로
> 휘휘 저어대는 그를 흘깃흘깃 쳐다보며
> 내 라면에도 뜨거운 물을 붓는다
> 뜨거운 물에 바로 풀어지는 면발 앞에서
> 그와 나 사이에 흐르는 냉기를
> 손바닥에 전해지는 컵의 온기로 녹여낸다
> 세상에 굽신거리기 싫어
> 거리에서 혼자 밥 먹는 날이 많았을 그와
> 아무 데나 함부로 고개 숙이기 싫어
> 세상 살아가는 일이 불편한 내가
> 먹으면서 서로 정이 든다는 가족처럼
> 어느새 많이 닮아 있다
> ─「겸상」 전문

이 시에서 시인은 먼저 "나보다 조금 먼저 젓가락을 든/노숙자 옆에서 컵라면 포장을 뜯"으며 노숙자로부터 이런저런 동병상련을 느낀다. "단단히 뭉친 면발을 나무젓가락으로/휘휘 저어대는" 노숙자를 "흘깃흘깃 쳐다보며" 자신의 "라면에도 뜨거운 물을 붓는" 시인의 모습이 아주 생생하다. 이어 그는 "뜨거운 물에 바로 풀어지는 면발"처럼 "그와 나 사이에 흐르는 냉기를/손바닥에 전해지는 컵의 온기로 녹여"내려고 한다. 동시에 그는 "세상에 굽신거리기 싫어/거리에서 혼자 밥 먹는 날이 많았을 그와/아무 데나 함부로 고개 숙이기 싫어/세상 살아가는 일이 불편한" 자신이 "먹으면서 서로 정이 든다는 가족처럼/어느새 많이 닮아 있다"고 생각한다.

이처럼 이 시에서 시인은 "수원역 24시간 편의점에서" "컵라면"을 먹고 있는 노숙자에게 애틋한 연민을 보내고 있다. 물론 이때의 연민은 자기와 함께 "컵라면"을 먹고 있는 노숙자보다는 노숙자에게 동병상련을 느끼고 있는 시인 자신을 향한 것일 수도 있다. 그렇다고는 하더라도 그를 둘러싸고 있는 예의 서사에서 독자 일반이 느끼는 정서는 자못 건강하고 씩씩한 기상이다. 편의점 안에서 컵라면으로 저녁을 먹으면서도 굴하지 않는 넉넉한 마음 말이다. 물론 컵라면을 먹는 장면과, 그에 따른 서사에 전혀 슬픔이 없지는 않아 보인다. 하지만 이 시에서 그는 자신의 이러한 감회를 결코 겉으로 드러내지 않는다. 「깡통연가」, 「암벽타기」 등의 시에서도 확인할 수 있듯이 한편으로 그의 시는 이처럼 끈질긴 생명력을 바탕으로 하고 있어 더욱 주목된다.

그런가 하면 그의 시는 거칠 것 없는 해학을 보여주기도 하여 더욱 관심을 끌기도 한다. 아버지와 어머니가 처음 만나게 되는 가족 서사를 담고 있는 「씨감자」나 아버지가 귀신에 홀렸던 얘기를 그리고 있는 「그 겨울의 휴거」와 같은 시가 그 대표적인 예라고 할 수 있다. 이들 시가 지니는 툭 터진 해학으로부터 그 자신이 지니는 호연지기를 읽기는 별로 어렵지 않다. 그뿐만 아니라 이러한 해학은 「보름달」, 「살곶이다리」 등의 시에 이르러 짐짓 에로틱 분위기와 함께하면서 시적 흥취를 높이기도 한다. 그렇다고는 하더라도 가족 서사와 관련된 그의 사유는 다음 시에 이르러 좀 더 높은 정신의 경지를 이루는 듯하다.

오르막 산길에 까치발 딛고 서서
햇빛을 수혈받고 있는 나무 한 그루
쩍쩍 갈라진 몸피와 바짝바짝 타들어 가는
잎사귀 사이로 드러나는 가슴팍
무엇이 그토록 생에 대한 집착의 끈
놓지 못하게 했을까
새까맣게 썩은 그의 가슴팍에 주소를 옮기고
이삿짐을 부린 버섯과 벌레의 일가
제 안에 들어와 이젠 식솔이 되어버린 그들을
나무는 차마 내칠 수 없었던 것일까
다 함께 죽을 수도 없는 삶
이제 더 이상 혼자일 수 없는 그는
하늘에 한 발짝 더 가까이 다가서기 위해
쟁여두었던 뿌리의 체온을 끌어올려
식솔들을 감싸 안는다
이른 봄 성치도 않은 나무의 몸에 피가 돌 듯
연푸른 잎사귀 돋는 것은
몸에 새긴 봄의 기억 때문만은 아니다
긴 시간의 물살을 온몸으로 견뎌온 자만이
저 아닌 다른 것을
제 생의 빈터에 받아들인다

—「가족」전문

이 시의 제목은 '가족'이지만 '가족'이 이 시의 직접적인 대상을 이루고 있지는 않다. 실제로는 "오르막 산길에 까치발 딛고 서서/햇빛을 수혈받고 있는 나무 한 그루"와, "나무 한 그루"의 "가슴팍에 주소를 옮기고/이삿짐을 부린 버섯과 벌레의 일가"를 노래하는 것이 이 시이기 때문이다. 하지만 이 시의 중심 대상인 "나무 한 그루" 및 "버섯과 벌레"가 가족 전체를 상징하는 이미지인 것만은 분명하다. 좀 더 자세히 말하면 "나무 한 그루"는 가장을 상징하는 이미지이고, "버섯과 벌레"는 식솔들을 상징하는 이미지라는 것이다.

이러한 맥락에 따르면 이내 이 시에서 시인이 나무, 곧 가장의 시각을 취하고 있다는 것을 알 수 있다. "바짝바짝 타들어 가는" 나무의 가슴팍이, 곧 "새까맣게 썩은" 나무의 가슴팍이 "버섯과 벌레"의 삶의 터전으로 설정되어 있기 때문이다. "제 안에 들어와 이젠 식솔이 되어버린 그들을" "차마 내칠 수 없"는 것이 나무라는 것을 간과해서는 안 된다. "더 이상 혼자일 수 없"어 이제는 "쟁여두었던 뿌리의 체온을 끌어올려/식솔들을 감싸 안는" 것이 그가 생각하는 나무, 곧 가장이라는 것을 염두에 두어야 한다.

따라서 책임감이 강한 가장을 중심으로 하는 가족에 대해서는 기본적으로 긍정적인 것이 시인이라고 할 수 있다. "긴 시간의 물살을 온몸으로 견뎌온 자"라면 충분히 "저 아닌 다른 것을/제 생의 빈터에 받아들"일 줄 아는 것이 가장이라고 생각하는 것이 그이기 때문이다. 하지만 오늘의 현실에서는 그가 꿈꾸고 있는 가족의 이상적인 가장을 찾기는 매우 어렵다. 흔히 아버지를 가장이라고 하지만 지금의 이 자본주의 체계에서는 그 역시 촘촘하게 배열되는 그물코의 하나에 불과하기 때문이다.

가족 서사를 토대로 펼쳐지는 그의 시는 때로 여성으로서의 자각과 모성으로서의 자각 등을 보여주기도 하는데, 「가스레인지」, 「멍」, 「액화부유방중」 등이 그 대표적인 예라고 할 수 있다. 그뿐만 아니라 더러는 왜곡된 사회현실이나 어긋난 민족현실에 대해 날카로운 비수를 들이대기도 하는 것이 그의 시인데, 전자의 예로는 「전역신고」, 「달콤한 휴식」, 「혀를 뽑다」, 「알리바이」 등을 들 수 있고, 후자의 예로는 「얼음새꽃」, 「그날 이후, 나를 생리를 입을 토했네」, 「통일호 2010호 열차」 등을 들 수 있다. 한편으로는 「귀뚜라미 보일러」, 「모서리를 몸속에 다 접어 넣는 데 걸리는 시간」, 「갈대」 등에서처럼 섬세한 관찰을 바탕으로 참다운 지혜를 깨닫는 시를 보여주기도 하고, 「매직」, 「거울」, 「물소가죽 소파」, 「풍선인형」 등에서처럼 상상이나 환상을 받아들인 시를 보여주기도 하는 것이 그이다.

이처럼 다양하고 복잡한 의지와 지향을 보여주는 그의 시를 이 글에서 빠짐없이 다 논의하기는 원천적으로 불가능하다. 따라서 여기서는 서정적 가족 서사를 중심으로 한 지금까지의 언급만으로 그의 시에 관한 논의를 매조지하려고 한다. 그럼에도 불구하고 조금은 섭섭해 섬세한 관찰력과, 조촐한 깨달음이 돋보이는 그의 좋은 시 한 편을 함께 읽는 것으로 위안 삼으려고 한다. "길 가다 주운 쪼글쪼글한 대추 한 알"에 대한 섬세한 묘사와, 그에 따른 신선한 발견을 담고 있는 다음의 시를 함께 읽는 것 말이다. (2013)

      길 가다 주운 쪼글쪼글한 대추 한 알
      그 주름 속 깊은 길
      어디를 향하는 것일까

      팽팽하게 당겼던 시간의 고삐를
      놓친 순간, 나무에서 떨어져 뒹굴며
      반지르르한 살갗 위에 새겨 넣었을
      바람과 햇볕의 문신

      시간으로 쓴 표지판 하나
      얼굴 위에 새겨 넣으며

온몸으로 끌어올린 단물 쟁여

단단히 여문 씨앗 하나 키워 나가는 삶

생의 계단인 아버지의 주름살

하나 둘 따라 올라가 보면

그 안에 내가 있어

잘 여문 씨앗 하나로 솟고 있을까?

—「얼굴」 전문

사랑과 허무의 변증법
―강태근의 신작시를 읽고

오랫동안 소설을 써온 강태근 작가가 이번 기회에 여러 편의 시를 발표한다. 그것도 무려 9편이나 되는 시를 한꺼번에……. 강태근 작가의 말을 들어보면 그가 시를 쓰기 시작한 것은 어제오늘의 일이 아닌 듯하다. 소설을 쓰는 틈틈이 시를 써오기는 했지만 쑥스러워 발표하지 못하다가 나이도 들고 주변의 권유도 있고 하여 독자들에게 선을 보일 용기를 낸 듯싶다. 그러니 어렸을 때부터 잘 알고 지낸 필자로서는 작은 해설을 붙여 그의 시를 기리지 않을 수 없다.

이번에 발표되는 강태근의 시들은 주로 사랑과 허무, 생성과 소멸, 삶과 죽음 등의 문제를 천착하고 있다. 삶과 죽음의 문제는 결국 생로병사의 문제이거니와, 생로병사가 상호 연기(緣起)되는 가운데 존재하듯이 삶과 죽음 또한 상호 연기되는 가운데 존재하지 않을 수 없다. 새삼스러운 얘기이지만 삶, 곧 생(生)은 언제나 죽음, 곧 사(死)를 불러오고, 죽음, 곧 사(死)는 언제나 삶, 곧 생(生)을 불러오는 법이다. 색(色)과 공(空)이 상호 순환하는 관계에 있듯이 생과 사 또한 순환하는 관계에 있다는 것이다.

나날의 일상에서 삶, 곧 생(生)은 사랑의 모습으로 구체화하기 마련이고, 죽음, 곧 사(死)는 허무의 모습으로 구체화하기 마련이다. 사람살이의 나날에서 생과 사가 짝을 이루고 있듯이 사랑과 허무가 짝을 이루고 있는 것은 불문가지이다. 삶이 죽음을 거느리듯이 사랑은 허무를 거느리는 법이라는 것인데, 이는 물론 그 역도 마찬가지이다. 말하자면 죽음이 삶을 거느리듯이 허무도 사랑을 거느린다는 것인데, 이는 무엇보다 그것이 상호 연기하는 관계에 있기 때문이다. 죽음이 삶을 불러오듯이 허무도 사랑을 불러온다는 것이다. 생과 사가, 공과 색이 불이(不二)의 관계에 있다는 것을 알면 이는 저절로 자명해진다.

다음의 시야말로 허무와 사랑, 사와 생이 지니는 상호연기의 관계를 아주 잘 드러내 주는 예라고 할 수 있다.

> 이승에서 다시는
> 허망한 집 짓지 말자고
> 혀 깨물었는데
>
> 어느새 내 가슴 속
> 둥지 튼 당신
>
> 바람 부는 날
> 불면의 밤이네
>
> ―「바람 부는 날」 전문

"이승에서"는 "다시"/"허망한" 사랑의 "집 짓지 말자고/혀 깨"무는 것이 이 시에서의 시인이다. 그렇기는 하지만 그는 이내 "내 가슴 속"에 사랑의 둥지가 생겼다고 고백한다. 어느새 당신이 "내 가슴 속"에 둥지를 틀었다고 말하는 것이 시인이라는 얘기이다. 둥지를 틀었다는 것은 말할 것도 없이 사랑의 바람이 불기 시작했다는 것을 가리킨다. 사랑의 바람은 일종의 열병이거니와, 그것은 언제나 고통과 번민을 거느리지 않을 수 없다. 그러니 사랑의 열병에 사로잡혀 고통과 번민에 빠지게 되면 잠을 이루기가 어려울 수밖에 없다. 이 시에서 그가 "바람 부는 날"을 "불면의 밤이"라고 말하는 것도 바로 이 때문이다.

 이 시에는 이처럼 사랑과 허무의 정신이 뒤섞인 채 드러나 있다. 사랑과 허무는 삶과 죽음의 다른 이름이거니와, 이들은 본래 우로보로스의 뱀처럼 상호 맞물려 존재하기 마련이다. 그러니까 삶과 죽음, 사랑과 허무는 하나이면서 둘이고, 둘이면서 하나인 셈이다. 선불교식으로 말하면 불이의 관계에 있는 것이 삶과 죽음, 곧 사랑과 허무의 관계라는 얘기이다. 그렇다. 생명 지향의 마음과 죽음 지향의 마음은 하나로 통하거니와, 바로 그러한 이유에서 사회심리학에서는 에로스와 타나토스를 하나라고 말하는 것이다.

 삶과 죽음, 곧 사랑과 허무가 갖는 또 다른 '하나'의 특성을 시인은 자신의 시를 통해 다음과 같이 깨닫는다.

   홀로 가자니 너무 외롭고
   셋이 가자니 길이 좁고
   둘이 가자니 갈 사람이 없다고 외쳤더니
   먼 산이
   본래 하나인데
   왜
   둘이고 셋이냐고
   미소 짓네

                —「메아리」전문

 『반야심경』에서는 공즉시색(空卽是色), 색즉시공(色卽是空)이라고 하거니와, 모든 존재가 일즉다(一卽多), 다즉일(多卽一)의 형식으로 존재한다는 것은 불문가지이다. 이 시에서 시인은 "홀로 가자니 너무 외롭고/셋이 가자니 길이 좁고/둘이 가자니 갈 사람이 없다고 외"치는 자기 자신에 대해 "먼 산이/본래 하나인데/왜/둘이고 셋이냐고/미소 짓"는 모습을 보여준다. 분리되고 분열된 눈을 지닌 시인 자신과 통일되고 일치된 눈을 지닌 먼 산을 비교, 대조하며 공즉시색, 색즉시공의 진리를 설파하는 것이 이 시인 것이다.

삶은 본래 분리와 일치, 곧 분열과 통일의 심리 기제가 반복되는 가운데 운행될 수밖에 없다. 여기서 말하는 분리의 심리 기제는 본래 자연으로부터 분리, 다시 말해 물(物)로부터의 분리로부터 비롯된다. 자연으로부터 분리, 곧 물로부터의 분리가 사람이 사람으로 되는 가장 중요한 특징이라는 것은 자명하다. 물론 이는 사람과의 관계에서도 똑같은 형식으로 존재한다. 사람으로부터의 분리가 사람이 사람으로 되는 가장 중요한 정신기제라는 것이다.

자연으로부터의 분리이든, 사람으로부터의 분리이든 모든 분리는 분리감이라는 정신기제와 함께할 수밖에 없다. 분리감은 근원적으로 사람과 자연이 소외되면서 야기되나 일상의 나날에서는 사람과 사람이 소외되는 가운데 야기되는 것이 보통이다. 그렇다고 하더라도 분리감은 사람과 자연 사이에서 태어나든 사람과 사람 사이에 태어나든 주체와 대상 사이에서 비롯되기 마련이다. 주체와 대상 사이의 소외, 곧 분리에서 분리감이 태어난다는 것인데, 일상의 삶에서 그것은 고독의 모습을 취할 때가 많다. 고독에 대해서는 따로 철학적, 사회과학적 접근이 필요하나 일상의 삶에서는 흔히 외로움이나 쓸쓸함 등의 기표로 표현되고는 하는 것이 보통이다.

이를 잘 알고 있는 시인은 자신의 시 「그래도 쓸쓸한 날엔」에서 "쓸쓸함은/또 다른/너의 이름이"라고 노래하기도 한다. 이때의 "너의 이름"은 무엇일까. 쓸쓸함의 반대편에 기쁨이나 충족감이 있다면 그것의 이름은 '사랑'이 아닐까. 불행의 반대편에 행복이 있듯이 쓸쓸함의 반대편에 사랑이 있다는 것인데, 이는 생명의 다른 이름이 죽음이고, 충족의 다른 이름이 결핍인 것과 다르지 않다.

바로 그러한 이유에서 그가 "사람은 누구나/평생을 건너도 다 건너지 못하는/외로움의 바다가 하나씩은 있다", "그래도 쓸쓸한 날은/빈 가슴의 처마 끝에 풍경을 달고/기다릴 수 없는 기다림을 기다리자"(「그래도 쓸쓸한 날엔」)라고 노래하는 것이리라. 여기서 말하는 "외로움의 바다", "기다릴 수 없는 기다림"이 모든 사람이 지니는 근원적인 욕망, 곧 잃어버린 자연(대지)을 회복하려고 하는 욕망과 다르지 않다고 하더라도 이는 마찬가지이다.

다음의 시에 따르면 그가 이처럼 쓸쓸함이나 외로움에 빠지는 것이 "당신을 이별하고/길을 찾아 헤매"고 있기 때문으로 보인다.

> 길에서 당신을 이별하고
> 길을 찾아 헤매다가
> 이별할 수 없는 나를 만났네
>
> 지구의 어디쯤에서
> 오늘 밤도
> 아름다운 상처의 별들은
> 이별할 수 없는 저를 쓰다듬고 있겠지
>
> ―「길에서」 전문

이 시에서 시인은 "길에서 당신을 이별하고/길을 찾아 헤"매고 있거니와, 그가 "길을 찾아 헤매"는 것은 사랑을 찾아 헤매는 것과 다름없어 보인다. 물론 이는 충족될 수 없는 욕망을 채우기 위해 헤매는 것과도 다르지 않다. 따라서 여기서 말하는 사랑은 앞의 시 「그래도 쓸쓸한 날엔」에서 말하는 "기다릴 수 없는 기다림"과 다르지 않다고 해야 옳다. 다른 시에서 그가 "천년 그리움의 나이테를 돌아/내 가슴 속/낮달로 뜬 당신/고운 아미에 내리는 노을 어쩌나/단청이나 할밖에"(「단청」)라고 노래할 때의 '단청'도 역시 이와 다르지 않아 보인다.

따라서 이 시에서 시인이 찾아 헤매는 '길'의 내포는 결코 단순해 보이지 않는다. 다른 무엇보다 그가 이 시에서 "길을 찾아 헤매다가/이별할 수 없는 나를 만"나고 있기 때문이다. 내가 나와는 이별할 수 없는가, 라는 반문이 따르기는 하지만 보통의 이별은 '나'라고 하는 주체와 대상 사이에서 이루어질 수밖에 없다.

따라서 이 시에서 시인이 외로움, 곧 분리감을 극복하기 위해 찾고 있는 것이 '낮달'의 이미지를 갖거나 단청의 이미지를 갖는 것은 의미심장하다. 그것이 예술 일반을 상징하고 있기 때문이다. 어쩌면 궁극적인 본리감, 곧 고독을 극복하기 위해서는 예술에 투사하는 길밖에 없다고 생각하는 것이 그인지도 모른다. "아름다운 상처의 별들"이 "이별할 수 없는 저를 쓰다듬"는 것도 마찬가지이다. 물론 이때의 이별할 수 없는 저를 쓰다듬"는 것이 선(禪)적인 자기 수행과 깊이 연결되어 있기는 하지만 말이다.

이 시에서는 시인이 "길에서 당신을 이별"하고 있다고 표현하지만 이때의 이별이 남녀 간의 그것으로 국한되어 있지 않다는 것은 분명하다. 거개의 일상이 분리된 채로 이루어지고, 그것을 극복하기 위해 끊임없이 합일을 갈구하는 것이 나날의 삶이라면 이 시에서의 이별이 분리를 뜻하는 것은 분명하다. 허무와 이별, 쓸쓸함과 외로움의 심리 기제가 서로 유사하다는 점을 생각하면 그것들이 결코 분리감, 곧 소외감과 다르지 않다는 것은 쉽게 이해가 된다. 시인이 자기 자신에게 "마음은 춥고/기다리는 사랑은/배달되지 않는 날/진눈깨비나 맞으며/진부령 황태 집으로 가라"(「진부령 황태 집에서」)고 권유하고 있다는 점을 잊어서는 안 된다.

물론 이 시에서처럼 허무를 극복하는 길이, 곧 이루어질 수 없는 사랑을 극복하는 일이 "황태 탕에 소주 한 병 시켜놓고/마지막 열차를 기다리듯/남은 사랑을 기다"리는 것만으로 달성되기는 어렵다. 그렇다고는 하더라도 고독, 외로움, 쓸쓸함 등의 분리감이 사랑을 이루는 원동력으로, 생명을 낳는 원동력으로 존재하는 것만은 사실이다. 소외되어 있지 않고 소외의 극복을 꿈꾸기 어렵듯이 외롭고 고독하지 않고 사랑을 꿈꾸기는 어렵다. 허(虛)와 무(無)를 자각하지 않고는 영(盈)과 유(有)를 꿈꾸기는 힘들다는 것이다.

자신의 시를 통해 시인은 이미 자기 자신을 "황혼의 열차"로 받아들이고 있다. "시나브로 도시는 어둠에 잠기고/시그널이 깜박깜박/떠나야 할 시간을 알리고 있다"(「역驛」)고 노래하는 것이 그라는 것이다. 아직도 많은 봄이 그를 기다리고 있지만 그 자신은 이미 인생의 늦가을에 도달해 있다고 생각하는 듯하다. 그가 다른 시에서 "이제 떠나자/천년 사랑을 수놓을 오색실과/주린 그리움을 채울 주발만 달랑 챙겨/휘이휘이 떠나자"라고 노래하며 자기 자신에게 그간의 "애증을 내려놓고/사랑과 용서와 배려의 띠풀로 초막을 짓자"(「이승에서의 하룻밤」)고 권유하는 것도 바로 이 때문으로 보인다.

다음의 시에서 그가 인생의 늦가을에 이르러 "낙엽을 쓸어 모아" "향을 사"르고 있는 것도 이러한 마음의 표현과 무관하지 않다. "한때 찬란했던 꽃이여, 사랑이여/이제 지난 계절은 잊기로 한다"고 다짐하는 그의 마음이 참으로 미쁘다. 다음의 시 전문을 함께 읽으며 글을 맺기로 한다. (2019)

　　　　한때 찬란했던 꽃이여, 사랑이여
　　　　이제 지난 계절은 잊기로 한다
　　　　여기, 천둥과 먹구름 속에 생이 더 단단해져
　　　　완숙한 사랑의 지문으로 누운 낙엽들을 보라
　　　　온 산야에 누운 홍엽은
　　　　떨어져 추하게 시드는 봄꽃보다 아름답지 않은가
　　　　흘린 사랑의 음표를 줍듯
　　　　낙엽을 쓸어 모아
　　　　소천하는 아름다운 넋에

향을 사른다

—「낙엽을 태우며」 전문

비극적 주체의 절망과 희망
—박석준 시집, 『카페, 가난한 비』, 푸른사상, 2013.

시인 박석준은 한국 민주화운동 과정에 수많은 고통을 겪은 친형제들을 두고 있는 사람이다. 이러한 가족의 일원인 그는 자기 자신 또한 전남지역에서 교사로 근무하며 전교조 운동에 참여하는 등 적잖은 고통을 자진해 감내한 바 있다. 그래서일까. 그의 시의 정서적 바탕에는 고통의 그늘이 짙게 드리워져 있다. 오랫동안 마음 고생을 하지 않고서는 형성되기 어려운 슬프고도 서러운 정서가 깊게 깔려 있는 것이 그의 시이다.

이때의 슬프고도 서러운 정서는 대부분 침통한 표정, 좀 더 구체적으로 말해 우울한 표정을 하고 있다. 따라서 그의 시의 이러한 정서는 멜랑콜리라고 명명되어도 무방할 정도이다. 멜랑콜리라고 불리는 비정상적인 심리는 그 범주를 한 마디로 살라 말하기 쉽지 않다. 그것이 고독, 소외, 상실, 환멸, 염증, 피곤, 절망, 불안, 초조, 공포, 설움, 우울, 침통, 싫증, 짜증, 권태, 나태, 무료 등 어긋나고 비틀린 정서를 모두 포괄하고 있기 때문이다. 이들 왜곡된 정서는 물론 자본주의적 근대에 들어 부쩍 만연해진 병적 심리 일반과 무관하지 않다. 극단적인 이기주의로 말미암아 소통이 단절된 시대, 공감이 사라진 시대의 정서와 깊이 연결되어 존재하는 것이 멜랑콜리이다.

그렇다고 하더라도 멜랑콜리는 일조량이 부쩍 줄어드는 가을에 훨씬 심하게 나타나는 것이 사실이다. 플러스의 양기보다는 마이너스의 음기에 훨씬 더 가까운 것이 멜랑콜리이거니와, 그것이 신생의 봄기운보다는 소멸의 가을 기운과 밀접하리라는 것은 명확하다. 박석준의 시에 가을을 노래한 시가 유독 많은 것도 실제로는 이와 깊이 관련되어 있다. 제목에 가을이라는 언표가 들어가 있는 시만 하더라도「가을비─물컵 속의 담뱃재」,「가을, 도시의 밤」,「가을의 오전」,「세련되지 못한 가을비」등을 쉽게 찾아볼 수 있는 것이 그의 이 시집이다.

일조량이 줄어들 뿐만 아니라 겨울이 멀지 않다는 점에서도 가을은 쓸쓸하고 외로운 계절이다. 이와 관련해서는 고독을 노래하는 데 평생을 바친 김현승 시인의 시에 특히 가을을 노래한 시들이 많다는 점도 주목할 필요가 있다. 고독은 소외의 적극적인 모습이거니와, 그것이 과도할 정도로 경쟁을 우위에 두는 자본주의 사회에 이르러 더욱 깊어졌을 것은 불문가지이다.

물론 이때의 고독은 우울로, 곧 멜랑콜리로 전이되기가 쉽다. 멜랑콜리의 핵심 정서가 우울이거니와, 이때의 우울이 고독이나 소외, 상실이나 좌절 등의 정서와 상호 침투되기 쉽다는 것은 이론의 여지가 없다. 박석준이 자신의 시에서 "비는 전날에도 왔지만/…… 내가 가는 길 위에 우수가 들어선다"(「마지막 출근투쟁」)라고 노래하는 것을 보더라도 이는 잘 알 수 있다. 다음의 시도 같은 맥락에서 읽을 수 있는 중요한 예이다.

> 외로움 때문이었다.
> 댓글 하나에, 얼굴도 모르는 사람에게
> 그리움을 둔 것은
> ─「음악 카페에서」부분

> 한 해면 삼백육십오 일을, 슬프다고 말해 놓고도
> 말 못할 슬픔이 있다고, 말한 적이 있어요.
> ─「안」부분

버리고 싶은 우울이 가난이 뛰어나온 곳에서 일어난다.
우울은 아무것도 아닌 것에서는 일어나지 않는다.
우울은 네가 없는 곳에서는 일어나지 않는다.

—「비와 세 개의 우산과 나」 부분

위의 인용 시들에는 편편이 '외로움', '슬픔', '우울' 등의 어휘가 토로되어 있다. 이로 미루어보더라도 그의 시의 기본 정조가 멜랑콜리라는 이름의 죽음의 정서라는 것은 분명하다. 그것이 고독, 소외, 상실, 환멸, 염증, 피곤, 절망, 불안, 초조, 공포, 슬픔, 설움, 우울, 침통, 싫증, 짜증, 권태, 나태, 무료 등 어긋나고 비틀린 정서와 무관하지 않다는 것은 앞에서도 말한 바 있다. 그와 더불어 우수(憂愁)나 우울(憂鬱)이 실제로는 강화된 슬픔이나 설움으로부터 비롯되기 마련이라는 점도 기억하지 않으면 안 된다. 이들 정서가 자본주의적 근대에 이르러 끊임없이 부추겨진 욕망이 계속 억압되는 데서 기인하는 왜곡된 정서, 병적 정서라는 점도 잊어서는 안 된다.

이러한 점에서 생각하면 자본주의적 근대에 대한, 특히 자본 자체에 대한 시인 박석준의 비판 역시 매우 도저하다는 것을 알 수 있다. 이는 우선 "구르는 차 안에서/돈을 세며 '돈을 세는 사람'을/바라본다. 다시 나는/돈을 세며 '돈을 세는 사람'을,/ '나'를"(「돈을 세며, 돈을 세는 사람'을)과 같은 그의 시를 통해 확인된다. 그뿐만 아니라 그는 "사람이 얼어 죽어도/냄새나는 돈, 살 길 막막한/내 머릿속을 항상 떠다닌다"(「길이 떠는 겨울」) 라고 하며 자본에 대해 비판하기도 한다. 자본주의 경제체제를 단적으로 상징하는 것이 은행이거니와, 은행과 관련해 자신이 느끼는 멜랑콜리를 다음과 같이 노래하기도 하는 것이 그이기도 하다.

금남로 길, 낙엽이 있다. 은행잎!
은행에 갔다 돌아오는 길

횡단보도 앞에 서 있는데
은행잎 몇 개 바람 따라 뒹굴고 있다.

초록빛 깜박거려 건넌 횡단보도,
인도의 보도블록, 네모진 것들
빈칸 같다, 내가 만났던 꼬마가 남겨 놓은.

떠나겠다고 지난가을에 문자메시지를 보낸
23세가 된 한 꼬마가
그동안 아팠어요, 사실은
생활할 돈이 없었어요,
라고, 오늘 아침 핸드폰으로 쏟아내던 말
이미 전에 만든 빈칸 같다.

너무 고독해 그녀는 사랑을 시도하고,
어쩌면 오늘도 한 사람과 같이 있을 텐데…….
사람 흔한 금남로에서
나는 돈과, 그녀와, 한 사람을 떠올리고 있다.
　　　　　—「은행 앞, 은행잎이 뒹구는 여름날」부분

　이 시에서 시인 박석준은 은행잎이 구르는 금남로의 "은행에 갔다 돌아오는 길"에 이런저런 몽상에 빠진다. "떠나겠다고 지난가을 내게 핸드폰 문자메시지를 보내온" 여자, "그동안 아팠어요, 사실은/생활할 돈이 없었어요"라고 고백하는 여자, 그 여자와 더불어 돈과 사람의 관계에 대해 떠올리기도 하는 것이 이 시에서의 그이다. 말하자면 그는 "은행잎 몇 개 바람 따라 뒹굴고 있"는 금남로의 한 은행 앞에서 "돈과, 그녀와, 한 사람"에게서 받은 실연의 상처를 되새기고 있는 것이다.

　주지하다시피 멜랑콜리를 불러일으키는 주된 원인은 실연의 상처이다. 하지만 이때 실연의 대상이 언제나 이성적 존재로 한정되는 것은 아니다. 트라우마로 내재하기 쉬운 실연의 상처는 형제나 부자 사이에서도 충분히 가능한 것이기 때문이다. 심지어는 상처를 만드는 실연의 대상이 조국일 수도 있고, 고향일 수도 있다는 점을 간과해서는 안 된다. 어쨌거나 그의 시가 지니는 멜랑콜리 역시 실연의 상처와 함께 존재하는 정신적 트라우마와 깊이 관련된 것만은 분명하다. 물론 그의 시에 나타나 있는 왜곡된 정서, 이른바 병적 정서만으로 그가 겪은 실연의 상처를 제대로 알고 이해하기는 어렵지만 말이다.

　그의 시에는 이처럼 자기 자신의 주관적인 정서, 곧 고독이나 소외, 상실이나 환멸 등과 함께하는 멜랑콜리가 직접적으로 투사되는 예가 적잖다. 주체의 내면이 겪는 고통이나 아픔, 슬픔이나 설움 등을 직접적으로 토로하는 것이 그의 시의 한 특징이라는 것이다.

　　만나고 싶지 않은 사람이었지만, 술 속에 밤이 깊었음을 알고 만다.
　　하지만 나는 갈 곳을 생각하지 않는다.

　　알고 싶은 사람은 가 버렸고, 그들이 언젠가 남겨 놓은 술잔엔 눈에 보이는 지금의 사람만 새겨져 있다.

　　사랑은 가고 옛날은 남는 것! 이런 노래 구절 하나만으로도 절규하던 시절이 있었다.

　　시간의 잔상이었다, 알고 싶지 않은 사람들 속에 섞여 있으면서.

술은 어둠 속 얼굴을 흘려보내고 내 의식도 마비시키려 한다. 결국 마비당한 내 의식은 나를 아무렇게나 팽개친다.

총알택시를 타고 쏟아지는 술 같은 밤비를 뚫고 가야 한다. 쓰레기 같은 돈이 없어도 나는 아무렇게나 갈 곳을 부르며 총알택시에 오른다. 내 몸은 쓰레기가 된다.

그리운 사람의 모습이 먼 시간처럼 찾아와서 의식을 덮고 사라진다. 그러고 나면 잠들고 싶었던 의식이 흔들거리는 내 몸을 깨워 일으켜 세운다.

나는 다시 사람 없는 밤거리를 걷는다. 아무도 없는 길 위에 독백을 털어놓다가 비워져 버린 술잔처럼 생을 잃어 간다.

파스토랄! 그건 어디에 있는가? 빈센트! 그의 그림에는 비가 내리지 않는다. 블루 벌룬, 그건 가난한 빗속에 떠 있을 수 없다.

그렇게 생을 잃어 간다. 밤과 술이 빗속에 있던 날에.

—「술과 밤」 전문

이 시는 "밤과 술이 빗속에 있던 날" "만나고 싶지 않은 사람"을 만나면서 느끼는 고통을 담고 있다. 그렇다. 정작 "그리운 사람"은 "먼 시간처럼 찾아와 의식을 덮고 사라"진 지 오래인 밤에 술에 취해 느끼는 "마비당한" 의식을 담아내고 있는 것이 이 시이다. "사람 없는 밤거리를 걷"고 있는 시인의 모습, "아무도 없는 길 위에 독백을 털어놓"는 그의 모습을 보더라도 그의 시와 함께하는 멜랑콜리를 알기는 어렵지 않다. 따라서 이미지와 더불어 정서에 대한 의존도가 매우 높은 것이 그의 시라고 하지 않을 수 없다. 그 자신이 느끼는 비애나 우울, 곧 슬픔이나 설움 등의 정서가 형상의 주요 자질을 이루고 있는 것이 그의 시라는 뜻이다.

그의 시에 나타나 있는 멜랑콜리는 주체를 적극적으로 개진하는 경우만이 아니라 주객의 일치를 추구하는 경우에도 크게 다르지 않다. 그뿐만 아니라 그의 시와 함께하는 멜랑콜리는 객관적인 대상을 집중적으로 다루고 있는 경우에도 마찬가지로 드러나고 있어 더욱 주목된다.

> 가을이 깊어갈수록 일찍 오는 석양녘엔 귀가하는 사람도 외출하는 사람도 지는 빛에 걸음이 흔들리고 있다.
>
> 저녁에 일을 마친 사람은 귀가하면 곧 TV를 볼 텐데 9시 뉴스를 시청할 텐데…….
>
> 어떤 사람은 석양을 지나 술집이나 카페에 가 못다한 말을 털어내겠지, 또 어떤 사람은 PC방에 가 작업을 하겠고.
>
> 차들이 광선을 뿌리면서 밤은 깊어간다. 낮에는 길과 가로수, 가로수 옆 건물들이 한가롭고 쉬고 싶은 가을 풍경으로 채색된다.
>
> 밤에는 길이 자동차 불빛 아래로 눕는다. 네온사인과 가로등 불빛이 사라져버린 그곳으로 사람의 눈빛을 서성이게 한다.
>
> 말을 하지 못해서던가, 가을, 도시의 깊은 밤은 사람의 눈빛을 서성이게 한다.
>
> ―「가을, 도시의 밤」 전문

이 시는 '가을, 도시의 밤'에 느끼는 시인의 정서를 드러내는 데 초점이 있다. 제목 그대로 '가을, 도시의 밤'이라는 객관적인 대상으로부터 느끼는 우울의 정서를 그려내는 데 중심이 있는 것이 이 시라는 뜻이다. 그렇다. 이 시에 나타나 있는 풍경에는 우울의 정서가 깊이 배어 있다. 이로 미루어 보더라도 그의 모든 시가 주관적인 정서를 직접적으로 토로하는 형식을 취하고 있지는 않다는 것을 잘 알 수 있다. 이를테면 주체의 내면 의식보다는 객체의 외면현상을 중심 대상으로 삼고 있는 시도 상당하다는 것이다. 이들 객체의 외면현상에도 그의 쓸쓸하고 우울한 심리가 깊이 침윤(浸潤)되는 것은 사실이지만 말이다.

이와 관련해 주목되어야 할 것은 그의 시의 경우 주체의 자기 객관화가 보편적인 창작 방법으로 깊이 응용되어 있다는 점이다. 객체의 시각으로 주체 자신의 심리 현존, 곧 시인 자신의 심리 현존을 진술하는 기법을 십분 활용하는 것이 그의 시라는 것이다. '풍경의 선택이 세계관의 선택'이라고 하거니와, 그의 시에 드러나 있는 객체의 외면은 그 자체로 주체의 멜랑콜리에 의해 깊이 포획되어 있어 더욱 관심을 끈다. 다음의 시에서도 그것은 익히 확인된다.

  카페 '가난한 비'는 사람의 그림자를 잃어, 말의 쉴 곳을 잃어, 벽 유리에 바깥 풍경만 어른거린다.
  주인은 주인이 아니다. 주인을 아는 사람의 이야기도 이제 없다고 한다.
  주인은 자기 이야기마저 카페 창문가에 혹은 카페 문 앞에 머뭇거릴 뿐이라고 한다.
  4월, 몹시 맑은 날인데도 주인은 그저 비가 오는 날이라고 한다.
  주인은 단지 그 말 한마디에 카페는 과거로 가지 못하고 현재를 서성거린다고 한다.

주인은 주인이었던 사람을 생각한다. 주인이었던 사람은 사오-이
십이 성립되던 날의 이미지로만 지금은 남아 있을 뿐이라는 해석을
하면서.

카페 '가난한 비'에 비가 내리지 않는 날, 카페 '가난한 비'는 카페
가 된다.

카페 '가난한 비'에 비가 오면 주인이었던 사람은 가난한 비가 된
다.

사람들이 가난한 비를 그리워할 이유를 잃어 카페 '가난한 비'는
지금 가난한 비 속을 흐르고 있다, 현재가 없는 지금.

—「카페, 가난한 비」 전문

이 시의 중심 대상은 카페 '가난한 비'이다. 하지만 이 시에서 카페 '가난한 비'가 항상 중심 대상으로만 존재하는 것은 아니다. 한편으로는 그것이 "벽 유리에 바깥 풍경"이 어른거리게 하는 주체로도 존재하기 때문이다. 쓸쓸함과 외로움을 드러내는 주체로도 존재하면서 "가난한 비 속을 흐르고 있"는 대상으로도 존재하는 것이 이 시에서의 카페 '가난한 비'라는 것이다.

카페 '가난한 비'에 대한 시인의 이러한 시각은 독특하면서도 신선한 감각을 담아내고 있어 더욱 주목된다. 그뿐만 아니라 더러는 과감하게 서사를 받아들여 저 스스로의 경계를 허물기도 하는 것이 이러한 감각을 지니는 그의 시이다. 침통하고 우울한 정서, 쓸쓸하면서도 고통스러운 정서를 바탕으로 하고 있으면서도 기발한 서사를 함축하는 것이 그의 시라는 얘기이다.

이로 미루어보면 위의 시는 예의 비극적 정서를 바탕으로 하고 있으면서도 주관적 화자의 상념을 고백적으로 진술하기보다는 객관적 인물의 행위를 독백적으로 진술하고 있다고 해야 옳다. 다음의 시에서도 이는 마찬가지이다.

한 아이가 고무로 만든 테(hulla-hoop)를 다리에 두르고 놀고 있었
다. 귀가하던 나는 그 정경을 바라보고 있었고……. 아이가 움직이는
뒤로, 어두워지는 집들과 해가 지며 노을이 지는 하늘이 있었다. 길
이 갈리는 곳의 모퉁이를 돌아 내가 제 옆으로 점차 가까워져 가고 있
었는데, 아이는 주의하려 하지 않은 채, 그저 놀고 있었다.

    진갈색의 바지와 흔하게 볼 수 있는 하늘색 웃옷이 찌푸린 석양에
한 템포를 채우고 있었다. 아이의 몸은 내 눈을 따라 굴러갔고, 시간
을 따라 굴러갔고, 거기 갈리는 지점, 어둠이 짙게 깔려 있었다. 애
야, 그만 놀고 어서 와서 밥 먹어. 어서, 하는 소리가 들려왔다. 아이
의 정경이 추억같이 사라졌다.

    아이의 시들하고 쉬운 몸짓은 나를 그곳에 퍼져 앉게 했다. 나는 길
을 찾아 헤매는 사람처럼 겨우 집으로 돌아왔다. 고관절로 다리를 잘
못 쓰는 어머니가 나를 불러, 오늘은 빨리 왔구나, 배고프겠다. 어서
밥 먹어라, 하는 소리에 나는 사라진 정경을 떠올렸다.
                                 ―「시간 속의 아이―테를 돌리는 아이」

  이 시에는 우선 "고무로 만든 테", 곧 훌라후프를 돌리며 놀고 있는 아이
와, "귀가"를 하며 "그 정경을 바라보고 있"는 나의 모습이 그려져 있다. 이
구절에서 진술되는 대상은 상대적으로 객관적이라 겉으로는 시인의 주관적
정서가 일정 정도 배제된 것처럼 보인다. 물론 이들 대상에 대한 시인의 태
도는 2연에 이르면서 다소 흔들리기 시작한다. '아이와 나'라는 이 시의 중
심 대상에 대한 그의 정서가 2연에 이르러 좀 더 적극적으로 드러나기 때문
이다. "아이의 몸은 내 눈을 따라 굴러갔고, 시간을 따라 굴러갔고, 거기 갈
리는 지점, 어둠이 짙게 깔려 있었다"와 같은 표현이 그 구체적인 예이다.

3연에서는 "아이의 시들하고 쉬운 몸짓"이 "나를 그곳에 퍼져 앉게 했다"고 진술하고 있다. "퍼져 앉"아 있다가 그는 "길을 찾아 헤매는 사람처럼 겨우 집으로 돌아"오게 된다. 이들 구절에서 알 수 있는 것은 그가 지금 망연한 삶, 멍한 시간에 빠져 있다는 점이다. 어쩌면 이는 그가 무위자연(無爲自然)의 정신 경지에 이른 것일 수도 있다. "어머니가 나를 불러, 오늘은 빨리 왔구나, 배고프겠다, 어서 밥 먹어라, 하는 소리에" 다시금 세계와의 객관적 거리를 회복하는 것이 그이지만 말이다.

무위자연이라고 했으나 이는 곧 무념무상에 빠진 것이라고도 할 수 있다. 세계와 미분리된 심리상태, 좀 더 구체적으로 말해 "아무런 생각도 없"는 심리상태에 처한 것 말이다.

> 물컵 속에 담뱃재를 털고 있었다, 나는
> 어제를 바라보다가
> 말없이 흩어지는 연기,
> 사이를 거닐다가
> 컵에 떨어진 담뱃재를 보고 있었다.
>
> 우산을 가지고
> 터미널까지 남몰래 갔다.
> 가을비가 어둡게 소리를 내며 떨어져
> 자판기의 커피를 마시며 빗길을 걸었다.
> 라이터로 불을 붙인 담배가
> 비에 젖고, 나는
> 은행으로 가고 있었다.
>
> 카드로 약 살 돈을 뽑고

핸드폰을 꺼냈다가 시간만 확인했다.
천천히 비를 맞고 돌아와
세 시 차가 떠나는 것을 지켜보다가
잊어야 할 일들을 생각하며
다음 차로 귀가했다.

오늘 아침에도 사람들이
새들처럼 어제 일을 지절거리는
실내를 걸어 나와, 감기약이나
먹겠다고 가지고 나온 물컵 속에
아무런 생각도 없이, 나는
담뱃재를 털고 있었다.
흐르는 것은 연기뿐이었다.

—「가을비—물컵 속의 담뱃재」 전문

 이 시는 우선 무심코 "물컵 속에 담뱃재를 털고 있"는 '나'를 그리고 있다. "말없이 흩어지는 연기,/사이를 거닐다가/컵에 떨어진 담뱃재를 보고 있"는 '나'를 묘사하는 것이 이 시이다. 이들 구절에서 확인할 수 있는 것은 말 그대로 "아무런 생각도 없"는 심리상태, 곧 세계와 미분리된 심리상태이다. 흔히 말하는 '멍때리는 심리상태'의 현존을 그리고 있는 것이 이들 구절이라는 것이다.
 그가 겪는 이러한 심리상태, 곧 무념무상의 심리상태를 통해 독자들이 알 수 있는 것은 무엇인가. 그가 자주 이러한 심리상태, 곧 무망의 심리상태, 홀황의 심리상태에 처한다는 것은 그의 마음이 매우 선(善)하다는 것을 가리킨다. 선하다는 것, 곧 착하다는 것은 무엇보다 그의 자아가 신의 섭리와 함께하고 있다는 것을 가리킨다. 이때의 신의 섭리가 대지 자연의 운행

원리와 다르지 않다는 것은 이론의 여지가 없는 사실이다.

하지만 일상의 주체가 나날의 삶에서 신의 섭리와 함께하기는 쉽지 않다. 세상의 모든 사물에 처음으로 언어를 부여하던 신의 마음을 가질 때나 그것은 가능하기 때문이다. 어쩌면 그것은 신의 경지에 이르지 않고서는 불가능한 것인지도 모른다. 하지만 신의 섭리와 함께하는 것이, 곧 대지 자연의 운행원리와 함께하는 것이 실제의 삶에서 전혀 불가능한 것도 아니다. 일단은 먼저 신의 섭리라는 것이 이른바 순수하고 무구한 삶, 곧 천진(天眞)하고 천연(天然)한 삶과 다르지 않다는 것을 알 필요가 있다.

순수하고 무구한 삶, 곧 천진하고 천연한 삶을 살게 되면 누구나 존재하는 사물이나 상념을 가감 없이 있는 그대로 받아들이기 마련이다. 여기서 가감 없이 있는 그대로 받아들인다는 것은 신이 모든 사물에 처음으로 언어를 부여하던 때의 마음을 잃지 않는다는 뜻이 된다. 그러한 마음을 잃지 않고 있어 시인 박석준에 의해 명명되는 심미적 언어는 한의 설움과 함께하면서도 신선하고 충만한 감각을 획득하는지도 모른다.

> 길을 걷다가 문득
> 가을의 오전이 목욕하는 모습을 본다.
> 낮 열두 시가 되면 곧 사라지겠지만
> 그때까진 시간을
> 신록처럼 깨끗하게 만들어
> 행인들을 낯설게 할 것이다.
> 살짝 내리는 비가 햇살처럼 가로수 밑동까지 닿는다,
> 햇살은 노점의 바구니와 상점의 쇼윈도 속으로 스며들고.
>
> 밤이면 언제나 삶에 대해 질문을 만드는 카페는
> 2층 유리창문 안에서 잠들어 있다.

가을 오전의 거리엔
노점 아낙 바구니의 과일들을 낯설게 스쳐 가는,
은행이나 슈퍼마켓으로 가는
사람들이 잠시 머물러 있을 뿐이다.

거리에서 가을 오전이 목욕하고 있을 때
초등학교 앞을 스치면
구멍가게 안 아이스크림이 특별히 떠오른다.
이어 어디선지 모르게
소년 하나가 따라와
함께 길을 걷는다. 이제라도
그 아이와 아이스크림 한 개씩
나눠 먹으며 걷고 싶다.

누군가를 사랑하는 사람은
여름처럼 쉽게 떠나보내지 않는다.

―「가을의 오전」 전문

  이 시에서 시인은 우선 "길을 걷다가 문득/가을의 오전이 목욕하는 모습을" 발견한다. 이어 그는 "낮 열두 시가 되면 곧 사라지겠지만/그때까진 시간을/신록처럼 깨끗하게 만들" 것이라고 진술한다. "가을의 오전이 목욕하고 있"다니? "시간을/신록처럼 깨끗하게 만들" 것이라니? 이들 구절만 보더라도 그의 시가 매우 신선한 감각을 바탕으로 하고 있다는 것을 알 수 있다.

  가을의 오전이 부여하는 신선한 분위기를 이처럼 생생하게 표현하기 위해서는 무엇보다 순수하고 무구한 마음, 지공무사(至公無私)한 마음이 필요하다. 지공무사한 마음, 다시 말해 사무사(思無邪)의 마음이 없이는 지극한 정신 차원에 이를 수 없고, 지극한 정신 차원에 이르지 않고서는 각각의 사물에 새로운 이름, 곧 신선한 언어를 부여할 수 없다.

물론 이 시집에 드러나 있는 박석준의 자아는 무력해 보일 때도 있고, 무료해 보일 때도 있다. 더러는 절망하고 좌절하는 자아로도, 더러는 고독하고 외로운 자아로도 존재하는 것이 그의 시에서의 주체의 모습이다. 그뿐만 아니라 그의 시와 함께하는 주체는 때로 실패한 자아, 상실한 자아의 모습을 보여주기도 한다. 이처럼 아픈 주체, 고통을 받는 주체로서의 그의 시의 자아는 급기야 "내일, 혈관확장시술을 하기로 되는데"(「어느 협심증 환자의 유월」) 등의 고백을 보여주기까지 한다.

이러한 모습을 보여주는 자아의 정서 일반을 이 글에서는 죽음의 정서, 곧 멜랑콜리라고 명명하고 있다. 하지만 이때의 죽음의 정서, 곧 멜랑콜리가 시인 박석준의 순수하고도 무구한 마음에서 비롯되었으리라는 것은 자명하다. 지공무사의 마음, 사무사의 마음을 갖지 않고서는 자신의 시에서 그가 이처럼 밝으면서도 어두운 정서를 구현하기가 힘들기 때문이다. 명징하고 정직한 양심이 불러일으키는 슬프고도 서러운 정서에 기초해 있지 않고서는 가능하지 않은 것이 그의 시에서의 멜랑콜리라는 것이다. 그의 시에 구현되는 이들 정서를 가리켜 밝은 어둠, 나아가 흰 그늘이라고 불러도 무방한 까닭이 바로 여기에 있다. (2013)

수행하는 삶 혹은 언어의 발견
―박만진 시집, 『붉은 삼각형』, 현대시학사, 2015.

1

　박만진의 이번 시집 『붉은 삼각형』에 수록된 시들이 보여주는 세계는 다음 몇 개의 키워드로 요약된다. 수행(修行), 자아, 순수(무구), 사랑, 고향(서산), 말 재미(기표 놀이) 등이 바로 그것이다. 이들 키워드를 통해 유추할 수 있는 그의 시세계는 단순하지 않다. 이 시집의 각각의 시들이 서로 다른 외면을 지니면서도 궁극적으로는 하나의 내면으로 수렴되고 있기 때문이다. 이와 관련해 이번 시집의 그의 시에서 가장 먼저 주목해야 할 가치는 '자기 수행 혹은 자아 탐구'라고 생각된다. '자기 수행 혹은 자아 탐구'는 자기의 생각 속에 화두를 갖는 일로부터 시작된다. 이를 두고 그는 "마음의 손에" "생각의 알"을 쥐는 일이라고 노래한다. 그의 시에 따르면 "불佛이란 과연 무엇입니까"(「생각의 알—경허 큰스님」) 등의 질문이 다름 아닌 "생각의 알"이라고 할 수 있다. "생각의 알"은 궁극적으로 자아, 곧 '나'로 모여지거니와, 이렇게 모여지는 '나'에 대해 그는 별로 긍정적이지 않다. '나' 자신의 현존에 대해 아직은 그가 불만을 지니고 있기 때문이다.

인생이 연극이라는 말의 문장이
김밥 옆구리처럼 툭 터지기 시작하자
걱정 어린 까치 한 마리가
수수꽃다리 가지 위에서 까깍거린다
작은 키에 꽃미남이 아닌 나는
아무리 그럴 듯이 분장하고
물방울 넥타이에 삐까번쩍인다고 해도
주인공이 아닌,
주인공이 될 수 없는,
내 자신을 내 자신이 잘 알고 있다
다스리지 못한 몸매도 그렇고
연기조차 서툴기 짝이 없으니
주연 배우일 리가 만무하다
요즈음 나는 어줍은 시를 쓰는
늘쩡거리는 독거노인 역을 해내고 있다
내 인생에 내가 주연이 아니고
가까스로 조연 노릇이라니

―「배역配役에 대한」 부분

이 시는 "인생이 연극이라는" 전제를 바탕으로 하고 있다. 인생이라는 연극에서 시인은 자신이 맡은 배역에 대해 일단 부정적이다. "그럴 듯이 분장을 하고/물방울 넥타이에 삐까번쩍인다고 해도" "주인공이 될 수 없는,/내 자신을 내 자신이 잘 알고 있다"고 그는 노래한다. 이어지는 구절에서 그는 "요즈음 나는 어줍은 시를 쓰는/늘쩡거리는 독거노인 역을 해내고 있다"고까지 말한다. "내 인생에 내가 주연이 아니"라고, "가까스로 조연 노릇이"나 하고 있다고 생각하는 것이 그이다. 하지만 이에 대해 그가 크게 부정적인 태도를 보여주지는 않는다. 심지어는 자기 자신을 소에 비유하기까지 하는 것이 그이기 때문이다. 말하자면 "애써 졸음을 쫓으며" "동그랗고 순한 큰 눈"을 "끔벅이고 있"는 소에서 자기 자신의 모습을 발견하는 것이 시인 박만진이라는 얘기이다.

저 언덕 위 시푸른 풀이
잠이 오는 풀인가 보아,
되새김질하는 누렁이의
동그랗고 순한 큰 눈이
애써 졸음을 쫓으며
이따금씩 끔벅이고 있네
저토록 덩치가 크다고
왕 노릇이야 하겠는가?
천년의 눈물을
그렁그렁 지니고도
아무런 말을 할 수가 없어
하품하듯 토해 내는 울음,
숫제 말이 없는 사람을
소 같은 사람이라 하네
사람의 전생이 소라고 하면
소의 전생이 사람이라고 하면
서로 극진히 아낄 노릇이지
논밭 궂은일을
부리면 안 될 텐데,
사람과 소의 울음 중에서
가장 흡사한 울음이 있다면

> 엄마는 사람의 울음이고
> 음매는 소의 울음이지만
> 음매를 엄마로 알아듣는 것은
> 결코 말귀가 어둔 내 탓만이 아니네
>
> ─「천년의 눈물」전문

　불가에서는 전통적으로 소의 이미지를 빌려 도(道), 곧 진리를 설명해온 바 있다. 십우도(十牛圖)에서의 소가 바로 그것이다. 무엇보다 십우도는 도, 곧 진리를 찾고 간직하기가 얼마나 어려운가를 구체적인 이미지를 통해 보여준다. 하지만 그의 이 시에 등장하는 소를 도, 곧 진리의 상징이라고 말하기는 어렵다. 이 시에서는 소의 이미지가 "천년의 눈물을/그렁그렁 지니고도/아무런 말을 할 수가 없어" 울음을 토해 내는 사람을 비유하고 있기 때문이다. 이른바 "소 같은 사람" 말이다. 물론 이때의 소 "같은 사람"은 시인 자신의 객관상관물임에 분명하다. 소 "같은 사람" 역시 수행자로서의 내포를 갖는 것은 마찬가지이지만 말이다.

　시인이 자기 자신을 수행자로 생각하는 것은 이 시집의 「시인의 말」을 통해서도 잘 알 수 있다. "지질이도 가난한 내 눈이여!/어둠에 젖어 귀를 열려는가?//보이는 것만 보지 말고 보이지 않는 것을 보라"고 노래하는 것이 그이기 때문이다. 「시인의 말」에 드러나 있는 자아개념은 위의 시 「천년의 눈물」에서 살펴볼 수 있는 자아개념과 크게 다르지 않다. 물론 이때의 자아개념에는 시인의 참으로 지극한 마음, 겸손한 마음이 들어 있다. 이는 이어지는 글에서 자기 자신을 향해 "들리는 것만 듣지 말고 들리지 않는 것을 들으라./들리는 것은 물론이고 들리지 않는 것을 보라"고 하는 것만 보더라도 확인된다.

　박만진의 이번 시집에서 자기 수행 혹은 자아 탐구의 내포는 「가야산 정경」, 「천장사 같은 시 한 채 짓고 싶다」, 「바람벽 거울」, 「어두운 허공」, 「거울 속에 들어가다」,「고 법장 스님과의 추억」 등의 시를 통해서도 찾아볼 수 있다. 이들 시에서 그는 "산 속에서 듣는 물소리"로부터 "부처님 말씀"(「가야산 정경」)을 깨닫기도 하고, "도비산 입구 수도사"의 "보름달 같은" 항아리로부터 "드렁드렁 코를 골며/깊이 잠든"(「어두운 허공」) 달마대사를 발견하기도 한다. 그뿐만 아니라 수행하는 자아의 현존을 되묻는 시 「거울 속에 들어가다」에서는 "시를 쓴답시고 빈둥거리는 내가 부끄럽다"라고 노래하기까지 한다. 급기야는 "거울 밖의 내가/거울 속의 나를 꺼내 놓는다면/거울 밖의 내가 나일까,/거울 속의 내가 나일까"(「바람벽 거울」)라고 되묻는 것이 이들 시에서의 그이다.

2

수행하는 자아를 되묻는 그의 시는 항상 순수하고 무구한 마음, 곧 천진한 자아와 더불어 존재한다. 그의 시에 드러나 있는 이들 마음은 동심과 다르지 않다. 동심은 있는 그대로의 인간의 마음, 곧 적심(赤心)이라고 해도 좋다. 따라서 이들 마음은 가리지 않거나 꾸미지 않은 마음, 즉 자연 그대로의 마음을 가리키기도 한다. 이들 투명하고 깨끗한 마음을 시인은 때로 노치(老稚), 사추(思秋) 등의 기표를 통해 드러내기도 한다. 「노치원老稚園」,「사추기思秋期」 등의 시에 표현된 철들지 않은 마음이 다름 아닌 그것이다. 실제로는 이것 또한 시인이 갖는 수행하는 자아의 결과라고 해야 마땅하지만 말이다.

올해 들어 두 번째 서른셋이다

아직은 할아버지 소리가 낯설다

이즈막까지 설레는 누군가를

내 마음 속에 품고 있어

사추기思秋期라는 시를 쓰기도 했다

어른이 나이를 먹으면 먹을수록

다시 아이가 돼 간다고 한다

천사유치원 미니버스가 지나간다

참 좋은 세상에 양노원보다

노치원이 더 필요하지 않을까

—「노치원老稚園」 전문

   이 시에 따르면 67세인 시인은 "할아버지 소리가 낯설다". 자신의 내면 자리해 있는 젊음이 "할아버지 소리"를 거부하고 있기 때문이다. 그뿐만 아니라 그는 "설레는 누군가를" "가슴 속에 품고 있"기까지 하다. "나이를 먹으면 먹을수록/다시 아이가 돼 간다고" 하는데, 그는 정말 아이가 되어 가는 것이다. "천사유치원 미니버스가 지나"가는 것을 보고 "양노원보다/노치원이 더 필요하지 않을까"하고 생각하는 것이 그 아닌가.
   이 시에 드러나 있는 천진하고 무구한 마음은 그의 다른 시 「사추기思秋期」를 통해서도 확인된다. "사춘기를 지낸 사람이/사추기가 없을 리 있겠는가"하고 되묻는 것이 이 시에서의 그이다. 이어지는 구절에서 그는 자신이

"이른 아침에//꽃씨 하나 심어 놓고//새싹이 돋아나기를 기다리는" 사람이라고 노래한다. 물론 이 시에서 살펴볼 수 있는 "사춘기의 두근거리는" 사랑이 순수하고 투명한 그의 마음에 기대고 있는 것은 분명하다.

  이들 마음이 바로 동심이거니와, 이번 시집에는 동심을 마음을 바탕으로 하지 않고서는 쓰기 어려운 시들이 다수 들어 있다. 「강아지풀」, 「섬」, 「개구리헤엄」, 「무지개」, 「어머니 생각」 등의 시가 그 예이다. 이들 시에는 주체의 의식이나 정서보다 객체의 물물(物物) 그 자체가 좀 더 강화되어 있어 관심을 끈다. 주체로서의 그가 얼마간 객체로서의 그에게로 옮겨가 있다는 것이다. 시인의 자아나 상상력이 완전히 배제된 것은 아니더라도 말이다.

    바위가 바지를 내리고

    똥을 누는가 보아!

    파도가, 그 엉덩이를

    철썩철썩 때리며

    밑을 닦아주고 있다

                                 —「섬」 전문

  이 시에는 바닷가의 신선한 풍경이 시인의 독특한 시선에 의해 점묘되어 있다. 바위가 있는 바닷가 풍경을 특이한 서정으로 에두르고 있는 것이 이 시이다. 이때의 풍경은 무구하면서도 앙증맞아 더욱 관심을 끈다. 이 시가 이러한 형상을 보여주는 것은 무엇보다 시인의 동심이 투사되어 있기 때문이다. 그는 여기서 바닷가의 바위에 부딪치는 파도의 모습을 "바위가 바지를 내리고//똥을 누는" 모습으로 상상한다. 나아가 그는 파도가 바위의 "엉덩이를//철썩철썩 때리며//밑을 닦아주"는 모습으로 상상하는데, 이들 형상에서 시인의 동심을 읽기는 별로 어렵지 않다.

이처럼 이 시는 시인의 의식보다 객관적 사물이 지니는 이미지가 중심을 이루고 있다. 그의 시가 지니는 이러한 면은 다른 시 「무지개」에 의해서도 알 수 있다. 물론 이 시는 앞의 시에 비해 시인의 자아가 좀 더 개입되어 있기는 하더라도 말이다.

그의 시 「무지개」에는 "소나기 삼형제 지나간 뒤"에 펼쳐지는 무지개가 "비의 활"로 발상되어 있다. 둥글게 휜 무지개에서 활의 모습을 발견하는 것이 이 시이다. 나아가 그는 이 시에서 "사랑의 심장이 두근거리는" "그리움의 화살"을 찾기까지 한다. 이 활을 들어 그는 "그미의 먼 과녁을 향"해 "그리움의 화살"을 당기고 싶은 것이다. 이처럼 티 없이 맑은 사랑의 감정을 잃지 않는 것이 위 시에서의 시인 박만진이다.

자연의 사물로부터 깨닫는 그의 사랑은 여기에서 그치지 않는다. 바다로부터 "가없는 어머니"를 발견하는 시 「어머니 생각」이나, 몸에 난 상처를 통해 슬픔과 어둠의 의미를 되묻는 시 「상처」에도 그의 이러한 사랑은 잘 드러나 있다. 산자락 끝에 몰려 있는 바위로부터 "무릎을 꿇"고 있는 큰스님을 발견하는 시 「무릎을 꿇어」에서도 그것은 마찬가지이다. 이들 시와 함께하는 사랑 역시 그의 동심이 십분 발현되는 것은 분명하다. 종심(從心)을 바라보는 나이이지만 시인 박만진은 이처럼 지고하고 지순한 사랑을 지니는 사람이다.

물론 「외도」 등의 시에서는 사랑의 대상이 시의 모습으로 치환되어 드러나기도 하다. 그렇기는 하더라도 그의 시에서 사랑의 대상은 기본적으로 여인의 모습을 하고 있다. 여인에 대한 사랑은 그의 시 「홍시」, 「예쁜 고집쟁이」, 「가벼운 입맞춤」, 「김소엽 시인」, 「제발, 하느님!」, 「가시나무새」, 「줄곧」, 「십계명」, 「짝사랑도 사랑이다」 등을 통해서도 살펴볼 수 있다. 이들 시에 드러나는 그의 사랑은 매우 정겹고 뜨겁다. 심지어는 자기 자신의 정겹고 뜨거운 사랑의 마음을 "그대 입술이 내 입술에 입맞춤을 하고//내 입술이 그대 입술에 입맞춤을 한다면//오! 그 얼마나//달콤할 것인가", "황홀할 것인가"(「가벼운 입맞춤」)라고까지 하며 노래하는 것이 그이다.

  예쁜 고집쟁이,

  예쁜 만큼 고집도 예쁘다

  받지 않을 것을 염려하며

  다시 또 전화를 하겠지만

  마음의 불을 끌 수 없으니

  이대로 끝낼 수는 없다

  그끄제 문자로 띄운,

  비온 뒤에 땅이 굳을 것이고

  백지 위에 다시

  그림을 그리고 싶다는 말뜻을

  강물처럼 사려 깊은

그녀가 모를 리 있을까

하얀 촛농 속에

똘똘 뭉쳐 놓은

우황청심환 같은

예쁜 고집쟁이,

예쁜 만큼 고집도 예쁘다

—「예쁜 고집쟁이」 전문

이 시에는 "예쁜 고집쟁이"에 대한 시인 박만진의 상큼한 사랑이 담겨 있다. 이 시를 두고 누가 망종심(望從心)의 나이에 쓴 시라고 하겠는가. "예쁜 고집쟁이", 그녀가 전화를 "받지 않을 것을 염려하며/다시 또 전화를 하겠"다고 하는 시인의 마음이, 도저히 "마음의 불을 끌 수 없"다고 하는 시인의 마음이 참으로 귀엽고 앙증스럽다. 한편으로는 부러우면서도 한편으로는 주책이라고도 할 만한 것이 이 시에 드러나 있는 시인의 사랑이다. 하시만 이 시에 드러나 있는 그의 사랑이 더없이 천진한 마음에 뿌리를 두고 있는 것은 사실이다.

실제로는 더없이 외롭고 쓸쓸하게 하루하루를 살아가는 것이 그인지도 모른다. 외롭고 쓸쓸하게 살아가는 그의 마음이 여실하게 드러난 시도 없지 않기 때문이다. "말 한마디 나눌 사람이 없으니//온종일 말 한마디 듣지 못하네//지금 나는 1005호 섬에 있네//내가 살고 있으니 무인도가 아니네//1005호가 섬이 아니라 내가 섬이네"라고 노래하는 것이 그이다. 그가 "사람새가 되어//마음의 문을 닫아버린 그대에게 날아가" "이 세상이 밀물이듯 가득"(「사람새가 되어」) 차기를 바랄 따름이다.

3

시간은 세월을 만들고, 세월은 역사를 만든다. 공간은 고향을 만들고, 고향은 민족과 국가를 만든다. 인간은 시간과 공간 속에 내던져진 채 살아갈 수밖에 없는 존재다. 본래 자기가 태어나고 자란 시간과 공간으로부터 자유로울 수 없는 것이 인간이라는 것이다. 많은 시인이 자신의 시에 고향이라는 이름의 장소 혹은 공간에 대한 사랑을 드러내고 있는 것도 이와 무관하지 않다.

시인 박만진의 고향은 충청남도 서산이다. 지금도 그는 이곳 서산에서 살고 있다. 따라서 그의 시에 서산 혹은 서해안 지역의 풍물들이 드러나는 것은 매우 자연스러운 일이다. 「호랑가시나무」, 「만리포에 가면」, 「류방택 별」, 「류방택 선생 영정 우러러」, 「해 뜨는 서산」, 「가야산 풍경」, 「호랑이 얼굴」 등이 그러한 시의 대표적인 예이다. 이 중에서도 「류방택 별」과 「류방택 선생 영정 우러러」는 "서산시 인지면 양리촌에서" 태어나 "여든세 살의 일기로 눈을 감으신/류방택 선생"을 기리고 있어 좀 더 관심을 끈다. 류방택 선생은 "석각본石刻本 천상열차분야지도"를 남긴 분으로, "단군 이래 최초로 별을 연구"한 선현(先賢)이라고 할 수 있다. 고향인 서산에 '류방택 천문기상과학관'이 세워져 높이 선양되는 류방택 선생은 "고려 충숙왕 7년에 출생하여/조선 태종 3년"까지 활동한 우리나라 최초의 천문학자이다.

다른 시에서는 "해가 뜨는" 서산瑞山과, 해가 지는 서산西山, 한자 표기가 다른 두 개의 서산을 말놀이로 받아들이며 자신의 고향에 대한 애정을 표현하기도 한다. "서산瑞山이 서산西山이고/서산西山이 서산瑞山"이거늘, "뜨는 해"가 "어디에 있고", "지는 해"가 "어디에 있"느냐는 것이다. 이 시의 결구에서 그가 "상서로운 서산에 해가 뜨는데/누가 서산에 해가 진다고 하나"(「해 뜨는 서산」)라고 반문하는 것도 이와 무관하지 않다.

   해수욕장
   아우들이 넷,
   정겨운 발자국을 제각각 만날 수가 있네
   이를테면 다섯 형제인 셈인데
   금시초문인 나는
   사람에게만 형제가 있는 줄 알았지
   미처 몰랐던 사실이네
   낯선 풍경을 누리는 호강을 하려면
   때로는 귀동냥이 필수 조건이네
   누구이든 현지인에게 물어보면
   저기유, 해변을 끼구 쭉 따라가슈, 라고
   지그시 웃으며 길을 가리켜 줄 것이네
   만리포해수욕장이 맏이이고
   천리포해수욕장이 둘째,
   백리포해수욕장이 셋째,
   십리포해수욕장이 넷째,
   일리포해수욕장이 막내인 모양으로
   구름포란 아명으로 불리어
   일리포해수욕장을
   자칫하면 만나지 못하고 돌아올 뻔했네
   사람들은 나이로 터울을 가늠하지만

> 그 형제들 터울이 천차만별인 것이
> 드높은 하늘이 아버지이고
> 드넓은 바다가 어머니이니 그럴 수밖에,
> 형만 한 아우 없다고
> 사람이나 해수욕장이나
> 매 일반인 듯하네
>
> ―「만리포에 가면」 전문

말 재미를 추구하면서도 서해안 일대의 해수욕장을 잘 보여주고 있는 시이다. "만리포에 가면" 누구나 이 시에서처럼 네 개의 "해수욕장/아우들"을 만날 수 있다. 해수욕장의 형제가 다섯이라는 것인데, 맏이인 만리포 해수욕장과 함께하는 네 명의 "아우들"이 바로 그것이다. 물론 이는 천리포해수욕장, 백리포해수욕장, 십리포해수욕장, 일리포해수욕장(구름포)을 두고 하는 말이다.

이들 구절에 드러나 있는 가장 중요한 것은 말들이 이루는 맛과 멋, 곧 말 재미이다. 이 시가 지니는 말 재미는 "현지인에게 물어보면/저기유, 해변을 끼구 쭉 따라가슈, 라고/지그시 웃으며 길을 가리켜 줄 것이네"와 같은 구절에서도 찾아볼 수 있다. 이들 말 재미를 바탕으로 그의 고향인 서해안 일대의 해수욕장을 우회적으로 홍보, 선전하는 것이 이 시에서의 그이기도 하다.

말 재미에 대한 자각과 그것의 심미적 표현이 오직 이 시에서만 드러나는 것은 아니다. 어쩌면 이번 시집의 시들이 지니는 그의 시의 가장 중요한 특징 중의 하나가 언어에 대한 자각인지도 모른다. 물론 여기에서 말하는 언어에 대한 자각은 기표 놀이 혹은 언어유희를 가리킨다. 다음의 시 또한 일단은 말 재미에 대한 자각을 바탕으로 하고 있다.

남산만한 배,

왜 남산만하다고 하나

남산은 그 사실을 알고 있나

예부터 알면서도

짐짓 모르는 체하고 있나

남산만한 배라고

말하는 사람,

진작 남산은 가보았나

아차산만한 배라고 하면 안 되나

보문산만한 배라고 하면 안 되나

유달산만한 배라고 하면 안 되나

팔공산만한 배라고 하면 안 되나

이따금 거리에서

버스 터미널에서

마트에서

저자에서

남산만한 배를 보았네

그때 그 베트남 여인,

그때 그 필리핀 여인,

그때 그 우즈베키스탄 여인,

그때 그 스리랑카 여인,

달 달 무슨 달

쟁반같이 둥근 달이 뜨는

거뭇한 남산이 있어

서울에 사람들이 넘쳐나나

남산만한 배,

     왜 남산만하다고 하나

                    —「남산만한 배」 전문

　이 시에서 시인이 가장 먼저 주목하는 것은 "남산만한 배"라는 말이다. 이어 그는 임신한 여자의 배를 두고 "왜 남산만하다고 하나"라는 질문을 던진다. 이 질문은 남산이 "그 사실을 알고 있나", "알면서도/짐짓 모르는 체하고 있나"라는 구절로 이어진다. 시인은 다시 "남산만한 배라고/말하는 사람,/진작 남산은 가 보았나"라고 질문한다. '남산'이라는 말에 집착하는 이들 질문에는 얼핏 아무런 의미도 들어 있지 않은 듯하다. 물론 그렇지 않다. 그가 "남산만한 배"를 "이따금 거리에서/마트에서/저자에서" 만나고 있기 때문이다. 물론 이때의 그 "남산만한 배"의 주인공은 한국의 여인이 아니라 "베트남 여인", "필리핀 여인", "우즈베키스탄 여인", "스리랑카 여인"이다. "달달 무슨 달" 어디어디 떴나 남산 위에 떴지라고 노래할 때의 '남산'이 더는 이 나라 여인의 임신한 배에 비유될 수 없게 된 것이다. 이제는 임신한 여인의 배를 "남산만한 배"라고 부를 수 없게 되었다는 얘기이다.

　이 시에는 서울 중심의 문화에 대한 시인의 거부감도 들어 있다. 이는 "거뭇한 남산이 있어/서울에 사람들이 넘쳐나/남산만한 배,/왜 남산만하다고 하나"와 같은 구절에 의해 증명된다. 서울 중심의 사고방식에 대한 거부감은 그의 또 다른 시를 통해서도 알 수 있다. 「서울행 버스에서」가 그것이거니와, 이 시에서 그는 "앞좌석에 앉은 낯익은 여인이" 하는 "좋은 일이 있어 올라가시나 봐요"라는 인사말을 문제로 삼는다. "언덕을 올라가는 것도 아니고/산길을 올라가는 것도 아니고/마냥 고속도로를 달려가는 것뿐인데/어찌 서울에 올라간다고 하"느냐는 것이다.

　기표든 기의이든 말에 대한 성찰을 보여주는 것은 그가 그만큼 오늘의 현실에 대한 깊은 이해를 갖고 있다는 뜻이 된다. 근대 후기의 시에 이를수록 기표 놀이를 통해 삶의 의미를 되묻는 경향이 강화되기 때문이다. 물론 이러한 논의는 기표 놀이, 곧 언어유희에 관한 관심이 단순한 놀이에 그치지는 않는다는 뜻이다. 대상을 합리적으로 바라볼 수 있는 능력이 없이 언어에 대한 제대로 된 관심을 갖기는 어렵다. 언어 그 자체가 체계이기 때문이다. 기표로서의 언어는 본래 법칙에 맞게 결합되기 마련이다. 언어의 법칙, 곧 문법을 두고 논리 운운하는 까닭이 바로 여기에 있다. 논리는 일종의 질서이다. 문법 자체, 곧 음소가 모여 음절이 되고, 음절이 모여 단어가 되고, 단어가 모여 구와 절이 되고, 구와 절이 모여 문이 되는 과정 자체가 질서이기 때문이다, 이때의 질서에는 당연히 기의보다 기표가 선행한다. 기표가 모여 질서를 이룬다는 것인데, 여기서 말하는 기표가 단지 기의만을 거느리지 않는다는 것은 불문가지이다. 이미지나 어조, 화자나 청자 등과 어울려 미묘한 재미를 만드는 것이 기표이거니와, 시에서는 이를 가리켜 흔히 기표 놀이라고 한다.

그의 시는 이처럼 기표 놀이를 기초로 하고 있어 좀 더 주목된다. 바로 그러한 점에서 그의 시는 근대를 넘어서는데,「풍, 풍, 풍」,「무이파」,「츠환러마」,「복수, 복수초」,「바퀴벌레」,「운석隕石」,「하루살이」,「너구리」 등의 시가 그 대표적인 예이다.「풍, 풍, 풍」은 삼세번,「무이파」는 무이파, 「바퀴벌레」에서는 바퀴,「복수, 복수초」는 복수 등을 동음이의어로 삼아 시의 말맛을 추구한다.「너구리」는 동물의 이름 너구리와 태풍의 이름 너구리를 비교, 대조하는 가운데 어희를 추구하고 있어 더욱 관심을 끈다.

그의 시에서의 기표 놀이는 기의놀이와 함께하고 있어 좀 더 주의를 요한다. 기의놀이라고 할 때의 '기의'는 기본적으로 동음이의어(同音異議語)의 이의어(異議語)가 만드는 말 재미와 무관하지 않다. 실제로도 이들 이의어(異議語)가 만드는 말 재미를 십분 응용하는 것이 그의 시라고 할 수 있다. 동음이의어는 하나의 기표에 두 개 이상의 기의가 따르는 말을 가리킨다. 이는 앞의 시「사과」에서의 '사과',「너구리」에서의 '너구리'라는 기표가 지니는 다의성을 통해서도 확인된다.

　실제로는 일상의 모든 언어(어휘)가 동음이의어이다. 수의 언어를 제외하면 하나의 기표가 하나의 기의만을 갖는 예는 없다. 사전에 수록된 기표는 모두 두 개 이상의 기의와 함께하는 것을 알 수 있다. 오늘의 시에는 언어의 이러한 특징에 주목해 시인 자신의 심미적 가치를 제고시키는 예가 상당하다. 시라는 것이 본래 언어 자체를 질료로 하는 예술이라는 것을 생각하면 이는 매우 자연스러운 일이다.

　　　　동명반점에서 울면을 시켜
　　　　울면을 먹었어
　　　　울면을 울지 않고
　　　　웃으면서 먹었어
　　　　울면이 아니라 웃으면을,
　　　　웃으면이 아니라 점심을 먹었어
　　　　아무튼 혼자 사는 게 죄야
　　　　이제 혼자 먹는 밥이 지겨워졌어
　　　　예순일곱 징그러운 나이가
　　　　찰거머리처럼
　　　　내게 착 달라붙어 있어
　　　　살기 위해 먹는 밥은
　　　　죽지 못해 먹는 밥이 아니야
　　　　홀로 산 지 열두 해가 지났으니
　　　　슬슬 지겨울 때가 되기도 했어
　　　　아침은 먹는 둥 마는 둥하고
　　　　점심은 친구들 아니면

지인知人들과 식당에서 해결하지만
함께할 사람이 없을 때에
정말 어려운 게야
김밥, 칼국수, 짜장면을 즐겨 찾지만
되우 쑥스러운 게야
마치 무슨 죄를 짓는 사람처럼
슬금슬금 주변을 살피게 되는 게야
일요일 한낮 빈둥거리며
라면을 끓일까 하다가
동명반점에서 울면을 시켜
울면을 먹었어
울면을 울지 않고
웃으면서 먹었어

―「울면」 전문

 이 시는 '울면'이라는 기표가 갖는 양가적 의미에 기대어 내용이 전개되고 있다. "동명반점에서 울면을 시켜/울면을 먹었어", "울지 않고/웃으면서 먹었어"라는 구절이 바로 그것인데, 이들 구절은 일단 독자들을 웃게 만든다. 이어지는 구절을 보면 결코 웃을 수 없는 것이 이 시의 내용인데도 말이다. "혼자 사는 게 죄야/이제 혼자 먹는 밥이 지겨워졌어/예순일곱 징그러운 나이가/찰거머리처럼/내게 착 달라붙어 있어" 등이 구절이 이를 잘 말해준다. 아내와 헤어지고 "홀로 산 지 열두 해가 지났으니" 그로서는 "슬슬 지겨울 때가 되"었다고 할 만도 하다. "울면을 울지 않고/웃으면서 먹었어" 운운하는 이 시의 결구 역시 동음이의어에 기초하고 있기는 마찬가지이다.
 그의 시를 읽는 즐거움이 오직 동음이의어에만 기초해 있는 것은 아니다. 이음동의어에 기초해 말 재미와 삶의 의미를 되묻고 있는 시도 없지 않기 때문이다. 그의 시 중에는 하나의 기의가 갖는 두 개의 기표에 기초해 어희를 추구하는 시도 있다는 것인데, 「사과」나 「달걀」 등이 그 예라고 할 수 있다. 전자는 '사과'와 '능금'이라는 두 개의 기표를 통해 어희를 시도하는 시이고, 후자는 '달걀'과 '계란'이라는 두 개의 기표를 통해 어희를 시도하는 시이다.

 강조하거니와, 그의 시에 드러나 있는 기표 놀이는 단지 기표 놀이에 그치지는 않는다. 그의 시에서의 기표 놀이는 언제나 새로운 의미를 만드는 가운데 삶의 진정한 의미를 되묻기 때문이다. 그의 시가 지니는 이러한 특징이야말로 근대를 넘어서는 그 나름의 선진적 시 의식이라고 아니 할 수 없다. (2015)

따뜻한 감각 혹은 그윽한 아우라
—이수영 시집, 『무지개 생영부』, 서정시학, 2017.

　이수영의 시는 따뜻하면서도 부드럽다. 따뜻하면서도 부드러운 정서를 향해 움직이는 섬세한 감각에 뿌리를 두고 있는 것이 그의 시이다. 격조 있는 에스프리로 예의 감각을 가볍게 포착하는 가운데 전개되는 것이 그의 시의 심미적 특징이다. 이처럼 그의 시는 함부로 들뜨지 않는 자아, 곧 깊이 절제된 자아를 바탕으로 하고 있다. 이들 자아를 바탕으로 각각의 대상이 지니는 따뜻한 감각 혹은 그윽한 아우라를 세련된 필치로 그려내는 것이 그의 시이다. 그렇다. 그의 시에서 별쫑맞은 감정, 곧 치고 달리는 질풍노도의 감정을 발견하기는 어렵다. 그보다는 담담하게 받아들이는 심미적 감각을 차분하고 침착한 서정의 언어로 아름답고 섬세하게 포착해내는 것이 그의 시이다.
　그의 시가 보여주는 이러한 특징은 우선 「내 안에서 레몬 향을 맡다」에 의해 확인된다. 장내시경을 하기 위해 코리트산 액을 마신 뒤 변화하는 그 자신의 감각을 그려내는 것이 이 시이다. 이 시에서 그는 예의 액을 마신 뒤 바뀌는 몸의 형편을 "몸 안에 변이 없다는 이 사실,//창자 안에 레몬//향기의 길이 생겨난다"(「내 안에서 레몬 향을 맡다」 부분)라고 말한다. 이처럼 이수영의 시는 어떤 고통도 아름답고 따뜻한 서정의 언어로 포착해내는 특별한 솜씨를 보여준다. 그의 시의 이러한 솜씨를 주체의 정신적 고통을 드러내는 작품에서만 엿볼 수 있는 것은 아니다. 그의 시에 의해 포착되는 대상은 모두 이처럼 아름답고 따뜻한 서정의 언어로 정련되어 있기 때문이다. 그의 시의 이러한 특징은 우선 봄의 "꽃눈자리"를 노래하는 시의 "신생아의 잠 같은 고단한 잠,//손사래 치는 어여쁜 손가락으로 문득//내 앞에 와 있군요, 그대"(「꽃눈자리 그대」) 등의 구절에 의해 확인된다.

  그의 이번 시집에는 유독 봄의 풍경과 일상을 노래한 시가 많다. 이들 봄의 시에서 그가 포착하는 대상 또한 곱고 섬세하게 그려져 있기는 마찬가지이다.

>목련 꽃봉오리가 부풀기 시작했다
>
>가슴이 봉긋 솟았다
>
>분화구까지 밀고 올라온
>
>용암을 가둔 활화산처럼
>
>위험한 저 꽃봉오리,
>
>나는 언제쯤 저렇게 클까
>
>기다리는 창가에 부서지는 햇빛종소리.
>
>―「남향집」 전문

  이 시의 화자는 아직 어린 시인이다. 시의 서두(序頭)에서 어린 시인은 이

제 막 "부풀기 시작"하는 "목련 꽃봉오리"를 보고 "가슴이 봉긋 솟았다"고 생각한다. 하지만 이어지는 구절 "분화구까지 밀고 올라온" "활화산처럼// 위험한 저 꽃봉오리"의 화자는 어린 시인이라고 보기 어렵다. 하지만 다음의 구절, 곧 "나는 언제쯤 저렇게 클까"라는 구절의 화자는 다시 어린 시인이라고 해야 옳다. 이처럼 이 시에는 화자의 시점이 뒤섞여 있지만 그것이 심각한 미적 저해 요인으로까지 보이지는 않는다. 그보다는 오히려 이 시를 매조지하는 "기다리는 창가에 부서지는 햇빛종소리"와 같은 구절의 공감각이 놀랍게 받아들여진다.

이 시에 표현된 예의 감각 뒤섞기는 무엇보다 이미지를 다루는 그의 솜씨가 매우 뛰어나다고 하는 것을 반증한다. 이들 솜씨는 대상을 이루는 자연의 존재를 그 자체로 존중할 때, 곧 빈 마음을 가질 때 가능해진다. 주체의 내부에 자리해 있는 들끓는 욕망을 걷어내고, 대상이 지니는 심미적 결정을 순간적으로 묘파해낼 때 이루어지는 것이 그것이기 때문이다.

봄날의 "목련 꽃봉오리"에서 어린 소녀의 젖가슴을 연상해내는 일은 별로 새롭지 않다. 하지만 어린 시인이 "목련 꽃봉오리"를 자기 자신의 젖가슴으로 발상하는 시는 찾아보기 어렵다. 그렇다. 어린 소녀가 "목련 꽃봉오리"를 자기 자신의 젖가슴으로 받아들이면서 전개되는 것이 이 시이다.

이 시집에서 신생하는 봄의 상상력을 점묘하는 예로는 「봄의 눈빛이 핥다」, 「우수절」 등이 더 있다. 이들 두 편의 시는 공히 봄의 햇살이 대지 위에 내리쬐는 것을 어미가 새끼를 핥는 것에 비유한다. 봄이 주는 심미적인 감각을 섬세한 언어로 묘파하는 이들 시 가운데 좀 더 직접적으로 시인의 감각과 관계하는 것은 뒤의 시 「우수절」이다.

　　　　봄은 한 마리

　　　　입이 큰 짐승

겨우내 웅크려 껴안고 있던

　　새끼를 토해 놓는다

　　비틀거리며 눈도 바로 못 뜨는

　　겨울을,

　　봄이

　　핥아주고 있다.

　　　　　　　　　　　　　─「우수절」 전문

　이 시에서는 봄이 "한 마리//입이 큰 짐승"으로 비유되고 있다. 시각과 촉각, 그리고 미각까지 착종(錯綜)되는 이 시에서 "큰 짐승"인 봄은 급기야 "겨우내 웅크려 껴안고 있던//새끼를 토해 놓는다". "비틀거리며 눈도 바로 못 뜨는//겨울을" 핥아주고 있"는 것이 이 시에서의 봄이다.
　이수영의 시들은 이처럼 대상에 대한 감각적 직관을 날것 그대로 그려낸다. 이렇게 그려내는 그의 시의 대상이 오직 봄날의 풍경에 그치는 것은 아니다. 더러는 "천지간 만물들"이 저무는 "여름날"의 풍경이 그려지기도 하고, "햇볕 쨍한 가을날"의 풍경이 그려지기도 하는 것이 그의 시이다. 전자의 예로는 「수영천에서」를 들 수 있고, 후자의 예로는 「100번 고속도로」를 들 수 있다.
　이들 시에서도 알 수 있듯이 자신의 시에서 그는 시적 자아를 극도로 억제한다. 절제된 언어로 시적 대상이 함유하는 감각적 특징을 순간적으로 포착해내는 것이 그의 시이다. 이는 가을날의 풍경을 그리는 또 다른 시 「과꽃이 붉은 까닭」에 의해서도 확인된다. 이 시의 "마른번개를 홀로 견디는 한나절//전철역 한 귀퉁이가//저토록 붉은 까닭" 등의 구절들 말이다. 그렇기는 하지만 그가 자신의 시에서 주관적 자아를 완전하게 제거하는 것은 아니다. 대상과 온당한 합일을 이루는 자아를 표현하는 시도 없지는 않기 때문이다.

> 한밤에 잠이 깬다
>
> 달이 나를 내려다보고 있다
>
> 금세 푸르러지며
>
> 맘껏 팽창하는 알몸
>
> 달 속에 내가 빠져든다
>
> 내가 바다가 된다.
>
> —「푸른 달의 바다」 전문

이 시에는 "한밤에 잠이 깬" 시인이 자기 자신을 "내려다보고 있"는 달과 상호 관계하는 화폭이 펼쳐지고 있다. "금세 푸르러지며//맘껏 팽창하는 알몸"의 내가 "달 속에" "빠져"드는 것이 예의 상호 관계이다. "달 속에" "빠져든" 나는 이 시에서 이내 "바다가 된다." 바닷물 위에 떠 비치는 것이 이때의 달이라는 것을 잊어서는 안 된다.

이에서도 알 수 있듯이 그의 시의 자아는 대상들과 결코 들뜨지 않는 관계, 적절하고 온전한 관계를 이룬다. 이러한 자세로 각각의 대상이 함유하는 감각적 현존을 순간의 거울로 비추어내는 것이 그의 시이다. 자신의 시에 포착되는 온갖 대상들과 그가 이처럼 적절하고 온전한 관계를 유지할 수 있는 것은 무엇보다 충실한 교양 때문으로 보인다.

적잖은 시와 함께하는 충실한 교양은 우선 타예술에 관한 그의 관심을 매개로 드러난다. 타예술에 관한 관심은 본래 여유 있는 마음에서 비롯되기 마련이다. "미나리갤러리에 앉아 케냐커피를 마"실 수 있는 여유 있는 마음이 없이는 불가능한 것이 타예술에 대한 관심이라는 것이다. 이는 먼저 발레 일반에 대한 그의 관심으로 드러난다. "제비꽃"이 "익어가는 이 한낮"에 봄햇살을 발레의 이인무(二人舞)인 "그랑 파드되"(「봄, 발레리노」)로 비유하는 그의 시의 한 구절이 그 예이다.

시인의 충실한 교양을 알 수 있게 해주는 타예술로 정작 주목이 되는 것은 음악이다. 그의 시에 등장하는 음악은 기본적으로 서구의 클래식이다. 에릭 사티의 「짐노패디」, 모차르트의 「클라리넷 5중주」, 슈베르트의 「송어」와 「보리수」, 쇼팽의 「녹턴」, 생상스의 「제1교향곡」 등 서구의 고전음악 말이다.

고전음악이든 대중음악이든 음악이 수용되는 감각은 청각이다. 이들 청각적 이미지를 그는 곧잘 시각적 이미지로 전이시켜 아름다운 풍경을 만든다. 에릭 사티가 작곡한 피아노곡 「짐노페디」를 시각적 이미지로 바꾸어 쓴 그의 시 「짐노페디Ⅰ」이 대표적인 예이다. 「짐노페디」는 본래 애조를 띤 동시에 어두운 음감을 보여주는 에릭 사티의 초기 피아노곡이다. 다음은 그가 이를 시로 바꾸어 쓴 「짐노페디Ⅰ」의 전문이다.

    등대가 저 멀리 방파제 끝에서 빨갛다

    그림 같다, 에릭 사티,

등대를 등지고 정물로 앉아 있다

에릭 사티와 등대 사이의 간극

사이란 늘 그런 것이다

파랑이 있고, 갈매기가 있고

무지몽매한 시간이 있다

또한 그림 속에서 서성거리는 내가 있다.

　에릭 사티의 초기 피아노곡 「짐노페디」를 들으며 시인은 지금 일련의 풍경을 떠올린다. 이들 풍경 속에서 그가 가장 먼저 발견하는 것은 "저 멀리 방파제 끝에서 빨갛"게 서 있는 "등대"이다. 이 풍경의 한구석에는 "에릭 사티"가 "등대를 등지고" 하나의 "정물로 앉아 있"기도 하다. 풍경 속의 "에릭 사티와 등대 사이"에는 얼마간의 "간극"이 있다. 이 간극을 두고 시인은 "사이란 늘 그런 것이다"라고 말한다. 더불어 그는 그 사이에 "파랑이 있고, 갈매기가 있고//무지몽매한 시간이 있다"고 언급한다. 그뿐만이 아니라 시인 이수영은 이들 풍경 속에는 "서성거리는 내가 있다"고 진술한다.
　이 시에 드러난 그의 예의 언급은 가난하고 외롭던 시절 "에릭 사티"의 연인이었던 수잔 발라동을 떠올린다. 프랑스 몽마르트에서 궁핍하게 살던 때의 "에릭 사티"의 연인 수잔 발라동 말이다. 수잔 발라동을 사랑하던 "에릭 사티"가 그때의 열정으로 피아노곡인 「짐노페디」를 작곡했다는 것은 주지의 사실이다.

서구 고전음악에 대한 그의 관심은 모차르트의 「클라리넷 5중주」를 직접 시의 대상으로 삼기도 한다. 그에 의해 시로 재창조된 「클라리넷 5중주」는 모차르트가 자신의 음악 「클라리넷 5중주」를 작곡하게 되는 과정을 아주 매력 있는 소서사로 형상화한다. 이 시에는 "모차르트는 2세"가 탄생하게 되는 과정과 뒤섞이는 가운데 모차르트의 「클라리넷 5중주」가 탄생하게 되는 과정이 그려져 있다. 모차르트의 「클라리넷 5중주」가 탄생하게 되는 과정과 "모차르트는 2세"가 탄생하게 되는 과정이 겹쳐 드러나고 있는 것이 그의 이 시라는 것이다.

서구의 고전음악에 대한 그의 충실한 교양은 「슈베르트 추억」과 같은 시에서도 확인된다. 이 시에 따르면 아주 어렸을 때부터 서구의 고전음악과 함께한 체험을 지니는 것이 그이다. 다분히 자전적인 내용을 담아낸 이 시 「슈베르트 추억」에서는 다음과 같은 구절이 좀 더 주목된다. "『청소년세계명곡집』은 막내삼촌이 내게 선물한 음악 앨범이다 초등학교 6학년 겨울방학, 내 생일을 즈음해서 이제 중학생이 되는 작은 숙녀를 위해" 운운하는 구절 말이다. 이들 구절로 미루어보면 그가 아주 일찍부터 "『청소년세계명곡집』"을 통해 슈베르트의 「송어」, 「보리수」, 「겨울 나그네」 등을 들으며 성장해온 것을 알 수 있다. 이러한 체험의 그가 어느 여름날 아침 93.1 메가헤르츠 KBS FM에서 "생상스의 음표들"(「생상스의 여름」)이나 쇼팽의 「녹턴」을 듣는 것은 매우 자연스러운 일이다. 계절이나 시간과 관계없이 음악과 함께 해온 것이 그이기 때문이다.

여름날 신새벽 녹턴을 듣는다

비로소 너의 문, 열린다

백합의 수술들보다 더 붉은

너의 옛날을 나는 움켜쥔다

녹턴을 처음부터 다시 듣는다

이제야 백합향보다 더 지독한

너를 사랑하기로 한다, 나는.

―「녹턴」 전문

  이 시는 어느 "여름날 신새벽" 쇼팽의 피아노 독주곡 「녹턴」을 들으며 떠오르는 시인의 감회를 담고 있다. 녹턴(Nocturne)은 로마 시대에 '밤의 신'이라는 의미로 불리던 라틴어 'NOX'에서 유래한다. 밤의 정취로부터 영감을 받아 조용하고 명상적인 분위기를 노래하는 음악을 흔히 녹턴, 곧 야상곡(夜想曲)이라고 한다. 이 시에서도 시인은 밤의 정취에 빠져 쇼팽의 피아노 독주곡 녹턴을 듣는다. 「녹턴」과 함께 '너'의 옛날에 대해 듣고 있는 것이 이 시에서의 그이다. 그러면서 그는 "비로소 너의 문"이 열리는 것을 안다. 그가 보기에는 "백합의 수술들보다 더 붉은" 것이 "너의 옛날"이다. 이윽고 그는 "너의 옛날"을 "움켜쥔다". 그러한 뒤 쇼팽의 피아노 독주곡 "녹턴을 처음부터 다시" 들으며 그는 "백합향보다 더 지독한//너를 사랑하기로 한다".

  시인 이수영의 음악에의 경도는 서구의 고전음악에만 그쳐 있는 것이 아니다. 지고한 향기를 갖고 있는 대중음악에 대한 관심도 상당하기 때문이다. 「코드, 마이클 잭슨」, 「슬픔이 보석이 되기까지」 등이 그의 대중음악에 관심을 알게 해주는 시이다. 앞의 시에는 너무나 유명한 '마이클 잭슨'의 노래, 뒤의 시에는 매우 다채로운 경력을 갖고 있는 로드 맥퀸의 노래가 수용되어 있다.

충실한 교양인으로서 그의 면모는 서구의 근대미술에 대한 깊은 관심으로도 드러난다. 일단은 그것이 다른 많은 시인들의 경우처럼 고흐의 그림에 대한 이해로 구체화하고 있음을 알 수 있다. 「고흐의 수로」가 다름 아닌 그것인데, 이 시는 고흐의 스케치 「수로」를 저본(底本)으로 하고 있다.

고요가 층층이 쌓인 숲가

여기에 누가 이 물길을 내었을까

소나기 한 차례 퍼부은 뒤

불어나는 물의 몸

수로에 떨어져 내리는 적막의 다른 이름,

고흐의 벤치는

이 계절 저 혼자 야위어 간다

먼 곳으로 흘러가라—

내일을 기억하고 다시 만나게 될 것이다.

이 시에서도 그는 고흐의 그림을 한 편의 시로 바꾸어 표현한다. 고흐의 그림 「수로」를 저본으로 하여 발상한 것이 이 시라는 얘기이다. 이 시에서 그는 우선 "고요가 층층이 쌓인 숲가//여기에 누가 이 물길을 내었을까"라고 반문한다. 그리고 이어 그는 "소나기 한 차례 퍼부은 뒤//불어나는 물"을 "수로에 떨어져 내리는 적막"이라고 명명한다. 나아가 그는 수로 곁의 "벤치"를 두고 "이 계절 저 혼자 야위어 간다"고 표현한다. 마침내는 "먼 곳으로 흘러가라—//내일을 기억하고 다시 만나게 될 것이다"라는 구절로 매조지하는 것이 이 시이다. 따라서 이 시에는 무슨 주제나 의미 같은 것이 들어 있지 않다. 이 시가 고흐의 그림 「수로」가 주는 인상을 순간의 심미적 언어로 형상화하고 있을 뿐이기 때문이다.

미술에 대한 그의 관심은 이에서 그치지 않는다. 다른 시 「무염의 빛」에서 프랑스의 근대화가 수잔 발라동과 그의 아들 모리스 위트릴로에 대한 관심을 보여주기도 하기 때문이다. 미술에 대한 그의 관심은 한국의 화가 유영국, 이만익, 최현, 김영태 등에게로 전이되어 드러나기도 한다. 이는 특히 「유영국의 달」, 「트라이앵글」, 「왼손이 그린 초상화—소호의 그림에 붙여」 등의 시에 의해 확인된다. 물론 이들 시에 드러나 있는 몇몇 화가에 대한 관심은 예술 일반에 대한 그의 관심이 변형된 것이라고 해야 마땅하다.

예술 일반에 대한 관심 중에는 백석 시인에 대한 관심도 들어 있다. 시의 소재로 백석이 등장하는 「이즈반도에 가다」, 「백석은 여기에」 등이 바로 그것이다. 이들 시에서 그는 "더 없이 향기로우나 더 없이"(「이즈반도에 가다」) 쓴 감각을 발견하기까지 한다. 시에 드러나 있는 그의 감각이 얼마나 폭넓은가를 증명해주는 좋은 예이다.

시, 그림, 음악 등 예술 일반에 대한 지속적인 관심은 무엇보다 그의 충실한 교양과 문화적 수준을 보여준다. 또한 이는 그 자체로 그의 시의 정신 지향이 그윽한 아름다움 및 품위 있는 삶과 함께하고 있다는 것을 말해준다. 그윽한 아름다움 및 품위 있는 삶과 함께하려는 의지는 그의 시에서 자주 심미적 이국취향과 외래어 지향의 형태로 전이되어 드러나기도 한다.

"셀룰러 폰의 광고 카피가 내 인생에 끼어든다"(「구름의 발걸음」 부분)

"바질 잎이 새파란 고르곤졸라치즈 피자//한 조각"(「아버지의 가을」 부분)

"전망 좋은 카페에 가 화덕에서 갓 구워낸 마르게리따 피자와 밀크 티를 앞에 놓고 오후의 시간을 즐긴다"(「팡세」 부분)

"언제나 빈 하늘가엔//리시안서스 보라꽃송이 하나"(「다이얼로그— 초개의 시를 패러디하다」 부분)

 위의 시구절은 그의 시에 감추어진 심미적 이국취향과 외래어 지향의 구체적인 증거들이다. 이들 구절을 읽으며 먼저 떠오르는 것에는 그의 시와 함께해온 김종삼, 김영태 시의 영향이다. 그렇다. 김종삼, 김영태의 시에서 느낄 수 있는 감각을 두루 공유하는 것이 이수영의 시이다. 김종삼, 김영태 시의 아우라가 뒤섞여 있는 듯한 느낌을 주는 그의 시라는 뜻이다. 물론 상대적으로 좀 더 많은 영향을 받은 것은 김영태의 시인 것 같지만 말이다. 생전에는 초개라는 아호(雅號)로도 불렸던 것이 김영태 시인이다. 이수영의 시에는 실제로 초개라는 김영태의 아호가 등장하는 예가 적잖다. 「트라이앵글」, 「다이얼로그—초개의 시를 패러디하다」, 「초개 이니스프리」 등의 시가 그 예이다. 이들 시는 기본적으로 낭만적 감성과 함께하고 있거니와, 좀 더 자세히 살펴보면 이들 시 역시 심미적 이국취향과 외래어 지향을 바탕으로 하는 것을 알 수 있다.
 이들 시에 의하면 그의 경우 초개 김영태 시인의 생전에 얼마간 직접적인 인연을 맺은 듯도 하다. 그와 초개 김영태 시인의 관계가 좀 더 잘 드러나 있는 시는 「트라이앵글」이다. 이 시에서 그는 초개 김영태 시인을 두고 "에릭 사티와 상당 부분 닮은꼴이"라고 말한다. 당시 그는 초개 김영태 시인을 에릭 사티에 비견할 만큼 높게 평가했던 듯하다.

> 사람들 웅성거림 속에 보인다
> 볼사리노 모자의 검정
> 그 모자 아래 번뜩이는 섬광
> 날카로운 눈빛의 하양이,
> 그 옛날 함께 먹었던
> 민물새우 무지짐을 숟가락으로 떠먹으며
> 그 계절은 깊은 가을이었지 기억한다
> 민물새우와 한 몸으로 들어앉은 그 궁궐 안에서
> 아무런 말도 없이
> 그 음식의 맛, 순전한 맛을 즐겼던
> 보배로운 시간들
> 격자무늬 창호 문에
> 회색 그림자 하나 들어앉아 있다
> 오늘.
>
> ―「초개 이니스프리」 전문

이 시에 따르면 그는 초개 김영태 시인과 함께 "그 옛날" "민물새우 무지짐을 숟가락으로 떠먹"었던 기억을 갖고 있다. 하지만 그는 지금 저 혼자 "민물새우 무지짐을 숟가락으로 떠먹으며" 초개 김영태와 함께했던 때를 떠올린다. 더불어 그에게 초개 김영태 시인은 "사람들 웅성거림 속에 보"이는 "볼사리노 모자의 검정"으로도 기억된다. "그 모자 아래 번뜩이는 섬광//날카로운 눈빛의 하양"으로 말이다. 그뿐만이 아니라 그는 김영태 시인과 함께 "그 음식의 맛, 순전한 맛을 즐겼던//보배로운 시간들"을 갖고 있기도 하다. 그러나 그에게 초개 김영태는 현재 "격자무늬 창호 문에//회색 그림자 하나"로 "들어앉아 있"을 따름이다. 그가 김영태 시인을 '초개 이니스프리'라고 명명하는 까닭이 바로 여기에 있다. 그에게는 이제 시인 김영태가 프랑스의 호수 섬 이니스프리로 존재하는 것이다.

초개 김영태 시인을 이렇게 명명하는 데는 무엇보다 그의 낭만적 여행의식이 작동한다. 이 시집에서 그의 시와 함께하는 낭만적 여행의식을 찾기는 별로 어렵지 않다. 그가 시의 소재를 미국의 유명한 쇼핑몰인 '폴라리스 몰'(「폴라리스 몰Ⅰ」, 「폴라리스 몰Ⅱ」)에서 발견하는 것도 낭만적 여행 의식의 하나라고 할 수 있다. 그의 시가 지니는 이러한 낭만적 여행 의식은 「탄자니아 커피와 포카치아」에 이르러 절정의 아름다움을 보여준다. 이 시에 표현된 "탄자니아 커피" "포카치아 빵" 등의 외래어는 그의 다른 시 「어떤 보고서」에 이르면 "베어링" "브레이크 패드" "RX300" "스트레스장애" "파노라마" 등의 어휘로 드러난다. 이들 이국주의적 심미의식도 낭만적 여행의식이 구체화한 것이거니와, 그의 시의 이러한 점들도 김종삼, 김영태의 영향을 짐작하게 한다. 그의 시에 등장하는 이국의 공간으로는 일본(이즈반도, 후지산), 자메이카, 중국(경덕진) 등도 더 들 수 있다.

심미적 이국취향과 외래어 지향, 곧 먼 곳의 존재를 그리워하는 낭만적 정서는 "늙은 선원"이라는 부제가 있는 그의 시 「올드 스파이스」에 의해서도 확인된다. '올드 스파이스'는 흔히 아버지의 냄새라고 불리는 미국산 남성용 향수를 가리킨다. 이 시는 남성용 향수를 담고 있는 용기를 묘사하는 것으로부터 시작된다. "원뿔로 올라가다가 마침내 뾰족한 입//백색 도자의 그 입 열면//향내 나는 분수가 쏟아져 내리는 아침" 등의 구절 말이다. 이들 심미적 이국취향의 외래어로는 그의 시 「마라나타」에서도 발견된다. '마라나타'는 기독교 성경에 나오는 말인데, '우리 주님, 어서 오소서(Our Lord come)'의 뜻을 지닌다. 이 시는 "보르헤스" "챌리저호" 등의 외

467

래어와도 함께하고 있어 더욱 낭만적 이국취향을 불러일으킨다. 막 도착하는 전철에 "눈 먼 보르헤스를 부축해 빈자리에 앉"히는 '차마 어찌하지 못하는 마음'을 토대로 하는 것이 이 시이다.

'차마 어찌하지 못하는 마음'은 측은지심(惻隱之心)의 우리 말 표현이다. 측은지심은 이 시집의 제5부를 구성하는 시들, 즉 아버지의 죽음과 함께하는 감각을 담아내는 시들에 이르러 좀 더 적극적으로 드러난다. 물론 이 시집의 시들 중 죽음과 함께하는 감각은 제1부의 시 「레드와인」에서부터 나타난다. "병상에서 마지막으로 포도주 한 잔을 마신//모차르트" 등의 구절이 그 예이다. 이들 구절 또한 아버지의 죽음을 연상시키지만 정작 아버지의 죽음과 함께하는 이미지는 제2부의 시 「향원정」에 이르러 구체화한다. 그렇기는 하지만 죽음과 함께하는 좀 더 적극적인 감각은 아버지의 작고과정을 담고 있는 제5부의 시들에 이르러 현현된다. 제5부의 시들은 모두 아버지의 죽음을 추모하는 마음으로 이루어져 있는데, 이들 시는 부녀간의 애틋한 정이 묻어 있어 좀 더 관심을 끈다.

아버지를 추모하는 그의 시는 종종 행복했던 어린 시절에 대한 추억을 바탕으로 한다. "할아버지가 풍류놀이하던 곳//오늘은 아버지가 앉아 잉어에게 먹이 주고 있네"로 시작하는 「향원정」, "커다란 양은솥단지가 중앙에 자리 잡았다//작은엄마가 양푼에다 씻고 있는 쌀을 받을까"로 시작하는 「가족사진」, "사촌 수남과 나는 개울에 발 담그고 서 있다//고모는 말괄량이 우릴 물 먹이며 물장구 쳤다"로 시작하는 「벌거벗은 오후」 등의 시가 바로 그 예이다. 다음의 시에는 무엇보다 죽음이 멀지않은 아버지에 대한 그의 절실한 효성이 담겨 있다.

양지바른 산기슭에서

뽀얀 솜털의 어린 쑥을 뜯어

끓인 애탕 한 그릇

달착지근하고 쌉쌀한 맛의

애탕 한 그릇을 잡수시는 동안

내내, 아버지는 눈가에

눈물방울을 달고 계셨다

─온몸에서 쑥 향이 나는 것 같구나

마지막 봄날은 그렇게 갔다.

─「애탕艾湯」 전문

 이 시에서 시인은 "어린 쑥을 뜯어//끓인 애탕 한 그릇"을 아버지에게 드린다. 그것을 "잡수시는 동안//내내" "눈가에//눈물방울을 달고 계"시는 것이 아버지이다. 이처럼 이 시에는 애틋한 그의 연민이 섬세한 감각으로 드러나 있다. 마침내 아버지는 "온몸에서 쑥 향이 나는 것 같구나"라는 말을 남긴다. 하지만 아버지는 "마지막 봄날"처럼 "그렇게" 이승을 떠나고 만다. 이승을 떠나기 전의 아버지는 그가 보기에 "먹고//잠자고//버리는 일이 전부인//신생아"(「노자를 보다」 부분)일 따름이다. 그는 이때의 아버지가 보여주는 안쓰러움을 매우 차분하면서도 따뜻한 감각으로 형상화한다. 점차 죽음의 그늘을 넓혀가는 아버지에 대한 '측은지심'을 온화하면서도 부드러운 감각으로 드러내고 있는 것이 그의 시이다. 이들 그의 시 가운데 가장 압권은 이 시집의 표제작이기도 한 「무지개 생명부」이다.

> 벤치에 그늘이 앉아 있다
>
> 나는 그 그늘에 앉는다
>
> 특별한 그늘, 그러나 시한부 그늘,
>
> 창대했던 그 그늘 속에서
>
> 그리운 거 하나 없었는데,
>
> 그늘은 점점
>
> 햇빛을 제 몸에 들이고 있다
>
> 그늘과 햇빛이 만드는 저,
>
> 무지개.
>
> ―「무지개 생명부」 전문

  이 시의 표면적인 대상은 '그늘'이다. 이 시에 표현된 그늘은 매우 특별하거니와, 그것이 아버지라는 "시한부 그늘"이기 때문이다. 그늘이 사라질 시간이 얼마 남지 않았지만 시인은 아직도 "그 그늘에 앉"고는 한다. 한때는 창대했던 것이 그가 생각하는 아버지라는 "시한부 그늘"이다. 이제 이 시한부 "그늘은 점점//햇빛을 제 몸에 들이고 있다." 물론 이는 아버지의 삶이 얼마 남아 있지 않다는 것을 가리킨다.

그렇기는 하지만 그는 이 시의 결구에서 "그늘과 햇빛이 만드는 저,//무지개"를 노래한다. 과거의 넓었던 아버지의 그늘과, 지금의 햇빛이 밀려와 줄어드는 아버지의 그늘이 만나 무지개를 만들고 있는 것이다. 넓은 그늘을 갖고 있던 과거의 아버지와, 좁은 그늘을 갖고 있는 오늘의 아버지가 만나 무지개를 만든다는 것인데, 물론 이때의 무지개가 상징하는 것은 아버지에 대한 그의 아름다운 추억과 환상이다. 아버지의 혜택과 음덕이 사라지는 대신 아버지에 대한 아름다운 추억과 환상이 남게 되리라는 것을 그는 이렇게 노래하고 있다. 그렇다. 아버지의 죽음과 직접 마주하면서도 '따듯한 감각 혹은 그윽한 아우라'를 잃지 않는 것이 그의 이 시이다.

이 시집에 수록된 그의 시는 '크게 자연의 아름다움을 심미적 감각과 서정의 언어로 노래하는 시', '예술 일반에 대한 충실한 교양을 서정적 언어로 노래하는 시', '심미적 이국취향과 외래어 지향을 낭만적 여행의식으로 드러내는 시', '측은지심으로 아버지의 죽음을 섬세하게 감각하는 시'로 나누어진다. 이들 시에 반영된 특징을 요약하면 '따듯한 감각 혹은 그윽한 아우라'라고 할 수 있거니와, 그것이 시인 자신의 낭만적 순수성 혹은 동심의 천진성에 뿌리를 내리고 있다는 것은 불문가지이다. (2017)

쓸쓸하고 우울한 자아의 심미적 초상
—고성혁 시집, 『빈집』, 문학들, 2021.

    문학, 철학, 역사를 두고 인문학이라고 한다. 그중에서도 문학을 두고서는 특별히 인간학이라고 한다. 서정시도 인간학이기는 마찬가지이다. 남을 대상으로 하든 나를 대상으로 하든 서정시도 인간을 말하는 언어예술이다. 자연을 대상으로 하더라도 그것은 마찬가지이다. 이때의 자연에도 인간이 스미어 있기 때문이다.

    물론 시에서 인간을 말하는 주체는 '나'이다. 이때의 '나'를 두고 흔히 화자라고 한다. 그렇게 하는 까닭은 시에서는 인간을 말하는 과정에 주체인 '나'가 항용 가공되고 꾸며지기 때문이다. 비록 가공되고 꾸며진다고 하더라도 가공되고 꾸며진 '나' 또한 나인 것은 사실이다. '나'라는 것이 본래 나에 의해 끊임없이 수정 보완되고, 절차탁마(切磋琢磨)될 수밖에 없는 것이기 때문이다.

    따라서 시에 투영되는 '나', 곧 화자를 추적하다 보면 한 시인의 시세계를 잘 알 수 있게 된다. 그러한 점에서 여기서는 시인 고성혁의 이번 시집에 드러나 있는 '나'를 추적하는 과정을 통해 그의 시세계를 살펴보려고 한다.

    그는 지방 정부에서 고급 공무원으로 있다가 퇴직한 사람이다. 그의 시에는 무엇보다 이러한 전기적 사실을 유추할 수 있는 표현들이 제법 등장한다. 퇴직할 즈음해 겪게 되었을 법한 "꽃은 다발이 되는 순간/슬픔으로 찬란하다"(「꽃다발—퇴역에 대하여」)와 같은 구절이 바로 그것이다. "꽃을 자르는 손놀림을 보다가/꽃 안에서 걸어 나오는/감정(感情)을 읽는"(「꽃다발—꽃집에서」) 사람이 그라는 것을 알면 퇴직할 무렵 그가 겪었을 고통을 쉽게 짐작할 수 있다.

이번 시집을 읽다가 보면 무엇보다 그가 미래보다는 과거를 향한 눈을 지닌 사람이라는 것을 알게 된다. 무엇보다 과거를 회상하는 자아, 곧 세월에 대한 자각을 지닌 사람이 그라는 것이다. 그뿐만이 아니라 그가 북받치는 설움, 들끓는 내면, 나아가 그리움이 많은 사람이라는 것도 깨닫게 된다. 말하자면 "간절히 지금을 깨뜨려" "허리를 꺾고/다리를 분질러/주저앉고"(「기도」) 싶어 하는 것이 그라는 것을 확인할 수 있다는 것이다.

그가 이러한 정서를 갖게 된 까닭은 무엇 때문인가. 아마도 이는 그가 오늘의 현실을 어둠으로 파악하기 때문으로 보인다. 그에게는 오늘의 현실이 어둠으로 가득 차 있다는 것인데, 다음의 시들이 이를 잘 말해준다.

뭉쳤던 어둠이 가시고/골목이 열린다
—「아들의 전화」 부분

기억의 어둠에서 날아와/자음이 되고 모음이 되는 어머니
—「어머니의 빈 칸」 부분

달빛은 미몽 속에서 부유하고/노란 가로등은 어둠의 간격을 재고 있다.
—「영등포의 밤」 부분

끝내 한 점 어둠으로 남는 걸 본 적은 있는가.//어둠과 숲과 고독이

유장하다.

—「팽나무 풍경」부분

어둠이 붕새 같이 내려앉는 골짜기/적막과 고요가 북의 울림막처럼 팽팽하다.

—「풍경」부분

위 예문은 그의 시에 드러난 '어둠'의 언표를 대충 모아본 것이다. 예로 든 구절만으로도 자신의 시에서 그가 '어둠'의 언표를 매우 자주 사용해 온 것을 확인할 수 있다. 그의 시에 이처럼 어둠이라는 언표가 횡행하는 것은 물론 그의 마음이 어둡기 때문이다. 이들 어둠의 이미지는 여타의 그의 시 「어둠 속에서」, 「어둠 속의 상상」에서도 쉽게 찾아볼 수 있다. 이들 시에서도 알 수 있듯이 그는 자신에게 부여되는 어둠을 있는 그대로 수용하지는 않는다. 그의 시 「어둠 속에서」를 통해서도 알 수 있듯이 그는 끊임없이 "어둠 속에서 불을" 때는 사람이다.

어둠 속에서 불을 땐다.
지게질해온 나무들
뚝뚝 분질러 넣고 불을 땐다.
별빛과, 새들의 울음소리, 강아지들의
짖는 소리까지
부지깽이로 밀어 넣고
불을 땐다.

어둠은 짙어져 내 과거와 같고
지난 세월의 반추 또한 이미 익숙하다.

주워온 대나무와

오동잎과 부러진 참나무 가지를

아궁이에 밀어 넣고

불을 땐다.

—「어둠 속에서」 부분

이 시에서 화자는 끊임없이 "어둠 속에서 불을" 때는 사람으로 상정되어 있다. 물론 "지게질해온 나무들/뚝뚝 분질러 넣고 불을" 때는 화자는 시인 자신이다. 이때의 불을 때는 일은 어둠을 밝히는 일과 다르지 않다. "별빛과, 새들의 울음소리, 강아지들의/짖는 소리까지/부지깽이로 밀어 넣고/불을" 때는 일이 어둠 속에서 불을 밝히는 것과 다르지 않다는 얘기이다. 그렇다. 이미 "짙어져 내 과거와 같"아진 어둠이지만 그는 지금 "주워온 대나무와/오동잎과 부러진 참나무 가지를/아궁이에 밀어 넣고/불을" 때고 있다.

불을 때며 어둠을 밝히는 행위에서 느낄 수 있는 것은 무슨 일이 있어도 희망을 잃지 않겠다는 그의 각오이다. 이러한 긍정의 마음은 그가 다른 시에서 "칠흑은 있어도/칠흑 같은 어둠은 없다"면서 "광채가 없는데도/어둠에 칠흑을 빗댄 이유는/그리움 때문이다"라고 말하는 것에서도 확인된다. 어둠을 극복하고자 하는 긍정의 마음은 때로 "빛은 어둠이 있어 그리움으로 남고/그리움은 빛이 있는 한 향수(鄕愁)로 남는다"(「어둠 속의 상상」)와 같은 경구를 낳기도 한다.

본래 어둠은 적막의 형식으로 구체화하기 마련이다. 그래서일까. 그의 시에서도 어둠에 대한 인식은 항용 적막에 대한 인식으로 전이되어 드러난다. 어둡다는 인식이 적막하다는 인식으로 바뀌어 드러나기도 하는 것이 그의 시라는 얘기이다. "어둠이 붕새 같이 내려앉는 골짜기/적막과 고요가 북의 울림막처럼 팽팽하다."(「풍경」)와 같은 표현이 가능한 것은 바로 그 때문이다. "고요가 녹슨 주발처럼 푸르다.//대숲을 지나/우듬지의 찌르라기 소리를 지나"와 같은 표현도 같은 맥락에서 읽을 때 좀 더 잘 이해가 된다. 그가 어둠, 적막, 고요 등을 친족관계의 심리로 인식하는 것은 다음의 예를 통해서도 확인된다.

오후의 적막으로/팽나무의 정밀한 속삭임과 건넛산의 서늘한 눈망울로/칼끝을 벼리듯 나를 버린다.
—「부곡리 풍경—2014. 7. 31.」 전문

어둠이 붕새 같이 내려앉는 골짜기/적막과 고요가 북의 울림막처럼 팽팽하다.
—「풍경」 전문

멀리 점 하나 다가오더니 휙, 새가 되어 지나간다.//천지간에 강철 같이 흐르는 적막
—「적막」 전문

사물은 죽음처럼 처음과 같이 그대로이다./움직이는 건 움집 굴뚝이 내뿜는 푸른 적막뿐
—「겨울 풍경」 전문

위의 시들에 따르면 겉으로 드러난 어둡고 적막하고 고요한 것은 시인 자신이 아니라 타자, 곧 세상이거나 자연인 것처럼 보인다. 어둡고 적막하고 고요하다는 것은 죽어 있다는 것이거니와, 우선은 "천지간에 강철같이 흐르는 적막"(「적막」)에 주목하는 것이 그이다. 하지만 꼼꼼히 따져보면 타자, 곧 세상과 자연이 어둠과 적막과 고요에 싸여 있는 것은 시인 자신의 마음

이 어둠과 적막과 고요에 싸여 있기 때문으로 보인다. 자기 자신의 자아가 어둡고 적막하고 고요하기 때문에 그가 천지간을, 곧 세상과 자연을 어둡고 적막하고 고요하게 받아들인다는 것이다.

시인이 자신의 자아를 어둡고 적막하고 고요하다고 인식하는 것은 그가 자신의 현존을 부정적으로 인식한다는 것과 다르지 않다. 그가 부정적인 자아개념을 갖고 있다는 것인데, 이는 "나를 기리는 건 택도 없는 일이다./저 숲도, 매미도, 바람도/나의 위안은 참으로 뜬금없는 자폭이러니"(「부곡리 풍경—2014. 7. 31」)와 같은 구절을 통해서도 증명된다. "나를 본다./몸은 없고 그림자만 있다./나는 있되 없다"라고 고백하는 것이 시에서의 그라는 것을 잊어서는 안 된다. 이처럼 그의 시에서는 생명의 냄새보다는 죽음의 냄새가 난다. 심지어는 자기 자신을 두고도 "그저 한 개의/똥친 막대기"(「나는」)라고 진술하는 것이 그이다.

물론 시인이 자기 자신의 자아를 이렇게 진술하는 것은 자기 자신의 현존을 부정하는 것이 아닐 수도 있다. 그것이 타자에 의해 존재의 의미가 결정되는 자아, 곧 자기 자신의 실재를 발견하고 깨닫는 과정에 획득한 중요한 언표일 수도 있기 때문이다. 언제나 타자에 의해 인간의 현존이 의미를 드러낸다는 것을 알게 되면 이는 더욱 자명해진다. 게다가 시인은 항상 겸손한 사람, 곧 하심을 잃지 않는 사람이지 않은가. 그가 다른 시에서 "잎은 꽃을 그리워하고/꽃은 잎을 그리워하는/상사화처럼 그 꽁무니를/쳐다보았다"(「고추잠자리」)라고 노래하는 것도 이와 무관하지 않다.

이로 미루어 보더라도 나를 대상으로 하던 남을 대상으로 하든 시 역시 인간학이라는 것은 명백하다. 여기서 인간학이라는 것은 당연히 시가 인간을 노래하는 언어예술이라는 것을 뜻한다. 그렇다. 겉으로는 남을 노래하는 것처럼 보이지만 실제로는 나를 노래하는 것이 서정시의 보편적인 특징이다.

내일을 향하기보다는 어제를 향하기 쉬운 것이 시인의 눈이니만큼 회상의 형식을 통해 그가 되돌아보는 것은 과거의 어느 때일 때가 많다. 그것은 다음의 시에서도 마찬가지다.

웨딩드레스를 입었던 조카의 얼굴이 어른거리더니
그 아이의 아빠와 살았던 서산동 언덕배기집이 생각났습니다.

그 집에서 동생은 태어났고 나는
그 아랫집으로 떨어져 팔이 부러졌습니다.

산자락에 금을 긋고 그 위에 지었던 집들.
어김없이 다닥다닥 붙고 포개졌던 길들.

서산동은 정말 서산에 있었습니다.
싸움 소리에 파도와 비린내와 기름 냄새가 뒤덮여
누구랄 것 없이 지렸던 삶들.
차라리 공평했던 풍경들.

서산동에서 배냇저고리를 입고 강보에 싸여 있던 동생과
새빨갛게 우는 동생을 내려다보던 내 찡그린 얼굴이 보이더니
조카의 팔을 끼고 가던 동생의 주름이 오버랩됩니다.
세월이 많이 흘렀나 봅니다.
서산동에서 판교까지 세상은 어떻게 흘렀을까요.

그 안에 먹고 마시고 숨 쉰 것들,
지치고 안고 어루만진 것들 어디로 갔을까요.
— 「회상」 부분

이 시에서 시인 고성혁은 "서산동 언덕빼기집"에서 살던 과거를 회상하고 있다. 여기서 말하는 "서산동 언덕빼기집"은 목포의 유달산 서남쪽에 위치한 판자촌의 집을 가리킨다. 아직도 잘 보존되는 이 판자촌 언덕배기의 집들은 시나 영화 등을 통해서도 확인된 바 있다. 이 서산동 언덕배기의 집들을 두고 그는 "산자락에 금을 긋고 그 위에 지었던" 집들이고, 그곳의 길들은 "어김없이 다닥다닥 붙고 포개졌던" 길들이라고 말한다. 이 "서산동 언덕빼기집"에서는 조카가 살았고, 조카의 아버지인 동생이 살았고, 동생의 형인 내가 살았다. 그는 "그 집에서 동생은 태어났고 나는/그 아랫집으로 떨어져 팔이 부러졌"다고 고백하기도 한다.

　겉으로는 목포 유달산의 서남쪽에 위치한 "서산동 언덕빼기집" 집을 노래하고, 그 집에서 함께 살던 조카와 동생을 노래하는 것이 이 시이다. 하지만 이 시는 그와 동시에 시인 자기 자신을 노래하고 있기도 하다. 무엇보다 과거 한때 "서산동 언덕빼기집"에서 살던 시절을 회상하는 이 시의 주체가 시인 자신이라는 점을 주목해야 한다. 여기서 그가 지금 "강보에 싸여 있던 동생과/새빨갛게 우는 동생을 내려다보던 내 찡그린 얼굴"을 회상하고 있다는 것을 잊어서는 안 된다는 것이다.

　이처럼 이 시에서의 회상의 주체는 시인 자기 자신이다. 그렇다고는 하더라도 그가 끊임없이 타자와의 관계를 통해 자기 자신을 발견하고, 확인하고, 성찰하는 것은 사실이다. 타자와의 관계를 통해 자기 자신을 발견하고, 확인하고, 성찰하는 것은 그의 시에 등장하는 다른 많은 주체도 마찬가지이다. 이를테면 친구의 "소주 한 잔 할래?/꾸깃꾸깃 접힌 문자"로부터 "못에 박힌 듯 사무"치는 마음을 깨닫고 있는 것이 그 자신이라는 것이다.

　물론 그에게 "저 미욱한 등불이"(「문자」)나 보내는 친구만 있는 것은 아니다. "내 숨 구녁은 터 줬으면서 이녁은 평생 고달픈" 친구도 있다는 뜻이다. 아직도 "남의 집 지하방에서 타그락타그락 지나치는 행인들의 걸음걸이로 끼니를 때우"(「잘 있는가」)고 있어 그를 매우 안쓰럽게 하고 안타깝게 하는 친구 말이다. 그렇기는 하지만 그를 좀 더 안쓰럽게 하고 안타깝게 하는 것은 친구보다 가족인 듯싶다. 그가 자기 자신을 쓸쓸한가 하면 우울하고, 우울한가 하면 고독하게 느끼게끔 하는 것도 실제로는 가족 때문이지 않은가 싶다.

일단은 먼저 회한이 깊은 자아, 무언가 외롭고 쓸쓸한 자아로 등장하는 시인 자신의 면모부터 살펴보기로 하자.

> 비는 내리고 술이 그립다.
> 같이 마실 이 없어
> 소주 한 병을 멸치 소반에 담고
> 창가에 앉는다.
>
> 밤이 내리는 풍경
> 송진같이 가슴에 고이는 어둠
> 똘똘똘, 맑은 소주를 부어 유리잔을 치켜드니
> 늙은 회상(回想) 하나 함께 잔을 들고
> 마주 앉아 건너다본다.
>
> 한 잔을 마시니 눈망울이 가라앉고
> 두 잔을 마시고 보니 추억이 그득하다.
> 세 잔을 마시고 들으니 말씀 안에 회한이 깊고 깊다.
>
> ―「소주」부분

이 시를 읽게 되면 싸한 것, 차고 시린 것이 가슴 아래께를 훅하고 지나가는 느낌이 든다. 이를 두고 멜랑콜리한 감정이라고 해도 좋다. 다소간 센티멘탈해 보이는 면은 없지 않지만 이 시로부터 플러스 정서보다는 마이너스 정서를 좀 더 많이 느끼는 것은 사실이다. 이를 두고 그의 이번 시집의 시들에서는 동적인 기쁨보다 정적인 슬픔을 찾기가 쉽다고 말해도 좋다. 다른 시에서는 "울고 싶다이./비 내리는 강물 따라 추억이 밀려 와/어쩐지 오늘은 울고 싶다이(「단풍」) 라고 노래하는 것이 그다. 그의 시에 드러나 있는 이러한 특징을 두고 '풍부한 감정' 운운하기 쉽다. 하지만 나는 이와 관련해 '커다란 그리움' 운운하고 싶다. 그의 시의 이러한 정서가 늘 그리움의 정서와 맞물려 있기 때문이다.

> 그리움으로 눈을 뜨네.
> 눈만 뜨면 그리움이네.
>
> 문득 도로의 인파 속에서
> 더러는 강가의 어둔 불빛 아래서도
> 그대를 꿈꾸네.
>
> 슬픔은 소주잔에도 가라앉네.
> 목을 타고 넘는 뜨거움.
>
> ―「언제나 그리움이네」 부분

이 시에 의하면 "그리움으로 눈을 뜨"는 사람, 곧 "눈만 뜨면 그리움"인 사람이 그라는 것을 알 수 있다. "도로의 인파 속에서/더러는 강가의 어둔 불빛 아래서도/그대를 꿈꾸"는 사람이 시인 고성혁이라는 것이다. 그렇다면 이 시에서 그가 그리워하는 '그대'는 누구인가. 다른 시에서는 "그대 있는 것만으로 하늘이 눈부셔/말도 눈짓도 할 수 없지만/그저 그리움만으로 찬란해"라고 노래하는 것이 그이기도 하다. 이 시에서의 그대 또한 다르지 않거니와, "그대 있는 것만으로 그냥 그리워만 할 뿐"(「그대 있는 것만으로」)

인 그대가 도대체 누구라는 말인가. 이른바 "여태 슬픔이 남아 있는 그대", "꿈결 같은 사람" 말이다.

    남들이 모르는 곳에 감추어놓은 연인인가. 그럴 수도 있으리라. 그도 역시 "다시 청춘으로 돌아갈 수는 없다 해도/그리움이 모두 스러진 것은 아니"(「늙어 슬픔이거나 사랑이거나」)기 때문이다. 하지만 다음의 시에 따르면 그의 시에 등장하는 모든 '그대' 가 다 연인인 것만은 아닌 듯싶다.

> 다시 청춘으로 돌아갈 수는 없다 해도
> 그리움이 모두 스러진 것은 아니다.
>
> 죽을 것 같다고 말하지 않는다 해도
> 사랑이 사라진 것은 아니다.
>
> 해거름 바다가 더 황홀한 것처럼
> 살아 있다는 것은 언제까지나 아름다운 추억
>
> 여태 슬픔이 남아 있는 그대여
> 그대는 충분히 꿈결 같은 사람
>
> 달빛이 알불처럼 커지고
> 검은 산등성이 그대 안에 서성일 때
>
> 그대의 꿈은 무엇인가.
> 그대의 캔버스엔 무엇이 그려져 있는가.
>   —「늙어 슬픔이거나 사랑이거나」 전문

이 시에서 시인은 "다시 청춘으로 돌아갈 수는 없다 해도/그리움이 모두 스러진 것은 아니"라고 말한다. 여기서 그가 말하는 "그리움이 모두 스러진 것은 아니"라는 말은 다음 연의 "사랑이 사라진 것은 아니"라는 말과 다르지 않다. 사랑이 남아 있는 만큼 "살아 있다는 것은 언제까지나 아름다운 추억"을 불러일으키기 마련이다. 따라서 "슬픔이 남아 있는 그대여/그대는 충분히 꿈결 같은 사람"이라고 노래할 때의 그대를 남으로만, 타자로만 보아서는 안 된다. 그가 자기 자신을 객관화해 표현한 것이 이 시에서의 '그대'일 수도 있기 때문이다. "달빛이 알불처럼 커지고/검은 산등성이 그대 안에 서성일 때"의 그대가 시인 자기 자신을 타자화한 표현일 수도 있다는 것이다. 그렇다면 "그대의 꿈은 무엇인가./그대의 캔버스엔 무엇이 그려져 있는가"라고 되묻는 일은 자기 자신에게 "내 꿈은 무엇인가./내 캔버스엔 무엇이 그려져 있는가"라고 되묻는 일이 되기도 한다. 인생의 막바지에 이르러 그가 자기 자신의 어제와 오늘을 성찰, 확인하는 것이 이 시라고 할 수도 있다는 것이다.

이로 미루어보면 객관화된 자기 연민을 에둘러 표현한 것이 이 시가 된다. 물론 이 시에서와 같은 연민이 항상 자기 자신만을 향하는 것은 아니다. 그의 시에서 차마 어찌하지 못하는 마음, 즉 측은지심으로서의 연민은 가족, 즉 아버지나 어머니, 형님이나 자식 등을 향하는 경우도 상당하다. 이때의 가족에 대한 연민은 가부장으로서의 책임 의식, 일종의 장남 의식과도 무관하지 않아 보인다. 실제로는 장남이 아니라고 하더라도 공무원으로서 일정한 직책에 오른 그가 가족 전체에 대한 가부장 의식, 곧 장남 의식을 갖는 것은 자연스러운 일이다.

아버지에 대해 그가 그 나름의 독특한 연민, 안타까움과 원망을 함께 지니는 것도 이에서 비롯되는 것처럼 보인다. 그가 자신의 시에서 "그래요, 아버지는, 제 삶의 어디에나 계셨네요./지금까지 밀어내기만 했건만/비 내리는 제 마음 한 구석에 앉아 껄껄껄 웃네요./껄껄껄, 껄껄껄/호수의 파문처럼 웃고 있네요./알았으니 그만하세요."(「아버지의 주장」)라고 노래하는 것에서 느낄 수 있는 복합감정 말이다. 아버지에 대한 연민이 이처럼 복합적인 데 비해 어머니에 대한 연민은 상대적으로 단순하다. 어머니에 대해서는 그가 "들창문에 넘치던 바람소리는/어머니의 청춘이었을지도 모른다.//뒤란의 장독대를 적시는 는개비는/이루지 못한 사랑이었을지도 모른다."(「어머니의 빈칸」)라고 노래하기 때문이다. 이 시에서 그는 는개비가 "뒤란의 장독대를 적시는" 것을 바라보며 어머니의 청춘을 생각하고, 어머니의 "이루지 못한 사랑"을 생각한다. 그렇다. 이 시에 드러나 있는 시인의 어머니를 향한 생각에서 일그러지고 찌그러진 정서를 찾기는 어렵다.

가족을 향하는 측은지심, 곧 차마 어찌하지 못하는 마음은 자식을 향할 때 훨씬 더 독자들의 가슴을 자극한다. 그에게는 자식이 아들들만 있는 것으로 보이거니와, 아들들에 대한 그의 연민은 때로 묘한 쓸쓸함, 묘한 허무의식과 함께하기도 한다. 자식 중의 누군가는 아마도 음악을 하는 것으로 보인다. 이때의 음악은 록음악을 가리키는데, 그의 아들 중의 하나는 록스타인 듯싶다. 록스타의 길을 가고 있는 아들에게서 그가 차마 어찌하지 못하는 마음, 곧 측은지심을 느끼는 것은 마땅하다.

> 어둔 방, 제 삶이 관통할 궤적을 그리며 기타를 친다.
> 록스타니까 살이 없어야 해. 커터 칼 길이의 삼겹살을 샤프심만큼
> 잘라 먹으며 소주를 넘기고 당근을 먹는다.
> 당근을 씹는 소리
> 저녁에 저녁에
> 방 안 가득 소주의 숨결이 차오르면
> 방 안 가득 누군가를 기다리는 풍경.
> 다소 낮은 것들은 저희끼리 뭉쳐 삶을 설명하려 하지만
> 삶은 암초와 암초를 잇는 바람의 다리이고

바람 또한 암초라는 걸 록스타는 모른다.
앞만 보고 가는 록스타여.
내게도 따뜻한 물 한 잔 다오.

—「다소 낮음—록스타여」 부분

 이 시에 표현되는 그의 아들은 "앞만 보고 가는 록스타"이다. 이 시에 따르면 "어둔 방, 제 삶이 관통할 궤적을 그리며 기타를" 치고 있는 것이 그의 아들이다. 이러한 자신의 아들에게 차마 어찌할 수 없는 마음으로 그는 "내게도 따뜻한 물 한 잔 다오"라고 말한다. 아마도 자신의 아들에게 "따뜻한 물 한 잔" 정도는 나눌 수 있는 삶을 살기를 바라고 있는 것이리라. "영혼이 빛으로 타올라 산맥처럼/둥글게 웃고 있는 소년"이었던 것이 예의 아들이거니와 이 아들이 한때는 "우리의 희망"이었고, "미래를 걷는 꿈"(「솔뫼에게」)이었다는 것을 알 필요가 있다. 이러한 기대를 갖고 있었지만 지금 그가 노래하는 아들, 록스타인 아들을 두고 시름에 젖는 것은 당연하다. 한편으로는 "아들의 노래를 듣고 길을 생각"하며, 그 길이 "틀렸다고 하지 마라"라고 진술하고 있지만 말이다. 그로서는 어떤 일이 있어도 아들의 길을, 곧 아들에 대한 기대를 포기할 수 없는 것이다.

아들의 노래를 듣고 길을 생각한다.
그 길을 보며 틀렸다고 하지 마라.

그가 일으킨 운명보다 더 혹독한
길을 간다 해도 기어이 아픈 어깨를 들어 올려
분투를 기원할 것이다.
그곳이 어둠의 뒤편일지라도.

아들의 집에서 보는 긴 강

말과는 다르게 밤은 어둡고

비스듬히 누워 불빛을 고르면 목이 기울고

바람은 조금씩 느려지고 헤매고

알아들을 수 없다.

길은 가로로 이어지는데

아들의 발걸음은 한쪽이 짧다.

바람은 조금씩 느려지고 알아들을 수 없다.

아들의 길

길이 아니라 말하지 마라.

다른 귀를 세웠을 뿐이다.

―「아들의 노래」 전문

  이 시의 몇몇 구절로 미루어보면 시인은 지금 서울의 아들 집에 와 있는 것으로 짐작된다. 이 시를 통해 그가 보여주는 아들에 대한 기대는 눈물이 겨울 만큼 처연하다. 아들이 가고 있는 음악인의 길, 곧 록스타의 길이 결코 쉽지 않으리라는 것은 불문가지이다. "아들의 노래를 듣고" 록스타의 "길을 생각"하는 그가 갖는 사랑은 말할 수 없이 크다. "그가 일으킨 운명보다 더 혹독한/길을 간다 해도 기어이 아픈 어깨를 들어 올려/분투를 기원할 것이다"라는 구절을 통해서도 이는 충분히 확인된다. 그로서는 어떤 일이 있어도 아들의 길, 곧 아들에 대한 기대와 희망을 포기하지 못하는 것이다. 비록 "아들의 발걸음은 한쪽이 짧"더라도 말이다.

  "아들의 집에서 보는 긴 강"은 서울의 한강이겠거니와, 막상 서울의 이 집에서 아들을 만났을 때 그가 느끼는 감정은 어떠했을까. 아마도 단순하고 소박한 기쁨만은 아니었으리라. 이에 대해 그는 자신의 시에서 "어둠과 빛, 있고 없음이 반죽되어/천천히 드러나는 영등포./서로에게 맞물려 굳건한 상처로/다시 태어나고 싶은/13층 원룸 안의 사내 둘"(「영등포의 밤」)과 같은 표현을 남긴 적이 있다. 끊임없이 상처를 주고받는 것이 부자지간이지만 그러한 상처를 통해 다시 태어나고 싶은 것이 이 구절에서의 그의 마음이라고 판단된다. "아들의 파란을 어쩔 수가 없다"고 생각하면서도 "아들은 지금 어디를 가고 있을까" 궁금해하는 것이 시인 고성혁이라는 것이다. 이처럼 그는 쉼 없이 "해진 신발 같은 아들의 행로"(「아들의 전화」)를 되묻는다.

그의 시에서 가족에 대한 연민, 곧 가족에 대한 측은지심은 여기서 그치지 않는다. 「늙은 여자가 좋다」에서처럼 아내에게도 사랑을 베풀지 않을 수 없고, 「잔치국수」에서처럼 형님에게도 사랑을 나누지 않을 수 없고, 「연립 101호, 102호」에서처럼 누나에도 사랑을 주지 않을 수 없는 것이 그이다. 그가 보기에는 "지치고 힘든 끝에 돌아와/단내가 나게 자는" 것이 늙은 아내이고, "서울에서 오십 년을 살고도 단칸방 하나 없는" 것이 형님이며, "가방 꼬다리를 두드리거나 압축 프레스 공장의 야근으로" 허리가 구부러진 것이 누나인 것이다. 이로 미루어보면 그가 자기 자신을 닦는 것만큼 중요하게 닦는 것이 가족이라는 것을 알 수 있다. 지금은 "홀로 버려진/사금파리 파편의 세월을 지나/아무도 살지 않는/빈집"(「빈집—소멸점 너머」)에 외롭고 고독하게 살더라도 본래는 따뜻한 마음을 가진, 잘 수행된 사람이 그라는 것이다.

이처럼 그는 시를 자기 수행의 한 형식으로 받아들이는 사람이다. 시를 자기 수행의 한 형식으로 받아들인다는 것은 그의 시정신이 성리학적 사대부의 선비정신에 기초해 있다는 얘기가 된다. 이러한 논의는 그가 나날의 고통을 언제나 꿋꿋하게 드높은 정신 차원으로 끌어올리는 사람이라는 뜻이기도 하다. (2020)

사물의 눈과 사물 주체
—진영대 시집, 『당신을 열어 보았다』, 실천문학사, 2022.

1

진영대의 시는 요즈음 젊은 시인들의 그것과 많이 다르다. 우선 그의 시는 길이가 짧다. 대부분 20행을 넘지 않는다. 이러한 논의는 무엇보다 그의 시가 부연 및 나열의 어법보다는 응축 및 압축의 어법을 중심으로 하고 있다는 뜻이 된다. 해사체(解辭體)보다는 통사체(統辭體)의 어법이 중심을 이루는 것이 그의 시라는 것이다. 이는 서정시 본연의 자세를 잃지 않으며 통일된 정서를 투사하는 것이 그의 시라는 것이기도 하다.

이처럼 그의 시는 미몽의 의식을 불투명하게 진술하는 청춘의 미숙성과는 거리가 멀다. 간혹 이러한 특성은 그의 시를 현대성과는 먼 것으로 받아들이게도 한다. 그의 시를 첨단의 정신이 만드는 막연한 의식과는 거리가 먼 것으로 이해하게도 한다는 뜻이다. 하지만 첨단성이라는 이름으로 불리는 불투명성은 당대 현실이 이루는 정신 상황을 명확하게 인식하지 못하는 데서 비롯되는 무의식한 고뇌의 표현일 수도 있다.

이와 관련하여 기억해야 할 것은 이때의 무의식한 고뇌가 대체로 청춘의 미숙성과 함께하는 자아 과잉과 무관하지 않다는 점이다. 사람살이의 경험이 적고 당대의 역사를 제대로 이해하지 못하는 젊은 시인들이 항용 드러내온 추상을 시라는 이름으로 명명해온 경우는 허다하다. 그렇다. 미처 근대적 주체로 형성되지 못한 젊은 시인들이 자기 함몰에 사로잡힌 채 강화해온 관념을 시라고 이름 붙여온 예를 찾기는 어렵지 않다.

물론 지금 미몽의 의식을 시의 전면에 내세우는 젊은 시인들의 정직한 불투명성을 폄훼하거나 탓하려는 것은 아니다. '현대시'라는 것이 본래 점차 주체를 자각해가는 당대의 젊은 시인들에 의해 어렵고 힘들게 호명되는 특징을 갖고 있기 때문이다. 따라서 젊은 시인들의 강화된 개인의식과, 그에 따른 미숙성과 함께하는 개적이고 주관적인 의식을 담아내고 있는 시를 아주 도외시하기는 어렵다. 현대성이라는 것이 본래 자아의 발견 및 실현과 함께하는 개인의식의 성장과 무관하지 않다는 점을 간과해서는 안 된다.

그러한 연유에서 보통의 근대적 주체는 객체가 자기 자신에 의해 호명되지 않을 때는 현현되지 않는다고 생각한다. 대개의 근대적 주체에게는 객체의 이름을 명확한 언어로 불러주었을 때 비로소 그것이 주체에게로 와서 존재로 현현된다고 받아들인다는 것이다. 이처럼 강화된 개인의식을 지니는 것이 근대적 주체, 곧 젊은 시인이지만 이들은 또한 명확한 주체의식 및 세계의식을 갖지 못하는 경우가 다반사이기도 하다.

엄밀한 차원에서는 나도, 세계도 존재하지 않기 마련이다. 일찍이 랭보는 '나는 타자다'라고 말했거니와, 본디 '나'는 남이면서 나이고, 객체이면서 주체이기 마련이다. 나나 남이, 주체나 객체가 관계 속의 존재라는 점을 생각하면 이들 각각이 그 자체로 따로 존재하기는 어려울 수밖에 없다. 이는 부처님이 『아함경』에서 일찍이 무자기(無自己), 무자성(無自性)을 강조하는 것만 보더라도 확인된다. 선불교에서 불이(不二)를, 일즉다(一卽多)를, 공즉시색(空卽是色)을 강조하는 것도 이를 잘 증명해준다. 모든 존재는 관계에 의해, 관계를 통해 현현될 수밖에 없다는 것을 잊어서는 안 된다.

모든 존재가 주체와 객체의 관계에 의해, 관계를 통해 현현된다는 것을 깨닫게 되면 누구라도 이내 '나는 너다', '나는 남이다'라는 명제에 이르게 된다. 랭보에 따르면 이는 곧 '나는 타자다'라는 격언이 되지만 말이다. 이를 두고 수운 최제우 선생은 오심즉여심(吾心卽汝心)이라고 했거니와, 이는 결국 주객일체(主客一體), 물심일여(物心一如)와도 다르지 않다.

이러한 정도의 정신 경지에 이르게 되면 마땅히 미숙한 근대적 주체가 갖는 정직한 불투명성을 훌쩍 떠날 수밖에 없다. 물론 이는 진영대의 시가 보여주는 정신 차원도 마찬가지이다. 미숙한 청춘의 관념성과 전혀 관계가 없는 것이 그의 시에 함유된 정신 차원이기 때문이다. 과잉된 자아를 넉넉히 극복한 뒤에나 이르게 되는 사사물물(事事物物)의 구체성, 곧 존재의 투명성과 함께하는 것이 그의 시라는 것이다.

따라서 진영대의 시에는 미숙한 근대적 주체가 지니는 막연한 관념이 자리해 있을 틈이 없다. 나보다는 남, 주체보다는 객체를 중심으로 이루어지는 것이 그의 시라는 것을 주목하지 않으면 안 된다. 이는 무엇보다 낱낱의 그의 시가 사물 주체의 시각으로 전개되는 것을 통해서도 잘 알 수 있다. 바로 그러한 점에서 진영대의 시는 탈근대적이거니와, 이는 곧 그가 시를 통해 근대 밖의 주체와 객체에 대한 새로운 모색을 시도하고 있다는 뜻이 되기도 한다. 물론 이는 성숙한 자아가 애기애타(愛己愛他)의 자세, 곧 오심즉여심의 자세로 세상을 살지 않고서는 불가능하다.

2

새로운 눈으로 근대의 밖의 주체와 객체에 대한 모색을 시도하고 있다고 하더라도 시인 진영대의 모든 시가 주체의 시각을 벗어나 존재하는 것은 아니다. 물론 이는 그가 아직 완벽하게 사사물물(事事物物)의 시각으로 세상을 인식하고 있지는 못하다는 것을 반증한다. 서술 주체의 진술이나 행위가 표면에 드러나 있는 예가 아주 없지는 않은 것이 그의 시라는 뜻이다. 물론 이러한 논의가 그가 주관적인 사유나 인식을 직접적으로 고백하는 시를 전혀 쓰고 있지 않다는 뜻은 아니다. 그의 시에서도 시인이 시의 안에서 자신의 행위나 진술을 직접 드러내는 시점을 취하는 예를 더러는 살펴볼 수 있기 때문이다.

다음의 예는 선불교(禪佛敎)적 교양과 함께하는 그의 시「세 근―麻三斤」의 전문이다.

> 미루고 미루다가 12월 막달에 건강검진을 받으러 갔습니다 아침밥을 굶은 데다 한파주의보라 겹겹이 껴입고 몸무게를 재려니 안 그래도 오래오래 연금을 타 먹으려면 운동 좀 하라고 성화인 아내에게 한마디 들을 것이 걱정이었지요
>
> 겹겹이 껴입은 옷 모두 벗어 의자 위에 올려놓으면 무게가 족히 세 근(斤)은 되겠습니다 모자를 벗어 그 위에 올려놓으니 영락없이 중노인 한 분 얌전하게 앉아 있는 듯, 겹겹이 껴입은 옷 벗어놓고 오들오들 떨고 있는데
>
> 무엇이 그리 좋은지 웃고 있는 중노인
> 벗어놓은 옷이 족히 세 근은 되겠습니다.

이 시는 "미루고 미루다가 12월 막달에 건강검진을 받으러 갔"던 시인 자신의 체험을 진술하고 있다. 이 시에서 시인은 "겹겹이 껴입고" 있던 옷을 벗고 "몸무게를 재려"다 보니 벗은 옷의 "무게가 족히 세 근(斤)은" 될 것 같다는 느낌을 서술한다. 이와 더불어 그는 예의 느낌으로부터 그가 선가(禪

家)의 화두인 '마삼근(麻三斤)'을 상상한다. 이 시의 제목 '세 근'의 부제가 '마삼근麻三斤'라는 것을 주목할 필요가 있다.

선불교의 이 공안은 어떤 납자가 선사 동산수초(洞山守初)에게 "여하시불如何是佛"(어떤 것이 부처입니까)하고 물으니 '마삼근麻三斤'이라고 대답했다는 데서 기인한다. 예의 공안과 함께 다시 읽으면 이 시는 시인이 "몸무게를 재려"고 벗어놓은 옷 무더기에서 부처님의 모습을 발견했던 경험을 직접적으로 진술한 것이 된다. 벗어놓은 옷 무더기로부터 "영락없이 중노인 한 분 얌전하게 앉아 있는" 모습을 깨닫고 있는 것이 이 시라는 것이다.

이 시는 이처럼 병원에 건강검진을 받으러 갔다가 겪은 경험을 시인 자신의 목소리로 서술하고 있다. 따라서 이 시에는 시인 자신이 겪은 경험에서 비롯된 감정이 있는 그대로 드러나게 된다. 하지만 시인이 자기 자신의 경험에 따른 감정을 직접적으로 진술하는 그의 시는 별로 많지 않다. 「명당자리」, 「배경」, 「점 빼고 온 날」, 「말」 등의 시를 겨우 찾아볼 수 있을 정도이다. 그렇다. 이러한 진술의 기술 방식을 취하는 시는 그의 시의 주류가 아니다. 거개의 그의 시는 시의 밖에서 객관적 이미지를 투사하거나 뒤얽는 방식을 취하고 있기 때문이다.

이들 방식을 취하고 있다는 것은 시인이 자기 자신의 시세계에 개입해 일정한 주장을 펼치지 않는다는 것을 뜻한다. 말은 하되, 그 말에 시인의 주장을 담지는 않는다는 얘기이다. 막연한 상념을 직접적으로 진술하는 방식의 그의 시를 찾아보기 어려운 까닭이 바로 여기에 있다. 말하자면 객체 중심, 타자 중심, 사물 중심의 눈을 잃지 않고 있는 것이 그의 시라는 것이다.

> 빨랫줄에 걸어놓은 무청 시래기
> 얼었다 녹기를 거듭했다
> 우수경칩 지나도
> 걸어가는 사람 아무도 없었다

  할머니는 요양원으로 죽으러 갔다 까무러치다 깨어날 때마다 한걸음에 달려왔던 자식들, 할머니가 눈을 뜨자 다시 돌아가고
  이젠 까무러칠 힘도 없었다

  줄기만 남은 무청 시래기

  웬만한 추위에는
  얼어붙을 물기도 남지 않았다
  이슬이 마르기 전에
  잘 추슬러 염을 해두지 않으면
  바스락, 부스러질 것이다

  바람도 걷어가지 않는,
—「풍장風葬」 전문

  제목은 「풍장風葬」이지만 이 시가 '풍장' 자체를 노래하는 것은 아니다. "빨랫줄에 걸어놓은 무청 시래기"와 "요양원으로 죽으러 간 할머니"를 뒤섞어 제시하면서 에둘러 풍장을 말하는 것이 이 시이다. 두 개의 이미지를 동시에 투사하는 가운데 우회적으로 풍장을 연상시키는 것이 이 시라는 것이다. 물론 이때의 두 개의 이미지는 두 개의 장면이기도 하다. 물론 그것은 "얼었다 녹기를 거듭"하는 "빨랫줄에 걸어놓은 무청 시래기"와, 이제는 "까무러칠 힘도 없"는 "요양원으로 죽으러 간 할머니"가 만드는 각각의 장면을 가리킨다.
  이들 장면은 '무청 시래기'라는 사물과 '죽으러 간 할머니'라는 사람이 대조, 비교되는 가운데 구체적으로 드러난다. 사물과 사람이 대조, 비교되

면서 바람에 말라가는 공통점을 중심으로 '풍장'이라는 주제가 에둘러 드러나고 있는 것이 이 시이다. 따라서 이 시에는 시인의 목소리로 이루어지는 주장이나 주의가 끼어들 틈이 없다. 객관적인 풍경을 투사하는 것만으로 시인의 의도를 구현하는 것이 이 시이기 때문이다. 이 시에는 이른바 '풍경의 선택이 세계관의 선택'이라는 명제가 실질적으로 실현되는 셈이다.

이처럼 그의 시에는 시인이 시의 내부에 존재하는 경우가 드물다. 시인이 시의 밖에서 관찰자로, 의미 발견자로 존재하는 경우가 대부분이라는 것이다. 이러한 점에서 보더라도 그의 시는 사사물물(事事物物)의 존재를 주관의 개입 없이 있는 그대로 투사하는 방식으로 창작된다. 주체보다는 객체 눈으로, 나아가 사물의 눈과 사물 주체의 시각으로 기술되는 것이 그의 시라는 것이다.

3

문학을 문학답게 하는 것을 흔히 문학성이라고 한다. 문학성의 다른 이름은 예술성이다. 이때의 문학성, 예술성을 두고 사람들은 형상성이라고도 부른다. 진영대의 시 역시 예의 형상성을 획득하기 위한 방법적 자각과 함께하고 있어 더욱 주목된다. 서정시의 심미적 특징인 형상성을 확보하기 위한 기법적 자각에 충실한 것이 그의 시라는 것이다.

형상성을 획득하기 위해서는 시 창작 과정에 이미지, 이야기, 정서에 주목하지 않을 수 없다. 이미지, 이야기, 정서를 두고 형상의 3요소라고 하거니와, 이들 중 그의 시는 이미지와 이야기의 확보에 좀 더 주력하고 있어 관심을 끈다. 이들 형상의 3요소 중 이미지는 상대적으로 객관적인 것이고, 정서는 상대적으로 주관적인 것이라고 할 수 있다. 그에 비해 이야기는 상대적으로 중도적인 것이라고 할 수 있다.

시에서 이미지는 장면으로 확장되기 쉽고, 풍경으로 심화되기 쉽다. 그뿐만 아니라 이미지는 시의 사물성을 강화하는 데 기여한다. 그런가 하면 이야기는 시의 경험성을 강화하는 데, 정서는 시의 낭만성을 강화하는 데 기여한다.

앞에서 말했듯이 진영대의 시는 주체의 눈보다는 객체의 눈을 갖고 있다. 상대적으로 사물의 눈과 사물 주체의 시각을 취하는 것이 그의 시라는 얘기이다. 이러한 지적은 그의 시가 사물성을 강화하는 이미지를, 경험성을 강화하는 이야기를 토대로 하고 있다는 뜻이 되기도 한다. 물론 사물성과 경험성을 토대로 하는 시, 곧 이미지와 이야기를 질료로 하는 시는 대체로 리얼리즘의 경향을 보여준다. 이처럼 진영대의 시는 나보다는 남을, 주체보다는 객체를 중심으로 형상화되는 특징을 갖는다.

이로 미루어보면 그의 시의 기법적 자각은 '나는 남이다', '나는 타자다' 등의 세계관 함께하고 있다고 해야 옳다. '나'보다는 '너' 중심의 가치관에 기초해 있는 것이 그의 시의 기법적 자각이라는 것이다. 이때의 '너'가 '남'으로, '타자'로 확장되리라는 것은 자명하다.

그의 시에서는 여기서 말하는 남이나 타자가 사물이나 사람의 형상을 취할 때가 많다. 그의 시에서도 사물은 이미지의 모습으로 구체화하기 일쑤이고, 사람은 이야기의 모습으로 구체화하기 일쑤이다. 실제로는 사물과 사람의 형상이, 곧 이미지와 이야기가 뒤섞여 있는 그의 시도 허다하지만 말이다.

물론 그의 시에는 앞에서 말한 형상의 3요소 중 이미지가 전경화된 예가 많다. 이야기보다는 이미지가 전면에 드러난 예가 좀 더 많다는 뜻이다. 이때의 이미지 또한 각각 뒤섞여 있거나 상호 대조, 비교되는 예가 상당하지만 말이다.

  한겨울에도 우는 귀뚜라미가 있었다

연기가 수직으로 피어오를 동안 연통 주변의 눈은 내리는 족족 녹
았다. 불기운이 식으면 연통을 통과하지 못한 연기는 송진처럼 안으
로 흘러내렸다. 연통 속을 막아놓았다. 귀뚜라미보일러는 숨이 막혀
죽을 듯이 울었다

사람의 온기는 방바닥보다 더 빠르게 식었다
눈은 내리는 족족 지붕 위에 쌓였다
밤을 새워 울음동냥 해주려고
귀뚜라미가 있었다

—「울음동냥」 전문

이 시는 제목이 「울음동냥」이지만 '울음동냥'보다는 귀뚜라미와 귀뚜라미보일러라는 서로 다른 청각적 이미지가 동시에 투사되는 데서 비롯되는 심미적 효과에 초점이 있다. 귀뚜라미와 귀뚜라미보일러라는 청각적 이미지에서 생성되는 음상의 심미적 효과 말이다. 이들 음상의 청각적 효과로부터 비롯되는 이미지의 착종이 불러일으키는 말맛에 초점이 있는 것이 이 시라는 것이다. 서두에서는 귀뚜라미와 귀뚜라미보일러가 각기 다른 두 개의 이미지로 호출되지만 말미에 이르면 귀뚜라미보일러라는 하나의 이미지로 수렴되는데, 그 과정에 생성되는 상상력의 재미가 쏠쏠한 것이 이 시이다.

이처럼 진영대의 시에는 두 개의 이미지가 대조되고 비교되는 가운데, 곧 뒤섞이거나 겹쳐 짜지는 가운데 전개되는 예가 적잖다. 물론 이에는 그의 심미적 의도가 깊이 개입되어 있다고 해야 옳다. 이미지를 뒤섞거나 겹쳐 짜는 그의 시의 예는 붓의 이미지와 붓꽃의 이미지를 뒤섞고 있는 「나는 강가에 산다·47—붓꽃」 등 여러 시에서 확인된다.

이미지나 장면, 풍경은 자신의 내부에 이야기를, 나아가 의미를 거느리

기 마련이다. 객관적 대상이 이미지나 장면, 풍경의 형태로 투사되더라도 그것이 이야기를, 나아가 의미를 만들기도 한다는 것이다. 물론 이때 의미를 생산하는 새로운 이미지나 장면, 풍경은 이른바 의도된 오독과도 무관하지 않다. 여기서 말하는 의도된 오독은 비약적 상상력의 실현을 뜻할 수도 있다. 다음의 시가 그 대표적인 예이다.

    중천에 박아놓은
    두툼한 조선낫 하나

    낫달을
    낫달이라고 읽는다

    집 나간 제 계집을 찾아

    잘 벼린 조선낫 하나 둘러메고
    천지사방 떠돌던 사내가

    소맛간 초가지붕에
    꽂아두고 간,

                              —「낫달」 전문

    이 시는 낡고 오래된 소재를 매개로 하고 있다. '조선낫', '낫달', '제 계집', '사내', '소맛간(뒷간, 변소의 방언)', '초가지붕' 등이 바로 그것이다. 이들 이미지는 지난 1960년대~1970년대의 농촌에서나 체험할 수 있었던 것인 만큼 낡고 오래된 소재라고 하지 않을 수 없다. 이들 소재를 바탕으로 그가 시를 쓴다는 것은 적잖은 생각을 하게 한다. 시적 상상력 역시 시인이 살아가는 사회적 여과체 안에 존재하기 때문이다.

상상력의 다른 이름이 이미지 사유라는 것은 주지하는 바이다. 그렇다면 이미지 사유가 시인의 체험과 함께할 수밖에 없다는 점을 염두에 두지 않을 수 없다. 2020년대 도시에서 살아가는 독자에게는 낯선 것일 수도 있지만 1960년대~1970년대 농촌에서 살았던 독자에게는 익숙한 것이 예의 소재라는 점을 잊어서는 안 된다.

이 시는 낮달이 "중천에 박아놓은/두툼한 조선낫 하나"로 발상되면서 시작된다. 예의 발상은 수사학적으로 보면 은유이지만 창작의 과정으로 보면 착시(錯視)라고 할 수도 있다. 하늘의 낮달을 조선낫으로 잘못 본 것이라는 것인데, 이는 "낮달을, 낫달이라고 읽는" 것에 의해서도 확인된다. 이들 착시와 착독(錯讀)이 만드는 은유를 통해 시인은 여기서 1960년대~1970년대의 농촌에서 흔히 볼 수 있던 슬픈 사랑 이야기를 떠올린다. "집 나간 제 계집을 찾아//잘 벼린 조선낫 하나 둘러메고/천지사방 떠돌던 사내"의 이야기 말이다. 이때의 이야기에 이농(離農)이 점증하던 1960년대~1970년대 농민들의 슬픔이 잘 압축되어 감추어져 있는 것은 불문가지이다.

이 시에서처럼 이미지나 장면, 풍경이 강화되어 표현된 시는 시인의 감정이 잘 절제되어 있다는 점에서도 심미적으로 유효하다. 물론 이는 사물이 객관적으로 투사되는 시의 예에서도 마찬가지이다. 그렇기는 하지만 시에 이들 자질을 강화하다가 보면 정서와 함께하는 리듬을 잃기 쉽다. 그의 시에서는 이러한 맥락에서 확인할 수 있는 리듬이 강화된 시도 쉽게 찾아볼 수 있지만 말이다.

  댕댕이 반짇고리
  주먹 실타래

  한 뼘 탯줄 둘둘 감아

황급히 치마 속에 집어넣고
　　난리 통에 삼박골로 피난 간 어머니
　　남의 집 아랫목에다 낳은 것이
　　하필이면 또 딸이라,
　　발길로 핏덩어리 윗목에 밀어 두었디.
　　울음소리 들리지 않자 아니다 싶어
　　탯줄을 다시 끌어당겨
　　이빨로 끊어 둘둘 말아놓았던,

　　댕댕이 반짇고리
　　명주 실타래.
　　　　　—「나는 강가에 산다 · 51—주먹실타래」 전문

　이 시 역시 오래된 경험을 소재로 삼고 있다. 오늘날 '댕댕이 반짇고리', '주먹 실타래', '명주 실타래', '탯줄', '아랫목' 등의 사물을 명확한 이미지로 떠올릴 수 있는 사람은 많지 않다. 젊은 독자들에게는 지나치게 낯설어 오히려 새로울 수도 있는 것이 이들 이미지이다. 하지만 "댕댕이 반짇고리/주먹 실타래.//한 뼘 탯줄 둘둘 감아서/황급히 치마 속에 집어넣고/난리 통에 삼박골로 피난 간 어머니" 등의 구절에서 음상의 즐거움을 느낄 수 있는 독자는 상당하리라. 이 시에서 예의 이미지들은 이처럼 과도하게 낯익어 오히려 새로운 리듬을 생산하는 것으로 생각된다.

　물론 이 시가 독특한 리듬의 생산에만 목표를 두고 있는 것은 아니다. 2연의 작은 이야기를 통해 6·25 전쟁의 비극을 노래하는 한편 과도한 남아선호사상에 대해서도 비판하고 있기 때문이다. "남의 집 아랫목에다 낳은 것이/하필이면 또 딸이라/발길로 핏덩어리 윗목에 밀어두었"던 슬픔 또한 이 시의 중요한 내용이라는 것이다.

진영대의 시 중에는 이미지보다 이야기가 전경화된 예도 적잖다. 물론 이때의 이야기는 이미지의 뒷받침을 통해 구체성을 확보한다. 이를테면 섬세한 세부 묘사를 통해 이야기의 구체성을 구현하는 것이 그의 이들 시이다. 여기서 말하는 이야기의 구체성이 사람살이의 생생한 체험에 기초하리라는 것은 덧붙여 설명할 필요가 없다.

> 막냇동생은 열 살에 죽었다.
> 아버지가 업고 가서 강가에다 묻어놓고
> 고운 모래를
> 무덤 위에 골고루 얹어 주었다
>
> 민물조개들이
> 제 몸을 끌고 지나온 자국
> 강물 속까지 길게 이어져 있었다
>
> 모래를 한 삽 떠서
> 시퍼런 강물에 흘려보내면
> 죽은 조개껍질이 빈 배처럼 떠내려갔다
>
> 아버지와 함께
> 삽을 끌고 집으로 가는 길
> 도마뱀이 꼬리를 끌고 다닌
> 흔적이 길게 이어져 있었다
>
> ―「모래 무덤」 전문

이 시는 열 살에 죽은 "막냇동생"을 강가의 모래 속에 매장했던 체험을 소재로 하고 있다. "막냇동생"을 "아버지가 업고 가서 강가에다 묻"었던 슬픈 체험 말이다. 물론 이 시가 보여주는 예의 이야기는 시인이 직접 겪은 체험을 바탕으로 하고 있다. 하지만 이 시의 형상에는 그날의 체험이 만드는 이야기만이 아니라 그것과 함께하는 강가의 풍경도 또한 중요한 자질로 작용한다. "민물조개들이/제 몸을 끌고 지나온 자국/강물 속까지 길게 이어져 있었다.//모래를 한 삽 떠서/시퍼런 강물에 흘려보내면/죽은 조개껍질이 빈 배처럼 떠내려갔다." 등의 구절이 만드는 풍경 말이다.

4

시적 형상의 중요 자질인 이야기는 이미지에 의해 뒷받침되면서 구체성을 확보하기 마련이다. 그것이 예술의 운명적 속성인 사물성을 견인하거니와, 진영대의 시는 바로 그러한 점에서도 더욱 주목된다. 이러한 논의는 그의 시가 사물 주체와 사물의 눈에 의해 창작되고 있다는 것을 징험해준다. 사물의 입장을 취하는 것이, 사물의 눈으로 존재를 파악하는 것이 그의 시라는 얘기이다. 그렇다. 그의 시는 거개가 나보다는 남, 사람보다는 사물의 시각을 취한다. 이는 대부분의 그의 시가 주체 주어가 아니라 객체 주어, 그러니까 타자 주어, 나아가 사물 주어를 취하고 있다는 뜻이 되기도 한다. 이러한 시각을 취하는 그의 시에서 시인 자신이 주어로 등장하는 예는 거의 드물다. 사물이 주어가 되지 못하면 객관적 대상이 행위의 주체로 서술되는 것이 그의 시의 일반적인 서술 방식이다.

> 마당개는 종일, 지붕을 올려다본다
> 처마 끝 쇠줄에 매단 물고기,

그 올무 끊어달라고 몸부림칠 때마다
컹컹 짖어댄다

똥을 누면서도 그새
물고기가 풍경 줄을 끊고 도망갈까 봐
힘 한번 맘껏 주지 못한다.

자유를 달라고
쇠 종을 들이받는 물고기
언제 도망갈지 몰라
종일 지붕을 올려다보는 마당개

물고기를 향해 뛰어오를 때
그 힘으로
땡감 하나 툭, 바닥으로 떨어지고
제 목줄에 조여
짖어봐야 아무도 듣지 못한다.

—「올무」 전문

 이 시는 4연의 형식을 취하고 있다. 1연의 주어는 "처마 끝 쇠줄에 매단 물고기"이다. 이때의 물고기는 1연 2번째 문장의 서술어 "컹컹 짖는다"를 이끌기도 한다. 이는 3연의 주어를 불러오기 위한 수사적 장치이기도 하다. 3연의 주어는 "자유를 달라고 /쇠 종을 들이박는 물고기"다. 이처럼 그의 시는 거개가 대상 중심의 시각, 나아가 대상의 행위를 서술하는 시점을 취한다. 이처럼 그의 시에는 자아 중심의 세계관이 아니라 타자 중심의 세계관이 반영되어 있다. 그의 시에 드러나 있는 타자 중심의 세계관에는 불교에서 말하는 무자기(無自己), 무자성(無自性) 등의 진리가 담겨 있기도 하다. 그의 시에는 이러한 면에도 시인 자신의 의도나 기획이 작동하고 있다는 것이다.

  강조하거니와 그의 시의 서술 중심을 이루는 대상은 사물일 경우가 많다. 그뿐만 아니라 그것의 대부분은 비유나 상징의 원관념으로 존재하고는 한다. 위 시에서의 '마당개'가 어리석은 사람 일반을 상징하는 것이 바로 그 예이다. "모래톱까지 밀려 나온/소라껍데기"에서 "아버지"(「아버지」)를 떠올리는 것도, 이장을 하기 위해 열어본 봉분에서 발견한 "녹슨 금가락지"(「금가락지」)에서 어머니를 떠올리는 것도 같은 예이다. "고욤나무"에 "철퍼덕 주저앉아" 아이에게 "젖을 물려주고 있"(「다문화 가족」)는 다문화 가족을 떠올리는 것도 유사한 비유이다.

  그의 시는 이처럼 유추적 이미지의 전개 통해 형상을 창출할 때가 많다. 이들 시에 드러나 있는 상상력은 이미지가 중심이 되는 만큼 점진적인 논리를 갖추지 않는다. 부지불식간에 낯선 이미지가 종횡으로 투사되는 만큼 비약과 초월의 상상력이 채택되는 것이 그의 시라고 할 수 있다. 따라서 이들 이미지의 투사가 과도하게 전개되어 질서를 잃게 되면 독자 일반은 그것을 따라잡기가 힘들 수밖에 없게 된다. 새삼스러운 얘기이지만 진영대의 시 중에는 이미지가 지나치게 섬세하게 투사되어 독자의 상상력이 따라잡지 못하는 예가 없지 않다. 더러는 에둘러 말하는 정도가 지나쳐 독자가 그것을 미처 소화하지 못하는 시도 없지 않다.

  이번 시집에서 시인 진영대는 사람과 관련해서도 매우 섬세하고 아름다운 형상을 보여준다. 이때의 사람도 시인 자신이 직접적인 서술의 주체로 등장하는 경우는 드물다. 시인 자신은 아니지만 그와 가까운 가족이나 인척 등이 그의 시의 대상이나 서술의 주체로 등장하는 경우는 없지 않다. 진영대 시인 또한 가까이 존재하는 가족이나 인척을 시의 대상으로 노래하는 경우가 적잖다는 것이다. 제4부에 집중적으로 수록되는 시가 그렇거니와, 아버지를 노래한 「앉은 자리」, 「억새꽃」, 「아버지」, 어머니를 노래한 「별 망태기」, 할머니를 노래한 「까치밥」, 아내를 노래한 「점 빼고 온 날」, 「운지법」, 장모님을 노래한 「검은 콩, 흰 콩」, 손녀를 노래한 「공갈 젖꼭지」, 손주를 노래한 「말」 등의 시가 그 예이다. 아버지를 노래한 그의 좋은 시 한 편을 공유하며 여기서 글을 맺기로 한다.

    장식장 위에 올려놓은 늙은 호박
    들어보니,
    밑동이 썩었다
    눈에 잘 보이는 곳은 멀쩡한데
    앉은자리가 거뭇거뭇하다
    그 자리에서
    호박씨 한 됫박 쏟아놓고
    썩어가는 것을 아무도 몰랐다

    똥 한 바가지 쏟아놓고서
    아무렇지 않게 웃고 계신 아버지
    자리를 옮기면 썩는다고
    앉은자리
    손도 못 대게 했다

                           —「앉은자리」 전문

진실한 사랑 혹은 순결한 영혼
―김상우 시집, 『사랑에 관한 짧은 필름』, 심지, 2021.

2019년 시전문 문예지 《세종시마루》를 통해 등단한 김상우 시인이 이번에 첫 시집을 간행한다. 등단은 좀 늦었지만 김상우 시인은 고등학교 때부터 대전에서 범고등학교 문학동인회 활동하며 시를 써온 사람이다. 김대현 시인이 지도하는 '보리수'(후일 동맥으로 명칭이 바뀜)라는 이름의 대전시 범고등학교 문학동인회의 일원으로 활동했던 것이 그이다. 필자는 윤대녕 작가, 이종진, 김남규 시인, 박수연, 송기섭 평론가 등이 그때 김상우 시인과 함께 활동했던 것으로 알고 있다. 그만큼 시력(詩歷)이 두터운 사람이 김상우 시인이라는 것이다.

이러한 논의에서도 알 수 있듯이 그는 젊어서부터 줄곧 시의 마음을 가꾸어온 사람이다. 평생을 두고 시의 마음을 가꾸어온 사람이 그라는 것인데, 물론 이는 쉽지 않은 일이리라. 늘 조화와 합일을 꿈꾸는 순수한 마음, 무구한 마음이 시인의 마음이고, 시의 마음이 아닌가. 그래서일까. 내게는 시인 김상우는 물론 그의 시도 늘 정갈하고 멋져 보인다. 구질구질하지 않은 사람, 담백하고 깨끗한 사람이 그라는 것이다. 그렇다. 김상우 시인은 내 것을 챙기려고 악착같이 덤벼드는 사람이 아니다. 넉넉하고 너그러운 마음으로 세상의 물물과 균형 및 조화를 이루며 사는 사람이 그이다.

그가 사람이나 물물을 어렵지 않게 양보하거나 떠나보내는 것도 이러한 마음과 무관하지 않아 보인다. 따져보면 어렵지 않게 양보하거나 떠나보내기는 하지만 못내 아쉬워하는 것이 그이기도 하다. 이때의 양보와 떠나보냄을 잊기 위해 그는 항용 쓸쓸한 자세로 "담배 한 대를 말아/실오라기 하늘로 북북 뿜어 보"내고는 하는 듯도 싶다. "개복숭아꽃이 무더기무더기 피어 있는 밤에" "자꾸 눈물"을 흘리거나 하는 사람이 그라는 것이다. 시에 드러나 있는 그의 마음은 이처럼 진실한 사랑 혹은 순결한 영혼으로 가득 차 있다.

진실한 사랑 혹은 순결한 영혼의 소유자여서일까. 그는 이런저런 자잘한 이익 따위에 별로 좌고우면하지 않는다. 그저 "단 한 가지만 사랑"(「단 한 가지의 사랑」)하는 사람이 그라는 것을 잊어서는 안 된다. 이처럼 그는 맑고 선한 심성을 갖고 있는 사람이다. 심지어는 "당신을 생각하는 것은/가깝거나 혹은 보이지 않는 곳에서도/나를 바라보는 일"(「흘러가는 가슴」)이라고까지 말하는 것이 그이다. 그러면서 그는 "사랑한다는 천 마디의 말보다/아득히 나를 놓아주는 일이" 더욱 진실하다고 언급한다. 진실한 사랑 혹은 순결한 영혼에 대한 그의 의식지향은 다음의 시를 통해서도 확인할 수 있다.

> 그런 사람을 만나고 싶었어
> 그 품에 안기면 한없이 부서져
> 저를 다 내주고도 흐르고 흐르는
> 물 같은 사람
>
> 그런 사람이 보고 싶었어
> 하나도 남지 않아도
> 가슴 끝까지 다 타버려도
> 지금 여기만 바라보는 사람이

그런 사람이 되고 싶었어
아무것도 아닌 데
아무것에나 닿아도 꽃 피는 사람
꽃 같은, 사랑 같은 사람.

—「꽃 같은」 전문

　이 시에서 화자인 시인은 먼저 "만나고 싶었"던 사람이 있다고 진술한다. 이때의 그가 "만나고 싶었"던 "그런 사람"은 누구인가, "보고 싶었"던 "그런 사람"은 누구인가. "품에 안기면 한없이 부서져/저를 다 내주고도 흐르고 흐르는/물 같은 사람"이 다름 아닌 "그런 사람"이다. "가슴 끝까지 다 타버려도/지금 여기만 바라보는 사람" 말이다. "그런 사람"을 찾고 있는 것이 그이거니와, 이 시의 3연에 이르러 그는 저 스스로 "그런 사람이 되고 싶었"다고 말한다. 이어지는 구절에서는 그가 "되고 싶었"던 "그런 사람"이 "아무것도 아닌 데/아무것에나 닿아도 꽃 피는 사람/꽃 같은, 사랑 같은 사람"으로 구체화한다. 이때의 "그런 사람"이 사랑이 많은 사람, 사랑이 풍성한 사람이리라는 것은 불문가지이다.

　사랑이 많은 사람, 사랑이 풍성한 사람은 어떤 사람인가. 내가 보기에 그러한 사람은 잘 참는 사람, 잘 견디는 사람이 아닌가 싶다. 다른 시 「비의 노래」에서 그가 말하는 "내일이면 아마도 깊고 푸른 바다로 떠나"야 할 사람을 따듯하게 떠나보내는 사람 말이다. "그리움 사이에 서 있기 힘"들더라도 잘 참고 잘 견디는 사람이 바로 "그런 사람"이리라. 잘 참고 잘 견딘다고 하더라도 그가 자신으로부터 떠난 사람을 아주 다 잊어버리는 것은 아니다. "붉은 가지를 치며 또 다른 사랑으로 뻗어가"더라도 "내내 당신을 기억"(「홍이에게」)할 것이라고 말하는 것이 그이기 때문이다.

　이처럼 그의 시에는 '당신'으로 표상되는 수많은 사랑의 대상이 등장한다. 사랑이 많고 풍성한 사람에게는 사랑의 대상이 많고 다양할 수밖에 없다. 그의 시에 등장하는 사랑의 대상이 이른바 '연인'만으로 국한되는 것은 아니라는 것이다. 겉으로는 사랑하는 남녀 간으로 읽히더라도 속으로는 그렇지 않게 읽히기도 하기 때문이다. 이를테면 그의 시에 나오는 사랑하는 '당신'이 아버지일 수도 있고 어머니일 수도 있다는 뜻이다. 사랑하는 '당신'이 뜻하는 이러한 내포는 다음의 시에서도 마찬가지이다.

> 있는 듯 없는 듯 삽니다
> 밤새 얼었다 녹았다
> 혼자 하늘 향해 두 눈 치켜든 산속 황태처럼
> 꿋꿋이 겨울나고 있습니다
> 아무래도 당신 계신 곳까지 못 갈 것 같습니다
> 사랑한다는 말도 이제 하지 않으렵니다
> 마음 가지에 꽃 피면 어디라도 당신이 있기 때문입니다
> 말뿐인 세상에 마음 하나 지키기 어려워
> 겨울 아침 소소한 청수淸水 한잔 올립니다
> 당신이 있는 하늘처럼 저 맑은 물이 당신인 듯합니다
> 그 위에 물처럼 흘러갈 이름 석 자를 써보았습니다
> 그립다 말하지 않겠습니다
> 밤새 불었다 쉬었다 가는 바람인 듯
> 있는 듯 없는 듯 살고 있습니다.
> ―「겨울 편지」 전문

이 시에서 시인은 우선 자신이 처한 형편에 대해 말한다. "있는 듯 없는 듯" 산다고, "밤새 얼었다 녹았다/혼자 하늘 향해 두 눈 치켜든 산속 황태처럼/꿋꿋이 겨울나고 있"다고 말이다. 편지 형식을 취하는 이 시에서 시인은

이처럼 자기 자신의 현존을 사랑하는 '당신'에게 전한다. 이로 미루어 보더라도 여기에서의 사랑하는 '당신'이 꼭 '연인'으로만 보이지는 않는다. 이어지는 구절에서 그는 "아무래도 당신 계신 곳까지 못 갈 것 같습니다"라고 말하고 있다. 당신이 계신 곳은 어디인가. 이 시의 "당신이 있는 하늘" 등의 구절로 미루어보면 그곳은 아마도 이승이 아닌 것으로 판단된다. 그곳이 지승이라면 당신이 누구인가도 조금쯤은 드러난다. "마음가지에 꽃 피면 어디라도" 있는 당신, "겨울 아침 소소한 청수淸水 한잔" 올리는 당신의 경우 작고하신 시인의 아버지일 수도 있기 때문이다. 그렇다면 아버지에 대한 시인의 사랑이 얼마나 지극하고 정성스러운지도 잘 알 수 있다.

여기서 시인의 '사랑하는 당신'과 관련해 이런저런 논의를 하는 까닭은 비교적 단순하다. 연애편지의 형식으로 쓰는 시에서도 그의 사랑의 대상이 오직 연인만을 뜻하지는 않는다는 강조하기 위해서이다. 이러한 논의를 통해서도 알 수 있듯이 사랑이 많고 풍성한 사람에게는 누구라도 사랑의 대상이 많고 다양할 수밖에 없다. 말할 것도 없이 이는 의심할 바 없는 사실이다. 그렇다고는 하더라도 시에 등장하는 이성이 지금이나 과거의 연인으로 읽힐 때 그의 시가 좀 더 실감 나게 다가오는 것은 사실이다. 예의 당신이 연인으로 읽힐 때 사랑을 노래하는 그의 시의 경우 독자들의 감정을 좀 더 자극한다는 뜻이다. 이러한 점은 "그 여자의 봄날은 눈물이었다/다시 시작할 수 있다고 말하지 않았다/황사가 지나가는 골목에서/가끔은 나도 나를 잊고 싶어"(「봄날」) 등의 구절에 등장하는 '그 여자'의 경우에도 마찬가지이다. 시인의 마음속에 실재하는 '그 여자'가 어머니라고 하더라도 이 시에서는 연인으로 읽힐 때 훨씬 감동을 준다는 것이다.

전화가 이주일 째나 불통이었다 때로는 말이 없어서 차라리 평안했다
그날도 삶은 스스로 만든 굴레라고
담쟁이넝쿨이 내게 말했다

저녁에는 혼자 지는 태양을 바라보며 취생몽사를 마셨다
거절할 것을 안다면 먼저 돌아선다는 무사, 서독의 말은
천년이 지난 오늘도 좋은 약이다

노천카페 '사막'에는 이른 술을 마시는 사내와
늦가을 구절초 같은 여자가 여전히 콜라를 마시고
벌써 세 번째나 분갑을 바라보던 유부녀가 길 끝을 향해
한 점 꽃잎처럼 손을 흔들었다

누구는 사랑을 위해 일생을 기다린다고 했다
일생을 잊기 위해 살다 간 사람도 있다

사랑받고 싶었던 날
부치지 않을 편지를 썼다
가늠할 수 없는 날씨처럼 기침이 아무 때나 나왔지만
나는 묵은 가을 잠바를 입고 봄비를 맞았다
삶은 차선次善이 없다고 봄비가 말했다

다시 산행을 시작한 날
사막의 끝이 보이는 곳에서 살아 있음은 또 다른 침묵이 되었다
누구에게나 살아갈 몫은 있고
잊기 위해 때로는 전부를 기억해야만 했다
이따금 살기 위해 밥을 먹었다.

─「사랑에 관한 짧은 필름」 전문

이 시의 화자는 지금 대전 도심의 "노천카페 '사막'"에 와 있다. 하지만

시의 분위기만으로 보면 이곳은 사하촌 어디 산속 마을인 것처럼 느껴지기도 한다. 아무튼 "노천카페 '사막'"이 "혼자 지는 태양을 바라보며 취생몽사를 마"실 수 있는 곳인 것만은 분명하다. 더불어 이곳은 "술을 마시는 사내"와 "콜라를 마시"는 여자가 함께 있는 곳이기도 하고, "벌써 세 번째나 분갑을 바라보"고 있는 유부녀가 저 혼자 있는 곳이기도 하다.

아마도 중국 술인 듯한 "취생몽사를 마"시며 "노천카페 '사막'"에 혼자 있는 시인의 모습은 자못 쓸쓸해 보인다. 시인은 왜 지금 이처럼 쓸쓸한 모습으로 이곳에 와 있는 것일까. 무슨 이유로 그는 지금 이 허전한 공간에 저 스스로를 유폐시키고 있는 것일까. "누구는 사랑을 위해 일생을 기다린다고 했다/일생을 잊기 위해 살다 간 사람도 있다" 등등의 몇몇 구절로 미루어보면 그 까닭이 사랑의 상실과 무관하지 않은 듯싶다. 사랑을 잃은 슬픔이 하도 커 이 "노천카페 '사막'" 속에 저 스스로를 소외시키는 것일 수도 있으리라.

하지만 이러한 논의는 시인의 의도와 전혀 상관없는 이 글을 쓰는 사람만의 몽상에 지나지 않을 수도 있다. 실제로는 "이주일 째나 불통"인 전화를 걸고 싶은 곳이 어머니나 아버지가 계시는 집일 수도 있기 때문이다. 이는 다른 시 「만추」에서 "보고 싶다는 메시지가 온" 공간과 주체의 경우도 마찬가지이다. 이 시에서는 시인이 거주하는 공간이 좀 더 구체적으로 사하촌 어디 산속 마을로 드러나 있지만 말이다. 어쨌거나 이 시에서 핸드폰에 "보고 싶다는 메시지"를 보낸 사람은 떠나온 집에 계시는 어머니나 아버지일 수도 있다는 것이다. 이러한 논의는 물론 그의 시가 그만큼 다의성을 지니고 있다는 뜻이기도 하다.

이 시 「만추」의 몇몇 구절로 미루어보면 그가 집을 떠나 사하촌 근처의 산속 마을에 자기 자신을 소외시키는 것은 시를 쓰기 위한 것일 수도 있다. "거미줄이 널려 있는 집에는/쓰다 버린 시詩들이 먼지처럼 뒹굴고" 등의 구절이 이러한 상상을 가능하게 해준다. 이러한 측면으로 이 시를 읽으면 "그녀는 내가 남겨 둔 햇살 중의 하나였다"라는 구절에서의 '그녀'도 어머니로 읽어 무방하다. 여기에서의 '그녀'를 사랑하는 연인으로 읽은들 어찌하겠냐만 말이다.

이러한 방식의 독해는 다른 시 「숨은 꽃―떠남에 대하여」에 등장하는 "그 사람 떠난 자리에/바람만 불었습니다"라고 했을 때의 '그 사람'도 마찬가지이다. 여기에서의 '그 사람'을 그의 곁을 떠난 연인으로 읽어도 무방하지만 돌아가신 아버지로 읽어도 무방하다는 것이다. 이러한 점은 "늦도록 오시지 않는 당신"을 노래하는 시 「꿈길」에서 강조하는 '당신'도 마찬가지이다.

물론 이러한 양가적 독해는 시인의 의도된 기획과 실천에 의한 것일 수도 있다. 서정시의 본래적 정서가 연애 감정에 기대고 있다는 것 정도는 그도 이미 잘 알고 있지 않은가. 그가 이러한 기획에 선뜻 나서는 것은 "사람이 사람답게 살 수 없다면" "사랑을 말하지 말자"는 생각을 갖고 있기 때문이 아닌가 싶기도 하다. "사람이 사람답게 죽을 수 없다면" "사랑을 말하지 말자"(「찔레꽃」)라고 생각하는 것이 시인 김상우라는 점을 주목해야 한다. 무엇보다 이는 그가 그만큼 '사랑'에 대해 깊은 통찰을 지니고 있다는 것을 증명해준다.

서정시는 본래 대상에 대한 합일의 정서, 곧 일치의 정서를 바탕으로 한다. 이때의 합일의 정서, 일치의 정서는 측은지심의 형태이든, 연민의 정신이든 사랑의 마음에 토대를 두기 마련이다. 성장하는 한 개인에게 사랑은 맨 처음 가족들로부터 비롯되기 쉽다. 이러한 점은 시인 김상우의 경우에도 다를 바 없어 보인다. 상당수의 그의 시들 역시 어머나나 아버지 등 가족에 대한 사랑, 곧 가족에 대한 측은지심이나 연민 등에서 발상되고 있기 때문이다.

우선은 어머니나 아버지에 대한 그의 사랑을 담아내고 있는 시들부터 확인된다. 어머니를 노래한 시로는 「엄마 손」, 「역전 평화상회」, 「5월에」, 「전라도 여자」 등을 예로 들 수 있고, 아버지를 노래한 시로는 「한식(寒食)」, 「코로나 기일」 등을 예로 들 수 있다. 그런가 하면 그의 시 「그들만의 꽃」에는 아버지, 어머니, 이모부, 아내 등 가까이 지내는 가족들이 모두 등장하기도 한다. 다음은 어머니의 삶과 함께했던 시인의 삶을 얼마간 엿볼 수 있는 시이다. 어머니와 직접 겪은 시인의 삶이 섬세하면서도 사실적으로 형상화되는 것이 이 작품이다.

역전 시장 평화상회를 그만두던 날
엄마는 낡은 상처투성이 마늘 바가지부터 챙겼다
그녀만큼이나 나이 들고 야윈 바가지를 짐 보따리에 넣으며
사월 끝인데도 자꾸 코끝이 시리고 눈이 매웠다

이따금 역전 대합실에 가면 그렇게 눈이 아파왔다
아무렇지 않게 가버린 한 여자와 혼자 돌아온 사내가 거기 서 있었고
그 스물의 봄날 이후 나는 예외처럼 살았다
예외였기에 자유로웠고

때 낀 달력에는 여전히 주저앉아 있는 빨간 미수금들
2016년 4월 8일 은행동 노점 아줌마 고구마 4박스 배달
파장수 자전거를 빌려 타고 간 천변 슬레이트 집
홍등 아래서 아줌마는 울고 있었다
떡잎만 한 아이들을 두고 간 아저씨한테 재배를 드리고
벚꽃이 눈처럼 떨어지는 천변에 앉아 담배를 태웠다

역전시장 평화상회 바가지를 씻다 보면

그 깊은 곳에서 너무 많은 길들이 만나고 헤어지며 또 만나는
삶이 보이고
아무렇지 않게 떠나고
아무렇지도 않게 돌아와야 하는 역전시장

사랑은 예외가 없다고 길이 말했다.

—「역전 평화상회」 전문

    이 시의 말미에는 특별한 주석이 달려 있다. "엄마는 역전시장에서 평화상회를 50년 동안 했다. 산에서 돌아온 이후 역전시장에서 그녀와 친구처럼 10년을 함께 보냈다"가 그것이다. 이 구절에 따르면 그는 어머니와 함께 대전의 역전시장 평화상회에서 10년 동안 장사를 한 듯싶다. 주석에 따르면 평화시장에서 장사했던 시기는 앞에서 말한 사하촌 어딘가 산속 마을에서 가족이 사는 대전으로 돌아온 이후부터인 것으로 보인다.
    이 시는 그렇게 10년을 보낸 뒤 시인과 엄마가 역전시장 평화상회를 그만두던 날의 경험을 담고 있다. "역전시장 평화상회를 그만두던 날/엄마는 낡은 상처투성이 마늘 바가지부터 챙겼다" 등의 구절이 이를 말해준다. 아마도 이 평화상회는 "낡은 상처투성이 마늘 바가지" 등의 구절로 미루어 보아 온갖 푸성귀를 소매하던 야채가게인 듯하다. 따라서 이어지는 구절의 "그녀만큼이나 나이 들고 야윈 바가지"가 얼마나 정이 든 것인가를 알기는 어렵지 않다. 어머니가 역전시장 평화상회에서 장사하던 50년 동안 온갖 마늘을 그곳에 담아 팔았을 것이기 때문이다. 이로 미루어보더라도 그와 어머니가 "역전시장 평화상회를 그만두던 날" 이 바가지를 "짐 보따리에 넣으며/사월 끝인데도 자꾸 코끝이 시리고 눈이 매웠"을 것은 자명하다.
    이처럼 이 시에는 시인이 경험한 정성스럽고 지극한 삶의 체험이 담겨 있다. 이 시가 "아무렇지 않게 가버린 한 여자와 혼자 돌아온 사내가 거기 서

있"는 등의 낭만적 감성을 바탕으로 하고 있더라도 그것은 마찬가지이다. 하지만 이러한 낭만적 감성의 뒤에 "때 낀 달력에는 여전히 주저앉아 있는 빨간 미수금들/2016년 4월 8일 은행동 노점 아줌마 고구마 4박스 배달/파장 수 자전거를 빌려 타고 간 천변 슬레이트 집/홍등 아래서 아줌마는 울고 있었다/떡잎만 한 아이들을 두고 간 아저씨한테 재배를 드리고" 등 삶의 구체적인 모습이 도사려 있다는 것을 잊어서는 안 된다.

　이 시집에 이처럼 실감나는 가족 소재의 시들이 실려 있는 까닭은 무엇인가. 이는 무엇보다 시적 감흥을 일으키는 가장 일차적인 인간관계가 가족으로부터 비롯되기 때문으로 보인다. 가족이야말로 시적 주체의 심미적 감흥을 부추기는 첫 번째 대상이라는 것이다. 이 시집이 그의 첫 시집이니만큼 가족을 대상으로 하는 시가 다수인 것은 일면 당연하다. 가족이야말로 한 사람이 태어나 맨 처음으로 이루는 인간관계라는 것을 잊어서는 안 된다.

　그렇다면 한 사람의 주체가 가족이라는 대상을 극복한 이후 새롭게 만나게 되는 대상은 무엇인가. 말할 것도 없이 그것은 '자기 자신'이다. 그렇다. 가족에 관한 질문에 뒤이어 찾아오는 질문은 '나 자신'을 대상으로 하는 질문이다. 곧바로 나란 누구이고, 무엇인가라는 질문이 뒤따라온다는 뜻이다. 이때의 '나'와 관련해 김상우의 시에서 먼저 확인할 수 있는 것은 '희망'이다. 여기서 말하는 희망과 관련해 일단 그는 자신의 시에서 다음과 같이 말한다.

>　이른 새벽 밤꽃 냄새 아련한 역전 서울 여인숙 골목길을 빠져나오며
>　희망을 태웠다
>　마른 잎이 타들어 갈 때마다 내 사랑은 아편처럼 피어났다가
>　이내 길 끝으로 지워졌다
>　내게 남은 것은 희망 담배 두 개비뿐이었다
>　가질 수 있는 것도 희망뿐이어서 왼쪽 가슴 밑 때 낀 호주머니에

명찰처럼 달고 살았다
나, 물풀처럼 떠다니던 스무 살

살아있는 것이 아프고 서러워지면 산으로 갔다
삶이 그대를 속일지라도
가을 밭에 멧새처럼 쭈그려 앉아 서러웠던 옛것들을 불러 모으면
그것들은 씨앗이 되고 길이 되어
노을 저편 사랑으로 물들어 갔다
나 여전히 서툴던 마흔 살 너머

아무도 오지 않았지만 나무를 심기 시작했다
자귀, 체리, 산수유, 단풍, 작약, 목련, 이팝
내 안에 그리움이 하나둘 빠져나가
나 바람으로나 떠돌아다닐 때
내가 모르는 사람들은 이 숲에서 또 연애를 하고 아이를 낳고 사랑
을 하리라
나 바람이고 싶은 이순의 가을.
　　　　　　　　　　─「희망이란 이름의 담배」 전문

　위의 시는 시인이 "물풀처럼 떠다니던 스무 살" 때의 기억을 바탕으로 하고 있다. 이 시의 1연에서 그는 "이른 새벽 밤꽃 냄새 아련한 역전 서울 여인숙 골목길을 빠져나오며/희망을 태웠다"고 말하고 있다. 겉으로는 '희망이란 이름의 담배'를 태웠다고 말하고 있으나 속으로는 스무 개의 희망 중 열여덟 개의 '희망'을 버렸다고 말하는 것이 이 시의 이 대목이다. 이제 그에게 남은 희망은 두 개뿐인데, 그것을 시인은 이 시에서 "내게 남은 것은 희망 담배 두 개비뿐이"라고 말한다. 열여덟 개의 절망과 두 개의 희망만

남은 그가 "스무 살" 무렵 "물풀처럼 떠다"녔다는 고백은 자못 진실해 보인다.

이 시의 2연에 따르면 앞에서 말한 시인 김상우의 몇몇 행적이 짐작되기도 한다. 열여덟 개의 절망과 두 개의 희망만 남게 된 그가 이윽고 사하촌 근처의 산속 마을로 떠난 듯하기 때문이다. 이어지는 구절에서 그가 "살아 있는 것이 아프고 서러워지면 산으로 갔다"고 노래하는 것이 이를 잘 증명해준다. 이 시의 나머지 부분에 따르면 그도 마침내는 다시 속세로 내려와 "연애를 하고 아이를 낳"은 듯싶다. 물론 다시 속세로 내려왔다는 것은 앞에서 말한 것처럼 그가 대전의 "역전시장에서 그녀와 친구처럼 10년을 함께 보"낸 것을 가리킨다.

이러한 삶의 과정을 통해, 나아가 정신의 추이를 통해 그는 자기 자신의 현존을 발견하고, 자기 자신의 현존에 대해 통찰하게 된다. 그가 자기 자신을 두고 "나는 시골에 사는 논두렁 물"(「논두렁 물」)이라고 말하는 것이 그 대표적인 예이다. "그대들 생 다 거둘 때까지/나는 가슴만 남은 걸레"(「걸레의 꿈」) 등의 구절도 마찬가지이다. 물론 뒤의 시에 드러나 있는 "나는 가슴만 남은 걸레"라는 자아개념은 "어젯밤 담벼락에 붙어/홀로 토해내던 눈물"로 상징되는 타자에 의해 형성된다.

그의 시에서 자기 자신의 현존을 발견하고, 자기 자신의 현존에 대해 통찰하는 일은 오래지 않아 타자의 현존을 발견하고, 타자의 현존을 통찰하는 쪽으로 나아간다. 이때의 타자는 그의 시 「겨울 학하동」에서 "'꽃씨 필요하신 분 드립니다'"라고 말하는 사람, 「삶」에서 "소금처럼 살다간 사람", 즉 "남의 등에 얹혀살다 간" 사람을 포괄한다. 물론 이러한 점은 그가 다른 시에서 "돌 속에 애기똥풀이 피어 있었어"(「웃는 돌」)라고 노래할 때의 돌이나 애기똥풀이라고 해도 다르지 않다.

그의 시에서 타자에 대한 관심의 확대는 이내 대상에 대한 관심의 확대를 불러온다. 대상에 대한 그의 관심의 확대는 이내 더 낮은 세계를 향해 그의 눈길을 확대한다. 여기서 말하는 더 낮은 세계는 말할 것도 없이 소외된 것들, 버려진 것들, 아파하는 것들을 가리킨다. "프레스에 으깨어진 네 손가락"의 용수, "엄지만 남은 용수", 곧 "엄지 하나로"(「손톱을 깎으며」) 살아가는 용수도 그것 중의 하나이다. "배가 고파야 좋은 시가 나온다고" 말하는 사람. 곧 "트럭에 아내와 아이를 싣고 햄버거를 팔러 다"(「반곡리 이장」)니던 사람에 관한 관심도 동일한 맥락에서 받아들여야 한다.

　이처럼 그의 시의 대상이 확대되는 데는 자기 자신에 대한 그의 깊은 성찰이 자리해 있다. 그가 이미 "기도해 보았는가/오로지 가슴 하나만 간절히 서 있는 새벽"에 "엎드려 감사해 보았는가/보고 만지고 듣고 느낄 수 있는 피부에 대하여"(「참회」)라고 말하는 사람이라는 것을 잊어서는 안 된다. 이러한 정신 경지는 그의 시의 "강에 간다 흐르는 것은 가볍고,/살아 있는 것은 저렇게 흐른다"(「대평리에서—유미에게」)라고 노래하는 구절에 의해서도 확인된다. 물론 이러한 표현이 가능한 것은 삶이 그저 흘러가는 것일 뿐이라는 것을 그가 잘 알고 있기 때문이다. 다른 시에서 그가 온갖 집착을 끊고는 "갈 것은 가고 올 것은"(「12월」) 온다고 노래하는 것도 같은 맥락에서 이해해야 한다. 이는 또 다른 시에서 그가 "두려워 마라 정말 두려운 것은/울어야 할 때 울지 못하고/돌아서야 할 때 돌아서지 못"(「눈물에 대하여」)는 것이라고 노래하는 것만 보더라도 확인된다.

　이러한 그의 정신 차원은 다음의 시를 통해서도 엿볼 수 있다. 이 시에서는 나날의 삶을 두고 "텅 빈 사람들이 모여/텅텅 신나게 신나게" 도는 것이라는 그의 깨달음이 담겨 있기 때문이다. 다소 아쉽기는 하지만 이 시의 전문을 함께 읽으며 여기에서 글을 매조지하기로 한다. (2022)

　　　텅 빈 것들이 모여 신나게 돈다
　　　흰 아이가, 노란 아이가, 파란 아이가
　　　바람이 까르르 웃으며

은행나무 위로 올라간다

햇살이 어흥, 하고 소리치면

첫차를 기다리는 절뚝배기 할배도, 노점상 강씨 아줌마도, 철도 계약직 이 양도, 평화상회 김 씨도,

다 같이 돈다 텅텅 비어

통근열차도 텅 비어 가는데

텅 빈 사람들이 모여

텅텅 신나게 신나게 돈다.

—「연산역 바람개비」 전문

제4부

시 읽기의 현장

존재의 존귀성과 양가성
―이운룡의 근작시를 중심으로

　이운룡의 근작시는 자기 자신의 존재론적 자각으로부터 비롯된다. 하나의 존재인 주체가 자기 자신의 의미를 바로 깨닫는 데서 출발하는 것이 그의 근작시이다. 물론 이때의 존재는 사물로서의 존재보다는 '나'로서의 존재이다. 객체로서의 존재보다는 주체로서의 존재에 대한 자각으로부터 시작되는 것이 그의 근작시라는 것이다. 이를테면 자기 자신의 존재론적 의미에 대한 깨달음으로부터 시작되는 것이 그의 이들 시라는 뜻이다.
　주체의 존재론적 의미는 석가모니의 탄생과정에서부터 제기된 바 있다. 어머니인 마야부인의 옆구리에서 툭 불거져 나온 것이 석가모니이거니와, 이렇게 태어난 석가모니는 동서남북으로 일곱 발자국씩 걷고는 제자리로 돌아와 '천상천하(天上天下) 유아독존(唯我獨尊)'이라고 외친다. 오른손으로는 하늘을 가리키고 왼손으로는 땅을 가리키면서 말이다. 물론 '하늘 위 하늘 아래 오직 내가 우뚝 높다'라는 석가모니의 이 말에는 주체의 존재론적 자각이 들어 있다.
　석가모니가 깨달음 얻고 난 뒤의 설법내용 중에는 무자성(無自性), 무자기(無自己), 무아(無我) 등의 진리도 중요한 위상을 갖는다. 이들 진리는 기본적으로 '나라는 존재의 특성은 없다', '나라는 것은 없다', '나라는 존재는 연기한다'는 등의 의미를 현현한다. 주체라는 존재 역시 고정되어 있지 않고 움직이고 변화한다는 뜻이다. 주체가 '움직이고 변화한다'는 것은 무엇보다 내가 네가 되고, 네가 그가 된다는 것을 가리킨다.

따라서 '하늘 위 하늘 아래 오직 내가 우뚝 높다'라는 석가모니의 말은 내가 높고 귀한 만큼 네가 높고 귀하고, 네가 높고 귀한 만큼 그가 높고 귀하다는 뜻을 지닌다. 석가모니의 이 말이 모든 존재는 다 높고 귀하다는 의미를 갖는 까닭이 바로 여기에 있다. 그러고 보면 '천상천하(天上天下) 유아독존(唯我獨尊)'이라는 석가모니의 말은 모든 존재의 권리선언, 곧 인권선언일뿐더러 물권선언이라고 해야 마땅하다.

시인 이운룡의 아래의 시는 다름 아닌 그러한 맥락에서 읽을 때 숨겨진 내포를 좀 더 확연히 알 수 있다.

나는 날개 없는 불멸의 하늘새다. 모세혈관에 하늘이 흐르고 구름이 떠다닌다.

하늘이 숨 쉬고 하늘이 말하고 푸른 지상주의 시간은 나를 분해하여 날려버리고 그 이상은 영원이다.

나는 우주 먼지의 입자이고 하늘의 총화이니 나의 집은 우주, 언제나 현재에 있으며 우주를 떠도는 빛이다.

내가 날기 시작하면 온 세상이 환해지는 새천국. 살아서 집 떠난 적 없으매 나는 하늘텃새다.

나 홀로 절대이고 절대의 나는 천국의 하늘새다.
—「하늘새」 전문

이 시에서 시인 이운룡은 "나는 날개 없는 불멸의 하늘새다", "나 홀로 절대이고 절대의 나는 천국의 하늘새다"라고 외친다. 그는 지금 이 시에서 석가모니가 태어나자마자 '천상천하(天上天下) 유아독존(唯我獨尊)'이라고 말한 것과 다름없는 말을 하는 것이다. 그의 말이 석가모니의 말에 대한 이해 없이 바로 이해하기 어려운 까닭이 바로 여기에 있다.

시인 이운룡의 예의 선언과 관련해 정작 주목해야 할 것은 "나는 천국의 하늘새다"라고 할 때의 '나' 역시 움직이고 변화하는 존재라는 점이다. '움직이고 변화한다'는 것은 그 과정에 주체로서의 '나' 역시 네가 되고, 너 역시 그가 된다는 것을 뜻한다. 이때의 너와 그, 곧 객체의 물물(物物)을 이 시에서 그는 "우주 먼지의 입자", "하늘의 총화", "우주를 떠도는 빛" 등의 기표로 표현한다.

물론 이들 물물의 존재는 객체 일반을 가리킨다. 내가 높고 귀한 만큼 네가 높고 귀하고, 네가 높고 귀한 만큼 그가 높고 귀한 것은 다름 아닌 이 때문이다. 그가 "나 홀로 절대이고 절대의 나는 천국의 하늘새다"라고 말하는 것도 이와 무관하지 않다. 이때의 "절대의 나"가 당연히 객체 일반의 대표단수라는 것은 불문가지다. 따라서 "천국의 하늘새"가 높고 귀한 만큼 네가 높고 귀하고, 네가 높고 귀한 만큼 내가 높고 귀하다고 하지 않을 수 없다.

다음의 시에서 그가 "도시의 억새"에 대해 특별한 애정을 기울이는 것도 실제로는 그러한 이유에서다. "도시의 억새"가 시인 자기 자신의 움직이고 변화된 모습과 다르지 않다는 것을 기억해야 한다.

집단이주 억새들이 울고 있다. 쓰러지는 몸끼리 엮어도 기운다. 길을 찾아 나섰다가 길을 잃고 속울음 억, 억 숨통이 막히는 억새들. 어린것들은 목이 잘리고 뼈를 세우려다 포기한 녀석들은 내 얼굴에 독침을 찌른다.

도시의 멀미는 예사롭다 하지만 억새가 입주하면 무사할 줄 알았더니 이내 매연의 잔기침을 토한다. 억새는 도시와 합환하려는데 보도블록 볼멘소리가 툭툭 차낼 뿐, 억새의 청혼에도 도시는 무심하다.

   산을 떠난 지는 오래 전, 산발한 억새꽃이 울음을 삼킨다. 가슴 쥐어짜는 슬픔만 아름답다. 슬픔을 톱질하는 귀뚜라미의 쓰린 가슴을 억새는 기억하리라. 상을 당한 억새가 조등弔燈을 내걸어도 슬퍼하지 않는 도시, 억새는 지금 적막한 상중이다.
—「도시의 억새」 전문

 이 시에서는 첫 문장부터 "집단이주 억새들"이 "울고 있다." "쓰러지는 몸끼리 엮어도 기"우는 것이 "집단이주 억새들"이다. "길을 잃고 속울음 억, 억 숨통이 막히는" 것들, 끝내는 "목이 잘린" "어린것들", "뼈를 세우려다 포기한 녀석들"이 도시의 억새들이다. 따라서 '도시의 억새들'은 자연의 사물들만을 가리키지 않는다고 해야 옳다. 이는 이어지는 연의 "억새가 입주하면 무사할 줄 알았더니 이내 매연의 잔기침을 토한다" 등의 구절에 의하면 더욱 분명해진다. "억새는 도시와 합환하려는데 보도블록 볼멘소리가 툭툭 차낼 뿐, 억새의 청혼에도" 끝내 무심한 것이 도시이기 때문이다.
 이들 구절에 따르면 이내 이 시의 "집단이주 억새들"이 일종의 알레고리라는 것을 알게 된다. 일종의 알레고리인 "집단이주 억새들"이 뜻하는 내포는 별로 복잡하지 않다. 실제로는 동남아에서 이주해온 다문화 여성들이나 이주노동자들을 가리키기 때문이다. 고향을 떠나온 다문화 여성들이나 이주노동자들이 깊은 슬픔에 처해 있다는 것은 어렵지 않게 알 수 있다. 물론 좀 더 폭넓게 말하면 "집단이주 억새들"의 경우 농촌에서 한꺼번에 도시로 이주해온 산업 노동자 일반을 상징할 수도 있겠지만 말이다.
 그렇다고는 하더라도 이 "집단이주 억새들"에게 시인 이운룡의 감정이 깊이 이입되는 것은 사실이다. 시인 자신과 상호 착종되는 것이, 얼마간은 미분화되는 것이 여기서 말하는 "집단이주 억새들"이라는 얘기이다. 이 시의 "슬픔을 톱질하는 귀뚜라미의 쓰린 가슴을 억새는 기억하리라" 등의 구절이 쉽게 이해되는 까닭도 이와 무관하지 않다. "상을 당한 억새가 조등弔燈을 내걸어도 슬퍼하지 않는 도시"에서 살아가고 있는 것이 오늘의 현대인이라는 것을 알아야 한다.

이 시에서 "집단이주의 억새"가 자꾸 소외되는 까닭도 실제로는 그에서 비롯되는 것으로 보인다. "집단이주의 억새"와, 그들이 살아가는 도시가 정상적인 연기의 과정을 따르지 않기 때문이다. 아래의 시에서 시인 이운룡이 주체가 처한 소외의 현실을 특별히 강조하는 것도 다름 아닌 그러한 이유라고 할 수 있다. 물론 이 시에서도 그는 알레고리를 토대로 하여 자기 자신의 시상(詩想)을 전개하고 있지만 말이다.

가을은 봄 여름내 앞뒷문 열어놓았으나 그림자도 안 비친다. 햇살들만 분주히 들랑거릴 뿐 가을은 저 혼자 걸게 독상을 차린다. 그 뿐인가.

가을의 손때는 맵지만 누구도 사랑하지 않고 가슴이 뜨거워도 안아주지 않는다. 단지 햇살의 눈총이 따끔따끔 찔러와 가을은 저 혼자 속상하고 속을 비운다.

누가 아나? 사과 한 광주리, 배 한 상자 찾아올지. 와서는 핑그르르 눈물 맺혀, 목 맺혀 손 꼭 잡을지. 손잡고 영영 놓아주지 않을지……

내 안다. 가을은 철없이 속 보여주고 속 썩이다 논밭 산비탈 넘어지며 미친 듯 바람피워도 좋은 저 상큼한 불륜을. 그런 아픔 그런 사랑,

생트집 잡는 풋내기 봄보다야 어른스럽지 않은가?

그러나 가을은 말하지 않고 말을 삼킨다. 손끝바람 콩꼬투리 터뜨리고 하늘 아래 땅을 편안히 누일 뿐 가을은 여전히 묵묵부답이다.
—「가을의 불륜」 전문

이 시의 문법적 주체는 '가을'이다. 그렇다면 가을은 누구이고 무엇인가. 제목만으로 보면 불륜의 주체이기도 한 것이 가을이다. 물론 기본적으로는 사계의 하나, 곧 봄, 여름, 가을, 겨울의 하나이지만 말이다. 그렇기는 하더라도 '가을'의 내포를 이처럼 한정시켜 이해할 필요는 없다. 무엇보다 이 시에서는 '가을'이 의인간화되어 드러나기 때문이다. "눈총이 따끔따끔 찔러와" "저 혼자 속상"해 있는 주체가 다름 아닌 가을이라는 것이다. 그렇다면 가을은 사계의 하나이기도 하지만 가을이라는 특징을 지니는 어떤 한 사람이나 그런 사람 일반을 가리키기도 하는 셈이다. 인생의 가을에 도달한 어떤 한 사람이나 그런 사람 일반을 뜻하기도 하는 것이 '가을'이라는 얘기이다. 이러한 특징을 갖는 '가을'에 시인 자신의 자아가 투영되어 있으리라는 것은 자명하다.

물론 이때의 '가을' 역시 "저 혼자 걸게 독상을 차"리는 외로운 존재, "누구도 사랑하지 않고 가슴이 뜨거워도 안아주지 않는" 소외된 존재인 것만은 분명하다. 다른 많은 존재로부터 소외되고 격리된 존재가 '가을'이라는 것이다. 하지만 '가을'은 자기 자신이 세상으로부터 영원히 소외되고 격리되어 있다고까지 생각하지는 않는다. 그가 "누가 아나? 사과 한 광주리, 배 한 상자 찾아올지"도 모른다고 생각하기 때문이다.

그런가 하면 가을은 "미친 듯 바람피워도 좋은 저 상큼한 불륜"의 주체이기도 하다. 이 구절로 미루어보면 "미친 듯 바람을 피"우는 등 가을의 불륜은 기존의 도덕이나 윤리 너머에 있다. 가을의 입장에서는 예의 불륜이 삶의 상큼한 보너스일 수도 있다는 것이다. 그렇다. "그런 사랑, 생트집 잡는 풋내기 봄보다야 어른스"러운 것이 가을이다. 기본적으로 "묵묵부답"인 것이 가을, "말하지 않고 말을 삼"키는 것이 가을이지만 말이다.

이들 논의에 따르면 시인 이운룡이 시어를 양가적으로, 중의적으로 사용하고 있다는 것을 알 수 있다. 앞의 시 「도시의 억새」의 '집단이주 억새들'이나 뒤의 시 「가을의 불륜」의 '가을'이 그렇듯이 그의 시에는 시어의 의미가 중층적으로 사용되어 있다는 것이다. 물론 이는 비유의 일종인 알레고리를 효과적으로 응용한 예라고도 할 수 있다. 그러나 어찌 보면 이는 존재가 지니는 비의(秘意)를 좀 더 정직하게 드러내려는 의지의 표현일 수도 있다.

존재가 지니는 비의는 무엇보다 그것이 양가적이면서도 중의적으로 현현된다는 점과 무관하지 않다. 이러한 점이 언어가 지니는 양가적이면서도 중의적인 의미만으로 구체적으로 드러나는 것은 아니다. 본래 존재 자체가 양가적이고 중의적인 내포를 지닌다는 점을 잊어서는 안 된다. 존재 일반이 지니는 이러한 특징은 다음의 시에 의해서도 알 수 있다.

> 은행은 향기로운 착각 때문에 여문다. 당신들은 짓밟고 코를 싸매고 하지만 은행은 향기만을 저장하는 신비주의 철학자다. 사람의 구린내만큼 좋은 향내가 없다는 심보는 정말 향기로 치장했기 때문일까.
>
> 사람의 향기는 만유(萬有)의 것. 하루를 향기롭게 노래할 수 있다면 당신은 아름다운 사람이다. 은행은 당신들의 향기가 좋아 몸속에 성자를 들여앉힌 것이리라. 살짝만 밟아보아라. 은행은 즉시 향기로 포옹하고 향기로 말하고 향기로 입 맞출 것이다. 그게 은행이고 살신성인의 미덕이다.
>
> 사람의 똥? 그게 좋아 은행은 온몸을 똥칠하고 향기를 품는다. 꽃향

기는 유혹이지만 은행은 자기희생이다. 사람이 버린 똥을 성(聖)으로
모실 줄 아는 은행, 다시금 은행을 밟아보아라. 향기롭게 으깨져 당신
들을 성위(聖位)에 올릴 것이다. 똥을 안다는 것은 사람과 성(聖)을 안
다는 것. 그래, 똥 냄새가 진실로 성(聖)의 향기인 것이다.

—「향기로운 착각」 전문

이 시는 은행의 냄새를 소재로 삼고 있다. 은행의 냄새는 사람에게는 구린내이지만 은행에게는 향기이다. 따라서 은행의 냄새가 지니는 양가적이고 중의적인 속성에 주목해 시상(詩想)을 전개하는 것이 이 시라고 할 수 있다. 양가적이고 중의적인 내포를 지니기는 은행 자체도 마찬가지이지만 말이다.

이 시의 화자가 "은행은 향기로운 착각 때문에 여문다"라고 말하는 것도, "은행은 향기만을 저장하는 신비주의 철학자다"라고 말하는 것도 은행의 냄새가 지니는 양가적이고 중의적인 내포 때문이다. 실제로는 은행한테서는 향기, 곧 사람한테서는 구린내인 은행의 냄새는 은행을 낳는 기본적인 토대라고 해야 마땅하다. 시인 이운룡이 "구린내만큼 좋은 향내가 없다는" 인식에 이르는 것도 바로 이에서 기인한다. 은행이 "몸속에 성자를 들여앉힌 것"도 이와 무관하지 않다. "사람의 똥? 그게 좋아 은행은 온몸을 똥칠하고 향기를 품는다"와 같은 구절도 이로부터 비롯된다. "사람이 버린 똥을 성(聖)으로 모실 줄 아는" 것이 은행이라는 것을 잊어서는 안 된다. "똥 냄새가 진실로 성(聖)의 향기인" 까닭이 바로 여기에 있다.

이러한 진술을 통해 그가 말하려고 하는 것은 결국 선불교의 진리인 성속불이(聖俗不二)이다. 성스러움과 속스러움이 둘이 아니라는 것인데, 이 시에서는 그것이 은행한테서는 향기, 곧 사람한테서는 구린내가 "진실로 성(聖)"인 은행을 키우는 근거로 드러나 있다. 다름 아닌 이러한 연유에서 "똥을 안다는 것은 성(聖)을 안다는 것"이 된다.

성속불이(聖俗不二)에 대한 깨달음과 실천은 풍부한 상상력을 지니고 있을 때 좀 더 쉽게 가능해진다. 물론 이때의 풍부한 상상력은 상호 유사성이 없어 보이는 이미지들을 강력하게 결합해 동일성을 확보해내는 은유적 인식 능력과 깊이 관련되어 있다. 아래의 시에서는 그것이 '메밀꽃밭'을 원관념으로 하여 전개되고 있어 두루 관심을 끈다.

> 흰 바다가 구겨진 주름 하나 없다. 가을 햇볕이 땀 흘린 소금꽃밭이다. 흰 바다는 저렇듯 천지간에 평명平明을 깔아놓고 마음 반짝반짝 사랑을 띄우지 못해 그 뉘 꽃처럼 아팠으리.
>
> 영혼이 말랐으면 흰 바닷물에 몸을 적시고 오라. 말랐다고 마른 것이 아니므로 당신의 사랑에도 소금꽃 피어나리니 사랑이여, 저 흰 바다 짭짤한 사랑을 실컷 아파 보아라.
>
> 사랑은 황홀한 상처의 가려움 증후군이다. 심해 물고기는 사랑을 물었다 뱉었다 입맛을 버리고 뒤돌아선다. 아시려나? 저 흰 꽃바다에 쓰러져 뒹굴다 마음속 꽃물 드는 짜디짠 사랑 아시려나?
>
> ―「메밀꽃밭에서」 전문

이 시의 원관념인 '메밀꽃밭'은 먼저 '흰바다'라는 보조관념을 거느린다. 이때의 '흰바다'는 일종의 근본 비유이거니와, 이어지는 비유가 대부분 이로부터 파생되기 때문이다. '메밀꽃밭'을 '흰바다'로 연상해내는 근본 비유는 2연의 "영혼이 말랐으면 흰 바닷물에 몸을 적시고 오라"는 구절에서 드러나는 파생 비유를 통해서도 알 수 있다. 사물에서 사물을 유추하는 이 시에서의 은유적 사유는 무엇보다 상쾌하고 청정한 정서를 불러내어 관심을 끈다.

이 시가 지니는 이러한 정서는 이어지는 구절, 즉 '메밀꽃밭'에서 '소금꽃밭'을 연상해내는 구절에 의해서도 확인된다. '메밀꽃밭'에서 '소금꽃밭'을 연상해내는 것은 특히 "당신의 사랑에도 소금꽃 피어나리니 사랑이여, 저 흰 바다 짭짤한 사랑을 실컷 아파 보아라"와 같은 구절이 십분 뒷받침해준다. 3연의 "저 흰 꽃바다에 쓰러져 뒹굴다 마음속 꽃물 드는 짜디짠 사랑 아시려나"와 같은 구절도 같은 정서를 확인케 해주는 근거라고 할 수 있다.

'메밀꽃밭'이라는 원관념이 보여주는 이러한 의미의 변화, 즉 다양한 의미의 확장은 시어의 양가적이고 중의적인 사용과도 깊이 관련되어 있다. 시어의 양가적이고 중의적인 사용은 사물이든 관념이든 하나의 존재가 지니는 의미의 다양성 혹은 다층성과도 무관하지 않다. 이때의 다양성 혹은 다층성은 무엇보다 수평적이면서도 수직적인 차원에서의 양가성 혹은 중의성을 가리킨다.

양가성 혹은 중의성의 기본적인 형태는 주체가 갖는 객체성 혹은 객체가 갖는 주체성과도 연결되어 있다. 나이면서도 너, 너이면서도 그, 그이면서도 나인 것이 존재의 근원적인 비의(秘意)라는 것을 간과해서는 안 된다. 양가성 혹은 중의성의 가치가 실제로는 '나'로서의 존재와 '사물'로서의 존재가 갖는 상호 귀의성(歸依性)과 깊이 관련된 것을 이해할 필요가 있다. 주체로서의 존재와 객체로서의 존재가 갖는 상호 동일성에 대한 자각이 그의 시에 드러나 있는 양가성 혹은 중의성의 뿌리라는 것이다.

주체로서의 존재와 객체로서의 존재가 갖는 상호 귀의성에 대해서는 이 글의 앞머리에서도 누차 강조한 바 있다. 그것이 특히 석가모니의 '천상천하(天上天下) 유아독존(唯我獨尊)'이라는 화두에 대한 자각을 바탕으로 한다는 것은 불문가지다. 시인 이운룡 자신의 존재론적 자각으로부터 비롯되는 것이 이 글에서 논의해온 그의 근작시가 갖는 기본적인 특징이라는 뜻이다. 그의 근작시가 존재의 존귀성과 양가성을 탐구하는 데 초점이 있다고 말할

수 있는 것도 다름 아닌 이에서 연유한다. (2013)

눈물 없는 세상, 외롭지 않은 세상, 절망 없는 세상
―홍사성의 신작시에 대하여

　무엇이 시를 쓰게 하는가. 언어가 시를 쓰게 한다고 주장하는 사람이 있다. 그렇게 주장하는 사람의 논리도 일리는 있다. 언어의 향취, 언어의 아름다움에 대한 자각 없이 시를 쓰기는 어렵다.
　모든 언어는 기본적으로 삶을 표현하는 도구이다. 나날의 일상이 만드는 삶에 대해 말하고 쓰는 도구가 언어라는 것이다. 언어를 통해 드러나지 않는 삶을 삶이라고 하기 어려운 까닭이 바로 여기에 있다. 그렇기는 하더라도 삶, 곧 '산다는 것'은 언어 이전에 이미 존재한다. 이때의 삶, 곧 '산다는 것'은 현상과 함께하는 구상으로 존재하기도 하지만 본질과 함께하는 추상으로 존재하기도 한다. 가시적인 물질로, 곧 현상으로 존재하기도 하지만 비가시적인 정신으로, 곧 본질로 존재하기도 하는 것이 삶이라는 것이다.
　삶이 포유하는 이때의 구상과 추상이, 물질과 정신이, 현상과 본질이 매번 분리된 채 대립하며 존재하는 것은 아니다. 물심일여(物心一如)로, 주객일치(主客一致)로 존재하는 삶도 있을 수 있다는 뜻이다. 특히 시에 드러나 있는 삶은 구상과 추상, 물질과 정신, 현상과 본질이 잘 통합되어 존재하는 경우가 대부분이다. 구체적인 형상을 통해 추상적인 진실을 구현하는 것이 시의 형식이기 때문이다. 물론 이는 홍사성의 시에 드러나 있는 삶도 마찬가지이다.

여기서 말하는 삶이 오직 시인의 실천적 행위만을 가리키는 것은 아니다. 나날의 삶에서 보고 듣는 것도 삶의 중요한 일부이기 때문이다. 나날의 삶에서 보고 듣는 것을 흔히 견문(見聞)이라고 하거니와, 견문은 항상 풍경과 더불어 의미를 거느리기 마련이다. 이때의 풍경이 앞에서 말한 구상, 물질, 현상 등을 가리키고, 의미가 관념, 정신, 본질 등을 가리키리라는 것은 자명하다.

다음의 시에서는 시인이 견문한 장백폭포의 풍경부터 확인된다. 그가 직접 보고 들은 장백폭포의 구상, 물질, 현상 등과 함께하는 풍경 말이다.

> 한 반만년쯤 울다보면
> 저렇게 되나보다
>
> 밤낮없이 울고도
> 더 쏟을 눈물 남았나보다
>
> 울고 또 울어야
> 눈물 없는 세상 오나보다
>
> 아직도 다 마르지 못해
> 쏟아지는
> 외줄기
> 눈
> 물
>
> ―「장백폭포」 전문

이 시에서 시인은 "밤낮없이" 쏟아져 내리는 장백폭포의 풍경부터 떠올린다. 시인에 따르면 '장백폭포'는 "한 반만년쯤" "밤낮없이" 쏟아져 내리는 어떤 무엇이다. 이렇게 쏟아져 내리는 '장백폭포'에서 시인은 이내 울음과 눈물의 의미를 발견한다. 그가 장백폭포를 "밤낮없이 울고도/더 쏟을 눈물"로 받아들이고 있다는 것이다. "아직도 다 마르지 못해/쏟아지는/외줄기/눈/물"로 장백폭포를 받아들이고 있는 그의 마음이 귀하고 미쁘다.

물론 장백폭포로부터 그가 견문한 것이 울음과 눈물 그 자체만은 아니다. 이 시의 초점이 "울고 또 울어야/눈물 없는 세상 오나보다"라는 구절에 놓여 있기 때문이다. 이 시를 통해 그가 정작 말하려는 것이 울음 없는 세상, 곧 "눈물 없는 세상"이라는 것을 알아야 한다.

실제의 삶에서는 울음 없는 세상, 곧 "눈물 없는 세상"이 구체적으로 실현되기는 난망하다. 그렇다고는 하더라도 시인이 나날의 삶에서 아무런 상처도 없는 세상, 나아가 서로를 받들고 모시는 삶을 이루려는 꿈을 갖는 것은 따뜻하고 아름답다. 그러한 세상을 꿈꾸지 않는 사람이 어찌 시인일 수 있으랴.

다음의 시는 울음 없는 세상, 곧 "눈물 없는 세상"에 대한 그의 꿈이 좀 더 구체적인 언표를 통해 드러나 있어 관심을 끈다. 여기서 말하는 '좀 더 구체적인 언표'는 마땅히 나날의 일상에서 개별적 주체가 갖는 보편적인 심리상태를 가리킨다.

산다는 건 흘러가는 강물 같은 것인데

앞을 보면 두렵고 돌아보면 허무한 것인데
절반은 웃음이지만 절반은 눈물로 얼룩진 것인데

너의 행복이 나의 불행이 되기도 하는 것인데

조금은 기쁘지만 조금은 더 쓸쓸한 것인데

　　　봄인가 하면 여름 가을인가 하면 겨울 같은 것인데
　　　한번 잘살아 보려 하면 벌써 끝나가는 것인데

　　　깊은 동굴처럼 그 끝을 짐작할 수 없는 것인데
　　　결국 그렇게 속으면서 살아가는 것인데

　　　아무리 생각해도 잘 모르겠는 것인데
　　　　　　　　　　　―「강가에 앉아 생각해보니」 전문

　이 시에서의 시인은 "흘러가는 강물"을 바라보며 삶, 곧 "산다는" 것에 대해 이런저런 질문 및 대답을 하고 있다. 우선은 그가 "산다는" 것을 강물에 비유하고 있다는 것을 알 수 있거니와, 강물은 무엇보다 "흘러" 간다는 데 특징이 있다. 흘러간다는 점에서는 "앞을 보면 두렵고 돌아보면 허무한 것"일 따름인 것이 삶, 곧 '산다는 것'이다. 그뿐만 아니라 삶, 곧 '산다는 것'은 "절반은 웃음이지만 절반은 눈물로 얼룩진 것"이기도 하다.
　삶, 곧 '산다는 것'이 함유하는 진실은 이처럼 양가적이다. 양가적이라는 말은 어떤 무엇이 그러면서도 그렇지 않은 것을 가리킨다. "너의 행복이 나의 불행이 되기도 하는 것", "조금은 기쁘지만 조금은 더 쓸쓸한 것" 등 말이다. "봄인가 하면 여름 가을인가 하면 겨울"인 것도 마찬가지이다. 이처럼 양가적인 것이야말로 삶의 진실이라고 하지 않을 수 없다. "한번 잘살아 보려 하면 벌써 끝나가는 것"도 물론 그것이다. 삶의 진실이 지니는 양가적인 것을 불교에서는 흔히 '불이(不二)'라고 하거니와, 이 시에서는 불이의 가치가 구체적인 삶의 풍경을 통해 노래되고 있어 더욱 관심을 끈다.
　이 시에서 살펴볼 수 있는 시인의 깨달음은 이러한 정도에서 그치지 않는다. 우선은 그가 '산다는 것'을 "깊은 동굴처럼 그 끝을 짐작할 수 없는 것"으로 받아들인다는 것을 알 수 있다. 한편으로는 울음 없는 세상, 곧 "눈물 없는 세상을 꿈꾸면서도 다른 한편으로는 "깊은 동굴처럼 그 끝을 짐작할 수 없는 것"으로 삶, 곧 '산다는 것'을 이해하는 것이 그라는 것이다.

따라서 그가 삶, 곧 '산다는 것'을 "아무리 생각해도 잘 모르겠는 것", "그렇게 속으면서 살아가는 것"이라고 받아들이고 있는 것은 당연하다. 삶, 곧 '산다는 것'에 대해 큰 깨달음을 얻었다고 하더라도 흘러가는 시간 속에 처하다 보면 이내 그것이 무엇인지 "잘 모르겠는 것"이 되기 일쑤이다. 이 시에서 그가 '산다는 것'과 관련해 "속으면서 살아가는 것"이라고 노래하는 것도 실제로는 이 때문이다.

정작 기억해야 할 것은 '산다는 것', 이른바 삶이라는 것이 흘러가는 시간 속에 존재하는 것이라는 점을 깨닫는 일이다. 그렇다. 실제로는 모든 삶, 곧 '산다는 것'의 가치도, 의미도 흘러가는 시간 속에 결정될 수밖에 없다. 흘러가는 시간 속에 처해 있어 삶, 곧 '산다는 것'이 무엇인지 "잘 모르겠는 것"은 물론 그것이 언제나 변화하고 움직이는 것이기 때문이다.

변하고 움직이는 것과 함께하는 삶, 곧 '산다는 것'의 가치와 의미는 다음의 시를 통해서도 잘 알 수 있다.

> 열다섯 소년 적 내 꿈은 억지로 아파서 병원에 입원하는 것이었다
> 천사 같은 간호사에게 미열의 이마 맡기고 어린 외로움 위로받고 싶었다
>
> 그 꿈 오십 몇 년 넘어서야 이뤘다
>
> 엊그제 정전신경염이라는 어지럼증 병으로 드디어 병원에 입원했다 딸보다 어린 간호사가 병실에 와서 걱정스런 얼굴로 이마를 짚어

537

주었다

기러기 날고 등 뒤로 바람 부는 저녁이었다
─「아픈 꿈을 이루다」 전문

시인은 이 시에서 "열다섯 소년 적 내 꿈은 억지로 아파서 병원에 입원하는 것이"라고 말한다. 이어 그는 그 까닭이 "천사 같은 간호사에게 미열의 이마 맡기고 어린 외로움 위로받고 싶"어서라고 덧붙인다. 마침내 그는 망고희(望古稀)의 나이에 이르러 "정전신경염이라는 어지럼증 병으로 드디어 병원에 입원"을 한다. "오십 몇 년 넘어서야" 겨우 그는 옛 꿈을 이"루게 된 것이다.

하지만 병원에 입원하자 "천사 같은 간호사"가 아니라 "딸보다 어린 간호사가 병실에 와 걱정스런 얼굴로" 그의 "이마를 짚어"준다. 지금에 이르러 그러한 체험을 하는 시인이 "천사 같은 간호사에게" 제대로 된 "외로움 위로받"을 수 있을 리 만무하다. 이러한 경험과 관련해 시인은 이렇다 할 해명을 하지 않는다. 일종의 선문답처럼 "기러기 날고 등 뒤로 바람 부는 저녁이었다"라는 말만 내던질 따름이다.

"기러기 날고 등 뒤로 바람 부는 저녁이었다"라는 말은 이미 인생의 가을과 삶의 저녁이 되었다는 것을 뜻한다. 인생의 가을과 삶의 저녁에 이루게 된 "열다섯 소년 적"의 꿈이 그에게 지금 특별한 기쁨을 줄 리 있겠는가. 산다는 것, 삶의 가치와 의미가 흐르는 시간 속에서 결정될 수밖에 없다는 것을 그는 지금 여기서 이렇게 에둘러 표현하는 것이다.

시간 속에서 삶의 의미와 가치가 결정된다고 하더라도 그때그때 인간이 견문하는 보편적인 감정이나 진실은 있기 마련이다. 보편적인 감정이나 진실이 따로 없다면 인간이 인간으로 되기 위해 끊임없이 자기 자신을 절차탁마하는 일도 없을 것이다. 다음의 시에서는 그것이 다양한 세속적 욕망으로부터 자발적 소외를 택하는 사람이 느끼는 기발한 심리상태로 드러나 있어 관심을 끈다.

> 동창회 나갔던 아내가 일찍 들어왔다
>
> 누구는 반지가 크고
> 누구는 명품가방 들었고
> 누구는 은여우 목도리 둘렀고
> 누구는 주름살 펴 처녀 같아졌는데
> 자기만 으쓱할 게 없었다
>
> 기죽지 않으려고 잘난 척하는 것들에게
> 한마디 했다고 했다
>
> 개밥들아 잘 놀아라 도토리는 들어간다
> ―「개밥과 도토리」전문

　이 시의 중심인물은 "동창회 나갔"다가 "일찍 들어"온 시인의 아내이다. 여성들의 동창회에는 무언가 "으쓱할 게" 있는 사람들이 참석하기 마련이다. 따라서 "누구는 반지가 크고/누구는 명품가방 들었고/누구는 은여우 목도리 둘렀고/누구는 주름살 펴 처녀 같아졌는데/자기만 으쓱할 게 없"는 시인의 아내로서는 얼마간 기가 죽을 수밖에 없다. 게다가 자신을 두고 개밥의 도토리라고 생각하는 것이 시인의 아내이지 않는가. 그렇기는 하지만 시인의 아내는 "기죽지 않으려고 잘난 척하는 것들에게/한마디" 한다. "개밥들아 잘 놀아라 도토리는 들어간다"고 말이다.
　시인의 아내가 보기에는 아무리 "잘난 척하"더라도 이 시에서의 "누구"

는 "개밥들"에 불과할 따름이다. 개밥이나 도토리나 실제로는 오십보백보이지 않은가. 따라서 도토리의 마음을 지닌 시인의 아내가 이들 동창의 "잘난 척하는 것들"이 그저 재밌고 우스웠을 것은 당연하다. 물론 반지, 명품 가방, 은여우 목도리 따위로 으쓱하기를 좋아하는 동창들을 이처럼 재밌고 우습게 받아넘기기는 쉽지 않다. 개밥에 도토리로 상징되는 높고도 깊은 정신을 긍정적으로 수락하지 않고서는 세속의 물질적 가치, 곧 반지, 명품가방, 은여우 목도리 따위로부터 자유롭기가 어렵기 때문이다. 이 시를 매조지하는 구절에 시인의 아내가 "개밥들아 잘 놀아라 도토리는 들어간다"라고 하며 재밌고 우습게 농을 치고 있는 것을 잊어서는 안 된다.

아무리 자본주의 사회라고 하더라도 세상에는 세속의 물질적 가치, 곧 "주름살 펴 처녀 같아"지는 것 이외의 가치가 있는 법이다. "죽을 것 같은 절망"을 뚫고 "더 이상 갈 수가 없"는 곳까지 가보는 것 말이다.

    더 이상 갈 곳이 없다
    더 이상 갈 수가 없다

    발끝은 검은 바다
    광목처럼 펄럭이는 파도가
    발길 가로막는다
    죽을 섯 같은 절망은 여기서 끝
    봉두난발 머리 풀고 흘린 눈물
    밤새 뒤척이던 슬픔도 이제는 안녕이다

    혼자 걷는 어둠 속
    미역처럼 달라붙은 상처는
    조금 더 딱딱해졌다

땅끝은 끝이 아니라 시작의 땅
술 깨 오줌 누다 쳐다본 밤하늘
은하수 사이 새로 돋아난 별들 총총하다

더 가야할 곳 있다고
더 걸어갈 수 있다고

─「땅끝 마을」 전문

 이 시의 서두에서 시인은 "더 이상 갈 곳이 없다"고 노래한다. "검은 바다/광목처럼 펄럭이는 파도가/발길 가로막"고 있기 때문이다. 시인이 지금 이미 땅끝 마을에 와 있다. 급기야 그는 "죽을 것 같은 절망"이 "여기서 끝"이기를 빈다. "봉두난발 머리 풀고 흘린 눈물/밤새 뒤척이던 슬픔도 이제는 안녕이"기를 비는 것이 이곳에서의 그이다. 이어지는 구절에서 그는 "혼자 걷는 어둠 속"에서 "미역처럼 달라붙은 상처"가 이제는 "조금 더 딱딱해졌다"고 고백한다. 상처가 다소간은 치유되었다는 뜻이리라.
 그러니만큼 그에게 "땅끝은 끝이 아니라 시작"이다. 이 시에서 그는 그 시작을 "술 깨 오줌 누다 쳐다본 밤하늘"에서 찾는다. "은하수 사이 새로 돋아난 별들 총총"한 하늘 말이다. 이때의 하늘이 그가 깨닫고 있는 "더 가야할 곳"이거니와, 그는 그곳을 향해 아직은 "더 걸어갈 수 있다고" 노래한다.
 물론 "은하수 사이 새로 돋아난 별들"의 세계는 물질 중심의 세속의 세계와는, 곧 반지, 명품가방, 은여우 목도리 따위의 세계와는 거리가 멀다. 그의 시에 따르면 개밥과는 결코 뒤섞일 수 없는 도토리의 세계가 다름 아닌 그곳이다. 시인 홍사성은 지금도 "은하수 사이 새로 돋아난 별들 총총"한 세계를 향해 뚜벅뚜벅 걸어가는 것이다. 백석 시인이 노래한 "외롭고 높고 쓸쓸한"(「흰 바람벽이 있어」) 세계, 이른바 "갈매나무"(「남신의주유동박시봉방」)의 세계 말이다. (2017)

진실 혹은 지혜의 발견
—진명희 시집, 『달빛 홀로 서다』, 대교출판사, 2010.

진명희의 시적 제재는 매우 다양하다. 여기서 말하는 시적 제재는 물론 시의 대상을 가리킨다. 그의 시의 대상, 곧 시적 제재는 이내 몇 개의 특징으로 분류될 수 있다. 자연 및 사물, 여정의 상념, 삶과 생활이 다름 아닌 그것이다. 그렇다. 그의 시는 이들 시적 제재를 통해 발견하는 진실 혹은 지혜를 토대로 전개되고 있다. 따라서 그의 시가 보여주는 이러한 특징에 '발견의 시학'이라는 이름을 붙일 수도 있으리라. 그의 시는 무엇보다 이들 대상으로부터 진실 혹은 지혜를 발견하고 있기 때문이다.

그가 자신의 시에서 이들 진실 혹은 지혜를 발견하는 일차적인 대상은 말할 것도 없이 자연 및 사물이다. 우선은 그의 시에 드러나 있는 자연 및 사물로부터 발견하는 진실 혹은 지혜의 모습부터 살펴보기로 하자.

그의 시에서 진실 혹은 지혜를 함유하는 자연 및 사물은 우선 대화의 상대자로 존재한다. 이는 먼저 그의 시의 "어두운 밤에/대낮같이 환한 너를 만나/속살 같은 대화를 잇는다"(「달빛」)라는 구절에 의해 확인된다. 이 구절에 따르면 "대낮같이 환한 너" 곧, 달빛이라는 자연 및 사물은 그의 오랜 연인이나 친구라고 해도 과언이 아니다. 그의 시에서는 자연 및 사물은 언제나 이처럼 의인관적으로 존재한다는 뜻이다. 자연및 사물에 의인관적인 태도를 부여하는 일은 그 자체로 세계 일반에 공동체적 가치를 부여하는 일이기도 하다. 그의 시에 등장하는 자연 및 사물이 '만남'의 대상으로 자리하는 것도 실제로는 이에서 기인한다.

> 누구든지 신두리에 가면
> 소리 지르는 바다를 만난다
> 소리의 알갱이들로 모인 수많은 모래알갱이들
>
> 누구든지 신두리에 다녀오면
> 한 편의 시를 쓰고 노래를 부른다
> 바다의 페이지마다 그려 있는 오선의 시어들
>
> 사막 한 귀퉁이를 닮은
> 침묵의 땅,
> 침묵을 뚫고 일어서는
> 모래톱에서는 해당화가 향기를 품고
>
> 구름이 가득한 밤이라도
> 달맞이꽃들은 무리지어
> 달빛사냥에 나선다
>
> 아무도 다녀간 적이 없는
> 원시의 모래밭, 무수한 발자국들을
> 신두리의 바다는
> 지우며 지우는 하루가 바쁘다
> ―「신두리에 가면」 전문

이 시에서 '신두리'는 시원의 모습을 갖는다. 모든 존재가 한곳에 어우러져 그 자신의 능력을 발휘하는 참된 공동체의 세계, 다시 말해 "누구든지" "한 편의 시를 쓰고 노래를 부"르는 세계가 이 시에서의 신두리이다. "모래톱에서는 해당화가 향기"를 뿜고, "구름이 가득한 밤이라도/달맞이꽃들은 무리지어/달빛사냥에 나"서는 곳이 여기에서의 신두리라는 것이다. 따라서 그의 시에서 '신두리'는 오늘의 삶에 존재하는 낙원, 곧 파라다이스라고 해도 지나치지 않다.

시인 진명희는 여행 중에 이처럼 낙원, 곧 파라다이스를 만나는 사람이다. 대부분 사람에게는 이미 잃어버린 지 오래인 것이, 가슴 저 밑바닥에 근원적인 결핍으로 남아 있는 것이 낙원, 곧 파라다이스이다. 그럼에도 불구하고 그는 지금 여행 중에 찾은 신두리를 통해 그러한 세계를 만나는 것이다.

물론 그가 여행 중에 만나는 모든 자연 및 사물에서 낙원, 곧 파라다이스를 체험하는 것은 아니다. 여행 중에 그가 만나는 것 중에는 이미 인간의 손을 거친 문화유산도 많이 포함되어 있기 때문이다. 이른바 명승지를 여행하는 중에도 그가 적잖은 시를 쓰고 있다는 것이다.

그는 특히 여행의 과정에 경험하는 풍광을 그려내는데 능한 듯하다. 여행 중에 경험하는 문화유산을 다루고 있는 「마곡사 5층 석탑 앞에서」, 「백송—예산 추사고택의 백송을 보며」, 「연꽃—부여 궁남지에서」, 「성성한 입김—강경 황산 나루에서」, 「3월, 수덕사에서」 등의 시가 남다른 심미적 성취를 보여주고 있기 때문이다.

    아직도 겨울의 긴 그림자가 향불 속에 드리워져 있다
    처마 끝 풍경이 오늘 따라 유난스레 그네를 탄다
    옷깃을 여미게 하는 바람자락이 뜻 모를 반야심경의 글알들을 허공
    에 날린다

> 무릎을 꿇고 나면,
> 두 손으로 합장하고 나면,
>
> 낯선 스님의 장삼자락이 저녁놀에 서럽다
> 설움도 고통도 아닌 억겁의 것들이
> 버릴 수도 취할 수도 없는 대안의 것들이 함께 꿈틀거린다
>
> 조금조금 어둠 속으로 빠져드는
> 수덕사의 3월
>
> ―「3월, 수덕사에서」전문

    이 시는 3월 어느 날 수덕사를 찾는 중에 느끼는 다소 막연한 상념을 담고 있다. "조금조금 어둠 속으로 빠져드는/수덕사의 3월"의 어느 날에 체험하는 얼마간 추상적인 감회를 담고 있는 것이 이 시이다. 물론 이때의 감회는 "아직도 겨울의 긴 그림자가 향불 속에 드리워져 있"는 데서 비롯된다. 3월, 곧 봄이 왔는데도 겨울이 가지 않은 모순된 시간으로부터 기인하는 감회를 담고 있는 것이 이 시라는 뜻이다. 이로 미루어보면 그의 시에 수용되는 문화유산도 자연 및 사물과 무관하지 않다는 것을 알 수 있다.
    이처럼 여행 중에 만나는 이들 자연이나 사물들로부터 진실이나 지혜를 발견하는 그의 시는 적잖다. 파도를 통해 "돌아오지 못할 길로/떠나보내는 일은 슬픈 일"(「파도」)이라는 것을 깨닫고 있는 시라든지, 사과나무에서 "가진 것 없다고/두 팔을 흔들어대지만/알고 보면/속마다 가득한 의미"(「사과나무」)가 들어차 있다는 것을 깨닫고 있는 시 등이 그 예이다. 이들 예에서도 알 수 있듯이 그의 시에서 여행 중에 만나는 자연 및 사물은 삶 및 생활과 따로 떨어져 존재하는 것이 아니다. 끊임없이 자연 및 사물 속에서 삶 및

생활을 발견하고, 삶 및 생활 속에서 자연 및 사물을 발견하는 것이 그의 시이기 때문이다. 이는 그가 칡넝쿨과 등나무넝쿨이 뒤얽혀 있다는 뜻을 갖는 '갈등'이라는 제재와 관련하여 보여주는 "산다는 것은/숨찬 언덕을 오른 뒤/쉽게 내리는 길을 삭히며 가는 것"(「갈등·2」)이라는 구절을 통해서도 쉽게 확인된다.

이로 미루어보면 그의 시에서 진실 혹은 지혜를 발견하는 대상이 자연 및 사물만은 아니라는 것을 알 수 있다. 나날의 삶 및 생활로부터도 이런저런 진실 혹은 지혜를 발견하는 것이 그의 시이기 때문이다. 다양한 삶 및 생활의 장면을 시에 수용하는 것이 그이고 보면 이는 매우 자연스러운 일이다. 그렇다. 그의 시에는 삶 및 생활을 이루는 다양한 장면들이 진실이나 지혜를 감추고 있다. 「책장을 열며」, 「먼지」, 「연필로 시를 쓰며」, 「과식」 등의 시가 그 실제의 예이다.

> 먼지를 털어내듯
> 책장을 연다 거기
> 부끄러운 날들이 움츠리고 앉아 있다
>
> 빗장을 열듯
> 세상의 문을 열어젖힌다 거기
> 아쉬운 날들이 고개를 숙이고 있다
>
> 참 오래도 잊고 살아 왔구나
> 붉은 연필로 밑줄이 그어진 글자들
> 물망초의 꽃말과 희망
> 저 높은 하늘과 우람한 산
> 그 중턱에 한 사람이 서 있다

책장을 열자마자

한 사람이 성큼, 안으로 들어선다

―「책장을 열며」 전문

　이 시는 "책장을" 여는 삶 및 생활의 이미지를 모티프로 하고 있다. 이렇게 연 책장에서 그가 발견하는 것은 "부끄러운 날들"이고, "아쉬운 날들"이다. 따라서 그에게 나날의 삶 및 생활은 "부끄러운 날들"의 연속이고, "아쉬운 날들"의 연속일 수밖에 없다. 그에게는 나날의 삶 및 생활이 "언제나 되풀이되는 부끄러움/어둠을 불러/붉은 얼굴을 가"(「하루 생애―일출」)리는 일이라고 것이다. "말없이 서서/눈사람처럼 녹아내리는/나"(「돌아보기」)를 되돌아보고 있는 것이 그의 삶 및 생활이라는 얘기이다.

　이처럼 삶 및 생활의 장면을 포착하는 그의 시는 끊임없이 마음을 비우며 정결한 삶을 꿈꾸는 일과 무관하지 않다. "비운다는 것은/얼마나 가뿐한 일이던가/두 어깨에 햇살이 돋는다"라는 구절이 그 구체적인 예이다. 이처럼 "비운다는 것은" 그에게 너무도 "소중한 일"(「비운다는 것은」)이다. 그가 "지금까지 나를 누르고 있었던 것은/아픔이 아니라 욕망의 덩어리였다"(「병원에서」)라고 고백하는 것도 이러한 뜻의 반성 및 성찰을 드러내고 있는 예라고 할 수 있다.

　반성 및 성찰의 시간을 갖는 것은 고통과 직접 마주치는 시간을 갖는 일이기 마련이다. 고통의 보편적인 특징은 제 속에 기쁨과 즐거움을 감추고 있다는 것이다. 그의 시의 한 구절을 빌려 표현하면 "별을 낳는 아픔"(「그믐」)을 거느리는 것이 그믐의 어둠이라는 뜻이다. "연필을 깎"아야, 곧 "살을 저며 내야 흑심이 나"오고, "흑심이 나와야 쓸 수 있다"(「연필을 깎으며」)는 얘기이다.

　한편으로는 풍성한 식탁의 풍경으로부터 진실과 지혜를 발견하는 것이 그이기도 하다. 넉넉한 식탁으로부터 삶과 생활의 자족함을 깨닫고 있는 것이 그라는 것이다. 그렇다. 그는 "가득하다는 것은/또 다른 넉넉함이"(「식탁」)이라는 것을 잘 알고 있는 시인이다.

> 가득하다는 것은
> 또 다른 넉넉함이다
> 보름달 빛이 쏟아지는 뜰에는
> 찬바람마저
> 달빛으로 열린다
> 내일 아침 식탁엔
> 밥공기마다
> 가득가득
> 하얀 달빛이 피어나겠다
>
> ―「식탁」 전문

자족한 삶 및 생활에 대한 깨달음은 본래 미래에 대한 밝은 기대, 곧 희망에서 비롯된다. 이는 위 시의 "밥공기마다/가득가득/하얀 달빛"과 구절에 의해서도 확인된다. 그가 전화기에서 들려오는 딸아이의 목소리로부터 "線上의 아리아/훈훈한 바람", 그리고 "수정처럼 맑"(「뉴스」)은 하늘을 느끼는 것도 마찬가지다.

그의 시가 포착하는 자연 및 사물, 삶 및 생활에 함유된 진실 혹은 지혜 가운데 가장 돋보이는 것은 시간에 대한 인식이다. 시간에 대한 인식은 끊임없이 계속되는 순환의 세계에 대한 인식이기도 하다. 언제나 시간은 탄생하고 성장하고 소멸하는 순환의 세계와 함께하기 때문이다. 따라서 모든 존재는 시간 속에 기투되어 있다고 해도 지나치지 않다. 그의 시에서 "골목은 침묵 속에서/조금조금 또 한 해를 넘기기 시작했다"(「골목의 끝」)와 같은 표현이 가능한 것도 이와 무관하지 않다.

인간에게 주어지는 시간은 크게 두 가지로 대별된다. 물리적 시간과 정신적 시간이 그것이다. 물론 이는 자연적 시간과 경험적 시간, 객관적 시간과 주관적 시간, 과학적 시간과 예술적 시간으로 나뉠 수도 있다. 시 일반에 수용되는 시간은 당연히 후자이다. 정신적 시간, 경험적 시간, 주관적 시간, 예술적 시간이 시와 함께하는 시간이라는 것이다.

이들 시간은 마땅히 시계로 측정될 수 있는 수리적 시간과는 무관하다. 따라서 시와 함께하는 시간은 수용자의 의지에 따라 흐를 수도 있고, 멈출 수도 있고, 마음대로 변용될 수도 있다. 그의 시에서 "시간이 흐른다는 것은/슬픔을 외길로 걸어왔다는 것"(「어머니의 슬픔」)이라는 표현이 가능한 것도 실제로는 이에서 비롯된다.

위의 예에서도 알 수 있듯이 그의 시에 드러나 있는 시간은 때로 과거의 것으로 존재한다. "어찌할 수 없는 몸짓으로/되새김되어 가는"(「그림자」) 것이 그의 시에 수용되어 시간일 때도 있다는 것이다. 그에게는 시간이 "뿌연 연기 속에서 허우적거리는" 것일 수도 있다는 뜻이다. 따라서 그가 "이 순간들도/추억처럼 기억"될 수 있을까 하고 되물어 보며 "조각조각 기워지고 있는 시간들을 바라보"(「하루가」)는 것은 당연한 일이다. 다음의 시에서 그가 "문득 숨을 쉬면서 오늘" 하루의 시간을 "더듬어" 보는 것도 얼마간은 이러한 맥락에서 이해가 된다.

> 고달픈 하루로 머리를 쓸어 넘긴다
> 하루의 잔해들이 먼지처럼 날린다
> 뜨겁게 솟아올랐던 아침의 열정도
> 다 사그라진 육신의 저녁 한 때
> 어루만지듯 두 눈이 감긴다
> 말없이 쏟아지던 별빛들, 그 위로

달빛도 함께 한 자리 어둠에 깃든다

문득 숨을 쉬면서 오늘을 더듬어 본다
또 하루 희미하게 사라지려는데
끝자락을 붙잡아 무엇을 하려는가
점점 보이지 않는 오늘,
속삭이듯 다가서다 살펴보면
뜨겁고 피곤하던 시간도 그만
어둠속에 파묻혀 깃을 털어낸다

—「일몰」 전문

  이 시는 "달빛도" "어둠에 깃"드는 시간에 오늘 하루를 되돌아보는 데 초점이 있다. 낮의 시간이 다하면 저녁의 시간이 오는 것은 자연의 섭리이다. 이러한 자연의 섭리에 따라 저녁의 시간이 되면, 곧 해거름의 시간이 되면 새들만 아니라 인간도 "지친 날개들"을 접고 둥지로 모여들기 마련이다. 그의 시에서 "하루 종일 여기저기 뿌린 시간들도/둥지 속으로 들어와/피곤한 몸을 눕힌다"(「휴식」)는 표현이 가능한 것도 이와 무관하지 않아 보인다. 따져보면 오늘 하루를 산다는 것은 오늘 하루 동안 만난 이런 저런 공간에 시간을 뿌리는 일이기도 하다.
  이처럼 해거름의 저녁 시간을 휴식의 시간으로 받아들이는 것이 시인 진명희이다. 그가 보기에 휴식, 곧 "쉰다는 것은/잠시 멈추어 서서/등뼈를 꼿꼿하게 세우는 일"(「쉰다는 것은」)이지만 말이다. 물론 그가 자신의 시에 휴식의 시간인 저녁만 노래하는 것은 아니다. "꽃이 피는 연속 작업"의 시간인 아침 또한 상당히 노래하고 있기 때문이다. "눈과 눈 속으로/어느새 아침이"(「먼 산 보기」) 오고 있는 모습을 노래하는 시도 적잖다는 것이다. 따라서 그의 시가 보여주는 시간 의식은 오히려 저녁보다 아침에 중심이 있다고도 할 수 있다. 아침은 희망의 시간, 곧 긍정의 시간이다. 따라서 그가 자신의 시에서 자주 아침을 노래한다는 것은 미래에 대한 꿈을 아직 잃지 않고 있다는 것이 된다. "아침으로 이어지는 길 위"에 "비는 내리"더라도 "젖은 눈으로 비를 보듬어 안는"(「아침 여정」) 것이 시인 진명희라는 얘기이다.

그의 시에 진실 혹은 지혜의 하나로 포착되는 시간은 당연히 하루 안에 갇히지 않는다. 월 단위의 시간, 계절 단위의 시간을 노래하는 예도 허다하기 때문이다. 그의 시에는 봄의 시간이나 여름의 시간, 가을의 시간이나 겨울의 시간도 익히 수용되고 있다는 것이다.

그의 시에서도 3월은 당연히 봄의 시간으로 인식되어 있다. 하지만 봄의 시간인 3월은 "아직 겨울의 긴 그림자가 향불 속에 드리워져 있"(「3월, 수덕사에서」)어 그를 불편하게 한다. "바람도 제 아쉬운 길은/차마 떠나지 못하는"(「재회—어느 봄날」) 것이 그의 시와 함께하는 봄이다. 따라서 그의 시에서의 "3월은/한없는 진통을 겪으며 봄을 낳는"(「3월, 눈보라」) 시간일 수밖에 없다. 이러한 시간이 지난 뒤에 찾아오는 4월이 그의 시에서 "꽃들이"(「꽃불, 그 향기가 타고 있다」) 타는 시간으로 노래되는 것은 너무도 당연하다.

이렇게 봄을 노래하는 그가 여름을 노래하는 것은 충분히 있을 수 있는 일이다. 일단은 그의 시에서 여름이 "타오르는 은총처럼 태양열에 깃"드는 시간으로 드러나 있지만 말이다.

구월의 햇살은 침묵처럼 뜨겁다
서늘한 바람으로도
잠재울 수 없는 거친 욕망
여름은 타오르는 은총처럼 태양열에 깃들고
우리가 바쳤던 뜨거운 열정은
아직도 불타고 있다
저 건너 산봉우리가 단풍을 시작한다

식지 않을 것 같았던

수많은 발자국들이 길 위에 새겨지고

구월로 이어지는 길목에는

아직도 뜨거운 침묵이 깊게 흐르고 있다

—「긴 여름」 전문

  이 시에 인식되는 여름은 "아직도 뜨거운 침묵이 깊게 흐르고 있"는 시간이다. 따라서 그에게 받아들여지는 여름은 "침묵처럼 뜨"거운 시간이라는 것을 알 수 있다. 그뿐만 아니라 그의 시에서 여름은 "타오른 만큼의 은총의 빛깔로/풀꽃"이 "타고 있"(「여름을 보내며」)는 시간으로 받아들여지기도 한다. 그러니 만큼 그는 여름을 고통의 시간으로 인식하는 셈이다.

  그런가 하면 그의 시에서는 가을의 시간 역시 다양한 진실과 지혜의 모습으로 포착되고는 한다. 「가을을 맞으며」, 「가을은」, 「가을바람」, 「단풍잎」, 「가을서정」 등의 시가 그 구체적인 예이다. 이들 시에 포착되는 가을은 우선 "비워 가는 연습이 한창"(「가을을 맞으며」)인 시간이다. 그뿐만 아니라 가을은 "나를 보내고/너를 맞이하는"(「가을은」) 시간이기도 하다. 물론 가을은 "바람이" "길 위로 자꾸만 굴러"(「가을바람」)가는 서정의 시간일 때도 있고, "붉은 단풍 한 잎"이 "아롱아롱 길 위에 맺"히는 "서정의 시간"(「단풍잎」)일 때도 있다. "수숫대 끝에 걸린 하늘이/시리"게 느껴지는 것이 그의 시에 드러나 있는 가을의 서정이라는 것이다.

수숫대 끝에 걸린 하늘이

시리다

힘주어 참깨를 터는

아낙의 빛나는 두 눈

노을 녘에

눈물이 쏟아지고

가을바람이 남기고 가는

그리움, 한 점

—「가을 서정」 전문

이 시에 따르면 가을의 시간은 "바람이 남기고 가는/그리움, 한 점"이다. 따라서 그의 시와 함께하는 가을의 시간은 미처 충족하지 못한 아쉬움의 정서와 함께할 수밖에 없다. 아쉬움의 정서, 곧 그리움의 정서는 본래 분리의 정서에서 비롯되기 마련이다. 물론 이때 분리의 정서는 세계와 하나로 되지 못하는 데서 기인하는 모든 인간이 지니는 근원적 정서라고 해야 옳다.

하지만 가을의 시간에 그가 느끼는 이러한 결여의 정서는 차라리 받아들일 만한 것일 수도 있다. 그의 시에 드러나 있는 겨울의 시간의 경우 훨씬 더 혹독한 모습을 보여주고 있기 때문이다. "거친 숨소리가 잦아드는 자리", 곧 "겉으로는 하얗게 굳혀버리"는 자리가 그의 시에 포착된 겨울의 시간이다. "휘날리는 눈발"이 "민들레 홀씨처럼 날고 날아/이름 모를 땅 위에 떨어져 쌓"(「겨울아침」)이는 것이 그의 시와 함께하는 겨울의 시간이라는 것이다. 겨울에 대한 이러한 인식은 "겨울햇살에/추위는/몸부림치며/고드름으로 운다"(「겨울 서정」)와 같은 구절에 의해서도 확인된다. 그의 시에서는 "다 잊혀졌다고 생각한 것들이/빈 하늘에 둥둥/무겁게 떠 있"(「겨울비」)는 것이 겨울이라는 것이다.

이처럼 그의 시는 자연 및 사물, 삶 및 생활의 이미지를 통해 시간에 대한 다양한 인식을 보여주고 있어 더욱 관심을 끈다. 물론 이들 자연 및 사물, 삶 및 생활의 이미지에 담겨 있는 시간의 경우 진실 혹은 지혜라고 명명하기에는 다소 부족할는지도 모른다. 그렇다고는 하더라도 시인 진명희가 체험하는 시간이 상투적인 차원에 떨어져 있는 것은 아니다. 끊임없는 질문을 통해 시간에 대한 남다른 발견을 드러내려는 것이 그의 시이기 때문이다. (2010)

떠돌이 자아의 아프고도 슬픈 추상
―강재순 시집, 『오래된 호수』, 책만드는집, 2015.

　시에 접근하는 시각은 다양하다. 시의 내용에 초점을 두고 접근하는 시각도 있을 수 있고, 시인의 의식에 초점을 두고 접근하는 시각도 있을 수 있다. 시의 내용에 초점을 두고 접근하면 현실의 '반영'에 주목하게 되고, 시인의 의식에 초점을 두고 접근하면 내면의 '표현'에 주목하게 된다. 시론에서는 흔히 전자를 '반영론'이라고 하고, 후자를 '표현론'이라고 한다.
　그렇다고는 하더라도 실제의 시에서는 언제나 '현실'과 '내면'이 상호 뒤섞인 채 드러나기 마련이다. 현실이든 내면이든 있는 그대로의 것을 있는 그대로 드러내기는 불가능하다. 시인이라면 누구라도 창작의 과정에 다양한 형태로 현실과 내면을 요약, 압축, 변형할 수밖에 없다. 여기서 말하는 현실과 내면은 물론 시적 대상을 가리킨다.
　시적 대상을 요약, 압축, 변형하는 일은 추상(抽象)의 일차적인 방법이다. 추상은 모든 현대예술이 지니는 매우 중요한 방법적 특징이다. '추상'이라는 말의 자의(字意) 자체가 '상(象)을 뽑아내다', '상을 추출(抽出)하다'라는 것을 기억할 필요가 있다. 전체의 요약, 압축, 변형 이외의 또 다른 추상의 방식으로는 흔히 '부분의 확대'를 든다. 하지만 추상과 관련해 정작 관심을 기울여야 할 것은 '부분의 확대'보다는 전체의 요약, 압축, 변형이다. 시를 쓰는 일 자체가 현실이든 내면이든 시적 대상을 요약, 압축, 변형하는 성격을 갖고 있기 때문이다.

상(象)의 추출, 곧 상의 요약, 압축, 변형은 시의 형상 자체를 만드는 일이기도 하다. 얼마나 어떻게 요약, 압축, 변형하느냐에 따라 시의 형상은 추상이 되기도 하고 구상이 되기도 한다. 시적 대상을 지나치게 요약, 압축, 변형하면 추상이 되어 독자들의 접근이 어려워질 수도 있다. 하지만 요약, 압축, 변형을 포기하고 대상을 있는 그대로 모사(模寫), 영사(映寫)하는 것에도 문제는 있다. 아무런 상징도 들어 있지 않은 지나친 구상은 곧바로 진부해지고 식상해지기 때문이다.

시적 대상과 관련하여 생각하면 전자는 '감추기'라고 할 수 있고, 후자는 '드러내기'라고 할 수 있다. 창작의 과정에 시적 대상을 적절히 감추는 일과 적절히 드러내는 일이 갖는 중요성에 대해서는 따로 강조할 필요가 없다. 실제로는 시의 실패와 성공 여부에 가장 직접적으로 관여하는 것이 그것이기 때문이다. 따라서 기발한 발상을 포착하는 것도 중요하지만 그것을 제대로 표현하는 것도 중요하다. 이때 제대로 표현하는 일이 감추기와 드러내기를 적절히 조화하는 일이라는 것은 덧붙여 설명할 필요가 없다.

여기서 이러한 논의를 하는 까닭은 비교적 단순하다. 이 글의 대상인 강재순의 시에 지나치게 감추어진 부분이 상당하기 때문이다. 따라서 그의 시를 바르게 읽고 즐기기 위해서는 이들 감추어진 부분에 대한 일정한 설명과 해석이 필요하다. 이때의 설명과 해석을 좀 더 효과적으로 수행하기 위해서는 일단 그가 중국 제남 소재의 '산동 청년 정치 대학'에서 한국어 교수로 일하고 있다는 점부터 알 필요가 있다. 이 시집 『오래된 호수』의 시들에 제남, 청도, 산동 등 중국의 지명이 드러나 있는 것부터 관심을 가져야 한다는 뜻이다.

청도 앞바다에서 먼 데를 보았습니다 바닷물과 하늘

> 모래무지와 갯벌이 서 있는 자리를 잊었습니다
> 허공에 갈매기들이 글자를 새기고 있었습니다
> 나도 어디 있는 줄 몰랐습니다 당신을 쫓아가다가
> 어지러웠습니다 곧게 이어진 흰 물거품 있는 곳에서
> 당신이 사라졌습니다
>
> ─「청도에서」전문

이 시에 의하면 시인은 중국 산동성 "청도 앞바다에서 먼 데"를 보고 있다. 이때의 먼 데가 그의 고국인 대한민국이리라는 것은 자명하다. "먼 데는 참 슬픈데/될수록 가까이서 기쁨을 맛보"(「될수록 될수록」)고 싶은데, 시인은 지금 먼 데에 와 있는 것이다. "허공에 갈매기들이 글자를 새기고 있"는 곳, "청도 앞바다"가 그곳이거니와, 그는 여기서 "곧게 이어진 흰 물거품 있는 곳에서/당신이 사라"지는 것을 보고 있다. "흰 물거품 있는 곳에서" 사라지는 '당신'은 누구이고 무엇인가. 아마도 그것은 시인의 꿈이거나 이상, 좀 더 구체적으로 말해 그가 쓰고 싶었던 시이리라. 시를 쫓아 중국 산동성 제남에까지 왔다가 문득 시를 잃어버린 듯한 느낌에 빠져드는 것이 여기에서의 그라는 것이다.

이처럼 강재순 시에 드러나 있는 공간은 중국 산동성의 여러 곳인 경우가 상당하다. 창작의 당시 그가 대한민국에 거주하지 못하고 있기 때문이리라. 그래서였겠지만 그는 자신의 시에서 자주 불안정한 정서를 노출한다. "한 냄비 끓어오른 국물처럼" 누군가를 "부글부글/미워하"기도 하고, "모진 하루 모진 시간을/보내며 사소함에/목숨을"(「믿음이 약한 자」) 걸기도 하는 것이 그이다. 그뿐만 아니라 그는 자주 "오른쪽 옆구리께로 번개가 들어"(「어떤 작별」)오는 정신적 체험을 하기도 한다.

그가 자신의 시에서 이처럼 불안, 초조, 분노, 증오, 인내 등의 정서를 보여주는 데는 분주하게 계속되는 나날의 일상도 한몫을 하는 듯하다. 이와 더불어 시인의 마음 속에 깊이 자리해 있는 "막다른 길"(「숲과 방」)에 대한 자각도 주목하지 않을 수 없다. 물론 시의 내용이 지나치게 추상화되어 있어 그가 처해 있는 심리적 현존을 제대로 파악하기가 쉽지는 않다. 하지만 그가 자신의 "길이/따로 얽혀 있"다고, "뱅글/돌아가"(「표지판」)고 있다고 이해하는 것만은 분명하다. 나날의 삶에서는 그가 늘 "돌고 돌아" "막다른 길"에 처해 있다고 느끼고 있다는 것이다.

    숲은 길게 이어져 있다

    돌고 돌아 있구나
    막다른 길도 있구나
    즐거운 일이 흘러내리고

    물방울 한 방울
    물방울 두 방울
    검은 색깔이 되어 뚝뚝

    그늘이 몸을 도려내고 있구나

    집을 찾지 못한 새는
    꿈속에서 꾸욱 울부짖는다
                       ―「숲과 방」 부분

  이 시에서 그가 노래하는 "집을 찾지 못한 새"는 객관상관물로도 기능한다. 시인이 처해 있는 현존을 상징하기도 하는 것이 이 시에서의 "집을 찾지 못한 새"라는 것이다. 이 시의 마지막 연에 따르면 "집을 찾지 못한 새"

는 "꿈속에서 꾸욱 울부짖는" 새이기도 하다. "집을 찾지 못"하고 "꿈속에서 꾸욱 울부짖"고 있다고 하더라도 시인이 자기 자신을 '새'로 받아들이는 것은 그가 아직 희망을 잃지 않고 있다는 것을 뜻한다. 따라서 그가 새의 이미지를 내포하는 시를 쓴다는 것은 그것 자체로 미래의 희망을 가꾸는 일이라고 하지 않을 수 없다. 그의 마음에는 여전히 고통이 계속되고 있겠지만 말이다.

이처럼 고통이 계속될 때 그가 그 자신의 고향을 떠올리는 것은 매우 자연스러운 일이다. 고향은 언제나 뿌리 뽑힌 채 떠도는 사람의 마음을 차지하며 향수의 정서를 불러일으키기 마련이다. 그곳이 늘 유년 시절에 체험한 어머니 대지로 회억되기 때문이다. 어머니 대지로 회억되는 고향이 뿌리 뽑힌 채 떠도는 자의 마음을 사로잡는 것은 타향에서의 나날이 그만큼 힘들고 고달프기 때문이다.

끊임없이 향수의 정서를 불러일으키는 고향은 언제나 이미지의 군집인 풍경의 형태로 존재하기 마련이다. 다음의 시에서 시인 강재순의 고향이 "슬레이트 지붕의 본채 옆" "달아낸 초가지붕의 흙담"으로 기억되는 것도 이와 무관하지 않다. 그에게는 일단 "아릿한 코끝을 지니고 있"는 따뜻한 남향으로 기억되는 곳이 고향이라는 것이다.

    슬레이트 지붕의 본채 옆엔 달아낸 초가지붕의
    흙담이 있었다 남향은 아릿한 코끝을 지니고 있었다

    싸리나무로 엮은 토끼장 안에 빨간 눈
    빛나는 다섯 마리의 토끼가 살았다

    흰 털이 바람에 산들거리며
    코끝에 번지는 남쪽 냄새를 쓸어주었다

동갑내기 친구와 차돌로 공기놀이를 했다
조무래기들은 꼭 싸우고 헤어졌다

혼자 남아 먼 훗날을 그려 보았다
바닥엔 언제나 똑같은 풍경이 그려졌다

언덕 너머로 제트기가 날아갈 때도 있었다
가슴을 가르는 소리가 햇빛까지 닿았다

토끼들은 하나 둘 사라져 갔다 꼬마는
흰옷을 입고 언덕을 오르락내리락 했다

맨드라미꽃 진홍빛 피 흘리며 스러져 갈 때
봄볕을 버리지 못한 채 뜨겁게 비가 흐르고 있었다
―「볕의 기억」 전문

  이 시에서도 고향은 자연과 함께하는 이미지의 형태로, 나아가 풍경의 형태로 자리한다. 이때의 풍경에는 "빨간 눈"이 "빛나는 다섯 마리의 토끼가 살"고, "차돌로 공기놀이를" 하는 "동갑내기 친구"가 산다. 하지만 "토끼들은 하나 둘 사라"진 지 오래이고, "꼬마는/흰옷을 입고 언덕을 오르락내리락"한 지 오래다. 그리하여 지금은 "봄볕을 버리지 못한 채 뜨겁게 비가 흐르고 있"는 곳이 그의 고향이다.
  그의 시에서 고향에 대한 기억은 여기에서 그치지 않는다. 다른 시에 따르면 그의 고향은 죽은 「오빠의 무덤」이 자리한 곳이기도 하다. 그가 상상하기에 오빠의 무덤이 있는 곳은 "햇빛 아래 삭정이를 들추면/뼈마디가 수

북이 올라오는 곳"이다. 그뿐만 아니라 그곳은 "맘껏 휘어져 버린 키 큰 억새도 있"는 곳, "맨드라미가 피기도 하고/혀같이 붉은 샐비어가 자라기도" 하는 곳이다.

오빠의 무덤이 있는 곳에 대한 그의 기억, "저수지 수문 근처"의 "늙은 지렁이 풀밭"에 대한 그의 기억이 마냥 긍정적이지는 않다. "뿌리 깊은 대들보를 정수리에 꽂고 있"던 오빠이기는 하지만 "빨랫줄에 매달려/까마귀같이 꾸우욱, 울던 오빠"(「오빠의 무덤」)이기도 하기 때문이다. 오빠의 죽음이 그의 가족에게 주었을 충격과 절망에 대해서는 깊이 논의할 필요가 없다. 이처럼 고향은 그에게 따듯한 햇볕의 공간이기도 하지만 죽은 "오빠가 산책을 나오"는 어두운 공간이기도 하다.

유년 시절 고향에서 이처럼 아픈 체험을 했던 시인이 나날의 현실에서 온전하고 단단한 자아를 갖기란 쉽지 않다. 그가 나날의 일상을 짐승같이 울부짖은 날"들(「상실의 시선」)로 받아들이는 것도 이와 무관하지 않다. 따라서 온갖 고통에 처해 있는 그가 "밤 한 시 태양이" 뜨고, "붉은 과즙이 흘러내"리고, "바구니 가득" "태양"이 담겨 있는 초현실적 이미지에 집착하는 것은 짐짓 당연한 일이라고 하지 않을 수 없다.

밤 한 시 태양이 뜬다
붉은 과즙이 흘러내린다
바구니 가득 담긴 태양
한 입 베어 물기 아까워 들었다 놓았다 한다
바지에 문지르고 문질러 맨질맨질해지도록
문질러 모난 데가 하나 없는 태양

나는 믿는다 둥그렇고
살이 통통한 엉덩이 같은

귀여운 밤의 태양을
숲에선 고양이의 붉은 울음이
방 한가득 쏟아져 꿀맛 같은 말을 건넨다
걱정하지 말아요 내일은 내일의 태양이 뜨니
타향에서 언제나 건강을 조심하고

이 방은 잠시 타향, 우리는 모두의 타향
우리는 서로를 안심시켜 주기로 한다
이 방은 잠시 과수원의 복숭아나무를
키우기로 한다 그런 밤 한 시는
슬프지 않아도 되고 따뜻하지 않아도 되고
오래된 물건이 없어도 된다

―「잠 못 드는 밤」 전문

이 시에는 "어느 잠 못 드는 밤"의 복잡한 심회가 토로되어 있다. "어느 잠 못 드는 밤"에 시인은 "바구니 가득 담긴 태양"을 "한 입 베어 물기 아까워 들었다 놓았다" 한다. "바구니 가득 담긴 태양"은 물론 복숭아의 환유이다. 복숭아를 태양으로 환유하는 그의 마음을 이해하지 못할 것은 없다. 복숭아를 "바지에" "맨질맨질해지도록/문질러 모난 데가 하나 없는 태양"으로 만드는 마음도 마찬가지이다. 태양의 관습적 상징은 남성, 하느님, 희망, 미래, 꿈, 지위, 자리, 위치 등이다. 이 시에서는 태양을 이들 중 어느 것으로 이해하더라도 무방하다. 2연에서는 "둥그렇고/살이 통통한 엉덩이 같은/귀여운 밤의 태양을" "나는 믿는다"고 노래하거니와, 이 또한 다를 바가 없다. 온갖 고통 속에서도 그가 "귀여운 밤의 태양"으로 상징되는 긍정적인 마음을 잃지 않고 있다는 뜻이기 때문이다. 이어지는 구절의 "걱정하지 말아요 내일은 내일의 태양이 뜨니/타향에서 언제나 건강을 조심하고"

등의 내포도 동일하다. 지금은 중국 제남의 거리를 떠돌고 있을지라도 그가 자신의 꿈, 희망, 미래 등을 포기하고 있지는 않다는 것이다. 그렇다. "바람은 불고 춥"더라도 하루하루의 나날을 "믿는다는 믿음"으로 살고 있는 것이 그이다.

>믿는다는 믿음 그뿐
>바람은 불고 춥다
>
>황혼은 조금씩
>무거워진다
>
>헛된 꿈이건 아니건
>운행하는 별이 있다
>
>천천히
>아무데로든지
>어디에나에
>멍텅구리 별
>
>모든 것을 잃어가던
>아름다운 시절
>
>어슴프레 별이
>뜨고 있다
>
>―「제남에 온 날」 전문

이 시는 '산동 청년 정치 대학'이 위치해 있는 "제남에 온 날"의 감회를 담고 있다. 이 시에서 시인은 "조금씩 무거워"지는 황혼을 느끼면서도 "헛된 꿈이건 아니건/운행하는 별"을 떠올린다. 그가 보기에 이 별은 "어디에나" 있는 "멍텅구리"에 불과할 수도 있다. 그에게 이때는 "아름다운 시절"이기도 하지만 "모든 것을 잃어가던" 시절이기도 하지 않은가. 따라서 그에게는 "어슴프레 별이/뜨고 있"는 것만으로도 큰 희망이라고 하지 않을 수 없다.

이처럼 그의 시에는 떠돌이 자아의 슬프고도 아픈 추상이 내화해 있다. 물론 그것은 받아들이기 힘든 나날의 현실, 부정적인 외면에서 기인한다. 그러나 그는 이러한 정서를 애틋한 그리움으로 전환하는 특별한 힘을 갖고 있다. 이때의 애틋한 그리움의 대상이 구체적으로 무엇을 뜻하는지는 알기 어렵다. 지나치게 추상화되어 있기 때문인데, 그의 시에는 그것이 항용 별의 이미지로 드러난다. 다음의 시 역시 별의 이미지가 드러나 있는 예이다.

  청년정치학교
  작은 마당은 붐빈다

  바람 부는 초저녁
  플라타너스, 큰 둥치가 열두 그루
  칠월의 나뭇잎들은
  시멘트 바닥 사이사이에
  날카로운 촉수를 뻗어
  열기를 빨아들인다
  몸에 난 구멍들도 앞 다퉈
  파르스름해지고 있다

> 서로 애쓰는 얼굴들이 겹친다
>
> 걷고 또 걷다 보면
>
> 사람들이, 하늘의 구름이
>
> 젖어버린 나무의 등이
>
> 팔뚝을 걷어 올리고
>
> 어느 품속으로 들어가고 있다
>
> 초록으로 물들어
>
> 팔랑거리는 나무의 끝
>
> 이른 별이 뜨고 있다
>
> ―「운동장 돌기」 전문

　이 시는 상대적으로 좀 더 건강한 정서를 지니고 있다. 이 시에서 시인은 제남의 "청년정치학교/작은 마당"을 "걷고 또 걷"는다. 그가 지금 "칠월의 나뭇잎들"이 "시멘트 바닥 사이사이에/날카로운 촉수를 뻗어/열기를 빨아들"이는 "청년정치학교/작은 마당"을 "걷고 또 걷"는 이유는 단순하다. "걷고 또 걷다 보면" 활기가 생겨 "몸에 난 구멍들도 앞 다퉈/파르스름해지"기 때문이다.

　이처럼 그가 "걷고 또 걷"는 것은 몸의 건강을 위해서다. 몸이 건강해지면 마음도 건강해지기 마련이다. 그가 생각하기에는 "걷고 걷다 보면" 건강이 좋아져 "사람들이, 하늘의 구름이", "젖어버린 나무"가 하느님의 "품속으로 들어가고 있"는 것이 보인다. 그뿐만 아니라 "걷고 또 걷"는 동안 몸에 활기가 생겨 "초록으로 물들어/팔랑거리는 나무의 끝/이른 별이 뜨고 있"는 것도 보인다. 이때의 "이른 별"이 단지 자연현상만을 뜻하지 않으리라는 것은 불문가지다. 이제는 그에게도 확실한 희망이 생긴 것이다.

　이국의 타향에서 나날의 삶을 온전하게 유지하려면 무엇보다 필요한 것이 자기 다짐이다. 지속해서 자기 다짐을 반복할 때 나날의 삶에 긍정적인 자아개념이 형성되기 때문이다.

> 할 수 있는 데까지만 할 것
> 더 이상은 바라지 말 것
> 다른 세상을 청하지 말 것
>
> 출구는 뒤로 희망도 뒤로
> 아무래도 기울어지지 않고
> 자기의 할 일을 하기
>
> 말이 안 통하는 사람과도 목욕할 수 있기
> 같이 밥 먹는 사람과 사진 찍기
> 대륙엔 황사가 심한데 어디에서나 만발하기
>
> 서울만큼 넓은 창에 떠오르는 얼굴
> 멀어지면 잊혀지리니
> 길속으로 걸어 들어가기
>
> 거짓말이라면 오늘 화병에
> 백합이라도 꽂아 놓고!
>
> ―「편안한 잠」 전문

  이 시에서 시인은 몇 가지 자기 다짐을 거듭한다. "할 수 있는 데까지만 할 것/더 이상은 바라지 말 것/다른 세상을 청하지 말 것" 등이 몇 가지 자기 다짐의 예이다. 이러한 자기 다짐은 "자기의 할 일을 하기", "말이 안 통하는 사람과도 목욕할 수 있기" 등으로 이어진다. 그가 이처럼 자기 다짐을 거듭하는 이유는 이 시의 제목처럼 「편안한 잠」을 자기 위해서다. 이로 미루어보면 평소에는 그가 편안한 잠을 자지 못한다는 것을 알 수 있다. 이때의 편안한 잠이 편안한 마음을 뜻하리라는 것은 덧붙여 설명할 필요가 없다.

물론 이러한 자기 다짐은 시인의 자신의 '의지'에서 비롯된다. '의지'는 인간의 마음을 구성하는 매우 중요한 요소 중의 하나이다. 일반적으로 '의지'는 마음을 구성하는 또 다른 요소인 감정 및 이성이 뒤섞이면서 태어난다. 인간의 마음 가운데 변수에 해당하는 감정과 상수에 해당하는 이성이 결합하면서 태어나는 것이 의지라는 것이다. 따라서 아무래도 의지는 주관적 정신 영역을 바탕으로 할 수밖에 없다.

그렇다고 하더라도 '의지'가 떠돌이 자아의 고통이나 슬픔을 이겨내는 데 일정한 기여를 하는 것은 사실이다. 하지만 '의지'만으로 한번 형성된 마음의 고통이나 슬픔을 완전히 극복할 수 있는 것은 아니다. 고통이든 슬픔이든 마음의 동요를 완전히 털어내려면 가장 필요한 것이 '나는 타자다'라는 깨달음이다. '나는 타자다'라는 깨달음은 프랑스의 시인 랭보의 것이거니와, 동양의 지식인 일반에게는 '나는 없다'라는 부처님의 깨달음이 훨씬 익숙하게 받아들여진다. 불교의 『아함경』에서 말하는 무자기(無自己), 무자성(無自性)이 바로 그것이다. 내가 남이든, 내가 없든 나를 극복한 사람은 나보다 남을 중심으로 세계를 이해할 수밖에 없다. 이러한 사람은 누구라도 남 속에서, 남을 통해, 남과 더불어 자기 자신을 발견하기 마련이다.

잎사귀의 등

등의 빛깔은 푸르다

연푸른 물이 흐른다

저렇게 서늘한

잎새의 등을

가진 사람이 있었다

푸른 흔적이

우주를 물들이고 있다

—「등」 전문

 이 시의 정서적 중심도 '나'보다 '남'에게 있다. 뜨거운 '주체'보다는 차가운 '객체'에 정서의 중심이 있는 것이 이 시이다. 이처럼 이 시는 주체의 정서를 진술하기보다는 객체의 이미지를 묘사하고 있다. 물론 이 시에 시인의 정서가 완벽하게 제거되는 것은 아니다. "잎사귀의 등"처럼 "서늘한" "등을/가진 사람"에 대한 그리움을 바탕으로 하는 것이 이 시이기 때문이다.
 주체의 정서보다 객체의 이미지를 중심으로 하면 시에 시인이 개입하기 어렵다. 이러한 시는 흔히 주체의 정서를 진술하기보다는 객체의 이미지를 묘사해 섬세한 풍경을 만든다. 만들어진 풍경을 통해 시인 자신의 의도를 십분 암시하는 것이 그러한 시이다. 그러한 시가 보편적으로 다 좋은 시라고 하기는 어렵다. 하지만 시에 드러나 있는 이런저런 모습을 통해 시인의 높고 낮은 정신 차원을 엿볼 수 있는 것은 분명하다.
 이러한 맥락에서 살펴보면 보면 강재순의 시는 아직 절대 객관의 세계,

이른바 두두물물(頭頭物物)의 세계에까지는 이르지 못한 듯싶다. 여전히 들끓는 감정에 사로잡혀 있는 것이 그의 시이거니와, 실제로는 그가 '나는 타자다'라는 깨달음, '나는 없다'라는 깨달음에 이르러 있다는 것만도 매우 대단한 일이다. 얼마간 복잡한 감정이 묻어 있는 그의 좋은 시 한 편을 함께 읽으며 여기서 글을 맺는다. (2015)

짐승 같아라
머리채를 늘어뜨리고
대낮이 졸고 있다

고요가 흐르는지 흐르지 않는지
천지간에 부어오른 공기 자욱
물속까지 전신을 뻗는다

벤치 위엔 연인이 둘
호젓이 앉아 있을 뿐

물은 속으로 썩어가고
게워 올린 흔적들이
검은 비닐봉지와 함께 펄럭거린다

버드나무는 물 옆으로
몸이 기울지만
땅 속 깊은 곳에 심지를 당겼나

수면을 흔들며

짐승 한 마리 기어나온다

─「오래된 호수」 전문

고통의 심미적 진술과 극복
―김경애 시집, 『가족사진』, 천년의 시작, 2015.

1

 다른 예술처럼 시도 역시 고통의 심미적 진술이다. 어찌 보면 고통을 심미적으로 진술하는 것 그 자체가 고통일 수도 있겠지만 말이다. 그렇기는 하더라도 대부분 시인은 그것을 통해 자기 자신의 고통을 아름답게 극복해내고는 한다. 이때의 고통은 마땅히 온갖 억압에서 비롯되는 심리적 상처와 함께하기 마련이다. 나날의 삶에서 심리적인 상처를 만드는 억압이 정치적 형태로만 존재하는 것은 물론 아니다. 사람살이의 제반 관계에서 비롯되는 것이 억압이거니와, 억압은 가족이나 친구들 사이에도 항용 나타나기 마련이다.
 사람살이의 다양한 관계에서 억압을 느끼고, 그것을 상처로 받아들이는 것은 주체가 강한 자유의지를 지니고 있기 때문이다. 자유의지가 강할수록 주체는 사람살이에서의 각종 억압을 상처로 받아들이고, 그에 따른 다양한 고통을 자각하게 된다. 물론 이때의 고통은 설움, 절망, 슬픔, 우울, 불안, 초조, 짜증, 상실 등 죽음의 감정을 거느리는 것이 보통이다. 이러한 점은 시의 화자, 곧 시적 주체의 경우에도 마찬가지이다. 그렇다. 이 글의 대상이

되는 김경애의 시 역시 사람살이의 온갖 억압과 상처, 그리고 그에 따른 고통이 심미적 언어로 진술되어 있다.

그의 시에서 온갖 억압과 상처, 그리고 그에 따른 고통은 일단 가족관계에서 오는 듯하다. 그의 시에는 본인의 의도와 상관없이 가족관계에서 오는 억압과 상처, 그에 따른 고통이 매우 실감 나게 표현되어 있기 때문이다. 본래 상처는 가까운 사람들끼리 주고받기 마련이다. 멀리 떨어져 있는 사람들 사이에는 원천적으로 불가능한 것이 상처를 주고받는 일이다. 가족들 사이에 상처를 주고받는 일이 많은 것도 이와 무관하지 않다. 가족들 사이야말로 온갖 감정이 뒤얽혀져 있는 관계이기 때문이다. 김경애의 시에서 가장 먼저 확인할 수 있는 가족들 사이의 상처는 고모와의 비정상적이고 어긋난 관계에서 비롯된다.

> 간판도 없는 서산동 할매집,
> 미자 언니는 비밀 이야기를 풀어놓듯
> 소문내지 말라고 당부하며 나를 그곳에 데려갔다.
> 아는 사람만 찾아온다는 보리마당
> 식당이라고 하기에는 옹색한 지붕이 파란 집.
> 비탈진 텃밭에는 봄동이 꽃을 피웠고
> 빨랫줄에 걸린 서대 몇 마리 바람에 흔들리고 있었다.
> 기별 없이 찾아간 고향집 풍경처럼
> 동네 사람들은 대낮부터 술에 취해 있었다.
> 작은 방에서 서대찜을 기다리는 동안
> 압력밥솥이 요란스럽게 칙칙거렸다.
> 한쪽 구석에 자리 잡은
> 보해소주, 크라운맥주, OB맥주……
> 때 묻은 작은 진열장에는

한라산, 88디럭스, 라일락, 엑스포, 시나브로……
창고 같은 방 안은 보물들이 꽉 찬 흑백 필름 같았다.
막걸리 몇 잔 들어가니 목포 앞바다가 출렁거렸다.
옆방에서 갑자기 이난영의 '목포의 눈물'이 흘러나왔다.
돌아다보니 얼핏 낯익은 얼굴이 보였다.
20여 년 전, 타향에서 적금 들어
엄마에게 맡긴 내 돈, 오백만 원 떼어먹고 소식 없던
아직도 춤추러 다닌다는 고모였다.
끝내 고모를 알은 척 안했다.
—『고모를 알은 척 안했다』전문

이 시의 공간적 배경은 목포의 "간판도 없는 서산동 할매집"이다. 시인은 이 시에서 미자 언니를 따라 목포의 이 허름한 "서산동 할매집"에 찾아간다. "서산동 할매집"은 "식당이라고 하기에는 옹색한 지붕이 파란 집"으로, "비탈진 텃밭에는 봄동이 꽃을 피"우고 있고, "빨랫줄에"는 "서대 몇 마리 바람에 흔들리고 있"는 아주 정겨운 곳이다. "기별 없이 찾아간 고향집" 같은 이곳 "서산동 할매집"에는 지금 "동네 사람들"이 "대낮부터 술에 취해 있"다. "한쪽 구석에"는 "보해소주, 크라운맥주, OB맥주" 등의 궤짝이 쌓여 있고, "때 묻은 작은 진열장에는/한라산, 88디럭스, 라일락, 엑스포, 시나브로" 등의 담배가 쌓여 있는 "흑백 필름 같"은 곳이 "서산동 할매집"이다.

"막걸리 몇 잔 들어가"면 "목포 앞바다가 출렁거"리는 곳인 이 "서산동 할매집"의 "옆방에서 갑자기 이난영의 '목포의 눈물'이 흘러나"온다. "돌아다보니 얼핏 낯익은 얼굴이 보"이는데, "20여 년 전, 타향에서 적금 들어/엄마에게 맡긴 내 돈, 오백만 원 떼어먹고 소식 없던" 고모다. "아직도 춤추러 다닌다는 고모"에게 받은 억압과 상처로 하여 그동안 시인이 받은 고통은 너무도 크다. 그래서일까. 시인은 "끝내 고모를 알은 척"하지 않는다. 서로를 확인하는 것은 상처를 확인하는 것이니만큼 그동안 잘 아문 상처가 덧날까 두렵기 때문이다. 시인이 이러한 선택을 한 것은 아주 잘한 일이다. 조카의 돈 오백만 원을 떼어먹고 종적을 감추었던 고모의 삶 또한 상처투성이였을 것은 뻔하다. 시인이 이렇게 고모를 용서하고 그동안 아문 상처를 덧나지 않게 하는 것이야 말로 민중적 지혜라고 하지 않을 수 없다.

그의 시에서 가족 사이에 주고받은 상처는 언니와의 관계는 물론 사촌오빠와의 관계, 아버지와의 관계를 통해서도 여실히 드러난다. "몇 번이나 짐 싸들고 집을 떠"(「부재(不在)」)나더니 끝내 바다 속에 몸을 던진 것이 언니이고, "변변찮은 땅문서 들고 서울로 가 버린"(「걱정의 뱀」) 것이 사촌오빠이다. 그렇기는 하지만 시에 따르면 그에게 가장 큰 상처를 준 것은 아버지라고 생각된다. 이 시집의 〈시인의 말〉에 의하면 "우리 집은 아무 문제 없다./우리 집은 평화다."라고 "술에 취해" 말하는 아버지한테 한때는 "악을 쓰며" 덤볐던 것이 그이다. 지금은 치매에 걸려 "열 살이나 어린 아내를 누나라고 부르는" 것이 아버지이기는 하지만 말이다. "술 마시고 집에 들어"와 행패를 부릴 것이 두려워 아버지가 젊을 때는 "장독대 틈에 칼을 숨"(「칼」)기기도 했던 것이 그와 어머니이다.

이처럼 왜곡된 아버지, 즉 자식들에게 끊임없이 상처를 주는 아버지가 오직 시인에게만 오롯이 존재했던 것은 아니다. 6·25 전쟁이나 월남전 등 현대사를 겪는 동안 다양한 트라우마를 갖게 된 아버지들이 자식들에게 행사해온 상처는 너무도 크다. 그렇다. 아버지들의 비정상적인 횡포로부터 받은 자식들의 상처는 이미 보편화되는 것이 사실이다. 질곡의 현대사를 거치면서 피폐해진 자아를 갖게 된 아버지들이 자식들에게 행사한 어긋한 행태는 지금에 이르러 돌아보면 차라리 연민의 대상이라고 해야 할는지도 모른다. 지난 시대의 일그러진 체험으로부터 부여받은 아버지들의 트라우마는 이미 역사적인 것이 된 지 오래다. 이는 시인 김경애의 처지에도 다르지 않다. 당대 사회로부터 받은 아버지의 상처가 트라우마로 작용해 자식들에게 이런저런 고통을 행사한 예는 다음의 그의 시를 통해서도 확인된다.

> 어릴 적 학교 앞 문구점에는 주인 여자 동생처럼 보이는 처녀가 가끔 나타났다. 열 손가락에 빨간 매니큐어를 바르고 단풍잎처럼 손을 펼쳐 물건 집어주던 도시 여자. 사야 할 것들을 잊어버린 채 장미꽃 같은 그녀의 손톱에 눈이 머물고는 했다.
> 나도 크면 빨간 매니큐어를 발라볼 거야. 다 자라지도 않은 나는 장독대 옆 화단에 핀 봉숭아 꽃잎을 따다가 손톱에 꽃물을 들였다.
> 얼큰하게 낮술에 취한 아버지는 당장 지워버리라고 고래고래 고함을 쳤다. 붉은 립스틱에 껌 짝짝 씹는 여자, 손톱에 매니큐어 바른 여자를 제일 싫어하신다며 금방이라도 손가락을 잘라낼 기세로 나를 우물가로 끌고 갔다.
> 우물가에서 나는 면도칼로 손톱을 깎아내며 눈물을 쏟았다. 지워도 지워도 지워지지 않던 봉숭아 꽃물, 손톱은 늘 짧고 투명하게 정리되었다.
> 캔 뚜껑에 손가락이 베어 봉숭아 꽃물 같은 붉은 핏방울을 흘리던 어린 내가 생각나는 오후, 술에 취해 나를 부르던 괄괄한 아버지의 목소리가 들렸다.
> 이제는 술병을 잊고 술조차 잊어버린 채, 열 살이나 어린 아내를 누나라고 부르는 얼굴 환한 아버지, 허허롭게 뒤란에 앉아 계신다.
> ―「봉숭아 꽃물에 대한 기억」 전문

이 시에는 무엇보다 아버지로부터 받은 억압과 상처, 그리고 그에 따른 고통이 심미적인 언어로 진술되어 있다. 이 시에서 억압과 상처가 만든 고통은 어린 시인이 "봉숭아 꽃잎을 따다가 손톱에 꽃물을 들"인 것을 두고

"얼큰하게 낮술에 취한 아버지"가 "당장 지워버리라고" "고함을" 쳐 "면도 칼로 손톱을 깎아내며 눈물을 쏟았"던 체험을 가리킨다. 이때의 체험이 얼마나 고통스러운 트라우마로 남아 있으면 성인이 된 지금까지도 그의 마음에 이처럼 깊이 각인되어 있을까. 하지만 유년 시절에 시인이 아버지로부터 이러한 고통을 체험하지 않았더라면 이 같은 시는 창작되기 어려웠을 것이다.

물론 이 시에서 시인이 아버지로부터 억압과 상처를 받게 된 원인은 그 자신의 강력한 심미적 실천 때문이다. 그에게 심미적 실천은 독립된 주체로서 갖는 자유의 이행이기도 하다. 물론 이때의 심미적 실천, 곧 자유의 이행은 "학교 앞 문구점" 처녀의 "빨간 매니큐어를 바"른 손톱을 닮으려는 데서 비롯된다. 좀 더 자세히 말하면 "빨간 매니큐어"를 칠하는 대신 "장독대 옆 화단에 핀 봉숭아 꽃잎을 따다가 손톱에 꽃물 들"인 것이 술을 마시면 폭군으로 변하는 아버지의 비위를 상하게 한 것이다.

아버지의 횡포로부터 상처를 받은 것이 오직 그만의 개별적인 체험은 아니다. 이때의 상처에 따른 고통이 실제로는 지난 시대의 비틀린 가부장적 권위 전체에서 비롯된 것이기 때문이다. 바로 그러한 점에서 이 시에서의 아버지로부터 받는 억압과 상처, 그리고 그에 따른 고통은 충분히 보편적인 내포를 지닌다.

그러한 점에서 생각하면 「가족사진」, 「부재(不在)」 등의 시에 보이는 애리 언니의 가출과 자살도 아버지의 왜곡된 가부장적 횡포와 무관하지 않아 보인다. 그의 시에 따르면 애리 언니 또한 시인에 못지않은 심미적 실천 의지를 지니고 있었던 것으로 생각되기 때문이다. 지금은 "열 살이나 어린 아내를 누나라고 부르는 얼굴 환한 아버지"를 따듯한 연민의 시선으로 돌아보는 것이 시인이지만 말이다. 무엇보다 이러한 논의는 시인이 그만큼 성숙한 영혼을 지니고 있다는 것을 뜻한다. 이제는 객관적 거리를 갖게 되어 "술 생각 술 술 나는 저녁 산책길" "술 심부름을 시키는 아버지에게/홀짝홀짝 술 마시는 버릇을 물려받았네"라고 노래하는 것이 시인이라는 것을 알 필요가 있다.

2

모든 사람살이는 본래 수많은 관계 속에서 이루어지는 법이다. 사람살이의 관계는 항상 피차의 심리적인 현존을 바탕으로 하기 마련이다. 온갖 감정을 매개로 하는 것이 사람살이의 관계라는 것을 잊어서는 안 된다. 감정을 매개로 하는 한 사람살이의 관계는 어쩔 수 없이 다양한 갈등과 상처를 거느리게 된다. 물론 사람살이의 감정이 언제나 긍정적인 모습, 곧 생명과 평화의 모습을 보여주는 것은 아니다. 우발성과 휴발성을 바탕으로 하는 만큼 더러는 부정적인 모습, 즉 죽음과 불화의 모습을 보여주기도 하는 것이 사람살이의 감정이다.

사람살이의 감정이 지니는 이러한 모습은 우정일 경우에도 다르지 않다. 친구나 선후배들과 좋은 우정을 나누려면 주체가 먼저 친구나 선후배에게 좋은 우정으로 다가가야 한다. 따라서 친구나 선후배들 사이의 우정 또한 항상 긍정적인 모습, 곧 생명과 평화의 모습을 보여주기는 쉽지 않다. 때로는 소통이 제대로 안 되어 서로 상처를 주고받을 수 있는 것이 친구나 선후배들 사이의 관계이다.

김경애의 시 중에는 「언니들」, 「불안을 지우다」, 「숨어버리는 말들」, 「진달래 미친년」 등이 이러한 맥락에서 살펴볼 수 있는 예이다. 이들 시 역시 사람살이가 만든 억압과 상처, 그리고 그에 따른 고통의 심미적 진술이 바탕을 이루고 있어 관심을 끈다.

> 언니, 하고 부르면 행복한 날 있지
> 마치 죽은 언니가 환하게 웃으며 다가오는 것처럼
> 몰래 만나는 애인처럼 언니가 좋지

주변의 많은 언니, 언니들……

언니들은 수다가 넘치지

언니는 말을 만들어내는 재주를 갖고 있지

풀리지 않는 생각들이 꼬이면

꼬이고 꼬인 생각들을 푸느라 밤을 설치지

소문들은 몽글몽글 연기처럼 피어나고

밤새 미궁 속 주인공들을 만드는 마녀 같은 언니들

해가 뜨기 전에 어딘가로 전화를 걸지

한낮이 되도록 풀리지 않는 의문들

뱀 같은 머리카락으로 온 몸을 칭칭 감기도 하지

쉿, 마녀 같은 언니를 만날 때는 절대로 입조심해야지

함부로 접선놀이에 말려들었다가는

혓바닥 가시에 찔릴지도 몰라

맞장구를 쳤다가는 치명적인 상처를 입을 수도 있지

널뛰기하다가 바로 아웃!

언니들의 언니와 그 언니들의 언니인

저 언니들을 좀 봐!

　　　　　　　　　　　　　—「언니들」 전문

　이 시는 시인과 주변 언니들의 관계를 다루고 있어 좀 더 주목된다. 시인이 보기에는 때로 "몰래 만나는 애인처럼" 좋은 것이 언니들이다. "수다가 넘치"는 이들 언니와의 관계가 항상 재미있고 즐거운 것만은 아니다. '언니'라고 부르는 좋은 관계도 자칫하면 억압과 상처를, 나아가 고통을 주고받는 관계로 전이될 수 있기 때문이다. 걸핏하면 "말을 만들어내는 재주를 갖고 있"는 것이 이들 언니이다. 시인이 이들 "마녀 같은 언니"를 "만날 때 절대로 입조심"을 해야 한다고 말하는 것도 실은 이 때문이다. "숱하게 오고 가는 말 때문에 결국 혓바닥 가시에 찔려 죽을지도 모"른다고 생각하는 것이 그이다. 그 역시 언니 중의 하나이기는 하지만 말이다.

  이러한 논의와 관련하여 먼저 생각해야 할 것은 그러한 사람살이의 관계를 시로 쓰는 것 자체가 시인에게는 위로가 되고 치료가 된다는 점이다. 이때의 언니들이 질투심이 많은 시인이라면 그들의 행태를 객관적으로 노래하는 것 자체만으로도 시인에게는 스트레스를 푸는 일이 되기 때문이다. 시를 쓰는 일 그 자체가 시인에게는 정신적인 외상을 치료하는 일이라는 것을 간과해서는 안 된다.

  물론 언니들과의 관계가 시인에게 항상 억압과 상처, 그리고 그에 따른 고통으로만 존재하는 것은 아니다. 언니들과의 관계도 또한 사람살이의 기본적인 관계라는 점을 염두에 둘 필요가 있다. 실제로는 이들과의 관계에서 더불어 사는 삶의 의미와 가치를 배우고 실천하지 않는가. 다음의 시는 언니들과의 관계가 활기 넘치는 우정의 공동체로 존재하는 예의 하나이다.

    부부 네 쌍이 영암 은적산으로 진달래 보러간다.
    인천, 성남, 음성, 청주 목포, 울산, 무안, 남평
    비슷한 시기에 결혼한 후 모여 산 지 십팔 년째다.
    야야 다들 모태봐 사진 한 방 박게
    전라도 아짐보다 더 전라도 아짐이 되어버린 인천 년
    자꾸 이 새끼이 하면서 활짝 웃으라 한다.
    나는 꽃처럼 환하게 개 새끼이 한다.
    니는 시인이라면서 개새끼가 뭐냐.
    옆에서 이대 욕과 나왔다는 목포 년 미자가
    궁께 씨팔, 선생이 그라믄 안 되제. 한 옥타브 높여
    간드러지는 목소리로 씨발년들아. 오랜만에
    욕 한 번 날린다. 그라제 바로 그거제.

욕은 니가 최고여! 인천에서 내려와 낯선 전라도에서
   씨발 놈이라고 욕하는 것을 보고
   친구 삼기로 맘먹었다고 한다. 남자들은
   여자들의 걸쭉한 입담에 얼굴만 붉히고 있다.

   저것 봐. 진달래 미친년, 함부로 자지러지는 것 좀 봐!
                              —「진달래 미친년」 전문

 이 시는 "부부 네 쌍이 영암 은적산으로 진달래"를 구경하러 가 한바탕 놀았던 체험을 바탕으로 하고 있다. 이 시에 따르면 모두 여덟 명인 이들 부부는 태어난 곳이 각기 다르다. "인천, 성남, 음성, 청주 목포, 울산, 무안, 남평"에서 태어난 이들 부부는 "비슷한 시기에 결혼한 후" 목포에 "모여 산 지 십팔 년째다." 우정의 공동체를 이루고 있는 이들은 특히 여자들 사이의 결속력이 강하다. 망설이지 않고 걸쭉한 욕을 주고받는 것으로 우정을 다지고 있는 것이 이들 여자이다.
 이 시에서 이들 여자는 마치 욕 대회에라도 나온 것처럼 "꽃처럼 환하게 개 새끼이" 하거나 "간드러지는 목소리로 씨발년들아" 하면서 " 활짝 웃"는다. "남자들은/여자들의 걸쭉한 입담에 얼굴만 붉히"지만 여자들은 "함부로 자지러지"는 것이 보통이다. 기본적으로는 이들 여자와의 관계도 언니들과의 관계이다. 이들 여자 사이의 관계가 서로 욕을 주고받을 수 있는 관계, 곧 긍정적이면서도 호의적인 관계에 이르기까지에는 적잖은 억압과 상처, 그리고 그에 따른 고통이 있었으리라. 상당한 갈등을 겪는 가운데 도달한 것이 이처럼 서로 욕을 주고받으며 환하게 웃을 수 있는 관계라는 것이다.
 물론 이 시에 등장하는 언니들 사이의 관계에는 특별한 갈등이 존재하지 않는다. 욕을 매개로 하여 혼연일체가 되는 것이 이들 언니 사이라는 것이다. 이들 언니가 더불어 의지하며 살 수 있게 된 것은 그들의 삶이 서로 리듬에 잘 들어맞았기 때문이다. 사람살이의 일상에서 겪는 감정의 교류 역시 리듬에 잘 들어맞지 않으면 공감하기가 어렵다. 리듬에 잘 맞지 않는 감정의 교류로는 공감하기가 불가능하다.

리듬에 잘 들어맞아야 할 감정의 종류에는 우정도 있다. 이 시에는 특히 리듬에 잘 들어맞는 우정이 활기 있게 노래되어 있다. 이 시에서와 같이 "함부로 자지러지"도록 웃을 수 있는 우정을 갖기까지에는 주고받은 상처들이 꽃으로 피어날 수 있는 긴 시간이 필요했을 것이다. 그러한 다음에야 갖게 된 즐거운 봄날의 감흥을 유쾌하게 노래하는 것이 이 시이다.

3

우정은 신뢰와 공경의 산물이다. 이때의 신뢰와 공경이 사람들 사이에만 필요한 것은 아니다. 사람들과 사물들 사이에도 신뢰와 공경은 필요하기 때문이다. 여기서 말하는 사물들이 동식물들을 가리킨다는 것은 자명하다. 이들 동식물과 이루는 신뢰와 공경을 두고 우정이라고까지 말할 필요는 없을는지도 모른다. 하지만 제대로 된 바른 관계를 이루려면 동식물들과도 신뢰와 공경은 필요하다.

사람과 마찬가지로 사람이 관계하는 사물, 즉 동식물도 유기적 구조를 지니고 있다. 유기적 구조를 지니고 있다는 것은 그것이 무엇이든 하나의 생명이라는 것을 가리킨다. 그렇다면 자기 자신과 관계하는 다른 생명에 대해서도 신뢰와 공경의 마음을 가져야 하는 것은 당연하다. 하지만 일상의 삶에서 사람이 자기 자신과 관계하는 다른 생명을 자기 자신과 동일하게, 다시 말해 신뢰와 공경으로 대접하기란 쉽지 않다. 다음의 시는 시인 자신을 포함한 사람 일반이 다른 생명을 어떻게 대접하는지를 잘 보여주고 있다.

남편이 두더지 한 마리를 잡았다.
카카오 톡으로 보내온 사진 속 두더지 한 마리
딸이 키우고 싶다고 했다.
흙이 잔뜩 묻은 두더지를 페트병 속에 넣어왔다.
좁은 병속에서 몸부림치는 두더지
코와 입 주위가 빨갛고 발톱이 빠질 것 같았다.

비누칠을 해 깨끗이 목욕을 시켰다.
손바닥 위의 털이 보드라운 두더지
집을 마련해 주고 톱밥도 넣어 주었다.
땅속에서 벌레나 지렁이 잡아먹던 두더지가
순식간에 아파트의 신사가 되었다.

두더지는 밤새 시름시름 앓았다.
다음, 다음날 두더지는 뻣뻣한 시체가 되었다.
아파트 앞산에 두더지를 묻어 주었다.
우리가 누군가를 사랑하는 것도
두더지에게처럼 사랑하는 것은 아닐까.
잘못 알았던 내 사랑법도 꼭꼭 묻어 주었다.

―「두더지」 전문

  이 시에서도 역시 시인은 가족 구성원들의 일상을 시의 소재로 삼고 있다. 하지만 이 시에서의 시인과 남편과 딸은 '두더지'에게 일방적인 횡포를 퍼부어대고는 사랑이라고 착각한다. "흙이 잔뜩 묻은 두더지"를 더럽다고 "비누칠을 해 깨끗이 목욕을 시"키기까지 하는 것이 그들이다. 그러한 뒤 "집을 마련해 주고 톱밥도 넣어 주"면서 "두더지"가 "순식간에 아파트의 신사가"되었다고 착각한다. 두더지의 생태환경을 이처럼 억지로 바꾼 것은 말할 것도 없이 자연에 대한 사랑이 아니라 핍박이다. 두더지는 고통을 견디지 못하고 "밤새 시름시름 앓"다가 결국 "다음, 다음날" "뻣뻣한 시체"가 된다.

  자본주의적 근대를 살아가는 대부분 사람은 흔히 자연 파괴를 자연 사랑이라고 착각한다. 그것은 이 시의 시인도 마찬가지이다. 두더지가 죽고 난 다음에야 시인은 그에게 얼마나 나쁜 짓을 했는지를 알고 뒤늦은 후회를 하기 때문이다. 하지만 며칠 후 "뻣뻣한 시체가 되"어버린 두더지를 묻어주면서 그가 자신의 일방적인 횡포를 깊이 반성하는 것은 매우 아름다운 일이다. 그가 "우리가 누군가를 사랑하는 것도/두더지에게처럼 사랑하는 것은 아닐까" 하고 반문하고 있다는 점을 소홀히 여겨서는 안 된다.

  오늘의 시대를 살아가는 거개의 사람들은 이 시에서처럼 파괴를 사랑으로 착각하며 악업을 쌓고 있다. 물론 자연에 대한 사람들의 무식하고 맹목적인 대처에 대해서는 그동안 많은 시인이 경종을 울려온 바 있다. 그뿐만 아니라 시인들은 올바른 자연환경의 중요성에 대해서도 줄곧 강조해온 바 있다. 타자에 대한 올바른 이해를 바탕으로 각각의 생명들이 이루는 바람직한 관계를 추구해온 것이 시인들이라는 것이다.

  김경애의 시는 이처럼 한편으로 사람들이 자연에게 가하는 각종 억압과 상처, 그리고 그에 따른 고통의 흔적을 더듬어 보고 있다. 위의 시도 자연에 가해지는 폭력과 그에 따른 죽음의 고통을 걱정하고 우려하는 데 초점이 있다. 따라서 자연에 대한 이들 체험이 시인의 내면에 독특한 트라우마를 형성시켰으리라는 것은 분명하다. 이러한 점에서 생각하면 그의 시는 자신이 껴안고 있는 각종 트라우마의 심미적 진술이라고도 할 수 있다.

  이와 관련하여 여기서 덧붙여 논의하지 않을 수 없는 것이 있다. 그것은 그의 시의 또 다른 특징이 잠재의식 혹은 꿈에 관한 관심이라는 점이다. 잠재의식 혹은 꿈을 시의 대상으로 받아들이는 것은 그가 자기 자신의 무의식, 곧 내면적 특징을 찾고 있다는 것이기도 하다. 물론 여기서 말하는 자기 자신의 내면적 특징은 그의 무의식이 지니는 각종 억압과 상처, 그리고 그에 따른 고통과 무관하지 않다. 사람의 무의식은 보통 백일몽을 포함한 꿈이나 허튼소리 등을 통해 드러나는 것이 보통이다. 다음의 시는 어느 날 밤에 꾼 꿈의 내용을 시의 형식으로 옮겨본 것이다.

> 얼굴을 만진 기억이 희미하다.
> 얼굴이 박물관이나 오래된 전당포에 보관되는
> 녹슨 귀걸이나 목걸이 같은 귀중품이 된다.
> 쉽게 꺼낼 수도 찾아올 수도 없는 것이 된다.
> 온종일 얼굴을 보며 놀았던 거울이 깨진다.
> 얼굴을 만지는 손이 얼음처럼 차다.
> 얼굴 없는 몸들이 몸들을 서로 더듬는다.
> 감각도, 감정도 없이 얼굴을 찾는다.
> 누군가 아흔 살에 사랑에 빠진 노인을 이야기한다.
> 아흔 살 먹은 노인을 남자라고 하기에는 그렇다.
> 사랑, 그것은 무슨 얼굴인가요.
> 얼굴을 잃은 후 사랑을 잃었다.
> 얼굴의 비밀을 풀어내기 위해서는
> 종일 얼굴을 만지며 놀던 기억을 찾아내야 한다.
> 성급한 사람들이 도끼로 열쇠를 쾅쾅 내리친다.
> 얼굴 없는 사람들이 몰려든다.
> 얼굴 있는 사람들이 유령 같다.
> 유령 같은 사람들 사이로
> 얼굴 없는 사람들이 거리로 쏟아진다.
> ―「얼굴 없는 사람들」 전문

이 시는 내적 질서가 명확하지 않다. 각각의 이미지들이 초점을 향해 수렴되거나 집합되지 않은 것이 이 시이다. 파편화된 의식들, 곧 파편화된 이미지들로 이루어진 꿈을 시의 형식으로 드러내다 보니 내적 질서를 갖추기가 쉽지 않았던 듯하다. 물론 이 시가 사람들의 얼굴을 소재로 하는 것은 사실이다. 꿈속에서 사람들의 얼굴이 사라져버린 것을 대상으로 하는 것이 이 시라는 뜻이다.

이 시에서 시인은 먼저 "얼굴을 만진 기억이 희미하다"고 말한다. 그런 뒤 얼굴이 박물관이나 전당포의 귀중품으로 변하는 것을 본다. 이어지는 구절에서 시인은 얼굴을 만지면 "손이 얼음처럼 차"가워지는 것을 느낀다. 급기야 그는 "얼굴 없는 몸들이 몸들을 서로 더듬는" 것을 본다. 그가 생각하기에 "얼굴을 잃"는 것은 "사랑을 잃"는 것이다.

따라서 얼굴을 만지는 일 없이 몸을 더듬는 일은 정작의 사랑이 아닐 수도 있다. 하지만 꿈속에서는 시인 자신만 얼굴을 잃은 것이 아니다. 그의 꿈에 따르면 한꺼번에 "얼굴 없는 사람들이 거리로 쏟아"져 나오기 때문이다.

꿈이 무의식의 표현, 억압된 욕망의 표현이라면 예의 꿈에도 그것은 잠재해 있으리라. 프로이트에 따르면 무의식에는 성적 욕구 등 본능적인 욕구를 비롯한 다양한 감정 및 충동이 억압되어 있다고 한다. 하지만 여기서 시인의 무의식, 즉 억압된 욕망 등을 정치하게 분석하고 해석할 필요까지는 없다. 이 시에 담겨 있는 시인의 억압된 욕망과 관련해서는 이러한 정도의 의미를 부여하는 것만도 과도한 것일 수 있기 때문이다.

꿈을 소재로 쓴 그의 시들로는 「움직이는 집」, 「귀신과 남편 사이」, 「고양이 눈 같은 CCTV」, 「동문서답」, 「술통」, 「교회에 가지 않았다」 등을 더 예로 들 수 있다. 시 속에 등장하는 그의 꿈만으로 보면 그는 끊임없이 자유를 갈망하는 뜨거운 영혼을 지닌 사람이다. 자기 자신의 내면을 추적하기 위해, 자기 자신의 자아를 탐구하기 위해 저녁마다 꾸는 꿈을 과감하게 시의 소재로 받아들이는 것이 그라는 점을 소홀히 여겨서는 안 된다.

꿈속에 드러나 있는 그의 자아는 혼돈에 빠져 있기 일쑤이다. 그것은 위의 시의 경우에도 마찬가지이다. 그의 시의 자아가 이처럼 혼돈에 빠져 있는 것은 나날의 그의 삶 자체가 그렇기 때문인지도 모른다. 물론 이 또한 그동안의 삶의 과정에 그가 받아온 온갖 억압과 상처, 그리고 그에 따른 고통과 무관하지 않으리라. 시 쓰기를 두고 흔히 고통의 심미적 진술이라고 하지 않는가. 이로 미루어보면 시인 김경애의 경우 지속적인 시 쓰기를 통해 자기 자신의 온갖 트라우마를 적절하게 극복해 나가고 있는 것으로 파악된다. 이번에 발간되는 그의 첫 시집은 바로 이러한 점에서 큰 의미를 지닌다. 첫 시집을 발간하는 것을 계기로 그가 좀 더 성숙한 시세계를 펼쳐 나갈 수 있기를 진심으로 빈다. (2015)

희망, 기도, 사랑, 허무, 나, 그리고 성스러움의 시편들
—김영천 시집, 『삐딱하게 서서』, 창조문학사, 2016.

　시는 시인의 마음을 심미적인 언어로 기록하면서 생성된다. 심미적인 언어로 기록한다는 것은 서정적인 언어로 기록한다는 것과 다르지 않다. 심미적인 것, 곧 아름다운 것은 서정적 감정에 의해 발현되는 것이 보통이다. 본래 감정은 변화하고 움직이기 마련인 정신기제다. 그렇다. 감정이 일관된 질서를 갖고 항구적으로 존재하기는 어렵다.
　이러한 논의는 무엇보다 감정이 매우 복합적인 정신 현상이라는 것을 가리킨다. 한편으로는 즐겁고 재미있으면서도 한편으로는 우울하고 슬픈 것이 감정이기 때문이다. 인간의 마음, 그중에서도 감정이 지니는 이러한 복합성은 양가성 혹은 이중성의 모습으로 드러나기 일쑤이다.
　마음이 갖는 바로 이러한 특성 때문에 시인 김영천이 한편으로는 희망을 잃지 않으면서도 다른 한편으로는 절망과 낙망에 빠지는 것이리라. 물론 절망이나 낙망보다는 희망을 노래하기 좋아하는 것이 그이기는 하다. "조금은 쓸쓸하고/조금은 우울할지라도/사람이 아름답게 보이면/당신은 희망을 품어도 좋"(「사람에게 희망을」)다고 노래하는 것이 그이다.
　다른 시 「희망은 얼마나」에서 그는 "희망도 오래되고 낡은 것이" 있다고 노래한다. 이 시의 이어지는 구절에서 그는 "그래도 희망은 얼마나 좋은가"

라고 노래하며 희망의 가치를 강조한다. 나아가 그는 자신이 "사람에게 희망을 품는 것"을 "풀잎 위에 맺힌 작은 이슬방울"이 "한 하늘"을 품는 것으로 비유한다. "조금은 쓸쓸하더라도" "기꺼이 그 상처 난 희망 곁에/우뚝 서"려는 것이 그이다.

그렇다고는 하더라도 그가 항상 희망에 들떠 사는 것은 아니다. 희망에 들떠 사는 동시에 절망과 낙심에 빠져 사는 것이 그이다. 곧바로 그가 다른 시에서 "배신을 당하지 않고 절망을 말하지 말며", "실패를 하지 않고 낙심을 말하지 말"(「슬픔을 말하지 말라」)라고 노래하는 것을 기억해야 한다. 자신의 시에 드러나 있는 감정의 이러한 모습을 보면 그 역시 매우 복잡하고 다기한 감정을 지닌 사람이라는 것이 드러난다. 복잡하고 다기한 그의 감정은 자신의 시에서 그가 "내 안엔 분명 누군가 있네//그렇지 않고서야/내가 왜 날마다 기쁘며" "깊은 절망까지도 사랑하겠는가"(「도대체 누구일까」)라고 노래하는 것만 보더라도 잘 알 수 있다.

물론 그가 자신의 시를 통해 드러내는 이러한 감정은 그것이 지니는 양가성 혹은 이중성의 구체적인 형태이다. 이처럼 복잡하고 다기하게 소용돌이치는 감정은 시인 김영천의 심리적 현존을 괴롭고 고통스럽게 하기 쉽다. 그것이 인간의 마음에 주는 스트레스를 극복하기 위해서는 기도하는 삶, 기도하는 마음보다 좋은 것이 없다. 자신의 시에서 그가 자주 기도하는 자세를 취하는 것도 이와 무관하지 않아 보인다.

> 한 마리의 작은 멧새처럼
> 가는 곳마다
> 세상의 길이게 하옵소서
>
> 부르는 것마다
> 세상의 노래이게 하오며

자랑스레 내보일만 하진 못해도
날갯짓마다 아름다운 춤사위이게 하옵소서

포로롱 날아간 뒤로는
나뭇가지에 작은 떨림만 남듯
세상을 향해서는
그렇게 조금 떨리는 마음을 주옵소서

잽싸게 오르내리며
꽃의 벌레를 잡아먹듯
내 목숨을 위해 하는 일
세상의 향기를 지키는 일이게 하옵소서

날개를 활짝 펼쳐 비상하지 못하더라도
서는 곳마다 기도처럼
당신을 향해 발을 모으게 하소서
　　　　　　　　　　—「오늘의 기도」 전문

 이 시에서 그는 "가는 곳마다" "한 마리의 작은 멧새처럼" "세상의 길이게" 해달라고 기도한다. 이어 그는 자신이 "부르는 것마다/세상의 노래이게" 해달라고, "내 목숨을 위해 하는 일"이 "세상의 향기를 지키는 일이게" 해달라고 기도한다. 물론 이 시에서 그가 이러한 기도를 올리는 대상은 '당신'이다. 시를 메조지하면서 그가 "날개를 활짝 펼쳐 비상하지는 못하더라도/서는 곳마다/당신을 향해 발을 모으게 하소서"라고 기도하고 있다는 것을 잊어서는 안 된다.
 이처럼 기도하는 자세를 취하는 것은 "삐딱하게 서서" 세계와 마주하려는 것과도 관련되어 있다. "삐딱하게 서서" 세계와 마주하려는 것은 당연히 비판적인 안목과 정신을 잃지 않으려는 일이다. 그렇다. 자신의 다른 시에서 그는 "언제부터인가/지구처럼/나는 좀 삐딱하게 서 있"다고 노래한다. "당신들의 이야기도/삐딱하게 듣고/당신들의 미소도/삐딱하게"(「삐딱하게 서서」) 보려는 것이 그이다.

이처럼 그는 "삐딱하게 서서" 세계와 마주하는 가운데 비판적인 안목과 정신을 잃지 않으려는 사람이다. 이러한 마음을 지니는 것은 아직도 그가 세상에 대한 희망을 포기하지 않고 있기 때문이다. 그가 일종의 관념이라고 할 수 있는 희망을 두고 끊임없이 말을 걸고 있는 것도 이러한 생각과 함께 할 때 좀 더 잘 이해가 된다. 끊임없이 희망을 노래해온 것이 그이지만 그로서는 희망의 구체적인 모습이 궁금한 것이다. "눈 감은 채 손으로 너를 만지면/어떤 빛일까//이슬처럼 맑을까/절집 오방색 단청 같이 찬란할까"(「희망에게 하는 말」)라고 희망한테 말을 걸고 있는 것이 그라는 것이다.

희망을 노래하는 것은 사랑을 노래하는 것이기도 하다. 사랑이 없이는 희망을 노래하기 어렵기 때문이다. 사랑은 인간의 착한 본성이거니와, 사랑 중의 참사랑은 어미의 자식에 대한 사랑이라고 할 수 있다. 기본적으로 그는 인간의 자식 사랑을 강조하기 위해 우회적으로 종달새와 꼬마물떼새의 새끼 사랑을 강조한다. "새끼들을 보호하려고/멀리 떨어진 곳에 내렸다가/숨어서 엉금엉금 둥지를 찾는 종달새나/날개를 다친 듯 비척거리며 병신 흉내를 내며/관심을 딴 데로 돌리는/꼬마물떼새의 사랑" 말이다. 이어지는 구절에서 그는 "거세고 짓궂은 비바람에도 꼼짝하지 않고/날개로 새끼를 감싸는 어미 새들이/때론 사람보다 낫"다고 말한다. 조류의 사랑을 사람의 사랑과 비교하여 "근본은 같은 어미의 사랑"(「어미의 사랑」)이라고 강조하는 것이 그이다.

사랑이 충만하다는 것은 새로운 세계에 대한 열망이 충만하다는 것이기도 하다. 새로운 세계에 대한 열망은 흔히 알을 깨고 나와 더 크고 더 넓은 세계로 나가고 싶은 마음으로 표현된다. 그렇다. 자신의 현존재를 탈각하고 전혀 새로운 존재로 거듭나고자 하는 열망을 담아내고 있는 것이 그의 시에 드러난 자아이다.

> 알을 깨고 나오는 것이
> 비록 천치 같은 말뿐이더라도
> 이렇듯 지천으로
> 찔레꽃 환한 날은
> 새알 몇 개를 품고 싶다
>
> 열흘도 스무날도 꼼짝 않고
> 내 몸의 온기 다 내어주며
> 더러 늦은 것들은
> 무딘 부리로 쪼아주며
> 오늘도 그렇게 절실하게
> 세상 하나를 가득 품고 싶다
>
> 오직 따뜻한 가슴뿐이지만
> 오직 아둔한 입뿐이지만
> 껍질이 두껍고 견고할지라도
> 옹알거리며 깨어날
> 개명천지를 그리며
> 동그랗게 가슴을 열어주며
> 그대를 깊이 포란하고 싶다
>
> ―「찔레꽃 환한 날」 전문

이 시에서 시인 김영천은 "찔레꽃 환한 날은/새알 몇 개를 품고 싶다"고 말한다. "내 몸의 온기 다 내어주며/더러 늦은 것들은/무딘 부리로 쪼아주며/오늘도 그렇게 절실하게/세상 하나를 가득 품고 싶"은 것이 이 시에서의 그이다. 물론 이 시에서 그의 포란(抱卵)에의 의지는 새로운 세상에의 의지로 전이된다. 그것을 그는 좀 더 구체적으로 "오직 따뜻한 가슴뿐이지만/오직 아둔한 입뿐이지만/껍질이 두껍고 견고할지라도/옹알거리며 깨어날/개명천지를 그리"는 마음으로 표현한다.

이 시에서 보여주는 포란(抱卵)에의 의지는 다른 시에서 수태(受胎) 혹은 회임(懷妊)에의 의지로 변형되어 드러난다. 이들 의지는 이내 "내게 잉태할 능력이 있다면/나는 저 들꽃을 품었을 거야//수정하지 않고도/마음껏 회임할 수 있다면/저 하늘의 별들, 바람,/일렁이며 흐르는/저 강을 품었을 거야"와 같은 표현을 낳는다. 마침내 그는 "내게 수태할 능력이 있다면/절망조차도 품었을 거야"(「목숨을 걸 일」)라고 노래하며 독자들을 긴장시킨다.

아무나 다 절망을 수태할 수 있는 것은 아니다. 인간에 대한 깊은 이해가 없이는 불가능한 것이 그것이다. 절망은 늘 희망과 뒤섞인 채 오거니와, 꿈이 없이는 희망도 불가능하다는 것을 알아야 한다. 희망은 하늘의 "푸른 별"을 바라보는 일이지만 동시에 땅의 "젖은 흙"을 바라보는 일이기도 하다.

다른 시에서 그는 사람살이 일반에 대한 자신의 상념을 까치의 생태와 관련하여 피력하기도 한다. 이때의 그의 상념을 이루는 핵심 내용은 "꿈은 저 멀리/푸른 별에 두더라도/하늘만 바라보"지 않고 "때론 젖은 흙도 밟고/썩은 풀잎도 헤쳐야 하는"(「까치집」) 것으로 요약된다. 하늘과 땅을 동시에 바라보자는 것인데, 이는 선불교에서 말하는 성속불이(聖俗不二)을 연상시킨다.

성스러운 세계와 속스러운 세계가 다르지 않다는 깨달음은 그에게 "그냥 살다가 가는 것"의 가치를 발견하게 한다. 이러한 발견은 또한 그에게

"사방 곳곳에 이름 날리지 못해도/그냥 살다가 가는 것조차/얼마나 아름다운가"라고 노래하게 한다. 그가 보기에는 "세상에 이름 모를 갖가지 풀꽃들이/그냥 그렇게 피었다 지듯" "그저 함께 살아가는 것만으로도" 참으로 "뜻 있는 일"을 하는 것이다. "조금씩 웃고 또는 슬퍼하"며 "그렇게 그냥 사는 것이"야 말로 참으로 "사랑스러운"(「함께 살아가는 것」) 일이라는 얘기이다.

그가 이러한 생각을 하는 데는 나이도 일정한 역할을 한 것으로 보인다. 갑년을 한참 지내고 간행하는 시집이기 때문이겠지만 이 시집 『삐딱하게 서서』에는 도처에 나이에 대한 자각이 드러나 있는 것을 알 수 있다. 나이에 대한 자각은 이순에 대한 자각이거니와, 이는 곧바로 체면이나 예의에 대한 자각과 함께한다. 대강만 살펴보더라도 다음과 같은 구절들을 찾아볼 수 있어 그것은 더욱 주목된다.

> 이 나이 먹도록/나를 지켜주는 건/몸뚱이가 아니라/그 잘난 지식이 아니라/한 뼘도 채 안 되는 체면이었네
> ―「체면 구길 뻔했네」 부분

> 누구나 이 나이쯤이면/태풍 한 두 개쯤은/가슴으로 지나쳐 갔을 것이다
> ―「태풍주의보」 부분

> 어깨에 들어간/힘을 빼고/발목에 단단히 힘을 주고/굳게 서야 할 나이
> ―「신발 끈을 겹으로」 부분

> 나이 따라/귀 멀어지고/눈 흐려지니 참 좋네
> ―「이순」 부분

> 이순을 훌쩍 넘으니/희끗희끗 흰머리가 눈에 뜨이듯/체면이나 분수가 언뜻 보입디다
>
> ―「섭섭한 나이」 부분

이들 예에서도 알 수 있는 것처럼 이순의 나이에 대한 자각 또한 그의 이 시집이 지니는 중요한 특징 중의 하나이다. 이는 더불어 그가 수행하는 삶, 곧 반성하고 성찰하는 삶을 살고 있다는 것을 징험(徵驗)한다. 귀로 듣는 것이 순해진다는 이순(耳順)의 나이는 모든 것을 떠나보내는 나이, 나아가 자기 자신도 떠날 것을 자각하는 나이이기도 하다. 그의 시의 표현을 빌리면 자신의 "안에 보물처럼 간직하고 있던 것들이/하나씩 사라져" 가는 나이(「나를 떠나는 것들」)가 이순이다.

그가 정말 다 욕심을 버렸는지 어쨌는지는 알 수 없다. 물론 「나를 떠나는 것들」이라는 시의 이어지는 구절에서는 "평생을 수전노처럼 간직해 오던/꿈 몇 개도 이참에 사라지고 말았"다고 노래하는 것이 그이기는 하다. 그러나 "늘 떠날 것들을 위해 활짝 문을 열어 놓"으면서도 실제로는 "늘 새로운 꿈을 키우는 것"(「당신에 이르는 첩경」)이 그이다.

김영천 시인이 자신의 시를 통해 키우는 "새로운 꿈"은 무엇인가. 아마도 그것은 '나의 발견', '나의 탐구' 와 무관하지 않아 보인다. 우선 그는 내 안의 나와 관련하여 "내 안엔 분명 누군가 있"다고 노래한다. 여기서 말하는 내 안의 누군가는 누구인가. 이때의 누군가가 시인 자신이라는 것까지 여기서 덧붙여 설명할 필요는 없다. 이때의 '나' 와 관련하여 그는 "바람 부는 날/살짝 창틈으로 바깥을 내다보듯/도대체 누구일까/덜컹거리는 내 안을 들여다보면/텅 빈 채 충만하"(「도대체 누구일까」)다고 언급한다. 텅 빈 채 충만"한 것이 '나' 라는 말은 형용모순, 곧 역설적 표현이지만 그것이 많은 생각을 하게 하는 것은 사실이다.

'나' 에 대한 이러한 질문은 급기야 그로 하여 '나' 를 이루는 근본이 무

엇인가라는 질문을 하게 한다. 이와 관련하여 그는 나를 이루는 것들이 "보이지 않는 것들이"(「나를 이루는 것」)라고 말한다. 여기서 말하는 "보이지 않는 것들"은 추상적인 것들, 곧 관념적인 것들이다. 추상적인 것들, 곧 관념적인 것들은 당연히 보이는 것인 몸에 들어 있는 마음, 곧 자아를 가리킨다.

  사람은 누구나 자기 자신에 대한 생각, 곧 자아개념을 갖고 있다. 이는 시인 김영천도 마찬가지이다. 자아개념과 관련하여 그는 "나는 드디어 대강의 구도를 잡고/게슴츠레 눈을 뜨고 나를 본다"고 말한다. 이어지는 구절에서 그는 자신의 자아와 관련하여 "나는 시야 밖으로 사라지고/비구상 하나가 불안하게 놓여 있다"(「화가의 눈으로」)고 노래한다.

  '나'라는 것이 구상이 아니라 비구상, 곧 추상이라는 생각은 당연하다. 내가 생각하는 나의 자아개념이 물질이 아니라 정신이리라는 것은 이론(異論)의 여지가 없다. 그가 "우리가 배운 건/법이 아니라 생명이다"(「연어의 회귀」)라고 언급했을 때의 법이며 생명도 비구상, 곧 추상이기는 마찬가지이다. 비구상, 곧 추상으로서의 자아에 대한 탐구는 그로 하여 지나칠 정도로 '곧은 사람'이라는 개념을 갖게 한다. 말하자면 "툭, 부러질지언정/굽히지 못하는" 것이 자기 자신이라는 자아개념을 지니는 것이 시인 김영천이라는 것이다.

      직언으로 적을 많이 둔다고
      내 바른 입을 탓하는구나

      곧은 것은
      꼭 외로울까

      깊은 대숲에도 바람 쉐쉐거리며
      둥지를 트는 새 떼 많다

>수십 길 내리꽂는 직소폭포도
>돌아보면 그윽한 무지갯빛
>
>몰래 돌아가면서
>더런 숨어 가면서
>그대들은 타협을 도모한다
>
>완만하거나 원활하거나
>그런 참 좋은 세상은 두고
>툭, 부러질지언정
>굽히지 못하는 나
>
>차마 용서하기가 힘들어
>내 안의 말들을
>동그랗게 오므려본다
>오호이, 오호이,
>
>　　　　　　　　　　―「곧은 말」 전문

　이 시에서 보이는 그의 자아개념은 단일하지 않다. 단일하지 않다는 것은 복잡하다는 것인데, 여기서 그는 직언의 "곧은 것"이 반드시 외롭지만은 않다고 강변한다. 그가 보기에는 곧은 것인 "깊은 대숲에도 바람 쉐쉐거리며/둥지를 트는 새 떼"가 있고, "수십 길 내리꽂히는 직소폭포도" "그윽한 무지갯빛"이 있기 때문이다. 따라서 그가 "툭, 부러질지언정/굽히지 못하는 나"라는 자아개념을 갖는 것은 당연해 보인다.
　그렇다고 하여 그가 상대를 인정하지 않는 편벽된 삶을 사는 것은 아니다. 나날의 삶에서는 그도 역시 "그대의 원심력과 나의 구심력을 부딪쳐/균형을 이루며" 살고 있다. "때론 내 쪽으로 좀 기울고/때론 그대 쪽으로 좀 기"(「풀잎의 노래」)울며 살아가는 것이 그이다.

그의 이러한 정신자세는 무엇보다 균형 있는 삶을 살려는 데서 비롯된다. 균형 있는 삶을 살려는 것은 중용과 중도의 삶을 살려는 것과 다르지 않다. 물론 일상의 나날에서 중용과 중도를 잃지 않기는 쉽지 않다. 끊임없이 성찰하고 반성하지 않고서는 도달하기 어려운 것이 편벽되지 않은 삶, 곧 중용과 중도의 삶이다.

그의 시에서 이러한 뜻에서의 성찰하고 반성하는 자아를 발견하기는 어렵지 않다. 성찰하고 반성하는 자아는 수오지심이 없이는, 다시 말해 부끄러움이 없이는 형성되기 힘들다. "실패한 날에도 먹어야 하고/절망한 날에도 먹어야 하는 입"(「먹어야 하는 부끄러움」)조차 부끄러워하는 것이 그라는 것을 알아야 한다. 부끄러움에 기초한 성찰과 반성은 그의 시의 다음과 같은 구절들에 의해서도 확인된다.

>   고려의 홍세태는/세상 상관치 않고 산중처사가 되어/제 울안에 일
>   천 봉우리/들여놓겠다고 했으나//나는 산중에 들어가/한나절도 견디
>   지 못하고 내려와/일 천 고뇌의 세상을/상관코자 하는구나
>   ―「울안에 들인 꿈」 전문

>   쉽게 느슨해진 신발 끈을 보고/경험 많은 동행이/겹으로 묶으라 한
>   다//그렇구나/겹겹이 단속하지 못하고/약속이나 맹세나 다짐이나/쉽
>   게 맺고/쉽게 풀어지는 날들이었구나
>   ―「신발 끈을 겹으로」 부분

>   아무리 부처들이 인자한 웃음을 웃으시더라도/속 깊이 꿰뚫어 볼

것 같은 그 눈빛에 사실은 겁을 먹기도 하는 것이올시다/벽마다 무서운 화상들은 또 일시에 두 눈을 치켜뜨는지,/도무지 신발을 벗을 엄두가 나지 않는 것이올시다

—「훔쳐 온 불심」 부분

이들 시에서처럼 그는 "이순을 훌쩍 넘"긴 나이와 관련하여 자주 성찰과 반성을 드러낸다. "이순을 훌쩍 넘기니/섭섭하기는 하지만/기쁨이나 슬픔이 한 어원이며/사랑이나 미움이 한 마음"(「섭섭한 나이」)이라는 구절 등이 그 예이다. 한편으로는 "죄업만 쌓다 온 중생의 길"(「훔쳐온 불심」)이 자기 자신의 삶이라고도 노래하기도 하는 것이 그이다. 그런가 하면 그는 "더듬더듬 혹은 재빠르게/새로운 길을 찾"(「길은 법이 아니다」)아 나기도 한다.

이들 시에 드러나 있는 성찰과 반성의 정신이 지향하는 세계는 분명하다. 시인 김영천이 찾으려는 나, 곧 자기 자신과 깊이 관련되는 것이 이들 성찰과 반성의 정신이 지향하는 세계이기 때문이다. 본래의 자아와 관련하여 그는 "나는 물고기이었네/어머니의 양수 속에서/평안을 느끼던/한 마리의 물고기이었네"라고 노래하기도 한다. 물론 이때의 물고기는 "고해 속에 들어서야/비로소 평안을 되찾는" 존재이다. "지느러미는 양 손발이 되고/비늘은 허물이 되었지만/수초처럼 우거진 세상 속을/헤엄치고 나가는" "한 마리의 물고기"(「다리 달린 물고기 틱타알릭」) 말이다.

또한 그는 미래의 자신과 관련하여 "많은 바람과 새소리와 풀꽃을 기억해내며/당신의 그 어딘가에 쾅쾅 못으로 박히어/새로운 벽이 되고 싶다"(「벽을 이어 모서리가 되는 일」)고 노래하기도 한다. 물론 이때의 벽을 두고 소통을 차단하거나 소통을 거부하는 벽이라고 할 수는 없다. "깊은 숲 양지바른 곳 다소곳이 핀" 풀 "꽃이 되고 싶다"(「이 꽃 이름을 아시나요」)고 하면서도 "아무렇게나 흔들리고 서 있는/억새의 무리처럼/그렇게 흔들리고 싶"(「억새의 무리처럼」)다고 하는 것이 그이기 때문이다.

나는 꽃이 되고 싶다

깊은 숲 양지바른 곳 다소곳이 핀

풀꽃이 되지 못하면,

어느 뜰의 풀꽃 이름이 적힌 푯말이 되어

새싹이 터올 때나

꽃을 머물 때나

고운 꽃이 지고 말더라도

내내 그 이름이나 알리며

서 있고 싶다

더러 이름은 잊은 채 찾아와 푯말을 보며

마침내 기억해내는

그 예쁜 꽃 이름들을

벽처럼 단단한 가슴을 내밀고

또박또박 예쁘게 적어두고 싶다

궂은 바람이 한바탕 불어가더라도

오랑캐꽃이나

애기똥풀꽃이나

은초롱꽃이나

중얼중얼 속으로 이름 외우며

연애처럼 간절하게

오래오래 서 있고 싶다

호오이, 호오이

이름조차 잊어버린 당신으로

　　　　　피어나고 싶다
　　　　　　　　　　—「이 꽃 이름을 아시나요」 전문

　이 시의 말미에 이르러 시인 김영천은 "이름조차 잊어버린 당신으로/피어나고 싶다"고 말한다. 물론 이 구절이 뜻하는 것은 무명으로 그저 그렇게 살고 싶다는 것이다. 이른바 평범에의 의지를 강조하는 것인데, 당연히 그의 이 말을 있는 그대로 다 믿을 필요는 없다. 무엇보다 그는 아직도 바라는 것이, 되고 싶은 것이 많은 사람이기 때문이다. 한편으로는 여전히 "나무처럼/깨끗한 바람이나/포근한 햇살,/맑은 이슬 따위 품으며/살았으면 좋겠다"(「나무의 기도」)라고 노래하는 것이 그이다. 여기서 그가 노래하는 "나무처럼" "살았으면 좋겠다"는 구절을 두고 무욕에의 의지라고 말하기는 힘들다. 무엇보다 이에는 자연과 더불어 성스럽게 살아가고 싶다는 희망이 들어 있기 때문이다. 성스럽게 살아가고 싶다는 희망을 단지 무욕에의 의지라고 보기 어려운 것은 "내 죽으면 화장을 하거라/뼛속까지 속속들이 잘 태워/몽근 가루로 빻은 다음" "구비구비 어둡고 미끄러운/골목길에 뿌려다오"(「연탄재」) 등의 구절을 통해서도 알 수 있다. "모두 다 내어주며/아낌없이 바치며/살아온 세월/상처마다 열매를 맺듯/별빛이나 한 아름 가득 안았다가/어둠 속 헤매는/사람들 위해/활짝 펼쳐주면 좋겠다"(「나무의 기도」)라고 노래하는 것이 그라는 것을 잊어서는 안 된다.
　이들 논의에서 궁극적으로 확인할 수 있는 것은 그의 자아가 지니는 성스러움에의 의지이다. 물고기나 벽, 풀꽃이나 억새, 연탄재나 나무 등 객관상관물에 투영되는 시인 김영천의 의지가 성스러운 세계에 닿아 있는 것은 명확하다. 매미를 객관상관물로 받아들이고 있는 구절, 곧 "과감히/경건의 껍질을 벗고 싶다//빛나는 오만이나/추레한 남루까지 일거에/벗고 싶다"(「매미의 노래」)와 같은 구절에 의해서도 이는 증명이 된다. 이들 구절에도 역시 순수하고 무구한 자연 그대로의 삶을 살아가고자 하는 성스러움에의 의지가 담겨 있다는 얘기이다.

이처럼 성스러움에의 의지를 추구할 수 있는 것은 그가 이미 허무를 깊이 자각하고 있기 때문이다. "내가 내 이름을 부른다면/그 공허한 언어가 허위허위 언제 어느 세상에 가 닿겠습니까"라고 노래하는 것이 그이다. 그렇다. 그는 "제 이름을 부르며 우는 것들의/아름다운 울음은 노래가 되지만/내 울음은 목구멍을 통해 나오는/부질없는 소리나 될 따름"(「제 이름을 부르며 우는 새」)이라고 언급한다. 그의 허무에의 자각은 또 다른 시의 "살아서도 죽을 수만 있다면/두륜산 전나무 숲의 부식토처럼/아무 의미 없이/나는 한 세상을/푹 썩고 말겠다"(「살아서도 죽을 수 있다면」)와 같은 구절에서도 확인된다.

허무에의 자각이 성스러운 삶에의 의지를 갖게 했다는 것인데, 이는 그의 양가성, 곧 불이성에 대한 자각과도 무관하지 않아 보인다. "어떤 이는 전생을 보았다 하고/어떤 이는 죽음을 보았다 하"(「노안」)는 가운데 그도 세상을 어슴푸레 볼 수 있는 경지에 이르게 되었다는 것이 그 하나의 예이다.

양가적이고 불이적인 것은 모순적인 것이기도 하다. 그가 자기 자신에게 "가벼우면서도 무겁게/약하면서도 강하게/그렇게 살아가길 바라네"(「숯불 구이」)라고 말하고 있다는 것을 간과해서는 안 된다. 성스러운 삶은 자연의 속도와 함께하는 삶이기도 하거니와, 그가 자신의 시를 통해 자연의 속도를 회복하고 싶어 하는 것은 자명하다. 덧붙여 말하면 "식영정 나루터에/게으른 다리를 걸쳐놓고/낮잠도 자고 싶"(「영산강이여」)은 것이 시인 김영천이라는 것이다. 그렇다. 그는 이미 "내 안에 그렇게 많은 길이 있는 줄"을 잘 알고 있는 사람이고, "길이 훤히 보이면" "내가 외려 깜깜해"(「몸의 길」)진다는 사실도 잘 알고 있는 사람이다. 그의 시정신이 제대로 평가받기를 빌며 여기에서 글을 맺는다. (2016)

작고 조그만 것들의 의미망
—김젬마 시집, 『길섶에 잠들고 싶다』, 천년의시작, 2018.

1

지금 이곳의 삶을 만들어가는 자본주의 사회는 매우 다양한 특징을 갖고 있다. 크고 높은 것, 넓고 많은 것을 추구하는 것도 지금 이곳의 자본주의 사회가 갖는 특징 중의 하나이다. 이러한 특징은 시에서도 마찬가지이다. 터무니없는 길고 큰 내용을 담고 있는 것이 지금 이곳의 시이기 때문이다.

지금 이곳의 시가 이처럼 길고 큰 내용을 갖는 것은 우선 지금 이곳의 시인이 시를 독서의 대상이 아니라 표현의 대상으로 생각하는 데서 기인하는 것처럼 보인다. 읽는 사람의 시각보다는 쓰는 사람의 시각에서 창작되는 것이 지금 이곳의 시인 듯하다는 것이다. 한편으로는 자본주의 시대에 이르러 더욱 구체화 된 자아의 발견, 자아의 실현과도 무관하지 않은 것이 시가 이처럼 길고 큰 내용을 갖는 이유가 아닌가 싶다.

그렇다고는 하더라도 반성할 줄 모르는 채 횡설수설하기만 하는 지금 이곳의 시에 대해 무조건 손뼉을 칠 수는 없다. 시가 문학의 중심이 되기 시작한 낭만주의 이후 좋은 시, 명시로 평가되는 것 중 지금 이곳에서 발표되는 시처럼 길고 내용이 큰 경우는 별로 많지 않기 때문이다. 한국근현대시사에서도 명편으로 평가받는 시들은 지금 이곳의 그것들처럼 길고 지루하지 않은 것이 확실하다.

이러한 맥락에서 생각하면 길이며 분량이 짧고 작으면서도 강렬한 인상을 주는 시가 주목이 되는 것은 당연하다. 최동호 등의 시인에 의해 '극서정시'가 운위되고 있기는 하지만 한국현대시사에서는 본래 길이며 분량이 짧고 작으면서도 강렬한 인상을 주는 시의 전통이 계속되어온 바도 있다 박용래의 시의 뒤를 잇는 이시영, 서정춘, 강신용, 최종진 등의 시가 그 대표적인 예라고 할 수 있다. 그뿐만 아니라 최근 들어서는 윤효, 나기철, 이지엽, 정일근, 함순례 등의 〈작은 씨앗, 채송화〉 동인들에 의해서도 짧은 시, 작은 시 운동이 일어나고 있다. 이 글에서 논의하려고 하는 김젬마의 시도 이들의 시와 계보를 함께하고 있거니와, 그의 시는 좀 더 앙증맞고 예쁜 마음을 바탕으로 하고 있어 관심을 끈다.

박용래나 이시영의 시의 영향을 짐작하게 하는 김젬마의 시로는 「큰외숙모」, 「바람아」 등을 예로 들 수 있다. 그의 이들 시 역시 전통적이면서도 토속적인 가치에 기대며 작고 조그만 서정을 추구하고 있기 때문이다. 이러한 점에서 생각하면 다음의 그의 시에서 박용래나 이시영의 시를 연상하기는 별로 어렵지 않다.

눈 감고 밭매기

불 때며 졸기

덩달아 졸다가

깨는 쇠비름

밭이랑에 빨간

다리를 내놓고

외숙모, 기다린다.

—「큰외숙모」 전문

김젬마의 이 시는 먼저 박용래의 시 「할매」나 이시영의 시 「당숙모」를 연상시킨다. 박용래나 이시영의 시가 갖는 토속적이면서도 전통적인 서정을 듬뿍 담고 있는 것이 그의 이 시이다. 물론 그의 이 시가 박용래나 이시영의 시가 갖는 특징을 있는 그대로 모사하는 것은 아니다. 나름대로는 자기 자신의 영역을 확실히 개척하는 것이 그의 시이기 때문이다. 그의 시 역시 작고 조그만 것들이 갖는 서정의 세계를 십분 추구하고 있기는 하더라도 말이다.

2

김젬마의 시가 보여주는 작고 조그만 것들이 갖는 의미망에 대해서는 좀 더 주목해야 할 것이 있다. 그의 시들이 언제나 문득, 별안간, 순간의 형식으로 획득되고 있기 때문이다. 머릿속에 떠오르는 서정이나 이미지를 갑자기 한순간에 포착해내는 것이 그의 시의 방법적 특징이다. 번개처럼 움직이는 그의 마음이 한순간 빛나는 언어로 환원되는 경우 그의 시가 불필요하게 길어지거나 무질서하게 상념이 뒤엉킬 리 만무하다. 그의 시가 짧아지고 이미지가 선명해지는 데는 이러한 이유도 없지 않아 보인다. 「사선」, 「임계점」, 「집중력」, 「침묵」 등의 시가 그 대표적인 예이다.

다음은 "사선으로 내리는" 비를 보고 떠오르는 상념을 순간적으로 포착해내고 있는 시이다. 이 시에서는 객관 대상의 하나로 선택되는 비의 이미지가 시인의 마음 안에서 한순간 추상과 뒤섞이고 있는 것을 확인할 수 있다.

비가 사선으로 내리고 있다.

온갖 근심과 걱정
사선으로
빗겨갈 수만 있다면

더 굵고 세차게 내려도 좋다.
—「사선」 전문

이 시의 1연에서는 "사선으로 내리"는 비의 이미지가 투사된 뒤 2연, 3연에서는 그에 따른 관념이 뒤섞이고 있다. 이처럼 객관 대상의 하나로 선택된 사물의 이미지가 시인의 마음 안에서 크고 작은 상념을 불러일으키는 방식으로 창작된 것이 이 시이다. 그렇다. 김젬마의 이 시집에서는 이러한 방식으로 창작되는 시가 가장 큰 흐름을 형성하고 있다.

그렇다면 그의 마음 안에서 객관 대상의 하나로 선택되는 사물의 이미지가 크고 작은 상념을 불러일으키는 까닭은 무엇인가. 이는 무엇보다 시인의 자아가 예의 사물의 이미지에 대해 이런저런 간섭을 하고 있다는 것을 가리킨다. 말하자면 이들 시에서는 선택된 사물의 이미지와 관련하여 시인의 자아가 일정한 추상을 부여하고 있다는 것이다.

그렇기는 하더라도 그는 본래 나보다는 남을 좀 더 소중하게 여기는 사람이다. 그래서일까. 그의 이번 시집에는 자아는 되도록 감추어지고 세계는 되도록 드러내지는 방식을 취하는 시가 적잖은 양을 차지한다. 「항아리」, 「홍매화」, 「수도원 감나무」 등의 시가 그 대표적인 예이다. 이들 시에서 그는 객관 사물은 섬세하게 점묘하는 모습을 보여주나 주관 자아는 극도로 절제하는 모습을 보여준다. 나보다는 남을, 주체보다는 객체를 좀 더 소중하게 여기는 그의 마음이 잘 드러나 있는 것이 이들 시라고 할 수 있다.

문풍지 얼룩진
신새벽
산그늘.

홍매화 꽃등
걸어
환희 밝히다가

수줍은
새벽 속삭임에
얼굴 붉히고

심지 째
타버린
홍매화 가지.

밝히다 그만
붉혀버린 얼굴.

—「홍매화」 전문

이 시의 중심대상은 '홍매화'이다. 이 시에서 시인은 이 '홍매화'에 대해 별로 간섭하지 않는다. 시의 밖에서 시인은 그저 '홍매화'가 처한 상황을 있는 그대로 점묘해 낼 따름이다. 따라서 이 시에는 시인의 자아가 과감하게 절제되어 있다고 해야 마땅하다.

그가 이러한 시를 선호하는 까닭은 그의 사유와 행동이 본래 주관보다는 객관을 지향하기 때문인 듯하다. 그렇다고는 하더라도 그가 언제나 늘 타자만을 따르며 비주체적으로 사는 것은 아니다. 때로는 "타박타박" "발자국 소리"와 함께 길을 걸어가다가도 그냥 "길섶에 잠들고 싶"(「길섶에 잠들고 싶다」)어 할 때도 있는 것이 그이다. 더러는 그도 주체의 욕망에 따라 살짝 일탈하고 싶은 마음을 갖고 있다는 것이다.

하지만 그가 끝내 균형을 잃지 않는 사람, 상대적 가치를 소중히 여기는 사람인 것만은 분명하다. 더구나 그는 이러한 가치를 자신의 시에 익히 형상화하고 있어 주목된다. 그의 시에는 이처럼 일방적인 것, 편벽된 것에 대한 거부감이 상대적 가치에 대한 깨달음과 함께 잘 드러나 있는 것이다. 「불안」, 「집중력」, 「블라인드」 등의 시가 그 대표적인 예이다.

  천천히 블라인드를 내린다.

  창밖의 여린 잎들이

  연신 제 몸을 흔들어댄다.

  나도 자꾸 흔들린다.

  눈을 차마 둘 수 없다

그늘을 내어준 새순이

이 모습 올려다보고 있다.

—「블라인드」 전문

　이 시에서 시인은 "블라인드"가 내려진 방 안에서 "창밖의 여린 잎들이/ 연신 제 몸을 흔들어"대는 것을 바라본다. 그러면서 그는 "창밖의 여린 잎들"처럼 자기 자신의 몸도 "자꾸 흔들"리는 것을 느낀다. 창밖의 여린 잎들과 자기 자신이 조화와 균형을 이루고 있는 것을 조금은 쑥스러워하는 것이 이 시에서의 시인이다.

　"창밖의 여린 잎들"과 서로 호응하는 이 시를 통해 알 수 있는 것은 그가 늘 균형을 잃지 않는 가운데 상대적인 조화를 꾀하는 사람이라는 것이다. 이러한 그의 시정신은 특히 자연을 재발견하는 일과 뒤섞여 있어 좀 더 관심을 끈다.

　자연을 재발견하는 가운데 전개되는 것이 그의 시정신이라고 했지만 실제로는 삶을 재발견하는 가운데 전개되는 것이 그의 시정신인지도 모른다. 그의 시에 의해 재발견되는 자연의 경우 언제나 삶 일반과 밀접하게 연결되어 있기 때문이다. 「더위 사랑」, 「라일락」, 「멍석」, 「오월」, 「콩돌」, 「아카시아」 등의 시가 그 대표적인 예라고 할 수 있다.

담장 안에 갇혀 있던 라일락,
어느새 봄을
담장 밖으로 퍼내고 있다.

별밤에 떼쓰던 가슴
신랑으로 맞는 달빛에

몸을 푼다.

질투 난 매화 향
푸른 물감 풀듯
질세라 품속에 품지만

자꾸만 담장 밖으로
봄을 퍼내는 라일락 소나타.

　　　　　　　　　　—「라일락」 전문

　이 시의 중심 소재는 '라일락'이다. 이 시에서 '라일락'은 "담장 안에 갇혀 있"지만 "어느새 봄을/담장 밖으로 퍼내고 있다." 이러한 라일락은 이내 "신랑으로 맞는 달빛에/몸을" 풀기까지 한다. 라일락과 달빛이 곧바로 젊은 신부와 신랑이 되어 새로운 생명을 낳는 것이다. 자연의 생태가 금세 인간의 삶으로 전이되는 것이 이 구절이다. 이어지고 있는 "질투 난 매화 향/푸른 물감 풀듯/질세라 품속에 품"는다는 구절도 자못 기발해 보인다. 이 시의 결구에 이르러 시인은 향기로 상징되는 라일락의 이미지를 소나타라는 음악의 이미지와 병치하기까지 한다.
　이처럼 그의 시에서 자연은 재발견될 뿐만 아니라 새로운 정신을 낳는다. 물론 여기서 말하는 자연의 재발견에는 늘 삶의 재발견이 포함되어 있다. 실제로는 이렇게 전개되는 방법적 특징이 그의 시가 이루는 정작의 의미망인지도 모른다. 이러한 특징과 관련하여 돋보이는 것은 자연의 눈으로 자연 자신의 처지를 노래하는 그의 시이다. 사물의 눈으로 사물 자신의 형편을 노래하는 시 말이다.

　　절대로 넘어지지 않을 거야.

무릎 깨지지 않을 거야.
무서워하지 마.
여기 엄마의 품이 있잖아.
여기 아빠의 등이 있잖아

물 그네를 타고 있는 뿔논병아리
엄마는 막내를 태우고
아빠는 둘째 셋째 넷째를
넓은 등에 태우고 물 구경한다.

십오일 간 여행이 끝나면
세상을 혼자 나서야 한다.
아빠 등에 타고 바라보는 세상
주뼛주뼛 물 위에서
다시금 두리번거린다.
내 발, 물장구를 칠 수 있을까.

―「뿔논병아리」 전문

  이 시의 화자는 '뿔논병아리'이다. 뿔논병아리가 자기 자신의 목소리로 자기 자신의 처지에 대한 두려움을 토로하는 것이 이 시이다. 이 시는 세상을 바라보는 시각이 뿔논병아리로 바뀐 것만으로도 새로운 감각을 준다. 뿔논병아리가 자기 자신에게 다짐하는 말이 부여하는 예쁘고 앙증맞은 분위기가 이 시의 감각을 새롭게 만든다는 것이다. "절대로 넘어지지 않을 거야./무릎 깨지지 않을 거야./무서워하지 마" 등의 자기 다짐 말이다. 이 시에 따르면 "십오일 간 여행이 끝나면/세상을 혼자 나서야" 하는 것이 뿔논병아리이다. "아빠 등에 타고 바라보는 세상"이 두려워 "주뼛주뼛 물 위에서 "두리번거"리는 뽈논병아리의 모습이 눈에 선하다.

  자연을 재발견하는 그의 시 중에는 「동굴」처럼 원시적이고 신비적인 사물을 깨닫고 있는 예도 있다. 그뿐만 아니라 자연을 재발견하는 그의 시 중에는 이런저런 역사의 현장을 깨닫고 있는 것도 없지 않다. 「물버들」, 「망초꽃」 등의 시가 바로 그 예라고 할 수 있다. 이들 시에서는 자연의 사물이 교묘하게 인간의 역사와 만나고 있어 그가 추구하는 상대적 균형과 조화를 잘 알 수 있게 해준다.

      바다가 재운 계절인가 보다.

      논밭이 망초꽃 가득 바다를 이루고 있다.

      까악까악 갈까마귀 울고 가면

      일제히 고개 드는 망초꽃.

      갈까마귀 까악까악 우는 소리

      전쟁 나가 돌아오지 않는 남편의 소식

      망초꽃 서성서성 피는 저녁이면

      아낙의 가슴, 그리움으로 까만 숯이 된다
                                            —「망초꽃」 전문

  이 시에서 시인은 우선 "재운 계절"의 바다와 "망초꽃으로 가득"한 논밭을 연결하고 있다. 이어 "까악까악 갈까마귀 울고 가면/일제히 고개 드는" 것이 "망초꽃"이라는 구절을 덧붙인다. 시인은 지금 논밭에 가득한 망초꽃으로부터 망해버린 민초를 연상하는지도 모른다. 이내 그는 "갈까마귀 까악까악 우는 소리"와 "전쟁 나가 돌아오지 않는 남편의 소식"을 병치해 드러낸다. 이들 두 이미지의 병치는 일단 시의 분위기를 음산하게 만든다. 많은 사람이 이들 이미지로부터 6·25 한국전쟁이나 베트남 전쟁 등의 이미지를 떠올리지 않을까 싶다.

 이 시에서 시인이 예의 두 이미지를 병치하는 까닭은 단순하다. 일단은 그가 각각의 이미지가 이루는 음상의 효과에 많은 관심을 쏟고 있는 것으로 보인다. 하지만 이들 두 이미지의 병치는 금세 역사적 상상력을 불러일으킨다. 역사적 상상력이라고 했지만 실제로는 오늘을 만들어가는 낱낱의 삶의 축적과 함께하는 것이 그것이다. 역사라고 하는 것이 결국은 낱낱의 삶이 축적되는 과정에 이루어지는 것이기 때문이다. 그의 시가 낱낱의 삶과 함께하는 자연을 소재로 하는 것도 이와 무관하지 않아 보인다.

3

 김젬마의 시와 관련하여 낱낱의 삶과 함께하는 자연, 낱낱의 삶과 함께하는 역사에 주목하는 까닭은 별로 복잡하지 않다. 그의 시에서도 시간과 함께하는, 곧 역사와 함께하는 이들 삶이 모이고 쌓이면서 전통 및 토속의 가치를 만들어가고 있기 때문이다. 그렇다. 그의 시에는 일정 부분 이러한 뜻에서의 전통 및 토속의 가치가 흥겹게 노래되어 있다.

 전통 및 토속의 가치는 시간의 앞자리보다는 시간의 뒷자리에 서기 마련이다. 점차 사라져가는 것들이라는 점에서 이들 가치는 심미적인 추억이나 향수를 불러일으키기도 한다. 그뿐만 아니라 점차 사라져 가는 것들은 때로

온고지신(溫故知新)이나 법고창신(法古創新)의 대상으로도 존재한다. 물론 이는 김젬마의 시에서도 마찬가지이다. 이러한 면면을 찾아볼 수 있는 그의 시로는 「발신처 땅밑」, 「별 하나 따서」, 「수의」, 「할미꽃」 등을 예로 들 수 있다.

    별 하나 따서 구워서 불어서
    뚜께 덮고 따게 덮고
    별 둘 따서 구워서 불어서
    별 셋
    별 넷
    별 다섯 따서 구워서 불어서

    쏟아지는 별을 앞치마에 담아
    별을 나눠주던 엄마
    손톱에 아주까리 잎 곱게 싸
    봉숭아물 들어갈 때면
    졸음에 지친 막내는
    엄마의 치맛자락 속으로 들고…….

    오늘밤 그 별을 만날 수 있다.
    기별이 섬강에서 왔다.

    항거리 징거리 박거리
    인사만사 주머니끈
    똘똘 말아 장두칼
    제비 쪽쪽 모감주

하이경 소이경 허리티 끈

아야야, 엄마별이 쏟아진다.

—「별 하나 따서」전문

　이 시에는 별과 관련된 두 편의 옛 아요(兒謠)가 인용되어 있다. 5연으로 구성된 이 시의 1연과 4연의 내용이 바로 그것이다. "별 하나 따서 구워서 불어서/뚜께 덮고 따게 덮고" 하는 1연의 내용은 여름날 밤하늘에 가득 펼쳐져 있는 별들을 바라보며 엄마와 형제들이 함께 부르며 놀던 옛 동요이다. 여름밤 앞마당에 멍석을 펴고 누워 별로 가득한 하늘을 바라보며 엄마와 형제들이 함께 불렀던 옛 노래 말이다. 그러한 여름밤 "쏟아지는 별을 앞치마에 담아/별을 나눠주던" 흉내를 내기도 했던 것이 엄마다. "손톱에 아주까리 잎 곱게 싸/봉숭아물 들"여주기도 한 엄마…….
　너무 추워 하늘의 별을 볼 수 없는 겨울밤도 그냥 보낸 적이 없다. 엄마와 형제들이 다 함께 아랫방이나 윗방에 다리를 쭉 펴고 앉아 "항거리 징거리 박거리/인사만사 주머니끈/똘똘 말아 장두칼" 하며 한바탕 놀았기 때문이다. 그러다가도 잠시 창문을 열면 하늘 가득 쏟아지던 별들이라니!
　하지만 이제는 서울, 부산 등의 대도시에서는 더 이상 밤하늘의 별을 보기가 어렵다. 서울, 부산 등의 대도시가 아니라고 하더라도 웬만한 삶의 터전에서는 하늘의 별을 만나기가 어려운 것이 대한민국의 현실이다. 심지어는 면 소재지 정도의 마을에서만 하더라도 너무 밝고 환해 제대로 별을 보기가 어려운 형편이다.
　별을 볼 수 없는 가장 큰 이유는 대한민국 하늘의 과도한 오염물질이 시야를 가리기 때문이다. 그뿐만 아니라 밤에도 환하게 커지는 크고 작은 도시의 불빛들도 하늘의 별이 사람 곁으로 내려오지 못하게 하는 중요한 원인이다. 그래서일까. 시인에게는 "오늘밤 그 별을 만날 수 있다"는 "기별이 섬강에서" 온다. 이들 구절을 통해 시인이 말하고 싶은 것은 무엇인가. 그로서는 지금의 시대가 "섬강에서"나 별을 만날 수 있는 형편이라는 것을 강조하고 싶은 것이리라.

이처럼 자신의 시에서 그가 전통 및 토속의 가치에 주목하는 데는 남다른 뜻이 있다. 이는 이들 가치에 주목하는 또 다른 그의 시 「할미꽃」에 의해서도 확인된다. 이 시에서는 그가 "눈 부릅뜬 아파트"로 인해 제자리에서 밀려나 있는 할머니의 무덤을 주목하고 있기 때문이다.

시인 김젬마는 가톨릭 신앙심이 매우 두터운 사람이다. 그뿐만 아니라 늘 균형과 조화의 마음을 잃지 않는 것이, "수의 만들어 곱게 시렁 위에 얹어 놓"(「수의」)는 마음으로 사는 것이 그이다. 앞으로도 그가 자신의 시를 통해 지금껏 보듬어온 작고 조그만 것들에 대한 사랑을 정갈한 마음으로 가꾸어 나가기를 빈다. (2018)

다양한 소재, 주관적 상념과 객관적 대상
―이영희 시집, 『여자, 슬픔에 관하여』, 시와문화, 2018.

이영희의 시집 『몽산포 파시』는 매우 다양한 소재들을 포괄하고 있다. 여기서 말하는 다양한 소재는 다양한 제재, 다양한 대상을 말하거니와, 그의 이 시집에서 이는 매우 폭넓은 변주를 보여주고 있다. 주관과 객관을 오가며 때로는 조화하기도 하고, 때로는 길항하기도 하며 온갖 형태로 모습을 바꾸는 것이 이 시집의 그것이다. 그렇다고는 하더라도 그의 시 역시 주관의 시, 객관의 시, 주객 착종의 시로 대별되는 것은 사실이다. 주관의 시는 주체 중심의 시, 곧 화자 중심의 시를 가리키고, 객관의 시는 객체 중심의 시, 곧 대상 중심의 시를 가리킨다. 주객 착종의 시는 당연히 주체와 객체(대상)가 공존하는 시를 가리킨다. 이들 가운데 먼저 확인할 수 있는 것은 주체의 체험과 그에 따른 상념을 동시적으로 진술하고 있는 시이다.

이와 관련하여 먼저 떠오르는 것은 이 시집의 그의 시 역시 나날의 삶에서 비롯된다는 점이다. 그 자신이 겪는 수많은 사람살이의 경험이 시라는 형상물 안에 수용되어 심미적으로 가공되는 그의 시라는 것이다. 그렇다. 풍경의 선택은 세계관의 선택이라고 하거니와, 그의 시 역시 기본적으로는 주관적인 체험 혹은 객관적인 대상의 형태로 드러나는 시적 풍경을 통해 자기 자신의 세계관을 드러내고 있다.

일단은 시인의 주관적인 체험과 그에 따른 상념이 진술되는 시부터 살펴보기로 하자. 「오십세주를 마시며」, 「아욱죽을 끓이며」, 「안부를 묻는다」, 「좀벌레」 등의 시가 일상이 만드는 체험이 비교적 잘 드러나 있는 예이다.

> 다시마와 멸치, 표고버섯을 넣고 끓이다가
> 된장을 넣고 끓인다. 불린 쌀과
> 아욱도 넣고 대파도 송송 썰어 넣고 끓인다.
> 알싸한 아욱죽 냄새, 어릴 적 밥상을 떠올린다.
> 김이 모락모락 오르는 커다란 양푼 옆에
> 언니 오빠들 모여 아욱죽을 먹기도 전에
> 옹기종기 함박웃음을 터뜨리던 그날을 떠올린다.
> 노란 양푼 가득하던 아욱죽을
> 밑바닥이 보일 때까지 더 많이 먹으려고
> 서둘던 손길이 보인다. 슬며시
> 가슴으로 밀고 들어오는 어머니의 구슬 맺힌 얼굴
> 몇 달 전 세상을 떠난 오빠의 얼굴이 보인다.
> 병실에서 물 한 모금조차 넘기지 못하고
> 물수건만 빨고 있던 오빠 곁에서
> 아무것도 해주지 못하고 동동거리던 마음이
> 그렇게 끝난 마지막 이별이라니
> 오빠의 장례식 날, 외로움인지 서글픔이인지
> 먹고 먹어도 채워지지 않는 허기로
> 더 큰 슬픔 밀려오던 기억으로
> 서둘러 이승을 떠난 오빠를 생각하며
> 눈물의 아욱죽을 끓인다.
> ―「아욱죽을 끓이며」 전문

이 시에는 생활 체험의 하나인 "아욱죽을 끓이"는 행위가 아주 잘 서술되어 있다. 시인이 자기 자신이 일상에서 겪는 아욱죽을 끓이는 과정이 섬세하게 기술되어 있는 것이 이 시이다. "다시마와 멸치, 표고버섯을 넣고 끓이다가/된장을 넣고" "불린 쌀과/아욱도 넣고 대파도 송송 썰어 넣고" 아욱죽을 끓이는 과정 말이다. 이때의 "아욱죽 냄새"는 이내 그로 하여 "어릴 적 밥상을 떠올"리게 한다. "김이 모락모락 오르는 커다란 양푼 옆에/언니 오빠들 모여 아욱죽을 먹기도 전에/옹기종기 함박웃음을 터뜨리던 그날을 떠올"리게 한다는 것이다. "떠올"리게 한다는 것은 회상하게 한다는 것이거니와, 급기야 그는 "몇 달 전 세상을 떠난 오빠"까지 회상하게 된다. "병실에서 물 한 모금조차 넘기지 못하"던 오빠를 떠올리면 "아무것도 해주지 못하고 동동거리던 마음이"며 "먹고 먹어도 채워지지 않는 허기"까지 회상되어 "눈물의 아욱죽을 끓"이게 한다.

그의 이 시집에 이 시처럼 생활 체험에 기초한 상념이 기술되는 시만 수록되는 것은 아니다. 생활 체험과는 무관한 채 시인의 인지 영역에 떠오르는 비현실인 이미지를 환상적으로 기술하는 시도 담는 것이 이 시집이다. 그의 시의 "새털구름 발아래 두고/하늘을 가르고 있다." "더 높이 비상하기 위해/지금은 구름 위를 날고 있다"(「비상을 꿈꾸며」) 등의 구절이 그 예이다.

그렇기는 하더라도 「아욱죽을 끓이며」에서처럼 생활 체험에 주관적인 상념을 섞어 기술하는 것이 그의 시의 한 경향이기는 하다. 물론 그가 겪는 생활 체험이 위의 시에서처럼 주관적 상념의 형태로만 기술되는 것은 아니다. 생활 체험의 기술만이 아니라 여행 체험의 기술을 보여주고 있는 시도 상당하기 때문이다. 그렇다. 여행 체험의 시, 곧 여행 소재의 시는 이 시집을 이루고 있는 중심 경향이라고 해도 과언이 아니다. 심지어는 등산 체험의 시, 낚시 체험의 시, 사찰 체험의 시로 나누어 살펴볼 수도 있는 것이 그의 여행 체험의 시이다. 등산 체험의 시로는 「야간산행」, 「남망산의 봄」, 「산에 오르다—영광 규수산에 오르다」 등을, 낚시 체험의 시로는 「가곡 저수지에서」,「진죽 저수지에서」,「가루실 저수지에서」등을, 사찰체험의 시로는 「꽃잎들을 보며—망해사에서」,「짐 벗으라고 하네—개암사에서」,「금산사 미륵전에서」,「영국사 가는 길」등을 예로 들 수 있다. 그의 이 시집은 이처럼 등산 체험, 낚시 체험, 사찰 기행 등 여행 체험의 시를 다수 포함하고 있어 눈길을 끈다.

> 누구도 침범할 수 없는 공간 속
> 돌부리에 채이고
> 나뭇가지에 걸려 쓰러질 듯해도
> 멈출 수 없는 산길을 오른다.
>
> 황조롱이의 조잘거림이 잠든 지 오래
> 고요한 적막도 무거운 한 짐이지만
> 등에 매달려 있는 배낭,
> 전혀 무게를 느끼지 못한다.
>
> 한밤의 산행은 나 자신 속에 갇혀 있는
> 도심 속의 기억들을 걸러내는 일.
> 작은 랜턴에서 쏟아져 나오는 빛을 따라
> 흐린 초승달과 함께 무거운 침묵을 걷는다.
>
> 빠른 호흡과 잦은 기침 소리에 놀라
> 바스락대는 숲속의 소란이
> 나를 더욱 긴장하게 한다.
>
> 야간산행 끝, 산장에서 나누어주는

얇은 모포 한 장, 바닥의 냉기 막지 못하고
산장까지 따라온 지난날들이
차가운 몸 더욱 떨게 한다.

밤 내 언 몸을 뒤척이며
작은 창틈으로 스며든
초롱한 별들의 자장가를 들으며
나머지 여정을 잠재운다.

—「야간산행」 전문

 이 시는 '야간산행'의 체험을 다루고 있다. 이 시에는 시인이 처해 있는 "누구도 침범할 수 없는 공간"이라는 객관적인 상황부터 제시된다. 그러한 다음에는 예의 객관적인 상황에 대한 주관적인 반응인 "돌부리에 채이고/나뭇가지에 걸려 쓰러질 듯해도/멈출 수 없는 산길을 오른다"라는 구절이 기술된다. 객관적인 상황을 먼저 기술하고, 그에 대한 주관적인 반응을 기술하는 방식으로 드러나 있는 것이 이 시인 셈이다. 그러한 기술 방식을 통해 객관적인 사실과 주관적인 정서가 하나로 통전되는 것이 이 시이다. 물심일여(物心一如), 객주일체(客主一切)의 기술 과정을 통해 야간산행의 체험을 심미적으로 기술하는 것이 이 시라고도 할 수 있다.

 바로 그러한 점에서 이 시는 독자에게 야간산행의 독특한 재미를 추체험하게 한다. "돌부리에 채이고/나뭇가지에 걸려 쓰러질 듯해도/멈출 수 없는 산길을 오"르는 재미 말이다. 이 시에서 그는 지금 "등에 매달려 있는 배낭,/전혀 무게를 느끼지 못"하며 한밤의 등산에 빠져 있다. 그러면서 그는 "한밤의 산행은 나 자신 속에 갇혀 있는/도심 속의 기억들을 걸러내는 일"이라고 저 자신에게 다짐한다. "랜턴에서 쏟아져 나오는 빛을 따라/흐린 초승달과 함께 무거운 침묵을 걷는" 시인의 모습이 잘 그려져 있는 것이 이 시이다. 마침내 그는 "얇은 모포 한 장"을 덮고 "산장까지 따라온 지난날들"을 떠올리며 "차가운 몸"을 뒤척이고 있다. 그렇게 "나머지 여정을 잠재"우는 것이다.

자신이 체험하는 외면과 내면에 대한 심미적 기술을 보여주는 것이 그의 여행 시에만 그치는 것은 아니다. 산행 체험이나 낚시 체험, 사찰 체험 등 기행의 시 이외에도 그의 시 중에는 독특한 소재를 다루고 있는 시가 다수 발견된다. 공연이나 연주, 음악이나 악기를 소재로 하는 시들이 바로 그것이다. 이들을 소재로 하는 시 역시 그가 체험하는 외면과 내면에 대한 심미적 기술을 바탕으로 한다. 이들 소재의 시, 곧 공연이나 연주, 음악이나 악기와 관련된 소재를 다루는 그의 시로는 「한여름 밤의 콘서트」, 「들깨를 털며」, 「내 뜰은 비어 있다」, 「어느 아버지의 꿈」, 「아름다운 주름살」, 「연분홍 꿈─칠순의 소녀」, 「백 사람의 아코디언 연주」, 「내 귀에 들리네」, 「또 다른 꿈을 꾸다」, 「산마을 음악학원」, 「가야산 꽃샘바람」, 「가루실 저수지에서」, 「나는 지금 누구에 기대어 살고 있나」, 「잘못된 길을 가며」, 「여궁폭포 가는 길」, 「한 알의 약에 삼켜진」 등을 예로 들 수 있다.

　　희뿌연 새벽을 뒷발로 박차며
　　미명의 아침이 밝아온다.
　　지난밤 내내 꿈으로 뒤숭숭하던
　　온갖 꼬리들 떼어놓기 위해
　　집을 나와 빠르게 달리기 시작한다.

　　따스한 햇살을 따라
　　내 뜰로 쏟아져 들어오는 아이들의
　　고사리 같은 손등에는
　　아이스크림이 녹아 만든 얼룩 그림이 있고

귀까지 찢어지는 입가에는
　　녀석들 함박웃음이 걸려 있다.

　　브람스와 모차르트의 높고 낮은 선율들
　　너무 아름다워 귀 멀게 한다.
　　아이들의 된소리, 여린 소리
　　시소 타고, 파도 타고, 줄넘기하다가
　　뎅, 뎅 시계추 소리에 놀라 달아나버린다.

　　또다시 침묵하는 내 뜰에는
　　나만 남겨두고 달아난 아이들
　　숨결과 그림자 가득 남아 있다
　　그것들 그리워하며 고즈넉한 시간 보낸다.
　　　　　　　　　　　　　—「내 뜰은 비어 있다」 전문

　이 시는 그의 하루가 어떻게 이루어지는가를 알 수 있게 해주어 상대적으로 주목된다. 이 시 역시 첫 행에서는 "희뿌연 새벽을 뒷발로 박차며/미명의 아침이 밝아온다"는 객관적인 상황부터 제시된다. 그러한 다음에는 예의 객관적인 상황에 대한 그의 정서적인 반응이 덧붙여진다. 이때의 정서적인 반응은 특히 "지난밤 내내 꿈으로 뒤숭숭하던/온갖 꼬리들 떼어놓기 위해/집을 나와 빠르게 달리기 시작한다"는 구절을 통해 드러난다. 이 구절에 이르러 그의 자아가 명확하게 개입한다는 것이다.
　2연에도 객관적인 상황이 투사되어 있어 그가 처해 있는 형편을 충분히 짐작하게 해준다. 이로 미루어보면 이 시에서 시인은 유치원을 경영하거나 피아노 학원 등을 경영하지 않는가 싶다. "내 뜰로 쏟아져 들어오는 아이들의/고사리 같은 손등에는/아이스크림이 녹아 만든 얼룩 그림이 있고" 등의 구절이 이를 잘 증명해준다.

이어지는 구절에서 그는 예의 객관적인 상황으로 "브람스와 모차르트의 높고 낮은 선율들"을 제시한 뒤 그에 대한 정서적인 반응을 덧붙인다. "너무 아름다워 귀 멀게 한다"는 구절이 다름 아닌 그것이다. 이들 구절이야말로 이 시도 공연이나 연주, 음악이나 악기 소재로부터 비롯되었음을 알 수 있도록 한다. 이로 미루어보면 3연 역시 주관적인 자아보다는 객관적인 대상을 중심으로 기술되어 있음을 알 수 있다. 따라서 이 시의 마지막 연이 주관적인 자아 중심으로 기술되는 것은 당연하다. "또다시 침묵하는 내 뜰"이라는 표현 자체가 주관적인 수식으로 이루어졌거니와, 그에 따른 정서적 반응, "나만 남겨두고 달아난 아이들" 등의 기술이 바로 그것이다. 특히 마지막 행인 "그것들 그리워하며 고즈넉한 시간 보낸다"는 구절은 주관적인 감정이 듬뿍 드러나 있는 구절이 아닐 수 없다.

이처럼 객관 대상과 주관 대상의 교차 진술을 통해 기술되는 것이 그의 시이다. 그의 시에 이러한 기술 방식이 상대적으로 진지한 분위기를 주는 것은 분명하다. 그렇다고는 하더라도 그의 시의 기술 방식이 이처럼 객관적인 상황에 대한 정서적 반응만으로 이루어지는 것은 아니다. 그의 시 중에는 일종의 소서사(小敍事)를 대상으로 받아들여 그것을 심미적 언어로 가공해내고 있는 예도 많기 때문이다. 이들 시에서도 그의 정서가 예의 소서사에 개입하기는 하지만 말이다.

> 어린 시절 아코디언을 연주하는
> 동동구르므 장수를 보며
> 꿈을 꾼 할아버지
> 얼굴 마주할 때마다
> 아코디언의 주름을 생각해요.
> 할아버지의 표정 따라 움직이던

아코디언의 주름을

성급한 들숨과 날숨에
지나온 추억이 배어 나오는 소리
애절하고, 씩씩하기도 해
할아버지는 무던히도 애간장을 태웠다지요.

마음은 타향살이, 찔레꽃이
붉게 피어날 것 같은데
흔들리는 주름 속에 펼쳐지는 소리
힘겨운 숨처럼 허덕거렸다지요.

할아버지의 고운 주름살을 볼 때마다
힘겨운 시간을 보낸 뒤에
아름다운 주름에서 흘러나오는
아코디언의 진하고 애절한 소리를 생각해요.
—「아름다운 주름살」 전문

    이 시는 "어린 시절 아코디언을 연주하는/동동구르므 장수를 보며" 아코디언 연주자의 "꿈을 꾼 할아버지"를 중심 대상으로 하고 있다. 할아버지라는 인물 형상보다는 할아버지와 관련된 소서사가 이 시의 중심 대상이기는 하지만 말이다. 할아버지와 관련된 소서사가 이 시의 중심 대상이라고 하더라도 이 시가 할아버지와 관련된 소서사 자체만 기술하고 있는 것은 아니다. 이 시에서도 마지막 연에 이르면 시인의 정서적 반응이 드러나 있기 때문이다. "할아버지의 고운 주름살을 볼 때마다/힘겨운 시간을 보낸 뒤에/아름다운 주름에서 흘러나오는/아코디언의 진하고 애절한 소리를 생각해요"

와 같은 구절이 그 예이다. 이들 구절에도 그의 정서적 반응이 드러나 있다는 것이다.

그렇다고는 하더라도 이 시가 자연의 사물을 소재로 받아들이고 있는 것은 아니다. 넓은 의미로 보면 이 시 또한 사람살이의 이모저모를 소재로 하고 있다는 것이다. 따라서 공연이나 연주, 음악이나 악기와 관련된 소재를 다루고 있기는 하지만 이 시 역시 기본적으로는 사람과 함께하는 시라고 하지 않을 수 없다. 이 시 또한 여타의 그의 시「12월 10일, 일요일」,「한 노인이 걷고 있다」,「새로운 여인」,「어릿광대」,「사과꽃 향기」,「입관」,「황혼부부」,「내게도 이런 사람이 있었으면 좋겠다」,「외로운 등」,「어머니」,「간이역 등불」,「비타민 여자」등처럼 인물 형상에 기초한 시라는 것이다. 그렇다. 위에서도 예로 든 것처럼 그의 이 시집에는 이른바 인물 형상의 시도 매우 중요한 영역을 차지하고 있다.

> 한밤중 잠이 깨어 뒤척이다가
> 낯설고 외로운 등을 보았다.
> 새우처럼 웅크린
> 조그맣고 딱딱한 등을.
>
> 한때는 꿈 많은 소년이었고
> 꼿꼿한 등을 가진 군인이었다.
> 이제는 세월의 무게에 짓눌려
> 웅크린 채 잠들어 있었다.
>
> 거친 세월을 이기지 못하고
> 휘어진 등에 허무의 집을 짓고
> 캄캄한 벽의 친구가 되어 있었다.

허전하고 쓸쓸해 보이는 등
　　오늘 밤은 더욱 안쓰러워 보여
　　다독다독 이불자락 덮어주었다.
　　　　　　　　　　　　　—「외로운 등」 전문

　이 시에는 시인의 남편이 객관 대상으로 등장하고 있다. 시인은 우선 이 시에서 자기의 남편과 관련하여 "한밤중 잠이 깨어 뒤척이다가/낯설고 외로운 등을 보았다"라고 기술한다. 이어지는 구절에서 그는 예의 "낯설고 외로운 등"을 "새우처럼 웅크린/조그맣고 딱딱한 등"이라고 부연한다. 이미 감정이 개입되는 이 구절에 이르러 그의 남편은 자못 안쓰러운 존재로 전이된다. 예의 주관의 개입은 2연의 "이제는 세월의 무게에 짓눌려/웅크린 채 잠들어 있었다"와 같은 구절에 이르러 좀 더 강화된다. 나아가 그의 남편은 "거친 세월을 이기지 못하고/휘어진 등에 허무의 집을 짓고/캄캄한 벽의 친구가" 될 정도이다. 감정의 이러한 진전으로 볼 때 그가 자기 자신의 남편과 관련하여 "오늘 밤은 더욱 안쓰러워 보여/다독다독 이불자락 덮어주었다"라고 표현하는 것은 당연하다. 남편의 "낯설고 외로운 등"과 관련하여 매우 진한 연민을 보여주는 것이 이 시이다.
　이 시는 그의 감정이 지나치게 개입되어 있어 얼마간 쑥스럽게 느껴지는 면도 없지 않다. 그렇다고는 하더라도 일단 시의 대상으로 선택되면 그 자체로 감정이 선택되고, 세계관이 선택된다는 점을 잊어서는 안 된다. 그러니만큼 시에 수용되는 화자의 감정, 곧 시인의 감정을 잘 다루는 것만큼 중요한 것은 없다. 시인의 감정은 자기 자신과 가까이하는 것일수록 절제하고 조절하기가 힘든 법이다. 시인 역시 가까운 사이일수록 시기와 질투를 주고받기 마련이고, 상처와 고통을 주고받기 마련이다. 「어머니—억새밭에서」와 같은 시보다 「햇마늘 몇 통」이나 「황혼 부부」 같은 시에 그의 감정이 좀 더 절제되는 것도 이와 무관하지 않아 보인다.

> 허리통증으로 밤을 낮같이 밝힌
> 혼자 사는 외나리 이 씨 댁 종부
> 7월 땡볕 등에 지고 길 나선다.
>
> 새우등처럼 굽어 있는 허리 위
> 개망초 꽃향기 가득 얹고
> 물푸레 지팡이 하나에 매달려 걷는다.
>
> 객지로 떠난 자식들 그리운 손
> 따스하게 잡아주는 먼 길 시골 보건진료소
> 정 많은 젊은 여의사에게
> 고마운 마음도 함께 싸가지고 간다.
>
> 한 손 안에 꼭 쥘 수 있을 만큼
> 비닐봉지에 담은 햇마늘 몇 통
> 마음을 가득 담은 값이 얼마나 될까.
>
> ―「햇마늘 몇 통」 전문

이 시의 1, 2연은 3, 4연에 비해 그의 감정이 훨씬 더 절제되어 있다. "혼자 사는 외나리 이 씨 댁 종부"가 처한 객관적인 상황이 강조되는 것이 이 시의 1, 2연이다. "7월 땡볕 등에 지고 길 나선" "외나리 이 씨 댁 종부"의 겉모습, 곧 "새우등처럼 굽어 있는 허리 위/개망초 꽃향기 가득 얹고/물푸레 지팡이 하나에 매달려 걷는"그의 겉모습을 드러내는 데 초점이 있는 것이 이 시의 1, 2연이다. 하지만 3, 4연에 이르면 그의 감정이 좀 더 적극적으로 드러나 있음을 알 수 있다. "시골 보건진료소/정 많은 젊은 여의사에게/ 고마운 마음도 함께 싸가지고" 가는 것이 "외나리 이 씨 댁 종부"이기 때문이다. 이 구절에 이르면 "외나리 이 씨 댁 종부"의 면면에 시인 이영희의 감정이 좀 더 반영되어 있음을 알 수 있다. 게다가 4연의 "비닐봉지에 담은 햇마늘 몇 통/마음을 가득 담은 값이 얼마나 될까"와 같은 구절은 그 자체로 시인의 상념이 드러나 있는 예라고 하지 않을 수 없다. 그리고 보면 이 시 「햇마늘 몇 통」은 이른바 전경후정(前景後情)의 원칙이 적용된 예라고 하지 않을 수 없다.

풍경의 선택이 세계관의 선택이니만큼 시에 수용된 장면이나 소서사로부터 시인의 의식을 찾기는 별로 어렵지 않다. 아무리 사물 그 자체, 물물 그 자체를 있는 그대로 드러낸다고 하더라도 그것들에는 그의 의식이 묻어나기 마련이다. 물심일여(物心一如), 객주일치(客主一致)라고 하거니와, 물질과 정신은 늘 상호 침투하는 법이다.

> 길모퉁이 군내버스 승강장에서
> 버스가 가볍게 멈추자
> 쪼글거리는 얼굴들과
> 보퉁이를 실은 끌차가 내린다.
>
> 노동의 세월만큼 뒤뚱대는 보퉁이
> 허리가 접혀진 할머니가
> 끼륵끼륵 거친 소리를 내며
> 앞장 서 끌차를 밀고 간다.
>
> 몇 발걸음 뒤에 또 하나의 밀차가
> 보퉁이를 싣고 실룩실룩 따라온다.

바람이 두 노인의

　　부석부석한 머릿결을

　　부드럽게 어루만지고 지나간다.

　　　　　　　　　　　　―「황혼 부부」 전문

　모두 3연으로 이루어져 있는 이 시는 시인의 감정이 훨씬 더 절제되어 있다. 하지만 이 시에도 그의 감정이 다소 개입되어 있기는 하다. 이 시는 일단 앞의 시 「햇마늘 몇 통」처럼 시인의 자아가 참여하는 결구를 갖지 않아 주목된다. 따라서 겉으로는 투명한 이미지와 이야기를 감정의 개입이 없이 냉정하게 투사하는 것처럼 보이기도 한다. 그렇기는 하더라도 "가볍게", "쪼글거리는", "뒤뚱대는", "끼륵끼륵", "실룩실룩", "부석부석한" 등의 수식어로 미루어보면 이 시에 그의 감정이 다소간은 개입되는 것을 부인하기가 어렵다. 표면적으로는 그의 감정이 상당히 절제되는 것처럼 보이지만 예의 수식어 등으로 미루어보면 그의 감정이 일정하게 개입되는 것을 알 수 있다.

　이처럼 객체를 통해 주체를 발견하기도 하고, 주체를 통해 객체를 발견하기도 하는 심미적 언어예술의 형식이 시이다. 객관과 주관, 세계와 자아, 물질과 정신이 하나로 통전되는 과정을 통해 자연과 인간, 사물과 정서가 서로 긴밀하게 소통하는 언어예술형식이 시라는 것이다. 시를 비롯한 예술 일반이 정신의 산물, 영혼의 산물이라고 하지만 결국은 사물성을 기저로 할 수밖에 없는 것도 이를 통해 확인할 수 있다.

　이러한 점에서 그의 시와 관련하여 정작 주목해야 할 것은 자연 일반, 사물 일반을 대상으로 하는 시이나. 그렇나. 그의 이 시집에서도 자연 일반, 사물 일반을 대상으로 받아들이고 있는 시는 적잖다. 그의 이 시집 중에는 풀, 나무, 꽃 등 자연 일반을 소재로 받아들이고 있는 작품도 상당하다는 얘기이다. 「낙조(落照)」, 「파도」, 「복수초」, 「석류」, 「달맞이꽃」, 「아지랑이」,

「동백꽃망울」, 「환절기」, 「햇마늘 몇 통」, 「호도」, 「상상화」, 「개망초꽃」, 「목련」, 「그놈의 옷을 벗기다」, 「자작나무 숲에서」, 「꽃잎이 누워 있다」, 「머위나물」 등이 그 예이다. 제목에서도 알 수 있듯이 이들 시는 구체적인 사물로부터 발상하고 있다. 그렇기는 하지만 이들 시가 사물 그 자체, 물물 그 자체를 드러내는 데 목표를 두고 있는 것은 아니다. 사물, 곧 물질을 대상으로 하고 있기는 하지만 근본적으로는 그로부터 비롯되는 정신 혹은 자아를 끌어안고 있는 것이 그의 이들 시이다. 이때의 사물, 물물이 객관 대상을 가리키고, 정신, 정서가 주관 자아를 가리킨다는 것은 이론의 여지가 없다.

    그대는 하얗게
    부서지도록 몸부림치는
    그리움의 꽃.

    할퀴고 벗겨내며
    맹수처럼
    포악을 떨기도 하는 그대.

    지금은 어느 누구도
    달랠 수 없는
    비련으로 몸부림친다.

    그런 뒤에는
    제풀에 지쳐
    구슬픈 울음 우는 그대.
                              —「파도」 전문

이 시에는 파도라는 사물이 아예 '그대'라는 사람으로 명명되고 있다. 시인이 보기에 파도인 "그대는 하얗게/부서지도록 몸부림치는/그리움의 꽃"이다. 정작은 변덕이 심한 것이 파도이다. 이 시에서는 파도가 "할퀴고 벗겨내며/맹수처럼/포악을 떨기도 하는 그대"라는 사람으로 전이되어 있다. "지금은 어느 누구도/달랠 수 없는/비련으로 몸부림"치는 '그대'라는 사람으로 말이다. 그가 보기에는 파도가 "비련으로 몸부림"을 친 "뒤에는/제풀에 지쳐/구슬픈 울음 우는 그대"라는 인간인 것이다.

사물을 사람으로 받아들이는 것은 시적 발상의 기초이다. 시에서는 사물을 인간으로 받아들이는 것 자체가 물심일여이고, 객주일체라는 것을 잊어서는 안 된다. 시라는 것이 본래 물질과 정신이 하나 되는 세계, 객체와 주체가 하나 되는 세계를 추구하는 심미적 언어예술형식이라는 것을 간과해서는 안 된다. 인간이라는 자아가 세계라는 물질과 분리되기 이전의 근원적 공동체를 추구하는 것이 시라는 심미적인 언어예술형식이라는 것이다. "흰 구름 뭉실뭉실/피어오르는 것을 보면/어느새 피어오르는/샛노란 그리움 하나"(「달맞이꽃」)라고 발상하는 것도, "잊어버리자고, 잊어버리자고/오솔길 걷던 날,/휘몰아치는 옛날 저편/아물아물 아지랑이"(「아지랑이」)를 떠올리는 것도 실제로는 정신과 물질의 화응(和應)에 초점을 두고 있다. 시인이 "두텁고 굵은 주름"을 갖는 호도로부터 "골 이루며 숨어 있는/진실한 너의 모습"(「호도」)을, "온몸을 곧추세우고/하늘만 바라보는 저 상사화"로부터 "도도하고 오만하기만" 한 사람을, "수줍은 듯 겨우 봉오리 내밀"고 있는 목련에서 "앞뜰에 내려앉으시는 당신"(「목련」)을 떠올리는 것도 마찬가지이다.

이영희의 시에는 이처럼 서정시 본연의 근원적 공동체, 즉 자연과 인간이 하나로 존재했던 시원의 세계에 대한 동경이 들어 있다. 따라서 다양한 소재에 대한 그 나름의 주관적 상념을 담아내는 것이 그의 시라고 할 수 있다. 물론 이는 서정시 일반이 지니는 보편적인 특징이기도 하다. 그러나 그의 시는 이들 다양한 소재를 따뜻하고 온전한 목소리로 재해석해내고 있다는 점에서 적잖은 개별성을 갖는다. 그가 자신의 시의 다양한 소재에 끊임없이 인성을 부여해 그것을 활기 있고 생명 있는 존재로 되살려내는 것은 크게 주목받아 마땅하다. (2018)

불안, 소외, 고뇌의 날들
—김차영 시집, 『미이라의 술』, 미네르바, 2023.

1

　김차영의 시세계는 크고 넓고 복잡하다. 단일하게 정리하기 어려운 것이 그의 시세계이다. 하지만 그의 시가 지니는 개별적인 특성까지 정리하지 못할 것은 아니다. 그의 시집의 시들 또한 충분히 소중한 심미적인 특징을 간직하고 있기 때문이다.
　이와 관련하여 맨 먼저 떠오르는 것은 그의 시가 서정시의 보편적 발상법을 확실하게 구현하고 있다는 점이다. 서정시의 기본적인 발상법으로 우선은 의인관적(擬人觀的) 세계관의 현현을 들지 않을 수 없다. 말하자면 매 편의 시에 의인관적 세계관이 구체적으로 실현되는 것이 그의 시들이라는 것이다.
　의인관적 세계관은 시에 등장하는 사물이나 관념이 사람과 동등한 자격을 지닌 채 사람처럼 표현되는 것을 가리킨다. 그의 시 "바다는 울고 있었지만/나는 듣지 못했다", "어둠이 바다를 할퀴기 시작하자/무슨 비밀을 알고 있는지/창은 발만 동동거리고 있다"(「유리창 속에 갇힌 말들」) 등의 구절에 드러나 있는 의인관적 세계관이 바로 그것이다. 이 시의 핵심 이미지인 '바다'나 '어둠', '창' 등이 사람과 다를 바 없이 표현되고 있다는 것이다.

의인관적 세계관에 입각하게 되면 무엇보다 나와 그, 자아와 세계, 인간과 자연 사이의 분별이 사라지게 된다. 이들 분별이 사라지면 시에 수용되는 모든 사물과 관념이 동등한 생명을 갖지 않을 수 없다. 시를 두고 생태적 가치와 세계관이 구현되는 예술형식이라고 하는 까닭이 다름 아닌 여기에 있다.

그밖에도 김차영의 시가 획득하는 서정시의 보편적인 발상법은 얼마든지 더 찾아볼 수 있다. 매 편의 그의 시가 그때그때의 움직이는 마음을 우회적인 비유로 표현하는 것도 그 한 예이다. 시라는 서정적 예술 장르가 움직이는 마음을 순간의 거울로 비추어 내는 특징을 갖고 있다는 것은 잘 알려진 사실이다. 그의 시 역시 그 자신의 움직이는 마음을 순간의 거울로 잽싸게 포착해 내는 특징을 지니고 있다는 것이다.

그때그때의 움직이는 마음은 주체가 자기 자신은 물론 타자와 분리되어 있을 때 작동되기 마련이다. 여기서 말하는 타자는 주체 자기 자신은 물론 인간과 자연 일반까지를 포괄한다. 따라서 그때그때의 움직이는 마음을 담는 시 역시 실제로는 인간이라는 분리된 주체의 정신 안에 존재한다고 해야 옳다.

그렇다면 최초의 인간 마음은 분리되기 이전의 어머니 대지, 곧 자연을 향한 그리움으로 존재할 수밖에 없다. 이른바 원초적인 회귀 의지로 말이다. 그렇다. 인간이라면 누구나 원초적인 회귀 의지로서의 그리움을 갖는다. 분리되기 이전의 어머니 대지, 곧 자연에 대한 그리움 말이다.

인간이 갖는 이러한 정서적 특징은 시인 김차영의 시에서도 다르지 않다. 자신의 시에서 그가 "까만 슬픔/매일같이 너와 입맞춤을 해도, 그리워//신도 어쩔 수 없이 토해낸 불덩어리/참 씁쓸한 것이었어"(「물의 집」)라고 노래하고 있기 때문이다.

이처럼 그의 시는 기법적인 측면은 물론 세계관적인 측면에서도 높은 정신 차원을 보여주고 있어 더욱 관심을 끈다. 바로 이러한 점만으로도 그의 시는 충분히 주목을 요한다.

2

일단은 먼저 그의 시에 드러나 있는 그리움이 고독과 깊이 연결되어 있다는 점부터 살펴보지 않을 수 없다. 물론 그의 시에서도 고독은 생명보다는 죽음에 가깝다. 이를테면 그의 시에 표현된 "허무한 고독"(「발가락」), "사막의 고독"(「미이라의 술」) 등의 구절과 함께하는 정서가 생명의 정서보다는 죽음의 정서에 가깝다는 것이다.

그의 시는 이처럼 죽음의 정서와 함께하고 있다는 점에서 두루 관심을 끈다. 물론 여기서 말하는 죽음의 정서는 멜랑콜리를 가리킨다. 멜랑콜리는 흔히 '우울'이라고 번역되지만 오직 '우울'의 정서만을 가리키는 것은 아니다. 비애의 정서로 승화되지 못하는 모든 부정적 정서, 즉 고독, 소외, 상실, 환멸, 염증, 피곤, 절망, 불안, 초조, 공포, 설움, 우울, 침통, 싫증, 짜증, 권태, 나태, 무료 등을 포괄하는 것이 멜랑콜리이다.

여기서 말하는 멜랑콜리는 그것이 어떤 모습으로 드러나든 분리감, 곧 분열과 분리의 정서가 변형된 것이라고 해야 옳다. 멜랑콜리에 포함되는 정서, 곧 고독, 소외, 상실, 환멸, 염증, 피곤, 절망, 불안, 초조, 공포, 설움, 우울, 침통, 싫증, 짜증, 권태, 나태, 무료 등이 본래 분리감, 곧 분열과 분리의 정서에서 비롯되기 때문이다. 이때의 분리감, 곧 분열과 분리의 정서가 태어나는 가장 원초적인 지점에 어머니 대지라고도 불리는 자연이 있다. 어머니 대지인 자연으로부터 분리되고 소외되면서 주체의 인지 영역 안에 태어나는 분리감, 곧 분열과 분리의 정서 말이다. 따라서 여기서 말하는 분리감, 곧 분열과 분리의 정서가 소외감, 곧 소외의 정서와 친족관계에 있으리라는 것은 불문가지다. 다음의 시가 무엇보다 이를 잘 증명해준다.

바람의 비명 가득하다

억새가 날을 세워 칼춤을 추고 있다
몸부림은 소외된 자의 성난 울음
꽃은 누런 고독을 갈아 피워내는 하얀 눈물

칼은 바람을 자르는 게 아니다
고독을 잘라
허공에 보내고 있는 것이다

구름에게, 별에게, 달에게
구애하는 것이다

거침없이 자를 수 있는 푸르름은 가고
산비탈 녹슬어가는 홀로된 칼

어젯밤 칼에 잘린 아픔 한 조각
시골집 토방 위에 구르고 있다

―「억새」 전문

이 시에서 시인은 제목인 '억새' 보다 세상에 가득한 "바람의 비명"에 대해 주목한다. 물론 "바람의 비명"은 어머니 대지인 자연이 주체인 시인과 분리되면서 비롯된다. "바람의 비명"은 그것도 '비명'이니만큼 생명의 정서보다는 죽음의 정서를 낳기 쉽다. 말하자면 죽음의 정서를 낳기 쉬운 "바람의 비명"은 곧바로 "억새가 날을 세워" "추고 잇"는 칼춤을 불러온다. 이 시에서 시인이 예의 "바람의 비명"과 "억새의 칼춤"을 사람의 "몸부림"에 비유하며 그것을 "소외된 자의 성난 울음"이라고 명명하고 있는 것을 염두에 둘 필요가 있다.

이쯤 되면 이들 사물, 곧 바람이며 억새에 그의 자아가 투영되어 있다는 것을 알게 된다. 바로 그러한 연유에서 그는 억새꽃을 두고 "누런 고독을 갈아 피워내는 하얀 눈물"이라고 노래한다. 시인의 자아가 반영된 바람이며 억새꽃의 발광이 가능한 것도 그것이 어머니 대지인 자연과 분리되어 있기 때문이다. 바로 그러한 연유로 이 시의 이어지는 구절에서 그가 "칼은 바람을 자르는 게 아니다", 내 "고독을 잘라/허공에 보내고 있는 것이다"라고 노래하는 것이다. 이 시에서 그가 지금 어머니인 대지 자연에게, 곧 "구름에게, 별에게, 달에게/구애하는 것"도 다름 아닌 이 때문이다.

구애하는 것은 하나가 되려 하기 때문이다. 하나가 되려 하는 것은 어머니인 대지 자연으로부터 분리되기 이전의 세계, 곧 대통합의 세계에 이르려고 하는 것이다. 여기서 말하는 대통합의 세계와 관련하여 공자는 일찍이 종심소욕불유구(從心所欲不踰矩)를 말한 바 있다. 마음이 하고자 하는 대로 따라도 법도에서 어긋나지 않는 정신 경지 말이다.

그렇기는 하지만 인간이 이러한 정신세계에 이르려면 일정한 정도 청춘의 에너지를 소모하지 않으면 안 된다. 충분히 청춘의 에너지를 소모한 뒤에나 종심소욕불유구(從心所欲不踰矩)의 경지에 이를 수 있다는 것이다. 제법 나이가 든 시인이 이 시에서 자기 자신을 두고 "거침없이 자를 수 있는 푸르름은 가고/산비탈 녹슬어가는 홀로된 칼"이라고 명명하고 있다는 것을 유의하지 않으면 안 된다. 자기 자신의 현존과 관련하여 그가 "어젯밤 칼에 잘린 아픔 한 조각/시골집 토방 위에 구르고 있다"라고 명명하는 것도 깊이 주목할 필요가 있다.

3

　세계와 분리된 존재로서 현대인이 지니는 일반적 정신은 앞에서 줄곧 말한 것처럼 죽음의 정서이다. 죽음의 정서와 함께하는 것이 대부분 현대인의 정신적 현존이라는 것이다. 물론 여기서 말하는 죽음의 정서는 항상 생명의 정서와 대립하는 가운데 존재하기 마련이다.
　죽음의 정서는 무엇이고, 생명의 정서는 무엇인가. 분열의 정서에서 비롯되는 죽음의 정서는 갈등의 정서, 마이너스 정서, 미움의 정서, 절망의 정서 등과 궤를 함께하고, 화합의 정서에서 기인하는 생명의 정서는 조화의 정서, 플러스 정서, 사랑의 정서, 희망의 정서 등과 궤를 함께한다. 그러니까 죽음의 정서는 앞에서도 말한 멜랑콜리를 가리키는 셈이다.
　현대인의 정서는 무엇보다 '현대'라는 시대적 특징, 곧 자본주의 사회라는 시대적 특징과 무관하지 않다. 자본주의 사회는 불협화의 사회이고, 탈규범의 사회이며, 파괴와 해체의 사회이다. 위험사회라고도 불리는 이들 자본주의 사회에서는 도처에 죽음의 정서가 난무할 수밖에 없다. 그러한 이유만으로도 자본주의 사회의 한복판을 달리는 오늘의 사람들이 생명의 정서, 통합의 정서, 일체의 정서를 구현하며 살아가기는 어렵다. 끊임없이 경쟁체제 속에 내던져지는 자본주의의 삶에서는 생명의 정서, 통합의 정서, 일체의 정서를 구현하며 살기가 거의 불가능하다.
　사람들은 죽음의 정서와 관련하여 인간의 실존적 조건을 철학적으로 탐구하기도 한다. '실존주의' 철학이 다름 아닌 그것이다. 실존주의자들은 죽음의 정서를 구성하는 가장 중요한 심리적 특징으로 '불안'을 든다. '불안'이야말로 근심, 걱정, 초조와 함께 현대인의 정서적 현존을 대표하는 가장 중요한 특징이다.
　그의 시는 바로 이러한 점에서 현대인의 정서적 현존을 아주 잘 포착하고 있어 좀 더 관심을 끈다. 다음은 죽음의 정서 중에서도 '불안'을 가장 집중적으로 드러내고 있는 시의 한 예이다.

> 독한 커피 향기 위로
> 불안이 바람을 탄다
> 가지와 가지 사이
> 고스러진 낙엽 하나 허공에서 춤을 춘다
> 거미줄 한 가닥에
> 목숨줄 걸어놓고 추는 춤이다
> 쿼드러플 토루프를 구사하는 빙판 위의 요정처럼
> 느리게 또는 빠르게 바람의 발길질에
> 나선의 방향으로 휘돈다
> 그 속에
> 돌고 도는 내가 보인다
>
> 언제 잘릴 줄 모르는 출근길
> 지구가 돌고 세상이 돌 듯
> 오늘도 발끝에 힘을 모아
> 스핀을 건다
>
> ―「스핀spin」 전문

　이 시에서 시인은 "독한 커피 향기 위로" "바람을" 타는 '불안'을 주어로 앞세운다. 이때의 불안이 시인 자신의 심리적 현존을 객관화하고 있다는 것은 불문가지다. 이어지는 구절의 "가지와 가지 사이" "허공에서 춤"을 추는 "고스러진 낙엽 하나" 역시 시인 자신의 객관상관물이라고 해야 마땅하다. 시인 자신의 감정이 십분 이입된 것이 이 "고스러진 낙엽 하나"라는 것이다.

이어지는 구절에서는 "고스러진 낙엽 하나"의 춤이 "거미줄 한 가닥에/목숨줄 걸어놓고 추는 춤"으로 전이된다. "느리게 또는 빠르게 바람의 발길질에/나선의 방향으로 휘"도는 춤 말이다. 마침내 시인은 "나선의 방향으로 휘"도는 춤 "속에/돌고 도는 내가 보인다"라고까지 말한다. 그러니 "언제 잘릴 줄 모르는 출근길/지구가 돌고 세상이 돌 듯/오늘도 발끝에 힘을 모아/스핀을" 거는 그의 마음이 한껏 불안할 것은 명확하다. 이처럼 이 시는 "바람의 발길질에/나선의 방향으로 휘"도는 춤이 만드는 불안을 담고 있다.

그의 시에 포착되는 예의 불안은 상황에 따라 더러는 공포를 거느리기까지 한다. 다음의 시 「거미집」이 그 구체적인 예이다. 이 시에는 거미줄에 걸려 "컥컥거"리는 "날파리"가 불러일으키는 공포와 함께하는 불안이 전경화되고 있다. 물론 이때의 '날파리'에는 시인의 감정이 십분 이입되어 있지만 말이다.

    마름모꼴 비행접시 허공에 멈춰 있다
    세상을 향하여 투망질을 한다
    하루를 천년 같이 살던 날파리
    그물에 걸려 이천 년을 대롱거리고 있다
    간밤에 찾아온 고뇌 한 덩어리
    그물코에 걸려 컥컥거린다
    아픔에서 삐져나온 어리석은 물의 요정
    천연 감옥에 갇혀,
    빠삐용처럼 날개를 펄럭인다
    몸부림칠수록 더욱 조여 오는 어둠
    창문을 두드리는 네모난 태양이
    둥근 아침을 열면

　　　　이 한 몸 불사르리라

　　　　　　　　　　　　　　―「거미집」 전문

　이 시에서 일단 그는 거미줄을 "마름모꼴 비행접시"로 비유한다. "마름모꼴 비행접시"는 일단 거미줄의 알레고리로 기능한다. 이때의 알레고리는 곧바로 투망의 이미지로, 그물의 이미지로 전이되고 있지만 말이다. "세상을 향하여 투망질을 한다"는 표현이 가능한 것도 바로 그 때문이다. "하루를 천년 같이 살던 날파리/그물에 걸려 이천 년을 대롱거리고 있다"라는 표현도 그러한 점에서 이해가 된다.

　자기 자신의 삶이 그물에 걸려 있다는 생각을 그는 이제 "간밤에 찾아온 고뇌 한 덩어리"라는 이미지로 드러낸다. "간밤에 찾아온 고뇌 한 덩어리"의 원관념인 그로서는 곧바로 "그물코에 걸려 컥컥거린다"라고 말하고 있더라도 말이다. 그가 보기에는 오늘의 현실이 "천연 감옥에 갇혀,/빠삐용처럼 날개를 펄럭"이지만 내내 "몸부림칠수록 더욱 조여 오는 어둠"으로 가득할 뿐이다. 마침내 그는 "창문을 두드리는 네모난 태양이/둥근 아침을 열면/이 한 몸 불사르리라"고 선언하기까지 한다. 물론 "이 한 몸 불사르리라"라는 그의 선언은 상징적이다. 물론 그것이 무언가 세상을 바꾸기 위한 커다란 실천과 무관하지 않으리라는 것은 자명하다.

　그렇다고는 하더라도 그동안의 그의 삶이 "오답으로 흔들리는/햇살/나의 연대기를 비춘다"고 말할 수 있을 만큼 갈팡질팡해온 것은 분명하다. "울고 웃는 절망과 희망이 뒤섞인 발자국", "파도를 타듯 출렁이며 걸어간 길"(「Next 페이지―이상 기온」)로 요약될 수 있는 것이 그의 젊은 날이라는 것이다.

　이렇게 흔들리며 살아온 그의 삶은 다른 그의 시의 구절을 통해서도 확인된다. "언어의 태풍이 휘몰아치는 들판에 서서/번개라도 잡아 불 밝혀 볼까/영혼을 홀랑 태워도//개똥벌레 같은 불씨만 남아/컥컥대는 밤"(「구석의 석등」)과 같은 구절 말이다. "심장에 호굴을 뚫어 가슴속 가득 고인 울화덩어리 깨뜨려/사지로 뻗어 있는 어둠을 갈기갈기 찢어버"(「종이호랑이」)린 것이 "스무 살의" 그였다는 것을 잊어서는 안 된다.

4

시인 김차영은 앞의 자신의 시에서 "네모난 태양이/둥근 아침을 열면/이 한 몸 불사르리라"(「거미집」)고 선언한 적까지 있다. 그렇다고는 하더라도 그가 자기 자신의 삶을 불안, 초조, 공포 등의 정서로 받아들이고 있는 점에 대해서는 좀 더 살펴볼 필요가 있다.

불안, 초조, 공포 등의 정서적 현존과 관련하여 반드시 기억해야 할 것은 그것이 '좀 더 빨리'를 외쳐온 자본주의 사회의 주요 속성인 속도의 문제와 무관하지 않다는 점이다. 오늘의 이 자본주의 사회가 끊임없이 공간의 시간화를 추구해온 속도 중심의 사회라는 것에 대해서는 덧붙여 설명할 필요가 없다.

지금의 이 자본주의 사회에서는 누구라도 속도 속에 기투(企投)된 채 살아갈 수밖에 없다. 물론 속도 속에 기투된 채 살아갈 수밖에 없다는 것은 좀 더 급박(急迫)하게 시간 내 존재로 내던져진 채로 살 수밖에 없는 것을 뜻한다. 다음의 시에서 그가 "오는 바람은 칼이다//내 안을 헐고 있다/찌르고 있다/베고 있다"라고 노래하고 있는 것도 실제로는 이 때문이다. 여기에서의 바람은 마땅히 시간의 다른 이름이다. 바로 그러한 점에서 "시간이 몸을 베었다"(「바람은 칼이다」)라고까지 노래하는 것이 그이다.

공간들 사이의 거리를 단축하기 위해 시간에 끌려다니는 나날들, 이것이 자본주의라는 사회체제가 갖는 삶의 보편적 특성이다. 자본주의적 근대를 살다가 보면 시간이 길을 만들고, 그렇게 만들어진 길이 삶을 끌고 다니는 것을 익히 확인할 수 있다. 이처럼 길에 끌려다니는 삶에게는 길의 끝이 보일 리 만무하다. 따라서 이러한 삶에게는 "길이 길을 선택"할 수밖에 없다. 자본주의적 근대의 시간이 만드는 이러한 삶의 현존에 대해 그는 다음과 같이 노래한다.

> 나침판도 목적지도 없이
> 길이 길이어서 걸었어
>
> 걷다가 갈림길이나 방사선 길이 나오면
> 길이 길을 선택했어
>
> 길에도 색깔과 향기가 있을 테지만
> 길이 길로 가렸어
>
> 무향과 무색의 길을
> 걷고 또 걸어
> 정상인 줄 알았는데
> 산 아래 초입의 길
>
> 죽은 길이 살아 있는 길에게
> 길은 원으로 이루어진
> 동그란 우주라 말했어
>
> 길은 폭군처럼
> 나를 내던졌어
> 나는 우주의 미아가 되었어
>
> ―「길」 전문

이 시에서 시인 김차영은 일단 "나침판도 목적지도 없이/길이 길이어서 걸었어"라고 선언한다. 물론 아직은 "길이 길이어서" 길을 걷는 주체가 그 자신인 것은 사실이다. 그리고 이어지는 구절에서 그는 "걷다가 갈림길이나 방사선 길이 나오면/길이 길을 선택"한다고 노래한다. 이 구절에 이르면 어느덧 주체는 사라지고 길에 의해 선택된 길을 걷는 시인 김차영만이 객관적으로 투사된다. 형편이 이러하니 그에게는 "길에도 색깔과 향기가 있을 테지만/길이 길로 가"려질 수밖에 없게 된다. 따라서 "무향과 무색의 길을/걷고 또" 걷는 그의 위치가 "정상인 줄 알았는데/산 아래 초입의 길"인 것은 당연하다. "죽은 길이 살아 있는 길에게/길은 원으로 이루어진/동그란 우주라 말"하는 것도 그가 시간 속에 기투되어 있기 때문이다. 물론 이러한 "길은 폭군처럼/나를 내던"지기 마련이다. 길에 의해 길에 내던져지게 되면 '나'라는 존재는 자각된 주체로 깨어 존재하기가 어렵다. 바로 그러한 연유에서 시인은 이 시의 결구에서 "나는 우주의 미아가 되었어"라고 선언하는 것이다.

말할 것도 없이 "우주의 미아가 되"는 것은 그가 '시간 내 존재'이기 때문이다. 급기야 그는 자신의 다른 시에서 시간이 "허공에 산을 만"든다고까지 노래한다. 그가 보기에는 "뜨거운 욕망이/휘갈겨 놓은" 것이 길이고, 그 길 위에서 "한 생을 지"내는 것이 다름 아닌 "배고픈 바람이"(「내 안의 무덤」)다. 이때의 '바람'은 '바라다'의 명사일 수도 있거니와, 기본적으로는 그것이 나날의 삶을 계속하게 만드는 원동력이기도 하다는 것을 알 필요가 있다.

이와 관련하여 그는 "한 생을 지나가"는 바람으로 사는 것을 자유라고 생각하기도 한다. 여기서 말하는 자유는 "어둠 속 무성한" 것이기도 하지만 "길을 끌고 가면서/무덤에 이르"도록 하는 것이기도 하다. 이 시의 이어지는 구절에서 그가 "스님이 남기고 간 사리 한과"와 "숨어서 반짝이면서//옹골지게 달라붙은 덩어리진 어둠"(「내 안의 무덤」)을 병렬, 대조시키는 것을 간과해서는 안 된다.

　이 시의 제목처럼 그는 자기 자신 안의 무덤, 곧 "내 안의 무덤"에 주목하며 살아가는 사람이기도 하다. 여기서 말하는 "내 안의 무덤"이 앞의 시의 한 구절 "옹골지게 달라붙은 덩어리진 어둠"과 무관하지 않은 것은 명확하다. "옹골지게 달라붙은 덩어리진 어둠"의 시간 내에 기투되는 것이 오늘의 현실이거니와, 그가 보기에도 오늘의 현실은 정신없이 빨리 돌아가고 있다. 잠시도 멈출 수 없는 속도 경쟁의 세상을 살아가는 것이 시인이라는 것이다. "멈추면 잘게 부서져 어둠의 먹이가 되는" 세상 말이다.

　이러한 세상에서의 사람살이는 누구에게나 두렵지 않을 수 없다. 공포로 점철된 세상이 바로 그러한 세상이다. "날고 싶은 욕구와 구속 같은 번뇌가 목을 죄어"오는 세상에서 느끼는 두려움에 대하여 그는 다음과 같이 노래한다.

　　　　시곗바늘 사이에 끼어 헐떡인다
　　　　초침은 아주 느리게 움직인다
　　　　태양 아래서 분침이 빨라지기 시작한다
　　　　햇살 가득한 꽃망울이 터지며 시침의 속도는 배가 된다
　　　　토할 것 같아 멈추려 해도 멈추는 법을 몰라
　　　　아니, 잊어버렸다
　　　　멈추면 잘게 부서져 어둠의 먹이가 되는 줄 알았다
　　　　촘촘한 시간 사이로 바람이 불면
　　　　날고 싶은 욕구와 구속 같은 번뇌가 목을 죄어온다
　　　　어항 속 금붕어가 허공을 향해 벙긋거리듯
　　　　잃어버린 퍼즐 한 조각 찾으려 해도
　　　　원 안을 맴돌 뿐이다
　　　　영은 오늘과 내일의 크레바스

    빙하 속 화석으로 굳어 꿈으로 쉰다
    꿈이 무슨 색인지 꿈꾸는 자만이 알 수 있다
    잠시, 멈출 수 있다면
    영과 영 사이 우주에 닿아 태양을 품을 텐데
                               —「잠시, 멈출 수 있다면」 전문

  이 시에서 시인은 우선 그 자신이 "시곗바늘 사이에 끼어 헐떡인다"고 노래한다. "시곗바늘 사이에 끼어 헐떡인다"는 것은 물론 시간 속에 기투되어 정신이 없다는 것을 뜻한다. 경험의 시간으로 보면 그에게도 "초침은 아주 느리게 움직인다." 하지만 분침은 "빨라지기 시작한다". 자연의 시간에서와 달리 경험의 시간에서는 "햇살 가득한 꽃망울이 터지며 시침의 속도"가 급격히 "배가 된다". 이처럼 빠른 속도에 기투되어 있다가 보면 누구라도 "토할 것 같아 멈추려 해도 멈추는 법을" 알기가 어렵다. 그렇다. 속도를 "멈추면 잘게 부서져 어둠의 먹이가 되"기 쉽다.

  인간에게 부여되는 경험의 시간은 성장 과정에 따라 각각 다르게 받아들여진다. 어린이의 경우와 청소년의 경우와 어른의 경우가 모두 다르게 받아들여지는 것이 인간의 경험적 시간이다. 특히 청년기에 이르면 시간에 쫓겨 "날고 싶은 욕구와 구속 같은 번뇌가 목을 죄어"오기 일쑤이다. 더 나이가 들게 되면 "어항 속 금붕어가 허공을 향해 벙긋거리듯/잃어버린 퍼즐 한 조각 찾으려 해도/원 안을 맴돌 뿐이"지만 말이다.

5

  급기야는 시인 김차영도 현재와 미래, "오늘과 내일"의 사이를 고뇌하는 자아를 갖지 않을 수 없게 된다. 비록 자신의 "꿈이 무슨 색인지 꿈꾸는 자만이 알 수 있다"고 하더라도 말이다. 그러면서도 그는 자신의 시에서 정작의 자신의 꿈이 "잠시, 멈"춰 "영과 영 사이 우주에 닿아 태양을 품"는 것이라고 노래한다. 물론 이때의 "영과 영 사이 우주에 닿아 태양을 품"는 그의 꿈이 구체적으로 무엇을 가리키는지는 바로 알기가 쉽지 않다.

그렇다고는 하더라도 "영과 영 사이 우주에 닿아 태양을 품"(「잠시, 멈출 수 있다면」)는 그의 꿈도 실제로는 그 자신의 욕망과 무관하지 않다. 지금은 "올챙이 한 마리"로 "살아가고 있"지만 마침내는 "바람과 구름으로 가득 찬/용이 되고 싶은" 그의 욕망 말이다. 물론 이때의 욕망은 "지상에선 정상을 꿈꾸고/정상에선 하늘을 꿈꾸고/하늘에선 피안을 꿈꾸는" 일이기도 하다. 이러한 욕망이 실현되려면 "금실 한 타래 다 풀어도 닿지 않는/내 안의 샘"이 필요하고, "연꽃의 자세가 필요"하다. 하지만 그는 이내 "내 안에/밴댕이 소갈딱지가 헤엄치고 있다"(「내 안에」)고 고백한다.

그가 이러한 인식에 도달하는 것은 아마도 불교적 세계관을 받아들이면서부터인 듯하다. 윤회의 과정을 아주 실감 나게 표현한 시의 "천년을 산 무당벌레 한 마리/벌처럼 날아들어 심장을 물었다/내 심장이 전생에 진딧물이었다는 걸/무당벌레는 어떻게 알았을까"(「은적사에는 무당벌레가 산다」)라는 구절도 그가 도달한 불교의 정신 차원을 충분히 짐작할 수 있게 해준다. 그러는 과정에 그가 점차 불안, 초조, 공포 등의 정서로부터 자기 자신을 바로 세우기 시작했으리라는 것이다.

물론 이에는 무엇보다 무(無)라고도 불리고, 허(虛)라고도 불리는 공(空)에 대한 그의 자각이 자리해 있다. 무(無), 허(虛), 공(空)에 대한 자각은 한편으로 그의 시에 초현실적 환상과 무의식을 불러오게 하는 데 기여한다. 초현실주의 화가 살바도르 달리의 그림을 자신의 시로 바꾼 「흘러내리는 시계」가 그 대표적인 예이다. 이들 비현실적인 환상적 이미지를 담고 있는 그의 시에는 「할미꽃」, 「그 별은 어디쯤 가고 있을까」, 「겨울 감나무」, 「기린 마을」, 「아픔」 등이 있다.

하지만 이들 경향의 시에는 실험성 혹은 전위성이라는 가치 외에는 소중하게 여길만한 것이 별로 많지 않다. 물론 그의 시들 시 중에는 「거미집 2」나 「직소폭포」처럼 비현실적인 환상적 이미지와 함께하는 무(無), 허(虛), 공(空)에 대한 자각이 아주 섬세한 언어로 형상화된 시도 없지는 않지만 말이다. 그렇다고는 하더라도 나로서는 실험적이고 전위적인 이들 경향의 그의 시보다는 예의 비현실적 환상력에 따른 이미지를 현실적 상상력에 따른 이미지에 견고하게 수렴하고 있는 시들에 좀 더 관심이 간다. 「양은 주전자」, 「기린 마을」, 「물단풍」, 「비 오는 집」, 「현혹이」 등이 그 대표적인 예이다. 이들 시에 들어 있는 구체적인 생활의 이미지가 훨씬 더 생생한 서정적 감응을 준다는 것이다. 이러한 관점에서 읽을 수 있는 그의 좋은 시 한 편을 인용하며 여기에서 글을 맺고자 한다. (2023)

    내장산 단풍놀이 가는 길
    옹이진 단풍나무 아래
    죽음의 껍데기를 둘러쓴 가난이 앉아 있다

    말라비틀어진 고사리 같은 손이
    보자기만한 마대 위에 목숨줄 톡톡 늘어놓고 있다

    생과 가난을 묶어 달면
    이십 킬로쯤 될까

    마른 바람 소리에도 폭삭 바스라지고
    바라보는 눈빛만으로 난분분할 것 같은
    가난의 모형

사람들이 도둑고양이처럼 지나는 그늘

나는 오도 가도 못한 채

벌겋게 물단풍이

—「물단풍」 전문

서정적 서사, 체험의 상상력
—유영희의 시집, 『저녁을 묻다』, 미네르바, 2022.

유영희의 시는 말들이 정갈하고 부드럽다. 정제된 리듬과 함께하는 심미적 음향으로 충만한 것이 그의 시의 언어들이다. 마땅히 이는 자신의 시를 통해 그가 저 나름의 고유한 가락과 정서를 오랫동안 갈고 다듬어왔다는 것을 익히 징험한다. 이는 동시에 그가 시와 비시를 나누는 지점에 말들이 이루는 음악성이 자리해 있다는 것을 잘 알고 있다는 뜻이 되기도 한다.

그의 시는 이처럼 심미적 서정의 영역을 충실하게 실현하고 있어 더욱 관심을 끈다. 그렇다. 그의 시에 과잉 조장된 실험의식이나 지나친 첨단의식 등이 구현되어 있지는 않다. 넉넉한 마음으로 편안하게 접근할 수 있는 완성도 높은 '서정적 서사'를 압축적으로 구현하는 것이 그의 시의 심미적 전략인 셈이다.

그의 시가 심미적 전략으로 받아들이는 압축된 '서정적 서사'에 매번 어떤 특별한 의도나 의미가 담겨 있는 것은 아니다. 일단은 나날의 일상에서 마주하는 다양한 체험이 정감 있는 언어로 드러나 있는 것이 그의 시의 압축된 '서정적 서사'이기 때문이다.

'서정적 서사'라는 말은 물론 '정감 있는 이야기'라는 뜻을 지닌다. '정감 있는 이야기'라고 할 때의 정감은 '풍성하고 여유 있는 정서적 감흥'을 뜻한다. 정서적 감흥이 갖는 심미적 개별성이 없이 좋은 시가 되기는 힘들다. 개성 있는 심미적 정서가 서정시의 원초적인 아우라를 만든다는 것을 기억할 필요가 있다.

시에 드러나 있는 '서정적 서사'에는 시인의 품성과 삶의 과정이 반영되기 마련이다. 특별히 탐구하지 않더라도 각각의 시에 시인의 개별적 품성과 삶의 과정이 드러나 있는 것은 매우 자연스러운 일이다.

시인의 개별적 품성 및 삶의 과정을 확인할 수 있는 것은 시에 드러나 있는 시인의 체험을 통해서이다. 시에 드러나 있는 시인의 체험을 통해 구체화하는 것이 개별적 품성 및 삶의 과정이라는 것은 덧붙여 설명할 필요가 없다.

체험이란 무엇인가. 말할 것도 없이 체험은 주체가 실제로 보고, 듣고, 겪는 무엇을 가리킨다. 그러한 뜻에서의 체험에는 마땅히 시인이 관찰하고 통찰한 것들이 함유될 수밖에 없다. 따라서 시인의 체험이 관찰과 통찰의 형식으로 시에 수용되는 것은 새삼스럽게 강조할 것이 못 된다.

우선은 시인의 체험이 만드는 '서정적 서사'를 관찰과 통찰의 차원에서 확인할 수 있는 유영희의 좋은 시 한 편부터 읽어 보자.

    마당을 배회하던 새끼 고양이

    낮은 포복으로 모퉁이를 돌아간다

    버린 것이나 버려진 것이나 이제 막 흘러들어온

    깊고 푸른 눈동자

    검은 어깨가 앙상하다

슬금슬금 둘러보다 바닥에 코를 박는다

　　비린내 훑기엔 털 속에 숨긴 발톱이 민망하기만 한데

　　전깃줄에 앉은 참새들, 눈치채고 날아간다

　　고양이 발자국은 소리가 없다

　　꿈이 닿지 못한 허공이 기척을 내고 있다
　　　　　　　　　　　　　　—「공휴일」전문

　이 시의 제목은 「공휴일」이다. 하지만 시인은 이 시의 대상으로 공휴일 자체보다는 공휴일에 관찰할 수 있는 풍경을 선택한다. 물론 이때의 풍경은 스틸 컷이 아니라 짧게 압축된 동영상이다. 이 동영상에는 무엇보다 이 시의 서정적 주인공인 '새끼 고양이'가 보여주는 몇몇 행위가 담겨 있다.
　그와 더불어 시인은 이 동영상의 막바지에 이르러 자신의 주관적 견해를 슬쩍 덧붙이는 것으로 시를 매조지한다. 이때의 매조지에 작용하는 것이 시인의 통찰이라고 할 수 있으리라.
　기본적으로는 체험에 따른 하나의 풍경, 곧 작은 동영상을 제시한 뒤 그것에 시인의 의견을 슬쩍 덧붙이는 형식을 취하는 것이 이 시이다. 관찰과 함께하는 통찰을 투사하는 것으로 시를 마무리하는 것이 이 시라는 것이다.
　모든 풍경, 곧 동영상은 크고 작은 이미지와 더불어 이야기를 담고 있기 마련이다. 유영희의 시에서도 그것은 마찬가지이다. 일단은 이 시의 풍경, 곧 작은 동영상이 만드는 압축된 이미지와 이야기를 산문으로 정리해보자.
　어느 공휴일이다. 시인은 귀촌해 전원생활을 하는 강원도 봉평의 시골집에서 "마당을 배회하던 새끼 고양이"를 관찰하기 시작한다. 이내 새끼 고양이가 "낮은 포복으로 모퉁이를 돌아간다". "깊고 푸른 눈동자"의 "검은 어깨가 앙상"한 새끼 고양이! "슬금슬금 둘러보다 바닥에 코를 박는" 것이 새끼 고양이다. 이 작은 새끼 고양이는 "비린내 핥기엔 털 속에 숨긴 발톱이 민망하기만" 하다. 새끼 고양이를 보고 "전깃줄에 앉은 참새들, 눈치 채고 날아간다".

이와 같은 이미지와 이야기를 담고 있는 풍경, 곧 작은 동영상을 보여주고 있는 것이 이 시이다. 물론 이 시는 위의 작은 이야기를 담고 있는 동영상만을 제시하는 데서 그치지 않는다. 그가 "고양이 발자국은 소리가 없다//꿈이 닿지 못한 허공이 기척을 내고 있다"라는 구절로 이 시를 매조지하고 있기 때문이다.

이 시의 결구, 곧 예의 두 문장은 '없다'와 '있다'라는 대립적 서술어를 취하고 있어 더욱 주목된다. 무엇이 있고 무엇이 없다는 것인가. 시인의 생각에 따르면 "고양이 발자국은 소리가 없"지만 고양이의 "꿈이 닿지 못한 허공"은 소리가 있다는 것이다. 그것을 시인은 "허공이 기척을 내고 있다"라는 구절로 표현한다. 이때의 '허공'이 '참새들'의 환유라는 것은 주지하는 사실이다. 그렇게 받아들이면 "꿈이 닿지 못하는 허공"은 소리가 있다는 표현도 쉽게 이해가 된다.

이처럼 시인은 이 시에서 일단 먼저 객관적 체험에서 비롯되는 압축된 '서정적 서사'를 제시한다. 그러한 다음 자신이 깨닫는 주관적 판단을 에둘러 덧붙이는 방식으로 시를 마무리한다. 이러한 방식으로 창작되는 시가 갖는 장점은 무엇보다 시인의 감정과 함께하는 의도나 의식이 절제되고 정제될 수 있다는 것이다. 그의 시가 갖는 이러한 방법적 자각은 다음의 시에 의해서도 충분히 확인된다.

    아파트 공터에 알뜰장이 섰다

번듯한 좌대 하나 없이
시멘트 바닥에 눌러앉은 수박들

분명 태양은 붉게만 퍼부었는데
세로로 그어진 녹색 나이테는
여름내 일렁거린 여진의 파문인가
사람들 두드릴 때마다 팽팽하게 끓어오른다

초록으로 위장한 원통 속 불덩이는
언제 터질지 모르는 휴화산일지도 몰라

한낮 더위에 용솟음치다
어느 집 식탁에서
쩍, 갈라 보일 작은 우주
저녁이 환하겠다

—「장터 수박」 전문

  이 시도 역시 일상에서 시인이 체험한 것, 곧 직접 보고 관찰한 것을 대상으로 삼고 있다. 이 시의 제목이기도 한 '장터 수박'이 다름 아닌 그가 직접 보고 관찰한 대상이다. 좀 더 구체적으로 말하면 "아파트 공터"의 알뜰장에 "번듯한 좌대 하나 없이/시멘트 바닥에 눌러앉은 수박들"이 바로 그것이다.
  이처럼 시인은 이 시의 1연에서 일단 먼저 '장터 수박'과 관련된 작은 풍경, 곧 동영상을 먼저 제시한다. 하지만 이때의 동영상에는 압축된 서정적 서사가 구현되기 이전에 시인의 상념이 먼저 덧붙여진다. 이때의 상념을 두고 상상력의 결과라고 불러도 좋다. 상상력이라는 것이 본래 주체의 구체적인 체험에서 비롯되기 때문이다. 물론 여기서 말하는 상념이 시를 통하여 시인이 드러내려고 하는 의도나 의미라고 하더라도 그것은 마찬가지이지만 말이다. 의도나 의미라고 했지만 실제로는 발견이나 깨달음이라고 말해야 옳을는지도 모른다.

이 시의 2연에서 시인은 자기 자신이 발견하거나 깨닫는 것을 설의적 의문으로 제시하고 있다. 여기에서는 "붉게만 퍼부"은 태양과 함께하는 수박의 진초록 무늬를 그가 "세로로 그어진 녹색 나이테"로 인식하는 것이 새롭다. 그런데 이어지는 구절에서 그는 예의 "녹색 나이테"를 두고 "여름내 일렁거린 여진의 파문인가"라고 자문한다. 이때의 설의적 의문이 긍정적 견해의 우회적 표현이라는 것은 이론의 여지가 없다.

환유의 환유를 거듭하는 이들 발상에는 무엇보다 그의 상념이 작용하고 있다. 물론 그것에는 시인 나름으로 추구하는 의도나 의미가 들어 있다. 이때의 의도나 의미는 마땅히 '장터 수박'으로부터 그가 발견하거나 깨닫는 일련의 소식(小識)과 무관하지 않다. 그가 보기에는 "사람들(이) 두드릴 때마다 팽팽하게 끓어오"르는 것이 '장터 수박'이기 때문이다. 겉은 파랗지만 속은 빨간 '장터 수박' 말이다.

'장터 수박'으로부터 발견하거나 깨닫는 한 소식은 마침내 "초록으로 위장한 원통 속 불덩이"로, 나아가 "언제 터질지 모르는 휴화산"으로 전이된다. 겉으로는 '녹색 나이테'로 드러나 있지만 속으로는 "언제 터질지 모르는 휴화산"을 내재하고 있는 것이 '장터 수박'이라는 것이다.

시를 마무리하면서 시인 유영희는 이 '장터 수박'을 두고 "어느 집 식탁에서/쩍, 갈라 보일 작은 우주"라고 명명한다. 장터 수박에서 작은 우주를 발견하고 깨닫는 마음이 참으로 놀랍다. 어떤 존재인들 자신의 안에 우주를 품고 있지 않으랴. 모든 존재는, 모든 생명은 자신의 안에 우주를 품고 있기 마련이다.

어찌 보면 이 시의 중심 대상인 '장터 수박'은 시인 자신의 객관상물일 수도 있다. 자기 자신이 겉으로는 "시멘트 바닥에 눌러앉은 수박" 같기도 하고, "세로로 그어진 녹색 나이테" 같기도 하지만 속으로는 "여름내 일렁거린 여진의 파문"을 간직하는 존재일 수도, "사람들(이) 두드릴 때마다 팽팽하게 끓어오"르는, "언제 터질지 모르는 휴화산"을 내재하는 "작은 우주"일 수도 있다는 것이다.

따라서 이 시는 객관적 대상인 "시멘트 바닥에 눌러앉은 수박"으로부터 시인이 자기 자신의 내면을, 나아가 인간의 보편적 성정을 발견하고 깨달고 있는 작품이라고 해도 좋다. 그렇다고는 하더라도 이 시의 이런저런 진실이 시인의 객관적 체험이 만드는 일련의 풍경으로부터 비롯되는 것은 확실하다. 그렇다. 객관적 체험과 함께하는 풍경으로부터 일련의 발견이나 깨달음을 담고 있는 압축된 서정적 서사를 끄집어내는 것이 그의 시의 방법적 자각이다. 물론 이때의 객관적 체험은 시인이 영위하는 일상의 나날, 나날의 생활과 더불어 존재하는 것이 보통이다.

이러한 방법적 자각은 그의 시의 도처에서 확인된다. 또 다른 그의 시 「버려진 밥솥」에서도 이는 넉넉히 확인되는데, "인적 드문 길가에" "버려져 있"는 "밥솥 하나"로부터 발견하고 깨닫는 바를 노래하고 있는 것이 이 시이다. 그가 보기에는 "분리수거마저도 거부당한" 채 "제 몸에 전선을 감고 나앉은" 것이 "인적 드문 길가에" '버려진 밥솥'이다.

하지만 이어지는 이 시의 구절에 시인이 발견하고 깨달은 '버려진 밥솥'에 대한 상념이 마구 어지럽게 뒤얽혀 드러나 있는 것은 사실이다. 물론 이러한 지적은 이 시의 중반부 이후 전개되는 시인의 상념을 독자들의 상상력이 따라잡기 힘들다는 뜻을 담고 있다.

동일한 관점으로 읽더라도 독자들이 좀 더 따라잡기 쉽고 선명한 감흥을 받는 것은 다음의 시이다. 이 시 역시 시인이 보고 겪은 체험으로부터 펼쳐지는 상상력을 토대로 하고 있지만 앞의 시 「버려진 밥솥」보다 훨씬 심미적 공감을 주는 것은 사실이다.

도주하다 딱 걸린 단호박 하나
　　펜스에 끼었다

　　바깥이 못내 궁금한 눈과
　　안쪽에 머물고픈 엉덩이가 절반으로
　　나누어졌다

　　펜스가 숨통을 조이는지
　　산들바람에 불어난 얼굴이 붉다

　　방금
　　바깥 궁금한 울타리 콩이 또
　　튀어 나갔다

　　　　　　　　　　　　　　—「탈옥수」 전문

　이 시 역시 시인 유영희의 귀촌생활, 나아가 전원생활로부터 비롯된 듯싶다. 강원도 봉평의 농가주택 둘레에 친 펜스 아래 단호박을 심고, 그 위에 단호박 넝쿨을 올린 체험에서 기인한 발견 및 깨달음을 담고 있는 것이 이 시라는 것이다. 물론 이 시에도 역시 압축된 이미지와 이야기가 내화해 있는 것은 사실이다.

　이 시는 첫 연에서부터 객관적 체험의 투사(投射)와 함께 시인의 상상력이 펼쳐지고 있어 좀 더 주의를 요한다. 물론 이때의 상상력이 시인 자신의 체험으로부터 기인하리라는 것은 불문가지다. 이 시에 담겨 있는 압축된 '서정적 서사'가 상대적으로 공감을 주는 것도 실제로는 시인의 체험으로부터 상상력이 기인하기 때문으로 보인다. 바로 그러므로 펜스에 끼인 채 자란 단호박을 탈옥수로 하는 것 또한 자연스럽게 받아들여지는 것이다.

이 시에 드러나 있는 단호박을 탈옥수로 전이시켜 받아들이는 은유는 일종의 근본 비유이다. 이때의 근본 비유가 설득력이 있으므로 이어지는 구절의 파생 은유도 설득력이 있는 것이다. 2연에 드러나 있는 "바깥이 못내 궁금한 눈과/안쪽에 머물고픈 엉덩이가 절반으로/나누어"져 있다고 하는 구절의 비유가 공감을 얻는 것도 다름 아닌 이 때문으로 보인다. 다음 연에서 그려지는 호박의 외면에 대한 환유가 감흥을 주는 것도 마찬가지 이유에서다. "펜스가 숨통을 조이는지/산들바람에 불어난 얼굴이 붉다"고 하는 구절이 보여주는 이미지 말이다.

시인이 시를 끝내면서 덧붙인 "방금/바깥 궁금한 울타리 콩이 또/튀어 나갔다"와 같은 구절의 이미지가 뜻하는 바도 명확하다. 이에는 자유로운 콩과 비교, 대조되는 가운데 펜스에 낀 단호박이 보여주는 탈옥수의 이미지를 강화하기 위한 방법적 자각이 들어 있기 때문이다. 따라서 이 시는 단호박과 콩을 비교, 대조하는 가운데 펜스로 상징되는 울타리에 의해 감금되는 존재에 대한 강화된 성찰을 담고 있다고 해야 마땅하다.

이 시에서도 시인은 역시 그 자신이 직접 보고 겪은 것, 곧 직접 체험한 것을 매개로 하여 서정적 서사를 형상화하고 있다. 그가 자신의 시를 통해 형상화하는 서정적 서사가 동시대 다른 시인들의 그것에 비해 상대적으로 참신한 감흥을 주는 것은 명확하다. 더불어 이때의 서정적 서사가 시인의 의도나 의미를 십분 함유하는 것도 분명하다.

유영희 시에 함유된 서정적 서사가 체험의 시간적 과정과 무관하지 않다는 것은 이론(異論)의 여지가 없는 사실이다. 그의 시에서 시간적 과정을 통해 드러나는 서정적 서사를 담고 있는 체험은 대부분 일상에서 만나는 나날의 생활과 깊이 관련되어 있다. 말하자면 일상 체험 혹은 생활 체험의 모습으로 형상화되는 것이 그의 시에서의 서정적 서사라는 것이다.

그의 또 다른 시 「파리채」 역시 일상의 체험에서 비롯된, 곧 나날의 생활에서 기인한 서정적 서사를 바탕으로 하고 있다. "이삿짐 정리하다 파리채를 발견"한 이후에 펼쳐지는 상상력을 바탕으로 하는 것이 이 시이기 때문이다. 그가 보기에 '파리채'는 그동안 수없이 많은 "무엇인가의 몸뚱어리를 으스러뜨린" '흉기'이다. 그러한 연유로 이 시의 이어지는 대목에서 그는 "그동안 어느 구석 틀어박혀 자수할 날만/기다렸을 것이다"라고 말하는 것이다. 3연에서도 시인은 생명과 관련하여 파리채의 부정적인 면모를 구체화하는데, 이 시의 이러한 점은 독자들에게 다소 복잡한 혼돈을 체험하게도 한다.

시인의 체험이 만드는 서정적 서사는 아무래도 일정 부분 가공될 수밖에 없다. 이때의 가공은 시인의 상상력과 함께하는 의미 확산의 과정이기 쉽다. 그렇다고는 하더라도 의미 확산이 지나치면 독자들의 상상력이 따라잡지 못하기가 일쑤이다. 과도한 의미 확산은 시 자체를 난해하게 만들 수도 있기 때문이다. 시가 본래 '전문의 형식'이 아니라 '대중의 형식'이라는 점도 잊어서는 안 된다. 상상력을 통한 의미 확산의 과정에도 적절한 중용은 필요한 것이다.

물론 유영희의 이 시집에서 그러한 뜻에서의 적절한 중용을 갖는 시를 찾기는 별로 어렵지 않다. 일상의 체험과 그에 따른 상상력이 알맞게 펼쳐지는 가운데 압축된 서정적 서사를 갖추고 있는 시로 가득한 것이 이 시집이기 때문이다. 대충만 간추려 보더라도 이러한 맥락에서의 좋은 시로는 「의류 수거함」, 「낫과 숫돌」, 「뿌리 없는 나무」, 「정순 할매와 보행기」, 「앞소리꾼 정씨」, 「고사목」, 「시월」, 「늙은 여자」, 「혹」, 「봉평의 겨울」, 「파도 소리」, 「금줄을 치며」 등을 들 수 있다. 다음은 이들 시 중의 한 편이다.

　　　　가을이 막 떨어지고 있는 아파트 현관 앞
　　　　한 여자가 옷 뭉치를 수거함에 들이민다
　　　　다물어지지 않는 주둥이에 삐걱 실금이 간다
　　　　받지 않겠다는 자와 밀어 넣으려는 자의

실랑이는 오래가지 않았다

구멍에 다 들어가지 못한 한쪽 소매가

아직 이승에 매달려 있는 수거함

배는 이미 소화불량 상태다

뱃가죽이 납작할 틈도 없이 닥치는 대로

먹어 치워야 하는 폭식주의자는

제대로 된 맛을 느낄 겨를이 없다

헌 옷은 기록이 묻어 있는 인생사

낮과 밤 따로 없이 자세를 가다듬던 긴장이

경계를 허물고 벗어놓은 마지막 허물이다

창문이 없는 수거함 속

악수도 잊은 채 뒤엉켜 있는 허물들은

우연이라도 한 번쯤 만난 적 있었을까

홀가분하게 돌아가는 여자의 등이 붉다

아직 거두지 못한 저 소맷자락은

누군가의 허물은 껴안을 수 없어도

고단한 이의 눈물을 닦기엔 충분했을 것인데

이젠 모든 걸 내려놓았는지 아프거나

슬픈 기색이 없다

생전과 사후의 경계를 붙잡고 있는 한낮

마른 잎 내려와 슬쩍 어루만지고 간다

—「의류 수거함」 전문

    이 시는 시인이 귀촌하기 전, 곧 전원생활을 시작하기 전 파주의 아파트 단지에서 살던 때의 체험을 바탕으로 한 듯하다. 주지하다시피 대단지 아파트의 현관 주변 어딘가에는 반드시 의류 수거함이 있기 마련이다. 많은 사람이 이 의류 수거함에 옷가지를 밀어 넣은 체험이 있거니와, 의류 수거함 안에 옷가지를 지나치게 많이 밀어 넣어 그것들이 밖으로 흘러나오는 것까지 본 적이 있다. 이 시는 "가을이 막 떨어지고 있는 아파트 현관 앞/한 여자가 옷 뭉치를 수거함에 들이"미는 장면에서부터 시작된다.

시인은 우선 이때의 의류 수거함에 사람의 성품, 곧 인성부터 부여한다. 시에 등장하는 사물에 이른바 '의인관적 세계관'을 투영하는 것이다. 이때의 의인관적 세계관은 서정시의 기본적인 발상법이라고 하더라도 과언이 아니지만 말이다.

시인이 의류 수거함에 부여한 인성은 이 시 모두(冒頭)의 "다물어지지 않는 주둥이에 뻐걱 실금이 간다", "받지 않겠다는 자와 밀어 넣으려는 자" 등의 구절에 의해서도 확인된다. "배는 이미 소화불량 상태다"나 "뱃가죽이 납작할 틈도 없이 닥치는 대로/먹어 치워야 하는 폭식주의자는/제대로 된 맛을 느낄 겨를이 없다" 등의 구절도 의류 수거함에 인성을 부여했을 때나 가능한 표현들이다.

이어지는 구절에서 읽을 수 있는 것은 의류 수거함이 보여주는 과잉 욕망에 대한 시인의 반성적 상념이다. 이들 구절이 내포하는 시인의 반성적 상념이 도덕적 자기 각성과도 함께하리라는 것은 자명하다. 과잉 욕망을 상징하는 수거함 속의 버려진 의류들을 "악수도 잊은 채 뒤엉켜 있는 허물들"로 은유하는 것을 통해서도 시인의 도덕적 각성은 드러난다. 옷가지들의 의류 수거함 밖과 안에 처해 있는 상황을 생과 사에 처해 있는 상황으로 받아들이는 것도 성찰과 반성의 내포를 갖기는 마찬가지이다.

이처럼 그의 시는 일상의 나날에 직접 체험한 객관적 사실을 바탕으로 하는 가운데 상상력이나 상념을 덧붙이는 방식으로 전개되고 있다. 이때의 상상력이나 상념이 서정적 서사와 함께하면서 시인이 추구하는 의미나 의도를 구현하고 있는 것은 의심할 바 없이 명확하다. 이것이 바로 그의 시가 갖는 방법적 특징이다. 이러한 방법적 특징은 고향집이나 외갓집 등 추억의 공간을 바탕으로 하여 창작되는 「낫과 숫돌」, 「뿌리 없는 나무」, 「균열의 시간」, 「앞소리꾼 정씨」 등의 시에서도 마찬가지로 구현된다. 귀촌한 이후에, 곧 강원도 봉평에서 전원생활을 시작 이후에 쓴 「시월」, 「봉평의 겨울」, 「금줄을 치며」 등의 시에서도 이러한 종류의 방법적 특징은 다를 바 없이 응용된다.

이러한 종류의 방법적 특징이 직접 체험한 객관적 사실을 바탕으로 하여 공감 있는 압축된 서정적 서사를 완성하는 데 초점이 있다는 것은 앞에서도 여러 차례 강조한 바 있다. 물론 이에는 그 나름의 상념과 상상력이 뒷받침되고 있더라도 말이다.

그의 시에 함유되는 서정적 서사가 지나치게 짧다고 할 수는 않다. 말 그대로의 압축된 서정적 서사, 즉 이야기시를 추구하니만큼 일정한 길이를 지닐 수밖에 없는 것이 그것이다. 그렇기는 하더라도 그의 시의 서정적 서사 역시 밀도 있게 압축되는 것은 사실이다.

모든 체험은 시간 속에 기투(企投)되어 있기 마련이다. 시간의 과정과 함께할 수밖에 없는 것이 체험이라는 것이다. 따라서 시간의 과정에 처하게 되면 처음, 중간, 끝의 형식을 갖는 사건으로 전이되지 않을 수 없는 것이 체험이다. 기본적으로는 체험이라는 것이 '사건'으로 기억될 수밖에 없다는 뜻이다.

사건의 구체적인 모습은 이처럼 '이야기의 형식'을 취할 수밖에 없다. 이때의 이야기는 마땅히 압축된 서사의 모습을 갖기 마련인데, 하이데거는 이때의 이야기, 곧 사건은 필연적으로 진리를 함유한다고 생각한다. 진리가 함유되는 사건, 이른바 '진리사건'을 바로 파악하고, 심미적 언어로 바로 드러내는 것이 시인이다. 물론 시인은 예의 '진리사건'에 서정을 덧붙여 심미적 감흥을 만들기도 하지만 말이다.

체험이 갖는 이러한 형식과 구조는 유영희의 시에서도 마찬가지로 현현된다. 물론 그가 자신의 시적 질료로 받아들이는 체험은 그 대부분 나날의 일상에 기초한다. 앞에서도 강조했거니와, 나날의 일상에서 비롯되는 생활의 체험에서 발견하고 깨닫는 서정적 서사를 형상화하는 데 초점이 있는 것이 그의 시이다. 그렇기는 하지만 그의 시는 이렇게 형상화된 '서정적 서사'를 통해 오늘의 삶이 지니는 의도나 의미, 곧 진리를 구현하는 데도 바쳐지고 있다. 이때의 의도나 의미, 곧 진리가 나날의 삶에서 그가 획득하는 발견이나 깨달음과 무관하지 않다는 것은 특별히 강조할 필요가 없다.

그렇다고는 하더라도 매우 다양한 모습으로 구체화하는 것이 그의 시에 드러나 있는 체험이다. 그의 시에 드러나 있는 체험의 경우 매우 다양한 모습을 취하는 가운데 구현되고 있다는 뜻이다. 그렇다. 그의 시에 드러나 있는 체험은 개별적 사람과의 관계에서 비롯되는 것도 있고, 가족과의 관계에서 비롯되는 것도 있다. 전자는 인물 형상의 시로 구체화하고는 하고, 후자는 가족 형상의 시로 구체화하고는 한다. 한편으로는 여행 체험이나 산책 체험에서 제재를 구하는 예도 상당한 것이 그의 시이다. 따라서 그의 시에는 사람 체험, 가족 체험, 고향 체험, 노동 체험, 자연 체험, 여행 체험 산책 체험 등 사람살이의 일상에서 만나는 갖가지 체험이 모두 시로 형상화되어 있다고 해도 과언이 아니다.

물론 체험은 이미지 사유, 곧 상상력의 질료이고 토대이다. 그뿐만 아니라 체험은 개연성이 있는, 곧 실현 가능성이 그럴듯한 시적 제재이기도 하다. 그의 시가 판타지라는 이름으로 횡행하는 관념을 담지 않고 구체적인 이미지와 이야기, 정서를 바탕으로 펼쳐져 있다는 것을 간과해서는 안 된다. 이를테면 정통성 있는 서정성의 영역, 나아가 문학성의 영역에 충실한 것이 그의 시라는 것이다. 그의 좋은 시 한 편을 함께 읽으며 여기서 글을 맺기로 한다. (2022)

　　식구들이 단잠에 빠져든 깊은 밤
　　누군가 잔디 마당을 한참 서성거리다 갔다고

입술 퍼런 주목이 알려주었다

어제까지 샛노랗던 국화도
마지막 줄기를 잡고 있던 붉은 고추도
잔뜩 겁에 질렸다

무슨 한이 저리도 많아
말 못할 속내를 부어놓고 갔는지
간밤의 정적이 엉겨 붉어진 단풍나무는
홀로 청춘인 듯 꼿꼿한데

하얗게 내려앉은 된서리에
모두 정신을 차리지 못하는 아침
올봄 초입에 사다 심은 자목련
기어이 틀어막았던 울음이 떨어진다

툭,

—「시월」 전문